全本全注全译丛书

中华经典名著

刘立夫 魏建中 胡 勇◎译注

弘明集 上

中華書局

图书在版编目(CIP)数据

弘明集/刘立夫,魏建中,胡勇译注. —北京:中华书局,2013.4
(2025.3 重印)
(中华经典名著全本全注全译丛书)
ISBN 978-7-101-08835-9

Ⅰ.弘… Ⅱ.①刘…②魏…③胡… Ⅲ.①佛教史-中国-古
代②《弘明集》-译文③《弘明集》-注释 Ⅳ.B949.2

中国版本图书馆 CIP 数据核字(2012)第 170975 号

书　　　名	弘明集(全二册)
译 注 者	刘立夫　魏建中　胡　勇
丛 书 名	中华经典名著全本全注全译丛书
文字编辑	王水涣
责任编辑	舒　琴
装帧设计	毛　淳
责任印制	韩馨雨
出版发行	中华书局
	(北京市丰台区太平桥西里 38 号　100073)
	http://www.zhbc.com.cn
	E-mail:zhbc@zhbc.com.cn
印　　　刷	北京盛通印刷股份有限公司
版　　　次	2013 年 4 月第 1 版
	2025 年 3 月第 8 次印刷
规　　　格	开本/880×1230 毫米　1/32
	印张 32¾　字数 620 千字
印　　　数	23501-25500 册
国际书号	ISBN 978-7-101-08835-9
定　　　价	92.00 元

目　录

上　册

卷第十四

前　言

　　《弘明集》是中国佛教史上第一部护法弘教的文献汇编,作者系南朝梁武帝时期的僧祐。此书的编撰,意在回应当时社会上各种怀疑、讥讽、批评甚至废毁佛教的言行和思想,释疑解难,弘扬佛教,正如僧祐在序文中所说:"夫道以人弘,教以文明,弘道明教,故谓之《弘明集》。"

　　今本《弘明集》共14卷,约14万字,收录了自东汉至南朝齐、梁时代五百年间教内外人士护法御侮、弘道明教及其与之相关的论文、书信、诏令、奏表、檄魔等各类文论共186篇,其中东汉2篇,东晋47篇,刘宋39篇,南齐15篇,姚秦10篇,梁朝73篇,从不同的角度反映了此一时期佛教的基本教义、传播状况以及佛教与儒家、道教等本土思潮的相互关系。涉及作者共123人,其中僧人19人,其余多为王公大臣和文人学士。由于作者多为帝王重臣、社会精英和高僧大德,《弘明集》不仅汇集了早期中国佛教史的一批珍贵文献,也无意中保存了一些重要的社会名流之作。正如《四库全书总目提要》所云:"然六代遗编,流传最古,梁以前名流著作,今无专集行世者,颇赖以存。"因此,《弘明集》就不仅仅具有为佛教辩护的意义,在哲学、宗教学、文学、史学等方面同样具有极高的文献价值。

　　在阅读本书之前,有必要介绍《弘明集》产生的时代背景及其主要思想内容。

　　佛教约在两汉之际传入中国。据载，佛教传入中国有两种典型的说法。一说西汉哀帝元寿元年（前2），博士弟子景庐受大月支王使伊存口授《浮屠经》。一说东汉明帝永平年间（58—75），皇帝夜梦神人，身有日光，飞入殿前，帝意欣然，甚悦之。明日问群臣，解梦之臣奏曰：此神即是天竺之佛陀也。帝乃遣使者张骞、羽林郎中秦景、博士弟子王遵等人发西域，抄回《四十二章经》，藏于皇家图书馆之兰台石室，并兴建佛寺，于是佛道兴焉。无论哪一种说法，都表明佛教是一种和平的宗教，是中国皇帝"请进来"的。然而，这绝不意味着佛教在中国总是一帆风顺，没有任何阻力和挫折。实际上，佛教在中国的传播和发展决不是风平浪静的，怀疑、批评、讥讽甚至暴力打击时有所闻。因此，佛教必须作出适应性的调整，通过教理、教规上的改造和学理上的辩论等办法来应付这种局面。这种状况在佛教中国化的历史进程中一直存在，而以佛教在中土最初传播和发展的五百年间尤为突出。

　　佛教传入时，中国已经是一个政治、经济和文化高度发达的封建国家。中国自秦代起，就建立起一个统一的、多民族的、中央集权的封建大帝国。汉代的中国已形成高度发达的物质与精神文明，处于当时世界文明的前列地位。中国的学术思想经过了春秋、战国时期的"百家争鸣"，已经形成了比较定型的文化形态。到西汉中期，汉武帝实行"罢黜百家，独尊儒术"的文化政策，融儒、法、阴阳五行、黄老刑名之学说于一体，建立名为"儒术"的经学统治。这是政治上的大一统在意识形态中的体现。从此，儒家学说始终保持了它的官方哲学地位，成为中国传统政治、伦理的主导形态。儒学重视人伦日用、关注现实，这一传统成为抵制本土宗教发达的重大力量，同时也对外来的宗教具有强大的免疫力和制约力。

　　在佛教传入以前，中国还没有发展出定型的本土化宗教。秦汉以前，流行的是祖先崇拜、先王崇拜、神仙方术、鬼神观念、卜筮星占等较为原始的多神信仰。直到东汉顺帝（126—144在位）时，才由道家思想、神仙方术、阴阳五行、民间巫术等多种因素相结合,发展出早期的道教。佛教的传入,对道教的发展有很大的刺激和启发作用。佛道两教在中国是相互影响、相互作用,并行发展的,但是,以本土宗教自居的道教对外来的佛教有着本能的拒斥意识。

佛教初传中国的时候,影响极为微弱,史书上只能见到零星的记载。汉代谶纬迷信盛行,社会上充斥着大量的迷信方术,佛教便与"黄老"一类的神仙方术混合在一起,人们误以为它就是"斋戒祭祀"之类的方术。当时来华的西域高僧安世高和支娄迦谶等人,也有意将佛教的"禅法"介绍进来,并突出神秘的"禅观",与道家神仙说教合拍。东汉末年潜居交趾(治所在今广西梧州)修道的牟子作《理惑论》,向人们介绍佛时说:"佛者,谥号也,犹名三皇神、五帝圣也。佛乃道德之元祖,神明之宗绪。佛之言觉也。恍惚变化,分身散体,或存或亡,能小能大,能圆能方,能老能少,能隐能彰,蹈火不烧,履刃不伤,在污不染,在祸无殃,欲行则飞,坐则扬光,故号为佛也。"(《弘明集》卷一《牟子理惑论》)将佛陀类比为儒家的道德圣人和道家的神仙,反映了当时人们对佛教的一知半解。

佛教在中土产生较大影响是从东晋十六国开始的。西晋灭亡后,以司马睿为首的皇室和门阀士族南渡长江,在江南建立了偏安一隅的东晋王朝,北部中国则陷于十六国的纷乱之中,社会的苦难加快了佛教的传播和发展。当时南北两地的佛教发展都很快,佛教领袖则受到尊崇。在北方,统治者因系胡人出身,感到名位不正,企图借助佛这一"戎神"来加强统治力量。如后赵石勒、石虎父子信任神僧佛图澄,佛教几乎成了后赵的精神支柱。前秦苻坚曾征集道安等名僧数千人于长安,大弘佛法。后秦姚兴儒佛并重,迎鸠摩罗什到长安,一时名僧辈出,其州郡事佛者,十室而九。在南方,东晋的世家大族多支持佛教,其中的王导、王敦、庾亮、谢安、谢石、郗超、谢琨、桓彝、周嵩、王恭等,都与名僧密切交往。王导之子王洽,其孙王珣、王珉、王谧,以及著名文人如许

珣、戴逵、王羲之、顾恺之、谢灵运、孙绰等，都曾向当时高僧问学或执弟
子礼。东晋以后，在约一个半世纪的时间里，南方经历了宋、齐、梁、陈
四代，史称"南朝"；北方则有北魏、东魏、西魏、北齐、北周等数朝相继，
史称"北朝"。佛教在南北朝时期继续获得上层统治集团的支持而迅速
发展壮大起来。当时的统治者之所以支持佛教的发展，是他们认识到
佛教可以弥补世俗政治的不足。南朝宋文帝统治集团曾对此进行过讨
论。大臣范泰、谢灵运常说："六典经文，本在济俗为治耳。必求性灵真
奥，岂得不以佛经为指南耶！"宋文帝同意说："若使率土之滨，皆纯此
化，则吾坐致太平，夫复何事！"大臣何尚之补充说，佛教可以隐恶扬善，
国家只要有十分之一的人信佛，就可以带动天下的人心向善，皇帝便可
以"坐享太平"了（《弘明集》卷十一《答宋文皇帝赞扬佛教事》）。这种评
价虽然有些夸张，但佛教在当时的正面作用还是不可低估的。

　　然而，伴随着佛教的迅速发展，一个前所未有的社会新阶层，即僧
侣阶层在中土崛起，佛教的社会负面作用也日益凸现出来。西晋以前，
佛教基本上是自由传播，政府不加多少限制，汉人出家的极少。东晋十
六国以来，政府自觉地支持佛教的发展，给予出家人诸如免税、免役等
便利和特权，汉人沙门迅速猥杂膨胀起来。据唐法琳《辩正论》卷三载，
东晋一百余年，建寺达一千七百多所，宋、齐、梁、陈四代有增无减。北
方更甚。据《魏书·释老志》记载，北魏承明元年（476）全国有寺庙六千
多所，僧尼七万多人，至延昌二年（513）寺数增加到一万二千多所，到兴
和二年（540）寺庙发展到三万所，僧尼二百多万人。即在不到半个世纪
的时间里，寺庙增加了三倍多，僧尼增加了近三十倍。佛教将佛、法、僧
看成"三宝"，而寺庙和僧人则是佛教兴衰的一大标志。但寺院要维持
正常运转，就要接受施舍捐赠、经营土地以至商业、高利贷等，于是便形
成了寺院经济。寺院的僧众奉释迦牟尼为最高教主，以"释"为姓，自称
"方外"、"释子"，离弃父母家室，标榜"不敬王者"，却又必须依靠人间的
"烟火"才能生存。值得指出的是，当时那么多人出家，并非人人都信仰

佛教,民众多是为逃避封建压迫和剥削才遁入空门的,这就造成了沙门的泛滥成灾。如后赵时,"中州胡晋,略皆奉佛","澄(佛图澄)道化既行,民多奉佛,皆营造寺庙,相竞出家。真伪混淆,多生愆过"(《高僧传》卷九《佛图澄传》)。东晋义熙年间,江左有袁、何二贤依傍韩非《五蠹》篇,喻沙门为"五横"之一,认为沙门既然高尚其志,当德行卓然,为物轨则,不能营求无息,与民争利;沙门的行为已经"无益于时政,有损于治道"了,应该废除之(《弘明集》卷六《释驳论》)。

这样,中国封建社会便形成了一系列新矛盾——朝廷与教团、名教与佛法、世俗地主与僧侣地主、僧侣与农民之间的矛盾。从东晋十六国以后,伴随着佛教的发展,这些矛盾也就日益暴露、激化了。北方统治者崇尚武力,当他们看到出家人口与日俱增,严重地影响了封建国家的劳动力和赋税收入,出现社会危机和政治危机的时候,就有可能采取极端措施,拆除寺庙,驱赶甚至杀戮沙门,迫使其还俗。北朝的两次佛教"法难"就是在这种情况下发生的。在南方,统治者则比较理智,力图将寺庙、教徒控制在一定的范围内,并通过学术思想上的自由辩论来沟通和解决佛教与社会各方面的矛盾。

佛教毕竟是外来的宗教,它的教义、仪轨、制度多不符合中国固有的文化传统,特别是与占统治地位的儒家政治伦理和思维方式颇多隔阂。且不说沙门、沙弥尼之类的戒律在中土亘古未有,而落发辞家、行乞和居更为中土社会所不容,与儒家的孝亲观念极为不符。儒家政治伦理强调忠孝两大德行,而佛教沙门的辞亲出家、不敬王者、不尊俗礼被视为佛教最大的"不忠不孝"。佛教相信"业力"轮回、因果报应,相信精神不灭,这种教义对中国人来说也有些惊世骇俗。所有这些问题在佛教传入之初就被注意到了,随着佛教的发展,特别是到了东晋十六国以后,佛教已成为一大社会问题,这些潜在的因素就日益显露出来。这些问题在魏晋南北朝特别是在政治环境相对宽松、学术思想相对自由的南方王朝曾引起了一次又一次的讨论和争辩,三教之间掀起了多次争论的高潮。

　　需要提及的是,道教在魏晋南北朝时期也不断发展壮大,成为佛教的竞争对手。道教无论在教义、教规、经典、组织制度上都与佛教差别甚大,二教为争夺宗教利益和生存空间进行了长期的斗争。早在东汉时期,就有老子西入夷狄为浮屠的传说,继而增益为老子西游成佛,化佛陀为其弟子的故事,后来演变成《老子化胡经》。《老子化胡经》在南北朝时期一直比较流行,佛道之间为此曾展开了激烈的"夷夏之辨"。道教在与佛教的斗争中,极力拉拢儒家,而佛教也针锋相对,尽力调和儒佛矛盾,对道教的弱点和隐私尽力揭露,儒、佛、道三教的矛盾和斗争也变得复杂起来。

　　南朝梁代,扬州建初寺沙门僧祐从"弘道明教"的角度,将五百余年来佛教同中国文化的碰撞、冲突和交融的历史以文献汇编的形式记录下来,这就是今天我们所看到的《弘明集》。作为中国佛教史上第一部护法著作,《弘明集》比较集中地反映了汉代以来特别是东晋至南北朝时期的佛教信徒,包括出家的沙门和在家的居士,同固守儒家文化传统和封建国家政治经济利益的封建士大夫、坚持本土宗教信仰的道教信徒以及社会上的各种对佛教怀有歧视和敌对情绪的人们的论争、辩驳和斗争的历史状况,也从不同的侧面反映了此一时期佛教的基本教义、发展水平、流播状况,从而比较全面地再现了佛教在中土最初五百年的沧桑历程。

　　就《弘明集》的思想内容而言,僧祐在《后序》中曾提出"六疑",即《弘明集》是围绕六大问题而展开的。这六大问题是:"一疑经说迂诞,大而无征;二疑人死神灭,无有三世;三疑莫见真佛,无益国治;四疑古无法教,近出汉世;五疑教在戎方,化非华俗;六疑汉魏法微,晋代始盛。"用现在的话来说,"六疑"的大意是这样的:第一疑是世人怀疑佛经上讲的道理过于神奇荒诞,没法用事实验证。这里是指古代印度与中国传统世界观和思维方式的差异。第二疑是世人怀疑神灵不灭和三世报应说。第三疑是世人认为佛教于国于民无补,并非佛教所宣扬的那样神力无边。这大致是指佛教对封建政治、经济和伦理方面的危害。第四疑和第六疑是怀疑佛教在中国的历史不长,不是古来就有的圣人之教,而且有兴有衰。中国古人持退化史观,相信古胜于今,今不如昔,也就是认为佛教历史不古,所谓的"三世十方佛"不合"圣人"的古训。第五疑指斥佛教是夷狄之教,只适合于落后愚昧的人群,不堪与华夏文明争锋,当然不适用于中国。这是讲夷夏之辨。僧祐讲的"六疑"在北朝颜之推的《颜氏家训》里也可以见到类似的见解,可见这些问题是整个汉魏两晋南北朝的时代问题,也是佛教必须回答的问题。

　　从思想史的角度看,儒佛道三教论争是《弘明集》涉及最多的问题,许多文章常常提及"周孔与佛"或"孔老与佛",其中的周孔就代表儒家,孔老代表儒、道二教,佛即代表佛教。以此而言,《弘明集》也就是一部以佛教为主体的反映汉魏两晋南北朝时期的三教关系的文集。从三教关系的角度看,三教论争也就是佛教与儒家和道教的论争,是外来文化与本土文化之间的斗争。这种斗争是温和的思想辩论,而不是宗教战争,这是中国本土文化排斥或融受外来文化的一种特殊形式。双方争论的问题很多,有哲学世界观的分歧,有宗教派别之间的意气之争,有政治伦理的争端,也有经济社会方面的利害冲突。比较突出的有三大方面:

　　一、因果报应和形神之争　　这是哲学世界观和宗教世界观最根本的争论。《弘明集》的卷一、卷二、卷三、卷四、卷五、卷九、卷十等都与此有关。因果报应是佛教的基本教义之一,同中国传统的世界观和宗教观存在很大差距,受到许多中土人上的怀疑和批评,认为它不符合"周孔之教",或者老庄之道。这个问题在晋宋之际争论十分激烈。发展到后来,则被形神之争所取代。报应之争和形神问题两者本来是相互联系的,本质上属于同一个问题,争论中常常连在一起。但是,因为因果报应是否成立,最根本的理论前提则是神灭与神不灭,这样,形神问题便成为佛教因果报应是否"合理"的关键。要反对佛教,也就是要反对神不灭,坚持神灭论;要维护佛教,也就是要反对神灭,坚持神不灭论。这个问题在齐梁之际达到争论的高峰。

二、夷夏之辨与佛道斗争　这是本土的道教与外来的佛教之间的论争,反映了佛教与道教在宗教主张以及政治、经济利益上的矛盾。《弘明集》卷一、卷二、卷七、卷八等有关文章反映了这一状况。佛道之争的一个重要表现就是夷夏之辨,这是道教利用本土文化的优势压制外来佛教的一种策略。发展到后来,双方在教义、教规上的优劣以及对封建国家的利弊进行了针锋相对的斗争和辩驳。

三、沙门与王权之争　这是佛教与封建政治、经济、伦理等方面冲突的一个集中表现。《弘明集》的卷一、卷五、卷十一、卷十二等,都与此有关。佛教是印度社会和文化的产物,它要最终为中国社会所接纳,就必须适应中国的国情。中国封建政治的重要特征就是大一统与王权至上,佛教的教团组织是不可能像它在印度那样独立于王权之外的。所以,僧人当初见皇帝可以不下跪,只是汉魏之际皇帝给予少数外国僧人的外交特权,随着中国本土僧人的增加,出现了一个独立于王权之外的社会集团,问题的性质就不一样了。沙门是否礼敬王者,东晋王朝为此曾发生了两次大规模的争论,虽然因门阀贵族之间的权力平衡的需要,最后君主妥协,但问题并没有解决。当然,这个问题是迟早要解决的。

本书所采用的底本为《大正藏》本《弘明集》,以金陵刻经处本为校本。其中的篇名,因大正藏本和金陵刻经处本的标题不完全一致,本书亦未作统一要求,但主要采用的是大正藏本的标题。为版面技术需要,对大正藏本中一些较为冗长的标题,依据金陵刻经处本及文义进行了简化。

最后,还要谈一下本书的译注原则。《弘明集》是一个文献汇集,每位文章作者的思想、文字风格以及所处时代的语言习惯都有不同,更重要的是其中涉及的儒、释、道三家的名词义理,特别是大量历史典故的灵活使用，都增加了翻译的难度。为了尽可能保证翻译的准确性，全书采用直译的方法，一一对应，逐字逐句地翻译，尽量避免出现意译所带来的过度诠释问题。对于一些特定名词的翻译，既考虑到保持它在历史语境中的原义，又要照顾到其在当下语境中的意义，另外，鉴于多是论辩性文字，所以在翻译的时候，尽可能地保留了原文的句式和语气。本书的翻译追求"信"这一目标，注译时尽量满足以下三个原则：一是文中出现的重要人物、核心概念、典故引文以及难解字词都给出注释；二是注释时采取注明出处和简单解释的注、释结合原则；三是对于重复出现的典故、文词，不作重复注释。

　　值得说明的是，本书一些比较难理解的注释，译注者参考了日本著名佛教学者牧田谛亮先生主编的《弘明集研究》一书，谨在此对前辈学者的学术积累之功表达深深的敬意与谢意。中华书局在2011年1月曾出版了"中华思想经典"丛书《弘明集》，当时是一个选译本，译注了其中较为重要的名篇，基础工作是由胡勇承担的。这次译注的是《弘明集》全本，余下约三分之二的篇目主要由魏建中完成。由于工作量大，且两位译注者的理解程度和文字表达等方面不可能完全一样，因此本次出版的这个全译本，会存在译注风格不完全一致的问题。特作说明，亦请读者谅解。

译注者

2012 年 6 月

卷第一

弘明集序

【题解】

本篇是南朝梁代高僧僧祐(445—518)为《弘明集》所作的序言。在序言中僧祐记述自己编撰该书的宗旨:"夫道以人弘,教以文明,弘道明教,故谓之《弘明集》。"并对《弘明集》编撰时选择材料和安排体例的原则予以说明。

夫觉海无涯,慧镜圆照。化妙域中①,实陶铸于尧舜;理擅系表②,乃埏埴乎周孔矣③。然道大信难④,声高和寡。须弥峻而蓝风起⑤,宝藏积而怨贼生。昔如来在世,化震大千,犹有四魔蓄忿⑥,六师怀毒⑦,况乎像、季⑧,其可胜哉!

【注释】

①域中:寰宇间,国中。《老子》:"域中有四大,而王处其一焉。"

②系表:言辞之外。《晋阳秋》荀粲曰:"立象以尽意,非通乎意外者也;系辞以尽言,非言乎系表者也。象外之意,系表之言,固蕴而不出矣。"

③埏埴(shānzhí):和泥制作陶器,此处指周公和孔子"制作"了礼仪。埏,用水和泥。埴,黏土。《老子》:"埏埴以为器,当其无,有

器之用。"

④信(shēn)：通"申"，申张，申明。

⑤蓝风：梵语。又名"鞞蓝风"。疾风，暴风。清黄遵宪《锡兰岛卧佛》诗："何不气一喷，散为鞞蓝风？"钱仲联笺注："《大宝积经》：'此三千大千世界，为毗岚猛风之所吹坏，一切散灭，无有遗余。'玄应《一切经音义》：'吠蓝婆风，旧经中或作毗岚婆，或作鞞蓝。亦作随蓝，或作旋蓝，皆梵之楚夏耳。此云迅猛风也。'"

⑥四魔：此指佛将成道时，四魔中之一的天子魔，即第六天魔曾率诸眷属来骚扰他，企图干扰、阻挠其证成佛果。

⑦六师：即六师外道，是与释迦牟尼同时代的六个反婆罗门正统思想的代表人物，即：(一)富兰那·迦叶、(二)末迦梨·俱舍梨子、(三)珊夜·毗罗伲子、(四)阿耆多·翅舍钦婆罗、(五)迦罗鸠驮·伽旃延、(六)尼乾陀·若提子。

⑧像、季：佛教分佛法之传布为正、像、末三时，像季即第二时之末期。

【译文】

　　觉悟之路像大海一样无边无际，智慧之光如明镜一般普照世界。玄妙的教化，实陶冶于尧舜之治；礼仪之兴盛，乃肇端于周孔之教。然而，曲调越高雅，能唱和的人就越少，道越精深宏大，越难得到申张。须弥山因崇高峻伟而常有迅猛之风生起，一个人若金银财宝积聚太多就会招来他人嫉妒甚至盗贼。过去释迦牟尼佛在世时，他的教化泽润天下，却仍有四魔一再去骚扰他，六师也经常诽谤他，何况现在正值像法时代的晚期，诋毁和攻击佛法的人该是很多啊！

　　自大法东流，岁几五百。缘各信否，运亦崇替。正见者敷赞，邪惑者谤讪。至于守文曲儒，则距为异教；巧言左道，则引为同法。距有拔本之迷，引有朱紫之乱①，遂令诡论稍繁,讹辞孔炽。夫鹖旦鸣夜②,不翻白日之光;精卫衔石③,无损沧海之势。然以暗乱明,以小罔大④,虽莫动毫发,而有尘视听。将令弱植之徒⑤,随伪辩而长迷;倒置之伦⑥,逐邪说而永溺。此幽涂所以易坠,净境所以难陟者也。

【注释】

①朱紫之乱:春秋时期,诸侯原以朱色作为衣服的正色,后来被紫色衣服代替了,孔子因此说:紫色夺去了大红色(朱色)的地位,可憎。见《论语·阳货》。

②鹖(hé)旦:亦作"鹖鸣"。鸟名。即寒号虫。《礼记·月令》:"〔仲冬之月〕鹖旦不鸣。"郑玄注:"鹖旦,求旦之鸟也。"

③精卫衔石:比喻人之徒劳。精卫,海边小鸟,传说其常衔木石以填东海。

④以小罔大:以褊狭迷惑广大。《孟子·告子上》:"体有贵贱,有小大。无以小害大,无以贱害贵。养其小者为小人,养其大者为大人。"

⑤弱植:懦弱无能,不能有所建树。

⑥倒置之伦:指心性为俗物所迷惑而舍内逐外。《庄子·缮性》:"丧己于物,失性于俗者,谓之倒置之民。"

【译文】

　　自佛教从印度流传到东土,迄今差不多已有五百年的历史了。因各种机缘不同而有时信众很多,有时则遭到抵制,所以佛教传播是隆盛与衰微交替。获得觉悟拥有正见的人赞颂发扬它,认识错误受到迷惑的人则是诽谤指责它。那些固守经典见识褊狭的儒家之徒,拒斥佛教,把它看做异端;而那些巧言如簧的旁门左道之流,则把佛法引为自己的同类。盲目地排斥佛教,会陷入失去大道根本的迷惑,妄引佛法为同类,则会犯下紫色夺走大红色地位的错乱,以致造成世间错误的思想言论日益增多,气焰嚣张。虽然几只小鸟的鸣叫,绝不能把黑夜变成白天;精卫衔石填海,也无法减损沧海广阔无边的气势。但这样以黑暗来破坏光明,用褊狭来迷惑广大,尽管并不能损伤佛法至道的一丝一毫,但会妨碍人们正确地认识世界。会使那些年轻无知的人听从虚假的言论而长久迷惑;使那些深陷于轻重颠倒苦难的人追随歪见邪说而永不醒悟。这正是幽深黑暗的道路容易坠落,清净明澈的境界难以攀登的原因啊!

祐以末学,志深弘护,静言浮俗①,愤慨于心。遂以药疾微间,山栖余暇,撰古今之明篇,总道俗之雅论。其有刻意剪邪②,建言卫法③,制无大小,莫不毕采。又前代胜士,书记文述,有益三宝,亦皆编录。类聚区分,列为一十四卷。夫道以人弘④,教以文明,弘道明教,故谓之《弘明集》。兼率浅怀,附论于末,庶以涓埃,微裨瀛岱。但学孤识寡,愧在编局,博综君子,惠增广焉。

【注释】

①静言:巧饰之言。《楚辞·九辩》"何时俗之工巧兮"汉王逸注:"静言诿诿,而无信也。"

②刻意:刻励身心。《庄子·刻意》:"刻意尚行,离世异俗,高论怨诽,为亢而已矣;此山谷之士,非世之人,枯槁赴渊者之所好也。"

③建言:立言。

④道以人弘:《论语·卫灵公》:"子曰:人能弘道,非道弘人。"

【译文】

我虽才疏学浅,但向来以弘扬守护正法为念,对于那些巧饰之言虚浮愚俗之事,内心一直忧愤感慨。于是利用这次在山林中养病的闲余时间,搜集汇总了从古至今、佛道与世俗各方面的许多名篇雅论。举凡有益于刻励身心、灭除邪论，建言立说、弘扬佛法的，无论鸿篇巨制，抑或杂文小论，都加以汇集编纂。此外，有些前代文人名士的书记、著述，凡有益于认识佛、法、僧三宝的，也都全部收录。之后按类分编，共成十四卷。大道的真谛需要人的努力传播才能得到弘扬，教化的内容需要好的文辞才能得到阐明，我编纂这些文字的目的，就在于弘扬大道、阐明教化，所以命名为《弘明集》。同时将自己的一些浅薄的见解，随附于论文的后面，这大概是想用小溪去补充大河的宏阔，用尘埃去增加山岳的高峻。但因自己学习浅薄、孤陋寡闻，多有褊狭局限之处，实在深感惭愧，希望那些学识广博、善于综合的有识之士，能够在此基础上有更多的增添拓展吧。

牟子理惑论

【题解】

　　本篇相传为东汉末年苍梧太守牟子博撰（一说牟融），又称"牟融辨惑"，共一卷三十七章。本论旨在融和儒、释、道三教思想，采取问答形式，针对当代对佛、道、三十二相八十种好、沙门剃发、捐财、弃妻、人死神不灭、生死等所产生的疑问，一一加以答辩。其中多引孔、老之书以论述佛教与儒家、老庄思想并不相违背，对后世影响颇大。它是我国早期论证佛教教理的著作，也是对于研究佛教传入我国初期历史有参考价值的重要资料。

　　牟子既修经传诸子①，书无大小，靡不好之。虽不乐兵法，然犹读焉。虽读神仙不死之书，抑而不信，以为虚诞。是时灵帝崩后，天下扰乱，独交州差安②。北方异人咸来在焉③，多为神仙辟谷长生之术④。时人多有学者，牟子常以五经难之⑤，道家术士莫敢对焉，比之于孟轲距杨朱、墨翟。

【注释】

　　①经传：旧称儒家的重要代表著作为"经"，称解释经文的书为"传"。这里代指儒家经典。

②交州:原为"交趾",东汉建安八年(103)改交趾为交州。治所在广信(今广西梧州),不久即迁至番禺(今广东广州)。辖境相当今广东、广西的大部和越南承天以北诸省。

③北方异人:指中原地区从事神仙方术的人,有时也指道教徒。《弘明集》卷一《正诬论》亦有"有异人者诬佛"之语。

④辟谷:又称"断谷"、"绝谷",即不食五谷的意思。初为中国古代的一种修养方法,辟谷时仍食药物,并兼做导引功夫。后为道教承袭,当作"修仙"的一种方法。据道教说,人体中有叫作"三尸"的邪怪,靠五谷生存,危害人体。经过辟谷修炼,可以除掉三尸,以致长生不死。

⑤五经:指五部儒家经典,即《诗》、《书》、《礼》、《易》、《春秋》。"五经"之称,始于汉武帝时。

【译文】

　　牟子早年已经广泛地阅读儒家的经传和其他各个学派的著作,无论是长卷还是短篇,没有他不愿意看的。尽管对兵法不感兴趣,但是仍然阅读兵书。虽然也看一些谈论神仙不死的书,但并不相信,认为那是虚幻荒诞之说。当时正值汉灵帝死后,天下纷乱,只有交州一带还算安定。中原地区从事神仙方术的人都纷纷来到这里,他们大多擅长辟谷长生的法术。一时有许多人向他们学习法术,牟子却常常依据儒家的五经诘难他们,那些道家术士们却没有人敢于应对,当时人把牟子对道家术士的批评比作孟轲批评杨朱和墨翟。

　　先是时,牟子将母避世交趾,年二十六归苍梧娶妻。太守闻其守学,谒请署吏。时年方盛,志精于学,又见世乱,无仕宦意,竟遂不就。是时,诸州郡相疑,隔塞不通。太守以其博学多识,使致敬荆州。牟子以为荣爵易让,使命难辞,遂严当行;会被州牧优文①,处士辟之②,复称疾不起。

【注释】

①优文：褒奖的文告。晋葛洪《抱朴子·钧世》："且夫《尚书》者，政事之集也，然未若近代之优文、诏策、军书、奏议之清富赡丽也。"

②处士：本指有才德而隐居不仕的人，后亦泛指未做过官的士人。《孟子·滕文公下》："圣王不作，诸侯放恣，处士横议，杨朱、墨翟之言盈天下。"

【译文】

在此之前，牟子携母来到交州躲避社会动乱，二十六岁才回到苍梧娶妻。苍梧太守听说他恪守儒学，就前往拜访，请他出任官职。牟子那时正当壮年，致力于钻研学问，又目睹社会纷乱，因而无意做官，最终没有应允。当时，各州郡之间互相怀疑猜忌，大多隔绝阻塞，不通交往。太守因牟子学识广博，决定派他出使荆州。牟子认为，荣誉和官爵容易推让，但使节之命却难以推辞，只好整理行装准备出发；恰好被交州的州牧张发文告褒奖，作为有才德的隐士征召为官，牟子因此称病不出。

牧弟为豫章太守，为中郎将笮融所杀。时牧遣骑都尉刘彦将兵赴之，恐外界相疑，兵不得进。牧乃请牟子曰："弟为逆贼所害，骨肉之痛，愤发肝心。当遣刘都尉行，恐外界疑难，行人不通。君文武兼备，有专对才①，今欲相屈，之零陵、桂阳，假涂于通路，何如？"牟子曰："被秣伏枥②，见遇日久，烈士忘身③，期必骋效。"遂严当发。会其母卒亡，遂不果行。

【注释】

①专对才："专对"指担任使节时独自随机应答。《论语·子路》："诵诗三百，授之以政，不达；使于四方，不能专对；虽多，亦奚以

为?""专对才"意谓学以致用,出使他国,应答有方。

②被秼伏枥:意谓受恩于人。

③烈士:此处指有抱负、志向高远的男子。

【译文】

　　州牧的弟弟是豫章太守,被中郎将笮融杀害。州牧决定派遣骑都尉刘彦领兵讨伐,又怕引起沿途州郡的怀疑,军队不敢贸然进发。州牧为此求助于牟子,说:"弟弟与我手足情深,而今被逆贼所杀害,实在是令我痛心疾首,愤懑难平。本打算派刘都尉领兵讨贼,又担心其他州郡猜疑刁难,使军队无法通过。先生您文武兼备,擅长随机应对,而今想委屈您,前往零陵、桂阳,向他们借道以便军队通行,怎么样?"牟子说:"我在这里受到知遇之恩已经很久了,一个志存高远的人应该舍生忘死,我一定前往为您效劳。"于是整装欲发。不巧这时他母亲去世了,结果未能成行。

　　久之退念,以辩达之故,辄见使命;方世扰攘,非显己之秋也,乃叹曰:"老子绝圣弃智,修身保真,万物不干其志,天下不易其乐,天子不得臣,诸侯不得友,故可贵也。"于是锐志于佛道,兼研《老子五千文》,含玄妙为酒浆①,玩五经为琴簧。世俗之徒多非之者,以为背五经而向异道。欲争则非道,欲默则不能,遂以笔墨之间,略引圣贤之言证解之,名曰《牟子理惑》云。

【注释】

①玄妙:借指《老子》五千文。《老子》第一章:"玄之又玄,众妙之门。"

【译文】

　　牟子后来私下考虑：只因他明辨通达的缘故而奉命出使；而当今之世，暴动纷乱，实在不是自己显露才华、施展抱负的时候，于是慨叹道："老子弃绝聪明才智，修身养性，返璞归真。天下万物都不干扰他的意志，不能改变他的快乐，天子无法以他为臣，诸侯也不能与他为友，这才是最可宝贵难得的呀！"于是，牟子立志修习佛道，同时研究《老子五千文》，欣赏佛道的玄妙如同品尝美酒，玩味五经就像抚琴弹簧。许多世俗之徒非难指责他，认为他背离了儒家正统而转向了异端。牟子想要和他们争辩又觉得背离了佛道，想保持沉默又欲罢不能，只好采取著书撰文的方式，大略引述圣贤言论，来证明和解说佛道，书名就叫作《牟子理惑》。

　　或问曰："佛从何出生？宁有先祖及国邑不？皆何施行，状何类乎？"

　　牟子曰："富哉问也！请以不敏，略说其要。盖闻佛化之为状也，积累道德数千亿载①，不可纪记。然临得佛时，生于天竺，假形于白净王夫人②。昼寝梦乘白象，身有六牙，欣然悦之，遂感而孕。以四月八日从母右胁而生。堕地行七步，举右手曰：'天上天下，靡有逾我者也。'时天地大动，宫中皆明。其日王家青衣复产一儿，厩中白马亦乳白驹。奴字车匿，马曰犍陟，王常使随太子。太子有三十二相、八十种好③，身长丈六，体皆金色，顶有肉髻，颊车如师子，舌自覆面，手把千辐轮④，顶光照万里。此略说其相。

【注释】

　　①道德：此处指僧道修行的功夫、法术。

②白净王:即净饭王。他是释迦牟尼佛的父亲,为公元前六至公元
　　前五世纪时,古印度北部迦毗罗卫国(今尼泊尔境内)国王。

③三十二相、八十种好:佛教用语。佛陀所具有的庄严德相,由长
　　劫修习善行而感得,其他修行人可具有某些庄严特征,但只有佛
　　陀才能具足三十二种胜相。"相"为明显的胜相,此外还有次要
　　的特征称为"好",相与好是不同的。在佛陀庄严的色身中,显而
　　易见、一目了然的特征,称为"相",共分三十二种,叫作"三十二
　　相";细微难见,不易察觉,而能使人生起欣喜爱乐之心的,即是
　　"好",共有八十种,叫做"八十种好"。由于这八十种好随三十二
　　相而有,所以又称为"八十随形好"。

④千辐轮:比喻佛陀的教法为法轮,佛陀宣讲佛法为转法轮,法轮
　　与转法轮都是用来表佛法的。法轮的轮相有八辐轮、十二辐轮、
　　千辐轮等,分别表示八正道、十二因缘等。佛陀的手足都有千辐
　　轮的法相。

【译文】

　　有人问:"佛出生在哪里?难道没有自己的祖先和国家吗?佛长什么样子?是如何行动的呢?"

　　牟子说:"问题很多呀!请允许我这不聪敏的人为你略说佛的大概。听说佛成为佛的样子是累积修行数千亿年的结果,其年代已经不可计算了。然而快要成佛之时,降临天竺国,借助白净王夫人的身体出生。白净王的夫人白天睡觉时梦见自己骑着一匹白色的长着六只牙的大象,心情非常喜悦,于是交感而怀孕。在四月八日那天,佛从母亲的右胁生出来。刚落地就走了七步,并且举起右手说:'天上天下,唯我独尊。'当时天地剧烈震动,宫中一片明亮。在同一天,白净王家的婢女也生下一个男孩,马厩中的白马也产下一匹乳白色的马驹。婢女生的男孩名叫车匿,白马产的马驹唤作犍陟。白净王经常让车匿和犍陟跟随太子。太子的相貌超凡越俗,有三十二种庄严胜相、八十种细微乐好。

身高一丈六,全身呈金色,顶上有肉,隆起如髻形之相,两颊隆满如狮子颊,舌头广长薄软,伸展则可覆至发际,手上有一千辐车轮的形相,头顶上射出万丈光芒。这些仅是对佛的相貌的大略说明。

"年十七,王为纳妃,邻国女也。太子坐则迁座,寝则异床,天道孔明,阴阳而通,遂怀一男,六年乃生。父王珍伟太子,为兴宫观,妓女宝玩并列于前。太子不贪世乐,意存道德。

【译文】

"太子十七岁时,父王为他娶了个邻国女子为妃子。但太子却不与妃子同座,也不和她同床共寝,到了天大亮时,阴阳相通,妃子随即孕育一个男孩,怀了六年才出生。白净王珍爱壮美的太子,为他兴建宫殿楼台,供给他彩女和宝玩。然而太子并不贪恋世间的快乐,立志于道德修行。

"年十九,二月八日夜半,呼车匿,勒犍陟跨之,鬼神扶举,飞而出宫。明日廓然,不知所在。王及吏民莫不歔欷,追之及田。王曰:'未有尔时,祷请神祇。今既有尔,如玉如珪,当续禄位,而去何为?'太子曰:'万物无常,有存当亡。今欲学道,度脱十方。'王知其弥坚,遂起而还。太子径去,思道六年,遂成佛焉。

【译文】

"十九岁时,在二月八日的半夜,太子叫来车匿,骑上犍陟,在鬼神的扶举下,飞出宫去。第二天宫中空阔寂静,已不知太子所在了。白净王和臣民们人人哽咽，追寻太子到郊野。白净王说：'没有你的时候，整天向天地神明祈求祷告。现在已经有了你，又生得这样的俊伟，心想你能继承王位，而今为什么要离去呢?'太子说：'万物都没有恒常，有存在就有消亡。而今我想要出家学道，是希望将来能够拯救天下的悲苦。'白净王知道他去意已决，只好起身回宫。太子径直离开，苦苦修行悟道六年，最后终于彻底觉悟而成为释迦牟尼佛。

"所以孟夏之月生者①，不寒不热，草木华英，释狐裘，衣絺绤，中吕之时也②。所以生天竺者，天地之中，处其中和也。所著经凡有十二部③，合八亿四千万卷。其大卷万言已下，小卷千言已上。佛教授天下，度脱人民，因以二月十五日泥洹而去④。

【注释】

①孟夏：夏季第一个月，即农历四月。

②中吕：古乐十二律的第六律。其于十二月为四月，因亦用以称农历四月。《礼记·月令》："（孟夏之月）律中中吕。"《史记·律书》："中吕者，言万物尽旅而西行也。其于十二子为巳。"

③经凡有十二部：是依佛经的体裁、内容、文法分为十二个种类，又称"十二分教"，或"十二分经"。佛说的一切法，皆可统摄为一修多罗，类集为经、律、论三藏。由于一切经的经文体裁和所载的事项不同，故从三藏分出十二种名称，通称"三藏十二部经"，总则称一切经，别则称十二部，但并非每一经都具有十二部之名。

④泥洹（huán）：即涅槃。义译为"灭度"，指脱离一切烦恼，进入自由无碍的境界。也可译为圆寂。

【译文】

"佛之所以在夏季的第一个月出生,是因为那个时节天气不冷不热,草木青翠茂盛,正是脱掉狐皮衣服,穿起葛布夏衫,万物都向往西方的时候。佛之所以出生在天竺国,是因为天竺居于天地的中心,处在中正和谐的位置。佛所著的经典共有十二部,合计八亿四千万卷。大卷在万字以下,小卷在千字以上。佛以教化天下百姓、解脱众生苦难为己任,最后达到最高的精神境界,于二月十五日涅槃。

"其经戒续存,履能行之,亦得无为,福流后世。持五戒者①,一月六斋,斋之日,专心壹意,悔过自新。沙门持二百五十戒②,日日斋,其戒非优婆塞所得闻也③。威仪进止,与古之典礼无异。终日竟夜,讲道诵经,不预世事。《老子》曰:'孔德之容,唯道是从。'其斯之谓也。"

【注释】

① 五戒:佛教在家男女教徒终身应当遵守的五项戒条。即不杀生、不偷盗、不邪淫、不妄语、不饮酒。

② 沙门:又称"桑门",佛教称谓。专指出家僧侣。二百五十戒:佛教中有一种戒律叫"具足戒",因戒品具足而得名。又可称作"大戒",为比丘(僧)的戒律。它不同于在家佛教徒所持的五戒,也不同于沙弥和沙弥尼(二十岁以下的出家男女)所受的十戒。具足戒的戒条数目说法不一,沙门戒二百五十条是其中一种说法。

③ 优婆塞:佛教称谓。指接受五戒的在家男居士。

【译文】

"佛所著的经典和制定的戒律流传下来,如果能遵照施行,也可以达到无为的境界,从而造福于后世。持五种戒条的信徒,一个月吃六天斋。在斋戒日里,专心一意,悔过自新。沙门则持二百五十种戒条,每天都要吃斋,沙门所持的戒律,是优婆塞们所没有听到过的。沙门作佛事时,仪式威严,与古代的典礼没有差别。从早到晚讲道诵经,不干预外界事物。《老子》说:'有大德的行为,完全服从于道。'此话说的就是这种情况。"

问曰:"何以正言佛,佛为何谓乎?"

牟子曰:"佛者,谥号也。犹名三皇神、五帝圣也①。佛乃道德之元祖,神明之宗绪。佛之言觉也。恍惚变化,分身散体,或存或亡,能小能大,能圆能方,能老能少,能隐能彰,蹈火不烧,履刃不伤,在污不染,在祸无殃,欲行则飞,坐则扬光,故号为佛也。"

【注释】

①三皇:中国传说中的远古帝王。说法不一,《史记·补三皇本纪》中指为天皇、地皇、人皇;《风俗通义·皇霸》中指为伏羲、女娲、神农。五帝:中国传说中的上古帝王。有几种说法,一般是指黄帝、颛顼、帝喾、唐尧、虞舜。见《史记·五帝本纪》。

【译文】

问:"怎样正确地谈论佛? 佛是指什么?"

牟子说:"佛是佛祖涅槃之后的称号,就像称呼三皇五帝一样。佛是道德的始创者、神明的祖先。佛的含义就是觉悟者。佛可以在转眼之间变化,身体能分散也能聚合,或存在或消失,能变大变小,变圆变方,变老变少,能隐形也能彰显,踏火不会被灼烧,在刀刃上行走不会受伤,陷于污秽之中不会受污染,遭遇到灾祸却能安然无恙,要出行就飞在空中,坐着的时候通体放光,所以被称作佛。"

问曰:"何谓之为道,道何类也?"

牟子曰:"道之言'导'也,导人致于无为。牵之无前,引之无后,举之无上,抑之无下,视之无形,听之无声。四表为大①,其外,毫厘为细,间关其内,故谓之道。"

【注释】

①四表:指四方极远之地,亦泛指天下。《尚书·尧典》:"光被四表,格于上下。"

【译文】

问:"什么叫作道? 道像什么东西?"

牟子说:"道的含义就是'导',就是引导人们达到无为的境界。道这种东西,牵着它向前却没有前面,引着它向后却没有后面,向上举却没有上面,向下压却没有下面,想看却又没有形状,想听却又没有声音,可以说道本身是无边无际、无声无形的。四方极远之地可以说是很阔大了,道却仍然延伸到它们的外面,毫厘可以说是很细小了,但道仍然存在于它们内部的空隙里,正因为这样才称之为道。"

问曰:"孔子以五经为道教①,可拱而诵,履而行。今子说道,虚无恍惚,不见其意,不指其事,何与圣人言异乎?"

牟子曰:"不可以所习为重,所希为轻,惑于外类,失于中情。立事不失道德,犹调弦不失宫商②。天道法四时,人道法五常③。《老子》曰:'有物混成,先天地生。可以为天下母,吾不知其名,强字之曰道。'道之为物,居家可以事亲,宰国可以治民,独立可以治身。履而行之,充乎天地,废而不用,消而不离。子不解之,何异之有乎?"

【注释】

①道教：此处是指道德教化。

②宫商："宫"和"商"都是"五音"中的音阶。此处用宫商泛指音律。

③五常：有几种指谓，此处指"五伦"，即君臣、父子、夫妇、兄弟、朋友。《孟子·滕文公上》中说：父子有亲，君臣有义，夫妇有别，长幼有序，朋友有信。

【译文】

问："孔子把儒家五经作为天地大道教化的典范，你没事的时候可以用心诵读领悟，有事的时候你就可以照着它去做，而你所说的道，虚无缥缈，恍惚不定，既没有确定的含义，也没有实际可指的事物，怎么与圣人所说的道完全不同呢？"

牟子说："不应当只看重自己熟悉的东西，而轻视自己接触得少的事物，这样就会被外在的事物所迷惑而失掉了自己的本性。立身处事不能离开达道正德，就好比调整琴弦不能乱了音律。天地运行必须遵循四季的交替，人类社会的秩序就必须遵守人伦五常。《老子》说："有个浑然一体的东西，在没有天地之前就存在了。它可以算作天下万物的根本，我不知道它的名字，勉强给它取个名字，称它为道。"道这个东西，居家生活可以根据它来侍奉双亲，统治国家可以遵循它来管理臣民，孤身独处时可以依照它修养身心。你若遵循着道来办事，道就充塞于天地之间，体现在每处地方每一时刻。若废弃而不用它，道看上去好像消失了，但实际上仍然没有离开你。只是你不明白道的这种神奇罢了，佛说的与圣人所说的哪有什么不同呢？"

问曰："夫至实不华，至辞不饰。言约而至者丽，事寡而达者明。故珠玉少而贵，瓦砾多而贱。圣人制七经之本①，不过三万言，众事备焉。今佛经卷以万计，言以亿数，非一人力所能堪也，仆以为烦而不要矣。"

牟子曰："江海所以异于行潦者②，以其深广也；五岳所以别于丘陵者，以其高大也。若高不绝山阜，跛羊凌其巅。深不绝涓流，孺子浴其渊。麒麟不处苑囿之中，吞舟之鱼不游数仞之溪。剖三寸之蚌，求明月之珠，探枳棘之巢，求凤凰之雏，必难获也。何者？小不能容大也。佛经前说亿载之事，却道万世之要，太素未起，太始未生，乾坤肇兴，其微不可握，其纤不可入。佛悉弥纶其广大之外，剖析其寂窈妙之内，靡不纪之，故其经卷以万计，言以亿数，多多益具，众众益富，何不要之有？虽非一人所堪，譬若临河饮水，饱而自足，焉知其余哉？"

【注释】

①七经：指七部儒家经典。名目不一，汉代将《论语》、《孝经》连同五经一起合称七经。

②行潦：一说是沟中的流水。《孟子·公孙丑上》："麒麟之于走兽，凤凰之于飞鸟，太山之于丘垤，河海之于行潦，类也。"一说是道路上的积水。

【译文】

问："真正实在的东西没有虚华，最好的言词不需要修饰。用语简练而表达充分就是最好的文章，经历事情很少却情理通达的人才是真正的明白人。所以珠玉世间少而显得珍贵，瓦砾却因其多而变得低贱。圣人阐述七经的旨要，不过用了三万字，但是各方面都讲得很完备。而佛经的卷数却要以万来计算，字数以亿来计算，一个人就算穷其一生的精力也无法读完，我认为这是繁琐而不得要领啊！"

牟子说："江海中的水之所以有别于沟渠中的流水，在于它们的深渊阔广，五岳名山之所以与丘陵不同，是因为它们崇高峻伟。如果高不过一个小山丘，那么跛脚的羊也能登上它的顶端。如果只有涓涓细流那样的深度，那么孩童也能在它的深处沐浴嬉戏。麒麟不会生活在园林庭院中，能吞掉船只的大鱼不会悠游在小溪之中。剖开三寸大小的蚌寻找明珠，在矮树上的巢穴里掏取凤凰的幼仔，一定是难以获得的。为什么呢？因为小的处所不能容纳大的东西。佛经要追溯数亿年上下的事情，要阐述万世万代的旨要，宇宙原初，混沌无物，天和地刚刚开始萌生，它的微妙还不可把握，它的征兆还不可认识，但佛的广大却能涵括天地之外，并能剖析其中的幽微深妙，大小精粗没有不记载的，所以佛经才数以万卷、数以亿言，越多就记述得越详细，越多包含的内容就越丰富，哪里是不得要领呢？虽然以一人之力不能读完所有的佛经，就像一个人到河边喝水，喝够了自然就会满足一样，如果修习一些佛经就已经得到了满足，为什么一定要知道其余的部分呢？”

问曰：“佛经众多，欲得其要，而弃其余。直说其实，而除其华。”

牟子曰：“否！夫日月俱明，各有所照。二十八宿，各有所主。百药并生，各有所愈。狐裘备寒，绤御暑。舟舆异路，俱致行旅。孔子不以五经之备，复作《春秋》、《孝经》者，欲博道术、恣人意耳。佛经虽多，其归为一也。犹七典虽异，其贵道德仁义亦一也。孝所以说多者，随人行而与之。若子张、子游俱问一孝，而仲尼答之各异①，攻其短也，何弃之有哉？”

【注释】

①若“子张”二句：《论语·为政》：“子游问孝，子曰：‘今之孝者，是谓能养。至于犬马，皆能有养；不敬，何以别乎？’”但《论语》中没

有子张问孝，疑为"子夏问孝，子曰：'色难。有事，弟子服其劳。有酒食，先生馔。曾是以为孝乎？'"。

【译文】

问："佛经非常多，我只想了解它的主要内容，不想知道其余的枝节，请直接讲述它的实质，去掉那些华而不实之辞。"

牟子说："你错了！日月都是明亮的，但是它们的光照的时刻不同，一个在白天，一个在夜间。星宿有二十八个，然而它们方位各有所属，职责各不相同。自然界生长着千百种药草，可是它们对治的病症各不一样。狐皮大衣可以防寒，葛布夏衫却能够防暑。船和车行走在不同的道路上，然而都是用于旅行。孔子不认为五经已经完备，又修订了《春秋》，制作了《孝经》，就是要丰富道术，满足人们的不同愿望啊！佛经数量虽然很多，但宗旨只有一个，犹如儒家的七部经典虽然不同，但都崇尚道德仁义的宗旨是一样。对于孝之所以有多种说法，一定是针对不同人的不同状态来回答的。例如，子张和子游都问什么是孝，而孔子却作出了不同的回答，只是对治他们各自的缺点罢了，哪有什么内容可以舍弃呢？"

问曰："佛道至尊至大，尧舜周孔曷不修之乎？七经之中，不见其辞。子既耽《诗》、《书》，悦《礼》、《乐》，奚为复好佛道、喜异术，岂能逾经传、美圣业哉！窃为吾子不取也。"

牟子曰："书不必孔丘之言，药不必扁鹊之方，合义者从，愈病者良，君子博取众善以辅其身。子贡云①：'夫子何常师之有乎？'尧事尹寿②，舜事务成③，旦学吕望④，丘学老聃，亦俱不见于七经也。四师虽圣，比之于佛，犹白鹿之与麒麟，燕鸟之与凤凰也。尧舜周孔且犹与之，况佛身相好变化，神力无方，焉能舍而不学乎？五经事义，或有所阙，佛不见记，何足怪疑哉？”

【注释】

①子贡：春秋时卫国人，名赐。孔子的学生。

②尧事尹寿：鲁哀公问子夏：五帝也都有老师吗？子夏说：黄帝学于大真，颛顼学于绿图，帝喾学于赤松子，尧学于尹寿，舜学于务成跗，禹学于西王国，汤学于威子伯，文王学于铰时子斯，武王学于郭叔，周公学于太公，仲尼学于老聃。见刘向《新序》卷五。

③务成：复姓。相传舜学于务成跗，一说为务成昭。

④吕望：周代齐国的始祖。姜姓，吕氏，名望。一说字子牙，故俗称"姜子牙"，辅佐周武王灭商有功，封于齐。有"太公"之称。

【译文】

问："佛道既然最尊贵最博大，尧、舜、周公和孔子为何不修习呢？在儒家七部经典中也见不到有关佛道的论述。你既然沉湎于《诗》、《书》，喜爱《礼》《乐》，为什么又喜好佛道异术呢？难道能够离开儒家经传去弘扬圣道事业吗？我认为你这种做法是不可取的。"

牟子说："读书不必死守孔子的话语，吃药也不一定非按扁鹊的药方，合乎义的就接受，能治好病的就是良方。君子广泛吸取各家各派的长处完善自己。子贡说："孔夫子哪里有固定的老师呢？"尧向尹寿学习，舜向务成学习，周公旦学于吕望，孔丘学于老聃，这些也都不见于七经之中。这四位老师虽然圣哲，但是与佛相比较起来，就好比是白鹿和麒麟，燕鸟和凤凰。尧、舜、周公和孔子对这四人都要拜以为师，何况佛祖相貌奇伟、千变万化、神力无边，尧舜等人怎么会舍弃学习的机会而不拜佛祖为师呢？五经的事理记载或许有遗漏，从中看不到有关佛的记述，有什么可值得疑惑和奇怪的呢？"

问曰："云佛有三十二相、八十种好，何其异于人之甚也？殆富耳之语，非实之云也！"

　　牟子曰："谚云，少所见，多所怪，睹驼言马肿背。尧眉八彩①，舜目重瞳子，皋陶马喙②，文王四乳，禹耳三漏，周公背偻③，伏羲龙鼻④，仲尼反颙⑤，老子日角月玄、鼻有双柱、手把十文、足蹈二五，此非异于人乎？ 佛之相好，奚足疑哉！"

【注释】

①"尧眉八彩"等句：此处说的尧眉八彩、舜目重瞳子、皋陶马喙（一作鸟喙）、文王四乳、禹耳三漏、周公背偻、伏羲龙鼻、仲尼反颙、老子日角月玄，都是指这些圣贤有不同于平常人的异相。其中多为神话传说，并且有些异相是有所象征的。例如尧眉八彩，据说象征着尧通晓历法，善于观测日月等天体。又如禹耳三漏，据《淮南子》说这表示"大通"，象征着禹能够兴利除害，疏导江河。

②皋陶：传说中的东方夷族首领，偃姓。曾被舜任命掌管刑法，后来被禹选为继承人，因早死，未继位。

③周公背偻：《荀子·非相》中说，周公的身形像断苗一样。植物枯死叫作"苗"，身如断苗，形容背驼得厉害。

④伏羲：一作"宓羲"，又称"皇羲"。中国神话中的人类始祖。传说他和女娲兄妹相婚，产生人类。并教人民渔猎、畜牧、制作八卦。相传他生着龙身、牛首、龙唇、龟齿。一说伏羲即太暤，风姓。古代传说中的部落酋长。

⑤仲尼反颙(yǔ)：反颙，又作"反宇"。反宇是指与屋宇相反。屋宇（屋顶）是中间高，四周低，反宇则是中间低，四周高。仲尼反颙说的是孔子的头顶是中间低，四周高。见《史记·孔子世家》。

【译文】

问："据你所说，佛的相貌超凡越俗，有三十二种庄严胜相、八十种微细乐好，为什么他和平常人相差这么远呢？恐怕是说得动听，并非真实吧！"

牟子说："俗话说得好，见识少的人容易对不常见的事情感到奇怪，就像看见骆驼就说是马背肿了一样。尧的眉毛有八种色彩，舜的眼睛有双重瞳孔，皋陶的嘴长得像马嘴，周文王有四个乳房，禹的耳朵有三个耳穴，周公驼背弓腰，伏羲长着龙一样的鼻子，仲尼的头顶是四周高、中间低，老子的额角高高突起，生有双鼻梁，手心和脚心都长着十种纹路，这不也都和平常人不同吗？对佛的相貌又有什么好怀疑的呢？"

问曰："《孝经》言：'身体发肤，受之父母，不敢毁伤。'曾子临没，'启予手，启予足'。今沙门剃头，何其违圣人之语，不合孝子之道也。吾子常好论是非、平曲直，而反善之乎？"

牟子曰："夫讪圣贤不仁，平不中不智也。不仁不智，何以树德？德将不树，顽嚚之俦也。论何容易乎！昔齐人乘船渡江，其父堕水，其子攘臂捽头颠倒，使水从口出，而父命得稣。夫捽头颠倒，不孝莫大，然以全父之身。若拱手修孝子之常，父命绝于水矣。孔子曰：'可与适道，未可与权。'所谓时宜施者也。且《孝经》曰：'先王有至德要道。'而泰伯短发文身①，自从吴越之俗，违于身体发肤之义，然孔子称之'其可谓至德矣'，仲尼不以其短发毁之也。由是而观，苟有大德，不拘于小。沙门捐家财、弃妻子、不听音、不视色，可谓让之至也，何违圣语不合孝乎？豫让吞炭漆身②，聂政皮面自刑③，伯姬蹈火④，高行截容⑤，君子为勇而有义，不闻讥其自毁没也。沙门剃除须发，而比之于四人，不已远乎？"

【注释】

①泰伯：一作"太伯"，春秋吴国的始祖。周太王的长子。太王欲立幼子季历，于是泰伯与弟弟仲雍同避江南，改从当地风俗，断发文身，成为当地君长。

②豫让：春秋战国间晋国人。晋卿智瑶的家臣。赵、韩、魏共灭智氏后，他改名换姓，用漆涂身，吞炭成哑，暗伏桥下，谋刺赵襄子，没有成功。被捕后，求得赵襄子衣服，用剑击衣后自杀。

③聂政：战国时韩国轵（今河南济源东南）人。严仲子与韩相侠累争权结怨，求聂政刺杀侠累。政因母在，未许。母死后，乃独行仗剑刺杀侠累，然后毁坏自己的容貌而自杀。

④伯姬：《列女传》中说，伯姬是鲁宣公的女儿，鲁成公的妹妹。嫁给宋恭公。她住的地方夜晚失火，身边的人劝她离开。她说，按照规矩，保傅（辅导王侯子弟的官员）和保母（在宫廷中抚养王侯子女的女妾）没有来到时，"妇人"在夜晚不能离开房间。后来保傅和保母终于没来，伯姬也宁死不肯破坏"妇人"的行为规范，烧死在屋子里。

⑤高行：战国时魏国人，寡居，貌美。达官贵人争着要娶她，她一概不答应。后来魏王要聘她，于是自割其鼻毁掉容颜。魏王因此"大其义，高其行"，尊称她为"高行"，故有此名号。见《列女传》十四。

【译文】

问："《孝经》上说：'身体、毛发和皮肤，都是父母赐予的，不能随意毁坏或损伤。'曾子临终时召集门人弟子在前，叮嘱他们：'看看我的手，看看我的脚。'现在的沙门却剃掉头发，这是多么不合圣人的训示和孝子的行为规范啊！你一向喜欢辩论是非、评判曲直，为什么而今却反过来赞赏他们呢？"

牟子说："嘲讽圣贤是不仁，评论的不准确是不智，不仁不智，靠什

么树立品德呢？一个人若不能树立品德，就是顽固愚蠢之徒。评论是
非曲直谈何容易呀！以前齐国有两父子坐船过江，父亲不慎掉进江里，
儿子抓住父亲的手臂，揪住父亲的头发，把他的身体倒转过来，使水从
口里流出，从而父亲的生命得以复苏。如此又揪头发又颠倒身体，没有
比这更不孝的了，然而这样做目的在于保全父亲的性命。如果儿子按
照孝子的规矩去做，只能拱手旁观，结果是这个父亲一定被淹死了。孔
子说：'可以一起追求大道的人，未必可以一起通权达变。'这话的意思
就是应当根据实际情况灵活地运用道。《孝经》又说：'先王传下了最根
本的孝道。'而泰伯却留短发、文了身，依从吴越当地的习俗，应该违背
了圣人关于'身体发肤'的训诫，可是孔子仍然称赞泰伯说：'那可以说
是崇高品德的极致了。'仲尼不因他留短发而批评他，由此看来，如果一
个人有高尚的道德，就不应当拘泥于他的小节。沙门抛弃家财、妻子，
杜绝声色享乐，可以说是谦让到极点了，哪里违背圣贤的教导而不合乎
孝道呢？豫让吞炭成为哑巴，又用黑漆涂遍全身；聂政剥掉自己脸上的
皮；伯姬宁死也不离开起火的房间；高行割掉鼻子自毁容颜。有德的人
都认为他们勇敢而有侠义精神，没听说有谁讥讽他们的自残举动。与
这四人相比，沙门剃除胡须头发不是差得远了吗？"

　　问曰："夫福莫逾于继嗣，不孝莫过于无后。沙门弃妻
子，捐财货，或终身不娶，何其违福孝之行也？自苦而无奇，
自拯而无异矣。"

　　牟子曰："夫长左者必短右，大前者必狭后。孟公绰为
赵魏老则优①，不可以为滕、薛大夫。妻子财物，世之余也。
清躬无为，道之妙也。《老子》曰：'名与身孰亲？身与货孰
多？'又曰：观三代之遗风，览乎儒墨之道术，诵《诗》、《书》，
修礼节，崇仁义，视清洁，乡人传业，名誉洋溢，此中士所施

行,恬淡者所不恤。故前有随珠②,后有虓虎③,见之走而不敢取,何也? 先其命而后其利也。许由栖巢木④,夷、齐饿首阳⑤,孔圣称其贤曰:'求仁得仁者也。'不闻讥其无后无货也。沙门修道德以易游世之乐,反淑贤以贸妻子之欢,是不为奇,孰与为奇? 是不为异,孰与为异哉?"

【注释】

①孟公绰:春秋时鲁国大夫。受到孔子的尊敬(《史记·仲尼弟子列传》)。

②随珠:又作"隋珠",随侯之珠。传说中的宝器,与"和氏之璧"并称为"隋和"。随侯是周时一姬姓诸侯,相传他救过一条大蛇,大蛇衔珠报答他。故有随珠之称。

③虓(xiāo)虎:咆哮的猛虎。虓,虎吼。

④许由:一作许繇,上古高士。相传尧要让位给他,他不愿意接受,隐居于箕山下耕作。后来尧又任他为九州长,他到颍水之滨洗耳,表示不愿意听。

⑤夷、齐:即伯夷和叔齐,商末孤竹君的两个儿子,伯夷为长,叔齐为次。孤竹君立次子叔齐为继承人,孤竹君死后,叔齐让位给伯夷,伯夷不受,叔齐也不愿登位,两人先后逃奔周国。周武王讨伐商王朝时,他们叩马阻拦。武王灭商后,他们耻食周粟,逃进首阳山采薇为食,后来饿死在山中。

【译文】

问:"最有福气要算是有继嗣了,最不孝要数没有后代了。沙门抛弃家庭和钱财,或者终身不娶,完全违背了求福尽孝的人情啊! 这样自己糟践自己以求得拯救,不见得有什么特别奇异的呀!"

牟子说:"擅长用左手的人一定不擅长用右手,前肢发达的动物后肢一定不发达。孟公绰如果做晋国赵氏或魏氏的家臣是绰绰有余，却不能胜任滕、薛的大夫。妻子和财物是世间的多余之物，清静无为的境界才是道的奥妙所在。《老子》说："虚名和身体哪一个更可亲？身体和财物哪一个更重要？"又说：考察夏、商、周三个朝代流传下来的好风气，阅览儒家和墨家的学说，诵读《诗》《书》，研习礼节，崇尚仁义，珍视清洁，使乡人邻里传颂其业绩，名誉传扬四方，这只是道德修养中等水平的人所追求和施行的，而为恬淡寡欲、修养上等之人所不顾及的。所以当面前有随侯之珠，身后有咆哮的猛虎时，人们总是逃走而不敢拾取珠宝，这是为什么？不过是顾惜性命比利益更重要罢了！许由在树上筑巢栖身，伯夷和叔齐饿死在首阳山，孔圣人称赞他们的贤德时说："那是追求仁而得到了仁啊！"未听说有谁讥笑他们没有后代、没有钱财。沙门放弃人世间的游乐来修行道德，舍弃与妻子儿女一起的天伦之乐而过着清静素朴的生活，这还不算了不起，还有什么更了不起！这还不算不寻常，还有什么更不寻常！"

问曰："黄帝垂衣裳，制服饰。箕子陈《洪范》①，貌为五事首②。孔子作《孝经》，服为三德始③。又曰：'正其衣冠，尊其瞻视。'原宪虽贫④，不离华冠。子路遇难⑤，不忘结缨。今沙门剃头发，被赤布，见人无跪起之礼，威仪无盘旋之容止，何其违貌服之制，乖搢绅之饰也！"

牟子曰："《老子》云：'上德不德，是以有德；下德不失德，是以无德。'三皇之时食肉衣皮，巢居穴处以崇质朴，岂复须章黼之冠、曲裘之饰哉！然其人称有德而敦庞、允信而无为⑥。沙门之行，有似之矣。"

【注释】

①箕子：商纣王的诸父，官居太师，封于箕（今山西太谷东北）。纣王暴虐，箕子劝谏，被纣王囚禁。周武王灭商后被释放。洪范：《尚书》中的篇名。旧传为箕子向周武王陈述的"天地之大法"，近人疑为战国时的作品。

②五事：古代帝王修身的五件事。指貌、言、视、听、思。对这五件事的要求是：貌恭，言从，视明，听聪，思睿。

③三德：指三种品德，随文而异，说法不一。在《孝经》中是指服、言、行。孔子在讲到卿大夫之孝时说："不合乎先王规定的衣服，不穿；不合乎先王规章的话，不说；不合乎先王品行规范的事，不做。具备了这样三种品德，然后才能守家庙。"

④原宪：春秋时鲁国人，一说是宋国人。字子思，也称原思、仲宪。孔子的学生，家境贫穷。有一次子贡去看望他，他戴着桦木皮所做的冠帽出来迎接。《庄子·让王》："原宪华冠继履，杖藜而应门。"华冠：用桦木皮做的冠。郭象注："华冠，以华木皮为冠。"华，同'桦'。

⑤子路：春秋时鲁国人，仲氏，名由。字子路，又字季路。孔子的学生。死于卫国的一次动乱中。死前被击断了帽子上的带子，他说：君子死而冠不免，于是系好了帽带而死。见《史记·仲尼弟子列传》。

⑥有德而敦庞、允信而无为："敦"在元藏和明藏本中为"埶"，在大正藏本中作"敦"；而"厖允"在宋、元、明藏本中作"尤之"，在大正藏本中作"厖允"。仔细斟酌，当为"有德而敦庞，允信而无为"，"敦庞"或"敦厖"，意为：丰厚富足。《国语·周语上》："敦庞纯固于是乎成。"《左传·成公十六年》："民生敦庞。"

【译文】

问："黄帝定衣服之制，示天下以礼。箕子讲《洪范》，把容貌摆在

'五事'的首位。孔子作《孝经》，认为穿衣服合乎礼仪是'三德'中首要的品德。并且说："君子应该使自己的衣冠端正，使自己的目光庄重"。原宪虽然贫穷，却总是戴着桦树皮做的帽子。子路在危难中，仍然不忘打好帽子的带结。而今沙门剃掉头发，身披红色的袈裟，会见人时不行坐起跪拜之礼，仪容举止没有盘旋进退，这是多么的违背容貌和穿着的礼制，多么不合乎士大夫的服饰呀！"

牟子说："《老子》中说：'上德不追求形式上的德，因此就是有德。下德死守着形式上的德，因此就是无德。'三皇时代，人们吃兽肉，裹兽皮，住在洞穴里，生活崇尚质朴，又哪里用得着那些华丽的衣冠服饰呢？可是人们却称赞那时候的人敦厚而有德性、守信用而无奢欲。沙门的行为举止就与此相似。"

或曰："如子之言，则黄帝尧舜周孔之俦，弃而不足法也。"

牟子曰："夫见博则不迷，听聪则不惑。尧舜周孔，修世事也。佛与老子，无为志也。仲尼栖栖，七十余国。许由闻禅，洗耳于渊。君子之道，或出或处，或默或语，不溢其情，不淫其性。故其道为贵，在乎所用，何弃之有乎！"

【译文】

又有人问："照你这样讲，像黄帝、尧、舜、周公和孔子一类的圣人不是应当抛弃而不值得效法了吗？"

牟子说："见闻广博、耳聪目明的人不会迷惑，尧、舜、周公和孔子，志在治理国家和社会，而佛和老子则志在追求无为。由于志向和追求不同，仲尼恓恓惶惶地奔波于列国之间，而许由听见尧要让天下给他，却跑到河边去洗耳朵。对于有才德的君子来说，他们或者是积极参与世事或者是隐居不出，或者缄口不言或者倡言天下，总能做到言行有度，不放纵自己的性情。因此道的可贵就在于可以用在不同的方面，哪里需要抛弃尧舜周孔的圣人之道呢？又有哪些道可以舍弃呢？"

问曰："佛道言人死当复更生，仆不信此言之审也。"

牟子曰："人临死，其家上屋呼之，死已，复呼谁？或曰：呼其魂魄。牟子曰：神还则生，不还，神何之乎？曰：成鬼神。牟子曰：是也，魂神固不灭矣，但身自朽烂耳。身譬如五谷之根叶①，魂神如五谷之种实。根叶生必当死，种实岂有终亡，得道身灭耳。《老子》曰：'吾所以有大患，以吾有身也。若吾无身，吾有何患？' 又曰：'功成名遂身退，天之道也。'

【注释】

①五谷：五种谷物，说法不一，通常指稻、黍、稷、麦、菽。也泛指谷物。

【译文】

问："按照佛家的说法，人死后还能复生。我不相信真有这样的事。"

牟子说："一个人刚刚死去的时候，他家里的人就会到屋顶上呼叫他的名字。人已经死了还呼唤谁呢？人们会说：这是在叫他的魂魄。牟子说：神魂如果回来，人就会复生，如果神魂不回来，它又去了哪里呢？人们会说：那是变成了鬼神。牟子说：这就是了。神魂是不会死的，只是身体会朽烂。身体好比五谷的根叶，神魂好比五谷的种子，根叶长到一定时候必然会死去，种子却不会灭绝。根叶死，种子存，人得了道也是这样，身体虽然死去，但是精神仍然存在。《老子》说：'我所以有大忧患,是因为我有身体。如果我没有身体,我还有什么可忧虑的呢?'又说:'功成名就以后就适可而止,退身出来,这就是自然的天道啊。'"

或曰:"为道亦死,不为道亦死,有何异乎?"

牟子曰:"所谓无一日之善而问终身之誉者也。有道虽死,神归福堂。为恶既死,神当其殃。愚夫暗于成事,贤智预于未萌。道与不道,如金比草;善之与恶,如白方黑,焉得不异而言何异乎!"

【译文】

有人或许会说:"追求道会死,不追求道也会死,又有什么区别呢?"

牟子说:"你这就正如没有做过一天好事却企求终身的名誉一样。获得并实现了道的人虽然也难免一死,但是死后他们的魂神将归于福堂;而为非作恶的人死了以后,他们的魂神必定遭受祸殃。愚昧者对已经发生的事也是一无所知,聪明人对尚未发生的事也能作出预见。掌握了道与没有掌握道相比,就好像一个是金子一个是草芥;善行与恶行相比,就好像一个是光明一个是黑暗。怎么能没有区别而去问有什么不同呢!"

问曰:"孔子云:'未能事人,焉能事鬼?未知生,焉知死?'此圣人之所纪也。今佛家辄说生死之事、鬼神之务,此殆非圣哲之语也。夫履道者,当虚无澹泊,归志质朴,何为乃道生死以乱志,说鬼神之余事乎?"

牟子曰:"若子之言,所谓见外未识内者也。孔子疾子路不问本末,以此抑之耳。《孝经》曰:'为之宗庙,以鬼享之；春秋祭祀，以时思之。'又曰：'生事爱敬，死事哀戚。'岂不教人事鬼神、知生死哉？周公为武王请命曰①：'旦多才多艺，能事鬼神。'夫何为也？佛经所说生死之趣，非此类乎？《老子》曰：'既知其子，复守其母，没身不殆。'又曰：'用其光复其明，无遗身殃。'此道生死之所趣，吉凶之所住。至道之要，实贵寂寞。佛家岂好言乎？来问不得不对耳。钟鼓岂有自鸣者？桴加而有声矣。"

【注释】

①武王：即周武王姬发。周文王的儿子。武王灭商，成为西周王朝的建立者。武王灭商二年后病重，周公欲代武王死，为此向周人先祖请命，说："旦巧能，多材多艺，能事鬼神。"见《史记·鲁周公世家》。

【译文】

问："孔子说：'人尚且不能侍奉好，怎么能够侍奉好鬼呢？生的道理还没弄明白，怎么能够明白死是怎么回事呢？'这是圣人所说的话呀！而佛家却喜欢大谈生死和鬼神，这几乎是在否定圣哲的话了。按理说，修道的人应当虚无澹泊，归于质朴，为什么佛家却谈论生死以致于迷失了志向，又大谈那些本不该谈论的鬼神之事呢？"

牟子说："像你说的这些话，正所谓只看到事情的表面而不了解其实质。孔子这是忧虑子路遇到事情分不清本末主次，以这样的回答来批评提醒子路罢了。《孝经》中说：'设立宗庙，是为了让逝去的人能够得到享用；四季举行祭祀，是为了时刻缅怀去世的亲人。'又说：'侍奉在世的亲人要爱敬，侍奉死了的亲人要哀戚。'这难道不是教导人们侍奉鬼神、了解生死吗？周武王病重，为此周公向周朝的先王祷告请命时说：'我姬旦多才多艺，能侍奉鬼神。'这又是为什么呢？佛经上关于生

死的谈论，难道不属于这一类吗？《老子》说：'已经掌握了天下万物，又
坚守着天下万物的根本，就一辈子没有危险了。'又说：'运用道所内蕴
的光去洞察世事人生，就不会给自己带来灾祸。'这也是在谈论生和死
的旨趣、吉和凶的所在。道的精髓，在于崇尚清寂无为。佛家难道是爱
发议论吗？只不过是有人提出问题，不得不回答而已。钟和鼓哪有自
己鸣响的呢？因为用槌敲击它才发出声音啊！"

　　问曰："孔子曰：'夷狄之有君①，不如诸夏之亡也②。'孟
子讥陈相更学许行之术③，曰：'吾闻用夏变夷，未闻用夷变
夏者也。'吾子弱冠学尧舜周孔之道，而今舍之，更学夷狄之
术，不已惑乎！"

　　牟子曰："此吾未解大道时之余语耳。若子可谓见礼制
之华，而暗道德之实。窥炬烛之明，未睹天庭之日也。孔子
所言，矫世法矣。孟轲所云，疾专一耳。昔孔子欲居九夷④，
曰：'君子居之，何陋之有？'及仲尼不容于鲁卫，孟轲不用于
齐梁，岂复仕于夷狄乎？禹出西羌而圣哲⑤，瞽叟生舜而顽
嚚⑥，由余产狄国而霸秦⑦，管蔡自河洛而流言⑧。传曰：北
辰之星，在天之中，在人之北。以此观之，汉地未必为天中
也。佛经所说，上下周极含血之类物，皆属佛焉。是以吾复
尊而学之，何为当舍尧舜周孔之道？金玉不相伤，精魄不相
妨⑨。谓人为惑时，自惑乎！"

【注释】

①夷狄：中国古代称东方民族为"夷"，北方民族为"狄"。这里泛指
　　四方民族。

②夏：古代汉族自称。也称华夏、诸夏。又指中国或中国人。

③陈相：战国时有楚人陈良，学周公、孔子之道，从学者中有陈相。后陈相遇到许行，尽弃前学，改学许行之术（《孟子·滕文公上》）。许行：战国时楚国人。曾与其弟子数十人去见滕文公，陈说"神农之术"。主张君民并耕，自食其力。

④九夷：古时称东夷有九种。指东方的九个民族。

⑤西羌：羌，古族名。主要分布在今甘、青、川一带。西汉时对羌人泛称为西羌。东汉时羌人的一支内徙，因住地偏西，也称西羌。

⑥瞽（gǔ）叟：舜的父亲。瞽，瞎眼。《史记·五帝本纪》中说：舜，"盲者子"。一说是舜父有目不能分别好恶，所以当时的人谓之瞽。嚚（yín）：愚蠢而顽固。

⑦由余：其祖上为晋人，亡入戎。奉使命至秦见秦穆公，穆公以女乐赠戎王，戎王为女乐所迷。由余数谏不听，于是逃亡入秦。秦用由余的计谋伐戎，得以称霸西戎。见《史记·秦本纪》。

⑧管蔡：即管叔鲜和蔡叔度。周武王的弟弟。武王去世，其子成王年幼，由周公旦摄政。管叔和蔡叔不服，造流言说周公将不利于成王，与武庚一起叛乱。周公平定叛乱后，管叔被杀死（一说为自杀），蔡叔被放逐。河洛：黄河与洛水。也指这两条河之间的地区。武王灭商后，封管叔鲜于"管"（今河南郑州），封蔡叔度于"蔡"（今河南上蔡西南）。两地都在河洛地区，故说"管蔡自河洛而流言"。

⑨魄：一作"珀"。

【译文】

问："孔子说：'夷族狄族即使有贤明君主，还是赶不上中原各国没有贤明君主啊。'孟子讥笑陈相抛弃先前所学而改学许行的'神农'之术时说：'我只听说过用中国的政教改变夷族的，没听说过用夷族的制度来改变中国的。'牟子你从小就学习尧、舜、周公和孔子的治人治世之道,现在却抛弃了它们,反倒去学习夷狄之族的那一套,不是已经迷失方向了吗?"

　　牟子说:"这很像是我没有懂得佛道以前所说的话呀,像你这样可以说是只看到礼制的外表,而不明白道德的实质,只看到火炬、蜡烛的微光,却没见过太阳的辉煌光芒。孔子说那些话,目的只是要矫正世间的法度啊。孟轲那样说,是忧虑人们只是片面地学习某一种学问。以前孔子想到九夷去居住,曾经说:'有君子住到那里去,还有什么鄙陋呢?'当仲尼不被鲁国和卫国所容留,孟轲不被齐国和梁国所重用的时候,难道他们会再到夷狄之地去做官吗? 大禹虽然出生于西方羌族,却最终成为圣哲;瞽叟虽然生了像舜这样的圣人,但他仍然是愚妄的。由余出生于狄国却能帮助秦国称霸西戎;管叔鲜和蔡叔度虽然是周朝王室中的贵族,却四处散布流言诽谤周公。经传中说,北极星在天的中央,在人类居住地的北边。由此看来,汉朝所辖的地域不一定居于天地的中心。根据佛经所说,上下左右、四面八方,凡是血肉动物,都统属于佛法之中,所以我才又开始敬佛并且学习佛经,为什么一定要舍弃尧舜周孔之道呢? 金和玉不会相互伤害,水精(晶)和琥珀也不会相互妨碍。你说别人迷惑的时候,恐怕是你自己迷惑了吧!"

　　问曰:"盖以父之财乞路人,不可谓惠。二亲尚存,杀己代人,不可谓仁。今佛经云:'太子须大拏①,以父之财,施与远人。国之宝象,以赐怨家。妻子自与他人。'不敬其亲而敬他人者,谓之悖礼。不爱其亲而爱他人,谓之悖德。须大拏不孝不仁,而佛家尊之,岂不异哉?"

　　牟子曰:"五经之义,立嫡以长。太王见昌之志②,转季为嫡,遂成周业,以致太平。娶妻之义,必告父母。舜不告而娶,以成大伦。贞士须聘请,贤臣待征召。伊尹负鼎干汤③,宁戚叩角要齐④,汤以致王,齐以之霸。礼,男女不亲授。嫂溺则援之以手,权其急也。苟见其大,不拘于小,大人岂拘常也。须大挐睹世之无常,财货非己宝,故恣意布施,以成大道。父国受其祚,怨家不得入;至于成佛,父母兄弟皆得度世。是不为孝,是不为仁,孰为仁孝哉?"

【注释】

①须大挐:即悉达多(梵文 Siddhsrtha),释迦牟尼出家前的本名。全名为"萨婆悉达多"。

②太王:即周太王,名古公亶父。古代周族的领袖。周文王姬昌的祖父。太王有长子太伯、次子虞仲、幼子季历。季历是姬昌的父亲。太王认为姬昌有志向,欲立季历以传姬昌,于是太伯和虞仲出走,以让季历。周武王继位后,追尊古公亶父为太王。见《史记·周本纪》。昌:即周文王姬昌。

③伊尹:商初大臣,名伊,尹是官名。一说名挚。出身奴隶,后被任以国政,成为成汤的辅臣。据说他曾背着锅和切肉用的砧板,向成汤陈说治世的道理,以求取重用。后来成汤选拔他执政。汤:成汤,又称天乙,商王朝的建立者。

④宁戚:春秋时卫国人。家贫,替人赶牛车。至齐国,在车边喂牛,适值齐桓公到郊外迎客,宁戚敲着牛角而悲歌:"南山矸(白净的石头),白石烂,生不遭尧与舜禅,短布单衣适至骭(小腿),从昏饭(喂)牛薄夜半,长夜漫漫何时旦?"桓公听到后,认为是个人才,于是予以重用。见《史记·邹阳列传》《淮南子·道应》。

【译文】

问:"用父亲的钱财去施舍过路之人,不能算是真正的恩惠。双亲还健在时,代替别人去死,也称不上是仁者。而佛经上说:'太子须大挈,把他父亲的资财施舍给不相干的陌生人,把国家的宝象赐给自己的仇家,自己的妻子也送给了别人。'不孝敬自己的双亲而孝敬其他人,叫作悖礼;不爱自己的亲人而爱旁人,叫作悖德。须大挈太子不孝不仁,而佛家却尊崇他,这不是很叫人惊讶吗?"

牟子说:"根据五经要义,应当册立正妻所生的长子为王位继承人。但是,周王朝的先祖太王因看到姬昌有大志,就把本来是小儿子的季历(姬昌之父)转立为嫡长子,以使姬昌能接续王位。后来果然由姬昌完成了建立周王朝的大业,平定了天下。按照五经,娶妻必须报告父母。而舜却不告诉父母就娶了妻,但是他却成就了实现天下太平的最伟大的伦德。贞洁之士一定要等待明主的聘请,贤能之臣一定要等待君王的召唤。但伊尹却自己背着锅向成汤陈说治世的学问;宁戚却敲击牛角而唱歌,向齐桓公抒发胸中的见识。由于得到这二人的辅佐,成汤因此而称王,齐国因此而成就霸业。按照'礼'的要求,男女之间不能身体直接接触,但是当嫂子溺水时则要援手相救,这是因为事情紧急而做出的权宜之便呀!如果从大处着眼,就会不拘泥于小节,真正伟大的人怎会拘于常法呢?须大挈看到世间一切事物都不能永恒,而是在生灭无常中流转,财货因而并非是个人的宝物,所以随意布施,以实践至高无上的道。他这样做,使得他父王的国家得到福佑,那些仇家也不再侵犯;自己悟道成佛,父母兄弟也得到度脱。若说这还不是孝不是仁,那什么是孝,什么是仁呢?"

问曰:"佛道崇无为,乐施与,持戒兢兢,如临深渊者。今沙门耽好酒浆,或畜妻子,取贱卖贵,专行诈绐,此乃世之伪,而佛道谓之无为邪?"

牟子曰:"工输能与人斧斤绳墨①,而不能使人巧;圣人能授人道,不能使人履而行之也。皋陶能罪盗人,不能使贪夫为夷齐；五刑能诛无状②，不能使恶人为曾、闵③。尧不能化丹朱④，周公不能训管蔡。岂唐教之不著、周道之不备哉？然无如恶人何也。譬之世人学通七经而迷于财色，可谓六艺之邪淫乎⑤！河伯虽神⑥，不能溺陆地人；飘风虽疾，不能使湛水扬尘。当患人不能行，岂可谓佛道有恶乎！"

【注释】

①工输：即公输班，春秋时鲁国人，古代著名的工匠。又称公输般，俗称鲁班。

②五刑：中国古代的五种刑罚。商周时期指墨刑、劓刑、剕刑、宫刑、大辟。隋以后指笞刑、杖刑、徒刑、流刑、死刑。

③曾：即曾参。闵：即闵子骞，春秋时鲁国人，名损。孔子的学生，在孔门中以德行高尚著称。

④丹朱：传说为尧的儿子，名朱，因居于丹水，故称丹朱。傲慢荒淫。尧因其不肖，而传位于舜。

⑤六艺：即六经，指《礼》、《乐》、《书》、《诗》、《易》、《春秋》。古代学校所教授的礼、乐、射、御、书、数也称六艺。

⑥河伯：古代神话中的黄河水神。又叫冯夷。

【译文】

问："佛道崇尚无为，乐于施舍，遵守戒律小心翼翼，如临深渊。而今的沙门却有的沉迷于美酒琼浆，有的娶妻养子；甚至贱买贵卖，专做那些欺蒙哄骗的事情，这恰是世间的罪恶勾当，难道佛道把这叫做无为吗？"

牟子说："工输班能送给别人斧头和绳墨，但不能自然地使他成为能工巧匠；圣人能够向人们传授生活的大道，但不能保证人们一定遵循道来行动。严明的皋陶能给盗贼治罪，但不能使所有的贪婪者成为像伯夷和叔齐那样谦让的人；残酷的五刑能够诛灭那些无法饶恕的罪犯，却不能使恶人变成曾子和闵子那样的贤者。贤能的尧始终不能感化丹朱，英明的周公也不能训导管叔鲜和蔡叔度，这难道是说唐尧的教导不够显明、周代的典章制度不够完善吗？然而用在恶人身上是不会有效果的。这就好比世上的人学通了儒家七经却仍然沉迷于财色，但能不能因此说六艺之道本身就是淫邪的呢？河伯虽然神通广大，但是他不能淹死在陆地上的人；狂风虽然迅疾，但是它不能使清亮的水面扬起灰尘。应当忧虑的是人们不去遵循实践佛道，怎么能说是佛道本身包含邪恶呢？"

问曰："孔子称：'奢则不逊，俭则固。与其不逊也，宁固。'叔孙曰①：'俭者德之恭，侈者恶之大也。'今佛家以空财布施为名，尽货与人为贵，岂有福哉？"

牟子曰："彼一时也，此一时也。仲尼之言，疾奢而无礼。叔孙之论，刺严公之刻楹②，非禁布施也。舜耕历山③，恩不及州里；太公屠牛，惠不逮妻子。及其见用，恩流八荒，惠施四海。饶财多货，贵其能与；贫困屡空，贵其履道。许由不贪四海，伯夷不甘其国，虞卿捐万户之封④，救穷人之急，各其志也。僖负羁以一餐之惠⑤，全其所居之间；宣孟以一饭之故⑥，活其不赀之躯。阴施出于不意，阳报皎如白日。况倾家财，发善意，其功德巍巍如嵩泰，悠悠如江海矣。怀善者应之以祚，挟恶者报之以殃。未有种稻而得麦，施祸而获福者也。"

【注释】

①叔孙:鲁桓公之孙,叔牙之子,名兹。

②严公:即鲁庄公。这里称严公,是为了避汉明帝刘庄的讳。春秋
鲁庄公二十四年(前670)三月,庄公刻桓宫桷,也就是雕刻宫殿
屋檐的方形椽子。叔孙为此进谏,认为这样做过于奢侈。"严公
刻桷"指的就是这件事。

③历山:山名。相传舜曾在历山耕作。处所甚多,山东、山西、河
南、河北等地都有历山,并且都流传说是舜的耕作之地。

④虞卿:战国时人,善于游说。因进说赵孝成王,被任为上卿,后又
得封一城。当时魏相魏齐与秦应侯有仇,秦国急欲得到魏齐。
魏齐求助于虞卿,虞卿为解救魏齐,放弃了官位和封地,与魏齐
悄悄出走。见《史记·虞卿列传》。

⑤僖负羁:春秋时曹国人。晋国公子重耳避难到曹国时,曹共公听
说重耳的肋骨是连在一起成为一块骨头的,就很不礼貌地偷看
重耳洗澡。僖负羁的妻子对僖负羁说:我看晋公子周围的人一
定能帮助他得到国家,他登上王位后一定会因为曹共公的无礼
而讨伐曹国。你应当亲近晋公子,向他表示敬意。于是僖负羁
就送饭给重耳,重耳接受了。后来重耳果然即位,举兵讨伐曹
国。由于重耳受过僖负羁一饭之恩,就传令军队不得侵犯僖负
羁和他的邻里。曹国人听说后,纷纷投奔僖负羁,于是保全了七
百多家。见《左传·僖公二十三年》、《韩非子·十过》。

⑥宣孟:即赵宣子,名盾。春秋时晋国人,赵衰之子。在晋襄公时
任中军元帅,执掌国政。后来晋灵公要杀他,就请他喝酒,暗暗
埋伏下了甲兵。后来危急时一个名叫灵辄的甲士反戈一击,帮
助赵盾逃脱了。赵盾问他为什么要出手援助,灵辄说,我就是当
年那个饥饿的人啊。以前赵盾曾在桑阴居住,碰到已经饿了三
天的灵辄,就拿饭给他吃,并送饭食给灵辄的母亲。灵辄感戴赵

盾的恩德，才有了保护赵盾逃脱的事。见《左传·宣公二年》。

【译文】

问："孔子说：'奢侈就显得不谦逊而无礼，节俭就显得小气而固陋，与其显得不谦逊，宁可显得小气。'叔孙说：'节俭是德行中的大德，奢侈是恶行中的大恶。'而佛家却以散尽家财布施给他人为荣耀和功德，这样做怎么能有福气呢？"

牟子说："彼一时，此一时啊！仲尼说这些话，是担心过分奢侈会显得骄人无礼。叔孙发这样的议论，是指责鲁庄公大肆铺张、雕刻厅堂前的柱子那件事，并不是主张禁布施。舜在历山耕田度日的时候，即使是他的乡亲邻里，也得不到他的恩惠；姜太公靠宰牛过活的时候，连他的妻子都照顾不了。可是在他们被起用以后，恩泽就遍及四面八方。家财万贯时而肯施舍助人，一贫如洗时还能坚守道义，这是最可贵的。许由不贪图占有天下；伯夷不贪求继承王位；虞卿为了帮助面临危难的人，甘愿放弃高官和封地，这正是人各有志啊！僖负羁因一餐饭的恩惠而能保全自己的邻里；宣孟也因一顿饭的施舍而救了自己宝贵的生命。无意中的小小施舍，尚且得到如同白日般辉煌的厚报，更何况佛家倾尽家财，广施善心呢！其功德比嵩山、泰山还高，比大江、大海还深啊！心怀善意的人最终会得到幸福，心存恶念的人一定会遭受灾殃。种下稻子却能收获麦子、做了坏事却得到幸福，这样的事从来都不会发生。"

问曰："夫事莫过于诚，说莫过于实。老子除华饰之辞，崇质朴之语。佛经说不指其事，徒广取譬喻。譬喻，非道之要。合异为同，非事之妙。虽辞多语博，犹玉屑一车，不以为宝矣。"

牟子曰："事尝共见者，可说以实。一人见一人不见者，难与诚言也。昔人未见麟，问尝见者：'麟何类乎？'见者曰：

'麟如麟也。'问者曰:'若吾尝见麟,则不问子矣。而云麟如麟,宁可解哉?'见者曰:'麟,麏身、牛尾、鹿蹄、马背。'问者霍解。孔子曰:'人不知而不愠,不亦君子乎?'《老子》云:'天地之间,其犹橐籥乎?'又曰:'譬道于天下,犹川谷与江海。'岂复华饰乎!《论语》曰:'为政以德,譬如北辰。'引天以比人也。子夏曰:'譬诸草木,区以别之矣。'①《诗》之三百,牵物合类,自诸子谶纬、圣人秘要②,莫不引譬取喻,子独恶佛说经牵譬喻邪?"

【注释】

①"譬诸草木"二句:此语出自《论语·子张》:子游曰:"子夏之门人小子,当洒扫、应对、进退,则可矣,抑末也。本之则无,如之何?"子夏闻之,曰:"噫,言游过矣!君子之道,孰先传焉?孰后倦焉?譬诸草木,区以别矣。君子之道,焉可诬也?有始有卒者,其惟圣人乎?"朱熹对这段话的解释是:子游攻击子夏的门人重威仪容饰,而无视大学正心诚意之事,舍本逐末。子夏则认为,君子之道,本无精粗大小,皆需一以贯之,更需因材施教,根据学者深浅而区别对待。

②谶(chèn)纬:谶书和纬书的合称。谶是秦汉间巫师、方士编造的预示吉凶的隐语,纬是汉代迷信附会儒家经义的一类书。

【译文】

问:"做事最讲究真诚,说话最讲究真实。老子摒除华丽的词藻,崇尚质朴的语言。而佛经上的言词却不具体指称什么事物,只是广泛地进行比喻,并不能把握大道的根本,把不同的东西作为同类进行类比,也并非成事的关键。虽然听起来言词丰富,但是就像一车玉屑一样,华而不实,算不上真正的珠宝。"

牟子说:"如果两个人都见过某物,那么两人可就实际的事物来谈论。如果一个人亲见过某物而另一个人却没有亲眼看见,那这个亲见过的人就很难直接跟这个没有亲眼见过的说清楚某物是什么了。以前有人没见过麒麟,就问曾经见过的人:'麒麟是什么样子的?'见过的人说:'麒麟就像麒麟。'问的人说:'如果我曾经见过麒麟,就不会问你了,而你却回答"麒麟就像麒麟",难道这样可以解释清楚吗?'如果见过麒麟的人说:'麒麟长着麈一样的身子、牛一样的尾巴、鹿一样的蹄子、马一样的背。'问的人一听,立刻就懂了。孔子说:'不因为别人不了解自己而不高兴,不是有修养的君子吗?'《老子》书里说:'天地之间,不正像风箱一样吗?'又说:'天下万物都归于道,正如所有的小河流都归入大海一样。'难道这些话就不是华丽的言辞吗?《论语》说:'国君用道德来治理国家,也就会像北极星一般(被众星环绕)。'这是援引天上的现象来比喻人间的事情。子夏也说过:'(学问)犹如草木,应该区别对待。'再看《诗经》三百篇,把不同种类的事物牵连在一起;从先秦诸子各派到谶纬之说中关于圣人的秘事要闻,没有不引譬取喻的,你为什么单单指责佛在说经时牵合事物使用比喻呢?"

问曰:"人之处世,莫不好富贵而恶贫贱,乐欢逸而惮劳倦。黄帝养性,以五肴为上。孔子云:'食不厌精,脍不厌细。'①今沙门被赤布,日一食,闭六情,自毕于世。若兹,何聊之有?"

牟子曰:"富与贵是人所欲,不以其道得之,不处也;贫与贱是人之所恶,不以其道得之②,不去也。《老子》曰:'五色令人目盲,五音令人耳聋③,五味令人口爽,驰骋畋猎令人心发狂,难得之货令人行妨,圣人为腹不为目。'此言岂虚哉?柳下惠不以三公之位易其行④,段干木不以其身易魏文之富⑤。许由、巢父栖木而居⑥，自谓安于帝宇。夷齐饿于首阳，自谓饱于文武。盖各得其志而已，何不聊之有乎?"

【注释】

①食不厌精，脍不厌细：语出《论语·乡党》。

②得：应是"去"之误。

③五音：又称五声，即中国五声音阶中的宫、商、角、徵、羽。

④柳下惠：即展禽。春秋时鲁国大夫。展氏，名获，字禽。封地在柳下，谥号为惠。

⑤段干木：姓段干，名木。战国初年魏国人。原为市侩，后求学于子夏，成为贤士。魏文侯给他爵禄官职，他不接受。魏文：即魏文侯，名斯。战国时魏国的建立者。

⑥巢父：古代隐士。相传因巢居树上而得名。尧要让位给他，他不接受。

【译文】

问："人活在世上，没有不爱富贵而嫌贫贱、贪享乐而怕劳苦的。黄帝保养身体、涵养性情，以吃五味荤菜为主。孔子也说：'粮食不怕舂得精，鱼和肉不怕切得细。'而沙门身披袈裟，每天只吃一餐，放弃了各种情欲，与世隔绝。像这样生活还有什么值得寄托呢?"

牟子说："发财和做官是人人向往的，但是，不通过正当途径去获得它，君子就不接受；贫穷和卑贱是人人厌恶的，但是，不经过正当的努力去摆脱它，君子就宁可不摆脱。《老子》说：'五种颜色让人眼花缭乱，五种音调让人听觉失灵，五种滋味让人口不辨味；纵情狩猎使人心狂放而不知所归，追求稀有难得的宝物使人行为不轨以致于伤人害己。圣人只求饱腹而不求目眩，所以摒弃物欲的诱惑，重视内在的满足。'这话难道是虚妄的吗？柳下惠不为高官厚爵所诱惑而改变自己的品行，段干木不因自身的享受而接受魏文侯给他的爵禄。许由、巢父在树上栖身，自己说比住在帝王的宫殿还舒适。伯夷、叔齐在首阳山上挨饿，自认为比周文王和周武王吃的还要好。这是因为他们都实现了自己的志向，那里会没有寄托呢？"

问曰："若佛经深妙靡丽，子胡不谈之于朝廷，论之于君父，修之于闺门，接之于朋友？何复学经传、读诸子乎？"

牟子曰："子未达其源而问其流也。夫陈俎豆于垒门，建旄旗于朝堂，衣狐裘以当蕤宾，被绤以御黄钟，非不丽也，乖其处、非其时也。故持孔子之术入商鞅之门①，赍孟轲之说诣苏张之庭②，功无分寸，过有丈尺矣。《老子》曰：'上士闻道，勤而行之；中士闻道，若存若亡；下士闻道，大而笑之。'吾惧大笑，故不为谈也。渴不必待江河而饮，井泉之水何所不饱，是以复治经传耳。"

【注释】

①商鞅：战国时政治家。卫国人，后入秦国。公孙氏，名鞅，又称卫鞅。

②苏张：苏即苏秦。战国时东周洛阳（今河南洛阳东）人，字季子。纵横家。张即张仪。战国时魏国贵族后代。秦惠文君十年（前328）任秦相。纵横家。

【译文】

问："假如佛经真的是那么深妙绝伦，你为什么不直接把它拿到朝廷之上谈论作为治国的良策、作为君臣父子的伦理典范，并直接作为夫妇家庭之中修养的标准，作为交朋结友的行为指导呢？还学儒家经传和其他各派的学说做什么呢？"

牟子说："你这是没有到达事物的本源而去探寻事物的末流啊！把

祭祀用的器皿陈列在军营的大门旁边，把各种旗帜树立在朝廷宫殿之上，穿起狐皮大衣来抵挡夏天的暑热，披上葛布夏衫来抵御冬天的寒冷，不能说不漂亮，然而摆的不是地方，穿的不是时候啊！所以信奉孔子学说的人投到商鞅的门下，怀抱孟轲思想的人去拜投苏秦和张仪，不仅不能建立一点儿功劳，反而会承担很大的过失。《老子》说：'资质优秀的上等之士听见了道，就努力去实行；资质平常的中等之士听见了道，会将信将疑；资质浅薄的下等之士听见了道，会因无知而大笑。'我怕听到这种大笑，所以不同这样的人谈论道。干渴了不必非要到江河中饮水，井水泉水也都可以解渴，因此我才又研习儒家经传啊！"

　　问曰："汉地始闻佛道，其所从出邪？"

　　牟子曰："昔孝明皇帝梦见神人①，身有日光，飞在殿前，欣然悦之。明日，博问群臣：'此为何神？'有通人傅毅曰：'臣闻天竺有得道者，号之曰佛，飞行虚空，身有日光，殆将其神也。'于是上悟，遣使者张骞、羽林郎中秦景、博士弟子王遵等十二人，于大月支写佛经四十二章②，藏在兰台石室第十四间③。时于洛阳城西雍门外起佛寺，于其壁画千乘万骑，绕塔三匝，又于南宫清凉台④，及开阳城门上作佛像⑤。明帝存时，预修造寿陵，陵曰'显节'，亦于其上作佛图像。时国丰民宁，远夷慕义，学者由此而滋。"

【注释】

①孝明皇帝：即汉明帝。

②大月支：即大月氏。月氏是古族名，原居于今甘肃敦煌县与青海祁连县之间，汉文帝时大部西迁至今伊犁河上游，称大月氏。余部进入祁连山区，称小月氏。

③兰台石室：汉代宫庭藏书处。

④南宫：秦汉时的宫殿名，在洛阳。

⑤开阳：东汉时洛阳城门名。

【译文】

问："中国最初是从哪里听说有佛道的呢？"

牟子说："昔日孝明皇帝梦见一位神人，全身放射出太阳一般的金光，飞到了大殿上，孝明皇帝感到非常愉悦。第二天上朝，询问每一位大臣："这是什么神人？"有个博览古今名叫傅毅的人回答道："臣听说天竺国有个领悟了道的人，叫作佛，能在空中飞行，身上披着金光，大概就是这个神了。"于是孝明皇帝恍然大悟，随即派遣使者张骞、羽林郎中秦景、博士弟子王遵等十二人，到大月支国抄写佛经四十二章，后来收藏在兰台石室的第十四间屋子内。同时在洛阳城西的雍门外建造佛寺，在佛寺的墙壁上描画着万千车马，足足绕塔三周，又在南宫清凉台，以及开阳城门上画上佛像。孝明皇帝在世时，预先修造寿陵，陵的名称叫作"显节"，也在寿陵上画了佛像。当时国泰民安，远方的野蛮部落无不仰慕汉朝的威仪，学习佛道的人也由此而多起来。"

问曰："《老子》云：'知者不言，言者不知。'又曰：'大辩若讷，大巧若拙。'君子耻言过行。设沙门有至道，奚不坐而行之，何复谈是非、论曲直乎！仆以为此德行之贱也。"

牟子曰："来春当大饥，今秋不食，黄锺应寒，蕤宾重裘，备预虽早，不免于愚。老子所云，谓得道者耳，未得道者何知之有乎？大道一言而天下悦，岂非大辩乎？老子不云乎？'功遂身退，天之道也'。身既退矣，又何言哉？今之沙门，未及得道，何得不言？老氏亦犹言也，如其无言，五千何述焉？若知而不言，可也；既不能知又不能言，愚人也。故能

言不能行，国之师也；能行不能言，国之用也；能行能言，国
之宝也。三品各有所施，何德之贱乎？唯不能言又不能行，
是谓贱也。"

【译文】

问："《老子》中讲过：'懂得的不说，说的不懂得。'又说：'最善辩的
好似言语迟钝，最灵巧的好似笨拙。'君子以所说的超过所做的为耻。
假如沙门掌握了至高无上的道，为何不立即直接实行，又何必热衷辩论
是非、评论曲直呢？我认为这是德行浅薄的表现。"

牟子说："为了预备来年春天闹饥荒，于是今年秋天就不吃谷粮；为
了应付十一月仲冬的寒冷，于是在五月仲夏就穿起皮衣裳，预备得固然
是很早了，但是不免过于迂腐。老子说的那些话，都是针对已经悟道的
人而言的，尚未悟道的人哪来需要言说的智慧呢？道的要义一经传播
开来，普天下都会心悦诚服，这岂不正是'最善辩'的吗？难道老子他就
不发议论吗？他说：'事业成功以后就退身出来，这就是天道自然啊。'
既然已经身退，又何必再'说'呢？而当今的沙门，还未达到掌握道的程
度，怎么能不'说'呢？老子也是发议论的，如果他不言不语，《老子五千
文》又阐述的是什么呢？若是真正懂得大道而不言说，那是可以的。如
果既不懂得又不会说，就是愚蠢的了。所以说，善于说而不善于做的是
国家中授业解惑的人才；善于做而不善于说的是实干型的人才；善于做
又善于说的，就堪称国宝了。这三类人才各有特长和功用，怎么能说是
'德行浅薄'呢？唯有那种既不善于说又不善于做的人，才可以说是德
行浅薄的。"

问曰："如子之言，徒当学辩达、修言论，岂复冶情性、履
道德乎？"

　　牟子曰：“何难悟之甚乎！夫言语谈论各有时也。蘧瑗曰①：‘国有道则直，国无道则卷而怀之。’甯武子曰②：‘国有道则智，国无道则愚。’孔子曰：‘可与言而不与言，失人；不可与言而与言，失言。’故智愚自有时，谈论各有意，何为当言论而不行哉！”

【注释】

　　①蘧瑗：即蘧伯玉，名瑗。春秋时卫国大夫。此处所引蘧瑗语，见《论语·卫灵公》。

　　②甯（nìng）武子：春秋时卫国大夫，名俞。是孔子所称赞的人，见《论语·公冶长》。

【译文】

　　问：“照你这样讲，只学习论辩之术、研究说话修辞的学问就行了，怎么又需要陶冶性情、修行道德呢？”

　　牟子说：“要让你明白为何这么难呀！什么时候该说，什么时候不该说，谈论什么，不谈论什么，这都要根据具体的时间和环境而定啊！蘧瑗说：‘国家政治清明就像箭一样直，国家政治黑暗就把自己的本领收藏起来。’甯武子说：‘在国家政治清明时就显露聪明，当国家政治黑暗时就装傻瓜。’孔子说：‘可以同他谈话而不同他谈，错过的是人才；不可以同他谈话却同他谈了话，浪费的是言语。’可见，是显露聪明才智还是装傻扮痴，这是取决于特定时机的。什么时候该谈论以及该谈论什么内容，这其中是有深意的。为何是只应当说而不去实行呢？”

　　问曰：“子云佛道至尊至快，无为澹泊。世人学士多讥毁之，云其辞说廓落难用，虚无难信，何乎？”

　　牟子曰：“至味不合于众口，大音不比于众耳。作‘咸池'①，设'大章'，发'箫韶'②，咏'九成'，莫之和也。张郑卫之弦，歌时俗之音，必不期而拊手也。故宋玉云③：'客歌于郢④，为下里之曲，和者千人。引商徵角，众莫之应。'此皆悦邪声，不晓于大度者也。韩非以管窥之见而谤尧舜⑤，接舆以毛牦之分而刺仲尼⑥，皆耽小而忽大者也。夫闻清商而谓之角，非弹弦之过，听者之不聪矣。见和璧而名之石⑦，非璧之贱也，视者之不明矣。神蛇能断而复续，不能使人不断也。灵龟发梦于宋元，不能免豫且之网⑧。大道无为，非俗所见，不为誉者贵，不为毁者贱。用不用自天也，行不行乃时也，信不信其命也。"

【注释】

①咸池：周代"六舞"之一。相传为黄帝时的乐曲，一说为尧时乐曲。《庄子·天下》说："黄帝有咸池，尧有大章，舜有大韶，禹有大夏，汤有大濩。"

②箫韶：即大韶，周代"六舞"之一。相传是舜时的乐舞。有箫韶"九成"一说，九成相当于九章。

③宋玉：战国时楚国人，辞赋家。后于屈原，或称宋玉是屈原的弟子。

④郢：春秋战国时楚国的别邑。故址在今湖北江陵东北。

⑤韩非：战国末期哲学家，法家主要代表人物。出身韩国，后入秦国。著作有《韩非子》。在该书《五蠹》篇中，发表了对尧、舜的不同看法。

⑥接舆：春秋时隐士，楚国人。他佯狂不仕，故又称楚狂。他一面走过孔子的车子，一面唱歌讽刺孔子（《论语·微子》）。一说接舆既非姓又非名，只因他迎着孔子乘的车走过去，故称接舆。

《神仙传》中则说他姓陆名通,字接舆。

⑦和璧:即和氏之璧。因楚国人卞和从山中得到它,而称为和氏璧。见《韩非子·和氏》。

⑧豫且:又作"余且"。古代传说中的渔人。《史记·龟策列传》载:宋元王二年,神龟至泉阳,被渔人豫且网到,置于笼中。半夜时,龟托梦于宋元王求救。

【译文】

问:"你说佛道最值得尊敬、最称人意,无为而又恬静,然而世人和学者大都讥讽指责它,说它言语空泛难以把握,虚无缥缈难以置信,为什么呢?"

牟子说:"最美好的味道也不一定合所有人的口味,最动听的音乐也不一定会被所有人都欣赏。弹唱'咸池'、'大章'、'箫韶'、'九成'这些上古帝王的宫廷乐曲,没有人能够唱和。而奏起郑国和卫国的曲调,唱起市井流行的歌曲,人们一定是不约而同地拍手唱和。所以宋玉说:'有客人来到郢这个地方唱歌,刚开始唱民间歌谣时,应和者达数千人,后来改唱起高雅的曲子时,众人就不能应和了。'这都是因为多数人只懂得下里巴人一类的粗俗音乐,不懂得阳春白雪一类的高雅音乐。韩非以他的一孔之见毁谤尧舜,接舆以微不足道的见识讽刺仲尼,都是只盯住小的方面而忽略了大的方面。听到'商'声却说成是'角'声,不是弹琴的过错,而是听者没有听懂。看到和氏璧却把它当作石头,不是璧本身粗贱,而是看的人不识货。神蛇能把断了的身体接续起来,但是不能使人不打断它。灵龟能托梦给宋元君,但是不能躲过被豫且网住的灾难。道,博大精深、崇尚无为,不是平常人所能理解的。它不因人们的赞誉而显得高贵,也不因人们的毁谤而变得低贱。它能否被世人信仰、采用和施行都取决于上天的安排,取决于特殊的机缘命运啊。"

问曰:"吾子以经传理佛之说,其辞富而义显,其文炽而说美，得无非其诚，是子之辨也。"

牟子曰："非吾辨也，见博故不惑耳。"

【译文】

问："您以儒家经传解释佛学，言辞丰富而又清楚明白，既有文采而又议论生动，恐怕不是由于佛学本身，而是因为你善辨罢了。"

牟子说："不是我善辨，只是由于我见闻广博，所以才不困惑！"

问曰："见博其有术乎？"

牟子曰："由佛经也。吾未解佛经之时，惑甚于子，虽诵五经，适以为华，未成实矣。吾既睹佛经之说，览《老子》之要，守恬淡之性，观无为之行，还视世事，犹临天井而窥溪谷①，登嵩岱而见丘垤矣②。五经则五味，佛道则五谷矣。吾自闻道已来，如开云见白日，炬火入冥室焉。"

【注释】

①天井：星宿名，即井宿。一指军事地形，四周为山，中间低洼之地。

②丘垤（dié）：小土堆。

【译文】

又问："要做到见闻广博，有什么方法吗？"

牟子说："这就要研习佛经了。我在没有领悟佛经以前，比你还更加迷茫呢。虽然曾诵读五经，以为能获得真才实学，但是并未如愿。后来就读佛经，看《老子》，陶冶恬淡的性情，效法无为的举止。此后，我再环顾周围的事物人情时，就好像站在天井星宿上俯视溪谷、登上高山一览小丘。如果把五经比作五味，那么佛道就好比五谷了。我自从领悟了道以来，好似拨开云雾见到了太阳，举着火炬进入了暗室，真是豁然开朗啊！"

问曰："子云佛经如江海，其文如锦绣，何不以佛经答吾问，而复引《诗》《书》，合异为同乎？"

牟子曰："渴者不必须江海而饮，饥者不必待廒仓而饱。道为智者设，辩为达者通，书为晓者传，事为见者明。吾以予知其意，故引其事。若说佛经之语，谈无为之要，譬对盲者说五色，为聋者奏五音也。师旷虽巧①，不能弹无弦之琴。狐狢虽煴，不能热无气之人。公明仪为牛弹清角之操②，伏食如故，非牛不闻，不合其耳矣。转为蚊虻之声，孤犊之鸣，即掉尾奋耳，蹀躞而听。是以《诗》《书》理子耳。"

【注释】

①师旷：春秋时晋国乐师旷，字子野。目盲，善弹琴辨音。

②公明仪：春秋时鲁国贤士。曾为子张写墓志（《礼记·檀弓》）。他所弹的"清角之操"，相传是黄帝在泰山聚会众鬼神时产生的乐曲。据说曲调悲烈（《韩非子·十过》）。

【译文】

问："你说佛经浩大如江海，文辞华美似锦绣，那你为什么不根据佛经回答我的问题，却引用《诗》《书》进行类比呢？"

牟子说："干渴的人不必非要到江海中去饮水，饥饿的人不必非要到粮仓中去填饱肚子，道是为聪明人设立的，议论是说给明白人听的，书是为看得懂的人写的，事情要碰到有见识的人才能剖明。我考虑到你了解《诗》《书》，所以才引用它的内容解释佛经。如果直接讲佛经的内容和"无为"的含义，那就好比对盲人谈论色彩，为聋人演奏音乐了。

师旷虽然技艺高超，但是不能弹没有弦的琴，狐貉的皮毛虽然温暖，但是不能暖热已经断气的人。公明仪对牛弹琴，牛依然埋头吃草，无动于衷，并不是牛没有听见琴声，而是它听不懂。如果换成蚊虻的嗡嗡声或者小牛的哞哞叫声，它即刻就会直起耳朵，摆动尾巴，徘徊踱步，认真谛听。同样道理，我引用《诗》《书》讲佛经，也是为了使你能够听得懂。"

问曰："吾昔在京师，入东观①，游太学②，视俊士之所规，听儒林之所论，未闻修佛道以为贵，自损容以为上也。吾子曷为耽之哉？夫行迷则改路，术穷则反故，可不思欤？"

牟子曰："夫长于变者不可示以诈，通于道者不可惊以怪，审于辞者不可惑以言，达于义者不可动以利也。《老子》曰：'名者身之害，利者行之秽。'又曰：'设诈立权，虚无自贵。'修闺门之礼术、时俗之际会，赴趣间隙，务合当世，此下士之所行，中士之所废也。况至道之荡荡，上圣之所行乎？杳兮如天，渊兮如海，不合窥墙之士、数仞之夫，固其宜也。彼见其门，我睹其室，彼采其华，我取其实；彼求其备，我守其一。子速改路，吾请履之。故祸福之源，未知何若矣。"

【注释】

①东观：在汉代洛阳南宫，东汉明帝时，班固在此修撰《汉记》。章帝以后成为藏书之所。

②太学：即国学，古代学校名。汉武帝始置太学。

【译文】

问："我以前在京城时，到过东观，参观过太学，我注意到才士们的仪容，留心听过学子们的言论，并没有听说他们以自毁容貌修习佛道为尊贵至上的，你为什么会迷恋佛道呢？走错了路就应该立即纠正方向，术道不正不通就应该回到过去,你不该反省一下吗?"

牟子说:"擅长变化的人不可向他显示欺诈,精通大道的人不可以用怪异之事而使他受惊吓,明辨言辞的人不可以用言语来使他迷惑,明白了道义所在的人不可用利益来使他受驱使。《老子》书中说:'追求虚名是人生的祸害,贪图利益是丑恶的行为。'又说:'与要阴谋弄权术相比,清静无为是最崇高的。'整治日常生活中的礼节和时俗的规矩,做一些修补和调整,力求使它们符合当时的习惯,这是资质下等的人才做的事,资质中等之士是不做这些事的。更何况最高的道如此广大幽远,这才是上等的圣贤的追求啊?广远如天空,深邃似大海,这样的道不适合那些爬墙窥探鼠目寸光之人,本来就是各有适宜的追求啊。那些人刚刚到达佛道的门边,我已经登堂入室领略了佛道的奥妙;他们只利用佛道的华丽外表,我则获取佛道的真实内涵;他们追求面面俱到,我则守着佛道的根本要旨。你呀,快快改崇佛道;我呀,现在就去实行它。福祸的根源,不知是怎样的呀!"

问曰:"子以经传之辞、华丽之说,褒赞佛行,称誉其德,高者陵青云,广者逾地圻,得无逾其本过其实乎? 而仆讥刺,颇得疹中而其病也。"

牟子曰:"吁! 吾之所褒,犹以尘埃附嵩泰,收朝露投江海。子之所谤,犹握瓢瓠欲减江海,蹑耕耒欲损昆仑,侧一掌以翳日光,举土块以塞河冲。吾所褒不能使佛高,子之毁不能令其下也。"

【译文】

问:"你借助经传上的说法,以华美的言辞称颂佛的行为,赞誉他的道德,说佛高过青云,广过地界,无边无际。这恐怕超过佛的本来面貌,有点言过其实了，而我对佛的讽刺和批评，却很是切中要害啊！"

牟子说："吁！我对佛的褒扬，就像给巍峨的高山添了一把尘土，往江海中投了几点露珠。你对佛的毁谤，就好像拿着勺子和杯子去减少江海中的水量，扛着锄头铁铲去降低昆仑山的高度，举起手掌去遮挡日光，捡起土块去堵塞河道。虽然我的赞誉不能使佛更崇高，你的毁谤也不能贬低佛的伟大。"

问曰："王乔、赤松入仙之箓①，神书百七十卷②，长生之事，与佛经岂同乎？"

牟子曰："比其类，犹五霸之与五帝③，阳货之与仲尼④；比其形，犹丘垤之与华恒，涓渎之与江海；比其文，犹虎鞟之与羊皮⑤，斑纻之与锦绣也。道有九十六种⑥，至于尊大，莫尚佛道也。神仙之书，听之则洋洋盈耳，求其效，犹握风而捕影。是以大道之所不取，无为之所不贵。焉得同哉！"

【注释】

①王乔：又称王子乔，古代传说中的仙人。《列仙传》中说他是周灵王的太子，名晋。赤松：即赤松子，又作赤诵子。传说中的仙人，神农时候为雨师。

②神书百七十卷：汉顺帝时，于吉在曲阳泉中得到神书一百七十卷，名叫《太平清领书》。论阴阳，讲巫术。于吉的徒弟宫崇把书献给了顺帝。有大臣上奏顺帝，说这部书妖妄不经，于是被收藏起来。后来张角得到了这部书的大部分。见《后汉书·襄楷传》。

③五霸：一作"五伯"，春秋时先后称霸的五个诸侯。说法不一，通常指齐桓公、宋襄公、晋文公、秦穆公、楚庄王。

④阳货：又作"阳虎"，春秋时鲁国人。季氏的家臣，侍奉季平子。
　　季平子死后掌握了鲁国的国政。

⑤虎鞟(kuò)：鞟，古同"鞟"，去毛虎皮之意。

⑥道有九十六种：指九十六种外道。佛家用语。在释迦牟尼佛时
　　代，有六个反婆罗门教正统学说的派别，它们的代表人物统称
　　"六师"。由于其主张与佛教不同，故被称为"外道"。六师的观
　　点也不尽相同，每一师有十五种教。六师分别传授弟子十五种
　　教，是为九十种。六师又各有一法与弟子不同，合为九十六种。
　　实际九十六种外道是个概数，也有作九十五种的。见《萨婆多毗
　　尼毗婆沙》卷五。

【译文】

问："王乔和赤松入了仙籍，神仙之书一百七十卷，讲述长生不死的
事迹，这与佛经所说的是否相同呢？"

牟子说："拿神仙之书与佛经相比，从品位上说，如同拿五霸与五
帝、阳货与仲尼相比；从形式上看，如同拿小丘与高山、小溪与江海相
比；从文采上，就像用虎皮与羊皮、麻布与锦绣相比。道术有九十六种，
说到尊贵博大，没有超过佛道的。有关神仙的书，听起来洋洋洒洒很是
吸引人，但若要确证他的实效，就像用手去握住风、抓住影子一样，根本
就是子虚乌有的事情。因此博大无为的佛道对它既不推崇更不会采
用，神仙之书与佛经之间怎能同日而语呢？"

问曰："为道者，或辟谷不食而饮酒啖肉，亦云老氏之术
也。然佛道以酒肉为上戒，而反食谷，何其乖异乎？"

牟子曰："众道丛残，凡有九十六种，澹泊无为，莫尚于
佛。吾观老氏上下之篇，闻其禁五味之戒，未睹其绝五谷之
语。圣人制七典之文，无止粮之术。老子著五千之文，无辟

谷之事。圣人云：'食谷者智，食草者痴，食肉者悍，食气者寿。'世人不达其事，见六禽闭气不息，秋冬不食，欲效而为之。不知物类各自有性，犹磁石取铁，不能移毫毛矣^①。"

【注释】

①"犹磁石"二句：前一句中"铁"应是"木""瓦"一类之误。此二句意应为：正如用磁石吸引砖瓦，不能使砖瓦移动一丝一毫。如果按原句，似可译为：正如磁石可以吸引铁，但却不能吸动绒毛。但是这样翻译，与原文语气不合。

【译文】

问："修习神仙道术的人不食五谷而饮酒吃肉，这些道家方士也谈论老子的学说。然而佛道却是把吃酒肉作为首要的戒律，反而提倡食五谷，差别是多么的巨大呀？"

牟子说："各种各样的道繁多杂陈，共有九十六种，若论恬静无为，没有超过佛道的。我读过老子的《道德经》上下篇，只看到'禁五味'的内容，没见到'绝五谷'的说法，在圣人撰写的七部经典中，没有提到不食五谷的法术，老子所作的五千文里，也没有讲到辟谷这种事。圣人说：吃粮食的聪明，吃草的愚蠢，吃肉的强悍，食气的长寿。一般人不懂这些，看见六禽闭住气不呼吸，在秋冬季节里不吃东西，就想效仿它们。这是不知道万物各有各的特性，正如用磁石去吸引砖瓦，不能使砖瓦移动一丝一毫。"

问曰："谷宁可绝不？"

牟子曰："吾未解大道之时，亦尝学焉。辟谷之法，数千百术，行之无效，为之无征，故废之耳。观吾所从学师三人，或自称七百、五百、三百岁，然吾从其学，未三载间，各自殒没。所以然者,盖由绝谷不食而啖百果,享肉则重盘,饮酒则倾罇,精乱神昏,谷气不充,耳目迷惑,淫邪不禁。吾问其故何? 答曰:《老子》云:'损之又损,以至于无为。'徒当日损耳。然吾观之,但日益而不损也。是以各不至知命而死矣。且尧舜周孔各不能百载,而末世愚惑,欲服食辟谷,求无穷之寿,哀哉!"

【译文】

问:"那么,五谷难道不能弃之不食吗?"

牟子说:"我在尚未领悟佛道之前,也曾经学过辟谷。辟谷的方法有千百种,但是按照那些方法去做,都没有效果,因此就放弃了。从我所拜的三位师傅来看,有说已经活了七百岁,有说五百岁、三百岁的,可是我跟他们学了不到三年,他们就一个个地死去了。所以会这样,就是因为他们不吃五谷,只吃各种野果,但吃肉则吃好几盘,饮酒就要倒尽酒杯,最后一个个都是精神昏乱,气力不足,耳目老朽退化,淫邪没有节制。我曾经问过他们为什么要这样,他们回答说:《老子》讲过:'减少再减少,最后达到无为。'所以应当日日亏损自己。然而依我看来,应该天天增加营养而不应该减少,所以他们都没活到"知天命"的岁数就死去了。连尧、舜、周公和孔子这样的圣人都不能寿享百岁,这些生在末世的愚昧之人,却想通过服食丹药、绝食五谷来求得长生不死,真是悲哀呀!"

问曰:"为道之人,云能却疾不病,弗御针药而愈。信有之乎? 何以佛家有病而进针药邪?"

牟子曰:"《老子》云:'物壮则老,谓之不道,不道早已。'唯有得道者,不生亦不壮,不壮亦不老,不老亦不病,不病亦不朽。是以老子以身为大患焉。武王居病,周公乞命。仲尼有疾,子路请祷。吾见圣人皆有疾矣,未睹其无病也。神农尝草①,殆死者数十。黄帝稽首,受针于岐伯②。此之三圣,岂当不如今之道士乎？察省斯言,亦足以废矣。"

【注释】

①神农:传说中农业和医药的发明者。

②岐伯:传说中的名医。曾与黄帝讨论医道。见《太平御览·帝王世纪》。

【译文】

问:"修习道术的人声称自己不仅不会生病,即使生了病也是不用吃药针灸就能自愈的,确实有这样的事吗？为什么信奉佛道的人有病却要吃药针灸呢？"

牟子说:"《老子》说过:'事物壮大了,必然走向衰老,这就不合乎道了,不合乎道,必然很快死亡。'只有得了道的人,不生长也不壮大,不壮大也不衰老,不衰老也不生病,不生病也不腐朽。所以老子才认为有身体是人的大祸患。周武王病了,周公为他向神明乞求宽宥生命。仲尼患病,子路请求仲尼允许他向鬼神祷告。我看到圣人都会生病,未见过他们不会生病的记载。神农尝百草,有数十次几乎死掉;黄帝敬重岐伯的医道,接受他的诊治。这几位圣人,难道还不如今天的道士吗？考察道士不会生病这一说法,足以知道那些都是荒诞不经之谈了。"

问曰:"道皆无为,一也。子何以分别罗列,云其异乎？更令学者狐疑,仆以为费而无益也。"

牟子曰:"俱谓之草,众草之性不可胜言;俱谓之金,众金之性不可胜言。同类殊性,万物皆然。岂徒道乎？昔杨墨塞群儒之路,车不得前,人不得步,孟轲辟之,乃知所从。师旷弹琴,俟知音之在后①;圣人制法,冀君子之将睹也。玉石同匮,猗顿为之於悒②;朱紫相夺③,仲尼为之叹息。日月非不明,众阴蔽其光。佛道非不正,众私掩其公。是以吾分而别之。臧文之智④,微生之直⑤,仲尼不假者,皆正世之语。何费而无益乎?"

【注释】

①"师旷"二句:《吕氏春秋·仲冬纪》中说:晋平公铸大钟,让人们听钟的音调正不正。别人都说音调正,师旷则说不正,应当重新铸一口钟。平公说:大家都说音调正啊!师旷说:后世有懂得音律的人,将会知道这口钟的音调不正,到那时我会替您感到羞耻!后来出了个叫师涓的人,果然指出了这口钟的音调不正。所以说师旷想调准音调,是担心以后有懂音律的人指出错误。

②猗(yī)顿:春秋时鲁国人。原本贫穷,经营畜牧业成为豪富(《史记·货殖列传》,一说经营盐业而发家)。於(wū)悒(yì):哽咽。

③朱紫相夺:春秋时候,诸侯原以朱色作为衣服的正色。后来被紫色衣服代替了。孔子因此说:紫色夺去了大红色(朱色)的地位,可憎。见《论语·阳货》。

④臧文:即臧文仲,又称臧孙辰。春秋时鲁国大夫。他替一种叫作"蔡"的乌龟盖了一间屋,雕刻着山形的斗拱。孔子对此不以为然,说:这个人的"聪明"怎么是这样的呀!见《论语·公冶长》。"臧文之智","孔子不假者"即指此。

⑤微生:即微生高。姓微生,名高。春秋时鲁国人。以直爽著称。但是孔子不以为然,说:谁说微生高直爽?有人向他讨一点醋,他却向邻居讨了醋转给人家。见《论语·公冶长》。"微生之

直"，"孔子不假者"就是指这件事。

【译文】

问："道都讲究无为，在这方面各种道是一致的。你为什么却把它们区别开来，大谈它们的差异呢？这会使学道的人产生更多疑惑，我认为是多此一举，有害无益的。"

牟子说："同样叫作草，但是各种各样的草有着数不完的特性；同样都叫作金属，但是众多金属的特性也不可胜数。同属一类事物而特性不同，万物都是如此，难道只有道才是这样的吗？过去杨朱和墨翟曾拦住儒生进行辩论，使车子不能过去，人也走不动。孟轲驳倒杨朱和墨翟，儒生们才知道了应该何去何从。师旷弹琴，期待以后碰到知音。圣人制定法典，希望仁人君子能够读到。宝玉被混放在石头里，猗顿为此哽咽。紫色夺去了红色的光彩，仲尼为之叹息。日月并非不明亮，日月暗淡时是因为乌云遮住了它的光芒。佛道并非不正确，佛道被误解是因为受到左道旁门的连累和影响。所以我要把它们区别开来。仲尼不认为臧文是聪明的，对微生的率直也不以为然，仲尼对臧文的'智'和微生的'直'所作的分析，都是具有匡世正人作用的言论，能说是多余而又无益的吗？"

问曰："吾子讪神仙、抑奇怪，不信有不死之道，是也。何为独信佛道当得度世乎？佛在异域，子足未履其地，目不见其所，徒观其文而信其行。夫观华者不能知实，视影者不能审形，殆其不诚乎？"

牟子曰："孔子曰：'视其所以，观其所由，察其所安，人焉瘦哉？'昔吕望、周公问于施政①，各知其后所以终；颜渊乘驷之日，见东野车之驭②，知其将败；子贡观邾鲁之会③，而昭其所以丧；仲尼闻师旷之弦，而识文王之操④；季子听乐⑤，览众国之风。何必足履目见乎?"

【注释】

①"吕望"句:吕望受封于齐,周公受封于鲁。他们二人一向交好,互问对方将如何治理国家。吕望说:我将尊重贤士,崇尚功绩。周公说:我将讲究仁义,崇尚德惠。吕望说:如果这样,鲁国自此就会削弱了。周公说:鲁国虽然会削弱,可是按你的办法治国,齐国就会被旁姓篡夺,不再是吕家的天下了。后来,齐国果然日益强大,进而称霸,但是传到二十四世时,田成子占有了齐国。鲁国也果然渐渐削弱,传到三十四代时就亡国了。见《吕氏春秋·仲冬纪》。

②东野车:姓东野,名毕。或作东野稷。春秋时鲁国人。善于驾车。东野车之称可能因其善驾车而得,又或许"车"是"毕"之误。《孔子家语》卷五载:鲁定公问颜回:你也听说过东野毕善于驾驭吗?颜回说:他虽然善于驾驭,但是我看他的马肯定会跑伤的。定公听了不高兴。一两天后,东野毕驾车的马果然跑垮了。定公急忙把颜回请来求教。颜回说:我见他让马一路急跑,马的力气快用尽了,仍然催马不止,所以知道会有这种结果。

③子贡观邾鲁之会:邾隐公在春天来朝见鲁定公,邾隐公进献礼品时抬着头,仰着脸,鲁定公接受进献时却低着头。子贡看到了这一情景就说:根据生死存亡的道理来看,这两个人都快死了。高仰说明邾隐公骄傲,卑俯表明鲁定公衰弱。骄傲就离动乱不远了,衰弱就快要生病了。鲁定公是主人,他将先一步死去。果然,到了这一年的夏天鲁定公就死了。孔子说:赐(子贡)不幸而言中啊!见《左传·定公十五年》。

④识文王之操,《史记·孔子世家》说:孔子向师襄子(春秋时卫国乐官,本书记为师旷,并非同一人)学琴,有一天忽有心得说:我

从琴曲中知道作者的为人了。面孔黧黑，身材颀长，高视远望，犹如统治了四海，除了周文王还能有谁呢？师襄子听了肃然起敬，说：这支曲子正是周文王所作的《文王操》啊！

⑤季子：即季札，又称"公子札"。春秋时吴国人。吴王诸樊的弟弟。因曾经封于延陵（今江苏常州），又称延陵季子。他出使鲁国时，欣赏到周代各地的传统音乐，根据乐曲，他就预见到了周朝和各个诸侯国的盛衰大势。见《左传·襄公二十九年》。

【译文】

问："你嘲讽神仙，贬抑怪诞，不相信有长生不死的方法，这是对的。但是你为什么偏偏相信佛道能够使人脱离尘世呢？佛在别的国家，你没有到过那里，更没见过佛，仅仅看过佛所写的经文就相信了他。然而看外表是不能知道真实内容的，看影子是不能知道真实形状的，你不担心佛的事迹不真实吗？"

牟子说："孔子说过：'看一个人交些什么朋友，了解他的生活经历，观察他安心做什么事情，那么这个人的品性怎么还能隐蔽得了呢？'当年吕望和周公互相询问对方打算如何治理国家，从对方的回答中，他们就都知道了对方国家以后的结局；颜渊乘车外出，看到了东野毕驾车的情形，就断定了东野毕将要出车祸；在郑隐公朝见鲁定公的仪式上，子贡根据郑隐公和定公的神情举止，就预言了他们将不久于人世；仲尼听了师旷弹的琴曲，就感觉出曲子是周文王所作，并从中了解了周文王的为人；季子听了周代的传统音乐，就剖析了周朝和各诸侯国的盛衰大势。要了解一个人或一件事，何必非要亲临其境、亲眼目睹呢？"

问曰："仆尝游于阗之国①，数与沙门、道人相见，以吾事难之，皆莫对而词退，多改志而移意，子独难改革乎？"

牟子曰："轻羽在高，遇风则飞；细石在溪，得流则转。唯泰山不为飘风动，磐石不为疾流移。梅李遇霜而落叶，唯松柏之难凋矣。子所见道人,必学未浃、见未博,故有屈退耳。以吾之顽,且不可穷,况明道者乎! 子不自改而欲改人,吾未闻仲尼追盗跖②,汤武法桀纣者矣③。"

【注释】

①于阗:又作"于填",古西域国名。在今新疆和田一带。

②盗跖:相传为春秋末期人,名跖。柳下屯(在今山东西部)人。

③汤武:即商汤和周武王。桀纣:即夏桀和商纣。均为暴君,后作为暴君的代称。

【译文】

问:"我曾经游历于阗国,屡次与沙门、道士打交道,我提出问题请教他们,那些沙门和道士都无言以对,大多数人改变了志趣和信仰,唯独你难以改变吗?"

牟子说:"羽毛在高空中遇到风就被吹跑了;小石子在小溪里被水一冲就滚动了,而泰山不会被大风吹动,磐石不会被急流冲走。梅树和李树遇到霜雪就会落叶,而松柏在霜雪中却不会凋零。你所见到的那些道人,一定是学而不通、见识不广,所以才会退缩。即使像我这么愚笨的人,你都问不倒,何况碰到那些已经精通了道的人呢! 你自己不思悔改,反而想改变别人,我从没听说过仲尼追随盗跖,汤、武效法桀、纣的。"

问曰:"神仙之术,秋冬不食,或入室累旬而不出,可谓澹泊之全也。仆以为可尊而贵,殆佛道之不若乎!"

牟子曰:"指南为北,自谓不惑;以西为东,自谓不曚;以鸱枭而笑凤凰,执蝼蚓而调龟龙。蝉之不食,君子不贵。蛙蟒穴藏,圣人不重。孔子曰:'天地之性,以人为贵。'不闻尊蝉蟒也。然世人固有唉菖蒲而弃桂姜，覆甘露而啜酢浆者矣。毫毛虽小，视之可察；泰山之大，背之不见。志有留与不留，意有锐与不锐。鲁尊季氏而卑仲尼①；吴贤宰嚭②，不肖子胥③。子之所疑，不亦宜乎！"

【注释】

①季氏：即季孙氏，春秋后期鲁国掌握政权的贵族。从季文子起，季武子、季平子、季桓子、季康子等相继执政。

②宰嚭（pǐ）：即伯嚭。春秋时楚国人，后逃到吴国。吴王夫差时被任为太宰，故有宰嚭之称。

③子胥：即伍子胥，名员。春秋时楚国人，后逃入吴国成为大夫。吴王夫差信宰嚭而疏远伍子胥，经宰嚭进谗言，夫差赐剑命伍子胥自杀。

【译文】

问："神仙作起法术，可以在秋冬两季不吃东西，或者把自己关在屋子里许多天不出来，可以说是恬静寡欲到极点了。我认为这是值得崇敬的。大概佛道是赶不上了！"

牟子说："把南说成了北，还自以为没有迷惑；把西当成了东，还自以为不糊涂。你这是用鸱枭来嘲笑凤凰，拿蝼蚁来嘲笑龟龙啊！蝉可以不吃东西，但是君子不认为它是尊贵的。蛙和蟒可以在洞穴中冬眠，但是圣人并不敬重它们。孔子说：'天地间有生命的东西中，人是最尊贵的。'没听说有谁主张敬重蝉和蟒，况且生活中本来就有人吃菖蒲而不吃桂姜，也有人不饮雨露而喝醋浆。毫毛虽然细小，然而仔细看是可以看到的。泰山虽然高大，但是用后背对着它也就看不见它。人的志向或者长久或者不长久，人的意志或者坚定或者不坚定。鲁国敬重季氏而鄙视仲尼，吴国把宰嚭看成贤人而认为伍子胥是不肖之徒。你的看法不也是属于这一类吗？"

问曰："道家云,尧、舜、周、孔、七十二弟子,皆不死而仙。佛家云,人皆当死,莫能免。何哉?"

牟子曰："此妖妄之言,非圣人所语也。《老子》曰:'天地尚不能长久,而况人乎!'孔子曰:'贤者避世。''仁孝常在'。吾览六艺,观传记,尧有殂落,舜有苍梧之山①,禹有会稽之陵②,伯夷、叔齐有首阳之墓,文王不及诛纣而没,武王不能待成王大而崩③,周公有改葬之篇④,仲尼有两楹之梦⑤,伯鱼有先父之年⑥,子路有菹醢之语,伯牛有亡命之文⑦,曾参有启足之词,颜渊有不幸短命之记、苗而不秀之喻,皆著在经典,圣人至言也。吾以经传为证,世人为验,云而不死者,岂不惑哉!"

【注释】

①苍梧:山名。又称九疑,在今湖南宁远县境。相传舜葬于苍梧之野。

②会稽:山名。或作茅山、防山,在浙江省中部。相传禹死于会稽。

③成王:即周成王姬诵,周武王的儿子。武王死时,成王年幼,由其叔父周公旦摄政。

④改葬之篇:周公将死时,提出死后葬在成周(西周的东都,今河南洛阳市洛水北岸),表示自己不敢离开成王。但是周公死后,成王把他葬在毕(周文王葬于此,在今陕西咸阳西北),表示不敢以周公为臣(《史记·鲁周公世家》)。

⑤两楹之梦:孔子病重,子贡来见。孔子对子贡说:我快要死了,我梦见自己死后停枢在两个柱子之间。夏人停枢在东阶上,周人停枢在西阶上,而殷人停在两柱之间。我的祖先是殷人哪!见《孔子家语》卷十(孔子祖先是宋国人,宋国的开国者是殷人微子)。

⑥伯鱼:孔子的儿子,名鲤,字伯鱼。比孔子先死。

⑦伯牛:即冉耕,字伯牛,春秋时鲁国人。孔子的学生。伯牛病重时,孔子拉着他的手说:难得活了! 难得活了! 见《论语·雍也》。

【译文】

　　问:"道家说,尧、舜、周公、孔子及其七十二个弟子,都是不死而成仙的。佛家则说,人都有一死,谁也免不了。哪一种说法对呢?"

　　牟子说:"尧舜等人不死成仙的说法乃是妖妄之言,圣人从来没有这样说过。《老子》说:'天和地尚且不能长久,何况人呢?'孔子说:'贤人逃避恶浊的社会而隐居起来。'就'仁和孝常存'了。我看过六艺,读过圣贤们的传记,知道尧终有一死;舜死后葬在苍梧山;禹在会稽山有陵寝;伯夷和叔齐在首阳山有坟墓;周文王没来得及诛灭商纣王就死了;周武王没等他的儿子周成王长大就去世了;周公死后,被改葬在与他的要求不同的地方;仲尼临死前,曾梦见自己被停枢在两柱之间;伯鱼比他的父亲先死;子路被剁成肉酱而亡;伯牛病重时,孔子执着他的手说'活不得了';曾参临终前有'看看我的脚'的说法;颜渊不幸短命而死,孔于把他的短命比喻为'庄稼出苗而不开花'。这些都写在经典里,都是圣人所说的。我以经传上的记载为据,以世上的人都有一死为证,那种认为人可以不死的说法,岂不是很荒唐吗?"

　　问曰:"子之所解,诚悉备焉,固非仆等之所闻也。然子所理,何以止著三十七条,亦有法乎?"

　　牟子曰:"夫转蓬漂而车轮成,窾木流而舟楫设,蜘蛛布而罻罗陈,鸟迹见而文字作,故有法成易,无法成难。吾览佛经之要有三十七品①,老氏《道经》亦三十七篇,故法之焉。"

于是惑人闻之，蹙然失色，叉手避席，逡巡俯伏曰："鄙人矇瞽，生于幽仄。敢出愚言，弗虑祸福。今也闻命，霍如汤雪。请得革情，洒心自救。愿受五戒，作优婆塞。"

【注释】

①三十七品：即三十七道品，佛教用语。指达到佛教觉悟，趋向涅槃的途径。分七种，即：四念处、四正勤、四如意足、五根、五力、七觉支、八正道，共三十七项。

【译文】

问："你的解说，相当详细完备，像我这样的人确实没有听到过。然而你的见解为什么只著述三十七条，这也有所根据吗？"

牟子说："蓬被风卷起会在空中飘转，受这一现象的启发，人们造出了车轮。看到凹形的木头在水中漂流，人们造出了舟船。受到蜘蛛结网的启发，人们学会了张布罗网。受到鸟爪印迹的启示，人们发明了文字。可见，有了可资效法的典范，做什么事就容易，否则就困难。我阅览佛经，看到所讲的"道品"共有三十七项，老子的《道经》也是三十七篇，所以就效法了它们。"

听到这里，那个困惑的问者大惊失色，赶紧离开座席，拱手致敬，随即拜倒在地说："鄙人有眼无珠，生活在黑暗中，竟敢提出那么多愚蠢的问题，说出那些不考虑祸福后果的蠢话。今天听到教诲，就像热水浇在雪上，豁然化解。请允许我改变信仰，洗心革面，接受五戒，作一个优婆塞。"

正诬论

【题解】

本文作者不详。作者针对一般人所关心的佛有神通、吉凶、寿夭等具体问题，为佛教辩诬。文章采用宾主设问方式，"诬"为非难质问者，"正"为答辩者，主要针对《老子化胡经》、《老子西升经》等有关夷夏论的观点而发。由于道教的化胡经均系伪托，则尹文子西行化胡之说也是附会。

有异人者，诬佛曰：尹文子有神通者①，愍彼胡狄，父子聚麀②，贪婪忍害③，昧利无耻④，侵害不厌，屠裂群生⑤，不可逊让，厉不可谈议喻，故具诸事，云云。又令得道弟子变化，云云。又禁其杀生，断其婚姻，使无子孙。伐胡之术，孰良于此，云云。

【注释】

① 尹文子：人名。旧传为周人，《庄子·天下》将尹文与宋钘并称，刘向《说苑·君道》载有尹文与齐宣王的问答，盖为当时齐国稷下学派的学者。尹文子究竟为何人，现已难考，但据已有记载推断，其人所学属申韩黄老之术。

②聚麀(yōu)：本指兽类父子共一牝的行为，后用以指两代的乱伦行为。聚，是共的意思。麀，牝鹿。

③忍害：敢于杀人。《说文解字》："忍，能也"。

④昧利：贪利。

⑤屠裂：分裂。

【译文】

有一位怪人，诬蔑佛教说：一位神通广大的尹文子，怜悯那些胡人，因为他们不知礼仪，父子乱伦，贪婪无厌，为了利益互相杀戮，残害众生，互不谦让，实在不可通过比喻议论使他们明白道理，因此显现各种神通教化他们，如此等等。他又命令他的得道弟子通过变化显示各种神迹，等等。又禁止胡人杀生，断绝他们的婚姻，使他们没有子孙后代。讨伐胡人的方法，再没有比这更好的了，等等。

正曰：诬者既云无佛，复云文子有神通，复云有得道弟子，能变化恢廓①，尽神妙之理，此真有胸无心之语也。夫尹文子，即老子弟子也，老子，即佛弟子也。故其经云：闻道竺乾有古先生，善入泥洹，不始不终，永存绵绵。竺乾者，天竺也；泥洹者，胡语，晋言无为也。若佛不先老子，何得称先生？老子不先尹文，何故请《道德》之经？以此推之，佛故文子之祖宗，众圣之元始也。安有弟子神化而师不能乎？且夫圣之宰世，必以道莅之②，远人不服，则绥以文德，不得已而用兵耳。将以除暴止戈，拯济群生，行小杀以息大杀者也。故春秋之世，诸侯征伐，动仗正顺，敌国有衅，必鸣鼓以彰其过，总义兵以临罪人，不以暗昧而行诛也。故服则柔而抚之，不苟淫刑极武③，胜则以丧礼居之，杀则以悲哀泣之，是以深贬诱执④，大杜绝灭之原⑤。若怀恶而讨不义，假道以成其暴,皆经传变文讥贬累见⑥。故会宋之盟,抑楚而先晋者,疾衷甲之诈,以崇咀信之美也。夫敌之怨惠⑦,不及后嗣,恶止其身,重罪不滥,此百王之明制,经国之令典也⑧。至于季末之将⑨,佳兵之徒⑩,患道薄德衰,始任诈力⑪,竞以谲诡之计⑫,济残贼之心。野战则肆锋极杀,屠城则尽坑无遗,故白起刎首于杜邮⑬,董卓屠身于宫门⑭,君子知其必亡,举世哀其就戮,兵之弊也,遂至于此,此为可痛心而长叹者矣!何有圣人而欲大纵阴毒,翦绝黎元者哉?且十室容贤⑮,而况万里之广,重华生于东夷,文命出乎西羌⑯,圣哲所兴,岂有常地?或发音于此,默化于彼,形教万方⑰,而理运不差。原夫佛之所以夷迹于中天,而曜奇于西域者⑱,盖有至趣,不可得而缕陈矣。岂有圣人疾敌之强,而其欲覆灭,使无孑遗哉?此何异气疠既流,不蠲良淑⑲,纵火中原⑳,兰莸俱焚㉑?桀纣之虐,犹呼不然乎?纵令胡国信多恶逆,以暴易暴,又非权通之旨也。引此为辞,适足肆谤,言眩愚竖㉒,岂允情合义?有心之难乎!

【注释】

①恢廓:宽宏,博大,这里指很多的意思。

②莅(lì):本义为走到近处察看,这里指治理、统治、管理。

③淫刑极武:滥施刑罚,滥用武力。

④深贬诱执:减少杀戮,诱导教诲。

⑤大杜绝灭之原:尽力减少灭绝人寰的源头。

⑥经传变文:古代两种文体。经传是指儒家典籍中的经与传,如五经及其传注,其中心思想是宣扬儒家的圣人之道——德治、仁

政、忠孝等;变文指取材于佛教经典中富于神变之记事,加以改写,使之通俗生动,适合教化民众。它与经传一样具有扬善去恶、怀义止暴的济世化俗之功用。

⑦怨惠:指仇怨。

⑧令典:好的典章法度。

⑨季末:末世,衰世。

⑩佳兵:好用兵器。古"佳"当作"佳",古"唯"字。后以"佳兵不详"谓好用兵是不吉利的。

⑪诈力:诈术与暴力。

⑫谲诡(juéguǐ):怪诞。

⑬白起刭首于杜邮:《史记》卷七十三《白起王翦列传》记载,白起是秦国秦昭王时名将,善用兵。秦赵长平之战,白起使诈把赵降卒四十万全部坑杀,只留下二百四十个年纪小的士兵回赵国报信。后功高震主,并与秦相应侯范雎有隙。秦昭王五十年,诸侯攻秦,秦军失利。昭王与范雎等群臣谋议:白起被贬迁出咸阳,心中怏怏不服,有怨言,不如处死。于是昭王派使者拿了宝剑,令白起在杜邮自裁。白起伏剑自刭时说:"我何罪于天而至此哉?"良久,又说:"我固当死。长平之战,赵卒降者数十万,我诈而尽坑之,是足以死。"于是自杀。

⑭董卓屠身于宫门:董卓,陇西临洮(今甘肃岷县)人。西凉军阀,东汉末年少帝、献帝时权臣。原本屯兵凉州,于灵帝末年十常侍之乱时受大将军何进之召率军进京,旋即掌控朝中大权。其为人残忍嗜杀,倒行逆施,招致群雄联合讨伐。后被其亲信吕布杀于宫门,弃尸于市。

⑮十室容贤:只有十户人家的小地方也有贤人。

⑯"重华"二句:重华即帝舜,生于东夷,舜目重瞳,故名,后亦用以代称帝王。《史记·五帝本纪》:"虞舜者,名曰重华。"文命即夏禹,是

西羌人。《史记·夏本纪》："夏禹名曰文命。"

⑰形教：犹象教，谓以形象施行教化。

⑱曜（yào）奇：显示奇迹。

⑲蠲（juān）：免除，排除。

⑳中原：这里指平原，原野。

㉑莸（yóu）：一种有臭味的草。

㉒愚竖：指愚蠢与低贱的人。竖，旧称未成年的童仆，小臣，引申为卑贱的。

【译文】

纠正说：诬蔑者既然说没有佛，又说尹文子有神通，而他的得道弟子能变化多端，全然展现神妙之理，这真是有胸无心的话啊。其实尹文子，就是老子的弟子，而老子是佛的弟子。因为经上说：听说竺乾有一位古先生，善于进入泥洹的境界，无始无终，永恒存在，绵绵不绝。竺乾就是天竺；泥洹是胡语，晋朝是无为的意思。如果佛不先于老子，为何老子称他为先生呢？老子不先于尹文子，为何尹文子引用《道德经》呢？以此推之，佛就是尹文子的祖宗，众位圣人的源头。哪里有弟子有神通而师傅却不能的呢？而且圣人治理世间，必定运用道来管理天下，远方的民众不服，则用文化和道德来安抚和笼络，万不得已才使用军队。这样根除暴乱，停止战争，拯救和周济百姓，通过小规模的战争来止息大规模的杀戮。所以春秋的时候，诸侯互相征伐，在行动中重视正义，如果敌国有叛乱，必定鸣鼓来彰显他们的罪过，带领正义的军队攻伐罪恶之人，不会因为昏昧无理而诛伐别国。因此对方服从就以柔和的方式抚慰他们，不随便滥施刑罚，滥用武力，即使打了胜仗也用吊丧的礼节对待敌人，杀害敌人也以悲哀的心情为之哭泣，因此大大减少杀戮，通过诱导教化，杜绝灭绝人寰的源头。如果怀着恶念讨伐不义之国，借道过境成就自己的暴力，都会在各种经传变文中被记载，讥讽贬斥屡屡见到。因此《左传》中记载的会宋之盟，贬抑楚国而赞扬晋国，是因为痛恨楚国军队使诈,将铠甲穿在衣服里面,而崇敬讲诚信有美德的晋国。敌人的仇怨不殃及后代子孙,罪恶只在自身,不滥用重刑,这是大多数君王明确的制度,治理国家的好的典章法度。至于末世的将领,好用兵的人,患有道德浅薄衰弱的毛病,一开始就依靠诈术与暴力,运用怪诞的计策争夺胜利,帮助凶残暴虐的人。在野外作战则过度屠杀,屠城则全部坑埋,一个不剩,因此秦国将领白起在杜邮自刎,董卓在宫门被人屠杀,君子知道他们必定灭亡,全天下的人为他们的被杀感到悲哀,这是由于他们平时过度杀戮才导致后来的报应,这真是让人感到痛心而长叹的事情啊!难道有圣人会纵容阴险毒辣的事情,灭绝老百姓吗?其实只有十户人家的小地方也会有贤人,何况万里广阔之地呢?帝舜生在东夷之地,夏禹成长在西羌之境,圣贤哲人所兴起,难道有固定的地方吗?有的在一个地方生长,在另一个地方以各种形象默默施行教化,而道理运用丝毫无差错。至于佛之所以在中土之地绝迹,而在西域显示奇迹,肯定有特殊的原因,很难详细陈述。难道还有圣人会害怕敌人强大,想让他们灭绝,永远没有子孙后代吗?这与瘟疫流行,不排除善良贤淑之人,与在原野纵火,香花与臭草一起被焚烧有什么不同呢?夏桀与商纣的暴虐还比不上这种行为呢!纵使胡国的人大多凶残,大逆不道,如果用残暴势力代替残暴势力,也不符合通达的宗旨。说出这些话,很明显是诽谤,迷惑愚蠢与低贱的人,这符合事实和道义吗?实在是刻意刁难啊!

又诬云:尹文子欺之,天有三十二重①,云云。又安牟《楼炭经》云②:诸天之宫,广长二十四万里,面开百门,门广万里,云云。

正曰:佛经说天地境界,高下阶级,悉条贯部分,叙而有章。而诬者,或附着生长,枉造伪说,或颠倒淆乱,不得要实③。何有二十四万里之地，而容四百万里之门乎？以一事覆之，足明其错谬者多矣。藏获牧竖④，犹将知其不然，况有识乎？欲以见博，只露其愚焉！

【注释】

①天有三十二重：佛教称欲界十天，色界十八天，无色界四天，共三十二天。参见《法苑珠林》卷五《三界辨位》。

②《楼炭经》：佛教经典。由西晋沙门法立、法炬于惠帝、怀帝之际（290～306）在洛阳共同译出。

③要实：要领，实质。

④藏获牧竖：指地位低下的人。藏获，奴婢的贱称。牧竖，指牧童。

【译文】

又诬蔑说：尹文子欺骗胡人说天有三十二重，等等。又虚妄引用《楼炭经》说：所有的天宫，有二十四万里长，里面开设百个门，一门有万里长，等等。

纠正说：佛经说天地的境界，高低台阶，都是条理贯穿，部位分明，叙述很有章法。然而诬蔑的人，或者牵强附会，胡乱制造虚伪的说法，或者颠倒混淆，不得要领。哪里有二十四万里宽的地方，能够容纳四百万里宽的门？从这一件事总体来看，足以表明诬蔑者的谬误之多。奴婢下人，都能知道他这种说法的不对，何况有识之士呢？想要表现出自己的渊博，却显露出愚蠢。

又诬云：佛亦周遍五道①，备犯众过，行凶恶犹得佛，此非悁为恶者之法也②。又计生民，善者少而恶者多，恶人死辄充六畜，尔则开辟至今，足为久矣，今畜宜居十分之九，而人种已应希矣。

　　正曰：诚如所言，佛亦曾为恶耳，今所以得佛者，改恶从善故也。若长恶不悛③，迷而后遂往④，则长夜受苦，轮转五道，而无解脱之由矣。今以其能掘众恶之栽，灭三毒之烬⑤，修五戒之善，书十德之美，行之累劫，倦而不已，晓了本际，畅三世空，故能解生死之虚，外无为之场耳。计天下昆虫之数，不可称计，人之在九州之内，若毫末之在马体，十分之九，岂所言哉？故天地之性，以人为贵，荣期所以自得于三乐⑥，达贵贱之分明也。今更不复自赖于人类，不丑恶于畜生，以刍水为甘膳，以羁络为非谪，安则为之，无所多难也。

【注释】

①五道：指天、人、地狱、饿鬼、畜生。加阿修罗，又称六道。

②悕：意愿，希望。

③长恶不悛(quān)：长期作恶，不肯悔改。

④遂(suì)往：指以往的错误。《梁书·袁昂传》："若执迷遂往，同恶不悛，大军一临，诛及三族。"

⑤三毒：佛教以贪欲、嗔恚、愚痴为三毒，为三大根本烦恼。

⑥荣期所以自得于三乐：荣期，人名，荣启期的简称。《列子·天瑞》记载，孔子游于太山，见荣启期行乎郕之野，鹿裘带索，鼓琴而歌。孔子问曰："先生所以乐，何也？"对曰："吾乐甚多：天生万物，唯人为贵，而吾得为人，是一乐也；男女之别，男尊女卑，故以男为贵，吾既得为男矣，是二乐也；人生有不见日月，不免襁褓者，吾既已行年九十矣，是三乐也。贫者士之常也，死者人之终也，处常得终，当何忧哉？"孔子曰："善乎？能自宽者也！"这就是"知足者常乐"的典故。

【译文】

又诬蔑说:佛也经历过五道轮回,犯过很多错误,做过凶恶之事还能够成佛,这岂不是鼓励作恶?而且普通老百姓,善良的少而凶恶的多,恶人死亡总是进入畜生道,那么人类产生以来,时间已经很久远了,现在畜生应该占据十分之九,而人种应该很稀少了。

纠正说:确实如上所说,佛陀也曾经做过恶事,现在之所以成佛,是因为他改恶从善了。如果长期作恶,不肯悔改,内心迷惑而不断重复以前的错误,那么就会永远处在黑夜之中受苦,轮回在五道之中,没有解脱的希望。如今佛陀能挖掉众恶之根,灭尽贪嗔痴三毒的灰烬,修炼五戒的善行,弘扬十种美德,多劫修行,不知疲倦,从不停止,晓悟宇宙真理的根本,通畅三世轮回的空无自性,因此能解脱生死的虚妄,达到无为的境界啊!统计天下昆虫畜生的数量,不可计算,人在九州里面,就好像毫末在马的身体里面,畜生占十分之九,岂是所说的这么少吗?因此,天地的本性,以人为贵,荣期所以自得为人、为男、得寿三乐,通达富贵与贫贱的命运。因此现在做人更应该端正态度,不把畜生看做丑恶的动物,把喂牲畜的草料和水当做珍馐美味,把受束缚看做享受,安心面对一切事情,那么就没有什么困难了。

又诬云:有《无灵下经》①。

《无灵下经》,妖怪之书耳,非三坟五典训诰之言也②,通才达儒,所未究览也。三曾五祖之言③,又似解奏之文④,此殆不诘,而虚妄自露矣。

今且聊复应之:凡俗人常谓:人死则灭,无灵无鬼。然则无灵,则无天曹;无鬼,则无所收也。若子孙奉佛,而乃追谴祖先。祖先或是贤人君子,平生之时,未必与子孙同事,而天曹便收伐之,命颜冉之尸⑤,罗柱戮之痛,仁慈祖考,加虐毒于贵体，此岂聪明、正直之神乎？若其非也，则狐貉、魍魉、淫厉之鬼⑥，何能反制仁贤之灵，而困禁戒之人乎？以此为诬，鄙丑书矣。

【注释】

①《无灵下经》：此处似有脱文。

②三坟五典：古书名。据传，三坟为伏羲、神农、黄帝之书，五典为少昊、颛顼、高辛、尧、舜之书。

③三曾五祖：无考。

④解奏：道教术语。道士作法写上疏文呈奏给玉皇大帝，求玉皇大帝解冤释结把冤仇解开。

⑤颜冉：颜回、冉耕的并称。二人均为孔子弟子，皆以德行著称，均因恶疾早逝。

⑥魍魉（wǎngliǎng）：古代传说中的山川精怪。

【译文】

又诬蔑说：有一部《无灵下经》。

这部书是妖怪之书，里面记载的不是古代经典教导禁戒的话语，学问、道德高明的人不会详细读览。里面记录三曾五祖的话，又好像是祈祷解灾的文章，这些确实不值得诘问，就让人感觉到虚妄迷信。

现在暂且回答：普通俗人常常说：人死如灯灭，没有灵性和鬼魂。然而如果没有灵性，那么就不会有天宫；没有鬼魂，就没有什么所收了。如果子孙信奉佛教，追谴祖先的魂灵回来。祖先也许是贤人君子，平生所做的事情未必与子孙相同，而天宫收伐他们，让贤良的颜回、冉耕英年早逝，招致枉杀的痛苦。仁慈的祖先，给子孙的身体增加虐待毒害，这难道是聪明正直的神灵吗？如果不是，那么就是狐貉、山川精怪、淫厉之鬼了。为何能够反过来控制仁爱贤良的魂灵和围困讲禁戒的人呢？以此诬蔑，是鄙陋丑化这本书。

又诬云：道人聚敛百姓，大构塔寺，华饰奢靡，费而无益，云云。

正曰：夫教有深浅，适时应物，悉已备于首论矣，请复申之。夫恭俭之心，莫过尧舜，而山龙华虫，黼黻绨绣①。故《传》曰：锡鸾和铃，昭其声也；三辰旂旗，昭其明也；五色比象，昭其文也。故王者之居，必金门、玉陛、灵台、凤阙，将使异乎凡庶，令贵贱有章也。夫人情从所睹而兴感，故闻鼓鼙之音，睹羽麾之象，则思将帅之臣；听琴瑟之声，观庠序之仪②，则思朝廷之臣。迁地易观，则情貌俱变。今悠悠之徒，见形而不及道者，莫不贵崇高，而忽仄陋。是以诸奉佛者，仰慕遗迹，思存仿佛，故铭列图象，致其虔肃，割损珍玩③，以增崇灵庙。故上士游之，则忘其蹄筌④，取诸远味；下士游之，则美其华藻，玩其炳蔚⑤。先悦其耳目，渐率以义方，三涂汲引⑥，莫有遗逸，犹器之取水，随量多少，唯穿底无当，乃不受耳。

【注释】

① 山龙华虫，黼黻（fǔfú）绨绣：指古代礼服上绣的一些色彩绚丽的天地物象。《尚书·益稷》：“予欲观古人之象：日、月、星、辰、山龙、华虫、作会、宗彝、藻火、粉米、黼黻、绨绣，以五彩彰施于五色作服。”

② 庠序（xiángxù）：古代的地方学校，后也泛称学校或教育事业。

③ 珍玩：珍贵的供玩赏的东西。

④ 蹄筌：也作“筌蹄”，指达到某种目的的手段，或反映事物的迹象。筌，捕鱼器。蹄，兔网，捕兔的工具。《庄子·外物》“筌者所以在鱼，得鱼

而忘筌;蹄者所以在兔,得兔而忘蹄;言者所以在意,得意而忘言。"

⑤炳蔚:形容文采鲜明华美。

⑥三涂:佛教语。又作三途,即火途(地狱道)、血途(畜生道)、刀途(饿鬼道),也叫三恶道。

【译文】

又诬蔑说:佛教徒搜刮老百姓的钱财,大兴土木,修建寺院,装饰华丽,挥霍奢侈,浪费钱财没有益处,等等。

纠正说:教化有深浅之分,应该适应不同的时机和对象,这些都在首论里面说得很详细了,现在再申明一下。没有比尧舜更恭敬节俭的了,而他们也要穿上绣了色彩绚丽的天地物象的礼服。因此《左传》说:车衡上的金属铃铛,是用来昭显声势的;绣有日月星三辰的旗帜,是用来彰显光明的;青黄赤白黑五色类比物象,是用来彰显文明的。因此,王者居住的地方,必定是金门、玉陛、灵台、凤阙,这样显示出与普通百姓的不同,让贵贱有章可循。人往往是根据看到的东西而兴起各种感想,因此听到战鼓的声音,看到旌旗的形象,必定思念将帅之臣;听到琴瑟的声音,观看学校里面的礼仪,必定思念朝廷的臣子。迁离不同的地方,改变不同的住所,人的感情和相貌都会发生变化。如今大多数人,看到形象而领悟不到大道的,没有不注重雄伟高大的地方,而忽略狭窄简陋的地方。因此那些信奉佛教的人,仰慕佛陀的遗迹,铭记佛陀的音像,所以铭刻和陈列各种图像,增加虔诚和肃穆,减损供玩赏的东西,来增加庙宇的灵妙崇高。因此上士游览,会忘记象征大道的物象,而领略里面深远的韵味;下士游览,喜欢美丽的装饰,把玩鲜明华美的文采。先让人们的耳目愉悦,再渐渐引导他们领悟义理,这样也能吸引三恶道的众生,因而没有任何遗漏,就好像用器具取水,随容量多少来定,只有没底的器具,无法装水。

又专诬以祸福为佛所作,可谓元不解矣。聊复释之:夫吉凶之与善恶，犹影响之乘形声，自然而然，不得相免也。行之由己，而理玄应耳。佛与周、孔，但共明忠、孝、信、顺，从之者吉，背之者凶。示其渡水之方，则使资舟楫，不能令步涉而得济也。其谓诲人之法，救厄死之术，亦犹神农尝粒食以充饥虚，黄帝垂衣裳以御寒暑。若闭口而望饱，裸袒以求温，不能强与之也。夫扁鹊之所以称良医者，以其应疾投药，不失其宜耳，不责其令有不死之民也。且扁鹊有云：吾能令当生者不死，不能令当死者必生也。若夫为子则不孝，为臣则不忠乎？守膏肓而不悟，进良药而不御，而受祸临死之日，更多咎圣人，深恨良医，非徒东走，其势投阱矣①。

【注释】

①"非徒"二句：大意是徒劳无益，雪上加霜。《韩非子·说林上》："狂者东走，逐者亦东走，其东走则同，其所以东走之为则异。故曰：同事之人，不可不审察也。"

【译文】

又专门诬蔑祸福由佛来确定，可以说根本不了解佛的含义。我再回答一遍：吉凶与善恶之间的关系，就好像事物有影子，声音有回声一样自然，不会免除。自己行动，而吉凶之理自然相应。佛与周文王、孔子一样，只是都明白忠孝信顺的道理，遵从的吉利，背离的凶险。比如渡过江河的方法，送给别人船桨，不能让他们蹚水渡过。可以说教诲的方法，救死扶伤之术，也好像神农尝试各种粮食来疗治饥饿，黄帝制作衣裳来抵御寒暑一样。如果闭口而希望吃饱，裸露身体而渴求温暖，不可能强行达到目的。扁鹊之所以能称得上良医，是因为他根据不同的疾病来开药方，不会丧失适宜的时机，不能强求他让病人完全不死亡。况且扁鹊说过：我能让应该活命的不会死亡，不能让应该死的人活命。

如果作为儿子不孝顺父母，那么作为臣子也不忠诚君主。病入膏肓还不明白，有良药而不吃，在遭受灾祸临死的时候，只是怪罪圣人，痛恨良医，这不是雪上加霜更加危险吗？

又诬云：沙门之在京洛者多矣，而未曾闻能令主上延年益寿。上不能调和阴阳，使年丰民富，消灾却疫，克静祸乱，云云；下不能休粮绝粒①，呼吸清醇，扶命度厄，长生久视，云云。

正曰：不然。庄周有云：达命之情者，不务命之所无奈何，审期分之不可迁也②。若令性命可以智德求之者，则发、旦二子③，足令文父致千龄矣。颜子死，则称天丧予，惜之至也，无以延之耳。且阴阳数度，期运所当，百六之极④，有时而臻。故尧有滔天之洪，汤有赤地之灾，涿鹿有漂橹之血，阪泉有横野之尸，何不坐而消之，救其未然耶？且夫熊经鸟曳，导引吐纳，辍黍稷而御英蕊，吸风露以代糇粮，俟此而寿，有待之伦也⑤。斯则有时可夭，不能无穷者也。沙门之视松乔⑥，若未孩之儿耳。方将抗志于二仪之表⑦，延祚于不死之乡，岂能屑心营近，与涓彭争长哉⑧？难者苟欲骋饰非之辩，立距谏之强，言无节奏，义无宫商，嗟夫北里之乱雅⑨，恶绿之夺黄也。其余噪之音，曾无纪纲，一遵先师不答之章⑩。

【注释】

①休粮绝粒：不吃五谷，方士道家修炼成仙的一种方法。又称"辟谷"、"却谷"、"断谷"、"绝谷"等。

②审期分之不可迁:懂得生命的寿夭是不能随意改变的。

③发、旦二子:发、旦二子为周文王的两个儿子姬发和周公旦。参见前《牟子理惑论》注。

④百六:古代指厄运。

⑤有待之伦:行动和思想都没达到最高自由境界的人。

⑥松乔:赤松和王乔,传说中的古仙人,道教徒崇拜的偶像。

⑦抗志:高尚其志。

⑧涓彭:涓子和彭祖,传说中的古仙人,以善于养生而著名。

⑨北里之乱雅:靡靡之音扰乱了优雅的音乐。《史记》卷三《殷本纪》:"(纣)于是使师涓作新淫声,北里之舞,靡靡之乐。"

⑩一遵先师不答之章:指孔子不正面回答子路问鬼神及死后之事。《论语·先进》:"季路问事鬼神。子曰:未能事人,焉能事鬼? 曰:敢问死? 曰:未知生,焉知死?"

【译文】

又诬蔑说:和尚在京城的很多,未曾听说他们能让皇上延年益寿。上不能调和阴阳,使年成丰收,百姓富裕,消除灾祸和瘟疫,平定战祸,等等;下不能让人辟谷养生,呼吸清明醇厚,培育生命,度过苦厄,长生不老,等等。

纠正说:不是这样的,庄子说过:真正通达生命真相的人,不会去追求生命中不必要的东西,因为他懂得生命的长短是不可随意改变的。如果使性命可以通过智慧道德求得,那么姬发和周公旦两位儿子足以让他们的父亲周文王获得千岁的寿命。颜回英年早逝,孔子称天丧我,可惜之至,但是无法延长他的寿命。况且阴阳变化不断,运期不同,很大的厄运,有时候也会来到。因此尧遇到滔天洪水,汤遇到赤地干旱的灾祸,黄帝与蚩尤在涿鹿大战流血千里,与炎帝在阪泉大战横尸遍野,为何不停下来让其消失,挽救这些事情不让发生呢? 像熊之攀枝,鸟之伸脚一样养生,引导呼吸之气,停止吃粮食而只吃花蕊,吸取甘露来代替干粮,想靠这样来延长寿命,这些人的行动和思想都没达到最高自由境界。他们还是会在一定时候死去,不能达到无穷的境界。在沙门看来,赤松和王乔只是像还未长大成人的孩子。应该在天地之间高尚自己的志向,在永恒不灭之乡延续自己的福禄,岂能刻意经营,与涓子和彭祖这些古仙人争寿命的长短呢?这些非难者想要加强掩饰过错的辩论,确立不听劝谏的强势,语言没有节奏,意义没有音律,可悲就像靡靡之音扰乱了优雅的音乐,深绿消除了黄颜色。其余的就像噪音,没有章法,遵从先师孔子不正面回答子路问鬼神之事的榜样,不予答复。

又诬云:汉末有笮融者[1],合兵依徐州刺史陶谦,谦使之督运,而融先事佛,遂断盗官运,以自利入,大起佛寺,云云,行人悉与酒食,云云,后为刘繇所攻见杀,云云。

正曰:此难不待绳约而自缚也。夫佛教率以慈仁,不杀忠信,不炫廉贞,不盗为首。《老子》云:兵者,不祥之器,迩者凶。而融阻兵安忍[2],结附寇逆,犯杀一也;受人使命,取不报主,犯欺二也;断割官物,以自利入,犯盗三也;佛经云:不以酒为惠施。而融纵之,犯酒四也。诸戒尽犯,则动之死地矣。譬犹吏人,解印脱冠,而横道肆暴,五尺之童,皆能制之矣。笮氏不得其死,适足助明为恶之获殃耳。

【注释】

①笮(zé)融:人名。丹阳人,曾聚众数百投奔汉末军阀陶谦,陶谦命其监督广陵、下邳、彭城运粮。笮融本人信仰佛教,他利用职权挪用三郡粮食建筑佛寺,可容三千余人,佛像铜人金身,浴佛设酒饭,以布铺数十里路面,费用以亿计。曹操进攻时笮融领男女数万人、马三千匹出逃广陵。笮融因贪广陵物资杀害太守赵昱,

大掠广陵。接着过江重施故技于秣陵杀彭城相薛礼。后笮融再次重施故技杀太守朱皓，据其城。扬州刺史刘繇讨伐笮融，初败于笮融之手，后再合属县之力败笮融，笮融败走入山，被山民所杀。

②阻兵安忍：仗恃军队，安于做残忍的事。

【译文】

又诬蔑说：汉末有一个叫笮融的人，曾经带领一些士兵投靠徐州刺史陶谦，陶谦命其监督广陵、下邳、彭城运粮，笮融事先信仰佛教，他利用职权挪用三郡粮食建筑佛寺，等等，路人都施予酒饭，等等，后来被扬州刺史刘繇讨伐，笮融败走入山，被山民所杀，等等。

纠正说：这实在是不用绳索而自己捆绑自己啊！佛教提倡仁慈，不杀忠厚诚信之人，不迷惑欺骗廉洁忠贞之人，以不偷盗为第一。《老子》说：兵器，不祥之物，太接近的人会很危险。笮融仗恃军队，安于做残忍的事，巴结贼寇，犯了第一条杀戒；接受别人的使命，拿了东西不回报主人，犯了欺骗第二条戒律；利用职权挪用官府财物，自私自利，犯了偷盗第三条戒律；佛经说：不能以酒为恩惠施舍，而笮融放纵自己和部下饮酒，犯了饮酒第四条戒律。所有的戒律都犯了，那么肯定会进入死亡之地了。就好像官吏，放下官印，脱去官帽，而横行霸道，五尺高的孩子都能制服他。笮融不得好死，正好帮助彰显因果报应、为恶遭殃的真理了。

又诬云：石崇奉佛亦至①，而不免族诛，云云。

答曰：石崇之为人，余所悉也。骄盈耽酒，放借无度②，多藏厚敛，不恤惸独③。论才，则有一割之利④；计德，则尽无取焉。虽托名事佛，而了无禁戒。即如世人，貌清心秽，色厉内荏，口咏禹汤，而行偶桀跖⑤，自贻伊祸，又谁之咎乎？

【注释】

①石崇(249～300)：西晋人，字季伦，祖籍渤海南皮，出任过南中郎将、荆州刺史。在荆州时以劫掠商贾致富，曾与贵戚王恺斗富。公元300年，淮南王司马允政变失败，石崇因旧与赵王司马伦心腹孙秀有隙，被诬为司马允同党，被族诛，并没收其家产。石崇是西晋王室贵族中信仰佛教的代表人物之一。

②偍(tiě)：奸诈狡猾。

③惸(qióng)：同"茕"，没有兄弟，孤独。

④一割之利：一技之长。

⑤跖(zhí)：盗跖，原名展雄，又名柳下跖、柳展雄，相传是当时贤臣柳下惠的弟弟。系春秋、战国之际奴隶造反首领。《庄子·盗跖》："孔子与柳下季为友，柳下季之弟名曰盗跖。盗跖从卒九千人，横行天下，侵暴诸侯。穴室枢户，驱人牛马，取人妇女。贪得忘亲，不顾父母兄弟，不祭先祖。所过之邑，大国守城，小国入保，万民苦之。"

【译文】

又诬蔑说：石崇信奉佛教也很虔诚，最终不免全族被诛杀，等等。

回答：石崇的为人，我很清楚。他骄傲自满，耽于饮酒，奸诈狡猾无度，过度积聚很多财物，不体恤孤寡之人。论才，确实有一技之长；说到品德，那么没有可取之处了。虽然托名侍奉佛教，然而不遵守一点禁戒。就好像世上的一些人，外貌清俊，内心污秽，表面严厉，内心怯懦，口里说的是大禹和商汤的话，而行为就像夏桀和盗跖，自取其祸，又是谁的过错呢？

又诬云：周仲智奉佛亦精进①，而竟复不蒙其福，云云。

正曰：寻斯言，似乎幸人之灾，非通言也。仲智虽有好道之意，然意未受戒为弟子也。论其率情亮直，见涉俊上，自是可才。而有强梁之累，未合道家婴儿之旨矣②。以此而遇忌胜之雄③，丧败理耳。纵如难者云：精进而遭害者有矣。此何异颜项夭夭，夷叔馁死，比干尽忠，而陷剖心之祸，申生笃孝，而致雉经之痛④？若此之比，不可胜言。孔子云：仁者寿，义者昌。而复或有不免，固知宿命之证，至矣信矣。

【注释】

①周仲智：西晋人。晋初成武侯、安东将军周浚之子，曾任新安太守、庐陵太守、御史中丞，后为垄断朝政的王敦所害。信奉佛教，曾珍藏素书《放光般若经》一部，供养佛舍利子。

②道家婴儿之旨：指道家倡导的贵柔守雌的婴儿之道。

③忌胜：忌恨好胜。

④"申生"二句：申生为春秋时期晋献公早年立的太子，贤良孝顺。后献公宠爱骊姬，生一子。骊姬陷害申生，申生自缢于新城。雉经，即自缢。

【译文】

又诬蔑说：周仲智信奉佛教也很精进，然而最终没有得到好的福报，等等。

纠正说：听这话，似乎幸灾乐祸，不是通达之言。仲智虽有爱好佛道的意愿，然而并未受戒成为佛教的弟子。他性格诚实正直，见识超越常人，确实是一位有才德之人。但是他过于刚强好胜，不符合道家倡导的贵柔守雌的婴儿之道。这种性格的人一旦遇到有忌恨好胜之心的雄才人物，失败丧命是很自然的。正如责难者所说：精进好道而遭遇伤害的人有很多。这与颜回和项橐年纪很轻就夭折，伯夷叔齐饥饿而死，比干忠心耿耿，遭剖心的灾祸，申生纯孝，有自缢的痛苦有什么不同呢？这样相比，不可穷尽言说。孔子说：仁者寿，义者昌。然而也有不能避免的灾祸,因此宿命的存在,确实值得相信啊!

又诬云:事佛之家,乐死恶生,属纩待绝之日①,皆以为福禄之来,无复哀戚之容,云云。

正曰:难者得无隐心而居物,不然,何言之逆乎?夫佛经自谓得道者,能玄同彼我,浑齐修短。涉生死之变,泯然无概②;步祸福之地,而夷心不怛③;乐天知命,安时处顺耳。其未体之者,哀死慎终之心,乃所以增其笃也,故有大悲弘誓之义。儴人之丧,犹加哀矜,以德报怨,不念旧恶,况乎骨肉之痛,情隆自然者,而可以无哀戚之心者哉!夫爱亲者,不敢恶于人,恐畴己之深也。逆情违道,于斯见矣。

【注释】

①属纩(zhǔkuàng):古代丧礼仪式之一。即病人临终之前,要用新的丝絮(纩)放在其口鼻上,试看是否还有气息。属,放置。此一仪式称为"属纩"。因而"属纩"也用为"临终"的代称。

②概:系念,关切。

③夷心不怛(dá):心态平和,不忧伤愁苦。怛,忧伤,悲苦。

【译文】

又诬蔑说:奉持佛教的家庭,喜欢死亡,厌恶生命,在家人病重将死的日子,都认为是福禄降临的时候,没有悲哀痛苦的神情,等等。

纠正说:责难者昧着良心凭据外物来说话,不然,为什么说的话如此悖逆啊?佛经上说得道的人,能够超越物我对立,融通寿命长短。面临生死的变化,心胸开阔没有任何牵挂关切;处于祸福无常的地方,心态平和,不忧伤愁苦;以听任命运的安排为快乐,安于时运,顺应变化。没有体悟大道的人,总是有担心生命结束的烦恼,得道之人想要增加他们的笃定，所以有同体大悲四种誓愿。仇人死亡，也要哀痛怜悯，以德报怨，不念旧恶，何况骨肉亲人死亡的痛苦，感情深厚是很自然的，难道可以没有哀痛悲苦的心情吗？一个懂得热爱自己父母的人，就不敢厌恶别人的父母，唯恐加重自己的厌恶心。违背情理和大道，在这里可以看到了。

卷第二

明佛论

【题解】

本篇篇名又作《神不灭论》，南朝刘宋宗炳(375—443)撰。本论中，宗炳阐明二种神不灭义，即轮回的神识不灭、法身的神识常住。此外，宗炳又结合轮回的本体神识与法身的神识，阐述人于轮回过程中渐次断除烦恼，则轮回的神识也能还复本来清净的神识，即可返还法身而成佛。由此书可窥见宗炳之思想已混合佛教佛性、法身之观念，及道家性、神之观念。

夫道之至妙，固风化宜尊；而世多诞佛，咸以我躬不阅，遑恤于后。万里之事，百年以外，皆不以为然。况须弥之大，佛国之伟，精神不灭，人可成佛，心作万有，诸法皆空，宿缘绵邈，亿劫乃报乎！此皆英奇超洞，理信事实。黄华之听①，岂纳云门之调哉②？世人又贵周、孔书典，自尧至汉，九州华夏，曾所弗暨，殊域何感？汉明何德，而独昭灵彩③？凡若此情，又皆牵附先习，不能旷以玄览④，故至理匪遐，而疑以自没。悲夫！中国君子，明于礼义而暗于知人心⑤，宁知佛心乎？今世业近事，谋之不臧⑥，犹兴丧及之。况精神作

哉,得焉则清升无穷,失矣则永坠无极。可不临深而求,履
薄而虑乎⑦?夫一局之奕,形算之浅,而奕秋之心,何尝有
得⑧?而乃欲率井蛙之见,妄抑大猷⑨,至独陷神于天阱之
下,不以甚乎!今以茫昧之识,烛幽冥之故,既不能自觉鉴
于所失,何能独明于所得?唯当明精暗向,推夫善道,居然
宜修,以佛经为指南耳。彼佛经也,包《五典》之德,深加远
大之实;含老、庄之虚,而重增皆空之尽。高言实理,肃焉感
神,其映如日,其清如风,非圣谁说乎?谨推世之所见,而会
佛之理,为明论曰:

【注释】

①黄华之听:无考。当为草野之民的劳动号子或曲调。

②云门之调:传说为黄帝所用之乐。《周礼·春官·大司乐》:"以
　乐舞教国子舞云门。"又:"孤竹之管,云和之琴瑟,云门之舞。"郑
　注:云门,黄帝之乐。

③"汉明"二句:东汉明帝永平年间,因梦见佛陀而派使者西行求
　法,此传说曾长期被视为佛教传入中国之始。最早记录此事的
　有《四十二章经》和《牟子理惑论》。《四十二章经序》云:"昔汉孝
　明皇帝,夜梦见神人,身体有金色,顶有日光,飞在殿前,意中欣
　然,甚悦之。明日问群臣,此为何神也?有通人傅毅曰:臣闻天
　竺有得道者,号曰佛,轻举能飞,殆将其神也。于是上悟……于
　是道法流布。"云云。

④不能旷以玄览:指不能超越眼前而深察远见。

⑤"中国"二句:语出《庄子·田子方》:"温伯雪子适齐,舍于鲁。鲁
　人有请见之者,温伯雪子曰:不可。吾闻中国之君子,明乎礼义
　而陋于知人心,吾不欲见也。"温伯雪子,楚国怀道之人,感叹中

原诸国儒者习于末学而昧于本体。

⑥谋之不臧:《诗经·小雅·小旻》:"谋臧不从,不臧覆用。我视谋犹,亦孔之邛。……谋之不臧,则具是依。我视谋犹,伊于胡底?"

⑦"可不"二句:《诗经·小雅·小旻》:"不敢暴虎,不敢冯河;人知其一,莫知其他。战战兢兢,如临深渊,如履薄冰。"

⑧"奕秋"二句:奕秋,亦作"弈秋",《孟子·告子上》:"今夫弈之为数,小数也;不专心致志,则不得也。弈秋,通国之善弈者也。使弈秋诲二人弈,其一人专心致志,惟弈秋之为听。一人虽听之,一心以为有鸿鹄将至,思援弓缴而射之,虽与之俱学,弗若之矣。为是其智弗若与?曰:非然也。"

⑨"欲率"二句:《庄子·秋水》:"井蛙不可以语于海者,拘于虚也;夏虫不可以语于冰者,笃于时也;曲士不可以语于道者,束于教也。"大猷(yóu),大道,指佛教。

【译文】

那至妙之道,本应为世人之所尊奉,但时下却有不少人在毁谤。考其缘由,盖多以佛教所言之事都不能亲自耳闻眼见,且都对死后之事感到恐惧忧虑。万里之外的东西,百年以后的事情,举凡没有亲眼所见的,他们尚且都不以为正确属实,何况须弥山的广大、佛国的雄伟乃至人死后精神不灭、人人都可成佛、心念造作万有、一切事物现象本性皆空、前定因缘幽远、经历亿万劫才能报应等等这类事物和大道理呢?事实上,他们都是如此优美高远,所言之理令人信服,所征之事可以验实。正如那些常常听着黄华之乐的人,又如何能够懂得欣赏云门这样高雅的音乐呢?世俗之人,又多推崇周孔的道德和儒家的经典。而自尧舜至秦汉,整个华夏九州都不曾涉及佛,如此遥远的异域之教,又是如何感应得到的呢?汉明帝又有何特别德性,而能独自梦见金人、领受神佛的霞光呢?凡是像这样情形的人,又多喜欢依从过去的见解和习俗而牵强附会，不能超越现实而深察远见，所以佛教最高的真理虽然并非遥不可及，但这些人却终日怀疑以致没世而亡。真是可悲啊！中土的这些君子，虽明晓各种礼仪，却不能洞察人的心性，又怎能知晓佛心呢。而今人们世代相传，从事那些浅鄙之事，又没有什么好谋划，自然结果有好有坏。何况精神的作用呢！如果成功了，精神便觉得清扬飞升于无穷之境，若失败了，便觉得永远坠入无极的深渊之中。既如此，怎能不小心谨慎的追求和思考呢？再说，譬如下棋，可以说是最简单的计算和思考了，然而奕秋要求的专心致志，又何尝可以轻易做到呢？更不用说想以井底之蛙的见识来妄然裁抑治世之大道，以致限制人的精神于陷阱之下，不是太过分了吗？如今以茫昧不清的见识来烛照幽冥之事，既不能自己明察自己的过失之处，又如何能够明了自己的所得之处呢？唯有明察精神、反思过去，推行善道，安然修行，把佛经作为生活的指南，才不会迷失啊！实际上，佛经不仅包涵儒家五经的品德，又增加了很多辽远广大的方外事实；不仅含括了老庄虚静无为的玄理，最重要的是增加了一切皆空的妙义。言谈是那样的高远，义理是那样的真实。听闻佛法，那样庄严恭敬，有如感应到神灵的存在，像太阳那样照映天下，像清风那样吹拂世界，如此博大精深，若非圣人，又有谁能说此大法呢？现就世俗的一些见解，对照佛教的义理，特撰此论，曰《明佛论》。

今自抚踵至顶，以去陵虚，心往而勿已，则四方上下皆无穷也。生不独造，必传所资。仰追所传，则无始也。奕世相生而不已[1]，则亦无竟也。是身也，既日用无垠之实，亲由无始而来，又将传于无竟而去矣。然则无量无边之旷，无始无终之久，人固相与陵之以自敷者也。是以居赤县于八极曾不疑焉[2]。今布三千日月，罗万二千天下[3]，恒沙阅国界，飞尘纪积劫。普冥化之所容,俱眇末其未央,何独安我而疑彼哉?

【注释】

①奕世相生而不已:《国语·周语上》:"奕世载德,不忝前人。"奕,重,累。

②居赤县于八极:《史记》卷七四《孟子荀卿列传》:"中国名曰赤县神州。赤县神州内自有九州,禹之序九州是也,不得为州数。"

③"今布"二句:可参见佛教关于"三千大千世界"的说明,因为每一小世界都包括日、月、须弥山、四天王、三十三天、夜摩天、兜率天、乐变化天、他化自在天、梵世天等,故三千大世界包括了三千日月。后面的"万二千天下"大概是"四禅天"再乘三千佛国。

【译文】

论说:人从自己的脚跟一直抚摸到头顶,并以此去陵越虚空,顺着心的方向前进而不停止,就可以知道我们所处之宇宙,四方上下都是无穷尽的。事物的产生不能独自实现,必有所凭借。若要进一步去追问从何而来,则没有开始。世代生生不息,也没有尽头的时候。我们的身体,既然日日使用这无边的世界,从无始的时间中诞生,死后又将回归到那无边的世界中去。然而,世界虽无边无际,无始无终,但每一个人又都处于某一特定的时间和空间之中,同时互相陵越而最终是作茧自缚。所以中土人士对于自己所居住的赤县神州,从来不曾怀疑过。而今佛教呈现出三千大千世界,以恒河沙数来计算空间的广阔无垠,以飞扬尘埃来计算时间的旷久无限。自然的化育遍及天下一切事物,汇总天下的微末却无法穷尽。为什么对自己所在的国土就深信不疑,而对此国土之外的大千世界就采取怀疑的态度呢?

夫秋毫处沧海，其悬犹有极也。今缀彝伦于太虚^①，为貌胡可言哉？故世之所大，道之所小。人之所遐，天之所迩。所谓轩辕之前，遐哉邈矣者^②，体天道以高览，盖昨日之事耳。《书》称知远，不出唐虞^③；《春秋》属辞，尽于王业^④；《礼》、《乐》之良敬，《诗》、《易》之温洁。今于无穷之中，焕三千日月以列照，丽万二千天下以贞观，乃知周、孔所述，盖于蛮触之域^⑤，应求治之粗感，且宁乏于一生之内耳。逸乎生表者，存而未论也。若不然也，何其笃于为始形，而略于为终神哉？登蒙山而小鲁，登太山而小天下^⑥，是其际矣。且又《坟》、《典》已逸，俗儒所编，专在治迹。言有出于世表，或散没于史策，或绝灭于坑焚^⑦。若老子、庄周之道，松、乔列真之术，信可以洗心养身，而亦皆无取于六经。而学者唯守救粗之阙文，以《书》、《礼》为限断，闻穷神积劫之远化，炫目前而永忽，不亦悲夫？呜呼！有似行乎层云之下，而不信日月者也。

【注释】

①缀彝伦于太虚：彝伦谓天地人之常道。《尚书·洪范》："我不知其彝伦攸叙。"《史记·宋微子世家》引为"常伦所序"。太虚谓宇宙间根本大道。《庄子·知北游》："是以不过乎昆仑，不游乎太虚。"成玄英疏："昆仑是高远之山，太虚是深玄之理。"

②"轩辕"二句：《史记》卷一一七《司马相如列传》："轩辕之前，遐哉邈乎，其详不可得闻也。"

③"《书》称"二句：《尚书》首篇为《虞书》。

④"《春秋》"二句：《礼记·经解》："孔子曰：入其国，其教可知也。

其为人也：温柔敦厚，《诗》教也；疏通知远，《书》教也；广博易良，《乐》教也；洁静精微，《易》教也；恭俭庄敬，《礼》教也；属辞比事，《春秋》教也。"

⑤蛮触之域：《庄子·则阳》："有国于蜗之左角者曰触氏，有国于蜗之右角者曰蛮氏，时相与争地而战，伏尸数万，逐北旬有五日而后反。"注："诚知所争者若此之细也，则天下无争矣！"后称由于细小之事而引起的争论为蛮触之争，蛮触之域则泛指人世间。

⑥"登蒙"二句：《孟子·尽心上》："孔子登东山而小鲁，登泰山而小天下。故观于海者难为水，游于圣人之门者难为言。"东山即蒙山。

⑦或绝灭于坑焚：坑焚指秦始皇焚书坑儒事，事见《史记》卷六《秦始皇本纪》。

【译文】

把毫发置于大海之中，虽然大小悬殊却仍然有极限，但如果把人生的日常之道点缀到整个宇宙间根本大道之中，那种渺小又如何言说呢。所以，世人认为很大的东西，在佛教看来，也许是微乎其微的，平常人觉得很远的地方，对于天界来说，可能显得近在咫尺。这有如轩辕之前，在平常人看来那是很遥远的，但若从天道运行的角度去看，那无异于昨日之事。《尚书》号称所记尽是远古之事，实际上最远不超过唐、虞，《春秋》中所写的，也大都只是王、霸的事迹，《礼》《乐》不过重视恭俭庄敬之心、广博易良之德，《诗》《易》不过重视温柔敦厚之教、洁静精微之化。而今，佛教描绘的世界广大无穷，其中有三千日月位列其中，朗照一切；有一万二千天下正置其间，明丽可观。与此相比较，于是就知道周孔所描述的，不过仅仅是人世间这样狭小的世界而已，应当是为了求得治理社会这种粗浅的感化，暂且宁愿局限在一生之内罢了。所以，对于超出现实生活的世界，就存而不论了。如果不是这样，为什么都只语及人的生命的开始和"形体"，而忽略了人的死亡和"精神"呢？登上蒙山会认为鲁国很小,登上泰山则会认为天下很小,这已经是中土世界的极限了。再说古代之三坟五典都早已佚失,儒家所编撰之典籍,大都只关注国家治理的事情,即使有超出人世间的言论,或散见于史策而被湮没,或为秦始皇所焚毁。就算是老、庄之道,赤松子、王子乔道教修仙之术,依之修习可以洗心养身,但亦非取自六经。然而,有些学者总是喜欢抱着儒家治理俗世的文字不放,以《诗》、《书》、《礼》、《乐》作判断事物的标准,一听到佛教所说的"神不灭"及远劫报应等事,就感到大惑不解,斥之为异端邪说,真是可悲啊!这真有如行走在云层之下,就不相信天上还有日月一样啊。

今称"一阴一阳之谓道,阴阳不测之谓神"者①。盖谓至无为道,阴阳两浑,故曰"一阴一阳"也。自道而降,便入精神,常有于阴阳之表,非二仪所究,故曰"阴阳不测"耳。君平之说"一生二",谓"神明"是也②。若此二句,皆以明无,则以何明精神乎?然群生之神,其极虽齐,而随缘迁流,成粗妙之识,而与本不灭矣。今虽舜生于瞽,舜之神也,必非瞽之所生。则商均之神,又非舜之所育。生育之前,素有粗妙矣。既本立于未生之先,则知不灭于既死之后矣。又不灭则不同,愚圣则异,知愚圣生死不革不灭之分矣。故云:精神受形,周遍五道,成坏天地,不可称数也③。夫以累瞳之质,诞于顽瞽;嚚均之身,受体黄中④。愚圣天绝,何数以合乎?岂非重华之灵,始粗于在昔。结因往劫之先,缘会万化之后哉?今则独绝其神,昔有接粗之累,则练之所尽矣。神之不灭,及缘会之理、积习而圣,三者鉴于此矣。

【注释】

①"一阴"二句:《周易·系辞上》:"一阴一阳之谓道,继之者善也,成之者性也。……阴阳不测之谓神。"注:"神也者,变化之极,妙万物而为言,不可以形诘者也。"

②"君平"二句,谓"神明"是也:君平即严遵,西汉蜀郡人,相传著《老子指归》。《老子》第四十二章有"道生一,一生二"之句,严遵释"一"为神明。

③"精神"四句:语出吴支谦译《佛说太子瑞应本起经》卷上:"佛言:吾自念宿命,无数劫时,本为凡夫。初求佛道已来,精神受形,周遍五道,一身死坏,复受一身,生死无量。譬喻尽天下草木,斩以为筹,计吾故身,不能数矣。夫极天地之始终,谓之一劫,而我更天地成坏者,不可称载也。"

④"夫以"四句:此句可译为:帝舜的身体为顽劣的瞽所生,而内德秀美的帝舜又生下邪恶的商均。累瞳,即重瞳。《史记·五帝本纪》:"虞舜者,名曰重华。……舜父瞽叟盲。……舜子商均亦不肖,舜乃豫荐禹于天。"《正义》:"目重瞳子,故曰重华。"黄中,《周易·坤·文言》:"君子黄中通理,正位居体,美在其中,而畅于四支,发于事业,美之至也。"朱熹注:"黄中,言中德在内。"

【译文】

儒家经典中常有"一阴一阳之谓道","阴阳不测之谓神"等语,实际上,大概是说因为"至无"方为大道,阴阳本不可独立存在而是浑同为一,所以才说"一阴一阳之谓道"。从道而下降,便进入精神层面,精神常常发生于阴阳之际,而并非天人两仪之所能明察穷究的,所以说"阴阳不测"。严君平所谓的"一生二"者,即是指神明。如果这二句都在于明示"无"的境界,那么,以什么来表明精神的存在呢?然而,群生的神明,虽然在极致处都是齐一的,却各自随缘迁流变化,进而获得精粗不一的具体认识，但其根本是不灭的。例如，舜帝出生于盲父，但舜帝的精神一定不是盲父所生。同样的，他儿子商均的精神，也不是舜帝所生育的。事实上，人在生育之前，他的神明的粗陋与精妙神早已确定。此神明既已立于未生之前，应该知道它自然不灭于既死之后。既然神明不随形而灭，则神明的精粗就应当有别，人之聪明与愚钝自然不可混同。如此，应当明白人之愚圣、生死既不会革除也不会消灭，而是自有定分的。所以佛经上说：释迦牟尼在成佛之前，宿命因缘，历经无数量劫，精神虽然禀受身体形质，遍历五道轮回，一个身体死坏了，又再禀受一个身体。天地长久，但有始终成坏，称之为一劫，而我的精神更是能够经历天地无数次成坏，其数量是不可计算的。再看，帝舜的身体为顽劣的瞽叟所生，而内德秀美的帝舜又生下邪恶的商均。然而三人的愚钝与睿智却是天然隔绝不同，要经历多少劫数才可以使他们相合呢？难道舜帝的睿智灵妙，在很早的过去不也是很粗浅鄙陋的吗？虽然聚结因袭过去的罪业劫难在先，却可以缘会万代的变化性灵在后。而今唯独精神圣贤卓绝，正是由于过去精神受到粗浅的身体和世俗的滞累，而后通过修炼而将俗累弃尽的结果啊。神灵不灭、缘会性空、积习可以成圣，佛教的三大基本理论，至此就非常明白了。

　　若使形生则神生，形死则神死，则宜形残神毁，形病神困。据有腐则其身，或属犷临尽①，而神意平全者；及自牖执手，病之极矣②，而无变德行之主，斯殆不灭之验也。若必神生于形，本非缘合。今请远取诸物，然后近求诸身③。夫五岳四渎谓无灵也④，则未可断矣。若许其神，则岳唯积土之多，渎唯积水而已矣。得一之灵⑤，何生水土之粗哉？而感托岩流，肃成一体，设使山崩川竭，必不与水土俱亡矣。神非形作，合而不灭，人亦然矣。神也者，妙万物而为言矣⑥。

若资形以造，随形以灭，则以形为本，何妙以言乎？夫精神四达，并流无极⑦，上际于天，下盘于地。圣之穷机，贤之研微⑧。逮于宰、赐、庄、嵇、吴札、子房之伦，精用所乏，皆不疾不行，坐彻宇宙。而形之臭腐，甘嗜所资，皆与下愚同矣，宁当复禀之以生，随之以灭耶？又宜思矣。周公郊祀后稷，宗祀文王，世或谓空以孝。即问谈者，何以了其必空？则必无以了矣。苟无以了，则文、稷之灵，不可谓之灭矣。斋三日，必见所为斋者⑨。宁可以常人之不见，而断周公之必不见哉？嬴博之葬⑩，曰："骨肉归于土，魂气则无不之。"非灭之谓矣！

【注释】

①属纩（kuàng）：谓用新绵置于临死者鼻前，察其是否断气。

②"自牖（yǒu）"二句：《论语·雍也》载："伯牛有疾，子问之，自牖执其手曰：亡之，命矣乎！斯人也而有斯疾也，斯人也而有斯疾也！"

③"远取"二句：《周易·系辞下》："古者包牺氏之王天下也，仰则观象于天，俯则观法于地，观鸟兽之文，与地之宜。近取诸身，远取诸物。于是始作八卦，以通神明之德，以类万物之情。"

④五岳四渎：五岳指嵩山（中岳）、泰山（东岳）、华山（西岳）、衡山（南岳）、恒山（北岳）。《周礼·春官·大宗伯》："大宗伯之职，掌建邦之天神、人鬼、地示之礼，以佐王建保邦国。……以血祭祭社稷、五祀、五岳。"四渎，《尔雅·释水》："江淮河济为四渎，四渎者，发原注海者也。"

⑤得一之灵：《老子》第三十九章："昔之得一者，天得一以清，地得一以宁，神得一以灵，谷得一以盈，万物得一以生。侯王得一以

为天下正。"

⑥"神也"二句:《周易·说卦》:"神也者,妙万物而为言者也。动万物者莫疾乎雷"这里讲的"神"和《周易·系辞下》中的"阴阳不测之谓神"中的"神"是一个意思,都是说事理玄妙、神奇。但宗炳将事理之"神"与灵魂之神混杂在一起。

⑦"夫精"二句:《庄子·刻意》:"精神四达并流,无所不极,上际于天,下蟠于地,化育万物,不可为象,其名为同帝。纯素之道,唯神是守。守而勿失,与神为一。一之精通,合于天伦。"庄子之"神"既有与形体相对的精神之意("守神"),又有造物主("同帝")之意,即认为人的精神与万物的精神是同一起源。

⑧"圣之"二句:《周易·系辞上》:"夫《易》,圣人之所以极深而研几也。唯深也,故能通天下之志;唯几也,故能成天下之务;唯神也,故不疾而速,不行而至。"

⑨"斋三"二句:《礼记·郊特牲》:"斋之玄也,以阴幽思也。故君子三日斋,必见其所祭者。"

⑩赢博之葬:出自《礼记·檀弓下》:"延陵季子适齐,于其反也,其长子死,葬于赢博之间。孔子曰:延陵季子,吴之习于礼者也。往而观其葬焉。其坎深不至于泉,其敛以时服。既葬而封,广轮掩坎,其高可隐也。既封,左袒,右还其封,且号者三,曰:骨肉复归于土,命也。若魂气则无不之也,而遂行。"

【译文】

假设人的精神随形体产生而产生,随形体的死亡而死亡,则应该是形体残缺时精神也跟着毁坏,当形体发生疾病时,精神就会随之而困顿。据说有些人虽然身体腐败,或者濒于死亡,却精神平静、意志完全。伯牛有病将死,而其德行的主体精神则没有任何改变。这些大概可以验证精神不灭之理吧。如果精神必定产生于形体之上,而非因缘和合的产物,现在请允许我求取远方万物和近处自身以作进一步的说明验证。五岳四渎,说它没有神灵,未必可以如此断定。倘若承认五岳四渎本有神灵,可是山岳只是由土堆积而成,河流也只是由水渠汇集而成而已;如果说山河因得道一而有神灵,那水土之粗物又从何而产生呢? 事实上是精神的感应和寄托的形质之间合成一体,不可分离。假使有朝一日,山岳崩陷,河流枯竭了,其神灵必定不会跟着跟着消亡。可见,神并非由形所产生,与形结合却又不随形质的消灭而消亡。验之于人,也是一样,人的形体死亡之后,其神并不会随之消亡。所以称之为神,乃在于它能妙应万物。如果说神一定要借形以生,随形以灭,则应该是以形为本体,那神又有怎样的神妙呢? 实际上,精神之为物,可以通达上下四方之极、天地之间,无处而不在,它不会随形体之死亡而消灭。圣贤的精神可以体察宇宙变化的几微,至于宰我、子贡、庄周、嵇康、季札、张良之徒,精神作用所到之处,都是不疾而速,不行而至,从而遨游宇宙。然而他们的形体也会腐败发臭,也会喜爱他们身体所需要的,这些与那些愚蠢之人是完全相同的。难道他们的精神也是禀受这样的身体而产生,追随这样的身体而消灭吗? 这些都值得深思啊! 过去周公郊祀天帝后稷,同时配享祖先文王,有人说并没有真正的祭祀对象的存在,这只是一种孝道的形式而已。就问这样说的人,凭什么知道一定没有祭祀的真实对象存在,他一定无法回答为什么会知道的。若不能回答,则文王、后稷的神灵就不可以说是随着身体的消亡而毁灭了。又,古人曾说:斋祭三日,必能见到所祭祀的对象。怎能因为常人没有见到,就断定周公在祭祀时一定没有见到后稷、文王的神灵呢? 所以吴国的延陵季子在葬埋他的儿子时呼喊道:"骨肉归于泥土,魂气则无不至。"这正是灵魂不灭的明证呀。

夫至治则天,大乱滔天①,其要心神之为也。尧无理不照,无欲不尽,其神精也。桀无恶不肆,其神悖也。桀非不知尧之善,知己之恶,恶己亡也。体之所欲,悖其神也。而知尧、恶亡之识，常含于神矣。若使不居君位，千岁勿死，行恶则楚毒交至^②，微善则少有所宽。宁当复不稍灭其恶^③，渐修其善乎？则向者神之所含知尧之识，必当少有所用矣。又加千岁而勿已，亦可以其欲都澄^④，遂精其神如尧者也。

【注释】

①"至治"二句：则天，谓以天为法，治理天下。语出《论语·泰伯》："巍巍乎！唯天为大，唯尧则之。"滔天，意义相反。

②楚毒：酷刑或痛苦。

③宁当：难道，岂可。

④都澄：都得到了澄净。

【译文】

社会达到最佳的治理，必定是仿效上天自然的，天下大乱必定是因为凌驾于天理自然之上。其中关键在于人的心神的作为。尧帝烛照万物、洞察万理，贪欲弃尽，关键在于他的灵魂精粹；夏桀无恶不作，在于他的精神违背天理。夏桀并非不知道尧帝的善德和自己的恶行，也并非不担心自己的灭亡。然而他的身体的贪欲使他的灵魂发生悖乱。然而，对尧帝仁善之心的认识和对灭亡的憎恶，正是由人的精神主宰的。如果不让精神主宰身体，历经千岁而不死，一旦行恶则酷刑或痛苦立刻交相而至，若行小善则稍微有所宽缓。难道还不应当逐渐地戒除恶念，慢慢地存养善心吗？如果这样，那么人的灵魂本来就含有的和尧帝一样的明善去恶的良知，一定就能发挥作用了。再能进行千年不懈的修炼，也可以使它的贪欲得到彻底的澄净，于是，他的灵魂也必定会和尧帝那样精粹明达。

　　夫辰月变则律吕动，晦望交而蚌蛤应①；分至启闭，而燕、鹰、龙、蛇飒焉出没者。皆先之以冥化，而后发于物类也。凡厥群有，同见陶于冥化矣，何数事之独然，而万化之不尽然哉？今所以杀人而死，伤人而刑，及为缧绁之罪者；及今则无罪，与今有罪而同然者。皆由冥缘前遘，而人理后发矣。夫幽显一也②，衅遘于幽，而丑发于显，既无怪矣；行凶于显，而受毒于幽，又何怪乎？今以不灭之神，含知尧之识，幽显于万世之中，苦以创恶，乐以诱善，加有日月之宗，垂光助照，何缘不虚己钻仰，一变至道乎③？自恐往劫之桀、纣，皆可徐成将来之汤、武。况今风情之伦，少而泛心于清流者乎？由此观之，人可作佛，其亦明矣。

【注释】

①"夫辰"二句：至少在汉代，思想界充斥着天人感应的宇宙观，并且将人与自然和天地万物都纳入一个统一的宇宙图式，比如认为季节与音乐、物类、天文、服饰、祭祀等等有着密切联系，帝王和臣民的思想和行为也都要按照统一的宇宙模式运行。可参见《吕氏春秋·十二纪》《礼记·月令》《淮南子·天文训》。

②幽显：犹阴阳，或阴间和阳间。

③"何缘"二句：《论语·子罕》："仰之弥高，钻之弥坚。"《论语·雍也》："子曰：齐一变，至于鲁；鲁一变，至于道。"

【译文】

我们都知道，天上的星辰运动，必定带动音律的变化；月亮的晦望变化，蚌蛤必定产生感应；随着春夏秋冬季节交替和阴阳二气的开闭，至于燕、鹰、龙、蛇，出没有时，行动迅速，都是因为自然的化育在先，而后成为各类事物的天性。天下万物，都是受到自然化育的陶冶，为何有些事物独自如此,而其他事物不全然这样呢?之所以过去杀人当处死,伤人受刑,以及当受牢狱之罪的人,到现在或无罪,或仍有罪而遭受同样的处罚的原因,都是由于前世的因缘遭合,而后表现在具体的人事上有不同啊。幽冥地狱和人世间是同一的,有人在幽冥之境遭罪,而在人世间受到惩罚,对此大家都不感到奇怪。既如此,有人在尘世中行凶,却在幽冥受报遭受痛苦,对此人们为何感到奇怪呢?而今一个人拥有不灭的精神,和明善的良知,在幽冥与人间中沉浮万代不绝,以痛苦和磨难来惩创罪恶,以快乐来劝诱行善。加之有日月高悬,帮助人们认识世界,为何不虚静自己的心灵,一心向道,以致达到人生的最高境界呢?即使过去造有桀、纣那样的罪业,也可通过逐渐修炼而成就将来汤、武般的功德。何况而今的风土人情之中,虽然很少但仍然有人追求德行高洁。由此观之,人是可以成佛的,不是很明白了么!

夫生之起也,皆由情兆。今男女构精,万物化生者①,皆精由情构矣。情构于己,而则百众神受身大似,知情为生本矣。至若五帝三后,虽超情穷神,然无理不顺,苟昔缘所会,亦必循俯入精化,相与顺生,而敷万族矣。况今以情贯神,一身死坏,安得不复受一身,生死无量乎?识能澄不灭之本,禀日损之学②,损之又损,必至无为,无欲欲情,唯神独照,则无当于生矣。无生则无身,无身而有神,法身之谓也③。

【注释】

①"男女"二句:《周易·系辞下》:"天地氤氲,万物化醇;男女构精,万物化生。"

②禀日损之学:《老子》第四十八章:"为学日益,为道日损。损之又

损,以至于无为。无为而无不为。"
③"无生"三句:法身,佛之真身。《大乘义章》十八:"言法身者,解
有两义:一、显法本性,以成其身,名为法身,二、以一切诸法功德
而成身,故名法身。"宗炳显然将佛教的法性或佛性同中土的万
物有灵论联系起来。

【译文】

有情生命的产生,都是缘于性情的感应。那些通过男女阴阳和合,
于是万物化育诞生的,精气都是由情志欲望构合而成。而一旦情志构
合于一身之中,则与此相似,百姓众生的神灵就有可以禀受的形质了,
由此知道情志才是生命的根本啊。至于五帝三王,虽然超越一般人的
情志和精神,然而他之所以无理不通达,如果不是过去的因缘所聚会的
结果,也必定是由于后来遵循教化之道,与百姓共同顺应生物之德,进
而将其推广到万方之民的结果啊。何况而今人们用情志来统帅精神,
一个身体死亡腐坏,怎能不再次禀受一个身体,以致生死轮回而不可计
量呢? 幸亏人的灵识可以澄清不灭的精神本体,秉持道家日损之学,日
益减损情志以至于无为,此时不再贪爱情欲,唯有神明独自慧照于心灵
之中,这样就可以达到"无生"的境界了。达到"无生"的境界,就可以做
到不受身体的限制,没有身体只有精神的存在,就是佛教所谓的"法
身"呀。

今黄帝、虞舜、姬公、孔父,世之所仰而信者也。观其纵
辔升天①,龙潜鸟飏②,反风起禾③,绝粒弦歌④,亦皆由穷神
为体,故神功所应,倜傥无方也。今形理虽外,当其随感起
灭,亦必有非人力所致而至者。河之出图,洛之出书⑤;蓂荚
无栽而敷⑥,玄圭不琢而成⑦;桑谷在庭,倏然大拱,忽尔以
亡⑧;火流王屋而为乌⑨;鼎之轻重大小,皆翕欻变化⑩,感灵

而作;斯实不思议之明类也。夫以法身之极灵,感妙众而化见,照神功以朗物,复何奇不肆,何变可限。岂直仰凌九天,龙行九泉,吸风绝粒而已哉? 凡厥光仪符瑞之伟,分身涌出⑪,移转世界⑫,巨海入毛之类⑬。方之黄、虞、姬、孔,神化无方。向者众瑞之晻暧显没⑭,既出形而入神,同惚恍而玄化⑮。何独信此而抑彼哉? 冥觉法王,清明卓朗,信而有征。不违颜咫尺,而昧者不知,哀矣哉!

【注释】

①纵辔升天:指黄帝乘龙升天事。《史记》卷十二《孝武本纪》:"黄帝采首山铜,铸鼎于荆山下。鼎既成,有龙垂胡髯下迎黄帝。黄帝上骑,群臣后宫从上龙七十余人,龙乃上去。"

②龙潜鸟飓:指舜受父兄虐待而脱险之事。《史记·五帝本纪》:"舜乃以两笠而自扞而下,去,得不死。"《索隐》引《列女传》曰:"二女教舜鸟工上禀是也。"《史记·五帝本纪》:"后瞽叟又使舜穿井,舜穿井为匿空,旁出。"《索隐》引《列女传》曰:"龙工入井。"

③反风起禾:指《尚书·金滕》载周成王启周公金滕之书,感动上苍之事:"秋,大熟,未获,天大雷电以风,禾尽偃…王出郊,天乃雨,反风,禾则尽起。"

④绝粒弦歌:《庄子·让王》载:"孔子穷于陈蔡之间,七日不火食,藜羹不糁,颜色甚惫,而弦歌于室。"

⑤"河之"二句:《周易·系辞上》:"河出图,洛出书,圣人则之。"

⑥蓂(míng)荚无栽而敷:相传尧时有瑞草蓂荚夹阶而生,随月生死。《竹年纪年》、《白虎通》有载。

⑦玄圭不琢而成:《尚书·禹贡》:"禹赐玄圭,告厥成功。"《传》曰:"玄,天色。禹功尽加于四海,故尧赐玄圭以彰显之,言天功成。"

⑧"桑谷"三句：《史记·殷本纪》："帝太戊立伊陟为相。亳有祥桑谷共生于朝，一暮大拱。帝太戊惧，问伊陟。伊陟曰：臣闻妖不胜德，帝之政其有阙与？帝其修德。太戊从之，而祥桑枯死而去。"《集解》引孔安国曰："祥，妖怪也。二木合生，不恭之罚。"郑玄曰："两手扼之曰拱。"

⑨火流王屋而为乌：事见周武王盟津之会。《史记·周本纪》："武王渡河，中流，白鱼跃入王舟中，武王俯取以祭。既渡，有火自上复于下，至于王屋，流为乌，其色赤，其声魄云。"根据注家的解释，上述白鱼之白代表殷之正色，鱼为介鳞之物，象征交兵；赤色代表周之正色，乌象征孝行，言武王将继承父志。

⑩"鼎之"二句：这是王孙满对楚国使者说的话。《左传·宣公三年》："楚子伐陆浑之戎，遂至于洛，观兵于周疆。定王使王孙满劳楚子。楚子问鼎之大小、轻重焉。对曰：在德不在鼎。……德之休明，虽小，重也；其奸回昏乱，虽大，轻也。……鼎之轻重，未可问也。"

⑪分身涌出：参见《法华经·从地涌出品》

⑫移转世界：参见《维摩诘经·不思议品》

⑬巨海入毛之类：佛经中常有"须弥纳芥子，海水入毛孔"之说，比喻禅定之力不可思议。

⑭晻暖(ǎnài)：昏暗，掩映。

⑮同恍惚而玄化：《老子》第二十一章："道之为物，惟恍惟惚。惚兮恍兮，其中有象。恍兮惚兮，其中有物。"

【译文】

　　黄帝、舜帝、周公、孔子，乃是世人所景仰敬信的大圣人。黄帝乘龙升天，舜帝遭父兄虐待受尧之二女预先警告而脱险，周公自亡以为武王延寿的祷告册书感动了上苍，以致风向回转，被吹倒的禾苗又直立起来，孔子在陈蔡之间穷途末路仍然弦歌于室。考察这些神异之事，发现他们都是以用尽精神为根本，所以能够使得他们的神妙功德获得感应

回报，并且没有时空的局限。这些都表明：虽然人的身体和神理相互隔
离，但当他们随着感应同时生起消灭，其中也一定有不是人的力量所能
达到的事情。《易经》中所说的黄河中出现图纹，洛水中出现神书，传说
中尧帝在位时有瑞草蓂荚夹阶而长，月生月死；尧帝赐予玄圭，大禹治
水成功；殷帝修德，本来生长在朝堂上的妖桑死灭；周武王盟津之会，火
流变为赤乌；周定王派王孙满对楚国使者说，鼎的大小轻重随修德与否
而变化。上述不可思议的事情，都是感动神灵的结果。以"法身"这个
最高神灵，感应众生而妙化为可见，朗照万物而显现神功。如此，又有
什么奇异不可发生，有什么妙化可以限量？又哪里只是仰而陵越九天，
俯而龙行九泉，吸泠风，绝五谷等等而已呢？大凡光仪、符瑞的瑰伟相
好，以及分身涌出、移转世界、巨海入毛之类的神通，和黄帝、虞舜、周
公、孔子一样，都是神化无方的。前面说的那些祥瑞之事的昏暗与显
盛，已经超出形质而进入神灵之境，与老子的所谓惚恍之道而同时变
化。为什么只信老子的"道"而要贬抑佛教的"神"呢？得大智慧已觉悟
的法王，是如此的清明卓朗，一切都让人信服而有验证。与孔子之教没
有丝毫背离，那些愚昧的人却并不知道，悲哀呀！

　　夫《洪范》庶征休咎之应，皆由心来①。逮白虹贯日，太
白入昴②，寒谷生黍③，崩城陨霜之类④，皆发自人情。而远
形天事，固相为形影矣。夫形无无影，声无无响，亦情无无
报矣，岂直贯日陨霜之类哉？皆莫不随情曲应，物无遁形。
但或结于身，或播于事，交赊纷纶⑤，显昧渺漫，孰睹其际哉。
众变盈世，群象满目，皆万世以来，精感之所集矣。故佛经
云："一切诸法，从意生形⑥。"又云："心为法本，心作天堂，心
作地狱⑦。"义由此也。是以清心洁情，必妙生于英丽之境。
浊情滓行，永悖于三途之域⑧。何斯唱之迢，微明有实理，而

直疏魂沐想，飞诚悚志者哉？虽然，夫亿等之情，皆相缘成识，识感成形，其性实无也。自有津悟以来，孤声豁然，灭除心患，未有斯之至也。

【注释】

①"《洪范》"二句：《尚书·洪范》叙"庶征"为雨、阳、燠、寒、风、时，上帝会根据王者的政治表现降下"休征"和"咎征"，警告统治者要时刻省察。宗炳据此而为佛教的形神二元论和神不灭论寻找理论依据。

②"白虹"二句：《史记》卷八三《鲁仲连邹阳列传》："昔者荆轲慕燕丹之义，白虹贯日，太子畏之。卫先生为秦画长平之事，太白蚀昴，而昭王疑之。"《集解》下引应劭曰："精诚感天，白虹为之贯日。"如淳曰："白虹，兵象。日为君。"《烈士传》曰："荆轲发后，太子自相气，见虹贯日不彻，曰：吾事不成矣。"《索隐》引服虔曰："精诚感天，故太白食昴。"如淳曰："太白乃天之将军也。""太白主西方，秦在西，败赵之兆也。"

③寒谷生黍：《论衡·定贤篇》："燕有谷气寒，不生五谷。邹衍吹律致气，既寒更为温。燕以种黍，黍生丰熟。到今名之曰黍谷。夫和阴阳，当以道德至诚。"

④崩城陨霜：《列女传》卷四《齐杞梁妻》载，春秋时齐庄公袭莒，杞梁殖战死，其妻于城下枕尸而哭，十日而城崩。《论衡·感许篇》："传书言：邹衍无罪，见拘于燕。当夏五月，仰天而叹，天为陨霜。"

⑤交赊纷纶：纷乱无际。

⑥"一切"二句：这是佛教的一般主张，即"万法唯心"。

⑦"心为"三句：东晋昙无兰译《五苦章句经》："心取地狱，心取饿鬼，心取畜生……今乃得佛，独步三界，皆心所为。"

⑧三途之域：亦作"三涂"。佛教语。即火途（地狱道）、血途（畜生道）、刀途（饿鬼道）。晋郗超《奉法要》："十恶毕犯，则入地狱。抵揆强梁，不受忠谏，及毒心内盛，殉私欺绐，则或堕畜生；或生蛇虺。悭贪专利，常苦不足，则堕饿鬼……此谓三涂，亦谓三恶道。"

【译文】

《洪范》中所记载的上帝根据王者的政治表现降下"休征"和"咎征"，警告统治者要时刻省察，这说明一切都是心灵所造作。白虹贯日，太白入昴，寒谷生黍，崩城陨霜之类的奇异现象，都是因人的情志而感发。而这些都是远离形体的上天所作为，本来就互相关联如同形影。再说有形质就必有光影，有声音就必有回响，当然有情志就必有报应，哪里仅是贯日陨霜之类的事情呢？这一切没有不是跟随情志的不同曲相感应，没有任何事物可以逃脱这种因果报应。但是有的报应是聚结在人身上，有的流播在事情之中，纷乱无际，显微难测，谁又能见识其中的奥妙呢？万物变化，充盈世间，奇异现象满眼都是，这都是万世以来的精灵感应所聚集而成的呀。所以佛经中说："一切诸法，从意生形。"又说："心为法本，心作天堂，心作地狱。"义理都是缘于这些产生的。因此如果清净心灵，洁净情欲，必定会产生雄奇雅丽的境界。如果情思、行为污浊，则将永久堕落在三途之域。为何佛法言说如此曲折婉转、道微效明富有实理，而能疏通思想、清洁精神、增强信仰呢？即使如此，无量众生的情志，都是相缘而成识，识感而成形，其本性却是空。一旦领悟，便会豁然开朗，灭除一切患累，未有如此美妙的境界了呀。

请又述而明之：夫圣神玄照，而无思营之识者，由心与物绝，唯神而已。故虚明之本，终始常住，不可凋矣。今心与物交，不一于神。虽以颜子之微微，而必乾乾钻仰，好仁乐山，庶乎屡空①。皆心用乃识，必用用妙接，识识妙续，如火之炎炎，相即而成焰耳②。今以悟空息心，心用止而情识歇，则神明全矣。则情识之构，既新故妙续，则悉是不一之际，岂常有哉？使庖丁观之，必不见全牛者矣③。佛经所谓变易离散之法，法识之性空，梦幻、影响、泡沫、水月，岂不然哉？颜子知其如此，故处有若无，抚实若虚，不见有犯而不校也④。今观颜子之屡虚，则知其有之实无矣。况自兹以降，丧真弥远。虽复进趋大道，而与东走之疾，同名狂者⑤。皆违理谬感，遁天妄行⑥，弥非真有矣。况又质味声色，复是情伪之所影化乎？且舟壑潜谢⑦，变速奔电，将来未至，过去已灭，见在不住。瞬息之顷，无一毫可据，将欲何守而以为有乎？甚矣！伪有之蔽神也。今有明镜于斯，纷秽集之⑧，微则其照蔼然，积则其照胐然⑨，弥厚则照而昧矣。质其本明，故加秽犹照，虽从蔼至昧，要随镜不灭。以之辩物，必随秽弥失，而过谬成焉。人之神理，有类于此。伪有累神，成精粗之识。识附于神，故虽死不灭。渐之以空，必将习渐至尽，而穷本神矣，泥洹之谓也。是以至言云富，从而豁以空焉。夫岩林希微，风水为虚。盈怀而往，犹有旷然。况圣穆乎空，以虚授人，而不清心乐尽哉！是以古之乘虚入道，一沙一佛，未讵多也。

【注释】

①“虽以颜子”四句：《论语·先进》：“子曰：回也其庶乎，屡空。”乾乾，自强不息貌。《周易·乾》：“君子终日乾乾，夕惕若厉，无咎。”

②“如火”二句：《庄子·养生主》：“指穷于为薪，火传也，不知其尽也。”

③"庖丁"二句：《庄子·养生主》："始臣之解牛之时，所见无非牛者；三年之后，未尝见全牛也。"

④"处有"三句：《论语·泰伯》："曾子曰：以能问于不能，以多问于寡，有若无，实若虚，犯而不校，昔者吾友尝从事于斯矣。""吾友"指颜回。

⑤"与东走"二句：《淮南子·说山训》："狂者东走，逐者亦东走，东走则同，所以东走则异。"

⑥遁天妄行：《庄子·养生主》："是遁天倍情，忘其所受，古者谓之遁天之刑。"

⑦舟壑潜谢：《庄子·大宗师》："夫藏舟于壑，藏山于泽，谓之固矣。然而夜半有力者负之而走，昧者不知也。"

⑧"今有"二句：《庄子·德充符》："鉴明则尘垢不止，止则不明也。久与贤人处则无过。"

⑨朏（fěi）然：朦胧微明状。朏，新月开始发光。

【译文】

请让我再次陈述而使之明确：圣人的精神洞察世变，烛照万化，而又没有那些思谋营苟的见识，只是由于他们的心灵与外物绝离，唯有精神存在而已。所以虚空灵明的精神本体，是终始常在而不会消灭的呀。而今之人心灵与外物交接作用，而不能专注于精神。即使以颜渊这样的微贱小子，也必定终日钻仰圣人，好仁乐山，以至于常常是一贫如洗却不改其乐。这些都是由于心的作用才有识见，且必定是用用妙相连接，识识妙为承续，如同火苗炎炎相即而成火焰。而今以对空理的觉悟来息灭心用，心用停止则使得情识消歇，于是人的神明就不会有缺失了。然则情识的构造，既然是新旧相续，则都处于变化之中，哪里会常存永驻呢？假使庖丁来观察，必然不见整体的牛啊！佛经中所说到的佛身变易离散的神通，法识的缘起性空之理，认为世间一切如梦幻、影响、泡沫、水月，难道不是正确的吗？正因为颜渊知晓事物如此的道理，故能做到虽然处于实有之中,却如同在虚无之中,受到别人的触犯或无礼也不计较。现在来体察颜渊的贫困生活,则能明白他确实是把实有当做虚无啊。何况从此以后,人们越来越远离真谛,即便想再要进趋正道,却也只是名同实异了。人们的生活违背真理,遁天妄行,早就不是真正的实有了。更何况人们所执着的那些形质、气味、声响、颜色,不都是人的情欲思想所幻化出来的么?再说,即便是藏舟于壑,藏山于泽,但造化却于幽冥之中将其迁移变化,其速度快过闪电,正所谓将来未至,过去已灭,眼前所见又都不能停住止息。瞬息顷刻间,没有一丝一毫可以据有,那我们将要坚守什么进而以之为永恒的实有呢?很厉害啊!正是这种假有遮蔽了人的精神的灵妙啊。好比现在有一面明镜在此,灰尘污垢堆积在镜面上,如果只是少量的灰尘,则镜子的映照还是比较清晰,若堆积较多,则镜子的映照只能是微明,如果是厚厚的一层,则根本不能映照任何东西了。镜子的本质是明亮可以映照万物的,所以即使蒙上了污垢,仍然能够映照,虽然从朦胧到黑昧,其映照的功能始终随镜不灭。但用它来映照辨别事物,必定会随着污垢的增加而越来越丧失这种映照功能,过错谬误就由此形成了。人之精神心灵,也类似一面镜子。假有滞累神灵,于是产生精粗有别的见识。而见识依附于精神,所以虽然身体死了精神却不消灭。逐渐以空理观察体悟,必将让过去的习染逐渐消除至尽,最后与本神合一,就是所谓的泥洹境界。因此至理之言非常丰富,从中我们可以豁然贯通此虚空之理。那岩林之中有捕捉不到的精微之道,风、水也以虚灵为本。所以即使我们满怀情志,一旦前往,犹有胸襟开阔之感。更何况圣人都是赞美虚空,以此为道之本授予人民,能不感到心灵清净快乐吗!因此古人乘虚入道,一沙一佛,恐怕就未必算多了。

或问曰:"神本至虚,何故沾受万有,而与之为缘乎?又本虚既均,何故分为愚圣乎?又既云'心作万有',未有万有之时,复何以累心,使感而生万有乎?"

答曰:"今神妙形粗,而相与为用。以妙缘粗,则知以虚缘有矣。今愚者虽鄙,要能处今识昔,在此忆彼。皆有神功,则练而可尽,知其本均虚矣。心作万有,备于前论。据见观实,三者固已信然矣。但所以然者,其来无始。无始之始,岂有始乎? 亦玄之又玄矣①。庄周称冉求问曰②:'未有天地可知乎?'仲尼曰:'古犹今也。'盖谓虽在无始之前,仰寻先际,初自茫渺,犹今之冉求耳。今神明始创,及群生最先之祖,都自杳漠,非追想所及,岂复学者通塞所预乎? 夫圣固凝废,感而后应耳。非想所及,即六合之外矣,无以为感,故存而不论③。圣而弗论,民何由悟? 今相与践地戴天而存,践戴之外,岂有纪极乎? 禹之弼成五服,敷土不过九州者④,盖道世路所及者耳。至于大荒之表,旸谷蒙汜之际⑤,非复人理所预,则神圣已所不明矣。况过此弥往,浑瀚冥茫,岂复议其边陲哉? 今推所践戴,终至所不议,故一体耳。推今之神用,求昔之所始终,至于圣人之所存而不论者,亦一理相贯耳,岂独可议哉? 皆由冥缘随宇宙而无穷,物情所感者有限故也。夫众心禀圣以成识,其犹众目会日以为见。离娄察秋毫于百寻者⑥,资其妙目,假日而睹耳。今布毫于千步之外,目力所匮,无假以见,而于察微避危,无所少矣。何为以千步所昧,还疑百寻之毫乎? 今不达缘本,情感所匮,无以会圣,而知取至于致道之津,无所少矣。何为以缘始之昧,还疑既明之化矣哉?"

【注释】

①玄之又玄：《老子》第一章："玄之又玄，众妙之门。"

②庄周称冉求问曰：指冉求向孔子问未有天地前之事，见《庄子·
　知北游》。

③"六合"三句：《庄子·齐物论》："六合之外，圣人存而不论。"

④"禹之"二句：古代王畿外围，按距离远近每五百里划一区，分侯
　服、甸服、绥服、要服、荒服。服者，服事天子。《尚书·益稷》：
　"弼成五服，至于五千。"九州者，冀、兖、青、徐、荆、扬、豫、梁、雍
　是也。《尚书·禹贡》："禹敷土，随山刊木，奠高山大川。"

⑤"大荒"二句：大荒，极边远地区。《山海经·大荒西经》："大荒之
　中，有山名曰大荒之山，日月所入。"旸（yáng）谷，亦作"汤谷"，日
　所出处。《尚书·尧典》："分命羲仲，宅嵎夷。曰：旸谷。"《传》：
　"日出于谷而天下明，故称旸谷。"蒙汜，日落之处。《楚辞·天
　问》："出次汤谷，次于蒙汜，自明及晦，所行几里？"

⑥离娄察秋毫于百寻：《孟子·离娄》："离娄之明，公输子之巧。"赵
　岐注："离娄者，古之明目者也，盖以为黄帝之时人也。黄帝亡其
　玄珠，使离朱索之。离朱即离娄也，能视于百步之外，见秋毫
　之末。"

【译文】

　　有人会质疑："精神本是完全虚空的存在，为何能够沾染禀受各种
有形质的事物，并与他们相互作用影响呢？再说精神本性虚空，应该是
完全平等的，又为什么将人区分为圣贤和愚者呢？又，既然说"心灵造
作万事万物"，但在还没有万物之前，又是什么东西牵累污染了心灵，使
其感应而产生世间的万事万物呢？"

　　我的回答是："精神灵妙而形体粗陋，却又相互共同产生作用。以
精神作用形体，则就知道虚空可以作用假有了。而今愚者虽然见识浅
陋，也能认识过去，想象未来，在此处想到彼处。事实上每个人的精神

都有神奇的功能,只要通过修炼则可以达到极致,于是就可了解精神平等虚空的本性了。至于为何是心灵造作万有,在前面的论述中说得很详细了。从经验事实来看,佛教的基本教义如精神不灭、因果报应、一切性空等确实是可信的。但之所以是这样的缘由,却无法寻找它的开始之处。要寻找无始之前的开始,能找到这样的开始吗?这就是老子所说的玄之又玄啊。庄周引述冉求对孔子的发问:'没有天地之前是怎样的,可以知道吗?'孔子回答说:'古人也和今人一样啊。'意思是说古人虽在无始之前,但要寻求所谓的无始之始,同样是渺茫难知,和今天的冉求是一样的疑惑啊。神明开始创造,以及万物的最先之祖,都来自幽渺广漠之境,根本不是我们常人的追想所能把握的,又怎能是一般的学者所能够预想的呢?圣人原本是凝止寂静的,必须是有所感知才能有所回应。不是推想可以企及的,在六合之外,人根本无法感知,所以圣人存而不论。圣人尚且不能议论,普通的人民又如何能够领悟呢?而今我们同时生活在天地之间,然而天地之外,难道还有边界极限吗?大禹文明教化,创设五服,推广也不过九州之土,大概是人可通行的道路的最远之处了。至于传说中的极边远地区,那是日月出入的地方,就不再是人的情理所能预想的了,也是神圣自己所不能明晓的。何况从此往过去回溯,更是浑沌浩瀚、幽昧渺茫,又怎么能议论它的边际在哪里呢?不过,从我们生活的世界推广到所不能议论的六合之外,无论是否有边界极限,都是相连为一体的。从我们的精神作用,推求过去造成如此的原因,一直到圣人存而不论的领域,无论多么久远,都贯穿着同样的真理,哪里只是限于可以议论的事物呢?这一切都是由于冥缘随宇宙而无穷,而人情识感知的对象和范围却是有限的。众人的心灵因禀受圣智而有识见,这好比众人的眼睛都要借太阳的照耀才能看事物一样。离娄可以在百步之外明察秋毫,他必须凭借他的好眼睛,还要假借太阳的光照才能看见秋毫。如果现在把秋毫放在视力不能达到的千步之外,又没有光亮帮助看见,还能察觉微细事物避免危险的,实在是太少了。为何要因为千步所看不见的，反过来怀疑百步可以看见的秋毫的真实存在呢？现在的人既不能抵达缘起的根本，情志感知的能力有限，又没有圣智的资助，还能知道到达大道之津要的人，同样很少啊。为何因为他昧于缘起之始，就要怀疑他对已有事物变化的了解呢？"

　　或问曰："今人云'不解缘始，故不得信佛'，此非感耶？圣人何以不为明之？"

　　答曰："所谓感者，抱升之分，而理有未至，要当资圣以通，此理之实感者也。是以乐身滞有，则朗以苦空之义；兼爱弗弘，则示以投身之慈①；体非俱至，而三乘设②；分业异修，而六度明。津梁之应，无一不足，可谓感而后应者也。是以闻道灵鹫，天人咸畅③，造极者蔚如也。岂复远疑缘始，然后至哉？理明训足，如说修行，何所不备？而犹必不信，终怀过疑于想所不及者。与将隙之疾，馈药不服；流矢通中，忍痛不拔④；要求矢、药造构之始，以致命绝，夫何异哉？皆由猜道自昔，故未会无言，致使今日在信安疑耳，岂可以为实理之感哉？非理妄疑之惑，固无以感圣而克明矣。夫非我求蒙，蒙而求我⑤。固宜虚己及身，随顺玄化，诚以信往，然后悟随应来。一悟所振，终可遂至冥极。守是妄疑，而不归纯敛衽者，方将长沦惑网之灾，岂有旦期？背向一差，升坠天绝，可不慎乎！"

【注释】

　　①示以投身之慈：源出佛为王子时舍身饲虎的典故。

　　②"体非"二句：《世说新语·文学》刘孝标注引《法华经》："三乘者，

一曰声闻乘,二曰缘觉乘,三曰菩萨乘。声闻者,悟四谛而得道也。缘觉者,悟因缘而得道也。菩萨者,行六度而得道也。"

③闻道灵,天人咸畅:指释迦牟尼"初转法轮"之事。

④"将陨"四句:见《中阿含经》卷六十《箭喻经》所载故事,有鬘童子问佛陀关于世界有常或无常的问题,佛陀没有直接回答此人,而是说了下列一段故事:有一位学者身中毒箭,他不立刻拔出毒箭,医治伤口,反而研究各种不必要的问题:箭杆为何木所成?产于何地?种植者为谁?等等。可是,不待多久,就毒发身亡。

⑤"非我"二句:《周易·蒙卦》:"匪我求童蒙,童蒙求我。"

【译文】

又有人质疑道:"有人说'不解缘始,故不得信佛',这些难道不能感应吗?那圣人又为何不为那不信之徒讲明此理呢?"

我回答说:"所谓的感应,在他诞生受形之际,并没有领受理的全部,还必须凭借圣人的智慧以求真正的通达,至此才算是真理的真实感应啊。因此常人追求身体的快乐,执着于眼前所见,对于这样的人,就要用一切皆苦、万有是空的义理使他心灵清澈明朗;倘若兼爱的道德不能弘扬,佛祖就以投身饿虎的大慈悲来教育人民;因为每个人出生禀受的资质不一,不是同时都能达到最高的道境,于是有三乘方便的设立;每个人的先天造业和后天的修习也不一样,于是有六度的法门。每一条都是通达彼岸的方法和途径,这才可以说是感而后应。因此,释迦牟尼在灵鹫山上说法,天人都感到无比畅达,可谓登峰造极啊。怎么能够一面怀疑缘始之理,却又想要达到那样的至境呢?至理和训导已经很明确充足了,只要按照这些却笃实修行,有什么不会拥有呢?而仍有人坚决不信,而是始终怀疑那人的思想所难以到达的世界的存在。这些人同那患病快死而不服药,中箭忍痛而不拔箭,却致力于研求箭、药的造构和缘始而导致最终命绝的人,有什么差别呢?这些人都是过去猜疑正道,所以未能体会无言之教,致使今天仍然猜信妄疑,怎么可以认为是真实至理的感应呢？不能用正道消除妄疑之惑，就无法感知圣智而明通四达。再说不是我求助蒙昧之人，而应是蒙昧之人来求教于我。本就应当以自我和身体为虚空，随顺万物变化并与之同化，真诚的坚持对佛教的信仰，然后觉悟就会随之而产生。一旦觉悟，将最终可到达最高境界。若是执守当前的所见而妄疑佛道的真实，而不能皈依佛教信仰的人，将长久沦陷于迷惑的苦难之中，哪里有觉醒的机会呢？信仰与背离只是一念之差，最后的结果却是天堂极乐与地狱永苦的悬殊，可以不小心谨慎吗？"

或问曰："孔氏之训：'无求生以害仁，有杀身以成仁①。'仁之至也，亦佛经说菩萨之行矣。老子明"无为"，无为之至也，即泥洹之极矣。而曾不称其神通成佛，岂孔、老有所不尽与？明道欲以扇物，而掩其致道之实乎？无实之疑，安得不生？"

答曰："教化之发，各指所应。世薪乎乱，洙泗所弘②，应治道也。纯风弥凋，二篇乃作③，以息动也。若使颜、冉、宰、赐、尹喜、庄周，外赞儒玄之迹，以导世情所极，内禀无生之学④，以精神理之求，世孰识哉？至若冉季、子游、子夏、子思、孟轲、林宗、康成、盖公、严平、班嗣、杨王之流⑤，或分尽于礼教，或自毕于任逸，而无欣于佛法，皆其寡缘所穷，终无僭滥⑥。故孔、老发音指导，自斯之伦，感向所暨⑦，故不复越叩过应。儒以弘仁，道在抑动，皆已抚教得崖，莫匪尔极矣。虽慈良、无为，与佛说通流，而法身、泥洹无与尽言，故弗明耳。且凡称'无为而无不为'者⑧，与夫'法身无形，普入一切'者，岂不同致哉！是以孔、老、如来，虽三训殊路，而习善共辙也。

【注释】

①"无求生"二句:语出《论语·卫灵公》。

②"世蕲(qí)"二句:《庄子·逍遥游》:"世蕲乎乱,孰弊弊焉以天下为事!"洙、泗二水春秋时处鲁国之境,孔子居住洙泗之间而教授弟子。《礼记·檀弓上》:"吾与汝事夫子于洙泗之间。"后以洙泗作为儒家学说的代称。

③"纯风"二句:春秋社会动荡,世风日下,老子作《道德经》,批评时政,提倡无为,主张小国寡民。《史记》卷六三《老子韩非列传》:"于是老子乃著书上下篇,言道德之意五千余言而去。"

④内禀无生之学:佛教的无生,亦称"无生法忍"。《庄子·至乐》:"察其始而本无生,非徒无生也,而本无形。"庄子的"无生"指的是无生命知觉。佛教指的是万物的实体或真如实相永恒不变,无生无灭。

⑤林宗、康成、盖公、严平、班嗣、杨王之流:林宗即郭泰,《后汉书》卷九八有传。康成即郑玄,《后汉书》卷六五有传。盖公,善治黄老之学,见《汉书》卷三九《曹参传》。严君平,即严遵,《汉书》卷七二有传。班嗣,《汉书》卷一百有传。杨王即杨王孙,《汉书》卷七六有传。这些人被认为是"自毕于隐逸"的代表,但与佛教无缘。

⑥终无僭滥:语出《诗经·商颂·殷武》:"天命降监,下民有严。不僭不滥,不敢怠遑。命于下国,封建厥福。"

⑦感向所暨:暨,限制、遏制或限制的东西。

⑧无为而无不为:《老子》第三十七章:"道常无为而无不为。"

【译文】

或许有人会问:"孔子曾说:'无求生以害仁,有杀身以成仁'。仁的极致,不就是佛经中所说的'菩萨行'吗?老子言'无为','无为'的极致,亦即佛教中所说的'涅槃'。但是佛经中都不说孔老之神通及可以成佛,难道孔老学说有所未尽吗?他们阐明道理的目的难道只是倡导物欲而遮蔽通达最高境界的道路吗?这种缺乏事实根据的说法,能不叫人怀疑吗?"

答道:"各家之学说,都有其针对性。乱世之时,儒家大倡治世之道,以应治理乱世之需;纯朴的民风日益凋敝,于是有老子所作的《道德经》上下二篇,以止息世人的强作妄为。若使颜渊、冉求、宰我、子贡、尹喜、庄周等人,在社会治理上赞同儒家道家的理论,以此来引导世人的情志和追求,在个人修养上禀持佛教的无生学问,以此来精粹对神理的探求,又有谁能分辨他们是否信佛教呢?然而,世人之中有谁会了解这些呢?至于像冉季、子游、子夏、子思、孟轲、林宗、康成、盖公、严平、班嗣、杨王之流,前者强调遵循礼教,后者以隐逸为自我完善,都不信奉佛法,虽然都很少接触那不可穷尽的道理,但终究没有赏罚失当,过而无度。所以孔子和老子阐发道理指导人民,都是从接受道理之人的实际情况出发,感应社会的实际需要,所以不会不顾对应性而超过需要。儒家旨在弘扬仁义道德,道家强调无为而无不为,在这两方面,儒道两家的学说都达到了极致。虽然儒家所提倡的慈孝仁义和道家所说的无为,与佛教的学说颇有共通之处,但对法身实相和泥洹究竟却没有很清楚彻底的讨论,所以说理论还有未澄明之处。但道家主张的'无为而无不为',与佛教之'法身无形而无所不在'的思想也多遥相契合,所以说,儒、释、道三教虽然教法各有不同,但在导人为善方面却是共同的。"

或问曰:"自三五以来①,暨于孔、老。洗心佛法,要将有人。而献酬之迹②,曾不乍闻者,何哉?"

答曰:"余前论之旨已明,俗儒而编专在治迹。言有出于世表,或散没于史策,或绝灭于坑焚。今又重敷所怀。夫三皇之书，谓之《三坟》，言大道也。尔时也，孝慈天足，岂复训以仁义？纯朴弗离，若老、庄者复何所扇？若不明神本于无生，空众性以照极者，复以何道大道乎？斯文没矣③，世孰识哉！史迁之述五帝也，皆云生而神灵④，或弱而能言，或自言其名。懿渊疏通，其知如神。既以类夫大乘菩萨，化见而生者矣。居轩辕之丘，登崆峒⑤，陟凡岱，幽陵蟠木之游，逸迹超浪，何以知其不由从如来之道哉？以五帝之长世，尧治百年，舜则七十⑥。广成、大隗、鸿崖、巢许、夸父、北人、姑射四子之流⑦，玄风畜积，洋溢于时。而《五典》余类，唯唐、虞二篇，而至寡阙。子长之记，又谓：'百家之言黄帝，文不雅训⑧，搢绅难言。唯采杀伐治迹，犹万不记一。'岂至道之盛，不见于残缺之篇，便当皆虚妄哉？今以神明之君，游浩然之世，携七圣于具茨⑨，见神人于姑射，一化之生，复何足多谈。微言所精，安知非穷神亿劫之表哉？"

【注释】

①自三五以来：三五指三皇五帝。《汉书·郊祀志下》："夫周秦之末，三五之隆。"

②献酬之迹：指宾客交往言谈的记载，《诗经·小雅·楚茨》："为宾为客，献酬交错。"

③斯文没矣：《论语·子罕》："天之将丧斯文也，后死者不得与于斯文也。天之未丧斯文也，匡人其如予何？"

④"史迁"二句：《史记·五帝本纪》载：黄帝"生而神灵，弱而能言"，帝高辛（帝喾）"生而神灵，自言其名"，帝高阳（颛顼）"静渊以有谋，疏通而知事"，帝尧"其仁如天，其知如神"。

⑤"居轩辕"二句:《史记·五帝本纪》载:黄帝居轩辕之丘,披山通道,未尝宁居,东至于海,登丸山,及岱宗,西至于空桐,登鸡头。同卷载:帝高阳北至于幽陵,南至于交趾,西至于流沙,东至于蟠木。

⑥"尧治"二句:《史记·五帝本纪》:"尧辟位凡二十八年而崩。"《集解》:"尧在位凡九十八年。"同卷载:舜年三十尧举之,五十摄行天子事,年六十一代尧践帝位,践帝位三十九年,南巡,崩于苍梧之野。

⑦广成、大隗、鸿崖、巢许、夸父、北人、姑射四子之流:广成,黄帝师,见《庄子·在宥》。大隗,黄帝师,见《庄子·徐无鬼》。鸿崖,黄帝臣,见《广列仙传》。巢许,指许由巢父,见前注。夸父,北人,见《庄子·让王》。姑射四子,见《庄子·逍遥游》:"尧治天下之民,平海内之政,往见四子藐姑射之山,汾水之阳,窅然丧其天下焉。"

⑧"百家"二句:出自《史记·五帝本纪》"太史公曰:……而百家言黄帝,其文不雅驯,荐绅先生难言之"。

⑨携七圣于具茨:七圣指黄帝及其属下六臣。《庄子·徐无鬼》:"黄帝将见大隗乎具茨之山,方明为御,昌寓骖乘,张若、谐朋前马,昆阍、滑稽后车。至于襄城之野,七圣皆迷,无所问途,适遇牧马童子,问途焉。"

【译文】

还有人问:"自三皇五帝以来,一直到孔子、老子,一定有人修炼心灵,崇奉佛法,可是在各种宾客交往言谈的记载中都不曾听说有佛,为什么呢?"

答道:"我在前面已指出,俗儒编书,只重视有关人间社会治理的事情。有超出现实社会的言谈,要么散见湮没在史策中,要么被秦始皇焚烧绝灭了。而今在此列举一些材料,说明佛之于中土,由来已久。三皇时代的书，称之《三坟》，都是言说大道的。那个时候，社会以孝道慈德为本，哪里还需要训导仁义呢？民风自然纯朴，像老、庄等人又有什么好倡导的呢？如果不明白精神以无生为本体，并以此虚空众人情性而照达极致的人，又凭什么修习大道呢？可惜这样的人和事情都已经消失了，世人之中还有谁能了解呢？司马迁记述五帝的历史时，都明确说他们出生就有神奇灵异之处，要么很小就能言语，要么能够直呼自己的名字。个个都是嘉懿渊博、疏阔通达，聪明睿智，堪比神灵。好比是大乘菩萨，化为有形而出生的。他们居住在轩辕之丘，登崆峒、凡岱，遨游于幽陵、蟠木之间，那样的飘逸潇洒，又怎么知道他们不是跟随信奉如来之道才这样的呢？从五帝治理天下来说，尧在位百年，舜则有七十年。广成、大隗、鸿崖、巢许、夸父、北人、姑射四子之流，都是黄帝、尧舜之时的圣贤之士，天子清静无为的教化积聚，美好的德名广泛传播。可是《五典》之中，只保存了唐、虞二篇，记载十分简略。司马迁说：'百家对黄帝的记载，文辞不典雅纯正，士人很难言说。而且只采录了黄帝有关杀伐治理的事情，可以说是挂一漏万。'难道至道盛世，没有记载在残缺之篇中，便可当作这些都是虚妄的吗？而今以为黄帝这位神明之君，逍遥游于广大壮阔的世间，携领七圣到具茨山，拜见姑射山上居住的神人，这些都不过是自然变化所生，又哪里值得多谈。微言有大义，怎么知道这些不能穷尽亿劫之外的神理呢？

"广成之言曰：'至道之精，窈窈冥冥。'即首楞严三昧矣[①]。'得吾道者，上为皇，下为王[②]。'即亦随化升降，为飞行皇帝、转轮圣王之类也[③]。'失吾道者，上见光，下为土。'亦生死于天人之界者矣。'感大隗之风，称天师而退[④]'者，亦十号之称矣[⑤]。自恐无生之化，皆道深于若时，业流于玄胜[⑥]。而事没振古[⑦]，理随文翳，故百家所摭，若晓而昧，又搢

绅之儒,不谓雅训⑧。遂令殉世而不深于道者,仗史籍而抑
至理,从近情而忽远化,困精神于永劫,岂不痛哉!

【注释】

①首楞严三昧:意译勇健定、健行定、健相定。《大智度论》卷四七
　　谓:菩萨得此三昧,则诸烦恼及恶魔皆不得破坏之,恰如大将率
　　领兵众,一切三昧悉皆随从。

②"得吾道"三句:《庄子·在宥》:"得吾道者,上为皇而下为王;失
　　吾道者,上见光而下为土。"

③"飞行"二句:见前文《牟子理惑论》对佛的描述。

④"感大隗"二句:见《庄子·徐无鬼》:"黄帝将见大隗乎具茨之山,
　　……黄帝再拜稽首,称天师而退。"

⑤十号之称:佛教创始人释迦牟尼有如来、应供、正遍知、明行足、
　　善逝、世间解、无上师、调御丈夫、天人师、佛世尊等十大名号。

⑥玄胜:指超越世俗的境界。

⑦振古:远古,往昔。《诗经·周颂·载芟》:"匪今斯今,振古如
　　兹。"朱熹集传:"振,极也……盖自极古以来已如此矣。"

⑧雅训:雅正的教训。

【译文】

　　"广成子所说的'至道之精,窈窈冥冥'不就是佛教所称的首楞严三
昧吗?所谓'得吾道者,上为皇,下为王'不是与佛祖随机升降,化为飞
行皇帝、转轮圣王相类似吗?'失吾道者,上见光,下为土'与佛教生死
轮回于天人之间的说法不是相同吗?'感大隗之风,称天师而退',也与
释迦牟尼佛有十个称号相似。只恐佛教所言的无生之化,道理过于深
刻不为时人所解,其事业超越世俗的境界。然而事迹在远古中淹没,高
深的义理被文辞所遮蔽,所以百家所采所得,看似明白实际昏昧,加之
那些搢绅陋儒,不通雅正的教训。于是使得那些经营世俗而始终不能

领悟大道的人，只能仰仗史籍而埋没至理，听从现在的利益和欲望而忽视过去和来生的因缘变化，使精神永远受困于外物与情志之中，难道不是很令人悲痛吗！

"伯益述《山海》：'天毒之国，偎人而爱人。'①郭璞传：'古谓天毒，即天竺，浮屠所兴。偎爱之义，亦如来大慈之训矣。'固亦既闻于三五之世也。国典弗传，不足疑矣。凡三代之下，及孔、老之际，史策之外竟何可量？孔之问礼，老为言之；关尹之求，复为明道②。设使二篇或没，其言独存于《礼记》，后世何得不谓柱下翁，直是知礼老儒？岂不体于玄风乎？今百代众书，飘荡于存亡之后，理无备在。岂可断以所见，绝献酬于孔、老哉！东方朔对汉武劫烧之说③，刘向《列仙》叙'七十四人在佛经'④，学者之管窥于斯，又非汉明而始也。但驰神越世者众而显，结诚幽微者寡而隐，故潜感之实，不扬于物耳。

【注释】

①"伯益"三句：《山海经》据传是大禹所作，伯益曾协助大禹治水。《山海经·海内经》云："东海之内，北海之隅，有国名曰朝鲜、天毒，其人水居，偎人爱人。"郭璞注："天毒即天竺国，贵道德，有文书，金银钱货，浮屠出此国中也。"

②"孔之"四句：《史记》卷六三《老子韩非列传》载："孔子适周，将问礼于老子。""老子修道德，其学以自隐无名为务。居周久之，见周之衰，乃遂去。至关，关令尹喜曰：子将隐矣，强为我著书。于是老子乃著书上下篇，言道德之意五千余言而去，莫知其所终。"

③东方朔对汉武劫烧之说：《高僧传》卷一《竺法兰传》："昔汉武穿

昆明池，底得黑灰，问东方朔。朔云：不知，可问西域胡人。后法
兰既至，众人追以问之，兰云：世界终尽，劫火洞烧，此灰是也。"

④刘向《列仙》叙'七十四人在佛经'：刘向，西汉成帝时任光禄大
夫、中垒校尉，曾校阅朝廷图书。《世说新语·文学》注引："（刘
向）历观百家之书，以相检验，得仙者百四十六人，其七十四人已
在佛经，故撰得七十，可以多闻博识者遐览焉。"

【译文】

"伯益记述《山海经》，说：'天毒之国，偎人而爱人。'郭璞传曰：'古
谓天毒即天竺，浮屠所兴；偎爱之义，亦如来大慈之训也矣。'以此看来，
三皇五帝之时，中土已知有佛了。虽然正史不记载这些材料，但不足以
怀疑它的真实。从三代之下，一直到孔子、老子之际，除史策记载之外
的事情究竟怎样衡量呢？孔子问礼，老子为他解答；关尹强求老子著
书，都是为了阐明正道。设使《老子》上下两篇丧失，老子的言论就只能
独存于《礼记》，后世为何不说老子只不过是一位知礼的老儒？难道就
不能体会清静无为的教化了吗？而今上古百代的书籍，其中的记述在
书籍失灭之后散落在各书之中，其教理并不完备。因而怎么可以仅凭
所见来做判断，从而断绝孔、老之间的应答呢！又，史书记载东方朔回
答汉武帝关于劫烧之问时已知有佛，再如刘向的《列仙传》，记载仙人中
有七十四人在佛经有称述。以此看来，学者了解佛教之东传中土，实非
始于汉明帝时代。但驰骋精神超越世俗的人众多而且彰显，虔诚体证
幽微境界的人少而且隐蔽，所以那种无形的感应是真实可信的，只是不
追求张扬于外物而已。

"道人澄公①，仁圣于石勒、虎之世，谓虎曰：'临淄城中，
有古阿育王寺处，犹有形像、承露盘，在深林巨树之下，入地
二十丈。'虎使者依图搜求，皆如言得。近姚略叔父为晋
王②，于河东蒲坂，古老所谓阿育王寺处，见有光明。凿求得

佛遗骨,于石函银匣之中,光曜殊常,随略迎睹于灞上比丘,今见在辛寺。由此观之,有佛事于齐、晋之地久矣哉！所以不说于三传者③,亦犹干宝、孙盛之史④,无语称佛,而妙化实彰有晋,而盛于江左也。"

【注释】

①道人澄公:《高僧传》卷九《佛图澄传》载有临淄城中阿育王寺的传说。

②姚略叔父为晋王:《高僧传·法和传》作"姚绪",亦载河东蒲坂凿得佛骨事。姚略,即后秦王姚兴,《晋书》、《魏书》皆有传。

③三传:指解释《春秋》的《左传》、《公羊传》、《穀梁传》。

④干宝、孙盛之史:干宝,东晋文人,字令升,祖籍河南新蔡,古代著名的史学家和文学家。著有《春秋左氏义外传》,还注《周易》、《周官》等数十篇,另有文集四卷。今存《搜神记》20卷,为后人所辑录,又《晋纪》亦有清人辑本。孙盛(302—373),字安国。晋代太原中都(今山西平遥)人。著《魏氏春秋》二十卷,《魏氏春秋异同》八卷,《晋阳秋》三十二卷,是一位"词直而理正"的历史学家。二人均被时人称为良史。

【译文】

"此外,后赵石勒、石虎时以仁圣著称的佛图澄对石虎说:'临淄城中有古阿育王寺,且有佛像和承露盘埋于深林中巨石之下,距地面二十丈。'石虎派人依图挖掘,果真如佛图澄所说的。姚略叔父为晋王时,在河东蒲坂,亦即古人所说阿育王寺处见有光明,派人挖掘,果得佛遗骨于石函银匣之中,光亮照人,随即迎请至于灞上,让众比丘观看,如今仍安放在辛寺。由此观之,齐、晋之地,有佛的事迹已经很长久了。所以在《春秋》三传中未曾明说的,也如同干宝、孙盛的史书所记载的那样,虽然不直接言说佛,然而佛道妙化实际是从晋代开始彰显,从江左开始昌盛的呀。"

或问曰："若诸佛见存，一切洞彻，而威神之力，诸法自在。何为不曜光仪于当今，使精粗同其信悟；洒神功于穷迫，以拔冤枉之命？而令君子之流，于佛无睹，故同其不信，俱陷阐提之苦①？秦、赵之众，一日之中，白起、项籍坑六十万②。夫古今彝伦，及诸受坑者，诚不悉有宿缘大善；尽不睹无一缘，而悉积大恶。而不睹佛之悲一日俱坑之痛，憖然毕同，坐视穷酷而不应，何以为慈乎？缘不倾天，德不逾世，则不能济，何以为神力自在、不可思议乎？鲁阳回日，耿恭飞泉，宋九江虎远江而蝗避境③，犹皆心力横彻，能使非道玄通。况佛神力，融起之气，治籍之心，以活百万之命殊易。夫纳须弥于芥子④，甚仁于毁身乎一虎一鸽矣⑤！而今想焉而弗见，告焉而弗闻，请之而无救，寂寥然与大空无别。而于其中，有作沙门而烧身者，有绝人理而剪六情者，有苦力役、倾资宝而事庙像者，顿夺其当年，而不见其所得。吁！可惜矣。若谓应在将来者，则向六十万，命善恶不同，而枉灭同矣。命善恶虽异，身后所当，独何得异？见世殊品，既一不蒙甄别，将来浩荡，为欲何望？况复恐实无将来乎？经云："足指按地，三千佛土皆见⑥，及盲聋暗哑、牢狱毒痛，皆得安宁。"夫佛，远近存亡、有戒无戒，等以慈焉。此之有心宜见，苦痛宜宁，与彼一矣。而经则快多是语，实则竟无暂应。安知非异国有命世逸群者，构此空法，以胁异翼，善交言，有微远之情事，有澄肃之美纯，而易信者一己输身，遂相承于不测，而势无止薄乎？"

答曰："今不睹其路，故于夷谓险。诚瞰其途，则不见所难矣。夫常无者,道也⑦,唯佛则以神法道。故德与道为一,神与道为二。二故有照以通化,一故常因而无造。夫万化者,固各随因缘,自作于大道之中矣。今所以称佛,云'诸法自在,不可思议'者,非曰为可不由缘数,越宿命而横济也。盖众生无量,神功所导,皆依崖曲畅,其照不可思量耳。譬之洪水四凶、嚚顽象傲⑧,皆化之固然,尧、舜弗能易矣。而必各依其崖,降水流凶,允若克谐,其德岂不大哉!夫佛也者,非他也,盖圣人之道不尽于济生之俗,敷化于外生之世者耳。至于因而不为,功自物成,直尧之殊应者耳。夫钟律感类,犹心玄会,况夫灵圣以神理为类乎?凡厥相与冥遘于佛国者,皆其烈志清神,积劫增明,故能感诣洞彻。致使释迦发晖,十方交映,多宝涌见⑨,灯王入室⑩。岂佛之独显乎哉?能见矣。至若今之君子,不生应供之运⑪,而域乎禹绩之内⑫。皆其诚背于昔,故会乖于今。虽复清若夷、齐,贞如柳、季⑬,所志苟殊,复何由感而见佛乎?况今之所谓,或自斯以还。虽复礼义熏身,高名馥世,而情深于人,志不附道。虽人之君子,而实天之小人⑭。灵极之容,复何由感映?岂佛之偏隐哉?我弗见矣。若或有随缘来生,而六度之诚发自宿业,感见独朗,亦当屡有其人。然虽道俗比肩,复何由相知乎?然则粗妙在我,故见否殊应。岂可以己之不曜于光仪,而疑佛不见存哉?

【注释】

①俱陷阐提之苦:阐提也称一阐提,即信根断绝的人。在《北本涅槃经》传来以前,中土佛教界多承旧说,主张一阐提不能成佛。

后竺道生倡一切众生皆有佛性,阐提亦能成佛。宗炳作《明佛论》约在元嘉年间,竺道生约于元嘉十一年(434)去世。

②"秦、赵"三句:白起和项籍坑六十万卒不是同一时间。《史记》卷七十三《白起王翦列传》:公元前260年,秦国名将白起在长平之战中,俘获赵卒四十余万,仅留其年少者二百四十人归赵,其余全部坑杀。项籍,即项羽。《史记》卷七《项羽本纪》:项羽破秦军,收章邯兵,至新安,项羽恐秦军降卒作乱,乃命楚军夜击坑秦卒二十余万人新安城南。

③"鲁阳"三句:鲁阳,即鲁阳文子,楚平王孙司马子期之子。《淮南子·览冥训》:"鲁阳公与韩构难,战酣,日暮,援戈而麾之,日为之反三舍。"耿恭:《后汉书》卷四十九:"恭仰叹曰:'闻昔贰师将军拔佩刀刺山,飞泉涌出;今汉德神明,岂有穷哉。'乃整衣服向井再拜,为吏士祷。有顷,水泉奔出,众皆称万岁。乃令吏士扬水以示虏。"宋九江,暂无考。

④纳须弥于芥子:《维摩诘经·不可思议品》:"唯应度者,乃见须弥入芥子中,是名不可思议解脱法门。"

⑤甚仁于毁身乎一虎一鸽矣:此皆为佛陀本生故事,可参见《本生经》、《六度集经》等。

⑥足指按地,三千佛土皆见:《维摩诘经·佛国品》载:佛以足指按地,即时三千大世界珍宝严饰并皆呈现。

⑦常无者,道也:《老子》第三十二章:"道常无名。"

⑧譬之洪水四凶:《尚书·尧典》:"汤汤洪水方割,荡荡怀山襄陵,浩浩滔天。"四凶说法不一,《尚书·舜典》:"流共工于幽州,放驩兜于崇山,窜三苗于三危,殛鲧于羽山:四罪而天下咸服。"

⑨多宝涌见:多宝佛为东方宝净世界的教主。往昔行菩萨道时,立誓在成佛灭度之后,凡十方世界有宣说《法华经》之处,必自地涌现于前,以证明此经的真义。故释尊说《法华经》时,有七宝塔从

地中涌出，耸立于空中，塔内即有多宝如来坐狮子座，其全身姿
态如入禅定状，并分半座与释尊。参见《法华经·见宝塔品》。

⑩灯王入室：出《维摩诘经》卷上《不思议品》：东方有世界名须弥
相，其佛号须弥灯王，其狮子座，高四万八千由旬。维摩诘现神
通力，即时彼佛遣三万三千师子之座，来入维摩诘室。

⑪不生应供之运：应供，佛十大名号之一。

⑫域乎禹绩之内：《诗经·商颂·殷武》："天命多辟，设都于禹
之绩。"

⑬"清若"二句：夷、齐，伯夷与叔齐，见前注。柳、季，柳下惠与季
札，事见前注。

⑭"虽人"二句：《庄子·大宗师》："天之小人，人之君子；人之君子，
天之小人也。"

【译文】

又有人问："如果诸佛确实存在，神通广大且能洞察一切，何不现身
说法，大显神通，让不论贤愚都能心悦诚服地皈信佛教，使穷困之人得
到救助，让命运冤屈者获得解脱？以免得像现在这样，君子看不到佛，
百姓更不相信，大家都陷溺在信根断绝的作恶之苦中。再者，过去白
起、项籍一日坑杀士兵六十万，这些一起受坑者难道不会有过去曾积大
善的么？这么多人都无缘一睹佛法，都一样同积大恶，故同受此恶报不
成？而也不曾见佛对这些人的同时被杀感到悲痛，小心谨慎，视同如
己，反而对如此残酷的杀戮无动于衷，袖手旁观。这又怎么谈得上大慈
大悲呢！因缘不能广被天宇，道德不能超脱世俗，自然不能救济天下，
又何以号称神力自在，佛法无边呢！鲁阳可以使太阳返回，耿恭可以使
枯井飞泉，更有古人宋九江掌管一个郡县，使得飞蝗避开，猛虎远离江
边不再害人。这些都是因为人的心意坚决而能贯通外物，最终使非道
之物暗中相通。更何况佛的神力无边，要融化白起的杀戮之气，治服项
籍的残酷之心，从而救活百万人的性命是很容易的。据说佛曾经有纳

须弥于芥子的神妙,有牺牲自己的身体来救虎鸽的仁德!而今却是世人想见见不到,对世人的禀告又当做没有听到,请求他却不去拯救,终日里只是寂寥无言,与大空无别。而在信佛的人当中,有作沙门而烧身的,有超越世俗之情一心向道的,有通过做苦力劳役来修行的,有捐弃家财而立庙造像的,当年违反情理地与世俗强行断绝,却没有见到所应得的回报。吁!可惜啊!如果说报应会在将来显现,那这已经死去的六十万人,本来是各个善恶不同的,怎么却在同一个事件里枉死了呢?受命的善恶虽然不同,但身后所得到的报应,如何才能不同呢?世间万物,千差万别,一开始就没有甄别,将来更为浩荡难辨,所谓将来的报应又有什么希望呢?更何况恐怕确实没有将来呢?佛经中说:"足指按地,三千佛土皆见,及盲聋喑哑、牢狱毒痛,皆得安宁。"可见佛祖的慈悲是不分远近、存亡,也无论有戒、无戒,对一切众生一视同仁的。佛经上说只要有诚心就必定能够见到佛,人生的苦痛也因此可以消除安宁,从而与佛同在。然而佛经上虽然有很多这样的说法,实际上最终连短暂的感应也没有。怎么知道不是异国的那些出众超群的名士,构造此缘起性空的理论,整合不同的思想,完善交流对话,记述幽微深远的情感和事迹,给人肃清庄严之感,以至于使容易相信的人一旦自己失身于此,于是家人亲友就会先后递相尊奉这不可思议的佛法,使得趋骛之势不可停止吗?

答道:"今天的人没有看见佛所行的道路,所以会把平坦当做危险,若确实看见了他的道路,就不会觉得有什么不可接受的困难了。所谓的常无,就是道本身。唯有佛可以用精神来效法道,所以事物的德性与道本为一,但精神与道却为二。相分为二,所以才有精神照彻事物本质而能贯通变化,德性与道为一,所以只能因顺事物的本性而不能强行造作。世间之万物,都各随因缘,依于大道而自作自受。今天称号为'佛',说'诸法自在,不可思议'的缘故,并非是佛可以不凭因缘之理,超越万物的宿命而强行救济。再说众生无数,神功只能是依凭各自的性分加以引导使其周尽畅达，其发生作用的过程是不可思量的呀。譬如洪水之灾、四凶及凶顽的瞽叟、桀傲狂妄的象之类，都是造化本然之理所致，虽尧、舜等圣人也无法改变，而必须顺其自然，而后疏浚洪水，流放四凶，最后使天下顺从和谐，他们的功德能说不伟大吗？再说佛，乃是圣人，圣人之道并不局限于救济世俗众生，还要布行教化于众生之外的世界。至于因顺自然而不妄自作为，功德全由事物自己造成，仅仅只是尧舜可以有特殊的感应罢了。众所周知，音律都是以同类相互感应的，一般的心灵尚且可以领会，何况灵圣佛祖本来就以神理为同类呢？举凡那些共同在佛国中相遇的，个个都是立志清洁精神，历经劫难而智慧增长的，所以都能彻底地感受理解佛法真谛。以致当释迦说法时，十方诸佛交相辉映，多宝佛使七宝塔从地中涌现，须弥灯王派遣万千狮子座进入维摩诘的居室。哪里只是释迦牟尼佛独自的显现呢？佛是能见到的呀。至于像而今的这些君子，既没有佛祖接受人天供养的命运，且又局限在夏禹治水的业绩等俗世功德之内。都确实是在过去就违背正道，所以今天才会出现这样的乖离。即使再有像伯夷、叔齐那样的清高，像柳下惠、季札那样的贞洁，如果他的志趣与佛道不同，又凭什么能感应而见到佛呢？何况今天人们所说的，或从那时以来。即使礼义熏陶浸染身心，德高望重，美名传世，如果你仍然致力于人事，志趣不在追求佛道，虽说可以成为人类中的君子，而实际上还只是整个宇宙中的小人。如此，佛祖神圣的金容，你又凭什么能够感知映照呢？哪里是佛祖偏私而有意隐藏起来，而是我自己不能看见罢了。如果有的人因累积善缘而有来生，因过去的善业而有修习六度的诚心，所以能够独自感见佛的存在，这也是可能的。然而虽然道与俗并肩存在，但又如何能够相互了解感知呢？既然这样，那么是执着于粗浅还是追求精妙取决于每个人的态度，所以见佛与不见会有不同的感应。怎么可以因自己看不见佛显现神通、干预世事而怀疑他的存在呢？

　　"夫天地有灵,精神不灭,明矣。今秦、赵之众,其神与宇宙俱来,成败天地而不灭。起、籍二将,岂得顿灭六十万神哉? 神不可灭也,则所灭者身也。岂不皆如佛言:"常灭群生之身,故其身受灭。"而数会于起、籍乎? 何以明之? 夫乾道变化,各正性命①,至于鸡、豕、犬、羊之命,皆乾坤六子之所一也②。民之咀命充身,暴同蛛蟱为网矣③。鹰、虎非搏噬不生;人可饭蔬而存,则虐已甚矣。天道至公,所布者命,宁当许其虐命,而抑其冥应哉! 今六十万人,虽当美恶殊品,至于忍咀群生,恐不异也。美恶殊矣,故其生之所享,固可实殊。害生同矣,故受害之日,固亦可同。

【注释】

①"乾道"二句:《周易·乾》:"乾道变化,各正性命,保合大和,乃利贞。"

②乾坤六子:《周易·说卦传》:"乾,天也,故称乎父。坤,地也,故称乎母。震,一索而得男,故谓之长男。巽,一索而得女,故谓之长女。坎,再索而得男,故谓之中男。离,再索而得女,故谓之中女。艮,三索而得男,故谓之少男。兑,三索而得女,故谓之少女。"这是详说乾坤生六子的理由。

③蟱(wú):即青蚨,虫名。

【译文】

　　"天地有灵,精神不灭,这是很明白了呀。至于白起、项籍所坑杀的六十万众,其神本与宇宙同来,且永存于天地间而不灭,白起、项籍怎么可能瞬间一齐杀灭六十万神灵? 神不可灭,被消灭的是身体。难道不和佛说"常灭群生之身,故其身受灭"一样,而只是恰好都死在白起、项籍手下吗? 凭什么知道呢? 要知道,天道变化,天所赋为命,物所受为性,万物由此而具有各自的禀赋,成就各自的品性,至于鸡、猪、犬、羊之命,都只是天地所生养的性命之一。世间的人常以有生命的有情体为食物,暴虐如同蜘蛛青蚨张网捕食。鹰虎之类非靠搏杀不能维持生命,而人则不同,可以饭蔬为食,因此人之杀生为食,较之鹰和虎更为残暴。天道至公,通过命运来安排赏罚,怎么能够容忍残害生命而不给以相对的报应呢。那六十万人,虽然德行各有差别,善恶也多有不同,但就杀生为食来说,恐怕没有什么差别,因各人的德行、善恶不同,所以各人一生之际遇、享受各不相同,但在杀生为食这一点上却是共同的,因此受害之日亦可以同在一时。

　　"今道家之言,世之所述,无以云焉。至若于公、邴吉、虞怡,德应于后;严延年、田蚡、晋宣,杀报交验①。皆书于魏、汉,世所信睹。夫活人而庆流子孙,况精神为杀活之主,无殃庆于后身乎? 杀活彼身,必受报己身,况通塞彼神,而不荣悴于己神乎? 延年所杀,皆凡等小人;窦婴、王陵,宰牧之豪。贤否殊,贵贱异,其致报一也。报之所加,不论豪贱,将相、晋王不二矣。岂非天道至平,才与不才,亦各其子。理存性命,不在贵贱故耶? 然则肫鱼虽贱②,性命各正于乾道矣。观大鸟之回翔,小鸟之啁噍③,葛卢所听之牛,西巴所感之鹿④,情爱各深于其类矣。今有孕妇稚子于斯,而有刳而剔之,燔而炙之者,则谓冤痛之殃,上天所感矣。今春猎胎孕,燔菹羔雏,亦天道之所一也,岂得独无报哉? 但今相与理,缘于饮血之世⑤,畋渔非可顿绝。是以圣王庖厨其化⑥,盖顺民之杀以灭其害,践庖闻声,则所不忍。因豺獭以为节,疾非时之伤孕⑦。解罝而不网,明含气之命重矣⑧。孟轲击赏于衃钟⑨，知王德之去杀矣。先王抚粗救急，故虽深其仁，不得顿苦其禁。如来穷神明极，故均重五道之命，去杀为众戒之首。萍沙见报于白兔⑩，释氏受灭于昔鱼⑪，以示报应之势。皆其窈窕精深，迂而不昧矣。

【注释】

①"至若于公"四句：于公，是古时东海郯人，系汉相于定国之父，曾任县狱吏、郡决曹。于公秉公办案不徇私情，深得人心，特别是东海孝妇案，民众更是拍手称颂，成为千古美谈，并且为我国民间代代相传的因果报应的道德规范，留下了为善为恶"万应不爽"的典型。详见《汉书》中的传记。邴吉（？—前55），又作丙吉，字少卿，西汉鲁国北海人，曾官廷尉监，光武省右监。曾经冒死以救汉武帝的曾皇孙，而后获得厚报。严延年（？—前58），东海下邳（今江苏邳州）人。为河南太守，其治严酷，尝传所属县囚会讯，流血数里，务在摧折豪强，诛杀甚众，被称为"屠伯"。后为人所告，以诽谤朝廷罪，被杀。田蚡（？—前131），长陵（今陕西咸阳）人。汉景帝皇后王姡同母异父弟，汉武帝的舅舅。后当了丞相，但得势后非常专横跋扈，公元前131年春，暴毙于床榻之上。晋宣，即司马懿。曾篡夺曹氏政权，滥杀曹氏宗族及无辜。后司马懿病，夜间常梦见贾逵、王凌为祟，不久去世。其子司马炎称帝后，追尊懿为晋宣帝。

②肫（zhūn）鱼虽贱：《周易·中孚》："肫鱼吉。利涉大川，利贞。"

③"观大鸟"二句：《礼记·三年问》："今是大鸟兽，则失丧其群匹，越月逾时焉，则必反巡，过其故乡，翔回焉，鸣号焉，蹢躅焉，踟蹰焉，然后乃能去之。小者至于燕雀，犹有啁噍之顷焉，然后乃能去之。故有血气之属者，莫知于人，故人与其亲也，至死不穷。"啁噍（zhōujiū），形容小鸟的叫声。

④"葛卢"二句：介葛卢是春秋时介国的国君，相传通兽语。《左传·僖公二十九年》："冬，介葛卢来，以未见公故，复来朝，礼之，加燕好。介葛卢闻牛鸣，曰：是生三牺，皆用之矣，其音云。问之而信。"《韩非子·说林上》："孟孙猎得麑，使秦西巴载之持归，其母随之而啼，秦西巴弗忍而与之。……故曰：巧诈不如拙诚。"

⑤饮血之世：《礼记·礼运》："昔者先王未有宫室，冬则居营窟，夏则居橧巢。未有火化，食草木之实、鸟兽之肉，饮其血，茹其毛。"

⑥是以圣王庖厨其化：《孟子·梁惠王上》："君子之于禽兽也，见其生，不忍见其死；闻其声，不忍食其肉。是以君子远庖厨也。"

⑦"因豺獭"二句：《礼记·王制》："獭祭鱼，然后虞人入泽梁。豺祭兽，然后田猎。鸠化为鹰，然后设罻罗。草木零落，然后入山林。昆虫未蛰，不以火田。不麛，不卵，不杀胎，不殀夭，不覆巢。"《礼记·月令》："季秋之月…鞠有黄华，豺乃祭兽戮禽。"

⑧"解置"二句：《礼记·月令》："季春之月…田猎置罘、罗网、毕、翳、喂兽之药，毋出九门。"罝(jū)，捉兔子的网，泛指捕兽的网。

⑨孟轲击赏于衅钟：《孟子·梁惠王上》："(齐宣)王坐于堂上，有牵牛而过堂下者。王见之，曰：牛何之？对曰：将以衅钟。王曰：舍之，吾不忍其觳觫，若无罪而就死地。"孟子认为齐宣王有仁人之心，能保国安民。

⑩萍沙见报于白兔：萍沙即频婆沙罗王的缩略，摩揭陀国王。《观经疏传通记》："往昔洴沙王后无有太子。时请相师问曰：夫人何时有身？相师瞻曰：山中有一坐禅道人，命终精神当来后腹化为太子。王闻是语，即遣人断道人粮饷。道人得通即知王意，自念：我今为王示现，死作白兔在王东园。王将国民促得白兔，即敕锻师作铁钉，钉兔四足及口鼻头，兔身即便病钉而死，精神来腹化作太子。十月满而生太子，身长大立位。将从绕城游观，回车入城，即作恶念。共诸群臣即促父王闭着狱中，不听饷食。韦

提希夫人以蜜涂身,着生韦衣白守狱者,令见密语,狱吏听入。解身上衣,以手拔刀,削蜜与王。王得蜜食,眼目精明。夫人白王,虽在狱中称佛名字,礼佛礼僧。王用后语狱中礼佛。阿阇世王问狱吏言:狱囚何似? 答言平安。但见随时狱中礼佛,阿阇世王即便大怒,临死之日狱中礼佛,临渴穿井,不解时急! 即唤锻师来,作铁钉,钉王额上及两手掌并两膝头。于是父王不得礼佛,病钉而死。"另见《阿弥陀经》《无量寿经》和《观无量寿经》《观无量寿佛经》。

⑪释氏受灭于昔鱼:《增一阿含经》卷二六《等见品》载琉璃王之诛灭释迦族。众比丘问佛陀:今此释种昔所作何因缘而今为琉璃王所杀害? 佛陀诚恳回答:"尔时释种坐取鱼食,由此因缘无数劫中入地狱中,今受此对。"

【译文】

"而今道家所说的,以及世人所描述的,就不必多说了。至于于公、邴吉、虞怡等人,他们的德行报应在身后;而严延年、田蚡、晋宣帝等人滥杀无辜而受报今生。这些都记载于《魏书》《汉书》中,为人们所相信。救人的人被报以子孙得福,何况精神为善恶之主,能不有祸殃喜庆报应给身后吗? 消灭或者救活别人的身体,必定在自己身上遭受报应,何况使别人的精神通畅与阻塞,能不使自己的精神有盛衰的变化吗? 严延年所杀的都是平常百姓;而窦婴、王陵所杀的却是些官吏豪杰。虽然贤否、贵贱不同,但招致的报应确实一样。正是报应的对象是不论豪贵、低贱的,所以将相与晋王没有二致。这难道不是天道最为公平,不论才与不才,各由他们本身的因缘,性命是存是灭,不在贵贱而在因果报应之理吗? 然而肺鱼虽然是低贱的鱼类,但也是禀受天道所赋予的正命本性。无论是失群返乡而回翔的大鸟,还是只能啁噍鸣叫之小鸟,也不论葛卢所听的即将要做牺牲的牛,还是让秦西巴受感动的鹿,它们都对自己的同类持有深情厚爱。怎能只对那些被剐剔的孕妇和被烤炙的小孩，则说他们遭受冤死伤痛的祸殃，上天应当有所感知而报应呢。
而今人们在春天捕猎已经胎孕的动物，烧烤刚出生的小羊羔，它们也是
天道所生育的万物之一，怎能独独不受报应呢？只是今天共同遵守的
规则，乃是缘于上古先王茹毛饮血的时代，从那时起，就要求打猎捕鱼
时不可赶尽杀绝。因此圣王用庖厨之道来教化百姓，本是要顺从民众
的需要捕杀动物以减少它们的危害，但厨师听闻动物临死的叫声，则有
所不忍心。根据豺獭的活动来定捕猎的时节，是担心不当时令而伤害
了受孕的动物。解开捕兽的网让动物有逃生的机会，是明白动物的生
命也是尊贵的。孟轲击节赞赏齐宣王衅钟时的不忍心，知道真正的王
德是应该远离杀伐的。先王关注尘世生活而救济当务之急，所以即使
仁慈之心深厚，仍然不能彻底解除人民的苦痛。而如来却能够穷尽神
明的极致，所以对一切众生一视同仁，均赋以五道轮回之命，以'不杀
生'为全部戒律之首。譬如，摩揭陀国王自己杀死道士、白兔，而遭太子
残害的报应；过去的释迦族人好食鱼肉，所以遭受诛灭的报应，这些都
表明因果报应的规律是不可改变的。只是由于道理精深使人难以领
悟，但从来不会失效。

　　"若在往生能闻于道，敬修法戒，则必不坠长平而受坑
马服矣[1]。及在既坠，信法能彻，必超今难。若缘衅先重，难
有前报。及戒德后臻，必不复见坑来身矣。所谓洒神功于
穷迫，以拔冤枉之命者，其道如斯，慈之至矣。今虽有世美，
而无道心，犯害众命。以报就迫，理之当也。佛乘理居当，
而救物以法，不蹈法则理无横济，岂佛无实乎？譬之扁鹊，
救疾以药，而不信不服，疾之不瘳，岂鹊不妙乎？鲁阳、耿
恭、远祖九江，所以能回日、飞泉、虫虎避德者，皆以烈诚动
乎神道。神道之感，即佛之感也。若在秦、赵，必不陷于难

矣。则夫陷者，皆己无诚，何由致感于佛，而融冶起、籍哉！

【注释】

①受坑马服：马服为战国时赵地，今河北邯郸西北。赵括的父亲赵
　奢曾受封马服君于此。《史记》卷四三《赵世家》《正义》引《括地
　志》云："长平故地在泽州高平县西二十一里，即白起败括于长
　平处。"

【译文】

　　"如果这些人在过去之世能够闻道持戒，则今生绝不会遭此惨祸，即使这些人已有坠坑之报，若能崇信佛法，依法修持，亦可超脱此难，既然这些人罪业已得此报，若今后能严持法戒，勤苦修习，来生也决不会再遭坑杀恶报。这就是所谓的对穷困窘迫的众生施展神功，以拔除枉死者的冤孽，佛法如此济度众生，难道不是仁慈之至吗？而今的人们虽然追求世俗功业之美，但没有求道之心，所以犯害众命，而遭受报应，是理所应当的呀。佛根据这种道理合宜处置，而依法则拯救万物，不践踏法则，也不越理强行振济，难道这样佛就没有实际的存在吗？譬如神医扁鹊，以良药来救治疾病，有人不相信此药故不服药，导致疾病未能治好，这难道要责怪扁鹊的医术不妙吗？鲁阳、耿恭、远祖九江，所以能有回日、飞泉、虫虎避走的功德，都是因为他们的精诚所至而感动神灵的结果。神道的感应，即是佛的感应。若是在前述秦、赵之人，必不会陷于死难之中。而今陷入死难的人，自己都没有虔诚向道，又凭什么使佛能够感应，而消解融化白起和项籍的杀戮残暴之心呢！

　　"夫以通神之众，萃穷化之堂，故须弥可见于芥子之内耳。又虽今则虎、鸽，昔或为人，尝有缘会。故值佛嘉运，投身济之，割股代之。苟无感可动，以命偿杀。融冶之奇，安

得妄作？吹万之死，咸其自已①，而疑佛哉？夫志之笃也，则想之而见，告之斯闻矣。推周孔交梦②，傅说形求实至③，古今攸隔，傅岩邈阻，而玄对无碍。则可以信夫洁想西感，睹无量寿佛，越境百亿，超至无功。何云大空无别哉！

【注释】

①"吹万"二句：《庄子·齐物论》："夫吹万不同，而使其自已也，咸其自取，怒者其谁邪！"

②周孔交梦：《论语·述而》："子曰：甚矣，吾衰也！久矣吾不复梦见周公。"

③傅说形求实至：《史记》卷三《殷本纪》："武丁夜梦得圣人，名曰说。以梦所见，视群臣百吏，皆非也。于是乃使百工营求之野，得说于傅险中，是时说为胥靡，筑于傅险。见于武丁，武丁曰是也。得而与之语，果圣人，举以为相，殷国大治。"

【译文】

"以通达神理的众人，荟萃在穷极变化的世界之中，所以须弥山可以在芥子之内显现。虽然今世为虎为鸽，前世或许为人，曾经有缘相会，正值遇佛的嘉运，所以佛投身虎口以救济饥饿的母虎，割取自己大腿肉来取代鸽子肉来喂饿鹰。如果没有感化可动，佛也只能以性命来抵偿杀戮。那融化陶冶的奇功异德，怎么能不顾自然之理而强行妄作呢？地籁发音，因风吹众窍，风停了，声音也就自己消失了，因此而能怀疑佛吗？如果信仰佛道的心灵虔诚，就可做到想念佛必能见到佛的形象，听到佛的声音。周公可以与孔子在梦中交往、武丁王可以根据梦中的形象而访求到真实的贤人傅说。周公与孔子乃是古今相隔，而傅说所在的地方也是十分遥远难行，而都能神奇地感应没有阻碍。如此就应该相信，只要洁净心灵，虔诚的感应西方极乐世界，就一定能够亲眼目睹无量寿佛，就一定能够跨越百亿之境，超升到无功之界。还说什么大空、没有差别呢！

　　"夫道在练神，不由存形。是以沙门祝形烧身，厉神绝往。神不可灭，而能奔其往，岂有负哉？契阔人理，崎岖六情，何获于我，而求累于神？诚自剪绝，则日损所情，实渐于道。苦力策观①，倾资夐居②，未几有之。俄然身灭，名实所收，不出盗跨。构馆栖神象，渊然幽穆，形从其微，神随之远。微则应清，远则福妙。盗跨与道，孰为优乎③？顿夺其当年，所以超升。潜行协于神明，福德彰于后身，岂能见其所得哉？

【注释】

　①苦力：竭尽心力。

　②夐（xiòng）居：营求居室。

　③"盗跨"二句：盗跨，犹盗魁。指取富贵或名位不以其道者。《老子》第五十三章："服文彩，带利剑，厌饮食，财货有余，是谓盗夸，非道也哉！"王弼注："凡物不以其道得之，则皆邪也，邪则盗也；夸而不以其道得之，窃位也。故举非道，以明非道财皆盗夸也。"

【译文】

　　"道的根本在于淬练精神，而不是保存身形。因此沙门出家要断发烧痂，砥砺精神，弃绝过去的习染。精神不可消灭，而且能回溯到过去，哪里会有违背的情况发生呢？人生之理，离合无常，六情辗转，曲折委婉；为何要执着于我的占有，因此而牵累精神呢？如能自己断绝贪恋，就会逐渐减损俗情、靠近正道。竭尽心力冥想计谋，倾尽资财营求居室，以此来追求得道，几乎没有人能做到。一旦死亡，则只落得个'盗跨'之名。若是建造佛堂供栖佛像，保持内心的渊然幽穆,形体追寻简朴,精神随之而高远。形体简朴则感应清明,精神高远则福报美妙。由此而观,盗跨与道,二者谁更好呢? 当年捐弃俗情,由此得以超升,有神灵的暗中协助,福德必定彰显于身后,怎么当世就能看见他的回报呢?

　　"夫人事之动,必贯神道。物无妄然,要当有故而然矣。若使幽冥之报不如向论,则六十万命,何理以坑乎? 既以报坑,必以报不坑矣。今战国之人,眇若安期①,幽若四皓②,龙颜而帝,列地而君③,英声茂实,不可称数,同在羿之彀中④,独何然乎? 岂不各是前报之所应乎? 既见福成于往行,则今行无负于后身,明矣。见世殊品,既宿命所甄。则身后所当,独何容滥?

【注释】

①眇若安期:安期即安期生,先秦方士。传说颇多。《史记·封禅书》:汉武听方士李少君言,遣使入海求蓬莱仙人安期生之属。

②幽若四皓:四皓即"商山四皓",汉初商山的四个隐士,名东园公、绮里季、夏黄公、甪里先生。四人须眉皆白,故称四皓。高祖召,不应。后高祖欲废太子,吕后用留侯计,迎四皓,使辅太子。一日四皓侍太子见高祖。高祖曰:"羽翼成矣。"遂寝废太子之意。事见《史记·留侯世家》、《汉书·张良传》。

③"龙颜"二句:龙颜指汉高祖。《史记·高祖本纪》:"高祖为人,隆准而龙颜。"列地而君,指汉高祖建汉封诸王事。

④同在羿之彀(gòu)中:意谓同处于危险的人世间。《庄子·德充符》:"游于羿之彀中,中央者,中地也,然而不中者,命也。""彀中乃必中之地,喻世之危如此,况在战国之时,此语尤切。"王先谦

曰:"以罞罟喻刑网。"

【译文】

"无论人类还是物事,只要有行动变化,其中必定贯穿神灵之道。所有的事物都不会无缘无故是这个样子的,一定有其应当如此的缘故。假使幽冥之报不如过去所说的那样真实可信,那么这六十万条性命,是什么道理使其同时遭受坑杀之祸呢?既然可以用坑杀为报应,必定也可以用不坑杀为报应。而今战国之人,有像安期生那样渺茫难测的,有像商山四皓那样幽隐居世的,有像汉高祖那样统治天下分封诸侯的,个个都是德才兼备,这样的人多得不可胜数,然而他们都在危险的人世间生存,难道唯独是他们这样吗?难道不都是他们各自的前世因缘所得的果报吗?既然明白人的祸福取决于人们过去的行动作为,就应知道今世的行为也一定不会辜负于后世,这很明白呀。当今的万物各类,既然都是由宿命所甄别而成的,则它们身后所承当的报应,又岂能容许随意改变呢?

"经之所奇,自谓当佛化见之时,皆由素有嘉会,故其遇若彼。今曾无暂应,皆咎在无缘,而反诬至法空构。呜呼!神鉴孔昭,侮圣人之殃,亦可畏也。敢问空构者将圣人与?贤人与?小人与?夫圣无常心①,盖就物之性,化使遂耳。若身死神灭,但当一以儒训,尽其生极。复何事哉,而诳以不灭,欺以成佛?使烧祝发肤,绝其胖合,所遏苗裔,数不可量。且夫彦圣,育无常所,或潜有塞矣,空构何利,而其毒大苦,知非圣贤之为矣。若人哉,樊须之流也②,则亦敛身周、孔,畏惧异端,敢妄作哉?若自兹以降,则不肖之伦也,又安能立家九流之外,增徽老、庄之表,而昭列于千载之后?

【注释】

①圣无常心:《老子》第四十九章:"圣人无常心,以百姓心为心。"

②樊须之流:《论语·子路》:"樊迟请学稼。子曰:吾不如老农。请
　学为圃,曰:吾不如老圃。樊迟出。子曰:小人哉,樊迟也!"

【译文】

　　佛经中记载许多遇见佛的奇异之事,这些人都认为当佛幻化身形
可见之时,都是由于过去一直有美好的聚会,所以他们遇佛如同故人。
现在暂时没有感应,过错都在没有因缘,却反过来诬蔑佛法属于虚构。
呜呼!英明的鉴察力是那样的显著彰明,要知道侮辱圣人而招致的祸
殃,也是很可怕的呀。敢问所谓的虚构至法的人是圣人呢,贤人呢,还
是小人?要知道圣人没有自己的成心,只是随顺事物的本性,促成它们
实现自己的变化罢了。如果真是身死神灭,只需统一采用儒家教训,努
力完成人一生之使命,又何必多事,以精神不灭、皆可成佛来诳骗众生
呢?从而使得很多人信奉佛法,断发烧痂,弃绝夫妻天伦,所扼杀的后
代不计其数。再说那些善美明达之士,化育万物而无固定的场所,或潜
藏或阻塞,然而虚构真理又没有好处,反而是有大苦之毒,当知并非圣
贤的作为了。如果是人的话,也不过孔子弟子樊迟之流,那么也只能藏
身在周、孔门下,如此畏惧异端,他敢妄然作为吗?假若从此往下,则不
过是品性恶劣之徒罢了,又怎能独立于九流之外,超越老、庄之道,而能
明显地排列在千载之后?

　　"龙树、提婆、马鸣、迦旃延、法胜、山贤、达摩多罗之
伦①,旷载五百,仰述道训,《大智》、《中》、《百论》、《阿毗昙》
之类,皆神通之才也。近孙绰所颂耆域、健陀勒等八贤,支
道林像而赞者竺法护、于法兰、道邃、阙公则②,皆神映中华。
中朝竺法行,时人比之乐令③。江左尸梨蜜,群公高其卓

朗④。郭文举廓然邃允,而所奉唯佛⑤。凡自龙树以达,宁皆
失身于向所谓不肖者之诧乎? 然则黄面夫子之事,岂不明
明也哉! 今影骨、齿发、遗器、余武⑥,犹光于本国,此亦道之
证也。夫殊域之性,多有精察黠才,而嗜欲类深。皆以厥祖
身立佛前,累叶亲传世祗,其实影迹遗事,昭化融显。故其
裔王,则倾国奉戒,四众苦彻,死而无悔。若理之诡暖⑦,事
不实奇,亦岂肯倾己破欲,以尊无形者乎? 若影物无实,声
出来往,则古今来者,何为苦身离欲,若是之至? 往而反者,
宜其沮懈⑧,而类皆更笃乎? 粗可察矣。"

【注释】

①龙树、提婆、马鸣、迦旃延、法胜、山贤、达摩多罗之伦:龙树,在印
　度佛教史上被誉为"第二代释迦",又译称"龙猛",或"龙胜",大
　约活跃于公元150年至250年之间,他首先开创空性的中观学
　说,肇大乘佛教思想之先河。著作有《大智度论》等。提婆,又称
　圣天。印度佛教中观派的创始人龙树的弟子,禅宗西天第十五
　代祖师,狮子国(今斯里兰卡)人,婆罗门种姓,约生活于公元三
　世纪。以智辩著称,常与外道辩论,后被外道杀害。有著作《四
　百论》、《百论》、《百字论》等流传下来,都是中观派的重要作品。
　马鸣,大乘菩萨的另一位代表马鸣菩萨,与迦腻色迦王同时代,
　约为公元一世纪的人。他是位佛教诗人和哲学家,《佛所行赞》
　是他最重要的梵文诗歌作品。迦旃延,又译为"迦多衍那"、"迦
　底耶夜那"、"迦甄延",为释迦牟尼十大弟子之一,以"论议第一"
　为人所尊崇。佛入灭三百年后又有说一切有部的摩诃迦旃延
　子。法胜,说一切有部的论师,音译"达磨尸梨帝"。西域吐火罗
　缚蝎国人,渊识远鉴,精于阿毗昙,探其幽致,撰《阿毗昙心论》

250偈。见《高僧传》卷一《昙柯迦罗传》。山贤，音译"婆素跋陀"，意译为"世贤"（刻本误作"山贤"），即是犊子系贤胄部的祖师，著《三法度论》。达摩多罗，又作"昙磨多罗"、"达磨怛逻多"。意译"法救"。印度说一切有部之论师。古来将法救与妙音、世友、觉天等称为"婆沙会四大论师"，见《大毗婆沙论》卷七十七。

②阙公则：即阙公则居士，赵人。晋武帝时居于洛阳。

③中朝竺法行，时人比之乐令：竺法行是东晋时著名的佛学翻译家竺法护的弟子之一，在洛阳名声很高，当时人把他比作乐令（尚书令乐广，玄学家）。

④江左尸梨蜜，群公高其卓朗：尸梨蜜，是帛尸梨蜜多罗的简称，汉名吉友；西域龟兹人（今新疆库车）。魏、晋时期著名高僧、佛经翻译家，时人称为"高座"。他圆寂于东晋咸康年间，终年八十余岁。朝野名公，都为之痛惜流涕。

⑤郭文举廓然遼允，而所奉唯佛：郭文举，东晋临安（今浙江余杭）人，一说河南汝阳人，当时著名的隐士。

⑥影骨：是相对真骨、灵骨而言的。影是影射、仿制的意思，即影射之骨。释尊入灭后，弟子们用玉石按照真骨的形状和大小而特制影骨。影骨的设立，目的在保护真骨。佛教界认为，影骨与灵骨是不一不异的关系，赵朴初先生赞颂说："影骨非一亦非异，了如一月映三江。"余武：遗迹。

⑦诡暧：怪异、暧昧。

⑧沮懈：沮丧涣散。

【译文】

"龙树、提婆、马鸣、迦旃延、法胜、山贤、达摩多罗等，历时五百年，弘扬佛法，撰述经论，如《大智度论》、《中论》、《百论》、《阿毗昙心论》之类，都是神理通达的贤才。近人孙绰所赞颂的耆域、健陀勒等八贤，支道林画像而赞扬的竺法护、于法兰、道邃、阙公则等，个个神明畅达，辉映中华。东晋的竺法行，在洛阳名声很高，当时人把他与尚书令玄学名家乐广相比。江左的尸梨蜜，朝野名公巨卿都称赞佩服他的卓绝俊朗。郭文举恬淡远大，深邃恭允，而最终所信奉的唯有佛。自龙树菩萨发扬大乘思想以来，信奉佛教的人不可计数，难道这些人都被这过去所称作'不肖'的人诬骗迷惑而投身于此吗？然而佛祖千真万确的事情，不是很明白吗！今天佛祖的影骨、齿发，诸多遗器和遗迹，仍在佛祖的本国天竺光耀至今，这也是佛道永存的明证啊。中原民众精于观察，生性狡黠而且嗜欲深厚，因为自己的祖先虔诚信佛，并累世相传，世代敬奉；佛祖的遗骨、影像、本迹、未尽之事业，一切昭化显明。所以一旦他的后裔成为君王，则会率领全国民众来服侍斋戒，以至于四众弟子均以人生为深彻的痛苦，死而无悔。如果佛法之理怪异暧昧，事迹也不是如他所言那样真实神奇，则人们怎肯倾家荡产，破除情欲，以此来尊奉这无形的佛呢？如果佛的影、物都不是真实的存在，那么古往今来为何那么多人要使身体受苦、远离欲望呢？相信佛法又回到俗世之人，本应该沮丧涣散，为何反而更加深信呢？这大概都是可以辨别的。"

论曰：夫自古所以丕显治道者，将存其生也。而苦由生来，昧者不知矣。故诸佛悟之以苦，导以无生。无生不可顿体，而引以生之善恶同。善报而弥升，则朗然之尽可阶焉。是以其道浩若沧海，小无不津，大无不通。虽邈与务治存生者反，而亦固陶潜《五典》，劝佐礼教焉。今世之所以慢祸福于天道者，类若史迁感伯夷而慨者也①。夫孔圣岂妄说也哉？称"积善余庆，积恶余殃②"，而颜、冉夭疾③，厥胤蔑闻；商臣考终，而庄则贤霸④。凡若此类，皆理不可通。然理岂有无通者乎？则纳庆后身，受殃三途之说，不得不信矣。虽形有存亡，而精神必应，与见世而报，夫何异哉？但因缘有先后，故对至有迟速，犹一生祸福之早晚者耳。然则孔氏之训，资释氏而通，可不曰玄极不易之道哉！

【注释】

①类若史迁感伯夷而慨者也：《史记》卷六一《伯夷列传》后有司马迁的评语，慨叹天道不公："或曰：天道无亲，常与善人。若伯夷、叔齐，可谓善人者非也？积仁洁行如此而饿死！且七十子之徒，仲尼独荐颜渊为好学，然回也屡空，糟糠不厌，而卒早夭。天之报施善人，其何如哉？……倘所谓天道，是也，非也？"

②"积善"二句：《周易·坤·文言》："积善之家必有余庆，积不善之家必有余殃。"

③颜、冉夭疾：颜渊、冉伯牛早夭事见《牟子理惑论》注。

④"商臣"二句：《史记·楚世家》载：商臣为楚成王的太子，后弑成王自立，是为穆王，在位十二年卒。子庄王侣立。楚庄王"三年不鸣，一鸣惊人"，问鼎中原，成就霸业。在位二十三年。

【译文】

论中说道：自古以来，那些彰显治理国家方略的君王或士人，都不过想保存安顿人的身体而已。而所有的苦难恰恰从身体的存灭中产生，只是愚昧的人不能明白啊。所以诸佛都是以一切皆苦来使世人解悟，并引导众生追求"无生"之境界。然而"无生"之境界不可一次彻底达到，因而引导众生从扬善去恶开始。获得善报进而不断提升境界，则最高境界就有阶可循了。因此佛道浩瀚若沧海，无论大小，皆可渡越、通达。虽然它的久远玄虚之理与那些追求现实生活的思想相反，然而也可以暗中陶冶化育儒家《五典》的精神，劝勉辅佐礼教的推行啊。世人常常以一时之祸福而慨叹天道不公，此皆有如司马迁之感叹伯夷善为得恶报。难道孔子也会胡说吗？他说：'积善之家，必有余庆，积不善之家，必有余殃。'但颜回、冉求夭疾，连后代都没有留下；而商臣篡逆而寿终,其子庄王有贤德最终成就霸业,凡此等等,都似乎于理不通。然而真理哪有不贯通的地方呢?因此死后享福报、受苦报的说法,不能不相信呀。虽然形体有存亡,但精神不灭,必定有所报应,这与现世获得报应又有什么差别呢?实际上,只是每个人的因缘有先后,所以导致报应有迟有速,好比在一生中的祸福报应有早和晚的不同一样啊。既然这样,那么孔子在这方面的教训,加上佛教的三世报应的思想就更通达,怎能说这不是极其玄妙深微且万古不变的至道啊!

夫人理飘纷,存没若幻,笼以百年命之,孩老无不尽矣。虽复黄发鲐背^①,犹自觉所经俄顷,况其短者乎?且时则无止,运则无穷,既往积劫无数无边,皆一瞬一阅以及今耳。今积瞬以至百年,曾何难及,而又鲜克半焉!夫物之媚于朝露之身者,类无清遐之实矣。何为甘臭腐于漏刻,以枉长存之神,而不自疏于遐远之风哉!虽复名法佐世之家,亦何独无分于大道?但宛转人域,嚣于世路,故唯觉人道为盛,而神想蔑如耳。若使回身中荒^②,升岳遐览,妙观天宇澄肃之旷,日月照洞之奇,宁无列圣威灵尊严乎其中,而唯离人群匆匆世务而已哉?固将怀远以开神道之想,感寂以昭明灵之应矣。

【注释】

①黄发鲐(tái)背:黄发,老人。老人发白,白久则黄。鲐背,指老人背上生斑如鲐鱼之纹,为高寿之征。《尔雅·释诂上》:"鲐背、耇老,寿也。"郭璞注:"鲐背,背皮如鲐鱼。"

②中荒:荒野之中。

【译文】

众所周知,人生在世,起伏沉浮,生存死没,如同梦幻,若以一百年的寿命来衡量，则不论老少，就都在其中了。纵令最高寿的老人，仍然觉得自己所经历的岁月太短暂，何况那些寿命短的人呢？再说时间是没有终结的，事物的运动变化又无穷尽，过去积久的劫难无数无边，也不过一瞬间就到了今天。而今人的一生要累积瞬间以至到百年之久，是何等的难以达到，而又很少有人能活过半百之年的呀！喜爱珍惜如朝露般易灭的身体的人，肯定没有清幽邈远的精神追求。为何要珍爱这片刻就会腐臭的身躯，而枉屈这不灭的精神，这不是自己要疏离于邈远之风吗！纵令名家、法家等辅佐治理人世的学说，谁人可以不分享大道呢？但辗转于人世间，喧闹于旅途中，所以只感觉到人道的昌盛，而对于这些神灵妙想就以为没有什么了不起了。假使让自己回到荒漠之中，登高远望，精细观察天宇的肃清旷远，日月彻照无幽的神奇，难道没有看到诸多圣人的威灵尊严同样昭列其中，而不只是离开人世间匆忙的世务而已吗？实在是应当怀念远古以此来开启神道之想，感应虚寂以此来昭明神灵之应啊。

　　昔仲尼修《五经》于鲁，以化天下，及其眇邈太蒙之颠，而天下与鲁俱小①。岂非神合于八遐②，故超于一世哉？然则《五经》之作，盖于俄顷之间，应其所小者耳。世又何得以格佛法而不信哉？请问今之不信，为谓黔首之外，都无神明耶？为之亦谓有之，而直无佛乎？若都无神明，唯人而已，则谁命玄鸟，降而生商？孰遗巨迹，感而生弃哉③？汉、魏、晋、宋，咸有瑞命。知视听之表，神道炳焉。有神理，必有妙极，得一以灵，非佛而何？夫神也者，依方玄应，应不预存，从实致化，何患不尽，岂须诡物而后训乎？然则其法之实，其教之信，不容疑矣。

【注释】

①"及其"二句:《孟子·尽心上》:"孔子登东山而小鲁,登泰山而小天下。"

②八遐:犹八极。八方极远之地。《庄子·田子方》:"夫至人者,上窥青天,下潜黄泉,挥斥八极,神气不变。"《淮南子·原道训》:"夫道者,覆天载地,廓四方,柝八极,高不可际,深不可测。"高诱注:"八极,八方之极也,言其远。"

③"谁命"四句:《诗经·商颂·玄鸟》:"天命玄鸟,降而生商。"《史记·殷本纪》有详说。《诗经·大雅·生民》:"履帝武敏,歆,攸介攸止;载震载夙,载生载育,时维后稷。"《史记·周本纪》记载:"周后稷,名弃。其母有邰氏女,曰姜原。姜原为帝喾元妃。姜原出野,见巨人迹,心忻然说,欲践之,践之而身动如孕者。居期而生子,以为不祥,弃之隘巷,马牛过者皆辟不践;徙置之林中,适会山林多人,迁之;而弃渠中冰上,飞鸟以其翼覆荐之。姜原以为神,遂收养长之。初欲弃之,因名曰弃。"

【译文】

过去孔子在鲁国编纂《五经》,目的是要教化天下,然而等他登上高远难测的泰山之顶,则天下与鲁国在孔子眼里就不足为道了。难道这不是表明孔子的神明已经到达八方之极远,所以能够超越一世的局限吗?既然这样,那么《五经》的编纂,大概是针对那些最浅近的局限于一生一世的世俗追求而起作用的。如此,世人又为何会感通佛法却又不相信呢?请问今人之不信,是因为说,除了平民百姓之外,整个世界不再有神灵的存在吗?还是说神灵是存在的,只是没有佛的存在呢?假如世界上没有神灵,只有人自己而已,那么是谁能命令玄鸟降下,使简狄吞卵怀孕而生下商的始祖契呢?又是谁遗下巨大的足迹,使姜嫄感孕而生周的始祖弃呢?何况汉、魏、晋、宋各个朝代都有祥瑞的天命昭示。只要不局限于见闻经验,则神灵的作用之道就十分清楚了。有神灵之理,就必有玄妙高深的境界,能够获得这唯一之道而有灵妙神通的,不是佛又是谁呢?所谓的神,只是依据事物的本性而暗中感应,因而只是感应而并不预存自己的目的,随从事物的实际而施展变化,不必担心有事物不蒙受化育之功,又哪里需要欺骗万物然后再加以训导呢?既然这样,那么佛法的真实,教化的可信,就不容怀疑了。

　　论曰:群生皆以精神为主,故于玄极之灵,咸有理以感。尧则远矣,而百兽舞德①,岂非感哉?则佛为万感之宗焉。日月海岳,犹有朝夕之礼,秩望之义②。况佛之道众,高者穷神于生表,中者受身于妙生,下则免夫三趣乎③?今世教所弘,致治于一生之内,夫玄至者寡,顺世者众,何尝不相与唯习世情,而谓死则神灭乎?是以不务邈志清遐,而多循情寸阴,故君子之道鲜焉。若鉴以佛法,则厥身非我,盖一憩逆旅耳。精神乃我身也,廓长存而无已。上德者,其德之畅于己也无穷;中之为美,徐将清升以至尽;下而恶者,方有自新之回路,可补过而上迁。是以自古精粗之中,洁己怀远,祇行于今,以拟来业,而迈至德者,不可胜数,是佛法之效矣。此皆世之所壅,佛之所开,其于类岂不旷然融朗,妙有通途哉!若之何忽而不奉乎?

【注释】

①"尧则"二句:《尚书·舜典》:"於!予击拊石,百兽率舞。"

②"日月"三句:秩望,犹望祭,远祭。遥望而祭。《尚书·舜典》"望于山川,遍于群神"孔传:"九州名山、大川、五岳、四渎之属,皆一时望祭之。群神谓丘陵坟衍,古之圣贤者皆祭之。"又特称祭山

川。《公羊传·僖公三十一年》："三望者何？望祭也。然则曷
祭？祭泰山、河、海。"

③三趣，即是三途。一是火途，是地狱趣，猛火所烧之处。二是血
途，是畜生趣，相食之处。三是刀途，是饿鬼趣，以刀剑杖逼迫
之处。

【译文】

论中说道：众生皆以精神为主宰，所以对于那极其玄妙深微的神
灵，都能感应明理。尧帝的事迹已经很遥远了，然而尧帝的丰功伟德使
百兽率舞，难道不是神灵感应的缘故吗？既如此，那么佛就是一切感应
的根本和终极。自古以来，儒家对于日月海岳，犹有早晚礼敬、遥望祭
祀的礼仪。何况佛的教化之道有很多，例如禀赋高的人则使之超出世
俗生命之外穷究事物之神妙，中等禀赋的人则使之禀受人的身体从而
生活美好，禀赋低的人则使之可以避免堕入三途恶道轮回之中呢？今
天正统思想与礼教所弘扬的，乃是致力于在人的一生内的身心安顿，再
说真正能够达到深微玄妙境界的人非常少，而顺从俗世教化的人是大
多数，当然只会共同修习世态人情，而认为身体死亡则精神也会消灭。
因此，今天很少有人追求远大的理想和清高脱俗的境界，而大多是曲从
私情、贪恋光阴，所以当今社会，君子之道很少有人坚持了。如果以佛
法来鉴照，则会明白我的身体并非是我本身，而只是供我精神休憩的客
栈而已；精神才是我身体的主宰，它是寂然长存而永无终止的。有最高
道德的人，他的德性通达自己乃至世间万物而且无有穷尽；有中等美德
的人，将可以逐渐清洁精神而获得境界的提升以至于完满；最下是有恶
德的人，也有改过自新的回归之路，可以通过弥补罪过而得到向上
提升的机会。因此自古以来，无论个人的禀赋是精是粗，其中能够
洁净自身追求高远，在当世诚敬笃行，以此来拟求来生之报，最终达
到至德境界的人，不可胜数，这都是佛法的效用啊。这正是世人所
被隔绝蒙蔽的，由佛法来开导启发，信奉的人怎么能不豁然旷达、融

通明朗，而至真空妙有的大道呢！既然如此，为什么人们还会忽视而不信奉呢？

　　夫风经炎则暄，吹林必凉。清水激浊，澄石必明。神用得丧，亦存所托。今不信佛法，非分之必然，盖处意则然。诚试避心世物，移映清微，则佛理可明，事皆信矣，可不妙处其意乎？资此明信已往，终将克王神道。百世先业，皆可幽明永济，孝之大矣。众生沾仁，慈之至矣。凝神独妙，道之极矣。洞朗无碍，明之尽矣。发轸常人之心①，首路得辙②，纵可多历劫数，终必径集玄极，若是之奇也。等是人也，背辙失路，蹭蹬长往③，而永没九地④，可不悲乎？若不然也，世何故忽生懿圣，复育愚鄙，上则诸佛，下则蜎飞蠕动乎？皆精神失得之势也。今人以血身七尺，死老数纪之内，既夜消其半矣。丧疾众故，又苦其半。生之美盛，荣乐得志，盖亦何几？而壮齿不居，荣必惧辱，乐实连忧，亦无全泰。而皆竞入流俗之险路，讳陟佛法之旷途，何如其智也！世之以不达缘本，而闷于佛理者，诚亦众矣！

【注释】

①发轸(zhěn)：启发、开导。又驾车上路之意。

②首路：上路出发。或指路途。

③蹭蹬：路途险阻难行。比喻困顿不顺利，或比喻倒霉，失势。

④永没九地：九地，又称"九有"。佛教认为三界共有九地，其中欲界占一地，其他色界和无色界各占四地，即五趣杂居地、离生喜乐地、离喜妙乐地、舍念清净地、空无边处地、识无边处地、无所

有处地、非想非非想处地。以上九地,因皆贪着境界,不肯离去,
所以叫做地。

【译文】

要知道,风经过火焰则会变得暖暄,吹过树林则必定变得清凉。清
水冲走污浊,澄明的石头必定会显露出来。精神的作用有得有失,得失
也都寄托在形体之上。今天不信奉佛法的人,并非他的本性使他必然
如此,大概是他所处的实际情志使他这样的。如果诚心尝试从世俗事
物中抽离,而转入清淡微妙的神思之中,那么佛法真理就会十分显明,
所言之事理就无不可信了,能不很好的处置自己的情意么?凭此而笃
信三生之说,则终将体会这神妙莫测之道。于是使百世先祖的事业,不
论阴界还是人间,都会得到成就,这才是最大孝道的表现;使众生都能
够获得仁德的恩泽,这可是最高慈爱的体现啊。集中精神而有独到之
妙,这是得道的最高境界。清激明亮无幽不照,这是智慧光明的极致。
佛法启发开导常人之心,一开始就要走上正轨,纵使会经历许多劫难,
但最终必定能够直达极其玄妙深微之境,就像前面说的那样神奇。同
样是修道之人,有的却一开始就背离正道,以致路途险阻难行,最终永
远堕落在三界九地之中,能不觉得悲哀吗?如果不是这样,人世间为何
会忽然产生出圣德之人,又化育出愚鄙之人,超越在上的则是神灵诸
佛,沉沦在下的则是螺蠕小虫呢?这些都是精神的得与失所造成的不
同情况。而今人拥有七尺血肉之躯,存活世间几十年,其中有一半的时
间是夜晚,还有一半的时间则处于丧失亲人染疾得病等众多痛苦之中。
所谓生命的美好畅盛,荣誉成功与快乐的日子,又能有多少呢?事实上
是年轻的必定会衰老,珍视荣誉的必定惧怕受辱,快乐实在是与忧患紧
密相连,没有人是能够完满安泰的。可惜的是人们竞相坠入流俗的危
险末路,而忌讳登上佛法的旷达大道,这是多么的不明智啊!世人因为
不能通达万物因缘生灭的根本,而不能领悟佛理的人,实在是很多啊!

夫缘起浩汗，非复追想所及，失得所关，无理以感，即六合之外，故佛存而不论，已具前论，请复循环而申之：夫圣人之作《易》，天之垂象，吉凶治乱，其占可知①。然原其所以然之状，圣所弗明，则莫之能知。今以所莫知，废其可知，逆占违天而动，岂有不亡者乎？不可以缘始弗明，而背佛法，亦犹此也。又以不忆前身之意，谓神不素存。夫人在胎孕，至于孩齱，不得谓无精神矣。同一生之内耳，以今思之，犹冥然莫忆，况经生死、历异身，昔忆安得不亡乎？所忆亡矣，而无害神之常存。则不达缘始，何妨其理常明乎？子路问死，子曰："未知生，安知死。"问事鬼神，则曰："未知事人，焉知事鬼。"岂不以由也尽于好勇，笃于事君，固宜应以一生之内。至于生死、鬼神之本，虽曰有问，非其实理之感。故性与天道，不可得闻②。佛家之说众生有边无边之类十四问，一切智者皆置而不答③。诚以答之无利益，则堕恶耶。然则禀圣奉佛之道，固宜谢其所绝，餐其所应，如渴者饮河，挹洪流以盈己，岂须穷源于昆山哉？凡在佛法，若违天碍理，不可得然，则疑之可也。今无不可得然之碍，而有顺天清神之实，岂不诚然哉！

【注释】

①"天之"三句：《周易·系辞上》："天垂象，见吉凶，圣人象之；河出图，洛出书，圣人则之。"

②"故性与"二句：《论语·公冶长》："子贡曰：夫子之文章，可得而闻也；夫子之言性与天道，不可得而闻也。"

③"佛家之说众生…十四问"二句：此即"十四无记"。《大智度论》

卷二:"何等十四难? 世界及我常,世界及我无常,世界及我亦有常亦无常,世界及我亦非有常亦非无常,世界及我有边无边,亦有边亦无边,亦非有边亦非无边,死后有神去后世,无神去后世,亦有神去亦无神去,死后亦非有神去,亦非无神去后世,是身是神,身异神异。若佛一切智人,此十四难何以不答? 答曰:此事无实,故不答。诸法有常无此理,诸法断亦无此理;以是故佛不答。譬如人问构牛角得几升乳,是为非问,不应答。"

【译文】

那缘起之法广大繁多,也不是通过什么回忆可以把握的,一切的得失缘由,无法用理性来感知,即是六合之外,佛是存而不论,虽然前面讲得很清楚了,但请允许我再反复申明这些道理:都知道圣人创作《易》,通过观察天象的垂示显现,可以占卜人事的吉凶和政治的治乱。然而如果要探查这种占卜之所以可能的根源,则发现圣人并没有说明白,因而大家都不能明白。而今以自己所不知道的,来废弃自己可以知道的,最后不信占卜违逆天意而行动,哪有这样而不灭亡的呢? 不能因为不明白佛教缘起生灭的道理,就可以违背佛法,道理也是一样。又有因为不能回忆起过去前生的思想情志,就说精神不能永存不灭。其实,人在胎孕期间,甚至于婴幼儿,都不能说他没有精神。即使是同在一生之内发生的事情,现在想起来,仍有很多无法记起,更何况我们的精神是经历多次的生死和不同的身体离合,过去的记忆能不消亡吗? 我们过去的记忆不见了,但不会损害精神的常存不灭啊。那么即使你不能明白佛教缘始的妙理,但又何妨你的理性通明呢? 子路曾经向孔子询问有关死亡的问题,孔子回答说:"你连生的问题都没有弄明白,又如何能明白死亡的事情呢。"于是转问如何服侍鬼神的问题,孔子回答说:"连如何服侍人的问题都没有搞清楚,又哪里能搞清楚服侍鬼神的问题呢?"这不充分说明,恰恰因为子路的禀性好逞勇武而又热忱政事,本就只能感受局限于一生的事情? 至于生死、鬼神的根本,虽说有疑问，但不是他对真正大道的感应。所以性与天道的道理，即使听到了也不能真正领悟明白。对于佛家所提出的众生有边无边之类的十四个问题，一切真正的智者都是弃而不答的。确实因为回答是没有任何意义和利益，反而会使人堕入恶道。既然这样，那么禀持圣人教化，信奉佛法至道的人，本就应该谢绝一切有害的事物，增加一切有益的事情，好比渴了的在黄河中饮水，只管手捧河水喝足就好了，哪里需要跑到昆仑山去探寻河水的源头究竟在哪里呢？佛法所说的一切，若是违背天理而是不可能这样的，则可以怀疑它。而今既没有不可能这样的障碍，反而有顺达天命清净精神的功用，难道还不是确实的吗！

　　夫人之生也，与忧俱生。患祸发于时事，灾沴奋于冥昧。虽复雅贵连云，拥徒百万，初自独以形神坐待无常。家人嗃嗃①，妇子嘻嘻②，俄复沦为惚恍③。人理曾何足恃？是以过隙宜竞④，赊谤冥化⑤，纵欲侈害，神既无灭，求灭不得，复当乘罪受身。今之无赖群生，虫豸万等，皆殷鉴也⑥。为之谋者，唯有委诚信佛，托心履戒，以援精神。生蒙灵援，死则清升。清升无已，径将作佛。佛固言尔，而人侮之。何以断人之胜佛乎？其不胜也，当不下坠彼恶，永受其剧乎？呜呼！六极苦毒⑦，而生者所以世无已也。所闻所见，精进而死者，临尽类多神意安定。有危迫者，一心称观世音，略无不蒙济。皆向所谓生蒙灵援、死则清升之符也。

【注释】

①嗃嗃(hèhè)：严酷貌。《周易·家人》："九三，家人嗃嗃，悔厉吉。"

孔颖达疏："嗃嗃,严酷之意也。"

②嘻嘻:欢笑貌,喜悦貌。《周易·家人》:"妇子嘻嘻,终吝。"孔颖
达疏："嘻嘻,喜笑之貌也。"

③惚恍:《老子》第二十一章"道之为物,惟恍惟惚。惚兮恍兮,其中
有象;恍兮惚兮,其中有物。窈兮冥兮,其中有精,其精甚真,其
中有信。"此处或指时间很短暂,犹在仿佛之间。或指出生之前
或死后的混沌之态。

④过隙:喻时间短暂,光阴易逝。《礼记·三年问》:"三年之丧,二
十五月而毕,若驷之过隙。"

⑤赊谤:过去众多的诽谤。赊,长久。

⑥殷鉴:泛指可以作为后人鉴戒的往事。《诗经·大雅·荡》:"殷
鉴不远,在夏后之世。"

⑦六极:谓六种极凶恶之事。《尚书·洪范》:"六极:一曰凶短折,
二曰疾,三曰忧,四曰贫,五曰恶,六曰弱。"孔颖达疏:"六极,谓
穷极恶事有六。"

【译文】

再说,人一出生,就注定与忧患相伴。患祸、灾害常常是不期而至。
即使你无比的儒雅高贵,乃至成为拥有百万人民的君主诸侯,也只能独
自以形神坐待无常。家人严酷冷峻也罢,妻子儿女欢笑喜悦也罢,都会
在瞬间消散而沦灭为惚恍之气。如此,人情物理有何值得凭恃依靠的
呢? 因此生命短暂、光阴易逝使人争竞不已,长久的诽谤暗中变化,使
人纵欲造成很多的伤害,神既然不能消灭,还得再次禀受身体继续遭
罪。如今这些无所依赖的众生,如虫豸等各种生物的遭遇,都是可以作
为借鉴的例子啊。真正明智的人,只有虔诚信仰佛法,真心执行戒律,
以此来援助精神超升。在生时蒙受神灵的援助,死后就可以得到清升。
清升不停止,最后可以直接成佛。佛本就这样说过,而有人要侮辱,凭
什么可以断定人能够超过佛呢? 若不能战胜佛,能不下坠到地狱恶道

之中,从而永远遭受剧痛吗?呜呼!人生穷极恶事苦毒难堪,活着的人一生都不能消除休止。从所闻所见的经验来看,凡是精进修行佛法的人在临死时都是神意安定的。在危急紧迫的时候,只要一心念观世音名号,也没有不蒙受救济的。这都是前面所说的"生蒙灵援、死则清升"的验证啊。

　　夫万乘之主,千乘之君,日昃不遑食①,兆民赖之于一化内耳。何以增茂其神,而王万化乎?今依周、孔以养民,味佛法以养神,则生为明后,殁为明神,而常王矣。如来岂欺我哉?非崇塔侈像,容养滥吹之僧②,以伤财害民之谓也。物之不窥远实而睹近弊,将横以诟法矣。盖尊其道,信其教,悟无常,空色有,慈心整化,不以尊豪轻绝物命,不使不肖窃假非服。岂非导之以德,齐之以礼,天下归仁之盛乎③!其在容与之位④,及野泽之身⑤,何所足惜而不自济其精神哉!

【注释】

①日昃(zè):太阳偏西,约下午二时左右。

②滥吹之僧:指那些名不副实、妄言邪行的僧人。

③"岂非导之"三句:《论语·为政》:"道之以政,齐之以刑,民免而无耻;道之以德,齐之以礼,有耻且格。"《论语·颜渊》:"一日克己复礼,天下归仁焉。"

④容与:此为安逸富贵意。《九歌·湘夫人》:"时不可兮骤得,聊逍遥兮容与。"

⑤野泽:山野草泽。《后汉书·朱晖传》:"自去临淮,屏居野泽,布衣蔬食,不与邑里通。"

【译文】

一国之君勤于政事，午时过后就没有闲暇饮食，百姓们则依赖君王的勤政爱民过完一生。如何才能使这些君王的精神更加清明茂盛，从而能够统领万物的各种变化呢？今天若依据周公、孔子的教化来养育民众，体味佛法以修养精神，那么就可以达活着的时候成为明君，死后成为明神，这才是真正的永恒之王。佛祖如来怎么会欺骗我呢？人们信仰佛教，高建佛塔、广造佛像，甚至容留供养一些名不副实、妄言邪行的僧人，这确实也产生了一些社会弊端，但不能因此而认为是佛教在浪费财富、蠹害人民。若看不到这些做法的长远利益，而只是看到目前表面的弊端，必将蛮横无理地指责广大精微的佛法。如果人们都能尊重佛道，信奉教理，领悟万物变化无常的真理，体会一切事物的虚空本性，以慈悲之心关怀万物，不让尊贵奢豪之人随意灭绝有生命的物类，不使无才无德之人窃居高位。这难道不是孔子所追求的境界——用道德引导人们，用礼仪制度来规范人们，于是天下就达到万民归依于仁德的太平盛世了！而他自己是在安逸富贵之位，还是在山野草泽之中生活，有什么值得珍惜不舍，而不去自己拯救自己的精神的呢？

昔远和尚澄业庐山，余往憩五旬，高洁贞厉①，理学精妙，固远流也。其师安法师，灵德自奇。微遇比丘，并含清真②。皆其相与素洽乎道，而后孤立于山。是以神明之化，遂于岩林。骤与余言于崖树涧壑之间③，暧然乎有自言表而肃人者。凡若斯论，亦和尚据经之旨云尔。夫善即者，因鸟迹以书契④，穷神与人之颂。缇萦一言，而霸业用遂，肉刑永除⑤。事固有俄尔微感，而终至冲天者。今芜陋鄙言，以警其所感，奄然身没，安知不以之超登哉！

【注释】

①贞厉：谓守持正道，惕厉戒惧，不失常节。《周易·讼》："六三，食旧德，贞厉，终吉。"

②"微遇"二句：比丘：此处当指慧远的老师道安法师。慧远从小资质聪颖，勤思敏学，十三岁时便随舅父游学许昌、洛阳等地。精通儒学，旁通老庄。

③骤：屡次。《左传·宣公二年》："宣子骤谏。"

④因鸟迹以书契：指传说中仓颉观察鸟类的足迹受到启发，进而创造出最早的汉字。《说文解字·叙》载："及神农氏结绳为治而统其事，庶业其繁，饰伪萌生。黄帝之史仓颉，见鸟兽蹄远之迹，知分理之可相别异也，初造书契。"书契，指文字。

⑤"缇萦"三句：指汉文帝时少女淳于缇萦为救父亲淳于意免于肉刑之责，上书文帝请求将自己没为官家奴隶，以代替父亲受刑。汉文帝看到上书后大为感动，下诏免除天下罪人肉刑。《史记》卷十《孝文本纪》载：汉孝文帝十三年五月，齐太仓令淳于意有罪当刑，诏狱逮徙系长安。有女五人，其少女缇萦自伤泣，上书，称其父廉平，况死者不可复生，请没入官为婢，赎父刑罪，使得自新。天子悲其意，乃下诏曰：今法有肉刑三，而奸不止，其咎安在？非乃朕德薄而教不明欤？吾甚自愧。其除肉刑！

【译文】

昔日慧远和尚在庐山修习佛道，我曾前往休憩并学习了五十天时间，他志行高洁、贞正有节，其义理学问更是十分精妙，必当流传久远。慧远和尚的老师是道安法师，道安法师的神理道德，更是奇异超群。慧远和尚在没有遇到道安法师之前，已经向往清净无染的境界；遇到道安法师之后，于是与道安法师同时洽合于佛道，而后慧远独自在庐山修道弘法。因此他的神明教化，在岩林隐修之中愈发精深。多次和我在崖树涧壑之间交谈，慧远和尚是那样的和蔼超然，从他的言谈之中就能使人肃然起敬。我所说的这些言论,都是慧远和尚根据佛经的宗旨对我谈论过的。真正善于模仿的人,可以凭借鸟的足迹而创制文字,从此可以使人类尽相赞颂神灵与人事。缇萦的一句话,就使汉孝文帝成就霸业,使得肉刑被永久废除。这就是事情原本就有短暂细微的感应,而最终发展到冲天的程度。今天我这些鄙陋之谈,旨在警醒自己,也许忽然之间,人死身没,但又如何知道不会因此而超脱升登呢!

卷第三

喻道论

【题解】

本篇为晋代孙绰（314—371）所撰。本篇以问答的形式对佛和佛道、周孔之教与佛教的关系、出家是否违背孝道等问题进行了论证，主张佛、儒一致。序文首先说明佛、儒之不同，佛教为超俗，而儒教为世俗之教。正文则叙说我国古圣贤亦有报应之说，与佛教报应说仅说法有异。又主张出家为大孝，佛教十二部经，有四部专以劝孝为事，故与周孔之教，以孝为首，并无不合。

或有疑至道者，喻之曰：夫六合遐邈，庶类殷充，浑然无端。是以有方之识，各期所见。鳞介之物①，不达皋壤之事②；毛羽之族，不识流浪之势。自得于窬井者③，则怪游溟之量。翻翥于数仞者④，则疑冲天之力。缠束世教之内，肆观周孔之迹，谓至德穷于尧舜，微言尽乎老易，焉复睹夫方外之妙趣，寰中之玄照乎。悲夫！章甫之委裸俗⑤，韶夏之弃鄙俚⑥；至真绝于漫习，大道废于曲士也⑦。若穷迷而不迁者，非辞喻之所感。试明其旨，庶乎有悟于其闻者焉。

【注释】

① 鳞介：泛指有鳞和介甲之水生动物。

② 皋壤：指泽旁洼地。《庄子·知北游》曰："山林欤？皋壤欤？使我欣欣然而乐欤？"

③ 窞(dàn)井：同"窞穽"，即洞窟陷井。此句取自《庄子·秋水》"埳井之蛙"的故事。埳井之蛙谓东海之鳖曰："吾乐与！出跳梁乎井干之上，入休乎缺甃之崖；赴水则接腋持颐，蹶泥则没足灭跗；还虷蟹与科斗，莫吾能若也。且夫擅一壑之水，而跨跱埳井之乐，此亦至矣，夫子奚不时来入观乎！"

④ 翥(zhù)：飞举之意。此句见《庄子·逍遥游》："有鸟焉，其名为鹏，背若太山，翼若垂天之云，抟扶摇羊角而上者九万里，绝云气，负青天，然后图南，且适南冥也。斥鴳笑之曰：'彼且奚适也？我腾跃而上，不过数仞而下，翱翔蓬蒿之间，此亦飞之至也。而彼且奚适也？'"

⑤ 章甫：殷时冠名，即缁布冠。此句见《庄子·逍遥游》："宋人资章甫而适诸越，越人断发文身，无所用之。"

⑥ 韶夏：《庄子·天下》："黄帝有《咸池》，尧有《大章》，舜有《大韶》，禹有《大夏》，汤有《大濩》，文王有《辟雍》之乐，武王、周公作《武》。"另见《庄子·至乐》："咸池九韶之乐，张之洞庭之野，鸟闻之而飞，兽闻之而走，鱼闻之而下入，人卒闻之，相与还而观之。"

⑦ 曲士：指寡闻陋见之人。《庄子·秋水》曰："曲士不可语于道者，束于教也。"

【译文】

有些人对佛教持怀疑态度，这里拟借助比喻辩说一二：宇宙广袤无垠，世间森罗万象，且事物多千变万化，无有边际，因此那些受到生活范围局限的生物，各自只能见到所能够见到的事物。例如那带有鳞甲的水生动物，对于水边陆地上的事物一无所知；而那些飞翔在天的鸟雀，则无法明白波涛汹涌的气势；井底之蛙，那懂得江海之浩瀚；那些飞不到几尺高的鹦雀，则怀疑大鹏鸟有展翅千里的力量。那些深受世俗礼教束缚之人，往往只懂得周、孔的教化，认为尧、舜已经是道德的极限，《老》《易》已说尽了所有的微言大义，哪里还能看见方外之教的至妙义理呢？真是可悲啊！这好比把华章美服放在裸俗之乡，把绝妙之礼乐置之于市井陋巷。至真会因污漫的习气而丧失，大道在孤陋寡闻的人那里毫无用处。对于那些执迷不悟的人，并不是通过几个譬喻就能使他们醒悟明白的，既然这样，不妨让我进一步阐明其中的要旨，希望这些人能有所觉悟。

夫佛也者，体道者也。道也者，导物者也。应感顺通，无为而无不为者也。无为，故虚寂自然；无不为，故神化万物。万物之求，卑高不同。故训致之术，或精或粗。悟上识则举其宗本，不顺者复其殃放。酒者罗刑，淫为大罚，盗者抵罪。三辟五刑①，犯则无赦。此王者之常制，宰牧之所司也。若圣王御世，百司明达，则向之罪人必见穷测，无逃形之地矣。使奸恶者不得容其私，则国无违民，而贤善之流必见旌叙矣②。且君明臣公，世清理治，犹能令善恶得所，曲直不滥。况神明所莅，无远近幽深，聪明正直，罚恶佑善者哉。故毫厘之功，锱铢之衅，报应之期，不可得而差矣。历观古今祸福之证，皆有由缘，载籍昭然，岂可掩哉。何者？阴谋之门，子孙不昌③；三世之将，道家明忌④。斯非兵凶战危，积杀之所致耶。若夫魏颗从治而致结草之报⑤，子都守信而受骢骥之锡⑥；齐襄委罪⑦，故有坠车之祸；晋惠弃礼⑧，故有弊韩之困；斯皆死者报生之验也。至于宣孟愍瞖桑之饥⑨，而赵蒙倒戈之佑；漂母哀淮阴之惫⑩，而母荷千金之赏。斯一获万，报不逾世。故立德暗昧之中，而庆彰万物之上。阴行阳曜，自然之势。譬犹洒粒于土壤，而纳百倍之收。地谷无情于人，而自然之利至也。

【注释】

①三辟：指夏、商、周三代之刑法。五刑：指五种不同的刑法。古代以墨、劓、剕、宫、大辟为五刑。

②旌叙：表彰之意。

③"阴谋"二句：《史记》卷五十六《陈丞相世家》：陈平曰："我多阴谋，是道家之所禁。吾世即废，亦已矣，终不能复起，以吾多阴祸也。"

④"三世"二句：《史记》卷七十三《白起王翦列传》："夫为将三世者必败，必败者何也？以其所杀伐多矣！"

⑤结草之报：春秋时魏武子临终时命其子魏颗以妾殉葬。魏武子死后，魏颗不从父命而把妾另嫁他人。后来，魏颗与秦力士杜回交战，见一老人结草使杜回倒地，于是杜回被魏颗抓获。夜里魏颗梦见那个老人，那个老人对他说，他即是被嫁之妾的父亲。后来，多以"结草"喻报恩。见《左传·宣公十五年》。

⑥子都守信：《太平广记·独异志》载："魏鲍子都，暮行于野，见一书生，卒心痛。子都下马，为摩其心。有顷，书生卒。子都视其囊中，有素书一卷，金十饼。乃卖一饼，具葬书生，其余枕之头下，置素书于腹旁。后数年，子都于道上，有乘骢马者逐之。既及，以子都为盗，固问儿尸所在。子都具言，于是相随往。开墓，取儿尸归，见金九饼在头下，素书在腹旁，举家感子都之德义。由是声名大振。"

⑦齐襄委罪：指春秋时齐襄公指使彭生杀死鲁桓公又推卸责任给

彭生。《史记》卷三十二《齐太公世家》载:"齐襄公故尝私通鲁夫人。鲁夫人者,襄公女弟也,自釐公时嫁为鲁桓公妇,及桓公来而襄公复通焉。鲁桓公知之,怒夫人,夫人以告齐襄公。齐襄公与鲁君饮,醉之,使力士彭生抱上鲁君车,因拉杀鲁桓公,桓公下车则死矣。鲁人以为让,而齐襄公杀彭生以谢鲁。""冬十二月,襄公游姑棼,遂猎沛丘。见彘,从者曰'彭生'。公怒,射之,彘人立而啼。公惧,坠车伤足,失屦。"

⑧晋惠弃礼:《史记》卷三十九《晋世家》载:晋惠公之立,倍秦地及里克,诛七舆大夫,国人不附。二年,周使召公过礼晋惠公,惠公礼倨,召公讥之。四年,晋饥,乞籴於秦,秦与之粟。五年,秦饥,请籴於晋。晋不与秦粟,而发兵且伐秦。秦大怒,亦发兵伐晋。六年春,秦缪公将兵伐晋,九月壬戌,秦缪公、晋惠公合战韩原。惠公马不行,秦兵至,晋军败,遂失秦缪公,反获晋公以归。

⑨宣孟愍翳桑之饥:《左传·宣公二年》载:秋九月,晋侯饮赵盾酒,伏甲将攻之。其右提弥明知之,趋登曰:"臣侍君宴,过三爵,非礼也。"遂扶以下,公嗾夫獒焉。明搏而杀之。盾曰:"弃人用犬,虽猛何为。"斗且出,提弥明死之。初,宣子田于首山,舍于翳桑,见灵辄饿,问其病。曰:"不食三日矣。"食之,舍其半。问之,曰:"宦三年矣,未知母之存否,今近焉,请以遗之。"使尽之,而为之箪食与肉,置诸橐以与之。既而与为公介,倒戟以御公徒,而免之。问何故。对曰:"翳桑之饿人也。"问其名居,不告而退,遂自亡也。

⑩漂母哀淮阴之惫:《史记》卷九十二《淮阴侯列传》载:信钓于城下,诸母漂,有一母见信饥,饭信,竟漂数十日。信喜,谓漂母曰:"吾必有以重报母。"汉五年正月,徙齐王信为楚王,都下邳。信至国,召所从食漂母,赐千金。

【译文】

所谓佛，就是体悟了道的人。而所谓"道"，也就是导引万物的根本；它与万物相互感应，使万物顺遂通达；它可以说是无为而无不为的。因其无为，所以它本身是虚寂自然的；无不为，所以能够生化万物而神妙莫测。宇宙万物对道的要求高低不同，因此，训导教化的方法，有的细致深刻，有的简略粗浅。对于那些能够领悟最深道理的人，就应该向他标举大道的根本；而对那些不顺从教化的人，则应该通过惩罚来教化他们。如放纵饮酒的人要使他获刑，淫乱无礼之人要处以重罚，偷盗之人也要接受相应的惩罚。三辟五刑都是为了惩治那些不顺从教化的人，一旦违犯则无一赦免，这是君王统率天下的通常制度，是地方官吏治理百姓的基本职责。倘若有圣哲的君王治理天下，百官也都能够公正清廉，一切有罪之人都必定会被洞察发现而无所逃遁，让那些奸邪罪恶之人不能够藏匿他们的私恶，这样整个国家就不会有违背教化秩序的民众，而那些贤明和善的人则必定受到表彰和嘉奖。再说君主贤明、臣吏公正、政治清明、社会和谐，就能使善恶各有相应的回报、是非赏罚分明得当，何况神明是那样神通广大，无论远近幽深，都能洞若观火、明察秋毫，又是那样的聪明睿智、正直公平，总是惩罚罪恶奖佑良善的呢。所以即使毫厘之功，点滴之恶，所得的报应，不会有丝毫偏差。纵观古往今来，遭祸得福都有其缘由，这些都载之史籍，昭然明白，怎么能随便抹杀否定呢。为什么呢？举凡阴谋之门，则其子孙不会昌盛发达，而三世之将，则向来为道家所忌。这难道不是残杀太多所导致的果报吗？再如，魏颗把其父之妾改嫁，终致该女之父"结草"相报；魏国鲍子都待人讲德义，受到别人赠马的回报；齐襄于把罪过推给彭牛，最后招致坠车之祸；晋惠公违背礼义，因此在韩原被秦穆公打败，这些都是死者报应生者的验证啊。至于赵宣孟怜悯一个睡在桑树下的饿人，漂洗衣服的老大娘同情韩信的疲惫，而且都是因为一餐饭拯救他们的性命。前者因此而蒙受倒戈护佑之报，后者则获得千金之赏。这些都是报在当世、恩惠少而回报大的事例。所以举凡为善积德，迟早都会得到报应的。在暗昧中施恩立德，而赏赐终究会彰显于万物之上。这就好比把种子播到地里，到头来终会获得百倍于前的收获。地与谷物都不是有意报答于人，播种必定会得到收获，乃是自然而然的事。

或难曰："报应之事，诚皆有征。则周、孔之教，何不去杀，而少正卯刑①，二叔伏诛耶②？"

答曰："客可谓达教声而不体教情者也。谓圣人有杀心乎？"曰："无也。"答曰："子诚知其无心于杀，杀故百姓之心耳。夫时移世异，物有薄淳。结绳之前，陶然太和；暨于唐虞，礼法始兴；爰逮三代，刑罔滋彰，刀斧虽严而犹不惩；至于君臣相灭，父子相害，吞噬之甚过于豺虎。圣人知人情之固于杀，不可一朝而息，故渐抑以求厥中。犹蝮蛇螫足，斩之以全身；痈疽附体，决之以救命。亡一以存十，亦轻重之所权。故刑依秋冬，所以顺时杀；春蒐夏苗③，所以简胎乳。三驱之礼④，禽来则韬弓；闻声睹生，肉至则不食。钓而不纲，弋不射宿⑤。其于昆虫每加隐恻，至于议狱缓死，眚灾肆赦；刑疑从轻，宁失有罪；流涕授钺，哀矜勿喜。生育之恩笃矣，仁爱之道尽矣。所谓'为而不恃，长而不宰⑥'，德被而功不在我，日用而万物不知⑦。举兹以求，足以悟其归矣。

【注释】

①少正卯：《史记》卷四十七《孔子世家》载：鲁定公十四年，孔子年五十六，由大司寇行摄相事，诛鲁大夫乱政者少正卯。

②二叔：指周武王的弟弟管叔与蔡叔。《史记》卷四《周本纪》："成

王少,周初定天下,周公恐诸侯畔周,公乃摄行政当国。管叔、蔡叔群弟疑周公,与武庚作乱,畔周。周公奉成王命,伐诛武庚、管叔,放蔡叔。"

③春蒐(sōu):古代帝王春时的射猎。《左传·隐公五年》:"故春蒐,夏苗,秋狝,冬狩,皆于农隙以讲事也。"夏苗:夏季捕杀危害农作物的禽兽。

④三驱:《易》有"王用三驱,失前禽"之语,意谓三面驱猎,让开一路,亦即网开一面,以示好生之德。

⑤"钓而"二句:《论语·述而》:"子曰:钓而不纲,弋不射宿。"朱熹《论语集注》:"纲,以大绳属网,绝流而渔者也。弋,以生丝系矢而射也。宿,宿鸟。……出其不意,亦不为也,此可见仁人之本心矣。"

⑥"为而"二句:养育而不自恃有功,滋长万物而不主宰它们。语出《老子》第十章。

⑦日用而万物不知:《周易·系辞上》:"仁者见之谓之仁,知者见之谓之知,百姓日用而不知。"

【译文】

有人诘难道:"报应之事若确实都是有根有据,无可置疑的,那么周公孔子在建立教化之道时为何不全然取消杀罚,而事实上孔子诛杀了少正卯、周公平叛了管、蔡之乱呢?"

我回答道:"说这话的人真可谓只懂得礼教的表象而不懂得礼教之实质。周、孔之设教所以不全然废除杀罚,难道是因为圣人有杀人之心吗?"那人说:"当然不是。"我接下去说道:"既然你知道圣人并无杀人之心,可见杀心本是世俗人固有的。世上万物都是在随着时代的变化而不断变化的,在远古时代,人们蒙昧无知,大家和睦相处,而没有什么礼教之类的东西,到了唐虞时代,才有礼教之设。降及三代,才逐渐有刑法。其时虽然严刑峻法,但以身试法者仍然很多,至于那些君臣父子相互杀戮吞噬,比豺狼虎豹还要残酷狠毒。圣人晓得世人本有好杀之情,不是一朝一夕所能改变的,所以其所设之教不全然弃除杀罚,乃是不得已的折中办法。这好比有人被毒蛇咬伤了脚后,宁可把脚砍去以保全性命;当身上长出毒疮时,宁愿忍痛把毒疮挖掉以使身体康健。这种舍小保大的做法,是对事情的轻重缓急所做出的权衡。所以古代之刑杀安排在秋冬时节就是要随顺秋冬肃杀的特点,而在春季狩猎,在夏天捕杀害兽,则是为了保护那些正在孕胎哺乳的动物。此外,更有网开一面、禽来藏弓,听到动物啼叫或看到活物就不食其肉的做法。不用系满钓钩的大网来捕鱼,不用系着丝带的箭射归巢的鸟。凡此都说明古代之礼教对即便像昆虫之类的生物亦多怀有恻隐之心;至于刑罚时尽量减少死罪,遇有天灾人祸则实行大赦,治罪若有疑问则尽可能从轻处罚,宁可错失对有罪之人的处罚,也不能枉罚无辜之人。迫不得已要打仗,流着眼泪授给大将斧钺,内心充满怜悯而不欢喜。这样对父母生育的感恩就会日益深厚,仁爱之道才会完全实现。这就是所谓的'养育而不自恃有功,滋养万物而不主宰它们',恩惠泽及万物而不认为功劳在自己,而万物虽时刻受用却不明白从何而来。上述列举这些事例,足以让人领悟自己应该归依何处了。"

或难曰:"周孔适时而教,佛欲顿去之,将何以惩暴、止奸、统理群生者哉。"

答曰:"不然。周孔即佛,佛即周孔,盖外内名之耳。故在皇为皇,在王为王[①]。佛者,梵语,晋训觉也。觉之为义,悟物之谓。犹孟轲以圣人为先觉,其旨一也。应世轨物,盖亦随时,周孔救极弊,佛教明其本耳。共为首尾,其致不殊,即如外圣有深浅之迹。尧舜世夷,故二后高让[②];汤武时难,故两君挥戈[③]。渊默之与赫斯,其迹则胡越[④];然其所以迹者,何尝有际哉! 故逆寻者每见其二,顺通者无往不一。"

【注释】

①"在皇"二句:《庄子·在宥》:"得吾道者,上为皇而下为王。"

②"尧舜"二句:此句意谓尧舜在世时世道纯朴,实行禅让制度。

③"汤武"二句:此句意谓商汤、周武王之时,世道艰难,故而不得不用兵革命。

④"渊默"二句:《庄子·在宥》:"渊默而雷声,神动而天随。"《诗经·大雅·皇矣》:"王赫斯怒,爰整其旅。"郑玄笺:"赫,怒意。"后因以"赫斯"指帝王盛怒貌。《庄子·德充符》:"自其异者视之,肝胆楚越也;自其同者视之,万物皆一也。"

【译文】

又有人诘难说:"周、孔顺应时世而设教,现在佛教欲将周、孔与礼教尽数废除,如此则何以惩暴止奸,治理众生而使天下太平呢?"

答道:"事情并非如此。实际上,周、孔与佛教并没有什么根本的区别,甚至可以说,周、孔就是佛,佛就是周、孔,差别仅仅是名称不同罢了。有如'皇'之与'王',名称不同,实际上并没有什么根本的差别——都是得道者的称呼。所谓'佛'者,本是梵语,意译为'觉',亦即觉悟之人。所谓'觉',也就是觉悟之意,此犹如孟子把先知先觉者称作圣人,宗旨是一致的。佛教之应世接物,也多是随顺世情的。当然佛教与周、孔之教也有一些不同之处,比如周、孔之教注重于救世、治世,而佛教则注重明本,探性灵之真奥。佛教与周、孔之教相为表里,其旨趣并没有根本的区别,即使有所不同,亦有如世俗之教本身也有深有浅,表现形式也因时势不同而各不相同。遇到尧、舜这样的太平治世,故二王可行禅让,而遇到商汤、周武王革命之时的艰难世道,故二君只好挥戈用兵,一则深沉不语,一则威武奋发,行迹完全不同,但产生如此行迹的原因,哪里有什么区别呢? 佛教与周、孔之教的相互关系也是这样,从名称及表现形式上看，二者颇有差异，但从实质上去看，二者则有许多共同之处。"

或难曰："周孔之教，以孝为首；孝德之至，百行之本；本立道生，通于神明。故子之事亲，生则致其养，没则奉其祀；三千之责，莫大无后；体之父母，不敢夷毁；是以乐正伤足①，终身含愧也。而沙门之道，委离所生，弃亲即疏；刜剔须发，残其天貌；生废色养②，终绝血食③。骨肉之亲，等之行路，背理伤情，莫此之甚。而云弘道敦仁，广济群生，斯何异斩刈根本而修枝干，而言不殒硕茂？未之闻见'皮之不存，毛将安附'，此大乖于世教，子将何以祛之。"

答曰："此诚穷俗之所甚惑，倒见之为大谬，谘嗟而不能默已者也。夫父子一体，惟命同之。故母啮其指，儿心悬骇者，同气之感也。其同无间矣，故唯得其欢心，孝之尽也。父隆则子贵，子贵则父尊。故孝之为贵，贵能立身行道，永光厥亲。若匍匐怀袖，日御三牲；而不能令万物尊己，举世我赖；以之养亲，其荣近矣。夫缘督以为经④，守柔以为常，形名两绝⑤，亲我交忘，养亲之道也。既已明其宗，且复为客言其次者：夫忠孝，名不并立。颍叔违君⑥，书称纯孝；石碏戮子⑦，武节乃全。传曰：'子之能仕，父教之忠；策名委质，二乃辟也。'然则结缨公朝者，子道废矣。何则？见危授命，誓不顾亲，皆名注史笔，事标教首。记注者岂复以不孝为罪？故谚曰：求忠臣必于孝子之门。明其虽小违于此而大顺于彼矣。且鲧放殛裔而禹不告退⑧，若令委尧命以寻父，屈至公于私戚，斯一介之小善，非大者远者矣。周之泰伯⑨，远弃骨肉，托迹殊域，祝发文身，存亡不反，而论称至德，书著大贤。诚以其忽南面之尊，保冲虚之贵；三让之功远，而毁伤之过微也。故能大革夷俗，流风垂训。夷、齐同饿首阳之上⑩，不恤孤竹之胤，仲尼目之为仁贤。评当者宁复可言悖德乎？梁之高行⑪，毁容守节；宋之伯姬⑫，顺理忘生；并名冠烈，妇德范诸姬。秉二妇之伦，免愚悖之讥耳。率此以谈，在乎所守之轻重可知也。

【注释】

①乐正：官名。周代乐官之长。《吕氏春秋·慎行论》："乐正夔一足。"

②色养：刘义庆《世说新语·德行》："王长豫为人谨顺，事亲尽色养之孝。"人子和颜悦色奉养父母或承顺父母颜色为"色养"。

③血食：指用于祭祀的食品。

④缘督：顺守中道。《庄子·养生主》曰："缘督以为经，可以保身，可以全生，可以养亲，可以尽年。"

⑤形名：事物的实在和名称。

⑥颍叔：即颍考叔，郑国大夫，执掌颍谷（今河南登封西），在郑庄公对其母亲武姜发出"不及黄泉，无相见也"的誓言后，孝子颍考叔让郑庄公派人挖了一个隧道，安排郑庄公与武姜在"黄泉"见面，这就是后世闻名的"黄泉相会"，《古文观止》中也对此事做出了"君子曰：颍考叔，纯孝也。爱其母，施及庄公"的评论。

⑦石碏（què）：春秋时卫国人。卫庄公有嬖妾所生子州吁，有宠而好武，庄公弗禁。他进谏，庄公弗听。其子石厚与州吁游，劝诫亦弗听。卫桓公十六年（前719）州吁杀桓公而自立为君，未能和其民。石厚向其父请教安定君位之法，他假意建议石厚从州吁

往陈,通过陈桓公以朝觐周天子。旋请陈拘留两人,由卫使右宰丑杀州吁于濮(今安徽亳州东南),又使其家宰獳羊肩杀石厚于陈。当时称他能"大义灭亲"。《春秋》对石碏给予很高的评价,称他为"纯臣"。

⑧鲧(gǔn):我国古代传说中的部落首领,相传为禹之父,奉尧之命治水九年而无功,被舜杀死于羽山。一说后被放逐。

⑨泰伯:周太王长子,有弟季历,季历有子昌(即周文王)。太王欲立季历,泰伯、仲雍奔避荆越,文身断发。

⑩夷、齐:即伯夷、叔齐。孤竹君的两个儿子。相传其父遗命立次子叔齐为君,孤竹君死后,叔齐让位给伯夷,伯夷不受,叔齐也不愿登位,先后都逃到周国。武王伐纣时,两人都曾叩马谏阻。武王灭商后,他们都耻食周粟,逃到首阳山,采薇而食,后饿死于首阳山里。

⑪高行:东周梁国寡妇,守寡时为梁王垂青,纳为姬,为抗此婚事,她不惜割鼻毁容。见于汉刘向《列女传·梁寡高行》。

⑫伯姬:春秋鲁宣公之女,宋共公夫人,亦称共姬、恭伯姬。共公死后,执节守贞。鲁襄公三十年,宋官失火,左右劝其躲避,伯姬曰:"妇人之义:保傅不俱,夜不下堂……越义而生不如守义而死。"遂被烧死。见《榖梁传·襄公三十年》、汉刘向《列女传·宋恭伯姬》。

【译文】

或者还有人会诘难说:"周、孔的教化以孝德为首要,把孝道视为所有德行的基本,本立则道生,进而通于神明。所以子女孝顺双亲,活着时则应尽心赡养,逝世之后则应恭敬祭拜。另外,周、孔之教最重子嗣,故有'不孝有三,无后为大'一说,又有'身体发肤,受之父母,不敢毁伤'之说,所以儒门向来注重身体发肤之养护,因此乐正损伤了一条腿足,终生都愧疚不安,觉得对不起生他养他的父母。但是佛教提倡出家弃

亲,远离亲人接近生人;剃除须发,残损上天所赋的容貌;父母在生时废
除服侍敬养,父母死后断绝对祖宗的祭祀。把骨肉之情,视同路人,违
情背理,没有比这更过分的了。然而佛教竟然大谈自己是弘扬道德敦
行仁爱,广济群生,此何异于把树根树干砍断了而去修正枝干,还说这
样不会损伤树的茂盛充实! 真是奇谈怪论,闻所未闻。俗话说:'皮之
不存,毛将焉附?'佛门的这种做法实在背离了世间教化,你将用什么来
消散这些批评呢?"

　　答道:"你的这些说法实在是被世俗之见所迷惑的缘故,完全颠倒
了本末、是非,实在荒谬之至,实在让人嗟叹而不能不发表议论了! 所
谓父子一体,乃是自天命上说是这样。而母亲咬自己的手指,做儿子的
内心也会感到恐惧担心,这是因为母子同气相感的缘故。这种相同是
没有间隔和断绝的,所以孝道之最根本的,乃是使父母高兴、欢心。在
现实生活中,做父亲的隆盛则儿子就会获得富贵,儿子显贵则父亲就受
到尊崇,所以儿子孝顺最可贵的地方,就在于能够树立品格、遵行大道,
而能光宗耀祖。如果父母在世时,只知道在其身边打转,父母逝世后,
也只懂得用三牲供养、祭拜,而不能弘道济世,使天下万物都遵从依赖
于我,这样去奉养双亲,其中的光荣非常浅近,实在是没有什么值得称
道的呀! 实际上,恒守中道,顺其自然,使事物的内外、亲人和我都能相
互隔绝遗忘,这才是最根本的养亲之道啊。既然已经阐明了孝道的根
本,就让我再为你说说其次的道理。事实上,忠与孝常常有不能同时实
现的情形,如颍叔考违背君主,而史称其'纯孝';石碏大义灭亲杀死自
己的儿子,其武节才得以保全。史书上说:'儿子出去当官,父亲教导他
要尽忠,这是古代的制度;名字写在简策上,就当效忠以死,若有二心,
当受大刑。'但是如果儿子把全部的精力都放在朝廷公务上,那他就很
难去尽儿子赡养父母的责任了。为什么呢? 临危受命,全力以赴拯救
国难时艰,而不能很好地照顾父母,这好像是很不符合周、孔之孝道的,
但这种人却往往名载史册,彪炳千秋,记载史书的人也从来没有去责怪

他们没有尽为子之孝道。所以古有谚语说：'欲求忠臣，必于孝子之门。'这是明白了忠孝难以两全，虽然在小处违背了孝道，却在大处实现了忠义。又如历史上鲧被放逐之后，他的儿子大禹并没有因此而从公务中告退，如果他置尧帝委派他治水的使命于不顾而去寻找自己的父亲的话，这就是把天下苍生的最大利益屈置于个人情感之下，这种个人的小德善行，离那些大德至善很远啊！还有，周代的泰伯，为了使季历顺利继位，而与其弟仲雍忍痛离开亲人，逃到荆越蛮荒之地，甚至采用当地的习俗——文身断发，不管父母生死，不返回家乡服侍祭拜，这可谓不孝之至啊！可孔子却称赞他为至德之人，史书也上表彰他为真正的大贤。之所以这样，确实是因为他放弃君王的尊贵地位，而保存了恬淡虚静无为的大德。与他三次礼让国君的深远功德相比，毁伤自己容貌之过错是那样的微不足道。因此泰伯能够使蛮夷的风俗有很大的改变，使这些流风美俗不断垂示教训于后人。又比如，殷商孤竹国的长子和三子——伯夷与叔齐，二人互相礼让国君之位，没有继承孤竹君的国家统绪，最后饿死于周朝的首阳山上，而孔子却称他们为贤仁之人，评价他们的人难道还可以说他们违背道德吗？梁国的寡妇高行，不惜毁坏容颜来保守贞节；春秋宋国的夫人伯姬，顺从妇道而不惧烧死，二人都被称为烈妇，其品德被当作女性守节的典范，也没有人认为她们愚昧悖德。照此看来，问题并不在于诸如祝发、文身、毁容、忘生等事情本身，而在于他们所坚守的价值有轻重大小之别啊。

　　"昔佛为太子，弃国学道；欲全形以遁，恐不免维絷，故释其须发，变其章服；既外示不反，内修简易。于是舍华殿而即旷林，解龙衮以衣鹿裘；遂垂条为宇，藉草为茵；去栉梳之劳，息汤沐之烦；顿驰骛之辔，塞欲动之门。目遏玄黄①，耳绝淫声，口忘甘苦，意放休戚②，心去于累，胸中抱一③，载平营魄④，内思安般，一数二随三止四观五还六净⑤，游志三四⑥，出入十二门⑦，禅定拱默，山停渊淡，神若寒灰，形犹枯木，端坐六年，道成号佛。三达六通⑧，正觉无上。雅身丈六，金色焜曜，光遏日月，声协八风⑨，相三十二，好姿八十，形伟群有，神足无方。于是游步三界之表⑩，恣化无穷之境；回天舞地，飞山结流；存亡倏忽，神变绵邈；意之所指，无往不通；大范群邪，迁之正路；众魔小道，靡不遵服。于斯时也，天清地润，品物咸亨。蠢蠕之生，浸毓灵液；枯槁之类，改瘁为荣。还照本国，广敷法音；父王感悟，亦升道场；以此荣亲，何孝如之？于是后进笃志之士，被服弘训⑪，思齐高轨，皆由父老不异所尚，承欢心而后动耳。若有昆弟之列者，则服养不废。既得弘修大业而恩纪不替，且令逝没者得福报以生天，不复顾歆于世祀，斯岂非兼善大通之道乎。夫东邻宰牛，西邻禴祀⑫；殷美黍稷，周尚明德；兴丧之期于兹著矣。佛有十二部经，其四部专以劝孝为事，殷勤之旨，可谓至矣。而俗人不详其源流，未涉其场肆，便瞽言妄说，辄生攻难；以萤烛之见，疑三光之盛，芒隙之滴，怪渊海之量；以诬罔为辩，以果敢为名；可谓狎大人而侮天命者也⑬。"

【注释】

①玄黄：原指黑色与黄色，后多以玄黄喻天地。《周易·坤》曰："大玄黄者，天地之杂也，天玄而地黄。"

②休戚：喜乐与忧虑。

③抱一：原为道家语。道家谓道生于一，故以精思固守为"抱一"。

④营魄：指精神、魂魄。《老子》曰："载营魄抱一，能无离乎？"

⑤"内思"二句：是指早期禅修的方法，后为天台宗的六妙法门。《佛说太子瑞应本起经》卷上："既历深山，到幽闲处，见贝多树，四望清净。自念：我已弃家，在此山泽，不宜复饰发如凡人意，以有栉梳汤沐之念，则失净戒正定慧解度知见意，非道之纯污清净行。……端坐六年，形体羸瘦，皮骨相连。玄清靖漠，寂默一心，内思安般。一数二随，三止四观，五还六净，游志三四，出十二门。"安般，即数息观，一数二随三止四观五还六净为其顺序。

⑥游志三四："三四"指四禅、四无量心（慈、悲、喜、舍）、四空定，统称"十二门"或"十二门禅"。

⑦十二门：见上，即"十二门禅"。

⑧三达：又称"三明"、"三证法"，即"宿命智证明"、"漏尽智证明"，指达于无学位，除尽愚暗，而于三事通达无碍。六通：即佛菩萨依定慧之力所示现之六种神通。神足通、天耳通、他心通、宿命通、天眼通、漏尽智证通。

⑨八风：有多种说法，此处当指八音。《左传·襄公二十九年》："五声和，八风平。"清王引之《经义述闻·春秋左传中》："古者八音谓之八风。襄公二十九年传：'五声和，八风平。'谓八音克谐也。"

⑩三界：佛教指众生轮回的欲界、色界和无色界。见《俱舍论·世分别品》。

⑪被服：感化，蒙受。

⑫"东邻"二句：语出《周易·既济》："九五：东邻杀牛，不如西邻之禴祭，实受其福。"指修德者虽不杀牛而行薄祭，以其有德而实受其福。东方邻国殷商杀牛来祭神，不如西方邻国周王用饭菜的薄礼来祭神，实在地得到神的赐福。《周易·象传》说："东邻杀牛"，不如西邻"祭祀"得及时啊。"实受其福"，是说吉祥纷纷

到来。

⑬狎大人而侮天命者：《论语·季氏》：孔子曰："君子有三畏：畏天命，畏大人，畏圣人之言。小人不知天命而不畏也，狎大人，侮圣人之言。"

【译文】

"过去释迦年尼身为太子，抛弃国家而外出访求学道，也想要隐遁时能保全自己的身体，但有担心会被父王挽留，所以只好剃除头发胡须，换掉华衣美服；既为了对世人表示自己绝不反悔的决心，又能使自己修行更为简易。他更舍去豪华的宫殿而来到山林旷野，脱去太子的华丽服饰而穿戴鹿皮；把树枝当作栖身的屋宇，把杂草当作睡觉的席子；省去梳妆打扮劳累，免于沐浴的烦琐，抓住驰骛的心灵之绳，堵塞躁动的欲望之门。在修行期间，他眼睛不看灿烂炫目的颜色，耳朵不听淫荡的声音，饮食不择甘苦，意虑不管忧喜，使心灵远离俗累之事，使外在的形体与内在的精神合抱为一，永不分离。然后专心禅修，自数息到随行，从禅定到慧观，直至第五的回还与第六的净土；专心于三止四观中，出入于十二因缘，最终使自己达到百念俱灭、无思无虑，神若寒灰、形如枯木的境界。如此修行了六年，最后证成佛道，具有三种最高智慧、六种神妙能力。炼就丈六真身，金光闪耀超过日月，发声与八音和谐；修成三十二相八十种好，其形貌是世间最雄伟的，其神采更是无法形容比拟；因此能够遨游漫步于欲、色、无色三界之中，应化无方，使天地回旋舞动，使山岳飞驰、河流凝结，使生死之瞬间转换，使神变幽远难测，随心所欲，无往不通，用大法约束各种邪神，让其走上觉悟正途。一切邪魔外道，无不遵从改正。其时天地万物，芸芸众生，全蒙泽润，连愚蠢的小虫，都受到灵液的滋润养育；枯槁的树木，最后都由死复生了。释迦年尼悟道后返回祖国，广为传播佛法，最后连他的父亲也受到佛法的感化而皈依佛门。像这样的弘道济众、耀祖光宗的行为，岂是世间所说的一般孝道所能比拟的？于是，许多年轻后辈，笃志学道，蒙受教化，见贤思齐,皆由于他们的父老不以他们所遵从的为怪异,而都能秉承父母的欢心而后求道。如果有兄弟在家的,则服侍奉养父母的孝道就不会废止,既能够弘扬伟大事业,又能够使父母恩情不会衰退,还能令逝去的人能够得福报以转生天道,而不再顾恋歆美人间世俗的祭祀供养。这难道不是兼有人间世外至善的大通之道吗?东方邻国殷纣王杀牛来祭神,西方邻国周王用饭菜的薄礼来祭神,说明纣王注重享受,而周王却崇尚美德。纣王必定败灭而周朝必定兴盛,于此就非常显著了。

"佛有十二部经,其中有四部是专门劝勉信守孝道的,其对于孝道的殷勤恳切,可以说是无以复加了。而那些俗昧之人并不明白孝道的本源与支流,又没有领略过其真实的境界,便信口雌黄,对佛教妄加指责,肆意诋毁,这恰是以萤烛微弱之光的见识,去怀疑日月之光的盛大,以点滴之水的见识,去怀疑江海水量的浩瀚,这种人实际上是把诬陷毁谤当作善辩,把无所敬畏的果言敢行当作勇德,正所谓儒家所说的'轻慢大人、蔑视天命'的人呀。"

宗居士炳答何承天书《难白黑论》

【题解】

大约在南朝宋文帝元嘉十年(433),沙门慧琳撰《白黑论》一文,主张形体一旦凋弊,则心神亦随之散灭,对儒释的同异,虽主张两家殊途同归,但意在抑佛扬儒。就在慧琳写成《白黑论》以后不久,何承天把这篇论文寄给宗炳。何承天很赞同《白黑论》,宗炳却极力反对慧琳的这种议论,因此两人进行了辩论。二者的争论现存于他们之间来往的五篇书信之中。何承天用"有生必有死"的观点来驳斥佛教的"神不灭",批判佛教的报应说,主张"神随形灭",而儒家经典中鬼神之说不过是圣人神道设教的权宜方便。何承天的《释均善难》偏袒《白黑论》而反驳宗炳,认为"有鬼神,非为来生有报应"。又反对宗炳之神形不可同终论,而主张形神俱灭。他又针对宗炳之"天堂与地狱是形声之影响",否认来生报应说。宗炳却认为,精神不灭,只有信仰佛教,严守戒律,拯救自己的精神,以至于最后成佛,这样才能摆脱生死的苦难。如果在外遵守礼乐法度,在内修习无生无灭的佛法教义,澄明精神达到自由无碍的境界,这才是真正的弘道。

何与宗书

近得贤从中郎书①,说足下勤西方法事。贤者志大,岂

以万劫为奢？但恨短生，无以测冥灵耳。治城慧琳道人作
《白黑论》，乃为众僧所排摈，赖蒙值明主善救，得免波罗夷
耳②。既作比丘，乃不应明此。白徒亦何为不言？足下试寻
二家，谁为长者？吾甚昧然，望有以佳悟。何承天白。

【注释】

①贤从：对人称兄弟的美称。

②波罗夷：戒律中的极重罪，汉语译为断头，喻如断头，不能再生。
　又译堕落，谓堕落于阿鼻地狱。比丘犯杀、盗、淫、大妄语四戒，
　叫做四波罗夷。

【译文】

近来收到兄弟中郎的一封书信，说您勤于学习西方佛法。贤能的
人志向远大，岂能认为万劫的时间太多呢？只是恨生命苦短，无法测验
佛法的灵验。治城慧琳和尚写了一篇《白黑论》后，被大多数僧人排斥
摈弃，幸亏有明主帮助解脱困境，免除了断头的重罪。既然作为出家
人，不应该这样。俗人如何看待呢？您试试比较一下佛教和儒家，谁最
高明呢？我很愚昧，期望您赐教让我了解。何承天告白。

宗答何书

所送琳道人《白黑论》，辞情致美，但吾暗于照理，犹未
达其意。既云："幽冥之理，不尽于人事。周、孔疑而不辨，
释氏辨而不实。"然则人事之表幽暗之理，为最廓然唯空，为
犹有神明耶？若廓然唯空，众圣、庄、老，何故皆云有神？若
有神明，复何以断其不实？如佛言，今相与共在常人之域，
料度近事，犹多差错，以陷患祸。及博弈粗艺，注意研之，或
谓生更死，谓死实生。近事之中，都未见有常得而无丧者，

何以决断天地之外,亿劫之表,冥冥之中,必谓所辨不实耶?若推据事不容得实,则疑之可也。今人形至粗,人神实妙。以形从神,岂得齐终?心之所感,崩城陨霜①,白虹贯日②,太白入昴③。气禁之医,心作水火,冷暖辄应。况今以至明之智,至精之志,专诚妙彻,感以受身,更生于七宝之土,何为不可实哉?

【注释】

①崩城陨霜:"崩城"指春秋时杞梁妻痛哭其亡夫致城墙崩塌事,"陨霜"指战国时邹衍蒙冤而致暑天降霜一事,其与下文"白虹贯日"、"太白入昴"均为中古人常用的天人感应典故,详细参见卷二《明佛论》注。

②白虹贯日:象征有灾祸。语出《战国策》:"聂政之刺韩傀也,白虹贯日;要离之刺庆忌也,苍鹰击于殿上。"

③太白入昴:象征要起战乱。太白,太白星。昴,西方白虎之宿。

【译文】

您所送来的慧琳道人的《白黑论》文字优美,言辞精致,但我见识短浅,对义理没有多少精深的了解,所以对《白黑论》中所说的许多内容还不是十分理解。《白黑论》中的白学先生说:"因果报应等幽冥之理与世间人事相去甚远,故周公、孔子觉得不确定因而不辨析,而佛教理论虽擅长辨析,却往往没有事实依据。"然而,人事之外的事理,究竟是空空如也,什么都没有,抑或确实存在着神明?若真的空空如也,为什么周、孔众圣以及老、庄都说有神?如果神明确实存在,为什么指责佛教所说的形尽而神不灭及三世因果等理论不真实呢?正如佛所说,人们受日常生活中的经验所局限,这些事虽然都近在眼前,但人们在推测、判断时却常常发生错误,以致遭遇到各种意料不到的灾祸。再如行棋之类,往往有这样情形，粗看似活棋其实已死，乍看似死而后面又活过来。对于身边事情的判断、推测尚且不能都看得十分精确，怎么就能断定释迦牟尼佛所说的有关天地之外、亿劫之表、冥冥之中的事理必定辨而不实呢？如果释氏所言确实海阔天空、不着边际，那么怀疑是可以的，但人的形体极其粗陋，而人之精神却十分精妙，形体与精神，怎么会一同消失呢？许多事实说明，人心之所感通，甚至可以出现杞梁之妻痛哭使城墙崩塌，邹衍申诉冤屈让六月暑热天降下寒霜，荆轲刺秦王之前有白色长虹穿过太阳，太白星进入昴宿就会天下有兵乱等异象。此外，天象之与人事、人心之与各种自然现象，也都会遥相感应，何况作为至明、至精、专诚极妙之神明，为什么就不能感应以受身，并再生于佛之七宝国土呢？

又云："析毫空树，无伤垂荫之茂。离材虚空，无损轮奂之美。贝锦以繁彩发华，和羹以盐梅致旨①。"以塞本无之教，又不然矣。佛经所谓"本无"者，非谓众缘和合者皆空也。垂荫、轮奂，处物自可有耳，故谓之"有谛"；性本无矣，故谓之"无谛"。吾虽不悉佛理，谓此唱居然甚安②。自古千变万化之有，俄然皆已空矣。当其盛有之时，岂不常有也必空之实，故俄而得以空耶？亦如惠子所谓："物方生方死，日方中方睨。"死、睨之实，恒预明于未生、未中之前矣。愚者不睹其理，唯见其有，故齐侯摄爽鸠之余伪③，而泣恋其乐。贤者心与理一，故颜子庶乎屡空④，有若无，实若虚也。自颜以下，则各随深浅，而味其虚矣。若又逾下，纵不能自清于至言，以倾爱竞之惑，亦何常无仿佛于一毫？岂当反以一火增寒，而更令恋嗜好之欲乎？乃云："明无常，增渴癮之情⑤；

陈苦伪,笃竞辰之虑⑥。"其言过矣。

【注释】

①和羹以盐梅致旨:《尚书·说命下》:"若作和羹,尔惟盐梅。"孔
  传:"盐,咸;梅,醋。羹须咸醋以和之。"比喻大臣辅助君主综理
  国政。

②居然:这里指显然,表示明白清楚。

③齐侯摄爽鸠之余伪:《左传·昭公二十年》:"饮酒乐。公曰:古而
  无死,其乐若何? 晏子对曰:古而无死,则古之乐也,君何得焉?
  昔爽鸠氏始居此地,季荝因之,有逢伯陵因之,蒲姑氏因之,而后
  大公因之。古者无死,爽鸠氏之乐,非君所愿也。"齐侯,齐景公。
  爽鸠氏,少皞氏司寇。

④颜子庶乎屡空:《论语·先进》:"子曰:'回也其庶乎,屡空。赐不
  受命,而货殖焉,亿则屡中。'"

⑤瘾(yìn):心病。

⑥竞辰:珍惜时间,抓紧时间。

【译文】

《白黑论》中的白学先生又说:"佛教虽然把树木'空'掉了,但并不能
改变其垂荫之茂;虽然把大厦'空'掉了,也丝毫不能减损它的美轮美奂。
各种锦绣五光十色、光彩照人,各种食品甜酸苦辣、美味可口,怎么能说是
一切皆空呢?"试图否定佛教之本无之教,实际上这是不能正确理解佛教
"空"的理论所致。佛教所说的本无,并不是说众缘和合的假相也是一无
所有,因此并没有否认大树之能垂荫、楼堂殿宇之美轮美奂。但这只是
顺从世俗谛的角度看问题,故也称之为假有;但就其自性说,这些大树和
楼堂殿宇都是众缘和合而成的,故并没有自性,因之又称之为本无。我
虽然并不怎么精通佛教义理,但比起那位白学先生所说的,应该更接近
于佛教的真理吧。自古以来,世间的事物之所以能千变万化,正是因为

这些事物都是没有自性很快变"空"的。因此,所有的事物当其繁盛之时,历历在目,但不要多久,就都消失了。这有如惠施所说的:"物方生方死,日方中方睨。"从另一个角度说,事物之死,日之偏斜,其实是存在于事物之未生、日头之未中之前。那些不明事理的人,看问题只是停留在表面现象,只看到它存在的一面,而看不到它空的一面。因此齐侯只向往爽鸠氏长生不死的表象,贪恋那时的快乐。但贤者圣人则不然,他们能够看到事物的本质,所以以颜回近乎圣道,在他心里,有若无,实若虚。自颜回以下,各人随着自己修养的深浅体味事物虚无之道。境界次一等的,即使不能通达至高的道理,消除各种关于爱欲和争斗的迷惑,又何尝丝毫不明白这一点?难道反而想要用火来增加寒冷,增强世俗人嗜好的欲望吗?您所说的:"明白人生无常之理,反而加重欲求的心理;告诉人生皆苦之道,反而加深争斗的心态。"这话讲错了。

又以"舟壑塘驷之论^①,已盈耳于中国,非理之奥,故不举为教本"。谓"剖析此理,更由指掌之民"。夫舟壑潜谢,佛经所谓"现在不住"矣,诚能明之,则物我常虚,岂非理之奥耶?盖悟之者寡,故不以为教本耳,支公所谓"未与佛同"也。何为以素闻于中国,而蔑其至言哉?

又以"效神光,无径寸之明;验灵变,无纤介之实。徒称无量之寿,孰见期颐之叟^②?"诸若此类,皆谓"于事不符"。夫神光灵变,及无量之寿,皆由诚信幽奇,故将生乎佛土,亲映光明,其寿无量耳。今没于邪见,慢诞灵化^③,理固天隔,当何由睹其事之符乎?

【注释】

①舟壑塘驷之论:《庄子·大宗师》:"夫藏舟于壑,藏山于泽,谓之

固矣。然而夜半有力者负之而走,昧者不知也。"意谓世事都在
不知不觉之中变化着,而昧者不觉察。舟壑,藏在山谷中的船,
后借指世事。又塘驷,亦称唐肆,即市集。

②期颐:也称为人瑞。指百岁以上的老人。

③慢诞:以某事物为荒诞而轻慢之。

【译文】

此外,《白黑论》中又说:"佛教中所说世事无常,这有如沧海桑田不
断变易的观点,在中国很早就流传了,并没有什么深奥的地方,所以儒
家不以此为教化之根本。"认为"分析这种道理很容易,普通百姓都知
道"。其实,所谓世事在人们不知不觉中悄悄变化,佛教是从当下念念
不执着的角度去理解它的,如果确实能够明白这个道理,那么会体悟到
物我永远是空无自性的,难道说这种思想不精深吗?只是因为中土人
士悟空者甚少,因此没有以之为教化的根本罢了,这也就是支道林所说
与佛教思想不同的地方,怎么能说早已在中土流传,而大家蔑视至理之
言呢?

《白黑论》又以佛教所说之神光、灵变没有事实可作根据,也无法验
证,以及佛经中常称无量之寿却不见百岁之人为由,批驳佛教。其实,
所谓神光、灵变及无量寿,皆因虔诚信仰佛教,故日后将生于佛土,亲映
光明,寿命无穷。如果沉溺于邪见之中,以佛法为荒诞而轻视怠慢,那
么与佛法就有天渊之隔,又怎么能亲睹这些呢?

又云:"要天堂以就善,曷若服义而蹈道?惧地狱以救
身,孰与从理而端心?"夫心不贪欲,为十善之本①,故能俯绝
地狱,仰生天堂,即亦服义蹈道、理端心者矣②。今内怀虔
仰,故礼拜悔罪;达夫无常,故情无所吝。委妻子而为施,岂
有邀于百倍? 复何得乃云"不由恭肃之意,不乘无吝之情"

乎？泥洹以无乐为乐，法身以无身为身。若本不希拟，亦可为增耽逸之虑，肇好奇之心。若诚餐仰，则耽逸稍除，而获利于无利矣，又何问"利竞之俗"乎？

又云："道在无欲，而以有欲要之。俯仰之间，非利不动。"何诬佛之深哉！夫佛家大趣，自以八苦皆由欲来③，明言十二因缘，使高妙之流，朗神明于无生耳。欲此道者，可谓有欲于无欲矣。至于启导粗近，天堂、地狱皆有影响之实。亦由于公以仁活招封，严氏以好杀致诛④。畏诛而欲封者，必舍杀而修仁矣。励妙行以希天堂，谨五戒以远地狱，虽有欲于可欲，实践日损之清途，此亦西行而求郢，何患其不至哉！又嫌丹青眩媚彩之目，土木夸好壮之心；成私树之权，结师党之势；要厉精之誉，肆凌竞之志，固黑蝗之丑，或可谓作法于凉，其弊犹贪耳⑤，何得乃慢佛云"作法于贪"耶？王莽窃《六经》以篡帝位，秦皇因朝觐而构阿房，宁可复罪先王之礼教哉？

【注释】

①十善：佛教术语，即一不杀生，二不偷盗，三不邪淫，四不妄语，五不绮语，六不两舌，七不恶口，八不悭贪，九不嗔恚，十不邪见。佛教认为，心是三业的根源。

②蹈道：履行正道。

③八苦：佛教术语，即是生苦、老苦、病苦、死苦、怨憎会苦、爱别离苦、求不得苦及五取蕴苦。

④"亦由于公"二句：指汉代于公为官仁慈获得善报，严延年酷虐害民招致恶报事，详见卷二《明佛论》注。

⑤"作法"二句:《左传·昭公四年》:"浑罕曰:国氏其先亡乎?君子作法于
凉,其弊犹贪;作法于贪,弊将若之何?"意思是君子以轻税薄取为原则
制作法律,贪污弊害仍然很多;要是贪图小便宜式的制定法律,弊害又
该有多少呢?凉,薄。贪,指贪图小便宜。

【译文】

《白黑论》中白学先生又说:"要运用天堂来劝善,哪里比得上服从
道义从而履行正道?通过惧怕地狱来管束人身,哪里比得上通过服从
道理从而端正人心呢?"实际上,心不生贪欲,是十善的根本,自然可以
免遭地狱之报,而生于天堂,此岂不就是服从道义从而履行正道,服从
道理从而端正人心吗?现在佛教徒因为内心虔诚崇信佛法,故能常礼
拜以悔罪,怎么能说佛教徒之礼拜是不恭谨严肃呢?因为懂得诸法无
常的道理,故不为情欲所困。出家人连世俗最为注重的妻子、儿女都可
以舍去,又如何能说信佛是为了施舍一份便想获取百倍的回报?又怎
么能说是"不由恭肃之意"、"不乘无吝之情"呢?佛教所说的涅槃乃是
以无乐为乐,而法身则以无身为身。如果事佛并非出于真心,而是出于
某种不良的动机,这有可能增加沉溺于安逸之中的忧虑,引起好奇之
心。如果事佛是出于诚心,则耽逸之虑根本不存在,而能获得无利之大
利益,为何说是世俗社会中的利欲之争呢?

《白黑论》又说:"学道最重要的是必须无欲,而佛教却以利欲引诱
之,几乎凡事非利不动,见利必争。"这种说法体现了他们对佛法误解诬
蔑是如此之深。其实佛教的思想主旨,是认为人生诸苦皆由欲望而来,
故提倡十二因缘,使高洁之士都能注重精神的修炼而崇尚无生无灭之
理。向往此道之人,可以说多是有欲于无为宁静之乐而不执着于世欲
之乐。至于佛教所说的因果报应,天堂地狱说并不是没有根据的,比如
说于公以行仁义而得封官,严延年则因好杀而被诛杀。如果人们畏惧
被诛杀的恶报,平日必定不敢滥杀无辜而修仁义,从事种种善行以希望
日后能往生天堂,谨守五戒来远离地狱之报,虽然似乎也是有所追求,

但在客观实践上却在日益减损其作恶的欲望,这也就好像是想去郢都而往西走,用不着担心走不到目的地。至于《白黑论》中对佛教各种塑像建筑妙好庄严之批评,对于佛教教徒树党结权邀誉竞志等攻击,也是毫无道理,即便丑如黑螳,仍无法改变其贪婪之本性,怎么能说佛教之喜妙好庄严是出于贪欲呢?很严肃,很详实,很诚信地制作法律,弊害仍然很多。因此,即便佛教中有某些不法之徒,借佛教以营私,难道就可以归罪于佛法吗?正如王莽窃《六经》以篡帝位,秦始皇借行朝觐古礼而建阿房宫,这些难道可以归罪于先王的教化吗?

又云:“宜废显晦之迹,存其所要之旨。示来生者,蔽亏于道,释不得已。”请问其旨,为欲何要?必欲使修利迁善,以遂其性矣。夫圣无常心,就物之心以为心耳①。若身死神灭,是物之真性,但当即其必灭之性,与周、孔并力致教,使物无禀,则迁善之实,岂不纯乎?何诳以不灭,欺以佛理,使烧祝发肤,绝其胖合②,所过苗裔,数不可量,为害若是,以伤尽性之美,释氏何为其不得已乎!若不信之流,亦不肯修利而迁善矣。夫信者,则必耆域、犍陀勒、夷陀蜜、竺法乘、帛法祖、竺法护、于法兰、竺法行、于道邃、阙公则、佛图澄、尸梨蜜、郭文举、释道安、支道林、远和尚之伦矣,神理风操③,似殊不在琳比丘之后。宁当妄有毁人理,落簪于不实人之化哉④?皆灵奇之实,引绵邈之心,以成神通清真之业耳。

足下藉其不信,远送此论,且世之疑者,咸亦妙之。故自力白,答以尘露众情⑤。夫世之然否佛法,都是人兴丧所大,何得相与共处以可否之间?吾故罄其愚思,制《明佛论》,以自献所怀。始成,已令人书写,不及此信。晚更遣信,可闻当付往也。宗炳告白。

【注释】

①"夫圣"二句:典出《老子》第三十二章:"圣人无常心,以百姓心为心。"

②胖(pàn)合:两性相配合。

③神理风操:神理,犹神道,谓冥冥之中具有无上威力,能显示灵异,赐福降灾的神灵之道。风操,指人的志行品德。

④落簪:犹落发,剃发出家。

⑤以尘露众情:尘露,微尘滴露,喻事物微小不足称;众情,众人的情绪。

【译文】

《白黑论》又说:"对于佛教应该摒弃那些明显与隐晦的糟粕,而留存其根本的旨意,至于来生报应之说,本来就不合正道,佛教也是不得已才讲的。"请问:此中所说的佛教之旨趣是什么?实际上,佛教之旨趣,乃在于使世俗人修利迁善,以顺遂其性。凡是大圣人,都没有固定不变的心,故就万物以为心。如果身死神灭是事物之真实本性,如此则应该顺从其必灭之性,与周孔并力弘教,如果事物没有上述禀性,那么弃恶从善的实行,岂不纯粹些?怎么也奢谈佛理,以欺惑世人呢?使他们剃掉头发,烧伤皮肤,杜绝两性婚育,所遏制的后裔人数,不可计量,害处如此之多,危害了尽性之美,佛教徒怎能以"不得已"为借口,做出这种事呢!至于不相信佛教及其来生报应说的人,自然谈不上修利而迁善了。而既然信仰佛教,就应该像耆域、健陀勒、夷陀蜜、竺法乘、帛法祖、竺法扩、丁法兰、竺法行、于道邃、阚公则、佛图澄、尸梨蜜、郭文举、释道安、支道林、远和尚等高僧名士那样。这些高僧大德,其神道及志行品德应该不在慧琳之下,您怎么舍高就下,附会不实之说呢?他们才是灵秀奇异之才,善于用长远绵邈的心志修炼,成就神通清正纯粹的事业。

　　足下不信佛教及其来生报应说等,特送此《白黑论》给我,在当今世上,也有不少人颇赞赏《白黑论》的。故聊陈我作为俗众的微末管见以作答。人们赞同或非毁佛法,其涉及的都是一些较重大的问题,不是一般地做肯定或否定的回答就可完事的,故不揣愚昧,撰《明佛论》,略陈自己的一些看法。该论刚刚写完,已令人誊抄,现在不能与此信一并送去,待过些时候再行奉上。宗炳告白。

释均善难

　　前送《均善论》,并咨求雅旨,来答周至。及以为兹理兴丧宜明,不可但处以可否之间。吾虽不能一切依附,亦不甚执偏见,但求夜光于巨海,正自未得耳。

　　以为佛经者,善九流之别家,杂以道、墨慈悲爱施,与中国不异。大人君子仁为己任,心无意必①。且以形像彩饰,将谐常人耳目,其为糜损尚微,其所弘益或著,是以兼而存之。至于好事者,遂以为超孔越老,唯此为贵,斯未能求立言之本,而眩惑于末说者也②。知其言者,当俟忘言之人。若唯取信天堂、地狱之应,因缘不灭之验,抑情菲食,尽勤礼拜,庶几荫宝积之盖,升弥灯之坐③。淳于生所以大谑也④。

【注释】

①意必:犹意断,固执。

②眩惑:眼睛昏花看不清楚,也形容对事物感到迷惑。

③"庶几"二句:宝积,宝积佛,此佛以无漏圣道之法宝积集庄严,成就佛道,故称宝积佛。弥灯,弥灯佛。(菩萨)维摩诘,借师子座于须弥灯王佛。《维摩经·不思议品》曰:"东方度三十六恒河沙国有世界,名为须弥相,其佛号须弥灯王。今现在,彼佛身长八

万四千由旬,其师子座高八万四千由旬,严饰第一。"

④"淳于"句:指宗炳的上述言论会让淳于髡那样的滑稽之士感到很可笑。淳于生,当指淳于髡,战国时期齐国著名的辩士与政治家,以善用"隐语"调谑讽谏著称,其事迹参见《史记·滑稽列传》。

【译文】

前面我送《均善论》给您,并请求雅正的意旨,您送来的答复很周到。我以为这个道理应该弄清楚,不可只处在模棱两可之间。我虽不能一切赞同,也不固执偏见,但求在茫茫大海的夜色中求得一线光明,一直苦于未有所得。

我认为佛经所讲的,与中国的诸子九家相近,算得上另外一家,再杂以道家、墨家的慈悲爱施思想,与中国并无不同。大人君子以仁为己任,内心不会固执己见。而且佛教运用各种佛菩萨的庄严形像并加以华彩装饰,让常人耳目感到愉悦和美,花费微少,而弘扬良好风气的益处也许很明显,因此兼而存之。可到了好事者那里,就以为佛超越孔子、老子,只有佛为最尊贵,这是未能求立言的根本,而迷惑于细枝末节罢了。知其言者,当等待忘言之人。如果只是信奉天堂、地狱的报应,看重各种因缘轮回不灭的证验,压抑自己的情感,吃粗劣的饮食,尽勤礼拜,以为这样就可以荫宝积之盖,升上弥灯之坐而成佛。这正是淳于髡那样的滑稽之士所以感到很好笑的原因啊。

论云:众圣、老、庄皆云有神明,复何以断其不如佛言?

答曰:明有礼乐,幽有鬼神,圣王所以为教,初不昧其有也。若果有来生报应,周、孔宁当缄默而无片言耶?若夫婴儿之临坑,凡人为之骇怛,圣者岂独不仁哉?

又云:人形至粗,人神实妙。以形从神,岂得齐终?

答曰：形神相资，古人譬以薪火，薪弊火微，薪尽火灭，虽有其妙，岂能独传？

又云：心之所感，崩城陨霜，白虹贯日，太白入昴。气禁之医，冷暖辄应。专诚妙感以受身，更生七宝之土，何为不可哉？

答曰：崩城陨霜，贯日入昴，不明来生之譬，非今论所宜引也。又见水火之禁，冀其能生七宝之乡，犹观大冶销金①，冀其能自陶铸，终不能亦可知也。

又曰：有谛、无谛，此唱居然甚安。自古千变万化之有，俄然皆已空矣。当其盛有之时，岂不常有必空之实？愚者不知其理，唯见其有。

答曰：如论云："当其盛有之时，已有必空之实。"然则即物常空，空、物为一矣。今空、有未殊，而贤、愚异称，何哉？昔之所谓道者，于形为无形，于事为无事，恬漠冲粹②，养智怡神。岂独爱欲未除，宿缘是畏？唯见其有，岂复是过？以此嗤齐侯，犹五十步笑百步耳③。

【注释】

①大冶销金：见《庄子·大宗师》："今之大冶铸金，金踊跃曰：'我且必为莫铘！'大冶必以为不祥之金。"意思是现在有一个铁匠铸造一个金属器物，金属跳起来说："一定要把我铸成莫邪宝剑！"铁匠必定以为是不吉祥的金属。

②冲粹：中和纯正。

③犹五十步笑百步耳：出自《孟子·梁惠王上》，指打仗时候向后逃跑五十步的人嘲笑向后逃跑一百步的人胆小。比喻现在的某些人嘲笑他人的不足或过失，却没有反思到自己也有这样的不足

或过失,只是程度要比别人轻一些罢了。"五十步笑百步"是一种没有自知之明的表现。

【译文】

论云:周孔众圣以及老子、庄子都说有神,为什么断定他们所说的不同于佛教所说的理论呢?

回答说:现世显现在外的有礼乐,幽冥界有看不见的鬼神,圣王用这些来教导民众,最初不会隐瞒这些现象。如果确有来生报应,周、孔众圣怎么会缄默而无片言呢?比如婴儿就要掉进坑里了,凡人都为之惊骇担心,难道唯独圣者不仁义吗?

又云:人之形体极其粗陋,而人之精神却十分精妙。形之与神,怎么会一同消失呢?

回答说:形体和精神是互相依靠的,古人曾用薪火来比喻其间的关系。柴火快烧完了,火也就小了;柴火完全烧尽了,火也就熄灭了。虽然火有它的妙用,可是哪能独自传化呢?

又说:许多事实说明,人心之所感通,甚至可以导致自然界出现崩城陨霜、白虹贯日、太白入昴等异象。此外,天象之与人事,人心之与各种自然现象,也都会遥相感应,何况作为至明、至精、专诚极妙之神明,为什么就不能感应以受身,并再生于佛之国土呢?

回答说:崩城陨霜,贯日入昴,如果不明了前世来生之事,不是今天辩论所合适引用的例子。比如佛教徒奉行水火之禁,希望其能生七宝之国土,就好像观看铁匠铸造金属器物,金属跳起来希望凭自己就能陶铸成宝器,最终不可能,这是很容易就能理解的道理。

又说:有谛、无谛,这种理论显然很合理。自占以来,世间的事物所以千变万化,正是因为这些事物都是没有自性的。因此,所有的事物当其繁盛之时,历历在目,但不要多久,就都消失了。那些不明事理的人,看问题只是停留在表面现象,只看到它存在的一面,而看不到它空的一面。

　　回答说:如前论所说:"当万事万物繁盛之时,已有必然返归空无的事实。"那么即物常空,空、物为一。今空、有没有不同,而贤、愚称呼不同,为什么呢? 从前所说的道,于形为无形,于事为无事,安静淡漠,中和纯正,养智怡神。难道他们只是爱欲未除,畏惧以前的因缘? 只见到有的一面,岂不是又犯了过失? 以此嘲笑齐侯,就好像五十步笑百步了。

　　又云:舟壑潜谢,佛经所谓"现在不住"。诚能明之,则物我常虚。

　　答曰:潜谢不住,岂非自生入死、自有入无之谓乎? 故其言曰:"有骇形而无损心,有旦宅而无情死①。"贾生亦云:"化为异物,又何足患。"此达乎死生之变者也。而区区去就②,在生虑死,心系无量,志生天堂。吾党之常虚③,异于是焉。

　　又云:神光灵变,及无量之寿,皆由诚信幽奇,故映其明。今没于邪见,理固天隔。

　　答曰:今亦不从慢化者求其光明,但求之于诚信者耳。寻释迦之教,以善权救物,若果应验若斯,何为不见其灵变,以晓邪见之徒? 岂独不爱数十百万之说,而吝俄顷神光? 徒为化声之辩④,竟无明于真智,终年疲役,而不知所归,岂不哀哉!

　　又云:内怀虔仰,故礼拜悔罪。达夫无常,故情无所吝。委妻子而为施,岂有邀于百倍?

　　答曰:繁巧以兴事,未若除贪欲而息竞。遵戒以洗悔,未若剪荣冀以全朴⑤。况乃诱所尚以祈利,忘天属以要誉⑥。

谓之无邀,吾不信也。

又云:泥洹以无乐为乐,法身以无身为身。若诚能餐仰,则耽逸稍除,获利于无利矣。

答曰:泥洹以离苦为乐,法身以接善为身,所以使餐仰之徒不能自绝耳⑦。果归于无利,勤者何获?而云获于无利耶?此乃形神俱尽之证,恐非雅论所应明言也。

又云:欲此道者,可谓有欲于无欲矣。至若启导粗近者,有影响之实。亦犹于公以仁活致封,严氏以好杀致诛。励妙行以希天堂,谨五戒以远地狱。虽有欲于可欲,实践日损之途,此亦西行而求郢,何患其不至。

答曰:谓粗近为启导,比报应于影响,不亦善乎!但影、响所因,必称形、声。寻常之形,安得八万由旬之影乎?所滞若有欲于无欲,犹是常滞于所欲。夫耳目殊司,工艺异业。末伎所存⑧,虑犹不并。是以金石克谐⑨,泰山不能呈其高;鸿鹄方集,冥秋不能传其旨。而欲以有欲成无欲,希望就日损。虽云西行,去郢兹远,如之何?

【注释】

①"有骇形"二句:见《庄子·大宗师》:"彼有骇形而无损心,有旦宅而无情死",意为人的肉体会有变化,但精神没有损伤,精神可以不断变易身体,而没有真正的死亡。骇形,谓形骸变化。损心,谓损累心神。旦宅,谓变化的躯体。

②去就:离去或留下

③吾党:犹吾辈,吾俦,我们的同类人。

④化声:此处指各种论辩是非的言论。

⑤荣冀:谓对荣华富贵的欲望。

⑥天属:天性相连,父子、兄弟、姊妹等有血缘关系之亲属为"天属"。

⑦餐仰:犹崇奉。

⑧末伎:古指工商业;不足道的技艺。

⑨克谐:能够成功。克,助动词,能够。谐,和谐,有圆满、顺利的意思。

【译文】

又说:沧海桑田之变,佛教是从当下念念不执着的角度去理解它的,如果确实能够明白这个道理,那么会体悟到物我永远是空无自性的。

回答说:一切不断变化,当下念念不执着,难道没有包含自生入死、自有入无这些事情吗?因此有这样的话:"人的肉体会有变化,但精神没有损伤,精神可以不断变易身体,而没有真正的死亡。"贾生也说:"变化为不同的东西,又有什么值得担心害怕的。"这达到了面对生死之变而不动心的境界了。而小小的离去或留下,在生的时候考虑死亡,心系无量极乐世界,立志死后生于天堂。吾辈内心虚灵,不像佛教这样用"空"来引诱众生追求天堂之乐。

又说:所谓神光、灵变及无量寿,皆因虔诚信仰佛教,故日后将生于佛土,亲映光明,寿命无穷。如果沉溺于邪见之中,以佛法为荒诞而轻视怠慢,那么与佛法就有天渊之隔,无法目睹。

回答说:现今也不要求难以教化的人得到光明,但求之于诚信的人。考虑到释迦之教,以善巧方便拯救万物,如果真的像他们说的后来发生的事实与预先所言、所估计的相符,为什么不显现其灵妙变化,以让邪见之徒明白领悟?岂能不爱惜自己关于普渡众生的数百万言学说,而吝惜那一点点神光?仅仅作为各种论辩是非的言论,竟然不能让人明了真智,终年疲于所役,而不知所归向的目标,岂不是很悲哀吗!

又说：今佛教徒因为内心虔诚崇信佛法，故能常礼拜以悔罪，怎么能说佛教徒之礼拜是不恭谨严肃呢？因为懂得诸法无常的道理，故不为情欲所困。出家人连世俗最为注重的妻子、儿女都可以舍去，又如何能说信佛是为了"施一以邀百倍"呢？

回答说：以各种繁巧的手段来振兴事业，比不上消除贪欲而停止过多的竞争。通过遵守戒律来洗心忏悔，比不上剪除对荣华富贵的欲望来保全朴素的心。何况通过所崇尚的东西来诱惑以祈求利益，忘却有血缘关系的亲属来追求声誉。说是不邀功，我不相信。

又说：佛教所说的涅槃乃是以无乐为乐，而法身则以无身为身。如果事佛是出于诚心，则耽逸之虑根本不存在，而能获得无利之大利益。

回答说：涅槃以离苦为乐，法身以修习诸善为身，所以使崇奉的信徒不能自己停下来。如果归于无利，勤奋的人能获得什么呢？而为什么说获于无利？这就是形神俱尽的证明，恐怕不是雅论所应该明确表达的意思了。

又说：向往此道之人，可以说多是有欲于无为宁静之乐而不执着于世欲之乐。至于佛教所说的因果报应，天堂地狱说并不是没有根据的，比如说于公以行仁义而得封官，严延年则因好杀而被诛杀。如果人们畏惧被诛杀的恶报，平日必定不敢滥杀无辜而修仁义，修种种善行以希望日后能往生天堂，谨守五戒来远离地狱之报，虽然似乎也是有所追求，但在客观实践上却在日益减损其作恶的欲望，这也就好像是想去郢都而往西走，用不着担心走不到目的地。

回答说：认为因果报应，天堂地狱就好像影子和回声，不也是很好吗！但影、响的原因，必定有形体、声音。寻常的形体，哪里有八万由旬长的影子啊？如果执着有欲于无欲，就还是对所欲之物的执着。耳目掌管不同的功能，工艺有不同的专业方向。即使对于不足道的技艺，心中所想要达到的境界和实际能掌握的程度还是有很大差别。所以，金石音乐调整得和谐优美，泰山不能呈现其高大；具备鸿鹄高飞之志者，深秋不能传其意旨。而想要以有欲成就无欲,希望一天天减少贪欲。这就好像虽然说是西行,离开郢都却越远,怎么办呢?

又云:若身死神灭,是物之真性,但当与周、孔并力致教。何为诳以不灭,欺以佛理,使烧祝发肤,绝其胖合,以伤尽性之美?

答曰:华、戎自有不同。何者?中国之人,禀气清和,含仁抱义,故周、孔明性习之教。外国之徒,受性刚强,贪欲恣戾,故释氏严五戒之科。来论所谓圣无常心,就物之性者也。惩暴之戒,莫苦乎地狱。诱善之劝,莫美乎天堂。将尽残害之根,非中庸之谓。周、孔则不然,顺其天性,去其甚泰。淫盗著于五刑①,酒辜明乎《周诰》②;春田不围泽,见生不忍死;五犯三驱③,钓而不纲④;是以仁爱普洽,泽及豚鱼。嘉礼有常俎⑤,老者得食肉;春耕秋收,蚕织以时;三灵格思⑥,百神咸袟⑦。方彼之所为者,岂不弘哉!又甄供灌之赏,严疑法之罚⑧;述蒲宰之问,为劝化之本⑨;演焄蒿之答,明来生之验⑩。祇服盱衡而矜斯说者⑪,其存心亦悍矣。

论又称:"耆、陀、尸梨之属,神理风操,不在琳比丘后。"

足下既明常人不能料度近事,今何以了其胜否于百年之前、数千里之外耶?若琳比丘者,僧貌而天虚⑫,似夫深识真伪,殊不肯忌经护师,崇饰巧说。吾以是敬之。孙兴公论云:"竺法护之渊达,于法兰之纯博。"足下欲比中土何士也?及楚英之修仁寺⑬,笮融之赒行馑⑭,宁复有清真风操乎?昔在东邑,有道含沙门,自吴中来,深见劝譬,甚有恳诚。因留三宿,相为说练形澄神之缘,罪福起灭之验,皆有条贯。吾拱听谠言⑮，申旦忘寝⑯。退以为士所以立身扬名、著信行道者，实赖周、孔之教。子路称："闻之而未之能行，唯恐有闻。"吾所行者多矣，何遽舍此而务彼⑰？又寻称情立文之制⑱，知来生之为奢。究终身不已之哀，悟受形之难再。圣人我师，周、孔岂欺我哉？缘足下情笃，故具陈始末。想耆旧大智，诲人不倦，于此未默耳。前已遣取《明佛论》，迟寻至，冀或朗然于心。何承天白。

【注释】

①淫盗著于五刑：见《牟子理惑论》注。

②酒辜明乎《周诰》：《尚书·酒诰》记录周公对饮酒作了严格规定。

③五犯三驱：三驱见前《喻道论》注。五犯，见《礼记·王制》："昆虫未蛰，不以火田，不麛，不卵，不杀胎，不殀夭，不覆巢。"

④钓而不纲：只用有一个鱼钩的钓竿钓鱼，而不用有许多鱼钩的大绳网钓鱼。纲，渔网上的大绳。

⑤俎（zǔ）：古代祭祀时放祭品的器物；切肉或切菜时垫在下面的砧板。

⑥三灵格思：三灵，指天神、地祇、人鬼或天、地、人。格，来，到。思，语助词。

⑦袟（zhì）：此处指秩序、次第。

⑧疑法：疑难案件。亦指审判疑难案件。

⑨"述蒲宰"二句：《史记》卷六七《仲尼弟了列传》记载子路曾为蒲大夫。《论语·先进》载：子路问事鬼神。子曰："未能事人，焉能事鬼？"曰："敢问死。"曰："未知生，焉知死？"

⑩"演焄（xūn）蒿"二句：焄蒿：香气蒸出。《礼记·祭义》："宰我曰：吾闻鬼神之名，而不知其所谓。子曰：气也者，神之盛也。魄也

者,鬼之盛也。合鬼与神,教之至也。众生必死,死必归土,此之谓鬼。骨肉毙于下,阴为野土。其气发扬于上为昭明,焄蒿凄怆,此百物之精也,神之著也。"

⑪祗服(zhīfú):敬谨奉行。盱(xū)衡:扬眉举目;观察。

⑫僬貌而天虚:参见《庄子·田子方》:"其为人也真,人貌而天虚,缘而葆真,清而容物。物无道,正容以悟之,使人之意也消。无择何足以称之!"意思是:"他为人真诚,具有人的体貌和天一样的空虚之心,随顺物性而保持真性,心性高洁又能容人容物。人与事不合正道,他端正己之仪态使自悟其过而改之。我哪里配得上去称赞他呀!"

⑬楚英之修仁寺:汉明帝永平八年(65)给楚王英诏书说:"楚王诵黄老之微言,尚浮屠之仁祠,洁斋三月,与神为誓。"明帝永平十三年,有人告楚王英大逆不道,英被废,后自杀。

⑭笮融之赒行馑:参见《正诬论》注。

⑮谠言:正直之言。

⑯申旦:自夜达旦,犹通宵。

⑰何遽:表示反问,可译为"怎么"。

⑱寻称情立文之制:《荀子·礼论》说"称情而立文",意思是说,丧服的节文是按照生者与死者的感情深浅来确立的,而感情的深浅是由彼此关系的亲疏决定的。

【译文】

又云:如果身死神灭是事物之真实本性,如此则应该即其必灭之性,与周、孔并力弘教,如此岂不纯粹些,怎么也奢谈佛理,欺惑世人,使他们剃掉头发,烧伤皮肤,杜绝两性生活,危害了尽性之美!

回答说:中华、西戎本来就有不同。为何? 中国之人,禀气清正温和,讲究仁义,故周公、孔子两位圣人阐明修养身心的教化。外国之徒,生性刚硬强梁,贪欲很多,蛮横无理,动辄发怒,故释氏用五戒来约束他们。所送来的论文说圣无常心,是就万物的本性来说的。惩罚暴行的戒律,没有比地狱更苦的了。劝诱善行的功德,没有比天堂更美的了。略尽残害的根本,不是中庸之道。周、孔则不然,顺应人们的天性,去其奢侈放逸之心。奸淫盗窃写入五刑,饮酒戒律明乎《周诰》;春天打猎不把整个猎场围起来抓光所有野兽,见其生,不忍见其死;有五犯三驱的规矩,钓鱼只用有一个鱼钩的钓竿,而不用有许多鱼钩的大绳网;因此圣人仁爱普施,恩泽遍及豚鱼。饮宴婚冠、节庆活动方面的礼节仪式有固定的祭祀,老者得食肉;春耕秋收,养蚕织布根据时节安排;天神、地祇、人鬼三灵来到,百神都井然有序。像这样的一些行为,难道不值得弘扬光大呢!又重视供灌行为的赏赐,严格要求审判疑难案件;叙述蒲地长官子路对孔子的生死之问,作为劝化的根本;演绎孔子与宰予师徒焄蒿之答的深意,明了来生之验证。敬谨奉行,而仍然骄傲无知,其居心也肯定有问题了。

论又称耆、陀、尸梨等高僧大德,其神道及志行品德不在慧琳之下。

足下既然明白常人不能预料近事,今为何知道慧琳不能胜于百年之前、数千里之外的高僧呢?慧琳比丘,具有僧人的体貌和天一样广阔的空虚之心,深刻地辨别真伪,一点也不忌经护师,崇拜粉饰巧说。我因此敬重他。孙绰称赞慧琳:"具有竺法护那样的渊博通达,于法兰那样的淳厚广博。"您想要比中土哪位呢?比如汉代楚王刘英之修仁寺,笮融之救济沿途饥饿百姓,这些人哪里有幽静高洁的风操啊?以前我住在东邑,有一位法名叫做道含的沙门,从吴中来,有深远的见识,劝说很明了,为人很诚恳。因此留他住了三宿,为我解说净化心灵、修炼形体,以求超脱的因缘,以及罪福起灭的验证,说得很有条理,很系统。我恭听他正直的言论,通宵达旦。我以为士人之所以能够立身扬名、著信行道,实在依赖周、孔之教。子路称:"听说了却没有行动,唯恐有所听闻。"我所行很多了,怎么舍此而务彼?又想到古代"称情立文"的制度,知道来生仍然能转世为人是一种很奢侈的事。面对父母的死亡,终生都感到悲哀,由此领悟到很难再次形成身体之形。圣人是我们的老师,周、孔难道会欺骗我们吗? 因为足下感情笃厚,所以我详细地陈述始末。想到那些年高望重具有大智慧的人,诲人不倦,对这些问题没有保持沉默。前面已派人去取《明佛论》,很快就会看到,希望我能朗然于心,领悟您的道理。何承天告白。

答何衡阳难《释白黑论》

敬览来论,抑裁佛化,毕志儒业。意义检著,才笔辩核。善可以警策世情,实中区之美谈也。观足下意,非谓制佛法者非圣也,但其法权而无实耳。未审竟何以了其无实? 今相与断现事大计,失得略半也。灵化超于玄极之表①,其故纠结于幽冥之中,曾无神人指掌相语②,徒信史之阙文于焚烧之后③,便欲以废顿神化相助④,寒心也。

夫圣人穷理尽性,以至于命;物有不得其所,若己纳之于隍⑤。今诳以不灭,欺以成佛,使髡首赭衣⑥,焚身燃指,不复用天分以养父母、夫妇、父子之道。从佛法已来,沙河以西三十六国,未暨中华,绝此绪者,亿兆人矣。东夷、西羌,或可圣贤⑦,及由余、日磾得来之类⑧,将生而不得生者多矣。若使佛法无实,纳隍之酷,岂可胜言! 及经之权为合何道,而云欲以矫诳过正,以治外国刚强忿戾之民乎? 夫忿戾之类,约法三章,交赏见罚,尚不信惧。宁当复以即色本无、泥洹法身、十二因缘、微尘劫数之言以治之乎? 禀此训者,皆足下所谓"禀气清和、怀仁抱义"之徒也。资清和以疏微言,励义性以习妙行,故遂能澄照观法,法照俱空,而至于道。

皆佛经所载,而足下所信矣。

至若近世通神令德,若孙兴公所赞"八贤",支道林所颂"五哲",皆时所共高,故二子得以缀笔,复何得其谓妄语乎?孙称:"竺法护之渊达,于法兰之淳博,吾不关雅俗,不知当比何士。"然法兰弟子道邃,未逮其师。孙论云:"时以对胜流,云谓庾文秉也。"是护、兰二公,当又出之。吾都不识琳比丘,又不悉世论。若足下谓与文秉等者,自可不后道邃,犹当后护、兰也,前评未为失言。诚能"僧貌天虚,深识真伪",何必非天帝释化作,故激励以成佛耶?《白黑论》未可以为诚实也。

【注释】

①灵化:神异的变化。

②曾无神人指掌相语:意谓没有高人指点。

③信史:确实可信的历史,古人称《春秋》为信史。阙(quē)文:原指有疑暂缺的字,后亦指有意存疑而未写出的文句,犹佚文、省文。

④神化:谓神灵的教化,圣王的教化;此处指佛陀对众生神妙地潜移默化。

⑤若己纳之于隍:《孟子·万章下》称伊尹"思天下之民,匹夫匹妇,有不与被尧舜之泽者,若己推而纳之沟中"。汉张衡《东京赋》:"人或不得其所,若己纳之于隍。"后以"纳隍"指出民于水火的迫切心情。

⑥髡首:剃去头发。《楚辞·九章·涉江》:"接舆髡首兮,桑扈赢行。"王逸注:"髡,剔也;首,头也。自刑身体,避世不仕也。"

⑦"东夷"二句:参见《孟子·离娄下》:"舜生于诸冯,迁于负夏,卒于鸣条,东夷之人也。文王生于岐周,卒于毕郢,西夷之人也。

地之相去也,千有余里;世之相后也,千有余岁。得志行乎中国,
若合符节。先圣后圣,其揆一也。"

⑧"及由余"句:由余见《牟子理惑论》注释。日碑,即金日碑(前
134—前86),字翁叔,是驻牧武威的匈奴休屠王太子,汉武帝因
获休屠王祭天金人故赐其姓为金,深受汉武帝喜爱。

【译文】

　　怀着敬意阅读了先生您寄来的论文,了解到您贬抑佛法教化,以弘
扬儒家事业为志向,意义清晰明白,您才笔雄辩字字珠玑,句句皆是关
键,并且都是可以用来警醒鞭策世间人情的好文章,这也确实符合我所
称道的思想。根据先生您的意思看来,并不是说制佛法者不是圣人,只
不过是佛法并不实际存在罢了。但您没有推究到底佛法为何不实际存
在?现在看来,您对事物的判断与理解,大体上得失各占一半。神异的
变化玄妙深微,超越一切表面现象,很容易让人陷入困惑状态,如果没
有高人指点,仅仅依赖历史上那些在秦始皇焚书坑儒之后剩下的书本
知识,便想否定佛陀的神奇教化,确实让人寒心啊!

　　古代圣人推究天下万物的道理与本性,以至于万物的命运,如果万
物不能达到合宜的归宿,圣人之心就会像拯救民众出于水火一样迫切。
如今以神不灭来骗人,骗世人能成佛,使人们剃光头发身穿红褐色僧
衣,焚身燃指,不再用其与生俱来的使命赡养父母,以尽夫妇、父子之
道,自从这样的佛法传入以来,先是到达沙河以西三十六国,未到中华
之地,穷尽这种事业而导致夫妇父子治道断绝的人恐怕多达亿兆。舜
帝生于东夷,周文王生于西羌,都可以成为圣贤,以及由余、金日碑这些
从国外来的人,将生而不得生者很多了。如果佛法所说不实在,使民众
遭受纳入河沟那样的生存痛苦之事,又哪里会说得完呢!考虑到佛经
以善巧教化民众,又符合什么样的圣人之道,而说他们是以矫诬过正的
方式,来治理华夏之外刚强忿戾的人民吗?其实对于刚强忿戾的人,连
约法三章,赏罚交替进行这样宽松的方式治理,他们尚且既不信守也不

畏惧。那么能够用即色本无、泥洹法身、十二因缘、微尘劫数的说教来治理吗? 秉承这种理念者,皆是足下所说"禀受天地清和之气,胸怀仁义"的人。借助天地清和之气以领悟微言大义,磨砺仁义之性用以修习妙行,因此最终能够澄心观照万法,法照俱空,而达到圣人之道。这些都是佛经上的记载,也是先生您所相信的。

至于近世以来,通达神理,具有高尚道德的人,如孙绰所赞赏的"八贤",支道林所称颂的"五哲",都是时下人们共同认为名望很高的人,孙绰、支道林可以根据这些情况写成文章,难道又能说他们写的是虚妄不实的吗? 孙绰称赞:"竺法护学识渊博,德性通达;于法兰淳朴敦厚,知识渊博。而我却不熟悉雅人和俗人,不知道应当与谁相比。"然而于法兰的弟子道邃,不及他的老师。孙绰论述道:"能够与时下名流相当者,应当像庾文秉那样。"于是,竺法护、于法兰两位先生又应当超出庾文秉之上。我不认识慧琳,又不熟悉世间之论。如果像先生您所说与庾文秉相当的人,自然不可以落后于道邃,又应当在竺法护、于法兰之后。前面的评论不能说不恰当。如果真是"僧貌天虚,深识真伪",他未必不是天帝释变化所作,故意说反话激励俗人修行以成佛呢?《白黑论》不可认为是很诚实的。

来告所疑:"若实有来生报应,周、孔何故默无片言?"此固偏见之恒疑也,真宜所共明。夫圣神玄发,感而后应,非先物而唱者也。当商、周之季,民坠涂炭,杀逆横流,举世情而感圣者,乱也。故《六经》之应,治而已矣,是以无佛言焉。刘向称《禹贡》九州①,盖述《山海》所记:"申毒之民②,偎人而爱人。"郭璞谓之:"天竺③,浮屠所兴。"虽此之所夷,然万土星陈于太虚,竟知孰为华哉? 推其"偎爱"之感,故浮屠之化应焉。彼之粗者,杂有乱虐,君臣不治。此之精者,随时抱道,佛事亦存。虽可有禀法性于伊洛,餐真际于洙泗④。苟史佚以非治道而不书⑤,卜商以背儒术而弗编⑥。纵复或存于复壁之外典,复为秦王所烧。周、孔之无言,未必审也。夫玄虚之道,灵仙之事,世典未尝无之。而夫子道言远,见庄周之篇。瑶池之宴,乃从汲冢中出⑦。然则治之《五经》,未可以塞天表之奇化也。

　　难又曰:"若即物常空,空、物为一。空、有未殊,何得贤、愚异称?"夫佛经所称即色为空,无复异空者,非谓无有,有而空耳。有也,则贤、愚异称;空也,则万异俱空。夫色不自色,虽色而空;缘合而有,本自无有。皆如幻之所作,梦之所见,虽有非有。将来未至,过去已灭,现在不住,又无定有。凡此数义,皆玄圣致极之理。以言斥之,诚难朗然。由此观物我,亦实觉其昭然,所以旷焉增洗汰之清也,足下当何能安之?

　　又云:"形神相资,古人譬之薪火,薪弊火微,薪尽火灭,虽有其妙,岂能独存?"夫火者薪之所生,神非形之所作。意有精粗,感而得形随之。精神极则超形独存。无形而神存,法身常住之谓也。是以始自凡夫,终则如来,虽一生尚粗,苟有识向,万劫不没,必习以清升。螟蛉有子,蜾蠃负之⑧。况在神明理,荫宝积之盖,升灯王之座,何为无期?

【注释】

①《禹贡》:即《尚书·禹贡》,中国第一篇区域地理著作,是战国时魏国的文士托名大禹的著作,因而就以《禹贡》名篇。

②申毒:印度之古称,又作身毒,贤豆。

③天竺:天竺是古代中国以及其他东亚国家对当今印度和其他印度次大陆国家的统称。在中国历史上,对印度的最早记载在《史记·大宛列传》,当时称为身毒(梵文 Sindhu 译音)。《山海经》记载:"西方有天毒国"。《汉书》记载:"从东南身毒国,可数千里,得蜀贾人市。"《后汉书·西域传》记载"天竺国一名身毒"。

④"禀法性"二句:伊洛,夏禹立都之地,这里借指夏禹,《国语·周语上》:"昔伊洛竭而夏亡,河竭而商亡。"洙泗,为孔子的家乡,这里借指孔子。

⑤史佚:周文王时史官。

⑥卜商:字子夏,春秋末年晋国温地(今河南温县)人,一说卫国人,"孔门十哲"之一,七十二贤之一,人称卜子。相传《诗经》、《春秋》等书,均是由他传授下来。

⑦汲冢:指晋不准所盗发之古冢,墓在汲郡,故称。晋太康二年,汲郡人不准盗发魏襄王墓(或言安釐王冢)所得的数十车竹书。

⑧蜾蠃:出《诗经·小雅·小苑》:"螟蛉有子,蜾蠃负之"。螟蛉之子,即义子,俗话指干儿子、干女儿。古人以为蜾蠃不产子,于是捕螟蛉回来当义子喂养。

【译文】

您提出疑问:"如果真的存在来生报应,周公、孔子为什么没有提及只言片语?"这是持固有偏见者通常的疑问,实在应该让大家都明白。圣人的精神洞察世变的出现,是先意识到才有反应,并不是先于事物而存在。在商朝、周朝末年,人民坠入生灵涂炭的境地,杀戮叛逆随处可见,时代风气给圣人的感觉就是混乱。所以《六经》的回应,是天下安定罢了,因此没有相关佛教的言论。刘向称《禹贡》九州,描述《山海经》所记载:"印度的人民,相互依靠并且相互关爱。"郭璞说:"天竺,是佛教所兴盛的地方。"这在中国看来固然是夷狄,然而众多邦国列陈于无垠之太虚,谁知道哪一个是中华? 推及其"相互关爱"的认识,所以产生了佛陀的教化。其粗陋之处，是夹着动乱和暴虐，以及君臣关系没协调好。其博大精深之处是能够随时持守正道，佛事也能够存在。虽然夏禹秉承觉悟的法性，孔子体悟真如本性境界。如果史官依照不记录书写不是治世之道的内容的原则，卜商奉行违背儒术而不编撰的原则，纵然是重新恢复那些也许在孔子墙壁中存在的典籍著作，也会再一次被秦始皇所烧毁，周公、孔子在著作中没有提及佛教，世间的人就不知道有佛，这种说法并不严谨。玄远虚无之道，神仙的事迹，世间典籍未尝没有记载。而孔子向其弟子陈述幽远的事迹，《庄子》中亦有诸多篇幅记录。关于周穆王在瑶池的宴会，乃是出自于《汲冢书》中。这样的话，研究《易》、《诗》、《书》、《礼记》、《春秋》等儒家经典，不可能涵盖所有上天显示的奇迹。

又诘难说："如果万事万物永远性空，空与物相等同。空、有没有分别，为何会有贤明、愚昧的不同说法呢？"佛经中所说的一切事物和现象性空，没有差异，并不是说事物和现象不存在，它们存在并且性空。存在则有贤明、愚昧的不同说法；性空，则万事万物的差异都为空性。事物不是自己独立地存在，其存的本质是性空；因缘和合而产生事物，事物来自于无。一切都如同幻象所引起，梦中所见到的一样，看似存在实际上并非真的存在。将来还未来临，过去已经幻灭，现在也不会停留，因此事物不是真实不变的存在。所有这些意思，都是玄妙极致的道理。用这些话来指责，实在是很难说明白。以这种方式来观照物我，的确能让人觉得昭然明白，所以心胸空旷，通过清洗更加清净了，足下应当怎样理解它呢？

您又说："人的形体与精神相互资借，古人用薪与火来进行比喻，随着柴薪的燃烧，火亦逐渐减弱，柴薪烧尽火则熄灭，虽然火有它的妙用，但它岂能单独存在？"火是因为柴薪的燃烧而产生，人的精神却并非由形体所产生。意有精细和粗重的区别，感通而得到形体随附。一个人的精神境界达到极致则超越形体而独立存在，没有形体而精神长存即

所谓的法身常住。所以从凡夫俗子开始，最终可以成为如来佛祖。虽
然刚出生尚是粗重，一旦认识到修行的方向，就算万世也不能使其隐
没，必定反复研习以至于精神达到清扬飞升的境界。无法生殖的螺蠃，
会捕获螟蛉的幼虫，将它哺育长大，以此传宗接代。更何况修习佛法者
有神灵昭示使之明理，在宝积佛的荫泽之下，升起须弥灯王的法座，成
佛怎么会遥遥无期呢？

又疑：释迦以善权救物，岂独不爱数十百万之说，而吝
俄顷神光，不以晓邪见之徒？夫虽云善权，感应显昧，各依
罪福。昔佛为众说，又放光明，皆素积妙诚，故得神游。若
时言成，已着之筌，故慢者可睹。光明发由观照，邪见无缘
瞻洒。今睹经而不悛其慢，先洒夫复何益？若诚信之贤，独
朗神照，足下复何由知之？而言者会复谓妄说耳。恒星不
现夜明也，考其年月，即佛生放光之夜也。管幼安风夜泛
海①，同侣皆没，安于暗中见光，投光赴岛，阖门独济。夫佛
无适莫，唯善是应。而致应若王祥、郭巨之类②，不可称说，
即亦见光之符也。岂足下未见，便无佛哉？

又陈周、孔之盛，唯方佛为弘。然此国治世君王之盛
耳。但精神无灭，冥运而已，一生瞬息之中，八苦备有，虽克
儒业，以整俄顷，而未几已灭。三监之难③，父子相疑，兄弟
相戮。七十二子，虽复升堂入室，年五十者曾无数人。颜夭
冉疾，由醯予族④，赐灭其须。匡、陈之苦，岂可胜言？忍饥
弘道，诸国乱流，竟何所救！以佛法观之，唯见其哀。岂非
世物宿缘所萃耶？若所被之实理，于斯犹未为深弘。若使
外率礼乐，内修无生，澄神于泥洹之境，以亿劫为当年，岂不

诚弘哉！事不传后，理未可知。幸勿据粗迹，而云"周、孔则不然"也。人皆谓佛妄语。《山海经》说死而更生者甚众。昆仑之山，广都之野，轩辕之丘，不死之国，气不寒暑，凤卵是食，甘露是饮，荫珃琪之树，歃朱泉之水，人皆数千岁不死。及化为黄熊⑤，入于羽渊⑥，申生、伯有之类，丘明所说亦不少矣。皆可推此之粗，以信彼之精者也。

承昔有道，闻佛法而敛衽者⑦，必不甯作蒲城之死士可知矣⑧。当由所闻者未高故耶？足下所闻者高，于今犹可豹变也⑨。人是精神物，但使归信灵极，粗禀教戒。纵复微薄，亦足为感，感则弥升。岂非脱或不灭之良计耶？昔不灭之实，事如佛言。而神背心毁，自逆幽司⑩，安知今生之苦毒者，非往生之故尔耶？轻以独见，傲尊神之训，恐或自贻伊阻也。

佛经说释迦文昔为小乘比丘，而毁大乘，犹为此备苦地狱，经历劫数。况都不信者耶？复何以断此经必虚乎？足下所诘前书中语，为因琳道人章句耳。其意既已粗达，不能复一二辩答。所制《明佛论》，已事事有通，今付往。足下力为善寻，具告中否？老将死，以此续其尽耳。此书至，便倚索答，殊不容悉。宗炳白。

【注释】

①管幼安：即管宁（158—241），字幼安，北海朱虚人。管宁以贤能名世，据传其远祖是春秋时代的贤相管仲。一次管宁和家人坐船回乡，船队在海上航行时，遇到风暴，大部分船都沉没了，管宁坐的这只船也很危险，但奇迹发生了，夜幕中突然出现了一点亮光，给船只指引方向，到达了一处荒岛，这才转危为安。当时人

们发现,岛上没有居民,也没有点火的痕迹,这光是从哪里来的呢?人们把它解释为奇迹,并说这是管宁的"积善之应"。

②王祥、郭巨之类:晋干宝《搜神记》卷十一:"(王祥)母常欲生鱼,时天寒冰冻,祥解衣,将剖冰求之,冰忽自解,双鲤跃出。"郭巨,二十四孝之一。干宝《搜神记》载:"(巨)兄弟三人,早丧父。礼毕,二弟求分以钱二千万,二弟各取千万。巨独与母居客舍,夫妇佣赁以给公养。居有顷,妻产男。巨念举儿妨事亲,一也;老人得食,喜分儿孙减馔,二也,乃于野凿地欲埋儿,得黄金一釜。"

③三监之难:"三监"起初是周武王灭商后为监管殷遗民而采取的措施。周武王攻下商都朝歌后,纣王被迫自焚而死,商朝亡,但商的奴隶主阶级仍保存了很强的实力。为加强对殷民的控制,巩固西周在中原地区的统治,武王封商纣王之子武庚于商都,并将商的王畿分为卫、墉、邶三个封区,分别由武王弟管叔(东卫管叔鲜)、蔡叔(西墉蔡叔度)、霍叔(北邶霍叔处)去统治,以监视武庚,总称三监。武王死后,三监因不满周公摄政,联合武庚发动叛乱,乱平后他们或被杀或被流放。

④由醢:指孔子弟子仲由在卫国内讧中惨遭杀害事,参见前《牟子理惑论》注释。

⑤黄熊:也作"黄能",是一种已经绝迹的动物,是三只脚的龟,在《山海经》中有记载。《国语·晋语八》:"昔者鲧违帝命,殛之于羽山,化为黄能,以入于羽渊。"南朝梁任昉《述异记》卷上:"尧使鲧治洪水,不胜其任,遂诛鲧于羽山,化为黄能,入于羽泉,今会稽祭禹庙不用熊,曰黄能,即黄熊也。陆居曰熊,水居曰能。"

⑥羽渊:池潭名。传说鲧死后化黄熊处。《左传·昭公七年》:"昔尧殛鲧于羽山,其神化为黄熊,以入于羽渊。"

⑦敛衽:整饬衣襟,表示恭敬。《战国策·楚策一》:"一国之众,见君莫不敛衽而拜,抚委而服。"

⑧必不凿作蒲城之死士：孔子弟子子路曾为蒲大夫，后遇难。

⑨豹变：像豹子的花纹那样变化。比喻润饰事业、文字或迁善去恶，也可比喻地位高升而显贵。《周易·革》："上六，君子豹变，小人革面。"《三国志·蜀书·后主刘禅传》："降心回虑，应机豹变。"《晋书·应贞传》："位以龙飞，文以豹变。"

⑩幽司：即阴司，阴间的官府。《南史》卷三十七《沈庆之传》称，沈僧昭少事天师道，"时记人吉凶，颇有应验。自云为泰山录事，幽司中有所收录，必僧昭署名"。

【译文】

您又质疑：释迦牟尼以善行和各种方便来拯救万物，岂会不爱惜自己数十百万言的学说，而吝啬片刻神光，不使心存邪见之人通晓明白？虽说权衡善恶，个人所感应或明显或细微，都是依据各自从前罪福报应。过去佛祖为众生讲解佛法，又展现佛的智慧光明，这些都是当时人们平时积累善行，因此得以瞻仰神迹。如果当时的说法已经成了已执着之筌，因此傲慢者可以看到。光明发自内心觉悟观照，心存邪见的人无缘瞻仰和得到洗涤。现在阅读佛经的人，不悔改其冷淡不敬的态度，即使得到瞻仰和洗涤又有什么用呢？如果具有真诚信仰的贤德之人，能够独自感见佛的神通和观照，先生您又如何知道这些人的说法呢？这些说法往往会被认为是虚妄之说。恒星隐没而黑夜如白昼，考究这种现象发生的年月，正是佛祖出生大放光明的那天晚上。管幼安晚上在有风暴的海上航行时，其他的船都沉入水中了，他凭着夜幕中见到的亮光，到达了一处荒屿，全家幸运获救。佛不会根据感情的亲疏厚薄来帮助人，只是因为管幼安平时积善才会有此好的回报。至于如王祥、郭巨这一类现象，多得不可称说，也是见到佛祖光明的符瑞吧！由此看来，怎么能说您没有见到佛，佛就不存在呢？

您又陈说只有周公、孔子之教的兴盛，才有佛法的弘扬。然而这些不过是明君才有的盛世。但是，精神不会消失，只是在悄悄运行着。在人的短暂一生中,有生苦、老苦、病苦、死苦、怨憎会苦、爱别离苦、求不得苦以及五取蕴苦,虽然儒家治理不乏有短暂的和平昌盛之世,但不会长久。安抚殷民、监视武庚的三监政策实施起来困难重重,父子之间相互猜疑,兄弟之间相互杀戮。孔子的七十二个弟子,虽然学识达到很高的成就,然而能超过五十岁的却没有几人。颜回夭折,冉耕病逝,子路因卫国贵族内讧被杀,宰我被诛灭其族,子贡在卫蒯聩之乱中割掉胡须方得脱身,此外,还有孔门师徒被围困在匡、陈的苦难,岂能说得完?他们忍饥挨饿以弘扬儒家之道,对于诸国的混乱流弊,竟然什么都挽救不了!以佛法看来,这是十分悲哀的。难道不是事物从前因缘汇集的结果吗?被接受的真实至理犹未被深入弘扬。如果在外遵守礼乐法度,在内修习不生不灭的教义,澄明精神达到自由无碍的境界,以亿万年为一年,这才是真正的弘道啊!事迹没有在后世流传,并不代表他们不知道真实至理。切勿侥幸地根据简单的事迹,就轻易断言"周公、孔子则不是这样"。世人都说佛经是虚妄之语,《山海经》记载死而复生的例子比比皆是。昆仑山上,有广都之野,轩辕之丘,是人寿很长,永不灭亡的国家,这里的气候既不寒冷也不炎热,人们以凤鸟的卵作为食物,渴了就饮甘露,在生长红色玉石的玕琪树下乘凉,饮用朱泉之水,人人都能达到数千岁而不死。至于鲧死后化为黄熊,入于羽渊。晋国世子申生魂魄显现、郑国伯有死后变鬼复仇之类神异事迹,左丘明也有不少记载。由此粗略推论,可以相信佛经所说不是虚妄之语啊!

昔日有德有才通达事理的人,学习佛法后更加恭敬有礼节,必定不仅仅像子路一样只作蒲城的死士。应当是由于所听闻的不够高明的缘故,先生您所听到的是很高的智慧,尤其在当前可以让人迁善去恶。人是具有精气、元神的动物,一旦使其归依佛祖相信神极,接受佛法教义和戒律。纵使再浅薄,也足以感应到佛的教化,感应到佛的教化则能不断提升境界。这岂不是脱离苦海、摆脱轮回的最好方式吗?过去说精神不灭的情况,事实就像佛所说的那样。而那些背离神明心灵败坏的人,背逆于幽司,又怎么会知道今生今世的苦毒乃是前世造作的缘故呢？把轻薄的言论作为独到的见解，并自尊为神明的教导，恐怕这是自己给自己设置障碍啊。

佛经记载，释迦文佛曾经是小乘比丘，因诋毁大乘佛法，而饱受地狱折磨之苦，经历了很长时间。更何况完全不相信佛法的人呢？又怎么可以断定此经一定是虚妄之说呢？先生您所诘难前一封信中所提到的说法，只是承袭慧琳道人的章句罢了。既然意思已经基本说明，就不一一进行辩答了。我所撰写的《明佛论》，已对各种事情都有涉及，今随信附上。先生您致力于探求善的意义，不知能否详细地告诉我？我年纪大了，但即使到生命尽头也要坚持我的观点！写这封信，请求您的回答，恕不详说。宗炳告白。

何重答宗

重告并省大论，置阵如项籍，既足以贱汉祖，况弱士乎！证譬坚明①，文词渊富②，诚欲广其利释，施及凡民，深知君子之用心也。足下方欲影响，以神其教。故宜缄默，成人之美。但常谓外国之事，或非中华所务，是以有前言耳。果今中外宜同，余则陋矣，敢谢不敏。虽然，犹有所怀。夫明天地性者，不致惑于迂怪③。识盛衰之径者，不役心于理表。傥令雅论不因善权笃诲④，皆由情发，岂非通人之蔽哉？未缘言对，聊以代面。何承天白。

【注释】

①坚明：坚定明确。

②渊富：精深宏富。

③迂怪：神怪；迂阔怪诞。

④善权：佛教语，谓多方巧说导人觉悟。笃诲：笃行训教。

【译文】

我一并拜读了您第二次写给我的书信和您的《明佛论》，并发现您的大论，如项籍一样善于摆阵，既足以让汉祖刘邦感到羞愧，何况文人弱士呢！文章论证坚定，譬喻明确，文词精深宏富，您实在是想要推广信佛的利益，施及凡夫民众，我深知君子用心之良苦。您想要扩大影响，以神化其教。因此我应该缄默，成人之美。但我常认为外国之事，也许不是中华所应该注重的，所以有前面的言论。如果确实中外一样，我则显得孤陋寡闻了，自己不聪敏，在此道歉。即使这样，心中还有感想。明悟天地本性的人，不会被神怪所迷惑。认识领悟盛衰变化之道的人，心灵不会被事物表面所奴役。假若各种高论不是出于各种导人觉悟的善巧方便而发，不力求笃行训教，而是都由妄情而发，岂不让通达之人受到蒙蔽？没有机缘当面对话，暂且以此回信代替面谈。何承天陈述。

卷第四

达性论

【题解】

　　本篇为刘宋何承天(370—447)所撰。何承天素来注重儒道,不信佛法,与治城沙门慧琳交往很好,慧琳著《白黑论》,反对佛理,主张形体一旦凋弊,则心神亦随之散灭。其时衡阳太守何承天亦撰《达性论》,以呼应慧琳之说,并陆续撰文以代慧琳答辩,在此期间与宗炳、颜延之等人展开多次论辩。本文中,何承天以传统的儒家三才论,对抗佛教的众生说,批判佛教的报应说,主张"神随形灭",并指出儒家经典中鬼神之说不过是圣人神道设教的权宜方便。

　　夫两仪既位,帝王参之,宇中莫尊焉。天以阴阳分,地以刚柔用,人以仁义立。人非天地不生,天地非人不灵,三才同体,相须而成者也①。故能禀气清和、神明特达②。情综古今,智周万物。妙思穷幽赜③,制作侔造化。归仁与能,是为君长。抚养黎元,助天宣德。日月淑清,四灵来格④;祥风协律,玉烛扬晖⑤。九谷刍豢,陆产水育;酸咸百品,备其膳羞。栋宇舟车,销金合土;丝纩玄黄⑥,供其器服。文以礼度,娱以八音。庇物殖生,罔不备设。夫民用俭则易足,易足则力有余，力有余则志情泰，乐治之心于是生焉。事简则不扰，不扰则神明灵，神明灵则谋虑审，济治之务于是成焉。故天地以俭素训民，乾坤以易简示人，所以训示殷勤若此之笃也。安得与夫飞沉蠕蠕并为众生哉⑦！若夫众生者，取之有时用之有道。行火俟风暴⑧，畋渔候豺獭⑨，所以顺天时也。大夫不麑卵⑩，庶人不数罟⑪。行苇作歌⑫，宵鱼垂化⑬，所以爱人用也。庖厨不迩，五犯是翼⑭。殷后改祝，孔钓不纲⑮，所以明仁道也。至于生必有死，形弊神散；犹春荣秋落，四时代换。奚有于更受形哉？诗云："恺悌君子，求福不回⑯。"言弘道之在己也。三后在天⑰，言精灵之升遐也。若乃内怀嗜欲，外惮权教。虑深方生⑱，施而望报。在昔先师，未之或言。余固不敏，罔知请事焉矣。

【注释】

①"三才"二句：《周易·说卦》："昔者圣人之作易也，将以顺性命之理。是以立天之道，曰阴与阳；立地之道，曰柔与刚；立人之道，曰仁与义。兼三才而两之，故易六画而成卦。"

②神明特达：指精神独特而通达。《尚书·君陈》："至治馨香，感于神明；黍稷非馨，明德惟馨。"

③妙思穷幽赜(zé)：指思想深远，能穷尽幽深精微之理。《周易·系辞上》："圣人有以见天下之赜，而拟诸其形容。"

④四灵：一指麟、凤、龟、龙四种灵畜。《礼记·礼运》："何谓四灵？麟、凤、龟、龙谓之四灵。"二指传说中的苍帝、黄帝、白帝、黑帝四神帝。《文选·张衡〈东京赋〉》："尊赤氏之朱光，四灵懋而允怀。"薛综注："《河图》曰：'四灵，苍帝神名灵威仰，赤帝神名赤熛怒，黄帝神名含枢纽，白神名白招拒，黑帝神名协光纪。'今五云

四灵,谓除赤,余有四。"三指古代神话中掌东西南北四方之神。三国魏曹植《神龟赋》:"嘉四灵之建德,各潜位乎一方。苍龙虬于东岳,白虎啸于西岗,玄武集于寒门,朱雀栖于南乡。"四指古代又用以指东西南北四方的星宿。南朝齐谢超宗《齐南郊乐歌·武德宣烈乐》:"四灵晨炳,五纬宵明。"

⑤玉烛:谓四时之气和畅,形容太平盛世。《尔雅·释天》:"四气和谓之玉烛。"

⑥丝纩玄黄:此处指将丝麻等染色。

⑦飞沉:指鸟和鱼。蠉蠕(xuānrú),指飞翔、爬行的昆虫。

⑧行火俟风暴:《礼记·王制》:"獭祭鱼,然后虞人入泽梁。豺祭兽,然后田猎。鸠化为鹰,然后设罻罗。草木零落,然后入山林。昆虫未蛰,不以火田。不麛,不卵,不杀胎,不殀夭,不覆巢。"

⑨畋渔俟豺獭:指君主和诸侯围猎捕鱼,要等自然界的豺和獭等开始捕猎之后才进行。

⑩大夫不麛(mí)卵:麛,泛指幼兽。《礼记·曲礼下》:"国君春田不围泽,大夫不掩群,士不取麛、卵。"

⑪庶人不数罟(gǔ):指平民不在同一个地方多次下网。《孟子·梁惠王上》:"数罟不入洿池,鱼鳖不可胜食也。"

⑫行苇作歌:《诗经·大雅·行苇》:"敦彼行苇,牛羊勿践履。"按,古文毛序以为泛言周王朝先世之忠厚,今文三家遗说则以为专写公刘的仁德。后遂用为仁慈的典实,多用于称颂朝廷。

⑬宵鱼垂化:用来颂扬地方官善于教化。《吕氏春秋·具备》:"宓子贱治亶父……三年,巫马旗短褐衣弊裘,而往观化于亶父,见夜渔者,得而舍之。巫马旗问焉,曰:'渔为得也。今子得而舍之,何也?'对曰:'宓子不欲人之取小鱼也。所舍者小鱼也。'巫马旗归,告孔子曰:'宓子之德至矣。使民暗行,若有严刑于旁。'"

⑭"庖厨"二句:《孟子·梁惠王上》:"是以君子远庖厨"。豝(bā),

《说文》:"豝,牝豕也。"母猪。《诗经·召南·驺虞》:"一发五豝。"《毛诗序》认为是歌颂文王教化的诗作。

⑮"殷后"二句:《史记·殷本纪》:"汤出,见野张网四面,祝曰:'自天下四方,皆入吾网。'汤曰:'嘻,尽之矣!'乃去其三面。"《论语·学而》:"子钓而不纲。"都指古来圣者的仁义之德。

⑯"恺悌(kǎitì)"二句:见《诗经·大雅·旱麓》。恺悌,和乐平易。君子,指周文王。回,违背,奸邪。

⑰三后在天:《诗经·大雅·下武》:"下武维周,世有哲王。三后在天,王配于京。"三后:指周的三位先王太王、王季、文王。后,君王。

⑱虑深方生:指对于生存在世间之事考虑较深远。《庄子·齐物论》:"方生方死,方死方生。"

【译文】

天地已就其位,帝王作为天地之间与之并列的第三大主体,乃是宇宙中最为尊贵的。天以阴阳分别其性质,地以刚柔来阐明其功用,人则以仁义来立身行事。人没有天地不能生存,天地没有人则没有灵气。天、地、人是同一形体,相互配合因而相互成就。所以只有那些禀受天地清和之气的人,其神明独特而通达。情趣广泛,精通古今,智识渊博,无所不知,深远的思想能够穷尽天地间的幽深精微,神奇的制作可与自然造化等齐。选贤任能,使天下归仁,这样的人能作君王。他会去安抚养育黎民百姓,帮助上天实现化生之大德。日明月朗,四灵降临;祥风习习,符合音律,四时和气,温润明朗;各种谷物禽畜,不论陆地生长还是水中繁育;各种食物不论酸咸,都是天地为人民储备的各种美味。建设高楼广厦,制造舟船车辆,浇铸金属,和合泥土;抽丝煮麻,织布染彩,都是圣君为百姓提供的器具衣服。圣人君王还用礼仪法度使天下变得文明,用各种乐器娱乐百姓。庇护万物繁育生命,可以说是无微不至。人民日用节俭就容易满足,容易满足就有余力,有余力就会心情安泰,百姓于是就会产生圣君治理下的快乐之心。圣君政事简要就不会内心扰乱，内心不扰乱就会使其神明聪敏，神明聪敏就会使其谋虑审慎，君王于是就会成就治理天下的事业。所以，天地以节俭素朴来教导人民，圣人制作《易经》以平易简要告诫人民。天地圣哲如此勤奋恳切地教导训示生灵，难道能与那些飞鸟沉鱼、蠕蠕小虫之类的并称为"众生"吗？而所谓的众生，他们依凭季节的特点索取生存所需，遵循自然之道使用万物。人们知道等风暴来了再取火，知道等豺狼水獭进行猎食和捕鱼了再开始捕猎，这都是为了顺应时节啊。所以大夫打猎不取幼兽和未孵化之卵，而百姓则绝不在同一个地方多次撒网捕鱼。百姓做歌词来称咏朝廷的仁德惠及路边的芦草，地方的官吏善于教化，使当地人民夜间捕鱼能将所得小鱼重归水中。这是为了爱惜人民的材用啊！君子都有远离厨房的仁德，只想保护那五只小母猪不被猎人射中；商汤改变捕鸟人的祝词让他撤去三面罗网，孔子不用带着钩绳的大网捕鱼，都是为了阐明仁爱之道啊！至于说，万物有生必有死，一旦形体凋散，精神也就跟着消散了，好比树木春天枝繁叶茂，一到秋天便枝枯叶落了，四时更替，天道循环，哪里有什么东西死亡消散了还能再次禀受成形呢？《诗经》中说："和乐平易好个君子，求福有道不邪不奸。"是说弘扬大道，关键在于自己啊。《诗经》说："三后在天，王配于京。"是说他们的精神魂魄飞升上天了。至于说到那些讲"众生"的人，内心充满奢欲，却又忌惮权宜之教，做事深谋远虑，刚施惠于人就希望报答。这些都是孔夫子没有谈到过的现象，我本来就不够聪敏，所以迷惑无知才向您请教啊！

释《达性论》

【题解】

本篇为刘宋颜延之所撰。针对何承天撰《达性论》，颜延之以佛教的观点加以驳斥，认为圣人与众人以及飞虫鸟兽一样都是"含识"之类，都可以称作"众生"，另外认为儒家经典中鬼神的记载，证明了神灵的存在和轮回报应的真实。

前得所论，深见弘虑。崇致人道，黜远生类。物有明征，事不愆义。维情辅教，足使异门扫轨。况在薪同，岂忘所附。徒恐琴瑟专一①，更失阐谐。故略广数条，取尽后报。足下云：同体二仪，共成三才者，是必合德之称②，非遭人之目。然总庶类同号众生，亦含识之名，岂上哲之谥。然则议三才者无取于氓隶，言众生者亦何滥于圣智。虽情在序别，自不患乱伦，若能两籍方教，俱举达义，节彼离文，采此共实，则可使倍宫自和，析符复合，何诇怏怏执吕以毁律？且大德曰生，有万之所同，同于所方万，岂得生之可异？不异之生，宜其为众。但众品之中，愚慧群差。人则役物以为养，物则见役以养人。虽始或因顺，终至裁残。庶端萌起，情嗜不禁。生害繁惨，天理郁灭。皇圣哀其若此，而不能顿夺所滞。故设候物之教，谨顺时之经，将以开仁育识，反渐息泰耳。与道为心者，或不剂此而止，又知大制生死，同之荣落。类诸区有，诚亦宜然。然神理存没，傥异于枯荄变谢。就同草木，便当烟尽。而复云三后升遐，精灵在天。若精灵必在，果异于草木，则受形之论，无乃更资来说。将由三后粹善，报在生天耶。欲毁后生，反立升遐。当毁更立，固知非力所除。若徒有精灵，尚无体状，未知在天，当何凭以立。吾怯于庭断，故务求依仿。而进退思索，未获所安。凡气数之内，无不感对；施报之道，必然之符。言其必符，何猜有望。故遗惠者无要，在功者有期。期存未善，去惠乃至。人有贤否，则意有公私。不可见物或期报，因谓树德皆要，且经世恒谈，贵施者勿忆，士子服义，犹惠而弗有。况在闻道要，更不得虚心，而动必怀嗜、事尽惮权耶！曾不能引之上济，每驱之下沦。虽深诮校责，亦已厚言不伐。足下婴城素坚，难为飞书。而吾自居忧患，情理无托。近辱褒告，欲其布意裁往释，虑不或值，颜延之白。

【注释】

①琴瑟专一：《左传·昭公二十年》：“若琴瑟之专壹，谁能听之？”意思是：琴瑟如果只弹奏一个音符，没有其他音符相配，终不能组成悦耳动听的乐章，谁又愿意去听呢？

②合德：《周易·乾·文言》说：“夫大人者，与天地合其德，与日月合其明，与四时合其序，与鬼神合其吉凶，先天而天弗违，后天而奉天时。天且弗违，而况于人乎？”这里指人的修养境界能与天地之道相通。

【译文】

先前拜读您的大作《达性论》，对您博大精深的思想与见识，甚感钦佩。您在文中推崇人道，而斥逐疏远其他的生物。于物有明显的征验，于事不违反道义。您的论文维系人之情性，辅助君王教化，足以使其他教门隐遁，何况您本意在于去异求同，应当不会忘记这些言论所依附的根本。只是担心您如此专断同一，反而会失去宽舒和谐啊！因此在此略微增加几条意见，作为对您的答复。先生在文中说：与天地同体，共同构成宇宙中的三才的存在，一定是与天地同德才能授予"大人"的称呼，而并非随意授予这个称呼。但是在佛教中，把所有有意识、有感情的生物都统称为"众生"，也叫"含识"。哪里是专门褒称那些具有超凡的道德、才智之人的呢？既然谈论天、地、人三才，不关注黎民百姓，那么辩说众生，又何必多此一举，去讨论所谓的圣贤之人呢？虽然您的本意在于二者的次序分别，但是即使称之为众生，也就不用担心对伦常的扰乱，如果能够使儒教和佛教相互借鉴，双方举出公认的义理，删节有分歧的文义，采用双方共通的见解，这样就可以使倍音与宫音自然和谐，使分开的符节再次吻合，又怎么会不服气地用偶数的"吕"调去攻击奇数的"律"音呢？再说，天地有大德，就是生生不息。天下万物的同一之处就在于他们都是那万有之中的一个，怎能生出一个完全不同的事物呢？所谓没有差异的万有之生，就在于它们就是众多。但是在万有之多中，却是有愚笨智慧各个差别的。譬如其中人类可以使役其他物类为自己的长养服务，其他物类就只能被役使来供养人类。虽然二者刚开始还能够相互顺应，但最终发展到互相残杀。一旦各种心绪萌发生起，情欲就不能禁止。一方面是生育日益繁茂，另一方面是侵害日益惨烈，直至天理完全消失断灭。伟大的圣人哀伤众生如此深陷苦海，但又不能违反情理地强行断绝众生的执着。因而只好用占验物候的方便对众生施行教化，以顺应时宜的常行义理、法度来教化百姓。目的就是以此来开启他们的仁爱之心，培育他们的觉悟之智，使众生炽烈的情欲之心能够回归于平静。

那些立志于和大道融为一体的人，并不会到此为止，他们还知道如何超越生死，与万有同生共灭。类比天下万物，也确实应该这样。然而，人之灵魂的陨没或许不同于草根干枯凋谢，如果与草木相同，则也应当如烟云一般散尽不复。可是您却说周朝三位先王的灵魂都飞升上天了。若灵魂果真存在，也果真异于草木，那么人死后能够再次禀受身形的说法，岂不是反而帮助灵魂不灭的说法吗？正是因为"三后"的精粹纯良，于是才有灵魂升天的福报啊！您本想破除死后复生之说，却又树立升天的思想，应当毁坏的反而建立，本来就应知道这不是人力所能消除的啊。如果只有灵魂存在，而没有身体形状，不知"三后"的灵魂在天上依靠什么存在呀！我不敢随意决断，所以务必寻求依傍仿效先贤。然而在进退思索之间，一直未能获得定论。举凡禀气而生并有限数的事物，没有不相互感应相待的；所以说凡施为必有报应的自然之道，必定是对应符合的。说它一定会符合应验，就不必猜测是否有报应了。所以有些施加恩惠给别人的人并不强求回报，而有些为人做了功德的人却会期望回报，期待回报的人没有达到真正的善，只有远离施与恩惠之心的人才达到至善。因为人有贤与不贤之分，因而人的意愿就有为公与为私的差别。一个人行善不需要看见实物或者期望回报，因此说所谓树立德行都属于强求名誉，况且历代俗语说得好，施恩的人不猜测期待回报是最可贵的。学子服膺正义，施恩于人而不以此为德。况且目的在于听闻至道大要，如果不能使内心澄虚明净，心念躁动则必定怀抱嗜欲，做事情就会老是忌惮权宜之教呀！人心若不能引导它向上获得拯救，就会被驱使向下沉沦。即使要严厉批评指责他人，也应该是忠厚之言而不是自我夸耀。先生您从来都是坚定地防守着自己的阵地，就连让我发射飞书的空档都没有。而我这边也是一直蛰居，并未想到把自己的想法托人传递给您。近来承蒙您来信襃扬劝告，我想要表达自己对您的见解的认识，但又担心有所不当。颜延之谨陈述。

答颜永嘉

【题解】

在本篇中，何承天反驳颜延之《释〈达性论〉》中的观点。对于天、地、人三才的问题，何承天认为人能以仁义相处，能与天地相参，并且智慧无穷，不应该与其他生命同称众生。他举例子说圣人虽然和常人一样禀于天地五常，但是不能说他们就是普通人。他认为，做人之道，体现在仁义上面，有恻隐之心就是仁人的表现，有廉耻好恶之感就是义心的开始。

敬览芳讯①，研复渊旨②。区别三才③，步验精粹，宣演道心，褒赏施士，贯综幽明，推诚及物；行之于己则美，敷之于教则弘，殆无所间。退寻嘉海之来，将欲令参观斗极，复迷反径，思或昧然，未全晓洽④，故复重申本怀。

足下所谓共成三才者，是必合德之称⑤。上哲之人，亦何为其然？夫立人之道，取诸仁义，恻隐为仁者之表，耻恶为义心之端。牛山之木，剪性于鉴斧⑥；恬漠之想，汨虑于利害；诚直滋其萌蘖⑦，援其善心。遂乃存而不算，得无过与？

又云：议三才者，无取于氓隶，言众生者，亦何滥于圣智？既已闻命，犹未知二涂，当以何为判？将伊、颜下丽，宁乔、札上附？企望不倦，以祛未了。必令两藉俱举，宫和符合，岂不尽善？

又曰：大德曰生⑧，有万之所同，同于所万，岂得生之可异？非谓不然，人生虽均被大德，不可谓之众生。譬圣人虽同禀五常，不可谓之众人，奚取于不异之生，必宜为众哉？来告云：人则役物以为养，物则见役以养人，大判如此，便是顾同鄙议。至于情嗜不禁，害生惨物，所谓甚者泰者，圣人固已去之。

又云：以道为心者，或不剂此而止⑨。请问不止者，将自己不杀耶？令受教咸同耶？若自己不杀，取足市廛，故是远庖厨，意必欲推之于编户，吾见雅论之不可立矣！

又云：若同草木，便当烟尽；精灵在天，将何凭以立？夫神魄惚恍⑩，游魂为变⑪，发扬凄怆⑫，亦于何不之？仲由屈于知死，赐也失于所问，不更受形，前论之所明言。所凭之方，请附夫子之对，及施报之道，必然之符，当谓于氏高门，俟积善之庆；博阳不伐，膺公侯之祚⑬，何关于后身乎？

又云：经世恒谈，施者勿忆，士子服义，惠而不有。诚哉斯言。微恨设报以要惠，说徒之所先，悦报而为惠，举世之常务。疑经受累劫之罪⑭，勤施获积倍之报，不似吾党之为道者，是以怏怏耳。知欲引之上济，亦甚所不惜，但丈夫处实者，颇陋前识之华，故不为也。若乃施非周急，惠存功誉，揆诸高明⑮，亦有耻乎？此吾率其恒心，久而不化，内惭璩子⑯，未暇有所谓也。何承天白。

【注释】

① 芳讯:嘉言。

② 渊旨:深远的旨趣。

③ 三才:指天、地、人。

④ 晓洽:明白透彻。

⑤ 合德:同德。《周易·乾·文言》:"夫大人者,与天地合其德,与日月合其明,与四时合其序,与鬼神合其吉凶。"

⑥ "牛山"二句:《孟子·告子上》:"牛山之木尝美矣,以其郊于大国也,斧斤伐之,可以为美乎? 是其日夜之所息,雨露之所润,非无萌蘖之生焉,牛羊又从而牧之,是以若彼濯濯也。人见其濯濯也,以为未尝有材焉,此岂山之性也哉?"鉴(mí),镰刀。

⑦ 萌蘖(niè):草木砍伐后长出的新芽。这里引申开端、萌生。

⑧ 大德曰生:《周易·系辞下》:"天地之大德曰生,圣人之大宝曰位。"

⑨ 剂:同"藉",借此。

⑩ 神魄惚恍:《老子》第二十一章:"道之为物,惟恍惟惚。"

⑪ 游魂为变:《周易·系辞上》:"精气为物,游魂为变。"

⑫ 发扬凄怆:《礼记·祭义》:"气也者神之盛也,魄也者鬼之盛也……其发扬于上,为昭明,焄蒿凄怆,此百物之精也,神之著也。"

⑬ "当谓"四句:见《明佛论》注释,涉及两事均发生在汉朝,于氏指于定国父子事,博阳指丙吉封博阳侯事。

⑭ 累劫:连续数劫。谓时间极长。劫,梵语 kalpa 之音译"劫波"的略称。

⑮ 揆(kuí):度量,揣度。《诗经·墉风·定之方中》:"揆之以日,作于楚室。"毛传:"揆,度也。"

⑯ 璩子:蘧伯玉,春秋末年卫国大夫,为人有贤名。《论语·宪问》:"蘧伯玉使人于孔子,孔子与之坐而问焉。曰:'夫子何为?'对

　　曰：'夫子欲寡其过而未能也！'"

【译文】

　　看到您的来信，我又推究它深远的旨趣。您的信中对于天、地、人三才的区别，每一步的论证都很精粹。宣讲向道之心，褒扬、赞赏贤士，贯穿综合了世间有形和无形的事物，将自己诚实的向道之心也推究到事物身上。这种诚实之心，实行在自己身上就是美德，如果将它施予教化就会发扬光大，必定没有差别。仔细考虑您对我的教诲，就好像想要去参观北斗星与北极星，然后迷失了道路，思绪变得恍恍惚惚，没有完全想明白，所以在一次申明自己心中所想的问题。

　　您所说的与天地同体，共同构成宇宙中三才的存在，一定要与天地同德，那人才能有这个称呼，上古的先贤哲人，又是怎样认为的呢？做人之道，体现在仁义上面，有恻隐之心就是仁人的表现，有廉耻好恶之感就是义心的开始。牛山上的树木十分强壮，却被斧头修剪了性情；恬静淡漠的想法可以让我们冷静地思考利害关系。忠诚、正直可以滋养他的成长，延伸他的向善之心。只把问题保留下来不加以讨论，难道就没有过错吗？

　　您的信中又说，谈论天、地、人三才，可以不关注平民百姓，那么辩说众生，又何必多此一举，去讨论所谓的圣人、智者呢？我已经听闻了您的论断，但还是不知道合德圣人与普通众生应该以什么为判断依据来区分呢？是将伊尹、颜回作为众生而与"下"相附，还是把子产、季札作为合德之人而与"上"相附呢？孜孜不倦地企望达到圣人的高度，为我们消除那些没弄清的困惑。必定会举出圣人与众生这两类人物，使宫音与其他音调自然和谐，就像分开的符节再次吻合，这不是最高境界的善吗？

　　您又说：天地有大德，就是生生不息，天下万物的同一之处就在于他们都是那万有之中的一个，怎能生出一个完全不同的事物呢？不是说不是这样，虽然所有的人生来就蒙受生生不息之大德的恩赐，但并不是所有人都可以称作众生。比如说,圣人虽然和常人一样禀于天地五常,但是不能说他们就是普通人,难道因为生命没有不同,就一定是普通人吗?您的来信告诉我说:人类可以役使其它物类为自己的生活服务,其它物类就只能被役使来供养人类,大概的判断依据就是这样,就算是姑且同意了我的议论。但对于性情、嗜好没有节制,残害生命和万物,这就是所谓的欺人太甚和奢侈放纵的欲望,圣人已经从内心里面去掉了。

您又说:那些立志于和大道融为一体的人,并不会到此为止。请允许我问您,那些不停止作恶的人自己不会去杀生吗?让他们接受的教育都一样吗?如果自己不杀生,去市井购买别人杀死的动物,认为也是"君子远离庖厨"的善心体现,肯定想要把这种方式推广给每家每户平民。我看您的观点无法成立。

您又说:人之灵魂倘若同于干枯草木的凋谢,则也应当如烟云一般散尽不复,那么天上的精灵,又是凭借什么才得以立足呢?精神、魂魄忽然失去而恍惚,游荡的魂魄也不断发生变化,其气发扬于上,显得很凄怆,又为什么不可以呢?仲由向孔子提问生死是否可知,没有得到正面回答,子贡说很少听到孔子关于性与天道的言论,万物死后不会再禀受形体,这些内容前面的议论已经说得很明白了。我所说的这些,希望能够与您的意思相符合,对于施恩和回报这一方面,我们一定是相符合的。应当说于定国父子是世家高门,是因积累善事而达到的;博阳侯丙吉为人忠厚,不吹嘘自己的功劳,接受了公侯的福运,跟后世又有什么关系呢?

您又说:况且历代俗语说得好,施恩的人不图回报是最可贵的。学子服膺正义,施恩于人而不以此为德。这些话确实说得好啊!对人没有怨恨,只因想要回报来取得一些利益,是从那些说客开始的,因喜欢回报和利益才去施恩他人,是全世界的人都经常在做的事。佛教认为怀疑经典要经受几世几劫的罪责,殷勤地施恩能获得无数倍的回报,与我们修道的做法很不一样,因此感觉很不满意。我知道您想要把他们接引到更高的境界,也因此而不惜一切代价,但大丈夫在处理实际情况时,很能显现出以前认识的华而不实,所以他们不会同意你的观点。如果能施恩而不急于求报,恩惠记载于功名和荣誉之中,揣度各种高明的方法,难道也有耻辱吗? 我虽然一直遵从自己的恒心而不断努力,但多年来也没变得更好,因此内心极其惭愧,并非是有意去讥讽他人。何承天陈述。

重释何衡阳

【题解】

在本篇中,颜延之针对何承天以为天地人"三才同体,相须而成","人"不能等同于"众生"提出诘难,在形神生死的问题上,则对何承天"有生必有死,形毙神散,犹春荣秋落"等观点进行反驳。颜延之认为只有深刻理解因果报应的道理,才能增长美德减少恶行,让人民回归安宁顺利,并且认为事物是不会随随便便产生的,各自以不同的类别互相感应,善有善报,恶有恶报。

薄从岁事,躬敛山田^①,田家节隙,野老为俦^②,言止谷稼,务尽耕牧。谈年计耦,无闻达义^③,重获微辩,得用昭慰。启告精至,愈惭固结,今复忘书往怀,以输未述。

夫藉意探理,不若析之圣文,三才之论,故当本诸三画^④。三画既陈,中称君德,所以神致太上,崇一元首^⑤。故前谓自非体合天地,无以允应。斯弘知研其清虑^⑥,未肯存同,犹以恐兼容阅弃,广载不遗,笃物之志,诚为优赡;恐理位杂越,疑阳遂众^⑦。若恻隐所发,穷博爱之量;耻恶所加,尽佑直之正,则上仁上义,吾无间然。但情之者寡,利之者众，豫有其分，未臻其极者，不得以配拟二仪耳[8]。今方使极者为师，不极者为资，扶其敬让，去其忮争，令鉴斧铸刃，利害寝端，驱百代之民，出信厚之涂。则何萌不滋？何善不援？而诬以不算，未值其意。三才等列，不得取偏才之器；众生为号，不可滥无生之人。故此去氓隶，彼甄圣智，两藉俱举，旨在于斯。若乔、札未能道一，皇王岂获上附？伊、颜犹共赖气化，宜乎下丽，二涂之判，易于颐指。

又知以人生虽均被大德，不可谓之众生[9]；譬圣人虽同禀五常[10]，不可谓之众人。夫不可谓之众人，以茂人者神明也[11]，今已均被同众，复何讳众同？故当殊其特灵，不应异其得生。徒忌众名，未亏众实，得无似蜀梁逃畏，卒不能避[12]？所谓役物为养[13]，见役养人者，欲言愚慧相倾，悟算相制，事由智出，非出天理。是以始矜萌起，终哀郁灭，岂与足下刍豢百品，共其指归[14]？凡动而善流，下民之性；化而裁之，上圣之功。谨为垣防，犹患逾盗，况乃罔不备设。以充侈志，方开所泰，何议去甚！故知惨物之谈，不得与薄夫同忧。乐杀意偏，好生情薄。所云与道为心者，博乎生情，将使排虚率遂[15]，跖实莫反[16]，利泽通天，而不为惠，庸适恩止麛卵，事法豺獭耶？推此往也，非唯自己，不复委咎市廛乎庖厨[17]，且市庖之外，非无御养。神农所书[18]，中散所述[19]，公理美其事[20]，仲彦精其业[21]，是亦古有其传。今闻其人，何必以刲刳为禀和之性，爤瀹为翼善之具哉[22]？

【注释】

①山田:山间的田地。《汉书·楚元王刘交传》:"免为庶人,屏居山田。"

②野老:村野老人。

③达义:通理,公认的义理。

④三画:三画卦。画,卦象的横线。

⑤神致太上,崇一元首:《礼记·曲礼上》:"太上贵德,其次务施报。礼尚往来。往而不来,非礼也,来而不往,亦非礼也。"

⑥清虑:思虑。晋陆机《吊魏武帝文》:"纡广念于履组,尘清虑于余香。"

⑦疑阳遂众:《周易·坤·文言》:"阴疑于阳,必战,为其嫌于无阳也。"意思是阴和阳势均力敌,一定要斗争,为了阴要兼并阳。

⑧二仪:天地。三国魏曹植《惟汉行》:"太极定二仪,清浊始以形。"

⑨众生:佛教语。梵文萨埵 Sattva 的汉译词,一译"有情",众人共生于世。《妙法莲华经文句·释方便品》引《中阿含十二》:"劫初光音天,下生世间,无男女尊卑众共生世,故言众生。"

⑩五常:旧时的五种伦常道德,即父义、母慈、兄友、弟恭、子孝。《尚书·泰誓下》:"今商王受,狎侮五常。"孔颖达疏:"五常即五典,谓父义、母慈、兄友、弟恭、子孝,五者人之常行。"

⑪茂人者神明也:超出常人的才德神明。《三国志·魏书》卷二八引王弼传注:"弼以为圣人茂于人者神明也,同于人者五情也。"

⑫"蜀梁"二句:《淮南子·谬称训》:"故若行独梁,不为无人,不竞其容。"蜀梁,当作独梁,一木之小桥。

⑬役物为养:《列子·杨朱》:"人肖天地之类,怀五常之性,有生之最灵者也。人者,爪牙不足以供守卫,肌肤不足以自捍御,趋走不足以从利逃害,无毛羽以御寒暑,必将资物以为养,任智而不恃力。故智之所贵,存我为贵;力之所贱,侵物为贱。"

⑭"刍豢"二句:《孟子·告子上》:"故义理之悦我心,犹刍豢之悦我口。"朱熹集注:"草食曰刍,牛羊是也;谷食曰豢,犬豕是也。"指归:主旨,意向。

⑮排虚:排虚,排开云层,多形容高。《淮南子·人物训》:"鸟排虚而飞,兽跖实而走。"

⑯跖实:兽类足踏实地而行。

⑰委咎:归罪。市廛(chán):指店铺集中的市区。

⑱神农:三皇五帝之一的炎帝,农业的发明者,医药之祖。

⑲中散:嵇康(224—263),字叔夜,谯郡(今安徽宿州)人,三国魏文学家,思想家、音乐家,"竹林七贤"之一,与阮籍齐名。嵇康与魏宗室通婚,曾任中散大夫。崇尚老庄道学,著有《养生论》。

⑳公理美其事:公理,仲长统(?—220),字公理,汉末政论家,有方外之志,曾作诗云:"飞鸟遗迹,蝉蜕亡壳,腾蛇弃鳞,神龙丧角。至人能变,达士拔俗。乘云无辔,骋风无足。垂露成帏,张霄成幄。沆瀣当餐,九阳代烛。恒星艳珠,朝霞润玉。六合之内,恣心所欲。人事可遗,何为局促?"余参《后汉书·仲长统传》。

㉑仲彦:当指矫慎,字仲彦,东汉扶风人,善养生导引之术。

㉒"何必"二句:句意谓不必以剖割杀生和炙烤浸渍作为辅助行善之方法。刌(kuǐ),割。爓(yàn),火花,火苗,引申为用火苗熏烤。

【译文】

我在山间田地从事接近一年的农事,在农家节日空闲的时候,和村野老人为伴,言谈仅仅是谷物庄稼,全都尽力耕田放牧。在耕作中只谈论年景,没能听到通达的意义,再次获得细微的论辩,得以用来明示告慰。受到的启发非常精妙,羞愧之心也越来越重,现在又胡乱书写以前内心的想法,来传达未曾说述的内容。

凭借猜测探究推理,不如分析圣人的文章典籍,天、地、人、三才的论断,本来应该来自于三画卦之类。三画卦既然布置了,中爻称为君王之德，因此人的精神达致大道境界，与君主同心同德。所以您前面所说的并不与天地相合，我不能够应答。您的各种想法思虑，我不能完全予以肯定，但您强调兼容而不遗弃，广泛地承载而不遗失，忠实原物的志向，这是很好的；唯恐万事万物杂乱而泯灭界限，阴和阳势均力敌，一定会发生很多斗争。如果恻隐之心萌发，穷尽博爱的力量，以造恶为羞耻，尽力佑护正直之人，那么就是高层次的仁义，我没什么可挑剔的了。但是喜爱它的人很少，借它获利的人很多，做事犹豫不决，这样没有达到最高境界的人，不能够依据资历拟定二仪。现在正当以最高境界的人为榜样，以没有达到最高境界却有相当修为的人为辅助，扶持恭敬谦让之心，去除违逆之情，运用镰斧和铸刀之刃，消除事端祸害，驱使百代的老百姓，产生诚实敦厚的品德。那么什么品德不能增长？什么善良的行为不能得到增加？然而您却认为佛教徒在此问题上欺罔不实，没有符合善意。三才出于同等地位，不得取用片面才干的人；众生这个称号，不可随便用在没有生灭的圣人身上。因此这里不考虑平民，挑出圣智之人，两方面都注重，意旨就在这里。如果子产、季札没有能够与道合一，皇王怎么能够获得品德高尚的人？伊尹、颜回仍然依靠阴阳之气的变化而存活，当然要归类为下层。圣人与众生的判别，这样容易深入探求。

您认为人生来虽然都蒙受生生不息之大德，但不能都称之为众生，比如圣人虽然同等承受五常，不能称之为众人。然而圣人不同于众人的，是他们有才德的神明，现在已经都被当成众人，又为什么忌讳同称众人？所以应当看重精神之灵性，不应该有意区别其肉体生命。忌讳众生之名，难逃众生之实。恐怕就像很多人在独木桥上逃跑，人家都不能避免掉落的危险？我所说的人与万物比较起来，有知识的人类役使万物，万物为人类所控制，是想说明愚蠢和聪明的人互相倾轧、牵制，大家只是出于表面的聪明，不是出于天理。所以大多数人以自大骄傲开始，最终以烦恼悲痛结束，怎能与您品味评判各种事物，目标相同呢？

行为流动可变,这是下民的本性;教化他们使之去掉不良习性,是圣人的功劳。谨慎地筑好墙壁加以防范,尚且担心爬墙的强盗,何况在防止过多欲望的方面,没有任何的防备。这样会导致极端的放纵,满足过多的欲望。所以说论证和主旨背离得很远啊!众生有侵害万物的行为,不能够和众生同忧愁,他们喜欢杀生,好生的感情薄弱。所说的立志于和大道一体的人,有博大的胸怀,爱护众生万物,像鸟儿在高空飞行一样,直率朴实,像兽类足踏实地而行,利益恩泽通天,却不追求回报。何止像大夫打猎不取幼兽和未孵化之卵一样施恩,知道等豺狼、水獭进行猎食和捕鱼了再开始捕猎?以此往前推测,并非只是克制自己身体的欲望,不再归罪于集市店铺里的厨房,况且市庖之外,并不是没有用来养生的东西,神农所记录的,嵇康引用转述,仲长统使其美化,矫慎使其精妙,这些古已有传言。现在听到这样的人,何必用剖割作为禀受天地和气的人类的本性,用火苗浸渍薰烤作为辅助善行的工具呢?

　　若以编户难齐,忧鄙论未立,是见二叔不咸虑①,周德先亡。傥能申以远图,要之长世,则日计可满,岁功可期。精灵草木,果已区别,游魂之答②,亦精灵之说。若虽有无形,天下宁有无形之有?顾此惟疑,宜见正定。仲尼不答③,有无未辩,足下既辩其有,岂得同不辩之答?虽子嗜学,惧未获所附,或是晓晦涂隔,隐著事悬,遂令明月废照世,智限心知,谓必符之。

　　言体之极于罔讲求,反意如非相尽,或世人守璞受让④,玉市将译胥牵俗,还说国情,苟未照尽,请复其具申。近释报施⑤,首称气数者⑥,以为物无妄然,各以类感。感类之中,人心为大。心术之动,隶历所不能得及,其积致于可胜原,而当断取世见据为高证。庄周云:“莽卤灭裂,报亦如之⑦。”

孙卿曰:"报应之势,各以类至⑧。"后身著戒,可不敬与? 慈护之人,深见此数。故正言其本,非邀其末,长美遏恶,反民大顺,济有生之类,入无死之地,令庆周兆物,尊冠百神,安宜祚极子胤、福限卿相而已。常善以救善,亦从之势,犹影表不虑自来⑨,何言乎? 要惠悦报,疑罪勤施,似由近验吝情,远猜德教,故方罚矜功,而滥笞忘贤,遗存异义,公私殊意,已备前白⑩。若不重云,想处实陋华者,复见其居厚去薄耳⑪。若施非周急⑫,惠而期誉,乃如之人,诚道之蠹。惟子之耻,丘亦耻之⑬。

【注释】

①咸:和。《左传·僖公二十四年》:"昔周公吊二叔之不咸,故封建亲戚以蕃屏周。"二叔,指管叔、蔡叔。

②游魂:游散的精气。古代哲学家认为人或其他动物的生命是由精气凝聚而成的。精气游散,则趋于死亡。《周易·系辞上》:"精气为物,游魂为变。"王弼注:"精气烟煴聚而成物,聚极则散,而游魂为变也"。

③仲尼:孔丘(前551—前479),字仲尼,我国古代伟大的思想家和教育家,政治理论家,儒家学派创始人。据儒家典籍记载,他不正面回答弟子有关生死、鬼神之类的提问。

④璞(pú):未雕琢过的玉石,或指包藏着玉的石头。喻人的天真状态,质朴,淳朴。

⑤报施:《左传·僖公二十四年》:"报者倦矣,施者未厌。"杜预注:"施,功劳也,有劳则望报过甚。"后以"报施"谓报答、赐予。

⑥气数:气运,命运。

⑦"莽卤"二句:《庄子·则阳》:"君为政焉勿卤莽,治民焉勿灭裂。

昔予为禾,耕而卤莽之,则其实亦卤莽而报予;芸而灭裂之,其实亦灭裂而报予。"意思是处理公事切不可粗心大意,治理民众切不可轻率马虎。从前我种庄稼,耕地时随随便便,结果庄稼就以随随便便的收成来回报我;锄草时轻率马虎,结果庄稼也同样以轻率马虎的收成来回敬我。

⑧ "报应"二句:《汉书·刑法志》:"孙、吴、商、白之徒,皆身诛戮于前,而国灭亡于后。报应之势,各以类至,其道然矣。"

⑨ 影表:圭表,为古代测度日影的天文仪器,俗称量天尺。

⑩ 白:陈述,辩说。

⑪ 居厚去薄:严以律己,宽以待人。

⑫ 周急:周济困急。《论语·雍也》:"吾闻之也,君子周急不继富。"朱熹集注:"急,穷迫也;周者,补不足。"

⑬ "惟子"二句:《论语·公冶长》:"巧言,令色,足恭,左丘明耻之,丘亦耻之。"

【译文】

如果认为编入户口的平民很难都接受这些说法,就担心我的论点不能成立。那就好像是看到管叔、蔡叔与周朝不和睦,就认为周朝的道德礼仪提前消亡。假如能以长远的目光审视自己,一生一世都如此,那么每日计划都可以完满,每年的功绩都可以达到期望。草木与精灵,已经被区别出来了,你对游荡魂魄的谈论,就是证实精灵存在的说法。像它们即使是没有形态的,天下人岂能相信没有形态的物体存在? 这正是怀疑的地方啊,应该被确定下来。仲尼不回答生死鬼神之问,对于是不是有鬼神的这个道理没有分辨,你既然辩论认为精灵是以有形的姿态存在,怎么会得到不同的辩论答案呢? 虽然你勤奋学习,恐怕还没有获得所需要的东西,也许是知道夜晚道路阻隔,隐藏着孤立的事情久延不决,于是使得光明的月亮放弃照亮世间,智力只局限于自己心里知道,还说必须与它相符合。

您在来信中说:"对于施恩和回报之道,我们的看法是一致的。"但是深入研究的话,我的观点和您的本意是相反的。或者说,有世人守着璞玉,拿到玉石市场接受众人的评论,玉器市场的译官拘泥于本国的风俗习惯,对这块璞玉的价值并不能作出恰当评判,因此我请求完整详细地再表达我的观点。近来解释因果报应,首先说起气数的人,认为事物是不会随随便便发生的,各自以不同的类别互相感应,善有善报,恶有恶报。属于感应的万物中,人心是根本。内心念头的生起,从外在经历是看不到的,但心念力量不断积累可带来外在的巨大变化,足以使人们注意到它并且去探究,所以应当采用一些世俗社会的事例,作为让人们眼见为实从而信服的重要证据。庄周说:"处理公事粗心大意,治理民众轻率马虎,会导致分裂灭亡,报应也是像这样的。"孙卿回答:"报应的趋势,各自以不同的类别到来。"转世之后守持清静戒律,难道不值得尊敬吗?慈祥爱护的人,对这种报应之数有深刻的见解。所以正确说出其根本,不注重其末节,这样才能增长美德减少恶行,让人民平安顺利,这是帮助拥有生命的众生,进入没有死亡的地方,使万物庆贺喜悦,能得到的福报尊崇超过众多的神仙,哪里只限于赐福给子嗣、当上执政大臣罢了。善行经常带来善行,它们也是互相跟从的,就好像测量太阳影子的圭表不用思考影子自然就会来,为什么这么说呢?期待自己施予他人恩惠后会有好的报答,经常怀疑这种想法有错误,也会带来不良后果,就好像在近处表现出鄙俗的感情,远方之人就会猜疑道德教化,因此需要惩罚恃功傲物的人,但过多指责也是忘了先贤教诲。不同的道理遗留存在,公与私的意义差别很大,前面已经完整说明。如果不慎重地说明,想要在处理实际事情时,意识到自己认为是华而不实的人,却也会看见他严以律己宽以待人。如果施恩不是周济急需,施予别人恩惠只是期望自己获得好声誉,像这样的人,实在是损害道德的蛀虫。不但你知道这样可耻,我也同样知道可耻。

重答颜永嘉

【题解】

　　本篇由何承天所写,他针对颜延之前面的观点进行反驳。何承天认为,避世隐居没有烦闷,但不符合厚德载物的纲目,君子自强不息不是一般人所理解的意思。他强调,圣人既然具有特别灵慧的神明,和大众不同,那么得到生命之理,肯定也不相同,因此不能把圣人看做众人,否则无法区分圣人和老百姓。

　　吾少信管见①,老而弥笃,既言之。难云:将湮腐方寸,故愿凭流飚,以托麟翮。厚意垂怀,慧以重释,稽证周明,华辞博赡②。夫良玉时玷,贱夫指其瑕;望舒抱魄③,野人睍其缺。岂伊好辩?未获云已。复进请益之问④,庶以研尽所滞。

　　来告云:三才之论,故当本诸三画,三画既陈,中称君德,所以神致太上,崇一元首。若如论旨,以三画为三才,则初拟地爻,三议天位。然而遁世无闷⑤,非厚载之目⑥;君子乾乾⑦,非苍苍之称;果两仪罔托,亦何取于立人?但爻在中和⑧,宜应君德耳。

又云：恻隐穷博爱之量^⑨，耻恶尽佑直之方，则为上仁上义，便是计体仁义者为三才寻。又云：乔、札未获上附^⑩，伊、颜宜其下丽，则黄裳之人，其犹弗及，虽赜之旨，高下无准，故惑者未悟也。夫阴阳陶气，刚柔赋性，圆首方足，容貌匪殊；恻隐耻恶，悠悠皆是。但参体二仪，必举仁义为端耳。知欲限以名器，慎其所假，遂令惠人洁士，比性于毛群；庶几之贤，同气于介族，立象之意，岂其然哉？

【注释】

①管见：狭隘的见识，如从管中窥物，多用作自谦之辞。

②博赡：渊博丰富。

③望舒：神话中为月驾车的神。《楚辞·离骚》："前望舒使先驱兮，后飞廉使奔属。"王逸注："望舒，月御也。"抱魄：安心定志。

④请益：要求老师再讲一遍。《礼记·曲礼上》："请业则起，请益则起。"郑玄注："益，谓受说不了，欲师更明说之。"泛指向人请教。

⑤遁世：避世隐居。

⑥厚载：地厚而载万物。《周易·坤》："坤厚载物，德合无疆。"

⑦乾乾：自强不息貌。《周易·乾》："君子终日乾乾，夕惕若厉，无咎。"孔颖达疏："言每恒终竟此日，健健自强，勉力不有止息。"

⑧中和：中庸之道的主要内涵。儒家认为能"致中和"，则天地万物均能各得其所，达于和谐境界。《礼记·中庸》："喜怒哀乐之未发谓之中，发而皆中节谓之和；中也者，天下之大本也，和也者，天下之达道也。致中和，天地位焉，万物育焉。"

⑨恻隐：同情，怜悯。《孟子·公孙丑上》："今人乍见孺子将入于井，皆有怵惕恻隐之心。"

⑩乔：郑乔（？—前522），字子产，郑穆公的孙子，因称公孙侨、郑子

产。政治家,没有著述,进行了有利于朝廷的改革,带有比较激进的法家色彩,他的法律思想具有折中于礼、法之间的特征。

札:季札(前576—前484),吴王寿梦第四子,因称公子札。政治家和外交家,品德高尚,是春秋时代的风云人物,曾与孔子并称"南季北孔"。

【译文】

我对佛教相信甚少而且见识有限,年纪越大越是这样,此前已经言及过。论难说:将要湮灭腐朽心神,于是愿意拿轻风来寄托美好理想。心意厚重虚怀若谷,用智慧加以重新阐释,广泛引证周遍证明,华丽的辞藻渊博而丰富。然而美玉偶尔也有瑕疵,卑陋的人能够指出来;为月驾车的神灵心志安定,村野之人也能指出其缺失。难道是他喜欢辩论?只不过是自己的观点没有被认同而已。于是在此再一次请教,也许能研究穷尽所有的滞惑。

来信说:天地人三才的言论,本应源自三画卦,三画卦陈列开来,中间表示为君王之德,所以人的神明能够达到最高的境界,与君主同心同德。如果按照来信的主旨,以为三画卦就是天地人三才,那么当初就应该拟定地这一卦,多次议论天的位次。然而避世隐居没有烦闷,这不符合厚德载物的纲目;君子自强不息,不是对一般普通老百姓的要求;如果天地都无所寄托,那么取用什么东西来立人呢?只是卦画在中道之位,应该符合君子的德性。

您又说:具有怜悯同情心会穷尽博爱的力量,以犯罪为耻辱会尽力佑助正直的原则,这些就是至上的仁义道德,也就是以仁义作为天地人的归属。又说:郑乔、季札未能获得与圣人并列的地位,伊尹、颜回适宜向下依附作为众生,那么穿着黄色衣裳的人还是不能达到三才中的君德标准,虽然是深奥的意旨,因为高下没有标准,所以我不能很好地领悟您的观点。阴阳二气陶铸气质,阳刚阴柔赋予个性,圆形的头方形的脚,体貌形体不是很特殊;同情恻隐与耻恶之心,比比皆是。但是体会研究天地,一定会以仁义为根本。知道您想要用名号与车服仪制来限制普通人的资格,应该小心不要随便赐予他们名器,这样就会使仁义施惠、操守清白的人,本性比附于动物;接近圣贤之人,气质也等同于贝壳之类低等物种,设立物象的本意,难道是这样的吗?

又云:已均被同众,复何讳众同? 故当殊其特灵,不应异其得生。夫特灵之神,既异于众,得生之理,何尝暂同? 生本于理而理异焉,同众之生,名将安附? 若执此生名,必使从众,则混成之物,亦将在例耶?

又云:谨为垣防,犹患逾盗,况乃罔不设备。以充侈志,方开所泰,何议去甚! 足下始云:皇圣设候物之教①,谨顺时之经,将以反渐息泰。今复以方开所泰为难,未详此将难鄙议,将讥圣人也?

又云:市庖之外,岂无御养? 神农所书②,中散所述③,何必以刲刳为禀和④,焖瀹为翼善⑤? 夫禋瘗茧栗⑥,宗社三牲,晓芋豆俎,以供宾客。七十之老,俟肉而饱,岂得唯陈列草石,取备上药而已! 吾所忧不立者,非谓洪论难持,退嫌此事不可顿去于世耳。

又云:天下宁有无形之有? 顾此唯疑,宜见正定⑦。寻来旨,似不嫌有鬼,当谓鬼宜有质,得无惑? 天竺之书,说鬼别为生类故耶。昔人以鬼神为教,乃列于典经,布在方策。郑乔、吴札亦以为然。是以云和六变,实降天神,龙门九成,人鬼咸格⑧。足下雅秉《周礼》,近忽此义,方诘无形之有,为支离之辩乎?

【注释】

①候物：占验物候。

②神农：传说中的太古帝王名。始教民为耒耜，务农业，故称神农氏。又传他曾尝百草，发现药材，教人治病。也称炎帝，谓以火德王。《周易·系辞下》："包牺氏没，神农氏作，斲木为耜，揉木为耒；耒耨之利，以教天下。"

③中散：嵇康，字叔夜，三国时魏末文学家，思想家与音乐家。竹林七贤之一，与魏宗室通婚，拜中散大夫，世称嵇中散。

④封刳：剖割。

⑤翼善：辅助善行。

⑥禋瘗(yīnyì)：谓祭祀天地。禋，指祭天，将牲体、玉帛等放在柴火上焚烧，升烟以祭。瘗，指祭地，礼毕将牲体、玉帛等埋于地以享。茧栗：形容牛角初生之状，言其形小如茧似栗；借指牛犊；古以小牛祭祀，因以"茧栗"泛指祭品。

⑦正定：佛教语。梵语"三昧"之意译。谓屏除杂念，心不散乱，专注一境。为八正道之一。隋慧远《大乘义章》卷十三："心住一缘，离于散动，故名为定。言三昧者，是外国语。此名正定，定如前释；离于邪乱，故说为正。"

⑧"是以"四句：《周礼·春官·大司乐》："云和之琴瑟，《云门》之舞。冬日至，于地上之圜丘奏之，若乐六变，则天神皆降，可得而礼矣。""龙门之琴瑟，九德之歌，九韶之舞，于宗庙之中奏之，若乐九变，则人鬼可得而礼矣。"云和，琴瑟琵琶等弦乐器的统称。

【译文】

您又说：圣人现在已经都被当成众人中的一部分，又为什么忌讳同称众人呢？因此应当看重圣人精神灵明之本性，不应该把他们得到生命之理看得与众人有所不同。我认为，其实特别灵慧的神明，既然和大众不同，那么得到生命之理，又何尝相同？生命本乎大道，然而大道不同,和大众相同的生命,他的名号将到哪里附着呢? 若把圣人看做普通人,必然会跟随大众俗化,那么混杂而成的东西,也将会在范例之内吗?

您又说:谨慎地筑好墙壁加以防范,尚且担心爬墙的强盗,何况是根本不加防备。用此来满足放纵的心志,这正好是打开了根本修行之门,这与您前面所说的相差太远了! 您在开始的《释〈达性论〉》中认为,伟大的圣人哀伤众生如此深陷苦海,但又不能违反情理地强行断绝众生的执着,因而只好用占验物候的方便对众生施行教化,以顺应时宜的常行义理、法度来规范百姓,让百姓炽烈的情欲之心能够回转,慢慢地平息安定。现在在此责难“正好打开了根本之门”,我实在难以理解:这是在批评我的观点呢? 还是在讥笑圣人?

您又说:集市厨房以外的地方,难道没有很好的养身的东西吗? 神农所著作的,以及嵇康所撰述的都很好,何必以剖割作为形成祥和气氛的祭祀的手段,以薰烤为辅助善行的工具? 用来祭祀天地的各种祭品,包括牛羊马、香豆等都用来招待宾客。七十岁的老人等待吃肉填饱肚子,岂能只是摆设香草石头之类的东西,只不过是拿来准备做上等的药材而已! 我所担忧不能建立的,不是洪大的议论难以维持,而是担心祭祀用肉这种事情是不能一下子就能消除的。

您又说:天下哪里会有无形的东西? 看到这个就会怀疑,应当屏除杂念心不散乱。探究你的来信,好像不嫌弃有鬼的论断,认为神鬼应该有形体质量,难道没有疑惑吗? 印度的著作,认为神鬼是另类的生物罢了。古人把神鬼作为教化的手段,于是布列在经典之中,排列在典册之上。郑乔、吴札也是这样认为的。因此用琴瑟表演《云门》舞,冬至那天,在地上的圜丘上进行演奏,如果舞乐演奏六遍,天神就都会下降,就可以向神进献玉继而进行祭祀了,用琴瑟表演《咸池》舞,夏至那天,在泽中的方丘上进行演奏,如果舞乐演奏九遍,地神就都会出来,可以向神进献玉,继而进行祭祀了。您非常熟悉《周礼》,近来却忽略了这些思想,才会问难鬼神无形的问题,难道不算作是支离的辩论吗?

又云：后身著戒①，可不敬与？慈护之人，深见此数。未详所谓慈护者，谁氏之子？若据外书报应之说②，皆吾所谓权教者耳。凡讲求至理，曾不折以圣言，多采谲怪，以相扶翼，得无似以水济水耶③？

又云：物无妄然，必以类感④，常善以救善，亦从之。势犹影表⑤，不虑自来。斯言果然。则类感之物，轻重必侔⑥；影表之势，修短有度。致饰土木，不发慈愍之心⑦；顺时搜狩⑧，未根惨虐之性。天宫华乐，焉赏而上升？地狱幽苦，奚罚而沦陷？昌言穷轩轾⑨，立法无衡石，一至于此。且阿保傅爱⑩，慎及溷腴⑪；良庖提刀，情怵介族。彼圣人者，明并日月，化开三统⑫，若令报应必符，亦何妨于教，而缄扃羲、唐之纪，埋闭周、孔之世？肇结网罟，兴累亿之罪；仍制牲牢，开长夜之罚。遗彼天厨，甘此刍豢⑬，曾无拯溺之仁，横成纳隍之酷。其为不然，宜简渊虑。若谓穷神之智，犹有所不尽，虽高情爱奇想，亦未至于侮圣也。

【注释】

①后身：佛教有"三世"的说法。即是来世之身，犹今俗转胎之说。
　著戒：守持清静戒律。

②报应：指有施必有报，有感必有应，故现在之所得，无论祸福，皆
　为报应。如行放生、布施、梵行等善业，即因种善因而招感善报；
　反之，行杀生、偷盗、邪淫等恶业，即因种恶因而招感恶报。

③以水济水：用清水来给清水增味。比喻随声附和，对事情没有好
　处。《左传·昭公二十年》："君所谓可，据亦曰可，君所谓否，据
　亦曰否。若以水济水，谁能食之？"

④类感：同类相互感应。

⑤影表：即圭表。为古代测度日影的天文仪器。俗称量天尺。

⑥侔：相等，齐。

⑦愍（mǐn）：怜悯，哀怜。

⑧蒐狩：泛指狩猎。《礼记·祭义》："孝弟发诸朝廷，行乎道路，至乎州巷，放乎蒐狩，修乎军旅，众以义死之，而弗敢犯也。"

⑨昌言：善言，直言无讳。轩轾（xuānzhì）：车前高后低叫轩，前低后高叫轾。引申为高低、轻重、优劣。

⑩阿保（ēbǎo）：指左右近幸之臣；保护养育。《汉书·宣帝纪》："故人下至郡邸狱复作尝有阿保之功，皆受官禄田宅财物，各以恩深浅报之。"颜师古注引臣瓒曰："阿，倚；保，养也。"

⑪溷腴（hùnyú）：猪狗的内脏，可引申为猪肉。《礼记·少仪》："君子不食溷腴。"

⑫三统：《汉书·刘向传》："王者必通三统，明天命所授者博，非独一姓也。"颜师古注引张晏曰："一曰天统，为周十一月建子为正，天始施之端也。二曰地统，谓殷以十二月建丑为正，地始化之端也。三曰人统，谓夏以十三月建寅为正，人始成立之端也。"

⑬刍豢：指牛羊猪狗等牲畜，泛指肉类食品。

【译文】

您又说：转世之后守持清静戒律，难道不是值得尊敬吗？仁慈有爱护他人之心的人，对此有深刻理解。但并不知道爱护的人到底是谁的孩子。如果谈到其他书籍中关于报应的说法，其实就是我所说的教化手段罢了。凡是讲解探究至高道理，如果不分析、理解圣人的言论，而是采用怪诞、荒诞不稽的言论和事情来相互支持，难倒不像是用清水来给清水增加味道一样对任何事情没有好处吗？

您又说：事物之间不是胡乱发展的，同类之间必定互相关联，常做善事就会使善良得到发扬。事物的形势就像是测量太阳影子的圭表，不需要人为的考虑，就会自行发展。这些话是对的。和同类相互联系的事物，轻重必定相等；圭表测量太阳影子，长短有度。尽全力修饰建筑物，而没有体现慈悲怜悯之心；在固定的时间狩猎，还是没有根除残忍暴虐的本性。天宫奢华安乐，靠什么被赏赐上升？地狱非常痛苦，为何受到了惩罚还要沦落？直言不讳可以穷尽辨析优劣的事，立法没有准则，竟到如此地步。而且身边亲近之臣对君主有爱护之心，对于猪狗的内脏也会谨慎；技术好的厨师手提屠刀，感情上也会害怕低等动物。所谓圣德贤明的人，光辉可与日月相媲美，使天、地、人三统化开，如果报应是真实的，又何妨教化，而这些因果报应之事封锁于羲、唐时期，埋闭在周公、孔子所处的春秋时代？编织网子捕鱼，造成重大的罪过，仍然伤害畜生，开启了连绵不绝的罪罚。放弃天然的食物，喜欢吃各种肉类食品，几乎没有拯救人们的仁爱之心和出民于水火的迫切心情。其实并不是这样的，应当深思熟虑。要是说穷尽所有精神的智慧，还是有不恰当之处，即使充满热情喜爱思考，还没有到侮辱圣人的地步。

　　足下论仁义则云：情之者少，利之者多。言施惠则许其遗贤忘报，在情既少，孰能遗贤？利之者多，曷云忘报？若能推乐施之士，以期欲仁之俦，演忘报之意，别向义之心，则义实在斯，求仁不远。至于济有生之类，入无死之地，庆周兆物，尊冠百神，斯旨宏诞①，非本论所及。无乃秦师将遁，行人言肆乎？岂其相迫，居吾语子。圣人在上，不与百神争长②，有始有卒③，焉得无死之地？夫辩章幽明，研精庶物，及初结绳，终繁文教。性以道率，故绝亲誉之名犯违，造化无伤。博爱之量，以畋以渔，养兼贤鄙，三品之获④，实充宾庖。金石发华，笙簧协节，醉酒饱德，介兹万年⑤。处者弘日新之业，仕者敷先王之教，诚著明君，泽被万物。龙章表观⑥，鸣玉节趋⑦,斯亦尧孔之乐地也。及其不遇,考盘阿涧以善其身⑧,杀鸡为黍,聊寄怀抱;或负鼎割烹,扬隆名于长世;或屠羊鼓刀,凌高志于浮云,此又君子之处心也。何必陋积善之延祚⑨,希无验于来世,生背当年之真欢,徒疲役而靡归。系风捕景⑩,非中庸之美;慕夷眩妖,违通人之致。蹲膜揖让,终不并立,窃愿吾子舍兼而遵一也。及蜀梁二叔⑪,世人驿胥之譬,非本义所断,故不复具云。

【注释】

①宏诞:夸大虚妄。

②百神:各种神灵。《诗经·周颂·时迈》:"怀柔百神,及河乔岳。"《孟子·万章上》:"使之主祭,而百神享之,是天受之。"

③有始有卒:做事能贯彻始终,坚持到底。《论语·子张》:"有始有卒者,其唯圣人乎?"

④三品:三种,三类。《周易·巽》:"六四:悔亡,田获三品。"高亨注:"田,猎也。品,种也。筮遇此爻,其悔将亡,行猎将得三种猎物。"

⑤"醉酒"二句:《诗经·大雅·既醉》:"既醉以酒,既饱以德,君子万年,介尔景福。"这是感谢主人宴请的客气话,意思是你的美酒我已醉,你的身教恩惠我已饱受,君子长寿万万岁,赐你大福永不休。

⑥龙章表观:《礼记·郊特牲》:"旗十有二旒,龙章而设日月,以象天也。"龙章:龙纹,龙形,喻不凡的文采、风采。表观(guān):表面的样子、性格或性质;五官能感觉到的,尤指视觉能感觉到的。

⑦节趋:进止;心意的节制与趋向。

⑧考盘:亦作"考槃",扣击木盘,指君子不得其位而隐居独善其身,

典故出自《诗经·卫风·考槃》。

⑨延祚(zuò)：长久的福禄。

⑩系风捕景：拴住风，捕住影，比喻不可能做到的事，也形容事物虚无缥缈，没有根据。《汉书·郊祀志下》："听其言，洋洋满耳，若将可遇；求之，荡荡如系风捕景，终不可得。"

⑪蜀梁二叔：不详，或指《荀子》所载涓蜀梁惧影事。在《荀子·解蔽》寓言中有一个叫涓蜀梁的人，此人性格愚蠢而且胆小，在有明亮月光的晚上行走时，低头看见他自己的影子，以为是趴着的鬼，仰望上面的头发，以为是站着的妖怪，转身逃跑，等他到家，已经绝气身亡。其寓意是人不能盲目拜神，要相信自己。

【译文】

您在讨论仁义时就说：有仁爱之心的人少，追逐利益的人多。说到施恩惠时则要求他们忘掉自己的行善行为，不求别人的回报，既然有仁爱之情的人少，谁能忘掉自己的行善行为？追逐利益的人多，怎能忘掉回报呢？如果能推崇乐于施舍的人，来鼓励想要发扬仁义的同一类的人物，推广不求回报的思想，来强调趋向道义的心态，于是，道义就会确实在这里了，追求仁爱就不远了！至于帮助拥有生命的众生，达到没有死亡的境界，使万物庆贺喜悦，怀着敬意拜祭所有的神仙，这样的内容宏大虚妄，并非本辩论所要涉及的。莫非是秦国的军队将要逃走，路人说话都放肆无忌惮了？岂是因为他们相互逼迫，只有坐下来才好说话？圣人在上面，不和诸位天神争夺首领之位，有始有终，怎么能达到不死的境界呢？辨别事物清楚明确，对众多的事物研究得比较精粹，最初发明结绳来帮助记忆、理解，最终发展出复杂的文化教育。本性遵循自然之道，因此超越一切荣誉和名声，这样命运不会遇到什么损害。博爱万物，用打猎和捕鱼得到的东西，供养有才能的人和普通的人，打猎得到的东西种类比较多，放进宾客的厨房里。金属和石制的乐器散发着光彩，笙和簫协奏出美丽的旋律，喝醉美酒，饱受身教恩惠，君子长寿，具有无穷的福气。有道德而不去做官的人弘扬光大历久弥新的功业,在朝为官的人推广先王的教化思想,果真如此的话就会让君主更加英明,万物都会受到恩泽。龙纹绣在物体表面,玉饰在行走时相击发声,这些也是让尧和孔子快乐的地方呀! 当没有遇到赏识自己的明主,归隐山间扣击木盘自得其乐,修养自己变得更高尚,杀鸡作黍殷勤款待宾客,暂且寄托自己的心事;抑或像伊尹背负鼎俎拜见汤王,以滋味比喻王道之事,这样在世间传播自己的名声;或像吕尚一样在京城屠羊、磨刀,让自己高远的志向超过浮云,这又是君子的隐世心思。何必要积累善事来延续长久的福禄,寄希望于无法验证的来世,活着的时候背离生活的真正快乐,白白的被奴役而没有好的归属。做一些虚无缥渺、没有根据的事情,不符合中庸之美德;美慕外在的东西,迷惑于怪诞的事物,有违通达之人的本性。蹲跪膜拜与揖让两种礼节不能同时存在,我希望您舍弃一个,而遵守另外一个。至于蜀梁二叔,世人骇骨之譬,并非这篇文章本来要说的,因此就不再讨论了。

又释何衡阳

【题解】

本篇由颜延之所撰写，他针对何承天撰写的《重答颜永嘉》逐条进行解释，主要还是围绕天、地、人三才、圣人与众生、因果报应、精灵有没有形体等问题进行驳斥。颜延之认为，三才学说强调中和，圣人与众人以及飞虫鸟兽一样都是"含识"之类，都可以称作众生，另外他强调精灵应该有形体，轮回报应非常真实。

圣虑难原，神应不测。中散所云，中人自竭，莫得其端①，岂其浅岸所可探抽②？徒以魏文火布③，见刊异世；滕修虾须④，取愧当时。故于度外之事⑤，怯以意裁耳。足下已审其虚实，方书之不朽，独鉴坚精，难复疑问。聊写余怀，依答条释，事纬殃福⑥，义杂胡华，虽存简章⑦，自至烦文⑧。过此以往，余欲无言。

【注释】

① "中散"三句：《嵇康集·难宅无吉凶摄生论》："夫神祇遐邈远，吉凶难明，虽中人自竭，莫得其端。"意思是鬼神、占卜之事是高深莫

测、难以明了的，即使常人竭尽全力地去探索，其中的底细却无从得知。中散，三国魏嵇康曾任中散大夫，世以"中散"称之。

②探抽：探索抽绎。

③魏文火布：《抱朴子·内篇·论仙》："魏文帝穷览洽闻，自谓于物无所不经，谓天下无切玉之刀，火浣之布，及著《典论》，尝据言此事。其间未期，二物毕至。帝乃叹息，遽毁斯论。事无固必，殆为此也。"

④虾须：虾的触须。王隐《交广记》："吴置广州，以滕修为刺史，或语修，虾须长一丈，修不信，其人后故至东海，取虾须长四丈四尺，封以示修，修乃服之。"

⑤度外：法度之外。指不按常法或不遵常礼。《三国志·魏书·杨阜传》："曹公有雄才远略，决机无疑，法一而兵精，能用度外之人，所任各尽其力，必能济大事者也。"

⑥事纬殃福：文章贯穿了旦夕祸福。纬，指安排组织文章。

⑦简章：书籍，典章。

⑧烦文：文字冗杂而寡要，亦谓冗杂的文字。《尚书序》："先君孔子生于周末，睹史籍之烦文，惧览之者不一。"

【译文】

圣人的思想难以寻其根源，神明的感应也无法预料。正如嵇康所说的"普通的人就算穷尽思虑，也想不出其中的原委。"这深刻的道理岂是像那些在浅岸边就可以探取的东西一样？就像魏文帝一样写文章说天下无切玉之刀，火浣之布，结果这两样东西很快就来了一样；像滕修一样不相信东海巨虾的触须长一丈，为人们所耻笑。因此对了法度之外的事，要谨慎随便决断。足下已经仔细考察其虚实，方才写下这篇不朽的文章，非常精当，很难让人再产生疑问。我暂且抒发一下我的想法，依照回答列举解释，行文贯穿旦夕祸福等主题，主旨融汇了西域和中原的观念，虽然以前已经写了一些相关书籍、典章，现在又写出这篇冗长繁杂的文章。从此以后，我不打算对这些问题再说什么话了。

答曰：若如论旨，以三画为三才^①，则初拟地爻^②，三议天位。然而遁世无闷^③，非厚载之目；君子乾乾，非苍苍之称。果两仪阆托，亦何取于立人？但爻在中和，宜应君德耳。

释曰：闻之前学，淳象始于参画^④，兼卦终于六爻。参画立本，三才之位，六爻未变，群龙所经。是以重卦之后，则以出处明之^⑤。故遁世乾乾，潜藏偕行^⑥，圣人适时之义，兼之道也。若以初爻非地，三位非天，以为两仪阆托，立人无取。未知足下前论三才同体，何因而生？若犹受之系说，不轶师训，何独得之复卦，丧之单象？如羲文之外，更有三才，此自春秋新意，吾无识焉。且遁世乾乾，虽非覆载之名^⑦；一体之中，未失卑高之实，岂得以变动之辞，废立本之义？又知以爻在中和，宜应君德，若徒有中和之爻，竟无中和之人，则爻将何放？若中和在德，则不得人皆中和。体合之论同，未可殊越^⑧。

【注释】

① 三画：三画卦。

② 爻：《周易》中组成卦的符号。分为阳爻和阴爻。每三爻合成一卦，可得八卦，称为经卦；两卦（六爻）相重则得六十四卦，称为别卦。爻含有交错和变化之意。《周易·系辞上》："爻者，言乎变者也。"韩康伯注："爻各言其变也。"

③ 遁世无闷：逃避世俗而心无烦忧。

④ 淳象：纯卦。"淳"同"纯"。参画："参"同"叁"，指三画卦。

⑤出处(chūchǔ)：古代指士人出任官职及退隐。

⑥"遁世"二句：《周易·乾卦·文言》："潜龙勿用，阳气潜藏。见龙在田，天下文明。终日乾乾，与时偕行。"

⑦覆载：覆育包容。《礼记·中庸》："天之所覆，地之所载，日月所照，霜露所队，凡有血气者，莫不尊亲。"

⑧殊越：超绝，超出寻常。

【译文】

您在回答中说：如果像你论题的主旨所说，把三画卦当做天、地、人的象征，那么初爻就被拟想为地，三爻就被拟做天位。然而虽然隐世没有忧愁，但并不是厚德载物的特征；君子自强不息，不是芸芸众生的称呼。如果天地都无所承担，又如何谈做人？爻在中和的位置，对应君王中正和谐的德性。

我解释说：听闻前人的学说，纯卦起始于三画卦，兼卦最终发展到六爻。三画先确立了根本，才有了"三才"学说现在的位置，六爻的道理一直没有变过，是群龙之象所经历的。因此重卦出现之后，就用出仕和隐退来诠释。因此君子隐世也可以有进益道德，修营功业的情怀，二者共同存在并发展，是圣人适应时机的意思，这便是"兼"的道理了。如果因为觉得初爻无法代表地，三爻无法指代天，就认为天地无所依托，更无从谈及做人？可不知足下之前所说的天、地、人三才一体，又是因何而产生？如果指教育禁锢思想的学说，让人不敢逾越老师的教诲，那为何只接受复卦说，却又忘记了单卦说？比如文义之外，又有三才，这是从春秋以来发展的新学说，我不是很懂。况且在隐逸中也可自强不息，虽然不是覆育包容之名；一个整体之中，并没有丧失尊卑的实质，怎么会因为变动的说辞而废除了确立根本的意义呢？而且知道爻卦的精髓在于中和，应该对应君王的德行，但如果只是得出中和的爻卦，最终却并无中和的人，那么爻应该放于何处？如果中和的意义在于道德，那么不可能所有人都达到了中和的境界。内外整体和合是否一致的辩论，还是有不可超越的地方啊!

答曰:上仁上义^①,便是许体仁义者为三才寻。又云:乔、札未获上附,伊、颜宜其下丽,则黄裳之人其犹不及,虽赜之旨高下无准^②,故惑者未悟。

释曰:所云上仁上义,谓兼总仁义之极^③,可以对飨天地者耳^④。非谓少有耻爱,便为三才^⑤。前释已具,怪复是问。四彼域中,唯王是体知^⑥,三才两仪,非圣不居,《易》《老》同归,可无重惑。案东鲁阶差^⑦,乔、札理不允备^⑧,何由上附至位?依西方准墨,伊、颜未获法身^⑨,故当下丽生品^⑩。来论挟姬议释,故两解此意,冀以取了,反致辞费。圣作君师,贤为臣资,接畅神功,影向大业^⑪,行藏可共^⑫,默语亦同,体分至此,何负黄裳?议者徒见不得等位^⑬,元首横生消恨^⑭,而不知引之极地,更非守节之情^⑮。指断如斯,何谓无准^⑯?

【注释】

①上仁:至仁。《老子》:"上仁为之,而无以为也。"上义:至义,最高的义。《老子》:"上义为之而有以为。"魏源《老子本义》:"至义则虽其上者亦真下德矣,故为之而有以为。"

②赜(zé):深奥,玄妙。

③仁义:仁爱和正义;宽惠正直。《礼记·曲礼上》:"道德仁义,非礼不成。"孔颖达疏:"仁是施恩及物,义是裁断合宜。"《礼记·丧服四制》:"恩者仁也,理者义也,节者礼也,权者知也,仁义礼知,人道具矣。"

④飨(xiǎng):乡人饮酒,引申为礼待他人。

⑤三才:天、地、人。《周易·说卦》:"是以立天之道曰阴与阳,立地

之道曰柔与刚,立人之道曰仁与义。兼三才而两之,故《易》六画
而成卦。"

⑥"四彼"二句:《老子》第二十五章:"域中有四大,而王居其一焉。"

⑦案:同"按"。东鲁:指孔子,孔子为春秋鲁人,故称。

⑧允备:允当而完备。

⑨法身:佛教语,梵语意译,谓证得清净自性,成就一切功德之身。
"法身"不生不灭,无形而随处现形,也称为佛身,各乘诸宗所说
不一。

⑩生品:生物的品类。

⑪影向:向,通"响",影响。

⑫行藏:出处或行止。《论语·述而》:"用之则行,舍之则藏。"

⑬等位:官阶爵位。

⑭诮(qiào)恨:讥笑和恼恨。

⑮守节:坚守节操。

⑯无准:没有准则或依据。

【译文】

您在回答中说:最高的仁义,便是那些为仁义追寻三才境界的人。
又说:郑乔、季札未能够获得较高的位置,伊尹、颜回适宜向下依附,那
么穿着黄色衣裳的大臣还是不能企及,虽然是深奥的意旨,因为高低没
有标准,所以迷惑者是不能很好领悟的。

我解释说:所说的至高的仁义,可以说是兼顾仁义的巅峰,是能够
对世间万物都以礼相待的人。不是说稍微有些羞耻和仁爱心,便可以
成为三才。前面的解释都已经有了,奇怪您又问这个问题。天地四域
之中,王居其一,三才两仪,不是圣贤之人是不能这样称呼的。《周易》
和《老子》有同样的趋向,这是没有较大疑惑的。根据孔子的标准,郑
乔、季札的修养不够完备,怎能向上到更高的位置? 依据西方佛教的准
则,伊尹、颜回没有获得修炼得道之法身,因此应当还是较低的等级。

你的论说运用儒家的思想来解释说明佛教，因此误解了这个意思，希望别人能理解，却反而是在说废话。人格极其高尚的圣人作君师，有道德有才能的贤人当臣子，才会取得神圣的功业，有助于帝王大业，行进的路径相同，沉默或言说也相同，禀赋和素质达到这种情形，大臣哪里会背弃？议论的人只看见没有得到官阶爵位，对帝王滋生恼恨，却不知道将恼恨转向极地，更不是坚守节操之情。像这样辨别，怎么说没有准则呢？

答曰：夫阴阳陶气，刚柔赋性，圆首方足，容貌匪殊。恻隐耻恶，悠悠皆是。但参体二仪①，必举仁为端耳。

释曰：若谓圆首方足，必同耻恻之实，容貌匪殊，皆可参体二仪。跻、跖之徒②，亦当在三才之数耶？若诚不得③，则不可见横目之同④，便与大人同列⑤。悠悠之伦⑥，品量难齐⑦。既云仁者安仁⑧，智者利仁，又云力行近仁⑨，畏罪强仁⑩。若一之正位，将真伪相冒。庄周云："天下之善人寡，不善人多⑪。"其分若此，何谓皆是？

【注释】

①参体：并立。

②跻(jué)、跖：庄跻、盗跖。古代传说中的两个大盗。《淮南子·主术训》："执术而御之，则管晏之智尽矣；明分以示之，则跖跻之奸止矣。"

③诚：的确。副词。

④横目：指人民，百姓。《庄子·天地》："夫子无意于横目之民乎？愿闻圣治。"注："五行之内，唯民横目，故谓之横目之民。"

⑤大人：指高位者，如王公贵族。

⑥伦：类。

⑦品量：品格器量。

⑧仁者安仁：《论语·里仁》："仁者安仁，知者利仁。"

⑨力行近仁：《礼记·中庸》："好学近乎智，力行近乎仁，知耻近乎勇。"

⑩畏罪强仁：《礼记·表记》："仁者安仁，知者利仁，畏罪者强仁。"

⑪"天下"二句：《庄子·胠箧》："天下之善人少而不善人多，则圣人之利天下也少而害天下也多。"

【译文】

您在回答中说：阴阳二气陶铸气质，阳刚阴柔赋予个性，圆形的头方形的脚，体貌形体不是很特殊；具有同情恻隐与耻恶之心，很多人都是这样的。但是要说与天地二仪并立，一定会以仁义为根本。

我解释说：如果说头是圆的脚是方的，就一定都有同情心与羞耻心，容貌不是很特别，都可以和天地并立。难道庄跻、盗跖这样的坏人，也应当在三才的行列之内吗？如果的确不可以，就不可以看到了百姓的共同之处，便将其和王公贵族同列。那么多的类别，品评、衡量都难以相同。既然说仁者安心实现仁的境界，智者有利于仁，又说力行者近于仁爱，害怕犯错误是勉强实行仁。如果每一个都列入仁的行列，那么真的就会被假的冒充。庄周说："普天之下有善心的人很少，没有善心的人很多。"如果这样划分仁者，那么什么才是仁者呢？

答曰：知欲限以名器①，顺其所假②，遂令惠人洁士③，比性于毛群④；庶几之贤⑤，同气于介族⑥。立象之意⑦，岂其然乎？

释曰：名器有限，良由资体不备⑧，虽欲假之，疑阳谓何⑨？含灵为人，毛群所不能同；禀气成生，洁士有不得异。

象仿其灵，非象其生。一之而已，无乃诬漫^⑩。

【注释】

①名器：名号与车服仪制。

②假：依靠。

③惠人：施恩惠于他人的人。洁士：操守清白的人。

④毛群：指兽类。

⑤庶几：接近于（圣贤）。

⑥同气：气质相同，气类相同。

⑦立象：设立物象。

⑧资体：资质性理。

⑨谓何：如何，为何。

⑩诬漫：虚妄夸诞。漫，辽远无边际的样子。

【译文】

您在回答中说：知道你想要用名号与车服仪制来限制，顺着这些所依靠的，就会使施恩于他人的人，操守清白的人，性格比附于动物；接近于圣贤之人，气质也等同于贝壳之类，设立物象的本意，难道是这样的吗？

我解释说：用名号与车服仪制来限制，实在是由于人们的资质不完备，即使想依靠这些，为何这样奋起自卫辩论？人内蕴灵性，这是和兽类不相同的地方；人的本性天成，天性操守清白的人不会改变。就好像在模仿洁士的精神，而不是模仿他的肉身。这只是其中之一罢了，不是虚妄夸诞。

答曰：已均被同众云云，特灵之神既异于众，得生之理何尝暂同。生本于理，而理异焉，同众之生名将安附？若执此生名，必使从众，则混成之物，亦将在例耶？

释曰：吾前谓同于所万^①，岂得生之可异？足下答云^②：非谓不然，又曰奚取不异之生必宜为众。是则去吾为众，而取吾不异，岂有不异而非众哉？所以复云，故当殊其特灵，不应异其得生耳。今答又谓，得生之理何尝暂同，生本于理，而理异焉。请问得生之理，故是阴阳耶？吾不见其异，而足下谓未尝暂同，若有异理，非复煦蒸耶^③？则阴阳之表，更有受生涂趣^④，三世讵宜竖立^⑤？使混成之生与物同气^⑥，岂混成之谓？若徒假生名莫见生实，则非向言之匹^⑦。言生非生，即是有物不物，李叟此说^⑧，或更有其义，以无诘有，颇为未类。

【注释】

①同于所万：指万物或众生都相同。同前文颜延之《释达性论》中"有万之所同"。

②足下：古代下称上或同辈相称的敬辞。

③煦蒸：化育；蒸腾。南朝宋鲍照《侍郎报满辞阁疏》："宿福余庆，爰遘圣明，煦蒸霜霰，荢甲云露。"

④受生：投生，投胎。

⑤三世：佛家以过去、现在、未来为三世。北齐颜之推《颜氏家训·归心》："三世之事，信而有征。"

⑥同气：气质相同；气类相同。《周易·乾》："同声相应，同气相求。"

⑦向言：古籍所载的一种特异现象。向，通"响"。《晋书·五行志中》："吴孙休时，乌程人有得困病，及差，能以响言者，言于此而闻于彼。"后用为建言讽喻而使在上者明察下情的典故。

⑧李叟：李耳（？—约前471），字伯阳，楚国苦县（今河南鹿邑）人，是我国古代伟大的哲学家和思想家、道家学派创始人。

【译文】

您在回答中说：圣人现在已经都被当成众人中的一部分，圣人具有特别灵慧的神明，既然和大众不同，那么得到生命之理，又何尝相同？生命本乎道理，然而道理不同，和大众相同的生命，他的名号将到哪里附着呢？若把圣人看做普通人，必然会跟随大众俗化，那么混杂的俗物，也将会在范例之内吗？

我解释说：我之前说世间万物都是相同的，难道能认为生命都是不同的吗？阁下回答说：不是这样的，又说为何把没有差异的生命肯定地认为是众生呢？这样看来除去我所强调的众人，却拿我不同的事来说，岂会有不相同而不是众人的呢？所以又说：那么就应当特殊对待圣人特殊的灵性，而不应该把这些得到生命的看做异类。现在回答认为，得生的道理又何尝相同，生本就是于理中来，而理是不相同的。请问得生的道理，就是阴阳的变化么？我看不见其中的区别，而阁下却说他们未必相同，如果有不相同的理，那么不会有天地化育了。那么阴阳的表象，更是有投生的乐趣，三世因果报应岂能确立？使混同而成的生命与万物气质相同，难道这就是混同而成的说法了吗？如果只见假借生命的名称没有见到实际的生命，那么就不是向言这种特异现象能相比的了。说生不是生，即指有物不是物，老子这种说法，或许更有其中的深意，用无来诘问有，颇为另类。

答曰：谨为垣坊云云。始云，皇圣设候物之教，谨顺时之经，将以反渐息泰。今复以方开所泰为难，未详此将难鄙议，为讥圣人也？

释曰：前观本论，自九谷以下①，至孔钓不纲②，始知高议③。谓凡有宰作，皆出圣人，躬为师匠④，以率先下民也。孤鄙拙意⑤，自谓每所施为⑥，动必有因。圣人从为之节，使不迁越此⑦，二怀之大断，彼我所不同。吾将节其奢流，故有息泰之说。足下方明备设⑧，未知于何去甚而中？答又云，所谓甚者，圣人固已去之，不了此意，故近复以所泰为问。
答云未详谁难，或自忘前报。

【注释】

①九谷：古代九种主要农作物。九谷名目，相传不一。

②孔钓不纲：孔子不用带绳的大网捕鱼。纲，渔网上的总绳，指代渔网。《论语·述而》："子钓而不纲。"

③高议：高明的议论。

④师匠：宗师、大匠，可以为人取法者。

⑤孤鄙拙意：鄙，用于谦称自己或跟自己有关的事物。拙，用于对别人称自己的东西。

⑥施为：行动；行事。

⑦迁越：越出范围而变化。

⑧方明：古代祭器，上下四方神明之象。木制，方四尺，设六色六玉。古代诸侯朝见天子、会盟或天子祭祀时所置。

【译文】

您在回答中说：谨慎地做好墙壁加以防范，尚且担心爬墙的强盗，何况是不加防备，等等。您在开始的《释〈达性论〉》中认为，伟大的圣人哀伤众生如此深陷苦海，但又不能违反情理地强行断绝众生的执着，因而只好用占验物候的方便对众生施行教化，以顺应时宜的常行义理、法度来规范百姓，让百姓炽烈的情欲之心能够回转，慢慢地平息安定。现在又拿"打开了根本之门"为难，不知道这个是要用来诘难我的鄙陋议论，还是为了讥笑圣人？

我解释说：我观察前面文章的观点，自从有九谷以来，到孔子钓鱼而不用大网，现在才明白这高明的议论。从前但凡是有杰作的，都出自圣贤之人，他们亲自做宗师，来给天下百姓做表率。我在这里谈谈我卑微的想法，自认为每一次的行动，都是有原因的。古代贤哲的人向来以此为节度,使行动不越出这个范围而变化,心里情感想法的区别,判断事物的不同,就是和你我不同的地方。我将会控制过度的行为,所以有息泰的说法。足下将神明之象设置齐全,不知道在哪里去除过度而做到中道? 又答道:所谓的过分,古代贤哲的人本来已经将它去除了,不能了解这个意思,所以近来又把方开所泰拿来诘问。回答说不知道诘难谁,或者是您自己忘记了前面的答复吧。

答曰:市庖之外云云,夫裡瘁茧栗,宗社三牲①,晓芗豆俎②,以供宾客。七十之老,俟肉而饱③,岂得唯陈草石取备上药而已。所忧不立者,非谓洪论难持,退兼此事,不可顿去于世耳。

释曰:神农定生,周人备教,既唱粒食④,又言上药;既用牺牢⑤,又称蘋蘩祭膳之道⑥,故无定方。前举市庖之外,复有御养者,指旧刳瀹之滞⑦,以明延性不一。非谓经世之事,皆当取备草石。然刍豢之功,希至百龄⑧,芝术之懿⑨,亟闻千岁。由是言之,七十之老,何必谢恩于肉食? 但自封一域者,舍此无术耳。想不顿去于世,犹是前释所云,不能顿夺所滞也⑩。始获符同⑪,敢不归美⑫。既知不可顿去,或不谓道尽于此。

【注释】

①宗社:宗庙和社稷的合称。汉蔡邕《独断》:"天子之宗社曰泰社,天子所为群姓立社也。"三牲:牛、羊、豕,俗谓之大三牲。猪、鱼、鸡,俗谓之小三牲。道教谓獐、鹿、麂为玉署三牲。

②晓芗(xiāng):古书上指用以调味的紫苏之类的香草。豆俎(zǔ):古代祭祀用的礼器。

③七十之老,俟肉而饱:《孟子·尽心上》:"五十非帛不暖,七十非肉不饱。"

④既唱粒食:唱,通"倡"。

⑤牺牢:供宴飨或祭祀用的牛、羊、猪。

⑥蘋蘩(pínfán):蘋和蘩。两种可供食用的水草,古代常用于祭祀。

⑦刳瀹(kūyuè):清除疏导使畅通。刳,剖开,清除。瀹,疏导。

⑧百龄:犹百年。指长久的岁月。

⑨芝术(zhú):芝术,药草名。懿,美好。

⑩顿夺:谓违反情理地强行断绝。

⑪符同:符合,相同。

⑫敢不:说不定。归美:称许,赞美。

【译文】

您在回答中说:集市厨房以外的地方,难道没有很好的养身的东西吗?等等。用来祭祀天地的各种祭品,包括牛羊猪三牲、香豆等都用来招待宾客。七十岁的老人要吃肉才能填饱肚子,岂能只是摆设香草石头之类的东西,只不过是拿来准备做上等的药材而已!我所担忧不能建立的,不是洪大的议论难以维持,而是考虑到这种事情,是不能一下子就能废除掉的。

我解释说:神农氏让百姓安定,周朝的百姓接受良好的教化。既提倡种植粮食,又主张采用上等药物以延长寿命;既用牛、羊、猪来祭祀,又称颂用蘋和蘩这两种可供食用的水草来祭祀的礼仪,因此没有固定的方式。除了前面举的集市上的厨师外,还有那些御养者,清除疏导滞塞的地方使畅通,来表明性质各不相同。不是说凡是世间礼仪之事,都应当采集准备草石。然而人们喜欢肉食品,是希望能活到百年,芝术的美好,多次听闻被极长久地珍藏。因此这样说来,七十岁的老人,何必因得到肉食品谢恩呢?但是故步自封的人,舍弃这个就没有办法了。想不在世间忽然强行废除那些事情，还是前面解释所说的那样，不能够违反情理地强行断绝人们所执着的事物。开始得到您的赞同，哪敢不赞美。您已经知道不能够在世间忽然违反情理地强行废除那些事情，就不必说大道的实现到此为止。

答曰：天下宁有无形之有云云，寻来旨似不嫌有鬼，当谓鬼宜有质，得无惑。天竺之书，说鬼别为生类耶？昔人以鬼神为教，乃列于典经，布在方策。郑乔、吴札亦以为然。是以云和六变，实降天神；龙门九成，人鬼咸格。足下雅秉《周礼》，近忽此义，方诘无形之有，为支离之辩乎？

释曰：非唯不嫌有鬼，乃谓有必有形，足下不无是同处有复异。是以比及质诘①，欲以求尽，请舍天竺之说②，谨依中土之经③。又置别为生类，共议登遐精灵④，体状有无。固然宜报定。典策之中，鬼神累万，所不了者，非其名号，比获三论⑤，每来益众。万鬼毕至，竟未片答。虽启告周博⑥，非解企渴，无形之有，既不匠立，徒谓支离以为通说⑦，若以核正为支离者⑧，将以浮漫为直达乎⑨？

【注释】

①质诘：质询诘问。

②天竺：印度的古称。古伊朗语 hindukahindukh 音译。

③中土：指中国。《后汉书·西域传论》："其国则殷乎中土。"

④登遐：登仙远去。

⑤三论：佛教三论宗所依据的经典，即《中论》、《百论》、《十二门论》。《中论》因申明大乘中道实相之理，故名中论，为龙树菩萨所造；《十二门论》因申明十二个法门，故名十二门论，也是龙树

菩萨所造;《百论》本来是二十品,因每品各有五偈,依其偈数故
名百论,为龙树之弟子提婆菩萨所造。

⑥周博:宽大,宏大。

⑦支离:分散,残缺,没有条理。

⑧核正:核实校正。

⑨浮漫:轻率。

【译文】

您在回答中说:天下哪里会有无形的东西? 看到这个就会怀疑,应
当屏除杂念心不散乱等等。探究你的来信,好像不嫌弃有鬼的论断,认
为神鬼应该有形体质量,难道没有疑惑吗? 印度的著作,认为神鬼是另
类的生物罢了。古人把神鬼作为教化的手段,于是布列在经典之中,排
列在典册之列。郑乔、季札也是这样认为的。因此用琴瑟表演《云门》
舞,冬至那天,在地上的圜丘上进行演奏,如果舞乐演奏六遍,天神就都
会下降,就可以向神进献玉继而进行祭祀了,用琴瑟表演《咸池》舞,夏
至那天,在泽中的方丘上进行演奏,如果舞乐演奏九遍,地神就都会出
来,可以向神进献玉,继而进行祭祀了。您非常熟悉《周礼》,近来却忽
略了这些思想,才会问难于鬼神无形的问题,难道不算作是支离的辩
论吗?

我解释说:不仅我不怀疑存在鬼,而且认为鬼一定有形体,您还是
说存在相同之处也存在许多不同,因此既然诘问,想要求最终的解释,
请舍弃天竺的说法,严格依据中土的经文。而且放下活生生的事物,共
同商讨死后的精灵,到底有没有形体,这应该是本来就应该知道的事。
典册中,记载了鬼神累积上万,那些不明白的人,不是因为它的名称,等
到获得三论(即《中论》《百论》《十二门论》),每次来得更多,万鬼齐集,
居然没有回答。虽然您的论述内涵博大,也不能解答他们渴望得到的
知识,没有形体的东西,既然不能成立,白白认为分散、残缺的说法是通
达的言论,如果将核实校正的言论看做分散、残缺的说法,难道将轻率

之论当做最终的答案吗？

答曰：后身著戒云云，未详所谓慈护者，谁氏之子？若据外书报应之说，皆吾所谓权教者耳。凡讲求至理，曾不析之圣言，多采谲怪以相扶翼，得无似以水济水乎？

释曰：慈护之主，计亦久闻其人，责以谁子，将以文殊释氏①。知谓报应之说皆是权教，权道隐深②，非圣不尽，虽子通识，虑亦未见其极。吾疲于推求，而足下逸于独了，良有恶然③。若权教所言，皆为欺妄④，则自然之中，无复报应。吾懦于击决⑤，足下烈于专断⑥，亦又惧焉。神高听卑，庸可诬哉？想云圣言者，必姬、孔之语，今之所谈皆其信顺之事，而谓曾不析之，复是未经详思来论，立姬废释。故吾引释符姬，答不越问，未觉多采。由余、日䃅不生华壤⑦，何限九服之外不有穷理之人⑧，内外为判诚亦难乎？若自信其度独思，耳目习识之表，皆为谲怪，则吾亦已矣。

【注释】

①文殊：佛教菩萨名。文殊师利或曼殊室利的省称，意译为"妙吉祥"、"妙德"等。其形顶结五髻，象征大日如来的五智；持剑、骑青狮，象征智慧锐利威猛。为释迦牟尼佛的左胁侍，与司"理"的普贤菩萨相对。中国传其说法道场为山西省五台山。释氏：佛姓释迦的略称。亦指佛或佛教。《晋书·何充传》："于时郗愔及弟昙奉天师道，而充与弟准崇信释氏。"

②权道：佛教语，原指小乘说法的权教教义，也泛指教化世间的佛法。

③恧然(nǜrán)：惭愧貌。

④欺妄：欺骗。

⑤击决：迅速作出决定。

⑥专断：独自决断，专决。

⑦华壤：华夏之区。指中原。

⑧九服：王畿以外的九等地区。《周礼·夏官·职方氏》："乃辨九服之邦国：方千里曰王畿，其外方五百里曰侯服，又其外方五百里曰甸服，又其外方五百里曰男服，又其外方五百里曰采服，又其外方五百里曰卫服，又其外方五百里曰蛮服，又其外方五百里曰夷服，又其外方五百里曰镇服，又其外方五百里曰藩服。"

【译文】

您在回答中说：转世之后守持清静戒律，难道不值得尊敬吗？仁慈有爱护他人之心的人对此有深刻理解，但并不知道慈护的人到底是谁的孩子。如果谈到其他书籍中关于报应的说法，其实就是我所说的教化手段罢了。凡是讲解探究至高道理，如果不分析、理解圣人的言论，而是采用怪诞、荒诞不稽的言论和事情来相互支持，难倒不像是用清水来给清水增加味道一样对事情没有任何好处吗？

我解释说：有仁慈之心的人，估计也很久听说过这个人，您诘问是谁的孩子，我将用文殊菩萨和释迦牟尼佛的理论来说明。您认为所谓报应的说法都是权宜之教，佛法精深，不是圣人不能透彻了解，即使你学识渊博，我认为也不能完全理解它的终极境界。我厌倦推理寻求，然而足下安于独自探究，确实惭愧。如果认为是权宜之教，都是欺骗的话，那么宇宙万物之中，不再有报应之说。我不能迅速作出决定，足下擅长独自决断，我又很担心了。神灵高明，听者低下，岂可诬陷？认为圣人的言论，一定是黄帝、孔子所说的，现在还被谈论，都是因为他们的话真实通达。而认为从未分析，许多是没有经过详细的思考便进行讨论，赞同扶立周公孔子而废除佛教。所以我引用佛教的话来与儒家学说相对应,答案不超出问题,没有发觉多余的辞藻。比如由余、金日磾不是生于中原,怎么就限定中华大地之外没有穷究事物真理的人,内外区别,实在是很难啊!如果过分相信自己独自思考,耳目学习只达到事物的表面,认为别人的理论都是些奇异怪诞的言论,那么我什么也不说了。

答曰:又云,物无妄然,必以类感云云。斯言果然,则类感之物,轻重必侔;影表之势,修短有度。致饰土木,不发慈愍之心,顺时搜狩;未根惨虐之性。天宫华乐,焉赏而上升?地狱幽苦,奚罚而沦陷?昌言穷轩轾,立法无衡石①,一至于此。

释曰:影表之说,以征感报,来意疑不必侔,嫌其无度,即复除福应也②。福应非他,气数所生③,若灭福应,即无气数矣。足下功存步验,而还伐所知④,想信道为心者必不至此。若谓不慈于土木之饰,有甚于顺时之杀者,无乃大负夫人之心。黄屋玉玺非必尧舜之情⑤,崇居丽养岂是释迦之意⑥?责天宫之赏,求地狱之罚,颇类昔人亚夫之诘、英布之问⑦,有味乎其言,此盖众息心之所详,吾可得而略之。

【注释】

①衡石:泛指称重量的器物。

②福应:预示幸福吉祥的征兆。

③气数:气运,命运。

④伐:自夸,夸大。

⑤黄屋:古代帝王专用的黄缯车盖。此指帝位。

⑥释迦:释迦牟尼。本是古印度迦毗罗卫国(今尼泊尔境内)的太

子,父为净饭王,母为摩耶夫人,佛为太子时名叫"乔达摩·悉达多",意为"一切义成就者"。

⑦亚夫:范增(前277—前204),居巢(今安徽巢湖)人,秦末农民战争中为项羽主要谋士,被项羽尊为"亚父",又称"亚夫"。英布(?—前196):六县(今安徽六安)人,因受秦律被黥,又称黥布。初属项羽,为霸王帐下五大将之一,被封为九江王,后叛楚归汉,被封为淮南王,与韩信、彭越并称汉初三大名将。

【译文】

您在回答中说:你又说:事物之间不是胡乱发展的,同类之间必定互相关联,常做善事就会使善良得到发扬,等等。如果这些话是对的,那么和同类相互联系的事物,轻重必定相等;主表测量太阳影子,长短有度。尽全力修饰建筑物,而没有慈悲怜悯之心;在固定的时间狩猎,还是没有根除残忍暴虐的本性。天宫奢华安乐,被赏赐了怎能还往上升?地狱非常痛苦,受到了惩罚怎能还沦落?直言不讳可以穷尽辨析优劣的事,立法没有准则,竟到如此地步。

我解释说:关于圭表的言说,是用来象征因果报应的,你怀疑不必齐等,嫌弃没有节制,也就是消除预示幸福吉祥的预兆。预示幸福吉祥的预兆不是别的,而是命运所繁衍出来的,如果消灭了预示幸福吉祥的预兆,那么气数也没有了。足下的功业很大,然而夸耀自己所知道的,想必在心里相信道的人必定不会是这样。如果说一个人不爱惜土木建筑,罪过比顺应时间打渔捕猎更厉害,大概极大地辜负了圣人之心。住富丽堂皇的宫殿和拿着玉玺必定不是尧舜所看重的,居住在高大的屋子里,被优厚供养难道也是佛祖的本意吗?责备天宫的赏赐,追求地狱的责罚,与前人亚夫质问英布的问题十分相像,这是很有趣的话啊!这大概是大家心里都能详细了解的,我可以略过。

答曰:且阿保博爱,慎及涸腴;良庖提刀,情怵介族。彼圣人者，明并日月，化关三统，若令报应必符，亦何妨于教？而缄扃羲、唐之纪①，埋闭周、孔之世。肇结网罟，兴累亿之罪；仍制牲牢，开长夜之罚。遗彼天厨，甘此刍豢，曾无拯溺之仁，横成纳隍之酷，其为不然，宜简渊虑。若谓穷神之智，犹有不尽，虽高情爱奇，想亦未至于侮圣。

释曰：知谓报应之义，缄羲周之世，以此推求，为不符之证。羲唐邈矣②，人莫之详，《尚书》所载③，不过数篇，方言德刑之美，遑记祸福之源④。今帝典王策，犹不书性命之事，而征阙文⑤，以为古必无之，斯亦师心之过也。且信顺殃庆⑥，咸列姬、孔之籍⑦，谓之埋闭，如小径乎。但言有远近，教有浅深，故使智者与此而夺彼耶！夫生必有欲，欲必有求，欲欠则争，求给则恬；争则相害，恬则相安。网罟之设，将蠲害以取安乎⑧？且畋渔牲牢⑨，其事不异，足下前答，已知牲牢不可顿去于今世，复谓畋渔不可独弃于古，未为通类矣。好生恶死，每下愈笃。故宥其死者顺其情，夺其生者逆其性，至人尚矣，何为犯顺而居逆哉？是知不能顿夺所滞，故因为之制耳。圣灵虽茂，无以睿蒙阍之心⑩，弱丧之民，何可胜论。罪罚之来，将物自取之。事远难致，不由天厨见遗；物近易耽，故常刍豢是甘。拯溺出隍，众哲所共，但化物不同，非道之异。不尽之让，亦如过当，子长爱奇，本不类此。

【注释】

①缄扃(jiōng)：关闭。羲、唐：伏羲、唐尧。伏羲，古代传说中的三皇之一，风姓，相传其始画八卦，又教民渔猎，取牺牲以供庖厨，因称庖牺，亦作"伏戏"、"伏牺"。唐尧，古帝名，帝喾之子，姓伊

祁,名放勋,初封于陶,又封于唐,号陶唐氏,以子丹朱不肖,传位于舜。

②邈:遥远。

③《尚书》:又称《书》《书经》,为一部多体裁文献汇编,是中国现存最早的史书。分为《虞书》《夏书》《商书》《周书》。战国时期总称《书》,汉代改称《尚书》,即"上古之书"。

④遑:怎能。

⑤征:征引。

⑥信顺:诚信不欺,顺应物理。《周易·系辞上》:"天之所助者,顺也;人之所助者,信也。"

⑦姬:周公旦,姓姬,名旦,亦称叔旦。西周时期的政治家、军事家、思想家、教育家,被尊为"元圣",儒学先驱。周文王的第四子,周武王的同母弟。因采邑在周,称为周公。

⑧蠲(juān):清除,疏通。

⑨牲牢:牲畜。《诗经·小雅·瓠叶序》:"上弃礼而不能行,虽有牲牢饔饩,不肯用也。"郑玄笺:"牛羊豕为牲,系养者曰牢。"

⑩蒙闇:幼稚不明事理。

【译文】

您在回答中说:况且身边亲近之臣对君主有爱护之心,对于宰杀肥猪这样的事情还是有所小心谨慎;好的厨师提起刀,感情上还是会害怕贝类等低等动物。所谓圣德贤明的人,光辉可与日月相媲美,使天、地、人三统化开,如果因果报应是真实的,又何妨运用这种思想来教化众生?然而伏羲、唐尧、周孔时期因果报应之说完全没有记载。编织网子捕鱼,造成重大的罪过,仍然伤害畜生,开启了连绵不绝的罪罚。放弃天然的食物,喜欢吃各种肉类食品,几乎没有拯救人们的仁爱之心和出民于水火的迫切心情。这种行为不应该,应当深深反思。要是说穷尽所有精神的智慧,还是达不到,即使充满热情喜爱思考奇异之事,也不致于达到侮辱圣人的地步。

　　我解释说：您认为报应的思想，在伏羲、唐尧、周孔时期没有记载，以此来证明因果报应的思想不正确，这是不符合情理的。伏羲、唐尧的时代距离现在已经很遥远了，因此人们了解并不详细。《尚书》所记载的只不过寥寥几篇，仅仅记录他们的德刑之美，而很少提到祸福的根源。当今的帝王家的史书，尚且不记录关乎性命的事情，然而根据那些简单的文献，认为古时肯定没有这些因果报应的事情，这也是自以为是的过错呀！而且忠信之人顺应事理，和遭殃或获福的事情，在周公、孔子的书籍里也有所记载，说成是完全没有记载，这种思想就像小路一样狭隘。但是语言有远近之说，教化也有深浅之分，因此智者有时候注重这方面的事情而忽略那方面的事情。每个人活着就肯定有欲望，有欲望就一定有所求，没有达到他的欲望他就要争，求的东西得到了就会恬静快乐；争斗则会相互伤害，安静则会相安无事。网罟的设置，就可以清除祸害而得到安宁吗？并且打猎、捕鱼和饲养牲畜，这些事没有什么不同的，你之前已经回答过了，已经知道了饲养牲畜不能忽然就在现在取消，再一次说渔猎这种习俗不能在古时候被放弃，还没有成为相同的类别。贪生怕死这种情况越来越严重。因此要宽恕死者并且顺应其情理，消灭生者的欲望而悖逆其习性，只有超凡脱俗，达到无我境界的人才可以这样，为什么要违背世人习惯的事情而逆道而行呢？所以知道不可以马上夺取人们所执着的东西，只是顺应这些欲望为他们设置法度了。圣人的心灵虽然很高尚，却也不能使糊涂的心变得睿智，那些病弱的居民，更加没有什么可以说的了。所有的祸灾，都是自取的。事物很远，所以很难达到，致使天然的庖厨之物被遗忘；物体离得近，又容易沉溺于其中，因此以吃牛羊猪狗等牲畜的肉为美味。把处于危险困难境地的人拯救出来，是所有哲人的共同责任，但哲人间的差异是因其所教化的对象与所用方法不同，不是因为道的不同。过多的谦让，与过多的承当一样走极端，即使您确实爱好奇异之事，也不该像这样。

答曰：足下论仁义，则云情之者少，利之者多，言施惠则许其遗贤忘报。在情既少，孰能遗贤，利之者多，曷云忘报？若能推乐施之士，以期欲仁之俦，演忘报之意，引向义之心，则义实在斯，求仁不远。

释曰：情仁义者寡，利仁义者众；闻之庄书，非直孤说，未获详校，遽见弹责①。夫在情既少，利之者多，不能遗贤，曷云忘报②？实吾前后勤勤以为不得配拟二仪者耳③，复非笃论所应据正。若乐施忘报，即为体仁④；忘报而施，便为合义。可去欲字，并除向名，在斯不远，谁不是慕？

【注释】

①弹责：批评，指摘。

②曷(hé)：同"盍"，何不。

③勤勤：次数多，不间断。

④体仁：躬行仁道。《周易·乾》："君子体仁，足以长人。"孔颖达疏："言君子之人，体包仁道，泛爱施生，足以尊长于人也。"

【译文】

您在回答中说：足下讨论仁义时认为，有仁爱之情的人少，追逐利益的人多。说到施恩惠时则要求他们忘掉自己的行善行为，不求别人的回报。既然仁爱之情的人少，谁能忘掉自己的行善行为？追逐利益的人多，怎能忘掉回报呢？如果能推崇乐于施舍的人，来鼓励想要发扬仁义的同一类的人物，推广不求回报的思想，来强调趋向道义的心态，于是，道义就会确实存在这里了，追求仁爱就不远了。

我解释说：出于真心实践仁义的人越来越少，利用仁义谋取名利的人越来越多；从庄子书中听闻，并不是一己之见，您没有进行详细的考证，就急忙批判。有仁爱之情的人少，追逐利益的人多，不能忘掉自己的行善行为,怎能不求回报? 实在是我从一开始就多次恳切至诚的认为不能够配拟天地二仪的意思,那么不是您的评论所应该纠正的了。如果乐意施舍不求回报,便是躬行仁道;不求回报而做出施舍,就是合于道义。可以去除欲字,并且能够去除向往名利的思想,就离仁义不远了,谁不向往呢?

　　答曰:济有生之类云云,斯旨宏诞,非本论所及。无乃秦师将遁,行人言肆乎?

　　释曰:足下论挟姬、释①,吾亦答兼戎、周②。足下以此抑彼,谓福极高门③;吾申彼释,此云庆周兆物。足下据此所见,谓祚止公侯,吾信彼所闻,云尊冠百神。本议是争,曷云不及? 夫论难之本,以易夺为体,失之已外,辄云宏诞④。求理之涂,几乎塞矣,师遁言肆,或不在此。

【注释】

①姬、释:此指儒家和佛教。姬,黄帝的姓,周人以后稷(黄帝之后)为祖,亦姓姬。

②戎:古代典籍泛指我国西部的少数民族。《礼记·王制》:"西方曰戎。"

③高门:富贵之家,高贵门等。《庄子·达生》:"有张毅者,高门县薄,无不走也。"成玄英疏:"高门,富贵之家也。"

④宏诞:夸大虚妄。

【译文】

　　您在回答中说:至于帮助拥有生命的众生,达到没有死亡的境界,使万物庆贺喜悦,怀着敬意拜祭所有的神仙等等,这样的内容宏大虚妄,并非本辩论所要涉及的。莫非是秦国的军队将要逃走,路人说话都放肆无忌惮了吗？

　　我解释说：您兼论儒家和佛教，我也兼论少数民族和周朝，以此来回答。您借此来压制对方，认为福气在富贵之家达到了极点；我多次重申佛教的说法，即他们所说的使万物庆贺喜悦。您根据这样的见解，认为福气到公侯那里为止了。我相信他们所听闻的，说怀着敬意拜祭所有的神仙。本来所讨论的就是有争辩性的话题，为什么又说不考虑这些了呢？辩论责难的根本，以容易争辩为体，自己不理解的，就说是夸大虚妄。寻求真理的道路，差不多都被堵塞了，秦师将退走，行人说话放肆这种现象，或许不在这里。

　　答曰：岂其相迫，居吾语子？圣人在上，不与百神争长，有始有卒，焉得无死之地云云？

　　释曰：岂其相迫，一何务德①；居吾语子，又何壮辞。凡为物之长，岂争之所得？非唯不争，必将下之，不可见尊冠百神，便谓与百神争长。无乃取之滕薛②，弃之体仁知。谓物有始卒，无不死之地，求之域内，实如来趣。前释所谓胜类诸区，有诚亦宜然者也。至如《山经》所图③，《仙传》所记④，事关世载，已不可原。况复道绝恒情，理隔常照，必以于我，不然皆当绝弃，此又所不得安。

【注释】

①一何：何其，多么。

②滕薛：争夺尊位或首位。《左传·隐公十一年》："十一年春，滕侯、薛侯来朝，争长。"

③《山经》：《山海经》，先秦古籍，是一部富于神话传说的古老的地理书。它主要记述古代地理、物产、神话、巫术、宗教等，也包括

古史、医药、民俗、民族等方面的内容。成书年代及作者不详。

④《仙传》：或指《列仙传》，记述神仙故事的书。

【译文】

您在回答中说：岂是因为他们相互逼迫，只有坐下来才好说话？圣人在上面，不和诸位天神争夺首领之位，有始有终，怎么能达到不死的境界呢？等等。

我解说：岂是他们相互逼迫，何其致力于德行了；坐下来才好说话，又是多么雄壮的语气。凡作为万物之首领，岂是通过争夺就能获得的？只有不争夺，才能谦让，不可见到怀着敬意拜祭所有的神仙，便认为是与百神争夺首领之位。恐怕那些争夺取得尊位的人，就是放弃他们躬行仁道的学识了。认为一切事物都有始有终，没有长生不死的地方，在区域内追求，就是如来所趣向的。前面所解释的所谓的美丽的地方，有诚信才会这样。正如《山海经》里描绘的，《列仙传》里记载的，事情的经过由一辈一辈相传下来，已经不能恢复原来的面貌了。何况大道超越常情，佛理与常人的了解完全不同，一定要按照自己亲自修炼来体证，不然就应当全都放弃，但是这又不能让人心安。

答曰：夫辩章幽明，研精庶物云云。

释曰：逮省此章，盛陈列代；文博体周，颇善师法①；歌诵圣世，足为繁声②；讨求道义，未是要说耳。昔在幼壮，微涉群纪③，皇王之轨，贤智之迹，侧闻其略，敢辱其详④。惠示之笃，实勤执事⑤。

【注释】

①善：擅长。

②繁声：浮靡的音乐。

③群纪：指各种史书。

④敢：谦辞，"不敢"的简称，冒昧的意思。

⑤执事：先生，兄台，旧时书信中用以称对方，表示对人的敬称，不直指其人之意。

【译文】

您在回答中说：对幽暗或光明之物辨别清楚明确，对众多的事物研究得比较精粹，等等。

我解释说：考察这些文章，广泛的述说历代王朝；文章博大精深内容完备，很擅长学习，道法自然；讴歌和赞颂圣代，完全可以当做繁荣的声音；探求道理和正义，不是为了要宣扬出来。过去我在幼年和壮年的时候，稍微涉猎了各种史书，古圣王的教化，贤能智士的事迹，略知一二，不敢不知高下地说了解得很详细。您如此诚恳地让我知道，兄台实在很勤劳啊！

答曰：何必陋积之延祚，希无验于来生，蹲膜揖让，终不并立。窃愿吾子舍兼而尊一云云。

释曰：不陋积庆①，已申信顺之条；贯希来生，亦具感报之说。藻衮大裘②，同用一体，蹲膜揖让，何为不俱行一世？理有可兼，无谓宜舍。

答曰：蜀、梁二叔，世人骈胥之譬，非本论所继，故不复具云。

释曰：近此数条，聊发戏端，亦犹越人问布，见采于前谈，肆业及之，无想多怪。然二叔为问，欲以却编户之疑，没而不答，诚有望焉。足下连国云从③，宏论风行④，吾幽生孤说⑤，每获窃议，此之不侔⑥，事有固然，实由通才所共者⑦。理欵忘其烦，贪复息心⑧。

【注释】

①积庆：接踵而来的喜庆之事。

②藻衮：古代君王等的礼服。

③云从：语出《诗经·齐风·敝笱》："齐子归止，其从如云。"后用"云从"比喻随从之盛。

④风行：普遍流行，盛行。

⑤孤说：一己之见。

⑥不侔(móu)：不相等。侔，相等。

⑦通才：学识广博兼备多种才能的人。

⑧贪：同"探"，探求。息心：除掉杂念，专心致志，消灭本心不具，受外物污染而起的妄心、妄念。

【译文】

您在回答中说：何必要积累善事来延续长久的福禄，寄希望于无法验证的来世。蹲跪膜拜与揖让两种礼节不能同时存在，我希望您舍弃一个，而遵守另外一个。

我解释说：不轻视行善积福，已经表达了忠信顺从的道理；连续不断地把希望寄托在来生上，也是有感恩报应的说法。带有藻饰的君王礼服和天子祭天的衣服，也可以用在同一人上，蹲礼膜拜作揖谦让，为何不能都实行在同一个时代？道理可以兼顾，没有所谓的应该舍弃一种。

您在回答中说：蜀、梁二叔，世人驿骨之譬，不是本论所能证明的，所以不用再说。

我解释说：这里的几个观点，只是我姑且戏说罢了，就好像越国人询问布一样，看见采桑的就上前去交谈，只是自己的行业促使他这样罢了，不用觉得有多奇怪。然而您用蜀、梁二叔来讲道理，想要解决平民的疑问，实际上没有回答，实在是让人失望。您掌管的地方很广，随从众多，广博、高深的言论盛行，我的只是山野人的一己之见，每次只是发

表私下暗地里的言论,这是不相等的,事情本来就是这样,很多真理也
确实是学识广博兼备多种才能的人才能共有。从理上忘掉苦闷与烦躁
的事,再次止息贪爱的妄心、妄念,回归宁静。

卷第五

更生论

【题解】

本篇由东晋罗君章(罗含)撰,主要论述万物不断转生的观点,认为天地所以运行不止、生生不灭,是因为万物反复再生的原因。万物各有其不变之本体,死生仅仅是本体的聚散而已,因此生死如一体之两面。此说与佛教"神不灭论"颇相吻合。

善哉！向生之言^①。曰天者何？万物之总名。人者何？天中之一物。因此以谈,今万物有数而天地无穷,然则无穷之变,未始出于万物,万物不更生^②,则天地有终矣。天地不为有终,则更生可知矣。

【注释】

①向生:即向秀,晋代竹林七贤之一。

②更(gēng)生:死而复生,比喻复兴。《庄子·达生》:"弃世则无累,无累则正平,正平则与彼更生,更生则几矣。"郭象注:"更生者,日新之谓也。"

【译文】

向生之言很好啊！天是什么呢？是万物的总称。人是什么呢？天中之一物。因此可以说,现在万物有一定的数目而天地无穷无尽,然而无穷的变化出于万物,如果万物不代谢更生,天地就有终结的一天了。天地无始无终,那么万物反复再生的道理可以知道了。

　　寻诸旧论,亦云万兆悬定①,群生代谢,圣人作《易》,已备其极。穷神知化②,穷理尽性,苟神可穷,有形者不得无数。是则人物有定数,彼我有成分,有不可灭而为无,彼不得化而为我。聚散隐显,环转于无穷之涂③,贤愚寿夭,还复其物。自然相次,毫分不差,与运泯复,不成不知,遐哉邈乎④,其道冥矣。天地虽大,浑而不乱,万物虽众,区已别矣。各自其本,祖宗有序,本支百世⑤,不失其旧。又神之与质,自然之偶也;偶有离合死生之变也;质有聚散往复之势也。人物变化各有其性,性有本分,故复有常物。散虽混淆,聚不可乱,其往弥远,故其复弥近。又神质冥期⑥,符契自合⑦。世皆悲合之必离,而莫慰离之必合;皆知聚之必散,而莫识散之必聚,未之思也。岂远乎哉?凡今生之为,即昔生之故事。即故事于体无所厝⑧,其意与已冥,各不自觉。孰云觉之哉?今谈者徒知向我非今,而不知今我故昔我耳。达观者所以齐死生,亦云死生为寤寐⑨,诚哉是言。

【注释】

①悬定:预定。

②穷神知化:谓穷究事物之神妙,了解事物之变化。

③环转:循环,旋转。

④遐哉邈乎:辽阔,辽远;久长,久远。

⑤本支百世：指子孙昌盛，百代不衰。出处见《诗经·大雅·文王》。

⑥神质冥期：谓上天给世人精神和形体所定的生命期限。

⑦符契：犹符节。《韩非子·主道》："符契之所合，赏罚之所生也。"

⑧厝：放置，安排。

⑨寤寐：日夜。寤，醒时。寐，睡时。

【译文】

寻找那些以前的论著，都说万事万物是预定的，各种生命不断地新陈代谢，圣人作《易经》，已经谈得非常精微深刻了。穷究事物之神妙与道理，了解事物之本性与变化，如果精神可以被穷究，有形式的外在物质不会没有定数。因此人和事物有定数，彼我有定分，有不可消失而变为无，彼不会变化而为我。积聚与消散，消隐与彰显，不断循环而无穷无尽，贤能与愚蠢，长寿与短命，轮转而回复成为原先的事物。自然的秩序，一点也不会紊乱，随天运沉浮时而消灭时而复生，不成就其形就不会被人知晓，永恒不断啊！其道非常深远玄奥。天地虽然无穷大，混沌而不混乱，事物虽然无穷多，互相区别而不紊乱。各有其根本，祖宗有序，子孙昌盛，百代不衰。精神与物质，自然偶合；偶合则有离合死生的变化，物质有聚散往复的趋势。人物变化各有其本性，性有本分，因此不断复归，而有恒常的事物。消散虽然混淆，聚集不可混乱，其往越远，故其回复越近。上天给世人的精神和形体确定了生命期限，如同符节之契合。世人皆悲痛合之必离，而没有欣慰于离之必合；都知道聚之必散，而没有认识到散之必聚，很少全盘考虑啊！难道这些道理远离人们吗？其实凡是今生的所作所为，即是前生的故事的延续。即使前生故事于今生本体无所安排，其意旨与冥合的命运仍相一致，只是人们不能自己觉察到。怎么谈论自觉呢？今谈者只知道以前的我不是今天的我，而不知道今天的我就是以前的我。达观者因此把生死等同看待，也说生与死就像觉醒与睡觉一样转换，这些话说得确实有道理啊！

与罗君章书

【题解】

本篇原题"孙长沙书(安国)",由东晋史学家孙盛所撰写。孙盛,字安国,曾任长沙太守,撰有《晋阳秋》等史学名著。他驳斥神明"更生"说,明确主张"形既粉散,知亦如之",在形质变为异物之后,人的神识应该也会随之消亡。

省《更生论》,括囊变化^①,穷寻聚散,思理既佳,又指昧辞致亦快,是好论也。然吾意犹有同异。以令万物化为异形者,不可胜数,应理不失,但隐显有年载^②,然今万化,犹应多少?有还得形者无?缘尽当须冥远,耳目不复开逐,然后乃复其本也。吾谓形既粉散,知亦如之^③,纷错混淆^④,化为异物,他物各失其旧,非复昔日。此有情者所以悲叹,若然,则足下未可孤以自慰。

【注释】

①括囊:犹囊括,包罗。

②年载:年岁。

③形既粉散,知亦如之:形体消灭粉散,各为异物,则神识(知)应该
　也会随之消亡。

④纷错:纷繁杂乱。

【译文】

　　拜读了《更生论》,此论囊括天地变化,探寻聚散之理,思想理路既
佳,主旨和用词也不错,是一篇很好的论文。然而我的看法有所不同。
万物变化为不同的形状,不可胜数,从道理上讲是不会消失的,但是消
隐和呈现有时间序列的不同,千变万化的事物到底有多少呢? 事物消
失了会不会再次得到形体? 缘分尽了应当要遥走远避,耳目不再发挥
功能去追逐事物形象,然后才能回归其根本。我认为形体四面分散,质
变为异物之后,人的神识(知)应该也会随之消亡,纷繁杂乱的事物变成
异物后,各自失去了旧时的形状,和以前不同了。这就是有情众生所以
悲叹的原因,如果是这样,则您无法独自自己安慰自己。

答孙安国书

【题解】

在本篇中,罗君章针对孙安国说的神识应该会随物体之消亡而消失,再一次强调万物各有其不变之本体,死生仅仅是本体的聚散而已,因此生死如一体之两面。

获书。文略旨辞,理亦兼情。虽欣清酬,未喻乃怀。区区不已,请寻前本,本亦不谓,物都不化,但化者各自得其所化,颓者亦不失其旧体,孰主陶是?载混载判,言然之至分而不可乱也。如此岂徒一更而已哉?将与无穷而长更矣。终而复始,其数历然,未能知今,安能知更?盖积悲妄言,谘求所通①,岂云唯慰聊以寄散而已矣。

【注释】

①谘求:询求,访求。

【译文】

已经得到您的书信了。这封信内容简略但主旨鲜明,合理合情。虽然对您的回答很欣喜,但我并不理解,还是有自己的想法。万事万物永不停止,请探寻其根本,如果没有本体,事物都不会变化,但变化的事物在显现各自的变化形态,消失的东西也不会失去其旧的根本,谁在主宰呢? 这样难道只是一次变化而已吗? 其实是无穷无尽不断变化啊! 终而复始,过程清清楚楚,未能知今,岂能知道变化? 因此怀着悲痛,胡乱说说,询求道理,岂是仅仅安慰自己寄托情怀而已!

神不灭论

【题解】

　　本篇作者郑鲜之,字道子,荥阳开封(今河南开封)人,事宋文帝,官至尚书。他认为,形体与精神虽然混合,与生俱存,然而有粗妙之别,形体是五脏六腑、四肢七窍相合而成,精神是形体的主宰,永远不会消失。

　　多以形神同灭,照识俱尽,夫所以然其可言乎一世,既以周、孔为极矣。仁义礼教先结其心,神明之本绝而莫言,故感之所体,自形已还。佛唱至言,悠悠不信,余坠弱丧[①],思拔沦溺,仰寻玄旨,研求神要[②],悟夫理精于形,神妙于理,寄象传心,粗举其证。庶鉴诸将悟,遂有功于滞惑焉。

　　夫形神混会,虽与生俱存,至于粗妙分源,则有无区异。何以言之? 夫形也,五脏六腑,四肢七窍,相与为一,故所以为生。当其受生则五常殊授,是以肢体偏病,耳目互缺,无夺其为生。一形之内,其犹如兹,况神体灵照,妙统众形! 形与气息俱运,神与妙觉同流,虽动静相资,而精粗异源。岂非各有其本,相因为用者耶? 近取诸身,即明其理,庶可悟矣。一体所资,肌骨则痛痒所知,爪发则知之所绝。其何故哉？岂非肌骨所以为生，爪发非生之本耶？生在本则知存，生在末则知灭，一形之用，犹以本末为兴废，况神为生本，其源至妙，岂得与七尺同枯，户牖俱尽者哉③？推此理也，则神之不灭，居可知矣。

【注释】

①弱丧：谓少而失其故居。

②神要：此处指佛教宗旨。

③户牖（yǒu）：门窗，门户，借指家。

【译文】

世人多以为形与神同灭，物体和形象同时消亡，之所以会有这种看法，大概因为长期以来，人们皆以周孔学说为极致，注重用仁义礼教陶冶人心，而神明之本绝而不言。致使本由神明所感而成之众生，竟不相信佛所说的神不灭之论。我自幼即遭丧乱，经常寻求摆脱苦海之路，遂探究玄旨，研讨佛教宗旨，终领悟到理精于形而神妙于理。现简略列举一些事实，寄象传心，也许能有助于破诸疑滞。

神之与形，虽然与生俱存，但二者之间，却有精粗之区别。为什么这么说呢？形者，如五脏六腑，四肢七窍，因缘和合构成一个整体，遂有躯体的产生。当人受生之后，则五常分别授予不同的器官。所以即便肢体有病或缺少耳、眼等器官，也不妨碍其生存。形体尚且如此，何况神体灵照，妙统众形。形与气息一起运作，神与妙觉同时流行，虽然动与静相成相生，而精粗却各有其源，故二者各有其本而相因为用。现近取诸身，即能明白其中的道理。人的身体，肌体骨肉能够感觉到痛痒，而爪、发则毫无知觉，这是什么原因呢？因为肌肉骨头乃生之本，而爪、发则非生之本。生之本则有知觉，非生之本则不会有知觉。同在一形体之内尚且有此区别，何况神为诸形本之本，其源至为精妙，岂能与七尺之躯一样，俱荣俱枯。由此推之，则神之不灭，当不言自明也。

　　客难曰:"子之辩神形尽矣。即取一形之内,知与不知精矣。然形神虽粗妙异源,俱以有为分。失所以为有,则生为其本。既孰有本已尽而资乎本者独得存乎? 出生之表,则廓然冥尽;既冥尽矣,非但无所立,言亦无所立其识矣。识不立则神将安寄? 既无所寄,安得不灭乎?"

　　答曰:"子之难,辩则辩矣,未本诸心。故有若斯之难乎? 夫万化皆有也,荣枯盛衰,死生代互,一形尽、一形生,此有生之终始也。至于水火则弥贯群生,赡而不匮。岂非火体因物,水理虚顺,生不自生,而为众生所资,因即为功,故物莫能竭乎? 同在生域,其妙如此,况神理独绝,器所不邻[①],而限以生表冥尽,神无所寄哉? 因斯而谈,太极为两仪之母,两仪为万物之本,彼太极者浑元之气而已。犹能总此化根,不变其一,矧神明灵极,有无兼尽者邪? 其为不灭,可以悟乎?"

【注释】

①"况神理"二句:作为形而上的神本体超越一切二元对立,与作为末、无知觉的形器,性质截然不同。《周易·系辞下》:"形而上者谓之道,形而下者谓之器。"

【译文】

　　有客诘难道:"你辩析神形关系,即于一体之内分有无知觉加以说明,此固然很有说服力,但形神虽然精粗异源,却都是一种存在。而这两种存在,都以生命为本,既然生命已经不存在了,那么寄存于生命的东西,怎么能够独存呢? 生命之外,则廓然冥尽,既是冥尽,则不但无所立言,亦无所立其识也。识既不立,则神将寄托于何处? 既然无所寄托,怎能不灭呢?"

答道:"你的诘难,虽然有一定的道理,但根本的失误在于没有把心作为根本,故有此问难。世间万物,都是一种存在,荣枯盛衰,变化不断。一种事物死亡了,另一种事物又产生了,故生生不息,日新月异。至于水火,则遍布世间,永不枯竭。同样是一种存在,其至妙若此,何况神灵独绝,并不一定依附于某个特定的事物,而你却认为生命完结之后,神则无所寄托,岂不是很荒谬? 如太极乃两仪之母,两仪则是万物之本。所谓太极者,乃浑元之气而已,其尚且能成为万化之根源,何况神明灵极,岂会因具体的生命体的死亡而消失,精神不灭,你可以理解了吗?"

难曰:"子推神照于形表,指太极于物先,诚有其义。然理贵厌心①,然后谈可究也。夫神形未尝一时相违,相违则无神矣,草木之无神无识故也。此形尽矣,神将安附而谓之不灭哉? 苟能不灭,则自乖其灵,不资形矣。既不资形,何理与形为生? 终不相违,不能相违,则生本是同,断可知矣。"

答曰:"有斯难也,形神有源,请为子循本而释之。夫火因薪则有火,无薪则无火,薪虽所以生火,而非火之本;火本自在,因薪为用耳。若待薪然后有火,则燧人之前②,其无火理乎? 火本至阳,阳为火极,故薪是火所寄,非其本也。神形相资,亦犹此矣。相资相因,生涂所由耳。安在有形则神存,无形则神尽,其本惚恍不可言矣,请为吾子广其类以明之。当薪之在水则火尽,出水则火生,一薪未改,而火前期。神不赖形又如兹矣。神不待形,可以悟乎?"

【注释】

①理贵厌心：道理贵于合乎内心。厌，满足。

②燧人：即燧人氏，传说中人工取火之发明者。

【译文】

客又诘难道："你主张神可独立于形体之外，太极存在于万物之先，这确实可算是一种看法，但凡所立论，应该合乎情理。实际上，神之与形，一时也不可相离，相离则无神也。至于草木之类，因其无识故无神。神与形既不可相离，此形既毁，神又依附到哪里呢？如果神不灭，则自己违背了自己的神灵性，因其不借助形体而存在。既不借助形体存在，又如何与形为生？可见，神之与形，终不能相离。既不能相离，则可知神与形同是一本。"

答道："确实有如你刚才那样去诘难神可离形而独存的。但是，应该知道，形与神各有其源，今为你追根索源解释之。例如，火因薪则生，无薪则无火。薪虽然可以生火，但不是火之本。火之理原本自在，不过是借薪以为用罢了。如果必须有薪才有火，那么燧人之前，火理岂不存在了！其实，薪只是火的暂时载体罢了，并非火之本，神形相资为用，也是这个道理。二者相因相资，前者只是后者的一种形式，怎能说有形则神存，无形则神灭呢？进一步说，当薪浸泡于水中时，火就灭了，把薪拿出水面，火又烧着了，同一把薪，则有时能生火有时不能生火，神与形的关系亦是如此，难道你没有从中领悟到神不依赖形的道理吗？"

难曰："神不待形，未可顿辩。就如子言，苟不待形，则资形之与独照，其理常一。虽曰相资，而本不相关，佛理所明，而必陶铸此神①，以济彼形。何哉？"

答曰："子之问，曰有心矣，此悠悠之所惑，而未暨其本者也。神虽不待形，然彼形必生；必生之形，此神必宅；必宅、必生,则照感为一,自然相济;自然相济,则理极于陶铸①;陶铸则功存,功存则道行。如四时之于万物,岂有心于相济哉! 理之所顺,自然之所至耳。"

难曰:"形神虽异,自然相济,则敬闻矣。子既譬神之于形,如火之在薪。薪无意于有火,火无情于寄薪,故能合用无穷。自与化永,非此薪之火移于彼薪,然后为火。而佛理以此形既尽,更宅彼形,形神去来,由于罪福。请问,此形为罪? 为是形耶? 为是神耶? 若形也,则大冶之一物耳②;若神也,则神不自济,系于异形。则子形神不相资之论,于此而踬矣。"

答曰:"宜有斯问,然后理可尽也。所谓形神不相资,明其异本耳。既以为生,生生之内,各周其用。苟用斯生以成罪福,神岂自妙其照,不为此形之用耶? 若其然也,则有意于贤愚,非忘照而玄会。顺理玄会,顺理尽形。化神宅形,子不疑于其始,彼此一理,而性于其终耶?"

【注释】

①陶铸:烧制瓦器和熔铸金属,引申为锻炼。
②大冶:喻造物主。

【译文】

客又诘难道:"神可不依赖于形而存在,如你所说确实有一定道理。但如果神不依赖于形,则神与形相结合时同神离形而独存时,其理是一样的,如此说来,则虽然神有时依赖于形,但与形却了不相关。不过,佛教又常常教导人们,必须陶冶此神,以济其形,这又是为什么呢?"

答道:"你的提问确实是专心思考过的,这是平常人的疑惑,尚未达到根本。神虽然不一定依赖于形而存在，但事物借助各种条件必定要产生。而一旦形体产生之后，则神必定要寄托其中。既然各种形体必定产生，而神又必定寄托其中，则二者互相照应感通，成为一个整体，故自然能够相济助。既神形自然相济，则陶冶其神，必定能济助其形。"

客又诘难道："形与神虽相异而又能相济，这种说法真使我大开眼界。你既以火薪譬喻神形，称薪与火可以独立存在而不一定俱生俱灭，故二者能合用无穷，生生不息。此中所言，非此薪之火，移至彼薪然后为火。而佛教常说，此形既尽，神灵更转寄彼形，并由此建立轮回报应理论。请问，此形所做之罪业，是形之罪，抑神之罪？如果是形之罪，则形不过是因缘而起之一假相罢了；如果真的是神之罪，则神是不依赖于形相互独立的，如此说来，造业者是哪一个呢？可见，你所提出的神形不相依赖的主张是不能成立的。"

答道："你这个问题问得好，只有这样，才能把问题引向深入。所谓形神不相依赖，是指二者之本各有不同。既然神与形已存在于同一生命体中，神不可独照，而形不可独用，二者既各司其职，又共同起作用。如果用形体作为获罪或得福的依据，则精神岂会独自神妙，不为形体所用？如果是这样，则是有意区分俗体贤愚之别，不是忘却差别的玄理会通之道。依照自然之理会通玄道，穷形尽理。精神妙化居于形体中。你不怀疑其开始时彼此道理一致，却在末端谈论性理吗？"

难曰："神即形为照，形因神为用，斯则然矣。悟既由惑，亦不在神。神随此形，故有贤愚；贤愚非神，而神为形用。三世周回，万劫无算，贤愚靡始，而功显中路。无始之理玄，而中路之功未熟，有在未之功，而拔无始之初者耶？若有嘉通，则请后尘。"

答曰："子责其始，有是言矣。夫理无始终，玄极无涯①，既生既化,罪福往复,自然所生耳。所谓聪明诚由耳目,耳目之本非聪明也。所谓贤愚诚应有始,既为贤愚,无始可知矣。夫有物也,则不能管物,唯无物然后能为物所归。若有始也,则不能为终,唯无始也然后终始无穷。此自是理所不然,不可征事之有始而责神同于事。神道玄远,至理无言,仿佛其宗,相与为悟。而自末征本,动失其统,所以守此一观,庶阶其峰,若肆辩竞辞,余知其息矣。《洪范》说生之本②,与佛同矣。至乎佛之所演,则多河汉③,此溺于日用耳。商臣极逆,后嗣隆业④,颜冉德行,早夭无闻。周孔之教,自为方内,推此理也,其可知矣。请广其证,以究其详。夫禀灵乘和,体极淳粹,尧生丹朱⑤,顽凶无章,不识仁义;瞽叟诞舜⑥,原生则非所育求,理应传美。其事若兹,而谓佛理为迂,可不悟哉?"

【注释】

①玄极:极其玄妙深微。

②《洪范》:《尚书》篇名。旧传为箕子向周武王陈述的"天地之大法"。《汉书·五行志》曰:"禹治洪水,赐《洛书》,法而陈之,《洪范》是也。"故亦称"洛书"。其中提出水、火、木、金、土"五行"及其性能作用。

③河汉:银河;比喻浮夸而不可信的空话,转指不相信或忽视某人的话。

④商臣极逆,后嗣隆业:商臣,即楚穆王,事见前《明佛论》。

⑤丹朱:尧子名。《史记·五帝本纪》:"尧知子丹朱之不肖,不足授天下,于是乃权授舜。"

⑥瞽叟(gǔsǒu):上古传说人物,双目失明。是舜与象的父亲,曾与

象一起陷害舜，舜不计较，更加孝悌，后感化父亲与兄弟。

【译文】

诘难道："神即形体之照，形体因神而为用，这样才对啊！领悟既然出于困惑，或者也不在神。神附随着此形体，因此有贤能和愚蠢的区别；贤愚不是神，而神为形体所用。三世轮回，万劫无穷无尽，贤愚没有开始，而功用在途中显现。无始之理很深奥，而中路之功未精熟，有在末端之功用，而拔无始之初的本体之理吗？您那里如果有美好通达的道理，我就信服您。"

回答说："您询问原初之理，很好啊！其实本体之理无始无终，极其玄妙深微，没有边际，生灭变化，罪福往复，自然所生。所谓聪明在于耳目，而耳目的根本不是聪明。所谓贤能与愚蠢应该有始端，既然体现为贤愚，可知没有始端了。有物，不能管物，唯有无物然后才能为物所回归。如果有开始，那么就有终结，只有无始才能终始无穷。这些自然是从理上说的，不可探求事物的开始而责求神明同于表面之事。神道玄妙深微，极高深的大道理无法用言语表达，接近其宗旨，要依靠悟才能理解。而从枝末去寻求根本，一开始就失去了方向，所以守着根本观察万事万物，超越一切表象，那些肆意的论辩和言辞，我知道应该停下来了。《洪范》一书所说的生命之根本，与佛所说的相同。有人认为佛所说的是浮夸而不可信的空话，这是沉溺于日常见解的表现。楚穆王弑父倒行逆施，而他的后代旺盛，颜回与冉耕很有德行，而过早夭折默默无闻。周孔之教，自称是方内，推此理可知。再广举事例证明，以便探究更加详细。秉受灵秀之气，淳厚精粹的尧帝生的儿子丹朱，顽皮凶狠，不懂仁义；双目失明的瞽叟生下舜帝，却不喜欢自己的儿子。像这样一些事出现，而您却认为佛理迂腐，难道不能醒悟吗？"

新论·形神

【题解】

　　本篇为东汉桓谭(前23—50)所著的《新论》中的一篇。本文主要反对谶纬神学、灾异迷信,阐述了"形神"即形体同精神的关系问题,认为"精神居形体,犹火之然(燃)烛矣",烛完则火灭,形体死亡,精神不复存在。

　　余尝过故陈令,同郡杜房见其读老子书,言:"老子用恬淡养性,致寿数百岁;今行其道,宁能延年却老乎①?"余应之曰:"虽同形名,而质性才干乃各异度,有强弱坚脆之姿焉,爱养适用之,直差愈耳。譬犹衣履器物,爱之则完全乃久。"

【注释】

　　①却老:谓避免衰老。《史记·孝武本纪》:"是时而李少君亦以祠灶、穀道、却老方见上,上尊之。"

【译文】

　　我曾经拜访过去的陈县县令也是我的同郡的杜房先生,看见他在家读《老子》书,他对我说:"老子用恬淡寡欲的方法陶冶心性,长寿至几百岁。而今我遵行这种修养之道,不知能不能和老子一样延年益寿甚至避免衰老呢？"我回答他说："虽然形体、名称同样是人，但各自的资质才干都是不同的，各有其坚强、脆弱的形态。爱惜保养它，只能稍微好点罢了。就好比日常生活中的衣服及各种器用之物，若我们爱惜使用，则会保持完好较长时间。"

　　余见其旁有麻烛①，而炧垂一尺所②，则因以喻事。言："精神居形体，犹火之然烛矣。如善扶持，随火而侧之，可毋灭而竟烛。烛无，火亦不能独行于虚空，又不能后然其炧。炧犹人之耆老，齿堕发白，肌肉枯腊，而精神弗为之能润泽。内外周遍，则气索而死，如火烛之俱尽矣。人之遭邪伤病，而不遇供养良医者，或强死，死则肌肉筋骨，常若火之倾刺风而不获救护，亦道灭，则肤余干长焉。

【注释】

①麻烛：即蕡烛。古时束麻蘸油制成的火炬。用来照明。《周礼·秋官·司烜氏》"凡邦之大事，共坟烛庭燎"汉郑注："故书'坟'为'蕡'。郑司农云：'蕡烛，麻烛也。'玄谓'坟'，大也。树于门外曰大烛，于门内曰庭燎，皆所以照众明也。"

②炧（xiè）：蜡烛的余烬。

【译文】

　　我见他旁边有麻烛（束麻蘸油制成的火炬），垂下的灯烛灰有一尺多长，就借它作比喻说："精神附在人体上，就像烛在燃烧。如将烛扶植好，随着火热转动，就可使烛不熄灭直到整只烧完。没有烛，火就不能在虚空中独自燃烧，也不能使残烬再度燃烧。烛的残烬，就像衰老了的人，牙齿掉了，头发白了，肌肉萎缩了，而精神却不可能使它重新恢复。一旦身体全都衰枯，那就气绝而死，好比火和烛同归于尽。人随时还可能遭受邪气或染疾得病,若得不到很好的养护和医治,也可能早死,死时肌肉筋骨并未干枯,犹如烛火遇到大风未能得到救护而被风吹灭,而烛干还剩下一长段没烧完。

"余尝夜坐饮,内中然麻烛,烛半压欲灭,即自敕视,见其皮有剥铧^①,乃扶持转侧,火遂度而复。则维人身,或有亏剥,剧能养慎善持,亦可以得度。

【注释】

①铧(xī):古代装在马头上像角的金属装饰物,用来割除网罗。或指古代结在车辕两边,防止马打架的一种装置。

【译文】

"我曾在房中夜饮,点着麻烛,烛烧了一半,就要熄灭了,我仔细观察,发现麻皮有一处脱落,烛火烧不过去,就持烛转动,使火延烧过去,烛又燃起来了,由此联想到人的身体有了亏损,如能尽快谨慎养护,调理周备,也能安然康复从而延续生命。

"又人莫能识其始生时,则老亦死不当自知。夫古昔平和之世,人民蒙美盛而生,皆坚强老寿,咸百年左右乃死,死时忽如卧出者,犹果物谷实久老则自堕落矣,后世遭衰薄恶气^①,娶嫁又不时,勤苦过度,是以身生子皆俱伤,而筋骨血气不充强,故多凶短折^②,中年夭卒。其遇病,或疾痛恻怛,然后终绝,故咨嗟憎恶,以死为大故。

【注释】

①衰薄:衰败浇薄。常指世风道德。《诗经·王风·中谷有蓷序》:

"夫妇日以衰薄,凶年饥馑,室家相弃尔。"

②凶短折:夭折,早死。《尚书·洪范》:"六极:一曰凶短折。"孔颖达疏:"郑玄以为凶短折皆是夭枉之名,未龀曰凶,未冠曰短,未婚曰折。"

【译文】

"又如,没人能知晓自己出生时的情形,那么老死的时候也应当是无知觉的。在古代太平盛世里,人们生活美好丰盛,人人健壮长寿,都是活到百岁左右才死,死的时候很快,如同在睡梦中醒来一样,就像果实稻谷一旦成熟则自然落地。后世的人,生活在政治衰败、世风浇薄的恶劣环境之中,而且结婚年龄不适宜,加上辛苦过度,由此导致自己及其后代都受到损害,筋骨不坚强,血气不充实,所以很多人都早年夭折,或者到中年就死了。有的人生病,遭受许多的痛苦忧伤然后去世,所以大家都悲叹生命、憎恨死亡,认为死亡是人生中最大的变故。

"昔齐景公美其国,嘉其乐,云:'使古而无死,何若?'晏子曰:'上帝以人之殁为善,仁者息焉,不仁者如焉。'①今不思勉广,日学自通,以趋立身扬名,如但贪利长生,多求延寿益年,则惑之不解者也。"

【注释】

①"昔齐"以下数句:指齐景公与晏子讨论死亡问题的一段对话,各版本间文字稍有差异。陶鸿庆云:昭二十年左传。"公曰:'古而无死,其乐若何?'"此文"何如"上当补"其乐"二字,意始明。

【译文】

"过去齐景公赞美自己的国家,嘉奖自己的礼乐。说:'假使古人没有死亡,他们的礼乐不知怎样啊?'晏子回答说:'上天把人的死亡当做好事情,仁者使他安息,不仁义的人也让他死去。'今天的人不想着勤勉增广见闻,只知道学习以求自己通达,进而希求立身扬名,如同那些只知贪求益寿延年乃至长生的人,真是糊涂而不能觉悟啊!"

或难曰:"以烛火喻形神,恐似而非焉。今人之肌肤,时剥伤而自愈者,血气通行也。彼蒸烛缺伤,虽有火居之,不能复全。是以神气而生长,如火烛不能自补完,盖其所以为异也,而何欲同之?"

应曰:"火则从一端起,而人神气则于体当从内稍出合于外,若由外腠达于内,固未必由端往也。譬犹炭火之赤,如水过渡之,亦小灭,然复生焉;此与人血气生长肌肉等,顾其终极,或为炙,或为烛耳。曷为不可以喻哉!"

【译文】

有人反驳说:"用火和烛的关系来比喻人的形体和精神的关系,恐怕似是而非吧。人的肌肤有时剥落损伤而自行痊愈,这是血气流通的缘故。至于麻烛体干有了缺损,即使火在其上燃烧,也不能使之恢复完整。所以精神血气能够生长肉体,而火烛则不能自行补充完好,这就是差异所在,怎么可以等同呢?"

我回答:"烛火是从一头燃起,而人的精神血气则是充满全身,从体内逐渐传到体外,若从外部肌肉达到体内,本来就不像烛火从一头烧到另一头。譬如炭经过火烧红之后,如果从水中穿过,也只会暂时由红变黑,过会又红了。这和人的血气循环可以生长肌肉是相同的。所不同的只是最后人的身体变成干肉,烛变成灰烬罢了。为什么不能用它作比喻呢!"

余后与刘伯师夜然脂火坐语,灯中脂索,而炷焦秃,将灭息,则以示晓伯师,言人衰老亦如彼秃灯矣。又为言前然麻烛事。

伯师曰:"灯烛尽,当益其脂,易其烛;人老衰,亦如彼自蹶缵①。"

余应曰:"人即禀形体而立,犹彼持灯一烛,及其尽极,安能自尽易?尽易之乃在人。人之蹶缵亦在天,天或能为。他其肌骨血气充强,则形神枝而久生,恶则绝伤,犹火之随脂烛多少长短为迟速矣。欲灯烛自尽易以不能,但促敛旁脂以染渍其头②,转侧蒸干使火得安居,则皆复明焉。及本尽者,亦无以然。今人之养性,或能使堕齿复生,白发更黑,肌颜光泽,如彼促脂转烛者,至寿极亦独死耳。明者知其难求,故不以自劳;愚者欺惑,而冀获尽脂易烛之力,故汲汲不息。又草木五谷,以阴阳气生于土,及其长大成实,实复入土,而后能生,犹人与禽兽昆虫,皆以雄雌交接相生。生之有长,长之有老,老之有死,若四时之代谢矣。而欲变易其性,求为异道,惑之不解者也。"

【注释】

①蹶缵(zuǎn):此处指生与死。蹶,枯竭,衰竭。缵,继续、承接。

②促敛:收扰,聚扰。

【译文】

我后来与刘伯师夜间点燃油灯坐着谈话,见灯中油脂已经烧干,灯芯也变得焦枯,快要熄灭了,于是指给伯师看,说人衰老也就像这盏无油的秃灯啊。同时谈起先前燃烧麻烛的一段往事。

伯师说:"灯烛烧尽了,可添加脂油、更换灯芯,人衰老了,也可像灯烛快灭时那样添油易烛,使自己继续生存。"

我答道:"人既然禀受形体而存在,就像那灯光必须依靠烛的燃烧,灯烛烧尽了,灯烛自己怎能添换?添油换烛只能靠人。人的衰老在于天,如要继续生存,或许天能做到。人的肌骨血气充实强健,形体精神自然能够支持得长久,而筋骨血气一旦衰颓,就会使形体精神损伤断绝,就像烛火燃烧的时间长短,取决于灯里的油的多少和烛干的长短一样。要灯烛自己添换虽然不可能,但聚拢一些灯旁的残油把灯芯染浸一下,将烛干转动使火能继续停留在上面,这样就又有烛光明亮了。等到烛干彻底烧尽时,也就没有什么可再燃烧了。现在善于养生的人,或许能使掉落的牙齿重生,白的头发变黑,肌肤重现光泽,犹如上述搜集灯油转动烛干一样,但真正到寿命的极限了,就只能是死亡了。明达的人知道长生不死难求,所以不枉费心力;只有愚笨的人自欺欺人,希望得到添油换烛的能力,因此急切地追求长生。又草木五谷之类,靠阴阳之气生于土中,等到成熟结果,果实又落入土中,再产生第二代。人和禽兽昆虫也是如此,都是两性交接后产生。产生了就有长大,长大了就有衰老,衰老了就有死亡,就像四季的交替变换。欲图改变这种自然的本性,寻求怪异的办法以求长生,真是糊涂而不能觉悟啊!"

沙门不敬王者论

【题解】

本篇为东晋名僧慧远(334—416)所撰,慧远在本篇中着重论述沙门不需礼敬王侯的理由。首先于序论中叙述撰述理由,其次再从第一《在家》、第二《出家》两篇论述佛教出家的本质,强调出家的生活必然超越世俗生活;第三论《求宗不顺化》,谓求佛道者,不应随顺世俗,而需否定世俗生活;第四论《体极不兼应》,谓体得佛法者,不应再顺应世俗;第五论《形尽神不灭》,谓肉体终将衰亡,而精神永不灭绝。本论中,显示佛道的追求者坚守宗教真理,对于世俗的权威丝毫不让步。

序

晋成、康之世,车骑将军庾冰①,疑诸沙门抗礼万乘。所明理,何骠骑有答②。至元兴中,太尉桓公亦同此义③,谓庾言之未尽,与八座书云④:"佛之为化,虽诞以茫浩,推乎视听之外,以敬为本,此出处不异。盖所期者殊,非敬恭宜废也。老子同王侯于三大⑤,原其所重,皆在于资生通运,岂独以圣人在位,而比称二仪哉?将以天地之大德曰生,通生理物,存乎王者,故尊其神器而礼实惟隆⑥。岂是虚相崇重,义存弘御而已？沙门之所以生，生资国存，亦日用于理命，岂有受其德而遗其礼，沾其惠而废其敬哉？"于时朝士名贤答者甚众。虽言未悟时，并互有其美，徒咸尽所怀而理蕴于情。遂令无上道服毁于尘俗，亮到之心屈乎人事。悲夫！斯乃交丧之所由⑦，千载之否运。深惧大法之将沦，感前事之不忘，故著论五篇，究叙微意。岂曰渊壑之待晨露，盖是伸其罔极，亦庶后之君子，崇敬佛教者，式详览焉。

【注释】

①车骑将军：军事职官名称。汉代重要将军名号之一。始于汉，位在骠骑将军之下，卫将军之上，位比公，不常设置。魏晋南北朝沿置。

②骠骑：汉代军事职官名称。重要将军名号之一。位次大将军，在车骑将军之上，位比公，不常置。掌统军，主征伐。魏晋南南北朝沿置，仍为领兵将领。

③太尉：官名。秦至西汉设置，为全国军政首脑，与丞相、御史大夫并称三公。汉武帝时改称大司马。东汉时太尉与司徒、司空并称三公。历代亦多曾沿置，但渐变为加官，无实权。至宋徽宗时，定为武官官阶的最高一级，但本身并不表示任何职务。一般常用作武官的尊称。元以后废。

④八座：亦作"八坐"。封建时代中央政府的八种高级官员。历朝制度不一，所指不同。东汉以六曹尚书并令、仆射为"八座"；三国魏、南朝宋、齐以五曹尚书、二仆射、一令为"八座"；隋唐以六尚书、左右仆射及令为"八座"。

⑤老子同王侯于三大：《老子》第二十五章："道大，天大，地大，王亦大。域中有四大，而王处一焉。"

⑥神器：犹言神物。《老子》第二十九章："将欲取天下而为之，吾见
　其不得已。天下神器，不可为也，不可执也。为者败之，执者
　失之。"

⑦交丧：世道兴衰交替。《庄子·缮性》："世丧道矣，道丧世矣，世
　与道交相丧也。"

【译文】

晋朝成帝、康帝在位时，车骑将军庾冰，质疑僧人不遵礼教，违抗帝
王。当时骠骑将军何充对庾冰所提出的理由作了解答。到了元兴年
间，太尉桓玄也有与庾冰相同的看法，但他认为庾冰所说的道理不够详
尽，他在《与八座论沙门敬事书》中写到："佛教的教化虽然怪诞不经，超
乎人们的视听之外，但在以恭敬为本这一点上，与名教是一致的。只不
过是恭敬的对象不同罢了，并不是要废除恭敬。老子将王者与天和地
并称为"三大"，探察他重视王者的原因，就在于王者能促成万物的生长
发育，哪里只是因为圣王的地位，才将王者与天地相提并论呢？因为天
地最大的功能在于化生万物，而王者能通晓万物生长的法则、治理万
物，所以人们崇敬王者的神妙功德而诚心实意的礼敬王者。哪里只是
表面上崇拜尊重，以此增强王者的统治地位呢？僧人们的生存，要依赖
于国家，国家提供了僧人们维持生命的日常生活条件，哪里有接受王者
恩德而不遵守礼教，得到王者的恩惠而不尊敬王者的道理呢？"当时很
多朝廷的官员和名人贤士，纷纷对他的论书进行辩答，这些辩答虽未使
当时的人们领会到佛教的旨意，但也各有所见，只是他们在尽力表达自
己心中想要说的话时，感情掩盖了说理。于是使无比高尚的佛教礼仪
与世俗相混，真诚之心屈服于人世间的俗礼。可悲呀！这是世道兴衰
交替的根源，真是千载不遇的厄运。我深深惧怕佛教大法将会沦丧，又
想起从前排佛一事，所以写了五篇论文，探究阐述佛教的微妙深意。怎
敢比喻为深渊峡谷期待晨光雨露！只是为了阐述佛教的根本义理，也
希望今后真正崇敬佛教人们能仔细地阅读它。

在家一

原夫佛教所明，大要以出家为异。出家之人，凡有四科①，其弘教通物，则功侔帝王，化兼治道。至于感俗悟时，亦无世不有，但所遇有行藏②，故以废兴为隐显耳。其中可得论者，请略而言之：

在家奉法，则是顺化之民，情未变俗，迹同方内，故有天属之爱，奉主之礼。礼敬有本，遂因之而成教。本其所因，则功由在昔。是故因亲以教爱，使民知其有自然之恩；因严以教敬，使民知有自然之重③。二者之来，实由冥应，应不在今，则宜寻其本。故以罪对为弄罚，使惧而后慎；以天堂为爵赏，使悦而后动。此皆即其影响之报，而明于教，以因顺为通，而不革其自然也。何者？

夫厚身存生，以有封为滞，累根深固，存我未忘。方将以情欲为苑囿，声色为游观，沈湎世乐，不能自勉而特出，是故教之所检，以此为涯，而不明其外耳。其外未明，则大同于顺化，故不可受其德而遗其礼，沾其惠而废其敬。是故悦释迦风者，辄先奉亲而敬君；变俗投簪者，必待命而顺动。若君亲有疑，则退求其志，以俟同悟。斯乃佛教之所以重资生、助王化于治道者也。论者立言之旨，貌有所同，故位夫内外之分，以明在三之志④。略叙经意，宣寄所怀。

【注释】

①四科：比丘、比丘尼、优婆塞、优婆夷为佛教四众。前二为出家信徒，后为在家信徒，此处泛指出家之人。

②所遇有行藏：语出《论语·述而》："用之则行，舍之则藏。"

③"是故"四句：《孝经·圣治章》："圣人因严以教敬，因亲以教爱。"
严，对父亲的尊称。此处严、亲当为同意。

④在三之志：《国语·晋语一》："民生于三，事之如一：父生之，师教
之，君食之。"后称事父、敬师、尊君为"在三"。

【译文】

探究佛教的道理，主要有出家和在家的不同。出家和在家学佛的
人共有四种，他们弘扬佛教、通万物之理，其功德等同帝王，他们的教化
兼有治理社会的作用。至于感化世俗、觉醒时人的情况，每个时代都
有，只是在不同的时期有时盛行有时隐藏，佛教教化的作用因时代的兴
废而有隐显罢了。其中在家信奉佛法和出家修行佛道的不同，请让我
大略的讲一下：

在家信奉佛法的，是顺应自然和礼教生活的人，他们的思想感情没
有改变世俗习惯，他们的所作所为和世俗的人是相同的，所以有亲情天
伦之爱、敬奉君主之礼。亲情之爱与敬君之礼，有其自然和社会的根
源，由此而形成了礼教。现实的亲情君民关系是由过去的行为决定的。
所以，因循亲情关系，教人们要相亲相爱，使人们知道自然孕育的恩情；
根据父子的分别而教人们相互敬重，使人们懂得自然分别的重要。亲
爱与严敬的由来，实来自于冥世中的报应，而非在现世，所以应该探寻
它的本源。因此，用刑罚来惩治罪恶，使人们惧怕刑罚而谨慎行事；用
天堂之乐来作为奖赏，使人们向往天堂而行善。这些如同形与影、声与
响的关系一样，都是以善恶报应作为设教的依据，既能因循人的常情又
不违背因果自然的法则啊。为什么呢？

因为这些人看重身体珍惜生命，以有形的世界为执著的对象，根深
蒂固，念念不忘自我的实在，从而把情欲当成美好的乐园，追求声色享
受，沉迷于世间的快乐，不能自我克制、超脱俗情。因此，对于尚未超情
脱俗的人，不去阐明出世的道理。对于不明出世的道理的人，要顺从自

然常情进行教化,因而不能接受王侯的恩德而不尊礼教、得到王侯的恩惠而不尊敬王侯。所以在家喜爱佛法的人,首先应该侍奉双亲、礼敬君王;想脱俗出世的人,必须得到君亲的同意而行动。如果君亲不同意,就应该暂时搁置自己的想法,等待君亲的觉悟。这就是佛教之所以重视人生常情、协助帝王进行教化、有利于社会治理的道理。讨论者双方的论说,似乎混淆了在家和出家的不同,所以我提出内外之分,阐明不同于双方的见解。略述经书的大意,表达自己的看法。

出家二

出家则是方外之宾,迹绝于物。其为教也,达患累缘于有身,不存身以息患;知生生由于禀化,不顺化以求宗。求宗不由于顺化,则不重运通之资;息患不由于存身,则不贵厚生之益。此理之与形乖,道之与俗反者也。若斯人者,自誓始于落簪,立志形乎变服,是故凡在出家,皆遁世以求其志,变俗以达其道。变俗则服章不得与世典同礼,遁世则宜高尚其迹。夫然者,故能拯溺俗于沈流,拔幽根于重劫。远通三乘之津,广开人天之路。如令一夫全德,则道洽六亲,泽流天下,虽不处王侯之位,亦已协契皇极①,在宥生民矣②。是故内乖天属之重,而不违其孝;外阙奉主之恭,而不失其敬。从此而观,故知超化表以寻宗,则理深而义笃;照泰息以语仁③,则功末而惠浅。若然者,虽将面冥山而旋步④,犹或耻闻其风,岂况与夫顺化之民,尸禄之资⑤,同其孝敬者裁?

【注释】

①皇极：帝王统治的准则。《尚书·洪范》："五，皇极，皇建其有极。"

②在宥：无为而治，顺应事物自然发展。《庄子·在宥》："闻在宥天下，不闻治天下也。"

③照泰息以语仁：《庄子·天运》："夫德遗尧、舜而不为也，利泽施于万世，天下莫知也，岂直大息而言仁孝乎哉！"

④面冥山而旋步：《庄子·天运》："夫南行者至于郢，北面而不见冥山，是何也？则去之远也。"

⑤尸禄：谓空食俸禄而不尽其职，无所事事。汉刘向《说苑·至公》："久践高位，妨群贤路，尸禄素餐，贪欲无厌。"

【译文】

出家修道的僧人则是世外之人，行迹超物脱俗。他们根本的理论是：明白人生的苦难是由于有人身，所以不以养生保命来消除苦难；知道生命的产生是来自于自然的化育，所以不以顺应自然化育去追求终极的解脱；追求终极的解脱，不能在顺应自然化育中得到，所以不重视生活资财；消除苦难不能由执着生命而来，所以不以养生保命为贵。所以出家人的思想行为和养生相违，和世俗相反。这样的人，以落发表示自己出家的誓愿，以改变服饰表明自己不同凡俗的志向。所以凡是出家人都避世隐居以追求自己的志向，改变习俗以实现成就佛道的愿望。改变习俗，服饰就不能遵从世俗经典的规制；避世隐居，就应该使自己的行迹保持高洁。如果这样的话，就能拯救沉溺于世俗河流中的人，拔除轮回于无量劫中的深根，使之走上三乘的道路，打开通向天、人的大门。如果能使一人成就了这样的功德，那么他的六亲就会得到道的浸润，恩泽流布天下，虽然身不居王侯的高位，也已经协助帝王，治化百姓了。因此，于内虽不重自然的亲情，而不违背孝道，于外虽不跪拜帝王，而不失去恭敬之礼。由此看来，可知超越名教来追寻其根本，则道理深刻而意义真实。只看到自然化育而教以仁义，则功德小而收效少。如果这样的话，如同即将见到冥山却又回转脚步，因为听说其中的风俗而感到羞耻，何况与顺从自然变化的俗世之民及空食俸禄的官员们同守孝道呢？

求宗不顺化三

问曰："寻夫老氏之意，天地以得一为大，王侯以体顺为尊①。得一，故为万化之本；体顺，故有运通之功。然则明宗必存乎体极，体极必由于顺化。是故先贤以为美谈，众论所不能异。异夫众论者，则义无所取，而云不顺化，何耶？"

答曰："凡在有方，同禀生于大化，虽群品万殊，精粗异贯，统极而言，唯有灵与无灵耳。有灵则有情于化。无灵则无情于化。无情于化，化毕而生尽，生不由情，故形朽而化灭。有情于化，感物而动，动必以情，故其生不绝。其生不绝。则其化弥广而形弥积，情弥滞而累弥深，其为患也。焉可胜言哉！是故经称：泥洹不变，以化尽为宅；三界流动，以罪苦为场。化尽则因缘永息，流动则受苦无穷。何以明其然？

"夫生以形为桎梏，而生由化有。化以情感，则神滞其本，而智昏其照，介然有封，则所存唯已，所涉唯动。于是灵辔失御②，生涂日开，方随贪爱于长流，岂一受而已哉！是故反本求宗者，不以生累其神；超落尘封者，不以情累其生。不以情累其生，则生可灭；不以生累其神，则神可冥。冥神绝境，故谓之泥洹。泥洹之名，岂虚称也哉？请推而实之。天地虽以生生为大，而未能令生者不死；王侯虽以存存为功,而未能令存者无患。是故前论云:达患累缘于有身,不存身以息患,知生生由于禀化,不顺化以求宗,义存于此。义存于此,斯沙门之所以抗礼万乘,高尚其事,不爵王侯③,而沾其惠者也。"

【注释】

①"天地"二句:《老子》第三十九章:"昔之得一者:天得一以清,地得一以宁,神得一以灵,谷得一以盈,万物得一以生,侯王得一以为天下正。"

②灵辔:借指神灵的车驾。晋王该《日烛》:"灵辔虽迅,缘枢靡穷。"

③"高尚"二句:《周易·蛊》:"上九,不事王侯,高尚其事。"《象》曰:"不事王侯,志可则也。"

【译文】

问:"寻求老子理论的根本,天地因得到"一"(自然之道)而为大,王侯因体察顺应自然之道而为尊。能得到一,所以成为万物变化的根本;能体察顺应自然之道,所以具有使万物变化顺畅的功用。那么,探求万物的原委就必须体究它的根本,体究根本必须顺从自然变化。所以先贤把这些话作为美谈,众多观点都不能否定这个论点。因为如果和大家的共同论点相违背,那么这种理论本身就不可取,而佛教却说不要顺应自然变化,有什么道理呢?"

答:"凡是世界上存在的东西,都是从自然运化中产生的,虽然种类繁多,又有粗精的不同,但总的来看,只有有知觉和无知觉的两类东西。有知觉的事物就会在变化中产生情欲,无知觉的事物在变化中就没有情欲。因为无知觉的东西在变化中没有情欲,所以变化完了,自身也就终结了;它的产生不是由于情欲而生,所以形体朽坏就不再变化了。有知觉的东西在变化中有情欲,所以受外物的感应而活动;其活动是受情欲支配的,所以生命连绵不断。生命连绵不断,于是变化越来越广,而形体越来越多；情欲越来越滞凝，而系累越来越深重。情欲带来的苦患，哪里说得完呢？因此佛经说：涅槃是不变的，以变化终止为境界。流转不已的三界，是苦难的场所。变化终止，则苦难的根源永远消失；变化流转，则遭受无穷无尽的苦难。怎样证明这一点呢？

　　"生命以形体为束缚，而生命是变化流转产生的，生命的变化流转又是被情欲感召来的，精神的本体受到滞累，而智慧失去观照的能力。生命一旦形成，便执着自我，动而无静。于是灵魂失去了控制，转生的大门一天天打开，生命随着贪爱流转不停，哪里是只转生一次呢？所以，返归本体追求究极的人，才不会被生命拖累自己的精神；超脱尘世束缚的人，才不会被情欲拖累自己的生命。不被情欲拖累生命，生命就不会流转。不被生命拖累精神，则精神就可以停止活动。没有精神活动、没有任何境相的境界就叫做"涅槃"。涅槃的名称，哪里是虚构的呢？请让我以实际情况来推理吧。天地虽然因为生长万物而为大，却不能让万物不死；王侯虽然有使万物生存的功德，却不能使生存者没有苦难。所以前面说到：'明白人生的苦难是由于有人身，所以不以保养生命来消除苦难；知道生命的产生是来自于自然的化育，所以不以顺应自然的化育去求得终极的解脱。'就是这个道理。这就是僧人之所以不向帝王行跪拜礼，行为高洁，不做王侯，而受王侯恩惠的原因啊！"

体极不兼应四

　　问曰："历观前史，上皇已来，在位居宗者，未始异其原本。本不可二，是故百代同典，咸一其统。所谓"唯天为大，唯尧则之①。"如此，则非智有所不照，自无外可照；非理有所不尽，自无理可尽。以此而推，视听之外，廓无所寄。理无所寄，则宗极可明。今诸沙门，不悟文表之意，而惑教表之文，其为谬也，固已甚矣，若复显然有验，此乃希世之闻！"

答曰："夫幽宗旷邈，神道精微，可以理寻，难以事诘。既涉乎教，则以因时为检。虽应世之见，优劣万差，至于曲成在用②，感即民心而通其分。分至则止其智之所不知，而不开其外者也。若然，则非体极者之所不兼，兼之者不可并御耳。是以古之语大道者，五变而形名可举，九变而赏罚可言③。此但方内之阶差，而犹不可顿设，况其外者乎？

"请复推而广之，以远其旨。六合之外，存而不论者，非不可论，论之或乖。六合之内，论而不辩者，非不可辩，辩之或疑。春秋经世，先王之志，辩而不议者，非不可议，议之者或乱④。此三者，皆即其身耳目之所不至，以为关键，而不关视听之外者也。因此而求，圣人之意，则内外之道可合而明矣。常以为道法之与名教，如来之与尧孔，发致虽殊，潜相影响；出处诚异，终期则同。详而辩之，指归可见。理或有先合而后乖，有先乖而后合。先合而后乖者，诸佛如来，则其人也。先乖而后合者，历代君王，未体极之主，斯其流也。何以明之？经云⑤：佛有自然神妙之法，化物以权，广随所入，或为灵仙转轮圣帝⑥，或为卿相国师道士。若此之伦，在所变现，诸王君子，莫知为谁。此所谓合而后乖者也。或有始创大业，而功化未就，迹有参差，故所受不同，或期功于身后，或显应于当年，圣王则之而成教者，亦不可称算，虽抑引无方，必归途有会。此所谓乖而后合者也。若今乖而后合，则拟步通途者，必不自崖于一揆。若今合而后乖，则释迦与尧孔，发致不殊，断可知矣。是故自乖而求其合，则知理会之必同；自合而求其乖，则悟体极之多方。但见形者之所不兼,故惑众途而骇其异耳。因兹而观,天地之道,功尽于运化;帝王之德,理极于顺通。故虽曰道殊,所归一也。不兼应者,物不能兼受也。若以对夫独绝之教、不变之宗,固不得同年而语其优劣,亦已明矢。"

【注释】

①"唯天"二句:只有天最大,只有尧能够效法天。语出《论语·泰伯》:"大哉! 尧之为君也,巍巍乎! 惟天为大,惟尧则之。"

②曲成:多方设法使有成就。《周易·系辞上》:"曲成万物而不遗。"韩康伯注:"曲成者,乘变以应物,不系一方者也。"

③"是以古之"三句:意为古代懂"大道"的人论道时,变化了五次才讲到形名,变化了九次才讲到赏罚。语出《庄子·天道》:"是故古之明大道者,先明天而道德次之,道德已明而仁义次之,仁义已明而分守次之。分守已明而形名次之,形名已明而因任次之,因任已明而原省次之,原省已明而是非次之,是非已明而赏罚次之。赏罚已明而愚知处宜,贵贱履位;仁贤不肖袭情,必分其能,必由其名。……古之语大道者,五变而形名可举,九变而赏罚可言也。骤而语形名,不知其本也;骤而语赏罚,不知其始也。"

④"六合"几句:大意为中国古代圣人不注重对天地之外抽象事理的讨论。见《庄子·齐物论》:"六合之内,圣人论而不议。《春秋》经世先王之志,圣人议而不辩。故分也者,有不分也;辩也者,有不辩也。"

⑤"经云"下引佛经文句:全文大意出自《太子瑞应本起经》。

⑥转轮圣帝:意即旋转轮宝(相当于战车)之王。王拥有七宝(轮、象、马、珠、女、居士、主兵臣),具足四德(长寿、无疾病、容貌出色、宝藏丰富),统一须弥四洲,以正法御世,其国土丰饶,人民和乐。

【译文】

问："历观过去的历史，从上古帝王以来，凡登位的君王都从未改变过原来的根本。根本是不能变易的，所以百代以来，治国的典籍代代相同，都是遵循同一的道理。这就是所谓的'只有天是最大的，只有尧能效法天'。因此，并不是他们的智慧没有洞察世外的事，而是根本没有世外的事；并不是还有未被认识的理，而是根本没有那个理。由此可以推知：人们视听之外的事情虚无缥缈，理无所依托，理无所寄托那么究极的本原就可以明白了。现今的僧人们，不明白世间典籍的意思，而被佛教书籍所迷惑，其错误已经是十分清楚了，如果真的还有什么应验，那可真是举世罕见的事了。"

答："佛道的深奥义理，广如大海，神明之道十分精微，可以按道理来推求，却难以用事相来诘问。既然涉及教化，当然要以是否符合时宜来检验。虽然适应时代进行教化的道理有优劣种种差别，但最终目的都是感化民心。根据人们思想认识的不同而采取不同的教化方式，因此教化方式不能超出人们的思想认识之外。所以，不是体证最高道理的人不能兼顾教化所有的人，而是被教化的人不能同时接受一样的教化罢了。所以古代所讲"大道"，变化了五次才讲到形名，变化了九次才讲到赏罚。这世间的教化犹有差等，不是一次性设立的，何况世外的事呢？

"请让我再推而广之，进一步加以论述。圣人对于天地之外的事，搁置而不加论述，并不是不可以论述，而是论述它可能会偏离。对于天地以内的事，虽然论述却不辨析，并不是不能辨析，而是辨析了可能会引起疑惑；对于史书上记载的先王政绩，辨析而不评议，不是不能评议，而是评议了会引起混乱。以上这三件事，也都是以人的身体平日所感知的范围为界限，没有涉及视听之外的事。由此来推想圣人的心意，则关于世间内和世间外的道理是可以相互来证明的。我认为佛法和名教、如来佛和尧舜孔子，他们的出发点虽然不同，但是却暗暗地互相影响；他们的出发点确实存在差异，但最终的目的却是相同的。仔细分辨看来,是可以看到他们的共同归宿的。理,有的是先相合后相离,有的是先相离后相合。先相合后相离的,如诸佛如来就是。先相离而后相合的,如历代君王和尚未体证究极的这一类的人。怎么证明呢？佛经上说:'佛有自然神妙的方法,以权巧之法教化生灵,根据不同情况,有时变现为精灵仙人、转轮圣帝,有时变现为王卿宰相、国师道士。'像这一类的人物形象,全在诸佛如来变现。依此看来,各位帝王高官,真不知道是谁啊！这就是先相合而后相离的情形。有人起初创立大业,但功业教化没有成就,事迹各有不同,因为禀受有所不同,有人期待功成于身后,有的当世便显示出来。圣王依此而终成教化的,也不计其数。虽然采取抑制或引导等各种各样的教化方式,但最后结果是相同的。这就是所谓先相离后相合的情形。如果是先相离后相合的话,那么要走向大道的人,就不必将自己限制在同一个出发点上。如果是先相合而后分离的话,那么释迦与尧舜孔子的出发点相同,这一点不就非常明白了。所以从相离而求相合,就知道各种'理'最后必然是会通一致的；从相合而求相离,就知道体证究极应该有多种途径。人们只是看到表面上不兼通,所以迷惑于多种途径而惊讶它们的差异。由此看来,天地之道,体现于运动变化；帝王之德,体现于顺从天地变化。虽然各自的功能不同,但归宿是一致的。不能同时兼有所有的功能,是因为应对的对象不能同时接受各种不同的教化。那么将世俗的道理和超绝世俗的佛教道理相提并论来论述它们的优劣,很明显是不行的。"

形尽神不灭五

问曰:"论旨以化尽为至极,故造极者,必违化而求宗。求宗不由于顺化,是以引历代君王,使同之佛教,令体极之至,以权君统,此雅论之所托,自必于大通者也①。求之实当,理则不然。何者？夫禀气极于一生,生尽则消液而同无，神虽妙物②，故是阴阳之所化耳。既化而为生，又化而为死；既聚而为始，又散而为终。因此而推，固知神形俱化，原无异统，精粗一气，始终同宅。宅全则气聚而有灵，宅毁则气散而照灭；散则反所受于天本，灭则复归于无物。反复终穷，皆自然之数耳。孰为之哉？若令本异，则异气数合，合则同化，亦为神之处形。犹火之在本，其生必存，其毁必灭。形离则神散而罔寄，木朽则火寂而靡托，理之然矣。假使同异之分，昧而难明，有无之说，必存乎聚散。聚散，气变之总名，万化之生灭。故庄子曰：'人之生，气之聚，聚则为生，散则为死。若死若生，为彼徒苦，吾又何患？'③古之善言道者，必有以得之。若果然邪，至理极于一生，生尽不化，义可寻也。"

答曰："夫神者何耶？精极而为灵者也。精极则非卦象之所图，故圣人以妙物而为言，虽有上智，犹不能定其体状，穷其幽致。而谈者以常识生疑，多同自乱，其为诬也亦已深矣。将欲言之，是乃言夫不可言，今于不可言之中，复相与而依稀。"

【注释】

①大通：犹大道。《庄子·大宗师》："堕肢体，黜聪明，离形去智，同于大通，此谓坐忘。"

②神虽妙物：《周易·说卦》："神也者，妙万物而为言者也。"

③"故庄子曰"几句：《庄子·知北游》原文与此处不同："人之生，气之聚也。聚则为生，散则为死。若死生为徒，吾又何患？"

【译文】

问:"你的理论宗旨是以变化的消失为终极,要达到终极的人,必须逆自然变化而行。追求终极则不顺应自然变化,以此引导历代君王,使他们赞同佛教,使人们体证终极,以达到维护君主统治的目的。这种高雅之论,当然是出自于实现社会大治的愿望。但求之于实际效验,就于理不通了,为什么呢?生命是禀受气而形成的,生命只有一次,生命结束了,属于生命的一切都消亡了,等同于无,神虽然是神妙之物,仍然不过是阴阳之气变化而成的罢了。它由阴阳之气变化而生,又因阴阳之气变化而死;生命由阴阳之气相聚而开始,又因阴阳之气离散而结束。由此推想,就知道神形本来就是一起变化,原本就没有不同的统属,虽有精粗差别却同属一气,精气和粗气结合一起,始终同在一个住宅里。住宅完好,气凝聚而有灵知;住宅毁灭,气消散而灵知灭亡;气消散便返回到原来的自然中去;灵知灭亡,便重新回归于无。如此反复循环变化,都是自然规律罢了。哪里有什么主宰支配着呢?即使神和形本原不同,那么不同的气自然结合,结合在一起就一同变化,精神寄托在形体中,就像火寄托在木头上燃烧,木头在火就存在,木头毁了火就灭了。形体离散则神散失无处寄寓,就像木头朽烂,火就会熄灭,无所寄托,是同样的道理啊!如果神与形的本原是同是异的问题难以讲明的话,那么,形神的有无必定是由气的聚散决定的。聚散,是气变化的总体称呼,是所有自然变化生灭的原因。所以庄子说:'人的生命,是气相聚而成的,气相聚就是生,气散开就是死。死或是生,只是气的变化罢了,我又有什么好担心的。'古代善于论道的人,必然是有他的道理的。如果的确是这样,真正的道理是生命只有一生,生命终止了,也就不再变化了,来生是没有的,这个道理是可证明的。"

答:"精神是什么呢?它是精妙到了极点的精神。它精妙到了极点,不是卦象所能显示的,所以圣人只是说神是神妙之物。即使具有上等的智慧,也不能确切说明它的相状,穷究它的深微。而试图谈论它的人，因为与常识相矛盾又产生怀疑，陷入自相混乱中，其错误已经很深了。虽然想要说明它，其实是不可言说的。现在，我只好进入这不可言说之中，和它保持共同的仿佛依稀，勉强地来谈谈它吧。"

　　神也者，圆应无生，妙尽无名，感物而动，假数而行。感物而非物，故物化而不灭；假数而非数，故数尽而不穷。有情则可以物感，有识则可以数求。数有精粗，故其性各异；智有明暗，故其照不同。推此而论，则知化以情感，神以化传，情为化之母，神为情之根，情有会物之道，神有冥移之功。但悟彻者反本，惑理者逐物耳。古之论道者，亦未有所同，请引而明之。庄子发玄音于《大宗》曰："大块劳我以生，息我以死。"又，以生为人羁，死为反真①。此所谓知生为大患，以无生为反本者也②。文子称黄帝之言曰："形有靡而神不化，以不化乘化，其变无穷③。"庄子亦云："持犯人之形，而犹喜之。若人之形，万化而未始有极。"此所谓知生不尽于一化，方逐物而不反者也④。二子之论，虽未究其实，亦尝傍宗而有闻焉。论者不寻无方生方死之说⑤，而惑聚散于一化；不思神道有妙物之灵，而谓精粗同尽，不亦悲乎？火木之喻，原自圣典⑥，失其流统，故幽兴莫寻，微言遂沦于常教，令谈者资之以成疑。向使时无悟宗之匠，则不知有先觉之明，冥传之功，没世靡闻。何者？夫情数相感，其化无端，因缘密构，潜相传写，自非达观，孰识其变？自非达观，孰识其会？请为论者验之以实。

【注释】

①"以生为"二句：认为生命是人的枷锁，死亡是返回真性。出自《庄子·大宗师》："嗟来桑户乎！而已反其真，而我犹为人猗。"

②"此所谓知生"二句：知道生是人的大患，把无生作为返归本原。出自《老子》第十三章。

③"文子"几句：见《文子·守朴》："故形有靡而神未尝化，以不化应化，千变万转而未始有极，化者复归于无形也，不化者与天地俱生也，……未尝化其所化者即化，此真人之游也，纯粹之道也。"

④方逐物而不反者：《庄子·天下》："惜乎！惠施之才，骀荡而不得，逐万物而不反，是穷响以声，形与影竞走也。悲夫！"

⑤方生方死之说：见《庄子·齐物论》："彼是方生之说也，虽然，方生方死，方死方生；方可方不可，方不可方可。"

⑥"火木"二句：佛典中也有以木与火的关系来比喻形与神的关系。如《中论·观邪见品》："五阴常相续，犹如灯火炎。以是故世间，不应边无边。从五阴复生五阴，是五阴次第相续，如众缘和合有灯炎。若众缘不尽灯则不灭，若尽则灭。是故不得说世间有边无边。"

【译文】

精神这个东西，它感应变化而无生灭，微妙至极不能名状，精神感应外物而活动，借助生命形质而运行。它感应万物而自己却不是物，所以外物消亡而自己却不会灭亡；借助生命形质而运行，自己又不是生命形质，所以生命形质消失了而自己也不会穷尽。有情感就可以用外物来感动它，有意识就可以通过它假借的形质来探求它的存在，生命形质有精粗之分，所以万物的品性各有不同；智慧有明有暗，所以观察认识的能力有差异。由此推论，就知道生命的流转变化是情欲感召的结果，精神又借生命的流转变化而传递，情欲是生命流转的根源，精神是情欲的根源，情欲有凝结成生命的作用，精神有在生命流转中冥冥迁移的功能。只是彻底证悟的人返回无生灭的本原,而迷惑的人追逐外物罢了。古代论道的圣人,也没有相同的观点,请让我引用他们的话来说明这个问题。庄子在《大宗师》中发出高论说:"自然用生来使我穷苦,用死来让我休息。"又认为生命是人的枷锁,死亡是返回真性。这正是知道生是人的大患,把无生作为返归本原的思想。文子引用黄帝的话说:"形体有灭亡而神不灭亡,以不变化驾驭变化,所以变化无穷。"庄子也说过:"诞生为人而高兴,人的生命体生生灭灭,没有止境。"这就是所谓知道人的生命不仅只有一次,于是追逐外物而不知道返本。二位贤人的观点,虽然没有达到最真实的认识,但也因靠近终极之理而为人所称闻。论者不探讨庄子的方生方死之说,却被气的聚散只有一生的观点所迷惑;不思考精神是神妙万物的精灵,而说精气粗气是一起灭亡,不是太可悲了吗? 木和火的比喻本来源自于佛教的典籍,但在流传中来源被湮没了,所以人们不知道它本来的深奥旨趣,于是奥妙的道理就被常识混淆了,使谈论的人依照常识而产生疑惑。如果没有彻悟佛教宗旨的人出现,就不知道有先觉之明。那么神在冥冥之中传递的功能,就永远不被人们知道。为什么呢? 情欲与生命形质互相感应,使生命流转变化无穷;因与缘紧密结合使精神在冥冥之中传递,如果没有特别的智慧,怎能知道生命流转变化呢? 如果没有特别的智慧,怎能知道精神在冥冥之中与形体结合呢? 请让我为辩论的人用事实加以验证。

　　火之传于薪,犹神之传于形;火之传异薪,犹神之传异形。前薪非后薪,则知指穷之术妙[①];前形非后形,则悟情数之感深。惑者见形朽于一生,便以为神情俱丧,犹睹火穷于一木,谓终期都尽耳。此由从养生之谈,非远寻其类者也。就如来论,假令神形俱化,始自天本,愚智资生,同禀所受。问所受者,为受之于形邪? 为受之于神邪? 若受之于形,凡在有形,皆化而为神矣;若受之于神,是以神传神,则丹朱与帝尧齐圣,重华与瞽叟等灵,其可然乎? 如其不可,固知冥缘之构,著于在昔,明暗之分,定于形初。虽灵均善运,犹不能变性之自然,况降兹已还乎? 验之以理,则微言而有征;效之以事,可无惑于大道。

【注释】

①知指穷之术妙:《庄子·养生主》:"指穷于为薪,火传也,不知其尽。"

【译文】

火传到柴上,就像精神传到形体上一样;火能从一根柴上传到另一根柴上,就像精神从一个形体转到另一个形体上一样。前一根柴不是后一根柴,就可知道火传递的微妙;前一个形体不是前一个形体,就可知道情欲与形体互相深深感应。不明白的人看到一生中形体死亡了,就以为精神和情欲都灭亡了,就像看到一根木头上的火烧完了,说火和木头永远不存在一样。这是片面接受了养生说的说法,并非从更久远的地方寻求同类认识啊。如果像您所说的那样,精神和形体是一起变化,那么从禀受自然之本原之气开始,愚蠢的人和聪明的人,所禀受的都是一样的。请问,他们所禀受的是形体呢? 还是精神呢? 如果禀受的是形体,那么,凡是形体的,都应该化作精神了;如果禀受的是精神,那么以精神传精神,不肖子丹朱就应该和他的父亲尧帝一样圣明,而虞舜就应该和他的父亲瞽叟一样愚蠢。事实是这样的吗? 如果不是这样,就可以了知冥冥之中因缘在前世已经形成了,聪明和愚蠢的差别,在形体产生以前就已经决定了。制陶者再善于运转陶具,也不能改变泥土的自然本性,更何况不如制陶者呢? 用道理来检验,则佛教的微妙之言可以证明;考察事实,则不再会疑惑佛教的正道。

论成后，有退居之宾，步朗月而宵游，相与共集法堂，因而问曰："敬寻雅论，大归可见，殆无所间，一旦试重研究，盖所未尽，亦少许处耳。意以为沙门德式，是变俗之殊制，道家之名器，施于君亲，故宜略于形敬。今所疑者，谓甫创难就之业，远期化表之功，潜泽无现法之效，来报玄而未应。乃今王公献供，信士屈体，得无坐受其德，陷乎早计之累，虚沾共惠。贻夫素餐之讥邪？"

主人良久乃应曰："请为诸贤，近取其类。有人于此，奉宣时命，远通殊方九译之俗，问王者以当资以糇粮，锡以舆服不？"答曰："然。"主人曰："类可寻矣。夫称沙门者，何邪？谓其发蒙俗之幽昏，启化表之玄路，方将以兼忘之道①，与天下同往，使希高者抱其遗风，漱流者味其余津。若然，虽大业未就，观其超步之迹，所悟固已弘矣。然而运通之功、资存之益，尚未酬其始誓之心，况答三业之劳乎？又斯人者，形虽有待，情无所寄，视夫四事之供②，若焦蚊之过乎其前者耳。濡沫之惠③，复焉足语哉？"众宾于是始悟冥途以开辙为功，息心以净毕为道，乃欣然怡襟，咏言而退。

晋元兴三年，岁次阏逢④，于时天子蒙尘，人百其忧，凡我同志，金怀缀旒之叹⑤，故因述斯论焉。

【注释】

①兼忘之道：《庄子·天运》："以敬孝易，以爱孝难；以爱孝易，以忘亲难；忘亲易，使亲忘我难；使亲忘我易，兼忘天下难；兼忘天下易，使天下兼忘我难。"

②四事之供：《无量寿经》："常以四事，供养恭敬一切诸佛。"具体指

衣服、饮食、卧具、医药。

③濡沫之惠:《庄子·大宗师》:"泉涸,鱼相与处于陆,相呴以湿,相
　濡以沫,不如相忘于江湖。"

④岁次阏逢:亦作"阏蓬"。十天干中"甲"的别称,用以纪年。《尔
　雅·释天》:"太岁在甲曰阏逢。"《淮南子·天文训》:"寅,在甲曰
　阏蓬。"高诱注:"言万物锋芒欲出,拥遏未通,故曰阏蓬也。"

⑤缀旒:亦作"缀斿"、"缀游"。比喻国势垂危。《文选·潘勖〈册魏
　公九锡文〉》:"当此之时,若缀旒然。"张铣注:"旒,冠上垂珠,而
　缀于冠者,言帝室之危如旒之悬。然,辞也。"

【译文】

　　这篇论文写成了以后,有从朝中隐退的宾客,在夜间月下散步游
玩,与我在法堂相聚,因而问道:"拜读了您的雅作高论,旨趣可见,似乎
没有什么不妥,但有一天我重新加以研究,觉得有少许不够详尽之处。
我认为,僧人的德行规范,是改变世俗所特有的制度,这是修道者的标
志,所以在对待君主和亲属的礼节上,当然应该免去形式上的礼敬。我
现在所疑惑的是:僧人们现在从事艰难的修道之业,期望将来取得超越
世间教化的功德,但潜在的功德没有现世的效应;来世的果报,又玄虚
而不能兑现。现在王公献上供养,信奉的人屈膝跪拜,僧人们是不是要
受到坐享他人恩德、背离自己以前的许诺、空得恩惠,白白吃饭的讥
讽呢?"

　　我沉默了良久,回答道:"请让我为众位大人,用同类事物作个比
喻。如果有人在此奉宣君王的命令:到遥远的异国了解那里的风俗。
请问:君王是否应该资助使者的粮食、车马和衣服呢?"宾客回答说:"应
该"。我说:"这就可以类推了。僧人是什么人呢? 他们能启发蒙昧的
俗人,开启教化的玄妙之路,要与天下人一起走上物我兼忘的大道,使
清高的人崇拜他的风范,使隐退之士品味他的精神。这样,虽然伟大的
功业尚未成就,但看他们超乎世俗的行迹,就知道他们的觉悟就已经很

高了。那么王侯为他们提供的通行方便和生存条件,其恩惠还不够酬劳他们立誓为天下人的心愿,何况报答他们修三业的辛劳呢？而且,这些人身体上虽然需要生活资料,情欲上却没有任何希求。他们把四事的供养,看得比蚊虫飞过这样的小事还轻,这小小的恩惠有什么值得一说的呢？"宾客们由此开始领悟到,修行佛教之道最重要的是开辟通往玄妙之境的道路;止息欲心最重要的是以洁净彻底以至无欲。于是众人欢欣神怡,歌咏而后离开了。

晋元兴三年(404),岁在阏逢(甲辰年),当时天子蒙受尘蔽,人民百般忧虑,凡是和我志同道合的人,都怀着国家危机的感叹,因此写了上面的论文。

沙门袒服论

【题解】

本篇由东晋名僧慧远法师所作，是佛教东传历史上最早捍卫沙门袒服制的专论。在文中，慧远肯定了沙门袒服也是一种礼制，并具体阐发了其规制形式的意义，从理论层面上说，袒服与儒家礼学的方法并无二致，因为儒家礼学也十分注重礼乐条文背后的意义。正是由于慧远的精思睿辩，沙门袒服之争在理论上得到了相当圆满的解决。

或问曰：沙门袒服，出自佛教，是礼与？

答曰：然。

问曰：三代殊制，其礼不同，质文之变，备于前典，而佛教出乎其外，论者咸有疑焉。若有深致，幸诲其未闻。

答曰：玄古之民，大朴未亏，其礼不文。三王应世，故与时而变。因兹以观，论者之所执，方内之格言耳，何以知其然？中国之所无，或得之于异俗，其民不移，故其道未亡。是以天竺国法，尽敬于所尊，表诚于神明，率皆袒服，所谓去饰之甚者也[①]。虽记籍未流兹土，其始似有闻焉。

【注释】

①所谓去饰之甚者也：参见《礼记·檀弓下》："去饰，去美也；袒、括发，去饰之甚也。"

【译文】

有人问：出家人穿的袈裟露出右肩，出自佛教，合于礼吗？

答：合于礼。

问：中国夏商周三代制度不同，其礼仪也有所不同，而其质朴与文饰的变迁过程，典籍上都有记载。佛教的礼制超出了中国历史上的典籍记载范围，所以论者对它表示怀疑。你若有深刻见解，我愿荣幸地听你的教诲。

答：上古之民，朴实无华，其礼制没有过多的文饰。三代之王出现于世，礼制因时而变。由此观之，论者所依据的，是中国历史上的格言。何以知之？中国所没有的礼制，或许来源于异国的风俗，民众若坚持不改，说明其原则依据未消失。按印度国家的习俗，对尊者表示最高的崇敬，对神明表示最大的忠诚，都要求穿露肩之服装，表示去华饰的意思。这样的记载虽然还没有流传到中国，但我很早就听说过这样做的原因。

佛出于世，因而为教，明所行不左，故应右袒。何者？将辩贵贱，必存乎位①。位以进德，则尚贤之心生。是故沙门越名分以背时，不退己而求先。又人之所能，皆在于右，若动不以顺，则触事生累。过而能复，虽中贤犹未得，况有下于此者乎？

请试言之。夫形以左右成体，理以邪正为用。二者之来，各乘其本。滞根不拔，则事求愈应，而形理相资，其道微明。世习未移，应微难辩。袒服既彰，则形随事感，理悟其心。以御顺之气，表诚之体，而邪正两行，非其本也。

【注释】

①"将辩"二句：万事万物的贵贱在于其存在的位置当位不当位而已。当位就贵，不当位就贱。

【译文】

释迦牟尼出现于世间，宣讲自己的教法，他阐明自己的行为，不崇尚左，所以选择了裸露右肩的服装。为何？辨识事物的贵贱，主要在于其当位不当位。当位便可以增进道德，生发出尚贤之心。沙门超越了世俗的名教，违背了世俗的时序，也不参与世俗的竞争。再者，人们的动作，多在人体的右边，露右肩动作方便。若行动不顺当，则做事时生烦恼。犯了错误能够改正，即使中等贤者也很难做到，而何况那些不贤者呢？

试加以说明。身体以左右为整体，道理以邪正为用。两者同时存在，各自发挥根本功用。迷滞的根不拔除，麻烦的事就会愈来愈多。如果两者互相配合，对立统一，大道就在其中。可是世俗的尚左礼习没有改变，故佛教的右袒礼习难以辩明。现在已把袒服的理由说明白了，形体穿衣适合做事的需要，从道上讲有利于本心的悟解。所以说袒服只是为了身气通顺，体现身体的端正，至于邪正的辨别，不是其根本。

是故世尊以袒服笃其诚而闲其邪，使名实有当，敬慢不杂。然后开出要之路，导真性于久迷。令淹世之贤，不自绝于无分，希进之流，不惑途而旋步。于是服膺圣门者①，咸履正思顺，异迹同轨。缅素风而怀古，背华俗以洗心。寻本达变，即近悟远，形服相愧。理深其感如此，则情化专向，修之弗倦，动必以顺，不觉形之自恭。斯乃如来劝诱之外因，敛粗之妙迹。而众谈未喻，或欲革之，反古之道②，何其深哉！

【注释】

①服膺:铭记在心,衷心信奉。

②反古:违反古制。《商君书·更法》:"然则反古者未必可非,循礼者未足多是也。"

【译文】

所以释迦牟尼以袒服坚定其诚心,减弱其邪恶,使名实相当,让尊敬和怠慢不杂乱。然后开导众人走出迷滞之路,让其长久迷惑的真如本性显现出来。使滞留在世间的贤者,不至于没有修道成功的机会,希望进取者不至于在迷途中徘徊而停步。衷心信奉佛门之人,都要行为端正而思想和顺,从不同的方向走向同一条成佛的道路。具有朴素的生活作风而缅怀古圣,远离奢华而清心寡欲。探寻本根,通达其变革形式,于当下之事中领悟深远之理,形服简陋,心生惭愧。如此深刻感悟大道,则心情专一,修炼不倦,行动必须和顺,不知不觉形体自然恭敬。这就是如来用袒服规劝世人的外因,约束不屑者的妙法。而许多人没有理解,甚至提出要革除它,违反古制的做法何其深啊!

难袒服论

【题解】

　　本篇由曾任东晋镇南将军的何无忌所撰写。他对慧远法师《沙门袒服论》的观点提出诘难，指出仪礼的设置，是因时而运用，因此有些礼仪有内外的区别，应该根据深浅程度不同来面对，中国传统礼制中有崇尚左的风俗，因此认为沙门袒服尚右，不合礼制。

　　见答问袒服，指训兼弘，标末文于玄古，资形理于近用。使敬慢殊流，诚服俱尽，殆无间然。

　　至于所以明顺，犹有未同。何者？仪形之设，盖在时而用。是以事有内外，乃可以浅深应之。李、释之与周、孔，渐世之与遗俗，在于因循不同，必无逆顺之殊，明矣。故老明兵凶处右①，礼以丧制不左。且四等穷奉亲之至②，三驱显王迹之仁③，在后而要，其旨可见。宁可寄至顺于凶事，表吉诚于丧容哉？郑伯所以肉袒，亦犹许男舆榇④，皆自以所乘者逆，必受不测之罚。以斯而证，顺将何在？故率所怀，想更详尽，令内外有归。

【注释】

①老明兵凶处右：见《老子》第三十一章："夫兵者不祥之器，物或恶之，故有道者不处。君子居则贵左，用兵则贵右……吉事尚左，凶事尚右。偏将军居左，上将军居右。"

②四等：即慈、悲、喜、舍四无量心。

③三驱：古王者田猎之制。谓田猎时须让开一面，三面驱赶，以示好生之德。《周易·比》："九五，显比，王用三驱。"

④舆榇（yúchèn）：载棺以随，表示决死或有罪当死。见《左传·僖公六年》："许男面缚衔璧，大夫衰绖，士舆榇。"

【译文】

读了《沙门袒服论》，感觉文章阐明宗旨与开导解释皆有高论，书写妙文证之于远古，依据形理运用于当今。使敬仰或怠慢等不同的读者，心悦诚服，我也如此，认为几乎没有什么可批评的。

至于袒服是否顺礼，我还有不同的见解。为何？仪礼的设置，是因时而运用。因此有些礼仪有内外的区别，应该根据深浅程度不同来面对。例如李耳、释迦与周公、孔子的差别，外来的习俗与古老的遗俗的差别，只是在于它们继承的传统有差别，必定不属于逆礼和顺礼的根本不同，这是很明白的。故《老子》说明用兵和凶事尚右，《礼记》说丧礼不贵左。且四等礼制反映了奉亲之孝的极至，三驱制度显示了王者的仁义之心，田猎时须让开一面，三面驱赶，以示好生之德，其宗旨是明白的。沙门袒服尚右，岂不是寄托至顺于凶事，表现吉诚于丧礼吗？郑伯之所以赤身请罪，与许男载棺相随一样，都是自己的所作所为违背了礼仪，必然受到不可预测的惩罚。由此而论，沙门袒服，顺乎礼制之处何在？我坦率的表达心意，望您做更详尽的说明，令内外人士都能归服。

答何镇南

在本篇中,慧远法师针对何无忌撰文诘难的看法,重申佛教的立场,更详细地阐述自己的观点。核心观点有二,一是儒释殊途而同归,"道训之与名教,释迦之与周孔,发致虽殊,而潜相影响,出处诚异,终期则同"。二是由出家人的特点决定的,即出家人是方外之宾,变俗遁世,而变俗的表现之一就是服饰的区别,"变俗则服章不得与世典同礼"。但这种服制并非没有根据,这种根据不在于世俗的六代之典,而是佛教的"殊制"。

敬寻问旨,盖是开其远途,照所未尽,令精粗并顺,内外有归,三复斯诲,所悟良多。常以为道训之与名教,释迦之与周孔,发致虽殊,而潜相影响,出处诚异,终期则同。但妙迹隐于常用,指归昧而难寻,遂令至言隔于世典,谈士发殊途之论。何以知其然。圣人因弋钓以去其甚①,顺四时以简其烦。三驱之礼,失前禽而弗吝。网罟之设,必待化而方用。上极行苇之仁②,内匹释迦之慈,使天下齐已,物我同观,则是合抱之一毫,岂直有间于优劣,而非相与者哉?

然自迹而寻,犹大同于兼爱。远求其实,则阶差有分。

分之所通,未可胜言,故渐慈以进德,令事显于君亲。从此而观,则内外之教可知,圣人之情可见。但归途未启,故物莫之识。若许其如此,则袒服之义,理不容疑。

【注释】

①圣人因弋钓以去其甚:参见《喻道论》注。

②上极行苇之仁:参见《达性论》注。

【译文】

怀着敬意探讨您的旨意,您的文章非常深远广阔,令学问精深与粗疏之人、佛教内外人士都能归服。再三读您的教诲,所悟良多。常常以为佛法与名教,释迦与孔子,情致虽殊,而暗地互相影响,虽然出发点有所不同,而终极目标不异。但微妙的迹象往往隐藏于日常生活中,真理奥秘无穷,宗旨隐晦难寻,于是使至理隔离于世俗经典之外,言谈之士发出两种截然不同的言论。怎么知道是这样呢?圣人提出,射鸟钓鱼不贪多,反对过分捕杀,顺应四时之礼简化生产任务。三驱制度要求放走前面的禽兽决不吝啬。网罟安设,要待鱼产卵之后的季节方可使用。在上位者实行《行苇》歌唱之仁爱,内心配合释迦的慈悲,使天下万物齐同,物我同观,那么合抱之木与一秋毫之间岂只有优劣的区别,而没有相关联之处吗?

循事物的迹象去探寻本质,所有事物大致相同,应该兼爱,远求那外在的状况,则有等级名分的差别。而差别之外的通达,难以言明,所以要不断通过慈爱增进功德,在实际行动中忠君孝亲。由此看来,则佛教与儒家内外两教是很明白的,圣人的情怀也是清楚的。但是皈依佛教的道路没有开启,因此人们往往还不认识。如果这样,那么沙门袒服的道理,是不容怀疑的。

　　来告何谓宜更详尽，故复究叙本怀。原夫形之化也，阴阳陶铸，受左右之体。昏明代运，有死生之说①。人情咸悦生而惧死，好进而恶退，是故先王即顺民性，抚其自然，令吉凶殊制，左右异位。由是吉事尚左，进爵以厚其生。凶事尚右，哀容以毁其性②。斯皆本其所受，因顺以通教，感于事变，怀其先德者也。

　　世之所贵者，不过生存，生存而屈伸进退，道尽于此，浅深之应，于是乎在。沙门则不然，后身退已而不谦卑，时来非我而不辞辱。卑以自牧谓之谦，居众人之所恶谓之顺。谦顺不失其本，则日损之功易积，出要之路可游。是故遁世遗荣，反俗而动。动而反俗者，与夫方内之贤，虽貌同而实异。何以明之？凡在出家者，达患累缘于有身，不存身以息患。知生生由于禀化③，不顺化以求宗。推此而言，固知发轸归途者④，不以生累其神。超落世务者，不以情累其生。不以情累其生，则生可绝。不以生累其神，则神可冥。

　　然则向之所谓吉凶成礼，奉亲事君者，盖是一域之言耳，未始出于有封。有封未出，则是玩其文，而未达其变。若然，方将滞名教以徇生，乘万化而背宗。自至顺而观，得不曰逆乎。渐世之兴遗俗，指存于此。

【注释】

①"昏明"二句：见《庄子·大宗师》："死生，命也，其有夜旦之常，天也。"

②哀容以毁其性：指节哀以顺生的丧礼要求。《礼记·丧服四制》："三日而食，三月而沐，期而练，毁不灭性，不以死伤生也。"

③禀化：承受天地自然的化育。

④发轸(zhěn)：车子出发，比喻事物的起始、开端。

【译文】

问者希望详尽论述，所以我再探讨一番袒服的本义和根据。身体之生长变化，由阴阳二气熏陶练就，产生了左右之体后，昏沉与清明不断变化，从此有了死生的说法。人都喜欢活着而怕死，好功名上进而不喜欢退隐，所以先王顺应民情，又遵循自然规律，令吉凶有不同礼制，左右表示不同地位。规定吉事尚左，进爵时尚左，表示重视其昌盛。凶事尚右，以哀容表示心情受到打击。这些都是因其本性，顺应人情以通达教化，感于世事变化，怀念先德的风范。

世人所最看重的，不过是生存，围绕着生存而如何屈伸进退，世间之道基本围绕这些展开。或深或浅的应世之道，于是也就有了。佛教则不是这样，不争先，退功名，不卑不亢；任何时候受到打击侮辱而不伤心。把自己看作奴仆可谓谦虚，居于众人所厌恶的地方谓之顺从。谦顺而并没失去根本宗旨，则为道日损的功力容易积累，超脱世俗的道路可走。所以佛教遁世以求道，抛弃荣辱，违反世俗而行动。行动违反世俗的佛者，与世俗名教之贤者，外表相似而实际上有差异。怎样能证明？凡出家人追求清静无累，有累是缘于有身体，不执着身体方可无大患。知道生生繁殖是由于天地自然的化育，不顺从自然的繁殖之道是为了求取佛法解脱宗旨。由此而言，发心开始走这条回归之路的人，不以生殖和生命累其精神。超脱世俗事务的人，不以感情拖累其生命。不以感情累其生命，则生命的浮躁可断绝。不以生命的造作行动累及精神，则精神可以进入冥冥玄远、虚极静笃的境界。

然而一向所谓吉凶、礼仪和奉亲事君者，是一个地域之内的思想，未能超出界限。如果故步自封，这些思想只是玩弄词句文采，而未能通达其变。若是这样，将会迷滞于名教，曲从于生命，追逐万化世界而背离了真正的宗旨。从顺应的角度看，这不也是逆礼吗？对外来习俗与传统遗俗的关系，其理解的宗旨也是这样。

明报应论

【题解】

　　本篇全称《答桓南郡明报应论》，为慧远(334—416)所撰。此篇旨在回答桓玄对佛教因果报应说的质疑，并进而详说因果报应的不妄。论文以书信的形式出现，桓玄的问答在这封信中也保留下来。在形神关系上，慧远能够抓住桓玄提问本身的弱点进行有力反驳，得出了以神为本、形神一化的结论。在人的正常情感智慧是否合理的问题上，慧远避开这个问题本身，代之以无明、情爱造成业报，认为这才是有因必有果的"自然法则"。在对因果报应的价值评价这一问题上，慧远站在佛教出世主义的立场，神化佛教在"治心"上的作用，间接肯定佛教的伦理价值。

　　问曰："佛经以杀生罪重，地狱斯罚，冥科幽司①，应若影响②，余有疑焉。何者？夫四大之体③，即地水火风耳。结而成身，以为神宅。寄生栖照，津畅明识。虽托之以存，而其理天绝。岂唯精粗之间，固亦无受伤之地。灭之既无害于神，亦由灭天地间水火耳。"又问："万物之心爱欲森繁，但私我有己，情虑之深者耳。若因情致报，乘惑生应，则自然之迹何所寄哉？"

答曰："意谓此二条，始是来问之关键，立言之津要。津要既明，则群疑同释。始涉之流，或因兹以悟。可谓朗滞情于常识之表，发奇唱于未闻之前。然佛教深玄，微言难辩。苟未统夫指归，亦焉能畅其幽致？当为依傍大宗，试叙所怀。

"推夫四大之性，以明受形之本，则假于异物，托为同体④。生若遗尘⑤，起灭一化，此则惠观之所入，智刃之所游也。于是乘去来之自运⑥，虽聚散而非我；寓群形于大梦，实处有而同无。岂复有封于所受，有系于所恋哉！若斯理自得于心，而外物未悟；则悲独善之无功，感先觉而兴怀，于是思弘道以明训，故仁恕之德存焉。若彼我同得，心无两对。游刃，则泯一玄观；交兵，则莫逆相遇⑦。伤之岂唯无害于神？固亦无生可杀。此则文殊案剑⑧，迹逆而道顺。虽复终日挥戈，措刃无地矣。若然者，方将托鼓舞以尽神⑨，运干戚而成化⑩。虽功被犹无赏，何罪罚之有耶？若反此而寻其源，则报应可得而明；推事而求其宗，则罪罚可得而论矣。尝试言之：夫因缘之所感，变化之所生，岂不由其道哉？无明为惑网之渊，贪爱为众累之府⑪。二理俱游，冥为神用。吉凶悔吝，唯此之动。无明掩其照，故情想凝滞于外物；贪爱流其性，故四大结而成形。形结则彼我有封，情滞则善恶有主。有封于彼我，则私其身而身不忘；有主于善恶，则恋其生而生不绝。于是甘寝大梦，昏于同迷。抱疑长夜所存唯著。是故失得相推，祸福相袭。恶积而天殃自至，罪成则地狱斯罚。此乃必然之数，无所容疑矣。何者？会之有本，则理自冥对。兆之虽微，势极则发。是故心以善恶为形声，报以罪福为影响。本以情感，而应自来。岂有幽司，由御失其道也。然则罪福之应，唯其所感。感之而然，故谓之自然。自然者，即我之影响耳。于夫主宰复何功哉？请寻来问之要，而验之于实。难旨全许地水火风结而成身，以为神宅。此则宅有主矣。问主之居宅，有情耶？无情耶？若云无情，则四大之结，非主宅之所感；若以感不由主，故处不以情，则神之居宅无情，无痛痒之知；神既无知，宅又无痛痒，以接物，则是伐卉剪林之喻，无明于义。若果有情，四大之结，是主之所感也；若以感由于主，故处必以情，则神之居宅，不得无痛痒之知；神既有知，宅又受痛痒，以接物，固不得同天地间水火风明矣。

　　"因兹以谈，夫神形虽殊，相与而化；内外诚异，浑为一体。自非达观，孰得其际耶？苟未之得，则愈久愈迷耳。凡禀形受命，莫不尽然也。受之既然，各以私恋为滞。滞根不拔，则生理弥固；爱源不除，则保之亦深。设一理逆情，使方寸迷乱，而况举体都亡乎？是故同逆相乘，共生雠隙；祸心未冥，则构怨不息。纵复悦毕受恼，情无遗憾。形声既著，则影响自彰。理无先期，数合使然也。虽欲逃之，其可得乎？此则因情致报，乘惑生应，但立言之旨本异，故其会不同耳。"

【注释】

① 冥科幽司:指冥界之官吏对有情众生所犯罪进行判决,给犯罪业者予应得之责罚。《大方广佛华严经》卷三十五:"佛子! 此菩萨摩诃萨又作是念:'十不善业道,上者地狱因,中者畜生因,下者饿鬼因。于中,杀生之罪能令众生堕于地狱、畜生、饿鬼;若生人中,得二种果报,一者短命,二者多病。'"

② 影响:比喻感应迅捷。《尚书·大禹谟》孔安国传曰:"吉凶之报,若影之随形,响之应声,言不虚。"

③ 四大:古印度以地、水、火、风构成世界,为一切万物的基本元素。

④ "则假于"二句:语出《庄子·大宗师》,意为借着不同的原质,聚合而成一个形体。

⑤ 生若遗尘:语出《庄子·德充符》:"物视其所一而不见其所丧,视丧其足犹遗土也。"

⑥ 乘去来之自运:《庄子·田子方》:"吾以其来不可却也,其去不可止也,吾以为得失之非我也,而无忧色而已矣。"

⑦ 莫逆:彼此同心相契,后多指知心朋友。

⑧ 文殊案剑:指文殊菩萨为了帮助大众领悟佛法而向如来挥剑。《大宝积经》曰:五百菩萨得宿命智,知亿多劫所作重罪。以忧悔故,不证无生法忍。时文殊知其念已,于大众中偏袒右肩,手执利剑,直向世尊欲行逆害。佛言文殊汝勿害我,若必欲害,应善害,何以故? 一切诸法如幻化,无我无人,为谁杀而受殃。是时诸菩萨知宿罪皆如幻化,得无生忍,异口同音说偈曰:文殊大智人,深达法源底。自手握利剑,驰逼如来身。如剑佛亦尔,一相无有二。无相无所生,是中云何杀?

⑨ 托鼓舞以尽神:《周易·系辞上》:"圣人立象以尽意,设卦以尽情伪,系辞焉以尽其言。变而通之以尽利,鼓之舞之以尽神。"

⑩ 运干戚而成化:指舜挥舞干戚以完成教化。《淮南子·奇俗训》:

"当舜之时,有苗不服,于是舜修政偃兵,执干戚而舞之。"

⑪"无明"二句:按照佛教教义,无明居十二因缘的首位,贪爱居第八位。

【译文】

提问说:"佛教以杀生为第一重罪,认为必将受到下地狱之惩罚,此种报应有如影子和回声,感应迅捷,是逃脱不了的,我对这种说法表示怀疑。为什么呢? 因为按照佛经的说法,人的身体是由地、水、风、火四种基本元素凝聚而成的,又以身体作为神识居住之所。一方面生命神明寄托栖居于此身体中,一方面身体又润泽舒畅这明察之神识。虽然神识寄存在身体之中,但二者从根本上是不同的。哪里只是精细与粗大之间的差别呢? 神识本来就没有受伤害的可能。人们杀生,本来就没有伤害其神识,所谓杀生也不过是消灭天地间的水火而已。又问:"万物存世,本就爱欲繁多。只不过人有自私利己之心和更深更丰富的情感和思虑而已。假若因为这些感性欲望与情虑迷惑就应导致报应,那么万物自然的法则又从哪里显现出来呢?"

答道:"先生所说的这两点,实是发问的关键,也是立论的要害。如果这两点搞清楚了,其他的疑惑也就迎刃而解了。那些开始接触佛法的人,也许可以因此而有所醒悟。可以说是在人们未闻佛法之前,就能发出这样的奇妙议论,使人们积郁的心胸明察旷达,超越于世俗常识之外。不过,佛教的义理深奥玄妙,言辞含蓄而精微,普通人难以辨明其中的深意。如果没有统领佛法的中心主旨,又如何能畅达其中深幽极致的道理呢? 因此,我在这里依靠佛经最根本的原则,试着谈谈自己的一些看法。

"先生推理四大元素的属性,以此来阐明形成身体之形的根本,如此则不同的事物都不过是假借它物而成,实际上是寄托在同一物体中而没有差别的。有情众生与世间微尘没有什么差别,万物之生灭也不过相互变化而已,这正是智慧所产生作用的地方了。当我任凭万物来去起灭,把这都看做自然的运动变化,即使一切聚散无常,但都与我无关;当我把天地万物都寄寓在一场大梦中,看似处于实有,实际上却是同一于虚无。这样的话,万物之中哪里又有什么界限呢?人们又哪会迷恋执着这些虚假之物呢?如果只是心中明白这些道理,而对外物的本性没有彻底的体悟,则会使人悲哀这种没有真正功德的'独善'之举,感叹那些先知先觉者的伟大而抒发羡慕情怀,这时候若能立志弘扬正道阐明真理,那仁恕的道德就会保存下来。若能使他人和我同样领悟这些真谛,就可以达到心中没有差别对立的境界。用刀解牛,就统一于玄观而没有任何差别,而是一视同仁;两军交战,就好像莫逆之交久别重逢。杀生伤人哪里只是无害于神,本来就无生可杀啊。这正如文殊菩萨按剑刺杀如来佛祖,虽然行迹是大逆之罪,却不违背佛法无我真谛,即使是终日长剑挥舞,却找不到一个实在的佛来施剑。如果真是这样的话,将来只需寄以鸣鼓起舞来愉悦神明,挥舞干戚以完成教化。既然功德盖世也没有奖赏,杀生自然谈不上地狱之报应了。但是,如果反过来探寻事物的根源,那么佛教所说的罪罚报应之说就可以得以阐明了。我试着对此做一番论述:世间一切之所以因缘相感、变化相生,难道不都是依据其本然之道吗?无明是众生迷惑自缚的根源,贪爱是众生为滞情所累的府库。无明和贪爱从来都是相生相随的,而且暗中为神明所使用,一切的吉、凶、悔、吝都因它们而产生。无明遮蔽有情的智慧,使他们的情感思想凝滞在外在事物上;贪爱使众生的本性迁移改变,因而使四大聚结成身体之形。而一旦有了具体的身形,就会产生人我的界限分别;一旦情感执着于外物,就会使善恶有一定的对象。一旦有人我分别,则人人都会偏爱自我而时刻不忘自我的存在,善恶一旦有定见,则人人都会眷恋自己的生命而不可断绝。因此之故,世间众生往往因梦幻之境而甘于沉迷,所以人人都在甜美大梦之中而乐于昏昧。终日怀抱着疑惑,唯以眼前所见之现存为真实。因此最终是得失相互推移,祸福前后相连。恶念聚积多了,天降的祸殃就会不请自来,罪恶一旦铸成，地狱的惩罚就会如期而至。这可是必然的规律，是不容置疑的。为什么这么说呢？举凡报应，都与其造作诸业暗相对应；虽然报应的征兆刚开始极为微细不明，一旦趋势发展到极点，报应就发生了。所以善恶之心与罪福之报，犹如形、声之与影、响，有此必有彼，本来就是因为众生的情欲而感受，所以报应也就自然而至。哪里有什么阴间的官府在控制施为呢？其实都是由于自己驾驭偏离正道所导致的啊。既然这样，那么罪福之报都只是对人的善恶之业的感应，这就是所谓的自然。自然也就是我的所作所为所招致的必然结果罢了。和所谓的主宰作用又有什么关系呢？请允许我探寻你刚才所提出之疑问的关键之处，并用事实来验证。问题的根本在于，你认为一切事物乃至众生都是地、水、火、风四大的产物，此四大凝结而成为人身，并作为神识的宅所。照此说来，住宅则一定有主人。请问此神识所居住的身体，是有情呢？还是无情？若属无情，则四大之凝结为身，并非由于宅主神识所感而成；而如果此人身不是宅主神识所感而成，则此身体乃一无情物，其中既无有知之神，身体也不知痛痒；如果真是这样，杀生岂不有如砍伐树木、剪除花草？如同花木的人也就无法明白这些道理了。此身体若属有情，则四大之凝结，乃是神主所感而成。如果身体是由神识所感而成，属于有情，则神识所居之身体不得无痛痒之知觉。人的神识既有知觉，而身体又有痛痒之感觉，并能同外物接触。因此众生的身体生命与天地间的地、水、风、火四大等不同就十分清楚了！

　　"由此看来，神之与形虽然有所差别，但又共同变化；身体的内外确有所不同，但二者又浑然为一体。对于这种现象，如果不是达观之人，又怎么能够洞察其真际呢？而如果不懂得此中之道理，年岁越久则会越执迷不悟。凡举禀受形体天命的有情众生，无不是如此。其一旦受形之后，则迷恋执着于自身。而沉迷的根本不除，则对生存的贪求就会越来越坚固；偏爱的根源不除，则保住形体希求长生不死的欲望就会越来越深重。设若人身有一方面不能满足人的这种贪情爱欲，就会使人心迷乱，更何况人的整个身体和生命都要消亡呢？于是，顺同与违逆之情相互侵袭，互为仇敌；若为祸之心没有停止，则仇怨之构结就难以断灭。更何况喜悦之后必定是烦恼，情感没有任何遗落。既然人的身体和情欲之心已经形成，则祸福报应必定相随如影、应对如响。并不是有什么预先安排的定理，而是自然之道、命运之数使其如此。想要逃脱它，又怎么可能呢？这就是你所提到的人因贪念之情和偏爱之惑而导致祸福报应，只是我这么言说的目的与你本来就不一样，所以我们的理解自然不会相同啊！"

问曰："若以物情重生，不可致丧，则生情之由，私恋之惑耳，宜朗以达观，晓以大方，岂得就其迷滞以为报应之对哉！"

答曰："夫事起必由于心，报应必由于事。是故自报以观事，而事可变；举事以责心，而心可反。推此而言，则知圣人因其迷滞以明报应之对，不就其迷滞以为报应之对也。何者？人之难悟，其日固久。是以佛教本其所由，而训必有渐；知久习不可顿废，故先示之以罪福；罪福不可都忘，故使权其轻重；轻重权于罪福，则验善恶以宅心；善恶滞于私恋，则推我以通物。二理兼弘，情无所系，故能尊贤容众，恕己施安。远寻影响之报，以释往复之迷；迷情既释，然后大方之言可晓，保生之累可绝。夫生累者，虽中贤犹未得，岂常智之所达哉？"

【译文】

提问说："如果认为万物的情性都是注重生存而厌恶死亡，那么对于那些有贪生之情和偏私之惑的众生,就应该以达观的思想使其内心明朗,以正道真谛使其醒悟,怎能迁就众生的迷惑执着来谈论报应之理呀?"

答道:"善恶之事必定是根源于人我分别之心和善恶之念,而祸福报应必定是响应善恶之事的。因此我们可以从祸福报应出发来观察事之善恶,事之善恶因而就可以改变;进一步通过善恶之事来责问心灵,心灵因而就可以返回根本。将此推广开来,就能明白圣人恰是因众生容易迷惑执着而以报应之说来训导他们,而不是你所说的迁就他们的迷惑执着而谈论报应之理啊!为什么呢?众生迷惑已久,很难启发开悟。因此佛教依据其迷惑凝滞的缘由,必定只能逐渐训导;因为明白了长久的习染不能够在一瞬间全部根除,所以先用罪罚福赏之说来警示众生;因众生对罪福不能全部都遗忘,所以使他们权衡其事情之轻重;如果可以用罪福来权衡事情的轻重,就可以用善恶来验证人们的用心;如果明白善恶取决于人是否贪恋偏私,就可以把我之情推广到万物之上,从而贯通物我。如果物我之情理都明白了,则人的情欲再也不会有所执着,故而能够做到尊重贤能、包容异己,推己及人、广施安宁。从幽远之处推寻报应之理,就是为了使众生从积重难返的迷误中解脱出来;迷惑既已解除,就可以通晓佛教那些伟大的教诲了,从而因执着身形贪念长生而产生的烦劳就可以断绝了。这些以生为累的道理,即使一般的贤人尚且不能明白,哪里是那些普通智慧的人能够晓达的呢!"

三报论

【题解】

本篇副题为"因俗人疑善恶无现验而作",慧远法师所撰。东晋孝武帝太元十九年(394),戴逵撰《释疑论》,怀疑佛教因果报应说;慧远法师乃作此论,为世俗解惑。在论文中,慧远提出三报的新报应说:即报应的种类分为现报、生报和后报;报应的主体是"心(神识)";报应虽然有先后,但报应的轻重急缓是与人所作善恶诸业的轻重程度相对应的。随后,慧远对三世报应说作了较为详细的论证。

经说:业有三报①,一曰现报,二曰生报,三曰后报。现报者,善恶始于此身,即此身受。生报者,来生便受。后报者,或经二生、三生、百生、千生,然后乃受。受之无主,必由于心。心无定司,感事而应②。应有迟速,故报有先后。先后虽异,咸随所遇而为对。对有强弱,故轻重不同。斯乃自然之赏罚,三报之略也。非夫通才达识,入要之明,罕得其门。降兹已还,或有始涉大方③,以先悟为蓍龟④。博综内籍⑤,反三隅于未闻⑥。师友仁匠,习以移性者⑦,差可得而言。请试论之。

【注释】

①三报：即现报、生报和后报。《阿毗昙心论》卷一："若业现法报，次受于生报，后报亦复然，余则说不定。"

②"心无"二句：指人的心灵没有固定的控制者，一切思想情感都是感物而动的。《礼记·乐记》："人心之动，物使之然也。感于物而动，故形于声。"

③大方：指大道理，引申为见识广博。

④蓍(shī)龟：蓍指蓍草，龟指龟甲，二者均是古人占卜之用具。此指能够钩玄致远、预卜未来之先知。

⑤内籍：指佛教典籍。

⑥反三隅于未闻：举一反三以说明未闻之事。《论语·述而》："不愤不启，不悱不发，举一隅不以三隅反，则不复也。"

⑦习以移性：通过修习改变性情。《论语·阳货》："性相近也，习相远也。"

【译文】

　　佛经《阿毗昙心论》说：业(人的造作)有三种报应，一称现报，二称生报，三称后报。现报是现身作善作恶，现身就得善报恶报。生报是来生受报应。后报是在二生、三生、百生、千生以后终受报应。受报应时已没有了现身，人是通过心来受报应的。心没有固定的掌管者，它是随事物而所感应的。感应有迟有速，所以报应也有先有后。先后虽有差别，但报应都与所作之事相对应。对应有强有弱，所以福报祸报也有轻有重，这乃是自然的赏罚、三报的大致内容。若不是博学通识而且把握关键智慧的人，则难以找到门径。话说回来，或者有人初步领会到天地大法则，能够像用蓍龟占卜一样先懂得吉凶，博览并综合各种佛教典籍，举一反三去说明过去未闻之事。以仁者为师友，通过学习而修正人性，方可以得到三报的要领。我尝试作一论证。

　　夫善恶之兴，由其有渐，渐以之极，则有九品之论^①，凡在九品，非其现报之所摄，然则现报绝夫常类，可知。类非九品，则非三报之所摄。何者，若利害交于目前，而顿相倾夺，神机自运，不待虑而发。发不待虑，则报不旋踵而应。此现报之一隅，绝夫九品者也。又三业殊体，自同有定报。定则时来必受，非祈祷之所移，智力之所免也。将推而极之，则义深数广，不可详究。故略而言之，想参怀佛教者，有以得之。

【注释】

①九品：此处指佛教的"九品往生"。

【译文】

　　善恶的兴起，是逐渐积累的，积累达到极点的，就产生了净土九品的区别。所有九品的区别，不是今生善恶的报应，而是前生所作善恶的报应。可知现报绝不是通常所理解的那样。不属于九品者，就不在三报的范围之内。为什么？假如利害就发生在眼前，人们马上就开始做倾轧争夺，自恃自谋，不加考虑就会发生。行为不是深思熟虑而作，故不待转动脚跟的时间，报应就来了。这是现报的一个方面，只会发生在现世，而净土世界的九品，是与现报无关的。又三业（身、口、意）性质不同，各自有定报。这种定报是时来必报，决不是祈祷能转移，主观努力所能避免的。推而广之，极而言之，则报应之事含义深远，不可详究，只能略而言之。这对于有意参佛者，应该是会有收获的。

　　世或有积善而殃集，或有凶邪而致庆，此皆现业未就，而前行始应。故曰祯祥遇祸，妖孽见福，疑似之嫌，于是乎在。何以谓之然。或有欲匡主救时，道济生民，拟步高迹，志在立功，而大业中倾，天殃顿集。或有栖迟衡门①，无闷于世②，以安步为舆③，优游卒岁。而时来无妄，运非所遇，世道交沦④，乖其闲习。或有名冠四科⑤，道在入室⑥，全爱体仁，慕上善以进德。若斯人也，含冲和而纳疾，履信顺而夭年，比皆立功立德之舛变，疑嫌之所以生也。大义既明，宜寻其对。对各有本，待感而发。逆顺虽殊，其揆一耳。何者，倚伏之契⑦，定于在昔，冥符告命，潜相回换。故令祸福之气，交谢于六府⑧，善恶之报，舛互而两行。是使事应之际，愚智同惑，谓积善之无庆，积恶之无殃。感神明而悲所遇，慨天殃之于善人。咸为名教之书，无宗于上。遂使大道翳于小成⑨，以正言为善诱。应心求实，必至理之无此。原其所由，由世典以一生为限，不明其外。其外未明，故寻理者，自毕于视听之内。此先王即民心而通其分，以耳目为关键者也。如令合内外之道，以求弘教之情，则知理会之必同，不惑众途而骇其异。若能览三报以观穷通之分，则尼父之不答仲由、颜、冉对圣匠而如愚，皆可知矣。亦有缘起，而缘生法，虽预入谛之明，而遗爱未忘，犹以三报为华苑，或跃而未离于渊者也。

【注释】

①栖迟衡门：《诗经·陈风·衡门》："衡门之下，可以栖迟。"衡门：横木为门，简陋的门。可以：何以。朱熹解释说："此隐居自乐而无求者辞。"

②无闷于世：指不忧虑世事。《周易·乾》："遁世无闷。"

③安步为舆：指生活悠闲从容。《战国策·齐策四》："晚食以当肉，

安步以当车,无罪以当贵,清静贞正以自虞。"

④世道交沦:世界与道交相沉沦凋敝。《庄子·缮性》:"世丧道矣,道丧世矣,世与道交相丧也。"

⑤四科:原指孔门四科,即德行、言语、政事、文学四科,到汉武帝时,以四科举士,一德行高妙,志节清白;二学通行修,经中博士;三明达法令,足以决疑;四刚毅多略,遇事不惑。

⑥道在入室:指孔子弟子中德行较高者,如颜回。《论语·先进》:"由也升堂矣,未入于室也。"

⑦倚伏之契:《老子》五十八章:"祸兮福所倚;福兮祸所伏。"

⑧六府:指人体中的六种器官,即胃、大肠、小肠、三焦、膀胱和胆。三焦指其食道、气管、肠、胃等部分及其生理机能。《太平御览》三六三引《韩诗外传》曰:"何谓六府? 咽喉量入之府,胃者五谷之府,大肠转轮之府,小肠受成之府,胆积精之府,膀胱液之府。"

⑨大道翳(yì)于小成:指大道隐蔽在小事之中。《庄子·齐物论》:"道隐于小成,言隐于荣华。"

【译文】

世上有人一生积善而终获灾殃的,也有人一生凶邪而终致福庆的。这都是他们前世行为所得报应,而今世作业还没有到报应的时候。所以说祯祥遇祸,妖孽见福,对报应之怀疑,于是乎产生了。怎么说明这个道理呢? 有人想匡助明主,图救时势,道济民众,追随高尚之人,志在建立功业,然而事业心却中途失败,灾祸与不幸伴随着他。有人悠然生活在简陋的房屋之中,无忧于世事,他以步代车,优游自乐地度过岁月。他从未胡乱妄为,然而命运却不理想。遇到人世与天道交相沦丧的状况,他不得不违背自己以往的生活习惯。有人在德行、言语、政事、文字四方面都名列前茅,学问之道步步加深,全心博爱,体会仁义,追慕至善,以增进道德。像这样的人,含冲和之气却得了重病,守信用、顺天命却早死,以上都是立功立德向善,却遭受到错乱之变,所以对报应的怀疑就这样产生了。三报的大义既然明了,就要善于寻找其对应之处,对应之处各有其本,待感应而后发生。发生的报应有逆有顺,表面上不同,但道理是相同的。为什么呢?今世的祸福报应,是在前世就确定了的,这是暗中命运的应验,冥冥之中的轮回。所以祸福之气,交相代谢于人体六府轮回之中。善恶的报应,有时交错而截然不同。就这使事物发生报应的时刻,令愚蠢和明智的人都发生困惑,他们说积善之人无福庆,积恶之人无灾殃。感叹神明而悲所际遇,愤慨上天降灾殃于行善之人。还说儒家名教之书上,没有三报的根据。他们说,大道隐蔽在小成之中,要以报应论作为教人行善的手段。然而感应于心,求证于实,在儒家至理之中,没有这种理论。追究以上这种看法的理由,在于世俗的典籍只限于今生而论,不明今生以外的来世。今生以外的来世不明,故追求至理者仅限于耳目视听之内。先王不离民心而通达其职责,也是以耳目感觉为界限的。如果合佛、儒、道诸家之道,以求弘扬佛教的精神,就会知道彼此之间的精神实质是相同的,就不会迷惑于众多途径而惊骇它们之间的差异。如果能考察三报,通达一切奥妙,则孔子不回答子路提出的鬼神生死问题,颜回、冉有对孔子的教导“不违、愚蠢”,就都可以理解了。又有缘起之说,因缘生法界万象,虽然进入进法四谛的智慧,但不忘儒家之仁爱学说。三报这样的理论也是如此,虽然属于因缘学说,但也没有离开儒家学说的体系。

推此以观,则知有方外之宾,服膺妙法,洗心玄门,一诣之感,超登上位。如斯伦四,宿殃虽积,功不在治,理自安消,非三报之所及。因兹而言,像经所以越名教、绝九流者①,岂不以疏神达要,陶铸灵府,穷源尽化,镜万象于无象者哉。

【注释】

①越名教、绝九流：名教，多指以正名定分为中心的封建礼教。九流，即九家，指先秦的九个学术流派，见于《汉书·艺文志》。这九个学派是指儒家、道家、阴阳家、法家、名家、墨家、纵横家、杂家、农家。也有以职业为主划分的"九流"。"九流"分为"上九流"、"中九流"、"下九流"。"上九流"是：帝王、圣贤、隐士、童仙、文人、武士、农、工、商。"中九流"是：举子、医生、相命、丹青（卖画人）、书生、琴棋、僧、道、尼。"下九流"是：师爷、衙差、升秤（秤手）、媒婆、走卒、时妖（拐骗及巫婆）、盗、窃、娼。

【译文】

由此推之，则知有方外之佛祖，崇拜妙法，洗心而入玄门，广博感应深入探究，超然而居于轮回之上。达到这样的境界，即使祸殃积聚，不必去理会，自然消灭，已超出了三世报应的范围。因此而言，佛教之所以能超越名教、九流，正由于它通达心神，陶冶灵魂，穷源尽化，能以因缘无象之法统摄万象之事物啊。

释驳论

【题解】

本篇由东晋释道恒法师所撰写。他针对当时社会对出家人的垦殖田圃,自给自足,寺庙壮丽,乃至抵掌空谈,坐食百姓等种种非难,以自问自答的方式,撰写本论以破斥之。他认为,出家沙门帮助教化人民,用道德辅佐治理国家,使国境和平,年成丰收,没有灾害疾疫,人们安居乐业,这些都是佛教对社会的益处。他指出,出家人中有很多杰出人物,有的气度幽深长远,声望很高,是时代的楷模;有的禅思微妙无比,精神进入澄明之境,超越了一切外在环境;有的人诠释微言大义,播散幽思,把不通畅的道理解释清楚。因此人们体悟到深奥玄妙的旨趣而诚心归顺,帝王望见玄宗而信服,天龙八部感受美好的教化而洗涤内心。

晋义熙之年①,如闻江左袁、何二贤②,并商略治道,讽刺时政。虽未睹其文意者,似依傍韩非《五蠹》之篇③,遂讥世之阙,发五横之论④。而沙门无事⑤,猥落其例。余恐眩曜时情⑥,永沦邪惑⑦,不胜愤惋之至⑧,故设宾主之论以释之。

【注释】

①义熙：东晋安帝司马德宗的第四个年号，405年—418年。

②江左：指长江下游以东地区。东晋及南朝宋、齐、梁、陈各代的基业都在江左，故当时人又称这五朝及其统治下的全部地区为江左，南朝人则专称东晋为江左。袁、何二贤：袁，不详。何，当指何无忌，《晋书》卷八十五有传，曾作《难袒服论》，慧远与之答问，见《弘明集》卷五。

③韩非《五蠹》：《五蠹》是韩非子政治思想的重要论文。作者根据古今社会变迁的实际情况，阐明他所主张的法治思想是合于时代要求的。韩非斥责当时的学者、言谈者、带剑者、患御者和商工之民为五蠹，因而主张养耕战之士而除五蠹之民。

④五横：五种无益于国之人。指韩非在《五蠹》篇中所说的学者、带剑者、言谈者、患御者和商工之民等五种人。

⑤沙门：梵语 sramaṇa，巴利语 samana。音译室罗末拏、舍啰摩拏等，又作沙门那、沙闻那、娑门、桑门、丧门。意译勤劳、功劳、勤恳、静志、息心、息恶、勤息、修道、贫道、乏道。为出家者之总称，通于内、外二道。

⑥眩曜：惑乱，迷惑。

⑦邪惑：为邪道所惑。

⑧愤惋：怅恨，愤恨。

【译文】

东晋义熙年间，偶尔听闻江东袁、何两个贤能之人，一起探讨谋略与治世的纲要，讽刺当时的政治。虽然没有亲自看见他们的文章的意思，但好像是从韩非子《五蠹》这篇文章中受到的启迪，然后讥讽当时社会的问题，阐发了关于五种无益于国之人的言论。但是出家人没有任何过错，却被卑微鄙贱地列为这五横之类。我害怕人们为邪道所惑，永远沉沦于邪见妄想之中，自己怅恨、惋惜到了极点，因此用宾客主人对答的方式讨论，以此来解释这些问题。

　　有东京束教君子①，诘于西鄙傲散野人曰②：仆曾预闻佛法冲邃③，非名教所议；道风玄远，非器象所拟。清虚简胜，非近识所关；妙绝群有，非常情所测；故每为时君之所遵崇④，贵达之所钦仰⑤。于是众庶朋契，雷同奔向⑥，咸共嗟咏，称述其美云。若染渍风流⑦，则精义入微；研究理味，则妙契神用。澡尘垢于胸心，脱桎梏于形表⑧，超俗累于笼樊，邈世务而高蹈。论真素则夷、齐无以逾其操⑨，遗荣宠则巢、许无以过其志⑩，味玄旨则颜、冉无以参其风⑪，去纷秽则松、乔无以比其洁。信如所谈，则义无间然矣。但今观诸沙门，通非其才，群居猥杂⑫，未见秀异，混若泾渭浑波⑬，泯若熏莸同箧⑭。若源清则津流应鲜，根深则条颖必茂，考其言行，而始终不伦；究其本末，几无有校。仆之所以致怪，良由于此。如黄帝之忘智，据梁之失力⑮，皆在炉锤之间，陶铸以成圣者。苟道不虚行，才必应器。然沙门既出家离俗，高尚其志，违天属之亲，舍荣华之重，毁形好之饰，守清节之禁，研心唯理，属己唯法，投足而安，蔬食而已。使德行卓然，为时宗仰，仪容邕肃⑯，为物轨则⑰，然触事蔑然⑱，无一可采，何栖托之高远⑲，而业尚之鄙近？至于营求孜汲，无暂宁息。或垦殖田圃，与农夫齐流；或商旅博易⑳，与众人竞利；或矜恃医道，轻作寒暑；或机巧异端，以济生业；或占相孤虚㉑，妄论吉凶；或诡道假权，要射时意；或聚畜委积，颐养有余；或抵掌空谈，坐食百姓。斯皆德不称服，行多违法，虽暂有一善,亦何足以标高胜之美哉^㉒？自可废之,以一风俗。此皆无益于时政,有损于治道,是执法者之所深疾,有国者之所大患。且世有五横,而沙门处其一焉。何以明之？乃大设方便^㉓,鼓动愚俗,一则诱喻,一则迫胁。云行恶必有累劫之殃,修善便有无穷之庆,论罪则有幽冥之伺,语福则有神明之佑。敦励引导,劝行人所不能行;强逼切勒,勉为人所不能为。上减父母之养,下损妻孥之分,会同尽肴膳之甘,寺庙极壮丽之美。割生民之珍玩,崇无用之虚费;罄私家之年储,阙军国之资实;张空声于将来,图无像于未兆。听其言则洋洋而盈耳,观其容则落落而满目。考现事以求征,并未见其验真,所谓击影捕风^㉔,莫知端绪。亮仆情之所未安,有识者之所巨惑,若有嘉信,请承下风^㉕,脱有暂悟,永去其滞矣。

【注释】

①东京:洛阳,即今河南洛阳。东汉都洛阳,因在西汉故都长安之东,故称"东京"。

②西鄙:西方的边邑。《左传·庄公十九年》:"冬,齐人、宋人、陈人伐我西鄙。"杜预注:"鄙,边邑。"傲散:傲慢懒散。

③冲邃:精深,深厚。

④遵崇:敬重,崇敬。

⑤钦仰:景仰,敬慕。

⑥雷同:随声附和。《礼记·曲礼上》:"毋剿说,毋雷同。"郑玄注:"雷之发声,物无不同时应者;人之言当各由己,不当然也。"

⑦染渍:传染,沾染。《礼记·曲礼下》:"四足曰渍。"唐孔颖达疏:"'四足曰渍'者,牛马之属也,若一个死,则余者更相染渍而死。"

⑧桎梏:刑具。脚镣手铐。

⑨夷、齐:伯夷、叔齐。《史记·伯夷列传》:"伯夷、叔齐,孤竹君之
二子也。父欲立叔齐,及父卒,叔齐让伯夷。伯夷曰:'父命也。'
遂逃去。叔齐亦不肯立而逃之。国人立其中子。于是伯夷、叔
齐闻西伯昌善养老,盍往归焉……伯夷、叔齐叩马而谏曰:'父死
不葬,爰及干戈,可谓孝乎? 以臣弑君,可谓仁乎?'左右欲兵之。
太公曰:'此义人也。'"

⑩巢、许:巢父、许由。《史记正义》:"皇甫谧《高士传》云:'许由字
武仲。尧闻致天下而让焉,乃退而遁于中岳颍水之阳,箕山之下
隐。尧又召为九州长,由不欲闻之,洗耳于颍水滨。时有巢父牵
犊欲饮之,见由洗耳,问其故。对曰:'尧欲召我为九州长,恶闻
其声,是故洗耳。'巢父曰:'子若处高岸深谷,人道不通,谁能见
子? 子故浮游,欲闻求其名誉。污吾犊口。'牵犊上流饮之。许
由殁,葬此山,亦名许由山。'"

⑪颜、冉:颜渊、冉伯牛。颜回(前 521—前 481):曹姓,颜氏,名回。
春秋末鲁国人,字子渊,亦称颜渊,孔子最得意的弟子。《论语·
雍也》:"有颜回者好学,不迁怒,不贰过。不幸短命死矣,今也则
亡,未闻好学者也。"冉伯牛,名耕,字伯牛。春秋末年鲁国人。
《论语·雍也》:"伯牛有疾,子问之,自牖执其手,曰:'亡之,命矣
夫! 斯人也而有斯疾也! 斯人也而有斯疾也!'"

⑫猥杂:繁杂,杂乱。

⑬泾渭:泾水和渭水。《诗经·邶风·谷风》:"泾以渭浊,湜湜其
沚。"毛传:"泾渭相入而清浊异。"

⑭熏莸同箧(qiè):香草和臭草同处一个箱子,比喻好坏不分。语本
《左传·僖公四年》:"一熏一莸,十年尚犹有臭。"杜预注:"熏,香
草;莸,臭草。十年有臭,言善易消,恶难除。"《孔子家语·致
思》:"熏莸不同器而藏,尧桀不共国而治,以其类异也。"

⑮"如黄帝"二句:《庄子·大宗师》:"夫无庄之失其美,据梁之失其力,黄帝之亡其知,皆在炉捶之间耳。庸讵知夫造物者之不息我黥而补我劓,使我乘成以随先生邪?"大意是,把美丑都放下,不再有强弱的分辨心,不用心机来处事,都是在造化的大熔炉中锤炼而成的。你怎么知道造物主不会再给我黥刑割去的皮肉,再给我劓刑割去的鼻子,使我重新具备完整的形体,可以跟随先生您学道呢?

⑯邕肃:和睦严肃。

⑰轨则:规则,准则。

⑱蔑然:默然。

⑲栖托:寄托。

⑳博易:交易,贸易。

㉑孤虚:古代方术用语。即计日时,以十天干顺次与十二地支相配为一旬,所余的两地支称之为"孤",与孤相对者为"虚"。古时常用以推算吉凶祸福及事之成败。《史记·龟策列传》:"日辰不全,故有孤虚。"

㉒高胜:高明优异。

㉓方便:佛教语。以灵活方式因人施教,使悟佛法真义。

㉔击影捕风:风和影子是无法击中与束缚的。比喻虚幻无实或无根据地猜疑。

㉕请承下风:比喻处于下位,卑位。有时作谦辞。《左传·僖公十五年》:"晋大夫三拜稽首曰:'君履后土而戴皇天,皇天后土,实闻君之言,群臣敢在下风。'"

【译文】

在洛阳有位深受儒家名教约束的正人君子,诘问一位西方偏僻地方的傲散野人说:我曾经听说佛法精深,不是像以正名定分为主的儒家礼教所说的那样;佛道玄幻悠远,不是物象可以比拟的。清净虚无简妙至极,不是浅显的知识可以概括的;精妙绝伦超越一切,不是一般人所能推测的;所以常常被当时的君子所遵守推崇,显贵的人所钦佩仰慕。于是大众百姓,像打雷时万物响应一样信奉这个理论,都共同赞颂,指称描述它的美好。像传播风俗教化,精妙准确到每一个细小的地方;钻研探索佛理,神妙契合神灵之用。在内心洗涤尘世的污垢,在外表脱去礼教的束缚,脱离樊笼超越世俗的累赘,远离世俗生活过隐居的生活。论其真率自然的境界,伯夷、叔齐无法超过他们的操守,放弃荣幸宠耀而隐居,巢父、许由无法超过他们的志向,体会玄妙精深微小的义理,颜渊、冉伯牛无法比得上他们的风骨。去除纷乱杂秽,则赤松子、王子乔没有他们高洁。若确实如你所讲,那就没什么可批评的了。但是现在看出家人,全都不是这样的水平,猥琐杂乱的人住在一起,没有看到什么特别优秀的品质,好像泾河渭河的水掺杂在一起,好像香草和臭草在一起,好坏不分。如果源头清澈那么水流就应该新鲜,如果树根深那么树枝就一定茂盛,考察他的言论行径,一直超凡拔俗;考究他的根本和外用,几乎没有可以改正的地方。我之所以感觉奇怪,实在是因为这样。比如黄帝不用心机来处事,据梁不再有分辨心,都是在造化的大熔炉中锤炼而成,通过锻造历练才成为圣人。其实佛道不会虚行,才干一定与万物相对应。既然僧人已经出家离开俗世,就应该使他们的志向高尚,离别天生的亲人,舍弃荣华富贵,去掉用来修饰身形的饰物,坚守高尚的情操,研究心性探究佛理,属于自己的只有法理,有栖身的地方就安心,吃简单的蔬菜就好。使得品德行为超越一般人,为当时人们所尊重、信仰,仪态面容庄严雍容,整齐和谐,是万物的规则,然而他们一面对事情就一副默然的样子,没有什么可取之处,为什么安身高远,行为却鄙陋呢?对于谋求营利就孜孜以求,没有短暂的安静休息。有的人开垦田地,和农夫混为一流;有的人投资商业,和很多人竞争利益;有的人自持医术,为人看病;有的人从事旁门左道,来接济生活;有的人占卦推相,胡说凶吉;有的人运用诡诈之权术,逐取时人;有的人囤货积财，远超过生活所需；有的人抚掌空谈，满口美言，天马行空，白白从百姓身上获取财物。这些德行都不能够让众人心服，行为多有违背法理，即使偶尔做一点小善事，又怎么可以担得起盛赞的美誉呢？自然可以废除它，用来统一风俗。这些都对时政没有好处，而对治国之道也有损害，是执行法令的人所深恶痛绝的，是统治者很担心的问题。况且世上有五种无益于国之人，沙门是其中一种。用什么来证明呢？比方开设很多方便法门，煽动愚昧庸俗的人，一方面诱导教育，一方面逼迫威胁。说做太多的坏事必然会导致无穷劫数的祸害，多做好事就会有无尽的福庆，有罪就会有地狱在等候，有福就会有神明的庇佑。劝勉带领，劝诫人们不要做不能做的；强逼约束，勉强人们为所不能为的。向上减少了对父母的赡养，向下损坏妻子儿女的名分，聚集菜肴的美味，寺庙雄壮美丽至极。强占民众的珍玩，推崇没有用的花费；用尽私人的存储，掏空国家军队的物资；扩大在未来的虚名，谋求尚未显出迹象的义理。听到他们的言论，洋洋洒洒充盈耳朵，观察他们的面容，潇洒自然充满眼睛。考察现在的事情以求证，但并没有看见什么可以验明真假的证据，所谓捕风捉影，不知道头绪。我显示出不安的情绪，提出有识之人所共同的大疑问，如果有高明的回答，烦请传递给我，让我有所领悟，永远摆脱内心的滞塞。

　　主人怃然有间①，慨尔长叹：咄！异哉！子之所陈，何其陋也②！夫鄙俗不可以语大道者③，滞于形也；曲士不可以辩宗极者④，局于名也。今将为子略举一隅⑤，自可思反其宗矣。盖圣人设教应器，投法受量⑥，有限故化之以渐。录善心于毫端，忘鄙吝于丘壑⑦，片行之善，永为身资；一念之福，终为神用。始覆一篑，不可责以为山之功⑧；方趣绝境，不中穷以括囊之实⑨。然海之所以称大者，由无微洁之清⑩；道之所以称晦迹者⑪，以无赫然之观。夫慈亲婉娈⑫，有心之所滞，而沙门遗之如脱屣；名位财色，世情之所重，而沙门视之如秕糠。可谓忍人所不能去，斯乃标尚之雅趣⑬，弘道之胜事，而云蔑然，岂非妙赏之谓乎？又且志业不同，归向涂乖⑭，歧径分辙⑮，不相领悟，未见秀异故其宜耳。古人每叹才之为难，信矣！周号多士，乱臣十人⑯。唐、虞之盛，元凯二八⑰。孔门三千，并海内翘秀⑱，简充四科，数不盈十⑲。于中伯牛废疾⑳，回也六极㉑，商也悭吝㉒，赐也货殖㉓，予也难雕㉔，由也凶愎㉕，求也聚敛，任不称职㉖。仲弓虽骍，出于犁色，而举世推德㉗，为人伦之宗，钦尚高轨㉘，为搢绅之表㉙，百代咏其遗风，千载仰其景行㉚。至于沙门，乃苦共剥节㉛，酷相瓦砾，斯岂君子弘通之道，雅正之论哉？此由或人入班输之作坊㉜，不称指南之巧妙，但讥拙者之伤手，真可谓伏膺下流㉝，志存鄙劣。昔丞相问客㉞：俗言桛枭食母，宁有是乎㉟？客答：但闻慈乌反哺耳㊱。相乃怅然自愧失言。今子处心将无似相之问也？君子遏恶扬善，反是谓何？又云：投足而安，且林野萧条㊲，每有寇盗之患；城傍入出，动婴交游之讥㊳。处身非所，则招风尘之累㊴；婆娑田里，则犯人间之论㊵。二三无可，进退唯谷㊶，宇宙虽旷，莫知所厝㊷。

【注释】

①怃然有间：怃然，怅然失意貌。有间，不久，一会儿。

②陋：浅薄，见识小。

③鄙俗不可以语大道者：鄙俗，鄙陋庸俗。大道，指自然法则。《庄子·秋水》："北海若曰：'井蛙不可以语于海者，拘于虚也；夏虫

不可以语于冰者,笃于时也;曲士不可以语于道者,束于教也。'"

④曲士:乡曲之士,比喻孤陋寡闻的人。宗极:至高无上,引申指至
　理,根源。

⑤举一隅:举一端为例,意在使人由此一端而推知其他。《论语·
　述而》:"举一隅,不以三隅反,则不复也。"

⑥投法受量:投,抛弃。法,规律,常理。受,接受。量,商酌,思考。

⑦忘鄙吝于丘壑:鄙吝,形容心胸狭窄。丘壑,山水幽深之处,亦谓
　隐逸之处。

⑧"始覆"二句:《论语·子罕》:"子曰:'譬如为山,未成一篑,止,吾
　止也! 譬如平地,虽覆一篑,进,吾往也!'"责,要求。功,功效,
　成效。

⑨"方趣"二句:方,相当于"才"、"始"。趣(qū),赴,奔往。绝境,与
　外界隔绝之地。中,半途。穷,穷尽。括囊,犹包罗。实,实际,
　事实。

⑩皦(jiǎo)洁:洁白,明净。

⑪晦迹:隐居匿迹。

⑫婉娈(luán):深挚。

⑬标尚:标,标举,树立。尚,志向,愿望。

⑭归向涂乖:归向,归依,趋附。涂,道路,后写作"途"。乖,差异,
　不同。

⑮歧径分辙:歧,分岔的。径,小路。分辙,犹分路,分道。辙,车行
　的路线。

⑯"周号"一句:取自《论语·泰伯》:"舜有臣五人而天下治。武王
　曰:'予有乱臣十人。'孔子曰:'才难,不其然乎? 唐虞之际,于斯
　为盛。'"号,扬言宣称。乱臣十人,十位能治理天下的臣子。乱,
　治也。

⑰"唐、虞"二句:"元凯二八"取自《左传·文公十八年》:"昔高阳氏

有才子八人，苍舒、聩敱、梼戭、大临、龙降、庭坚、仲容、叔达，齐、圣、广、渊、明、允、笃、诚，天下之民谓之八恺。高辛氏有才子八人，伯奋、仲堪、叔献、季仲、伯虎、仲熊、叔豹、季狸，忠、肃、共、懿、宣、慈、惠、和，天下之民谓之八元。此十六族也，世济其美，不陨其名。"唐虞，唐尧与虞舜的并称，亦指尧与舜的时代。

⑱海内翘秀：海内，指国境之内，全国，古代传说我国疆土四面环海，故称国境之内为海内。翘秀：杰出的人才。

⑲"简充"二句：邢昺疏："夫子门徒三千，达者七十有二，而此四科惟举十人者，但言其翘楚者耳。"简，简单，简略。充，满足。四科：孔门四种科目，指德行、言语、政事、文学。

⑳伯牛废疾：《论语·雍也》："伯牛有疾，子问之，自牖执其手，曰：'亡之，命矣乎！斯人也而有斯疾也！斯人也而有斯疾也！'"

㉑回也六极：《论语·先进》："有颜回者好学，不幸短命死矣！今也则亡。"六极，谓六种极凶恶的事。《尚书·洪范》："一曰凶短折，二曰疾，三曰忧，四曰贫，五曰恶，六曰弱。"也，句中停顿，下面所引孔门弟子事迹中"也"字皆是。

㉒商也悭吝：商，孔子弟子子夏，以吝啬闻名。《论语·子路》："子夏为莒父宰，问政。子曰：'无欲速，无见小利。欲速则不达，见小利则大事不成。'"

㉓赐也货殖：货殖，做买卖。《论语·先进》："子曰：回也其庶乎，屡空。赐不受命，而货殖焉，亿则屡中。"回指颜回，赐指子贡。

㉔予也难雕：予，宰予。《论语·公冶长》："宰予昼寝。子曰：'朽木不可雕也。'"

㉕由也凶愎：由，仲由。《论语·公冶长》："子曰：由也好勇过我，无所取材。"

㉖"求也"二句：《论语·先进》："季氏富于周公，而求也为之聚敛而附益之。子曰：'非吾徒也。小子鸣鼓而攻之可也。'"求，冉求。

聚敛,搜刮。任,弟子任不齐。称职,德才和职位相称,能胜任所担当的职务。

㉗"仲弓"三句:《论语·雍也》:"子曰:雍也可使南面。""子谓仲弓曰:犁牛之子为之骍且角。虽欲勿用,山川其舍诸?"骍(xīn),红色。出,生也。犁,犁牛,即耕牛。古代祭祀用的牛不能以耕牛代替,系红毛长角,单独饲养。

㉘钦尚高轨:钦尚,崇尚,敬崇。高轨,高尚的行为规范。

㉙为搢(jìn)绅之表:有官职的或做过官的人。搢,插。绅,大带。表,表率。

㉚"百代"二句:遗风,前代或前人遗留下来的风教。景行,高尚的德行。

㉛剥节:剥,侵蚀。节,气节,节操。

㉜班输:春秋鲁国的巧匠公输班。一说班指鲁班,输指公输般,"班输"为两人的合称。

㉝伏膺下流:伏膺,谓从学,师事,伏,通"服"。下流,卑鄙,龌龊。

㉞昔丞相问客:以下问答《艺文类聚》卷二四、《全三国文》卷十八亦有征引,但原典故不详。

㉟"俗言"二句:枿(niè),古同"蘖",树木砍去后又长出的芽子或树木砍去后留下的树桩子。枭枭,即出生不久的小鸱鸮,古人传说鸱鸮出生长大后会吃掉其母鸟,然后才飞离母巢。

㊱慈乌反哺:慈乌,乌鸦的一种,相传能反哺其母。慈,奉养。返哺,乌雏长大,衔食哺其母。比喻子女报答父母的养育之恩。

㊲林野萧条:林野,树木丛生的山野,或者隐居之处。萧条,寂寞冷落,凋零。

㊳"城傍"二句:入出,犹内外;动,往往;婴,遭受;交游,朋友;讥,讥讽,规劝。

㊴"处身"二句:处身,立身处世,对待自身。所,地方。风尘,尘世,

纷扰的现实生活境界。累，拖累，累赘。

⑩婆娑：盘桓，逗留。人间：尘世。

⑪"二三"二句：二三，谓不专一，反复无定。无可，犹言无可无不可。进退唯谷，无论是进还是退，都是处在困境之中。形容进退两难，同"进退维谷"。出自南朝刘义庆《世说新语·纰漏》："仲堪流涕而起曰：'臣进退唯谷。'"

⑫"宇宙"二句：宇宙，天地。莫知，不知。厝，放置，安放。

【译文】

主人怅然了一会儿，很有感触，长叹说：啊！多么奇怪啊！您所陈述的，是多么浅薄啊！那些鄙陋庸俗的人，不能跟他们说大道之理，因为他们被具体的事物所局限；孤陋寡闻的人，不能和他们辩论终极之道，因为他们被名称概念所限制。现在我将要给您举一些例子，您可以自己反思它的主旨。大约圣人办学开设教化，是顺应弟子的先天才器，根据他们的实际情况进行教化，因其根器不够所以只能渐渐感化。在极微小的地方积累善心，在山水幽深之处放下心胸的狭窄，一次善举，永远成为人求道的资粮；一念之福报，终生都为神明所用。刚开始倒下一筐土，不可要求达到立刻成为山这般的成效；刚开始向往终极境界，不能要求穷尽一切来包罗所有的事实。然而之所以称海博大宽广，是因为它没有骄傲和自命不凡的清高；道之所以称为隐晦匿迹，是因为它无显赫的外观。慈善的父母很诚挚，心中有各种牵挂，但沙门很容易就摆脱抛弃，就像脱鞋子一样；名声权位财富美色，是一般民众所看重的，但沙门把它视作和秕糠一样没有价值的东西。这可以说是放下世人不能放弃的东西，这才是体现了远大志向的风雅意趣，是弘扬大道的美好事情，但他们却说空无所有，这难道不是赞赏的说法吗？而且志向与事业不同，归依的道路不同，分岔的小路也分路，所以不能相互领会晓悟，没有见到对方的优异突出的地方，所以发生这种情况是很正常的。古人常常叹息人才难得，确实是啊！周朝宣称有很多读书人，但能治理天下的臣子只有十人。尧舜时代,人才也不过是八恺八元。孔子弟子三千,称得上全国内杰出的人才,大概能满足四种科目要求的,数量不超过十个人。这其中伯牛生病,颜回死去,子夏吝啬,子贡做买卖,宰予难以教导,仲由凶暴,冉求搜刮财富,任不齐不能胜任所担当的职务。仲弓虽然出身低微,但普天下都推崇他的德行,是世间社会人与人之间伦理关系的宗师,为人们所崇敬,他们高尚的行为规范,是有官职的或做过官的人的表率,百代百姓歌颂他遗留下来的风骨,千载百姓景仰他高尚的德行。至于说到出家沙门,困苦磨砺他们的气节操守,他们将一切功名利禄看做瓦砾一样毫无价值,你所说的难道是君子弘扬大道的方式和典雅纯正的言论吗?这就像迷惑之人进入公输般手工制造加工的工场,不称赞指导者的灵巧高妙,却讥讽笨拙者的拙劣手艺,这可真说成是只向下等的人学习,志向浅陋低劣。以前丞相问客人:俗话说小鸱鸮会吃掉它的母鸟,不知有没有这种情况呢?客人回答:只听说乌鸦反哺其母。丞相很惆怅,内心惭愧出言失当。如今你存心将要问丞相同样的问题吗?君子禁绝坏事,宣扬提倡好事,与此相反是为什么?又说:随遇而安,树木丛生的山野快要凋零的时候,常会有盗贼的忧虑;傍晚之时出入城市,往往得到朋友的规劝。立身的地方不是正确的地方,就会遭受尘世言论的批评;盘桓在田里,就触犯了尘世的言论。反复无定,犹豫徘徊,无论是进是退,都是处在困境之中,进退两难,天地虽然宽旷,却不知道如何安置自己的位置。

又云:蔬餐而已。夫人间有不赡之匮①,山泽无委积之储②,方宜取给③,复乘之以法,所向九折,于何得立?若堂堂圣世④,而有首阳之饿⑤;夫明明时雍⑥,而有赴海之死⑦,客于雅怀何如⑧?然体无毛羽,不可袒而无衣;腹非匏瓜,不可系而不食⑨。自未造极⑩,要有所资,年丰则取足于百姓,时俭则肆力以自供。诚非所宜,事不得已。故蝮蛇螫手⑪,斩以求全,推其轻重,盖所存者大。虽营一己,不求无获,求之不必一涂⑫,但令济之,有理亦何嫌?多方以为烦秽其欲,役使不得妄动,何故执之甚乎?昔伯成躬耕以垦殖⑬,沮溺耦作以修农⑭,陶朱商贾以营生⑮,於陵灌蔬以自供,崔文卖药以继乏⑯,君平卜筮以补空⑰,张衡术数以驰名⑱,马钧奇巧以骋功⑲,此等直是违俗遁世之人耳。未正见有邈然绝尘,与物天隔⑳,而咸共嗟咏㉑,不辍于口。然沙门之中,迹超诸人,耻与流辈㉒,动有万数,至于体道,神化超落人封,非可算计。而未曾致言,何其党乎㉓!宜共思校事实,不可古今殊论,众寡异辞。希简为贵,猥多致贱,恐非求精核理之谈也㉔。云自可废之,以一风俗,是何言与?圣人不诬,十室三人,必有师资㉕。芳兰并茂,而欲蕴崇焚之㉖,不亦暴乎?其中自有德宇渊邃㉗,器标时望;或翘楚皦洁㉘,栖寄清远;或禅思入微,澄神绝境;或敷演微言,散幽释滞;或精勤福业,劝化崇善。凡出家之本,落发抽簪之日,皆心口独誓,情到恳至,虽生死弥沦,玄涂长远,要自驱策,必阶于道。金轮之荣㉙,忽若尘垢,帝释之重㉚,蔑若秕糠。始皆精诚,乃有所感,自非一举顿诣,体备圆足,其间何能不有小失?且当录其真素,略举玄黄㉛。安浑举一概,无复甄别?不可以管、蔡之衅㉜,姬宗尽诛,四凶之暴㉝,合朝流放。此何异人苦头虱,因欲并首俱焚?患在足刺,遂欲通股全解?不亦滥乎?

【注释】

①赡:满足,足够。匮:不足,缺乏。

②委积:储备,堆积。委,积聚。积,积累。

③宜:应当,应该。

④堂堂圣世:庄严的圣世。

⑤首阳之饿:在《史记·伯夷列传》中记载,伯夷、叔齐"礼让为国"后,因"耻食周粟"而"采薇首阳",最后竟绝食饿死在首阳山的故事流传了几千年,被世人称为"清圣"。

⑥明明时雍:明德的时世太平。

⑦赴海之死:《战国策·赵策》:"彼则肆然而为帝,则连有赴东海而死耳,吾不忍为之民也。"意为下了很大决心。

⑧雅怀:高雅胸怀。

⑨"腹非"二句:腹:比喻内心。匏瓜:《论语·阳货》:"吾岂匏瓜也哉?焉能系而不食。"

⑩自未:自非,除非。

⑪蝮蛇螫手:《三国志·魏书·陈泰传》:"古人有言,蝮蛇螫手,壮士解其腕。"手腕被蝮蛇咬伤,便立即截断,以免毒液延及全身,危及生命。比喻事到紧要关头,必须下决心当机立断。也比喻牺牲局部,照顾全局。

⑫涂:同"途",意为道路,途径。

⑬伯成躬耕以垦殖:伯成子高,唐尧时人。相传尧治天下,他立为诸侯。尧授舜,舜授禹时,他认为"德自此衰,刑自此立,后世之乱自此始",就隐居耕种。《庄子·天地》:"尧治天下,伯成子高立为诸侯。尧授舜,舜授禹,伯成子高辞为诸侯而耕。禹往见之,则耕在野。"

⑭沮溺:指长沮和桀溺,儒家传说中此二人隐居农耕,并讥笑孔子的政治主张。

⑮陶朱:范蠡,字少伯,春秋末期楚国宛邑人。他是中国古代商人的圣祖,人称陶朱公。

⑯"於陵"二句:於陵,即於陵子,名陈仲,相传为战国时齐宗室,隐居不仕,亲自耕种,种植蔬菜以为生。崔文子,秦代医家,泰山人。精药,曾售药于都市,擅制丸、散制剂济人,活人颇众。

⑰君平:严君平(前86—10),《汉书·王吉传》:严君平,名遵,汉蜀郡人。一生不为官,卜筮于成都市,"得百钱足自养,即闭肆下帘而授《老子》"。严君平是西汉道家学者,思想家,蜀郡成都人。汉成帝(前32—前7在位)时隐居成都市井中,以卜筮为业,"因势导之以善",宣扬忠孝信义和《道德经》,以惠众人。

⑱张衡术数以驰名:张衡善数学、天文、器械等。《后汉书·张衡传》:"衡善机巧,尤致思于天文阴阳历算,常好玄经。"

⑲马钧奇巧以骋功:马钧,字德衡,扶风(今陕西扶风)人,是我国古代科技史上最负盛名的机械发明家之一。《三国志·魏书·杜夔传》引裴松之注:"时有扶风马钧,巧思绝世,傅玄序之曰:马先生,天下之名巧也。"

⑳物:除自己以外的人和物。《岳阳楼记》:"不以物喜,不以己悲。"

㉑嗟咏:赞叹。

㉒流辈:同辈,同一流的人。

㉓党:同"谠",美,善,正直。

㉔求精核理:精益求精,核实义理。

㉕"圣人"三句:《论语·公冶长》:"子曰:'十室之邑,必有忠信如丘者焉,不如丘之好学也。'"《汉书·武帝纪》:"夫十室之邑,必有忠信;三人并行,厥有我师。"亦作"十室之邑,必有忠士"。汉刘向《说苑·谈丛》:"十步之泽,必有芳草;十室之邑,必有忠士。"圣人,指品德最高尚、智慧最高超的人。十室三人,必有师资,意思是即使是十户人家的地方,也一定有忠诚信实的人。谓处

处都有贤人。

㉖"芳兰"二句:《蜀志》记载,有一天刘备要杀张裕,诸葛亮前去劝阻,刘备不应,而以"芳兰当户,不得不锄"来解释杀张裕的原因。

㉗德宇:气度、器量

㉘翘楚皦洁:《诗经·周南·汉广》:"翘翘错薪,言刈其楚。"

㉙金轮:佛教语。"轮"(梵语 Cakra),是印度古代战争用的一种武器。印度古传说中征服四方的转轮王出生时,空中自然出现此轮宝,预示他将来的无敌力量。轮宝有金、银、铜、铁四种,获得金轮宝者,为金轮王,乃四轮之首,领东南西北四大洲。

㉚帝释:亦称"帝释天"。佛教护法神之一,天龙八部之一的天众之首领,佛家称其为三十三天之主,居须弥山顶善见城。常与天龙八部之一的阿修罗部众发生战争。梵文音译名为释迦提桓,其根源自雅利安人最崇拜的雷雨之神——因陀罗。在中国的道教中,与其身份相当者为玉皇大帝。

㉛玄黄:比喻外表,非本质的东西。

㉜管、蔡:指管叔鲜、蔡叔度,都是周文王的儿子,武王的弟弟。管叔(文王三子姬鲜)、蔡叔(文王五子姬度)、霍叔(文王六子姬处)觉得周公旦代替成王执政是篡夺了周朝的正统,于是他们四处联络,纠集了纣王的儿子武庚和部分对周朝有不满情绪的东夷部落的武装,对周公旦兴兵声讨,发动了武装叛乱,史称"管蔡之乱"或"三监之乱"。

㉝四凶:相传为尧舜时代四个恶名昭彰的部族首领,也就是指三苗、驩兜、共工与鲧,他们都因为反抗权力者而被杀,死后精神不灭,被当权者侮为"邪魔",也就是四大魔兽,分别对应饕餮、浑沌、穷奇和梼杌。后世多用以比喻凶狠贪婪的朝臣。

【译文】

又说:只是吃蔬菜罢了。人世间有粮食匮乏的时候,而山野中没有足够的粮食储备,所以应当有取有给,再凭借一定法则计算,如果合理的要求多次遭到拒绝,那么依靠什么得以生存? 比如庄严的圣世,而有伯夷、叔齐饿死在首阳山;明德的太平时世,却有愿意赴海而死以表决心的鲁仲连,客人你以高雅的胸怀对待出家人怎么样? 虽然人的身体没有长兽毛和羽毛,但是不可以袒露身体而不穿衣服;腹部不是匏瓜,不可挂在那里不吃东西。除非到达最高的境界或成就,不然要有资财,在年成很好时,从百姓那里充分取得粮食,在收获贫乏的年岁,粮食歉收,就尽力做到自给自足。这实在不是很合适的,但这个情况无可奈何。所以,被蝮蛇咬伤手,就要斩断,以求得全局的保存,推测事情的轻重,因为留存的是最重要的。虽然只谋求自己,不追求也就没有收获,追求也不必要只依靠一种途径,只是适当周济困穷,有充足理由又有什么避忌的呢? 大多数人都以为是烦恼污秽了他们的欲望,被奴役使唤,不得轻举妄动,是什么原因让人们执着到此等地步呢? 从前,伯成子高亲自耕种以耕垦养殖,长沮和桀溺用犁耕地务农,陶朱公经商以营生,於陵子灌溉蔬菜以自己供给,崔文子卖药以救济帮助有急难和贫乏的人,严君平卜筮以填补生活困难,张衡以技术和数学驰名天下,马钧以奇巧的器械发展他的功绩,这等人都是违背世俗遁隐世事的人啊! 未曾见过这样远离尘世,与物欲隔绝的人,而大家都同样赞叹,口中从未停止。然而佛门之中,事迹超越众人,以结交俗世流辈的人为耻的人物数以万计,至于体悟大道,神妙变化超越人间的人物不可计数。而他们未曾宣扬自己,是多么善良、正直啊! 应当一起思考审核事实,不可以使古今言论有大的差异,人多时和人少时的言辞不同。把稀少简洁的作为高贵的,繁多琐碎的作为卑贱的,恐怕不是探求精纯实在道理的言谈啊。你说应该废掉佛教,统一风俗,这是什么言论呢? 孔圣人不会用谎言欺骗,他说只有十户人家的地方也有忠信之士,三人中也必有能做老师的人。芳兰生长得很茂盛,而想要聚集满了再焚烧掉,不是很凶残么? 这其中自然有人气度幽深长远,声望很高,器量是时代的楷模;有的人是杰出才俊,清净高洁,在世俗外栖息身心,寄托清静幽远的情怀;有的人禅思微妙无比,一丝不苟,使自己精神进入澄明之境,超越了一切外在环境;有的人诠释微言大义,播散幽思,把不通畅的道理解释清楚;有的人专心勤勉于布施行善、慈悲利生等造福的功德,规劝感化世人崇尚善德。作为出离家庭的僧尼的根本,是从剃落头发抽掉簪子的那一日,就全都在心中和口中立下誓言,情感到了诚恳的极点,虽然生死不断轮回,佛法的路途也很长远,要是能自我鞭策精勤修行,必定在大道上取得进步。金轮王的荣耀,像世俗污垢一样被轻视,帝释天的隆重权威,像秕糠一样被蔑视。起初都是真心诚意,才有所感触,自然不是一个举动就能顿悟达到本体完备、圆满充足的最高造诣,这期间怎么可能没有小的过失? 应当记录他们真实素朴的行为,略微举出一些不适当的事情。怎么能全部混同用同一种标准,没有再次鉴别? 不可因为管叔、蔡叔发动叛乱,却把姬姓宗室所有人全部诛杀,因为四个恶名昭彰的部族首领的暴乱,而将所有朝中的人流放。这和人苦恼头上有虱子,却想要连头一起焚烧有什么不同? 和忧患脚上长的足刺,却想要将整条大腿全部砍掉一样有什么不同? 不是过度了么?

云:无益于时政,有损于治道①。夫弘道者之益世,物有日用而不知②,故老氏云:"无为之化,百姓皆曰我自然③。"斯言当矣。是以干木高枕而魏国大治④,庚桑善诲而畏垒归仁⑤。沙门在世,诚无目前考课之功⑥,名教之外,实有冥益。近取五戒训物⑦,非六经之畴⑧;远以八难幽险⑨,非刑法之匹;请以三藏铨罪⑩,非律令之流畅;以般若辩惑⑪,非老庄之谓⑫。道品无漏,拔苦因缘,则存而不论。周、孔之教,理尽形器,至法之极,兼练神明,精粗升降,不可同日而语其优劣矣。昔孳助化⑬,以道佐治,国境晏然,民知其义。年丰委积,物无疵疠⑭,非益谓何？云世有五横⑮,沙门处其一焉。凡言横者,以其志无业尚,散诞莫名⑯;或博奕放荡,而倾竭家财;或名挂编户,而浮游卒岁;或尸禄素餐,而莫肯用心;或执政居势,而渔食百姓;或驰竞进趣,而公私并损;或肆暴奸虐,而动造不轨。斯皆伤教乱正,大败风俗。由是苟悦奋笔,而游侠之论兴⑰;韩非弹毫,而《五蠹》之文作⑱。以之为横,理故宜然。施之沙门,不亦诬乎？国家方上与唐、虞竞巍巍之美⑲,下与殷、周齐郁郁之化,不使箕颍专有傲世之宾,商洛独标嘉遁之客⑳。甫欲大扇逸民之风,崇肃方外之士。观子处怀,经略时政,乃欲踵亡秦虎狼之险术,袭商君克薄之弊法㉑,坑焚儒典㉒,治无纲纪;制太半之税,家无游财;设三五之禁㉓,备民如贼。天下熬然,人无聊生,使嬴氏之族㉔,不讫于三世;二子之祸,即戮于当时。临刑之日,方乃追恨始者立法之谬,本欲宁国静民,不意堤防太峻㉕,反不容已。事既往矣,何嗟之及！云一则诱喻,一则迫胁,且众生缘有浓薄,才有利钝,解有难易,行有浅深,是以启诲之道不一,悟发之由不同。抑扬顿挫,务使从善,斯乃权谋之警策,妙济之津梁㉖,殊非诱迫之谓也。

【注释】

①治道:治理国家的方针、政策、措施。

②物有日用而不知:《周易·系辞上》:"仁者见之谓之仁,知者见之谓之知,百姓日用而不知,故君子之道鲜矣。"

③"无为"二句:《老子》第十七章:"太上,下知有之;其次,亲而誉之;其次,畏之;其次,侮之。信不足焉,有不信焉。悠兮其贵言,

功成事遂，百姓皆谓我自然。"

④干木高枕：段干木，春秋时魏国的贤士，高尚不仕。《史记·魏世家》张守节《正义》引《高士传》："干木，晋人也，守道不仕。魏文侯欲见，造其门，干木逾墙避之。文侯以礼客之，出过其闾而轼。其仆曰：'君何轼？'曰：'段干木，贤者也，不趣势利，怀君子之道，隐处穷巷，声驰千里，吾安得勿轼！干木先乎德，寡人先乎势；干木富乎义，寡人富乎财。势不若德贵，财不若义高。'又请为相，不肯；后卑己固请见，与语，文侯立倦不敢息。"

⑤庚桑善诲而畏垒归仁：庚桑，原名亢桑子，一名庚桑子，传说为春秋时期思想家。畏垒，老子居住的地方。《庄子·庚桑楚》："老聃之役有庚桑楚者，偏得老聃之道，以北居畏垒之山，其臣之画然知者去之，其妾之挈然仁者远之；拥肿之与居，鞅掌之为使。居三年，畏垒大壤。畏垒之民相与言曰：'庚桑之子始来，吾洒然异之。今吾日计之而不足，岁计之而有馀。庶几其圣人乎！子胡不相与尸而祝之，社而稷之乎？'"

⑥考课：按一定标准考核官吏优劣，分别等差，决定升降赏罚。

⑦五戒：佛教术语，五戒是五条戒律或行为准则。佛教中的五戒是一不杀生，二不偷盗，三不邪淫，四不妄语，五不饮酒。

⑧六经：六部儒家经典。《诗经》、《尚书》、《仪礼》、《乐经》、《周易》、《春秋》。

⑨八难：难，谓难于见佛闻法，凡有八端，故名八难。按即地狱、饿鬼、畜生、北拘卢洲（亦作郁单越）、长寿天、盲聋喑哑、世智辩聪、佛前佛后八种。一至三，即三恶道，恶业重，难以见佛；生北拘卢洲有乐无苦，不思修道；生长寿天，谓色界及无色界天长寿安乐之处，其逸乐远胜北拘卢洲，更不欲修道；聋、盲、喑、哑于求道皆有障碍；世智辩聪，自恃聪明才辩，不肯信佛；生于佛前佛后，无缘见佛。

⑩三藏：又作三法藏。藏，梵文 piṭaka，意谓容器、谷仓、笼等。印度
佛教圣典之三种分类为：经藏、律藏、论藏。

⑪般若(bōrě)：佛教语。梵语的译音。或译为"波若"，意译"智慧"。
佛教用以指如实理解一切事物的智慧，为表示有别于一般所指
的智慧，故用音译。大乘佛教称之为"诸佛之母"。

⑫老庄：老子和庄子的并称。春秋、战国时道教的主要思想家。亦
指以老子、庄子学说为代表的道教思想。老庄并提，始于汉，盛
于魏晋以后。

⑬昔字：人名，不详。

⑭疵疠：灾害，疾疫。

⑮五横：五种无益于国之人。指韩非在《五蠹》篇中所说的学者、
带剑者、言谈者、患御者和商工之民等五种人。

⑯散诞：懒散荒诞。

⑰"由是荀悦"二句：荀悦(148—209)，东汉末期政论家，史学家。
字仲豫。颍川颍阴(今河南许昌)人。幼时聪颖好学，家贫无书，
阅读时多用强记，过目不忘。游侠，《前汉纪·孝武帝纪》："世有
三游，德之贼也，一曰游侠，二曰游说，三曰游行。立气势，作威
福，结私交以立强于世者，谓之游侠。"

⑱"韩非"二句：弹毫，挥毫，振笔。晋葛洪《抱朴子·正郭》："出不
能安上治民，移风易俗；入不能弹毫属笔，祖述六艺。"

⑲虞、唐：虞，古国名。舜之先封于虞，故城在今山西平陆东北。周
武王克殷，封古公亶父之子虞仲的后人于此，是为西虞。唐，周
代诸侯国名，后改名叫"晋"。

⑳商洛：亦作"商雒"，商县和上洛县之合称，汉初"四皓"曾隐居于此。
《汉书·王贡两龚鲍传序》："汉兴有园公、绮里季、夏黄公、甪里先
生，此四人者，当秦之世，避而入商雒深山，以待天下之定也。"

㉑商君克薄之弊法：指战国时期秦国的秦孝公决心图强改革，便下

令招贤。商鞅自魏国入秦，并提出了废井田、重农桑、奖军功、实行统一度量和郡县制等一整套变法求新的发展策略，深得秦孝公的信任，任他为左庶长，开始变法。然而，商鞅变法触犯了旧贵族的利益。孝公死后，商鞅被贵族诬害，车裂而死。

㉒坑焚儒典：秦始皇三十四年(前213)，博士淳于越根据古制，建议分封子弟。丞相李斯反对儒生以古非今，以私学诽谤朝政，建议除秦纪、医药、卜筮、种树书外，民间所藏《诗》、《书》和诸子百家书一律焚毁；谈论《诗》、《书》者处死；以古非今者族诛；学习法令者以吏为师。始皇采纳这一建议。次年，方士、儒生求仙药不得，卢生等又逃亡，始皇怒，在咸阳坑杀诸生四百六十余人。

㉓三五之禁：三令五申严加禁制。

㉔嬴氏之族：即"千古一帝"的秦朝嬴政家族。

㉕堤防：提防。

㉖津梁：比喻能起桥梁作用的人或事物。

【译文】

又说对时政没有益处，对于治理国家的方针、政策有所损害。那些弘扬大道的人对社会的益处，就像物品有日常用处却不为人所知道，因此老子说："以无为的思想治理教化老百姓，百姓都说我很自然，没有折腾。"这话说得很对。因此干木高枕而卧而魏国政治修明，局势安定，庚桑擅长教诲而畏垒之地的百姓归附仁德仁政。沙门生活在世上，确实没有目前考课的功名，但在儒家名教之外，确实有很深的益处。近的说用那五戒教诲人民，不在六经的范围之内；远的说八种不能见闻佛法的障难，也不是刑法所能比得上的。请求用三藏来衡量罪名，不是世俗社会通畅的律令；以通达的智慧辩解疑惑，也不是老庄所说的。至于道品没有纰漏，摆脱导致痛苦的因缘，我就存而不讨论了。周文王、孔子的教化，道理穷尽外在形体、器物，最高法规的尽头，兼修炼人的精神，精良和粗劣，上升和下降，本来就不可以同时来说明它们的优劣好坏的。

昔字帮助教化人民，用道德辅佐治理国家，国境和平，人民都知晓他的道义。年成丰收，粮食堆积，物质没有灾害疾疫，这些不是益处又是什么呢？你说世上有五横，沙门是其中之一。凡是那些蛮不讲理的人，他们都没有理想可以崇尚，懒散荒诞莫名其妙；有的人豪赌放荡，使家产倾尽；有的人名字编入了户籍，但是终年在外游荡；有的人空食俸禄而不尽其职，无所事事，不肯用心；有的人掌管政权，仰仗权势来掠夺百姓的东西；有的人过于追逐名利，于公于私都受到损害；有的人烧杀抢掠无恶不作，而且有图谋不轨之心，大败风俗。因此荀悦发奋著书，《游侠》这样的言论就产生了；韩非挥笔疾书，《五蠹》这样的作品就出现了。把它当做揭露横行霸道行为的理论是应该的。但是把它加在沙门头上，不是诬陷吗？国家广博，上能够与唐、虞比高山的秀美，下能够与殷朝、周朝比深广的文化，不让箕山、颍水成为专为傲世宾客居住的地方，商洛单独成为合乎正道的退隐者居住的标志。要提倡使人民安逸的风俗，尊敬方外之出家人。看你处理事情的胸怀，治理时政的方式，就是想应用已灭亡的秦国那种穷凶极恶的方法，沿袭商鞅苛刻的治国方法，焚书坑儒，治理国家没有法律制度；掌管着大半的税收，国家却没有多余的财物；设立三正五行的禁令，防备人民就像防备盗贼一样。百姓受苦，民不聊生，让秦王嬴氏这样的家族只有三代的当政；二人之祸患，当时就被处以死刑。临刑那天，才开始追悔当初订立法规的荒谬，原本想使国家安宁使人民平静，没想到所设的法规太苛刻，反而容不下自己了。事情既然已经过去了，何必还如此叹息呢！说佛教一方面引诱一方面胁迫，其实众生缘有深厚和淡薄的区别，才能有敏锐和愚钝的不同，理解有困难和容易的差别，道行有深有浅，因此启发教诲的道理不一样，启发觉悟的缘由也不相同。贬损褒扬困顿挫折，种种方便都是为了致力于让天下人多行善事，这些是鞭策人们的权谋策略，度化帮助众生的非常美好的桥梁，这根本不是引诱胁迫啊！

云罪则冥伺，福则神佑。夫含德至淳，则众善归焉。《易》曰①："履信思顺，自天佑之，吉无不利。"又曰："为不善于幽昧之中②，鬼得而诛之。"岂非冥伺神明之佑哉？善恶之报，经有成证，不复具列。云会尽肴膳，寺极壮丽。此修福之家倾竭，以备将来之资殚尽，自为身之大计耳。殆非神明歆其壮丽③，众僧贪其滋味。犹农夫之播殖，匠者之构室，将择贞材以求堂宇之饰，精简种子以规嘉苗之实。故稼穑必树于沃壤之地④，卜居要选于爽垲之处⑤。是以知三尊为众生福日⑥，供养自修己之功德耳⑦。云割生民之珍玩，崇无用之虚费。夫博施兼爱仁者之厚德⑧，崇饰宗庙孝敬之至心，世教若此，道亦如之。物有损之而益，为之必获。且浮财犹粪土⑨，施惠为神用，譬朽木之为舟，乃济渡之津要⑩，何虚费之有哉？欲端坐而望自然⑪，拱默以俟安乐⑫，犹无柯而求伐⑬，不食而徇饱，焉可得乎？苟身之不修，已为困矣。何必乃蔽百姓之耳目，拥天下之大善，既自饮毒复欲鸩人⑭？何酷如之？可谓亡我陷彼，相与俱祸。是以盲聋喑痖之对⑮，幽处弥劫之殃，调达之报⑯，历地狱无间之苦⑰。云罄私家之年储⑱，阙军国之资实。圣王御世，纯风遐被⑲，振道纲以维六合⑳，布德网以笼群俊。川无扣浪之夫㉑，谷无含叹之士，四民咸安其业，百官各尽其分。海内融通，九州同贯，戎车于是寝驾，甲士却走，以粪嘉谷委于中田，食储积而成朽；童稚进德日新，黄发尽于眉寿㉒；当共击壤以颂太平㉓，鼓腹以观盛化㉔。子何多虑之深横，忧时之不足，不亦过乎？云吝太官而肿口㉕，临沧海而摄腹，真子之谓也㉖。

【注释】

①《易》：即《易经》，是一部中国古哲学书籍，是建立在阴阳二元论基础上对事物运行规律加以论证和描述的书籍。

②幽昧：昏暗不明。

③歆（xīn）：喜爱，羡慕。

④稼穑（jiàsè）：泛指各种农业劳动。

⑤爽垲（kǎi）：指高燥之地。

⑥三尊：三种最受尊敬的人。佛家语，指佛、法、僧。《四十二章经》：“三尊者，佛、法、僧也。”

⑦供养：赡养，侍奉。

⑧博施：普施，遍施。

⑨浮财：指金钱、粮食、衣服、什物等身外之物。

⑩济渡：渡过水面。

⑪端坐：安坐，正坐。

⑫拱默：指垂拱无为。悕（xī）：悲伤。

⑬柯：斧子的柄。

⑭饮毒复欲鸩人：《后汉书·霍谞传》：“譬犹疗饥于附子，止渴于鸩毒，未入肠胃，已绝咽喉。”

⑮喑痖（yīnyǎ）：口不能言，或指谓沉默不语。

⑯调达：梵名 Devadatta，又作提婆达兜、揥婆达多、地婆达多，或作调达，略称提婆、达多，意译作天热、天授、天与，为佛世时犯五逆罪，破坏僧团，与佛陀敌对之恶比丘。为释尊叔父斛饭王之子，阿难之兄弟（另有为甘露饭王、白饭王或善觉长者之子等异说）。调达与佛陀世世为怨。

⑰无间：无间道（无间地狱）是《法华经》、《俱舍论》、《玄应音义》等佛经里“avicinaraka”的新译，旧译为“阿鼻地狱”，是佛经故事中八大地狱中最苦的一个，也是民间所谓十八层地狱中的最底层。

⑱罄：用尽。

⑲纯风：纯美的教化。遐被：到达极远之处。

⑳道纲：道德之纲要；佛家语，修"八正道"的纲要。六合：上下和东西南北四方，即天地四方，泛指天下或宇宙。

㉑扣浪：拍浪，意为浪迹江湖。

㉒黄发：指老人。

㉓击壤：一项古老的投掷游艺。

㉔鼓腹：拍击腹部，以应歌节。

㉕太官：官名，秦有太官令、丞，属少府，掌皇帝膳食及燕享之事。北魏时太官掌百官之馔，属光禄卿。北齐、隋、唐因之。宋代以后，皇帝膳食归尚食局，太官只掌祭物。

㉖真子：谓亲生的儿子。佛教以信顺佛法，继承佛业者为真子。

【译文】

　　你说人有罪就有冥界在侦查，有福就有神明护佑。具有的德行到了淳朴的最高境界，那么各种善报都会归向这个人。《易经》上说："履行诚信而顺从于天，所以有上天保佑，吉祥而无所不利。"又说："在别人背后阴暗的地方做一些不善之举，神鬼知道了就会惩罚。"这些难道不是冥界鬼魂或是神明的侦查和佑护么？善恶的报应已经有了证实，不再具体地一一列出了。你又说信仰者奉上各种饭菜，寺庙极其壮丽。这是修福的家庭倾尽自己的财物，用来防止将来的资本被用尽，是为自身未来的大计罢了。绝不是神明喜爱美慕它的壮丽，不是众僧侣贪恋它的滋味。就好像农夫播种繁殖，工匠构建房室，将选择好的材料来做厅堂的装饰，精简种子来增加好的禾苗。所以播种与收获等农业劳动必须在肥沃的土地种植，占卜自己的住处要选择高爽干燥的地方。因此知道佛、法、僧三尊是众人的福报所在，供养他们是为了增加自己的功德罢了。你又说佛教掠夺百姓的珍宝，玩弄没有用的事物。普遍施舍表示仁爱之人深厚的道德，崇敬装饰宗庙代表孝敬的心，世俗教化是这样,佛道也是这样。有些事物被减损了反而受益,有所作为肯定有所收获。况且浮财就像是粪土,布施恩惠为神明使用,就像用木材来造舟,是渡过水面所需用的,哪里有什么浪费呢?想要端坐着而能够看到大自然,没有作为却希望享有安乐,就像没有斧柄却想要伐木,不吃饭却求饱,哪里是可以得到的呢?如果不修身,自己已经被困住了。何必要遮蔽百姓的眼耳,使他们不拥抱天下的大善,既然自己喝了毒药难道又想要让很多人喝毒药吗?像这样何等残酷?可以说是陷害彼此,大家都遭受祸患。因此很多坏人会遭受盲聋喑痖这样的报应,暗中遭受很多劫难,受到调达一样的报应,经历无间地狱的苦难。你又说出家人用尽私人家藏的储备,使国家军队的资金、实力缺损。圣明的君主治理世间,纯美的教化到达极远之处,振兴道德之纲要,用来维持天下,布下德行的网罩用来网罗各种人才。山川峡谷之中没有浪迹江湖、怀有叹息的士人,四方百姓都安居乐业,文武百官都各尽其分。天下融合通达,九州犹如一体,兵车从此休停,士兵退避战场,委身于农田中,用粪土滋养禾苗稻谷,粮仓中囷积食物甚至腐烂;孩子们每天德行增进,老人们能够善终;大家一同击壤作乐来歌颂太平,拍击腹部,以应歌节,观望昌明的教化。你何必有过分深远的顾虑,就好像担心时间不够,不也是忧虑过度了么?有些人会面对厨师为帝王准备的丰盛宴席而以肿嘴为由推辞不食,到了广博沧海却缩紧肚子不喝一口,说的就是你这样的人呀!

　　云系影捕风①,莫知端绪。夫伪辩乱真,大圣之所悲。嗟时不识宝,卞和所以恸哭②。然妙旨希夷,而体之者道;冲虚简诣③,而会之者得。用远能津梁颓溺,拔幽拯滞,美济当时,化流无外④,故神晖一振则感动大千,惠泽暂洒则九州蒙润。是以释梵悟幽旨而归诚,帝王望玄宗而委质⑤,八部挹

灵化而洗心⑥,士庶观真仪而奔至⑦。落落焉故非域中之名
教,肃肃焉殆是方外之冥轨。然垣墙峭峻,故罕得其门;器
宇幽邃⑧,希入其室。是以道济弥沦而理与之乖⑨,德苞无际
而事与之隔。子执迷自毕,没齿不悟,盖有以也。夫日月丽
天而瞽者不睹其明,雷电振地而聋者不闻其响,是谁之过
与? 而方欲议宫商之音⑩,蔑文章之观,真过之甚者。昔文
鳞改视于初曜⑪,须跋开听于后缘⑫,子何辜之不幸? 独怀疑
以终年,比众人之所悲,最可悲之所先。

【注释】

①系影捕风:比喻虚幻无实或无根据地臆测。《汉书·郊祀志下》:
"听其言,洋洋满耳,若将可遇,求之,荡荡如系风捕景,终不
可得。"

②恸(tòng)哭:悲伤大哭。

③冲虚简诣:虚静简至。

④化流:德化传布。

⑤委质:放下礼物,古代卑幼往见尊长,不敢行宾主授受之礼,把礼
物放在地上,然后退出;向君主献礼,表示献身;引申为臣服、
归附。

⑥八部:佛教分诸天鬼神及龙为八部。《翻译名义集·八部》:"一
天、二龙、三夜叉、四乾闼婆、五阿修罗、六迦楼罗、七紧那罗、八
摩睺罗伽。"

⑦真仪:真容。

⑧幽邃:幽深、深邃。

⑨乖:背离,不一致。

⑩宫商之音:五音中的宫音与商音。

⑪文鳞：鱼鳞形花纹，或指鱼。这里指目真隣陀龙王，是佛陀最初的弟子之一，其悟道事迹参见《佛本行集经》卷三十一。改视：改变看法，另眼相看，多表示重视。曜：太阳。

⑫须跋：须跋陀罗尊者，又作苏跋陀罗、须跋陀，意译为"善贤"、"好贤"、"善好贤"，为佛陀释迦牟尼的最后一位弟子，在佛临入灭前接受教诫而得道。

【译文】

你说修习佛法就像捕风捉影一样虚幻不实，不知道它的端倪和头绪。虚假的辩解以假乱真，这是大圣人所悲伤的。嗟叹别人不认识无价之宝，这是卞和悲伤大哭的原因。然而，精微幽深的旨意虚寂玄妙，而能体会它的人就会得道；虚静简至，能领悟它的人会有所得。用在远处能使各种方法、途径消隐，拔幽拯滞，美济当时，德化传布无所不包，因此，神光一振动便使大千世界的生灵感动，恩惠的雨露稍微撒播便使九州世界蒙受滋润。因此帝释和梵天体悟到深奥玄妙的旨趣而诚心归顺，帝王望见玄宗而信服，天龙八部感受美好的教化而洗涤内心，士人平民看到真理而归向它。佛教超然物外，因此并不是中国的儒家名教，它清幽、静谧的样子实在是体现了方外的冥灵轨迹。然而围墙峻峭，因此很难能进入它的大门；房屋深幽黑长，很少有人能进入它的房间。因此佛道救济世俗沉沦之人，而佛理自然与世俗之理相悖，道德包含无穷无尽，而佛事与世俗事情相隔。你自以为是，一辈子都执迷不悟，所以有这些问题。其实太阳与月亮在天空中发出明媚耀眼的光芒，但是目盲的人却看不到它们的明亮；雷与闪电振动大地，但是耳聋的人听不到它们的声响，这是谁的过错呢？而当要议论到宫商角徵羽的音律，轻视文章的内容，真的有超过这样的人。过去目真隣陀龙王在佛陀刚悟道的时候领受教诲，被佛祖另眼相看，须跋陀罗尊者从最后的缘分中听到佛陀的教诲，你有什么罪和不幸呢？独自怀疑一直到死那天，这样比起大家悲痛的地方，才是最可悲的。

　　于是逡巡退席①，怅然自失②。良久曰：闻大道之说，弥贯古今，大判因缘，穷理尽性，立理不为。当年弘道，不期一世，可谓原始会终，归于命矣。仆实滞寝长夜，未达其旨。故每造有封，今幸闻大夫之余论，结解疑散，豁然醒觉，若披重霄以睹朗日，发蒙盖而悟真慧。仆诚不敏，敬奉嘉诲矣。

【注释】

①逡巡：迟疑不敢向前。

②怅然：失意不乐的样子。战国楚宋玉《神女赋》序："罔兮不乐，怅然失志。"

【译文】

　　于是客人迟疑不敢向前，退出筵席，惆怅万分，感到自己迷失了。过了很久，说：听闻大道之说，感觉其长久地贯通古今，深入判断各种因缘，穷究天地万物之理与性，确立佛理却不过度做为。当年佛陀弘扬佛理，并非只是穷极一生弘道，可以说是无始无终，归因于命运啊。我实际上一直在迷滞中，犹如在长夜中昏睡不醒，没有领悟它的意旨。因此每次考虑都想不通，如今有幸听闻大师的讲述，紧系着的心结被解开，心里的疑惑被驱散，就好像突然之间看到了高远天空中的明亮太阳，开启蒙着的盖子而觉悟到真正的智慧。我确实不聪慧，将真诚地奉持您对我的教诲！

正二教论

【题解】

本篇是南朝宋齐之际隐士明僧绍所作。刘宋末年,道士顾欢作《夷夏论》,表面上虽然主张孔、老、释同为圣人,而实际上他却坚执夷夏界限来排斥佛教。顾欢的《夷夏论》发表之后,明僧绍就写了《正二教论》来驳斥他,以明释、道之区别。僧绍认为,佛教探生命源头,明万物根本,这些都是世俗所无法验证的,也不能以俗事加以显示,其修炼、观照,与道教养正之功不同,与儒家贤能者所说的也迥然有异。其道重在忘形,而非强调全生。

及闻殊论,锐言置家,有惧诬圣,将明其归,故先详正所证二经之句,庶可两悟幽津。

论称道经云:老子入关之于天竺维卫国,国王夫人,名曰清妙。老子因其昼寝,乘日之精,入清妙口中。后年四月八日夜半时,剖右腋而生。堕地即行七步,举手指天曰:"天上天下。唯我为尊,三界皆苦,何可乐者?"于是佛道兴焉。事在《玄妙内篇》,是汉中真典,非穿凿之书。

正曰:道家之旨,其在老氏二经;敷玄之妙,备乎庄生七章。而得一尽灵，无闻形变之奇；彭殇均寿①，未睹无死之唱。故恬其天和者，不务变常，安时处顺，夫何取长生？若乘日之精，入口剖腋，年事不符，托异合说，称非其有。诞议神化，秦、汉之妄，妖延魏、晋，言不经圣，何云真典乎？

【注释】

①彭殇均寿：彭祖，长寿者，殇子，短命者，但均为天地间一过客，为道者以齐物观之，则二者为一。

【译文】

听说某道士作一《夷夏论》，尽是奇谈怪论，而其本人很得意，实在是有诬于圣人，我将要弄清楚这篇文章的宗旨，因此先考察其所引证的经句，也许对于人们了解该论的谬论有所帮助。

《夷夏论》称《老子化胡经》有这样的记载：老子出关后来到印度的维卫国，该国国王的夫人名叫清妙。有一次老子在清妙夫人白天睡觉时，其神乘日之精，进入清妙夫人的口中。第二年的四月八日夜半时分，剖右腋生下一子。这孩子刚一落地就步行七步，并且举手指天说："天上天下，唯我独尊。三界皆苦，有什么可快乐的呢？"自此之后，佛教才逐渐兴盛起来。此事记载于《玄妙内篇》中，属汉代的真典，非穿凿附会之书。

纠正说：道家的思想宗旨，尽在老子的《道德经》中；敷陈玄妙之旨，则当推《庄子》七篇。这两本道家经典，主要倡导得一尽灵，从未听说有形变之谈；曾言长寿的彭祖与短命之人齐寿，也不曾有无死之说。所以老、庄均主张凡事顺其自然，恬淡潇洒，不求常变；提倡安时处顺，为什么追求长生不老呢？若照《夷夏论》中所说，老子乘日之精而入于清妙夫人的口中，后剖腋而得子，这些说法非但年代不符，且是一种怪诞之论。以秦汉时期之妄说，而延及魏晋，并非出自圣人之笔，又怎能称得上真典呢？

论称佛经云：释迦成佛，已有尘劫之数。或为儒林之宗，国师道士。此皆《成实》正经，非方便之说也。

正曰：佛经之宗，根明极教，而三世无得，俗证觉道，非可事显。然精深所会，定慧有征于内；缘感所应，因果无妄于外。夫释迦发穷源之真唱，以明神道之所通也。故其练精研照，非养正之功①；微善阶极，异殆庶自崖②。道济在忘形，而所贵非全生，生生不贵，存存何功？忘功而功著，寂来而道常。出乎无始，入乎无终，靡应非身，尘劫非遐，此其所以为教也。

论曰：二经之旨，若合符契。

正曰：夫佛开三世，故圆应无穷；老止生形，则教极浇淳③。所以在形之教，不议殊生；圆应之化，爰尽物类。是周、孔、老、庄，诚帝王之师，而非前说之证。既开塞异教，又违符合之验矣。

【注释】

①养正：涵养正道。

②殆庶：指贤德者。

③浇淳：谓浮薄的风气破坏了淳厚的风气。

【译文】

《夷夏论》又称佛经曾说：释迦牟尼成佛以来，已经历了非常长的时间，其间或化现为儒林之宗，或化现为国师、道士。此皆载于《成实》正经，非为诱引众生领悟真法而设置的善巧方便之说。

纠正说：佛教的经典，都在探寻生命的源头，明万物之根本，这些都是世俗所无法验证的，也不能以俗事加以显示。然精微深入领会，定慧有证于内；业缘所感，因果无妄于外。释迦佛揭示宇宙实相之真唱，以明神道之所通。故其修炼、观照，与道教养正之功不同；倡导微善而均有助于证道，与儒家贤能者所说的也迥然有异。其道重在忘形，而非强调全生；形体既然不是佛教之所注重的，那么存生长寿的理论对它来说又有什么功用呢？不执着于外在具体的事相功用，事物功用仍然存在，诸法虽然生灭无常，但不妨碍其道湛然常住。其出无始而入无终，不应非身而旷劫无远，这些都是佛教的基本思想。

《夷夏论》又说：以上所引的《道德经》与佛经中所说的，其思想旨趣相符合。

正曰：佛教开示三世因果，因此圆应无穷；道教只局限于一生之形体，其教化比较肤浅，容易破坏淳厚的风气。因为只局限于形体，故对于一生之外的事回避不谈；佛教圆应无穷，故能穷尽一切物类。至于周、孔、庄、老，确实可以做帝王之师，但不是立论之依据。二教开放闭塞如此迥异，又如何谈得上思想相同呢！

论曰：道则佛也，佛则道也。

正曰：既教有方圆，岂睹其同？夫由佛者固可以权老，学老者安取同佛？苟挟竞慕高，撰会杂妄，欲因其同，树邪去正，是所乃学非所学，自漏道蠹，只多不量，见耻守器矣①。

论曰：其入不同，其为必异。各成其性，不易其事。又曰：或昭五典，或布三乘。在华而华言，化夷而夷语。又曰：佛道齐乎达化，而有夷夏之别。

正曰：寂感遂通，在物必畅，佛以一音，随类受悟②。在夷之化，岂必三乘？教化之道，何拘五教？冲用因感，既夷华未殊，而俗之所异，孰乖圣则？虽其入不同，然其教自均也。

【注释】

①守器：谓保持本来的器质。

②"佛以"二句：《维摩诘经·佛国品》："佛以一音演说法，众生随类各得解。"

【译文】

《夷夏论》又说：道即佛，佛即道，二者没有什么区别。

纠正说：教有方圆之别，既是二教，而怎能没有区别？佛教固然可以包容道教，但学老庄之学者怎么可以与学佛者相比呢。如果攀龙附凤，鱼目混珠，为了找到共同点，树立邪理，摒弃正法，其结果只会学非所学，自己成了损害大道的蠹虫，只是赞扬那些不自量力的妄论，会被保持本来器质的人认为可耻。

论曰：入门不同，行为必定不同。各成其本性，事情不会改变。又说：或者显现为五典，或者流布三乘法门。在华就用华语，教化夷人就用夷语。又说：佛道相同，通达各种变化，只是有夷夏之别。

纠正说：空寂感应，通畅无阻，各种事物必然畅通，佛以一音演说佛法，众生随类各得解悟。在夷教化，何必一定是三乘教？在华何必拘束于五教？冲虚妙用缘于感悟，既然夷华没有不同，而世俗所认为的不同，不是违背了圣人的准则吗？虽然其入门不同，但其教化却是一样有功用。

论曰：端委搢绅①，诸华之容也；翦发缁衣②，群夷之服也。

正曰：将求理之所贵，宜先本礼俗，沿袭异道，唯其时物。故君子豹变，民文先革③，颛孙膺训，丧志学殷④。夫致德韶武，则禅代异典⑤，后圣有作，岂限夷华？况由之极教，必拘国服哉？是以系其恒方，而迷深动蹶矣。水陆既变，致远有节;舟车之譬,得无翻乎? 而刻舡守株⑥,固以两见所归。

论曰:下弃妻孥,上废宗祀。嗜欲之物,咸以礼申;孝敬三典⑦,独以法屈。悖德犯顺,曾莫之觉。又曰:全形守祀,继善之教也;毁貌易性,绝恶之学也。理之可贵者道,事之可贱者俗。

正曰:今以废宗祀为犯顺,存嗜欲以申礼,则是孝敬之典,在我为得,俗无必贱矣。毁貌绝恶,自彼为鄙,道无必贵矣。爱俗拘旧,崇华尚礼,贵贱迭置,义成独说,徒欲蠹溺于凡观,岂期卒埋于圣言耶?

【注释】

①端委搢绅:端委,古代礼服。搢绅,插笏于绅。绅,古代仕宦者和儒者围于腰际的大带。

②缁(zī)衣:僧尼的服装,引申指佛教或僧人。

③"故君子"二句:《周易·革卦》:"君子豹变,其文蔚也。小人革面,顺以从君子。"古人用豹变来形容君子经过自己修养、求知,最终像成年的豹子一样,矫健而美丽,成为一个有品质的人。另有人认为所谓"豹变"是指像豹子一样迅速改变自我,适应环境。小人顺从君子,不乱动乱变,保护了变革成果。

④"颛孙"二句:《史记·仲尼弟子列传》载:"颛孙师,陈人,字子张。少孔子四十八岁。子张问干禄,孔子曰:'多闻阙疑,慎言其余,则寡尤;多见阙殆,慎行其余,则寡悔。言寡尤,行寡悔,禄在其中矣。'""丧志学殷",或指子张放弃对功名的追求,而学习孔子的学说。

⑤"夫致德"二句:《论语·八佾》:"子谓《韶》:'尽美矣,又尽善也。'谓《武》:'尽美矣,未尽善也。'"

⑥舡（chuán）：同"船"。

⑦三典：轻、中、重三种刑法。

【译文】

论曰：穿上礼服，系上腰带，是中华的风俗；剪掉头发，穿上僧尼服装，是夷人的习惯。

纠正说：追求真理，宜先以礼俗为根本，沿袭异道，根据不同的时间来确定。因此君子像豹子一样迅速改变自我，适应环境，小人革面，顺从君子。颛孙膺训，放弃干禄之志而学习殷人敬慎之德。孔子评价韶武之乐，那么禅代异典，后圣有作，岂限西夷与中华？何况终极之教，必定要拘束于国服吗？如果只是固守原有道路，很容易犯错跌跟头。水陆线路既然变了，想到达远方要有一定法度。你提出的船和车的比喻，难道没有偏见吗？而刻舟求剑，守株待兔，正是因为你固守歧异之见不知回归变通。

论曰：佛教对下放弃妻儿子女，对上废除宗庙祭祀。儒教对于嗜欲之物，都用礼仪来严守；孝敬三典，独用法来降服。悖乱道德，违犯顺礼，却没有觉察到。又说：保全身形，严守祭祀，这是继善的教导；毁坏容貌，改变习性，是消灭邪恶的学问。理之可贵者是道德，事之可贱者是世俗。

纠正说：今以废除宗祀为违犯常理，顺存嗜欲来严守礼仪。那么孝敬之典，在我为有所得，世俗不一定低贱。毁坏外貌，消除邪恶，对别人来说有点鄙陋，那么道不一定珍贵。珍爱习俗，拘于旧说，崇尚浮华礼仪，贵与贱互相放置，你讲的义理成了狭隘偏见，这仅仅是想要像虫子一样沉溺于凡俗的观念，岂能期待埋没圣人的思想学说呢？

论曰：泥洹、仙化①，各是一术。佛号正真，道称正一，一归无死，真会无生②。

正曰："侯王得一而天下贞"，莫议仙化，死而不亡者寿，不论无死。臆说诬滥，辞非而泽，大道既隐，小成互起③，诚哉是言！其诸诬诡谤慢。欲以苟济其违，求之圣言，固不容讥矣。今之道家所教，唯以长生为宗，不死为主。其练映金丹，餐霞饵玉，灵升羽蜕，尸解形化，是其托术，验之而竟无睹其然也。又称其不登仙，死则为鬼，或召补天曹，随其本福。虽大乖老、庄立言本理，然犹可无违世教。损欲趣善，乘化任往，忘生生存存之旨，实理归于妄，而未为乱常也。至若张、葛之徒，又皆杂以神变化俗，怪诞惑世，符咒章效，咸托老君所传，而随稍增广。遂复远引佛教，证成其伪，立言舛杂，师学无依，考之典义，不然可知。将令真妄浑流，希悟者永惑，莫之能辩，诬乱已甚矣。

【注释】

①泥洹：即"涅槃"，佛教所说的烦恼灭尽，智慧完成而臻于觉悟之境。仙化：即羽化升仙。道教认为通过食丹、服饵等，可以达到长生不死，即身成仙。

②无生：指诸法之实相无生无灭。

③"大道"二句：《庄子·齐物论》："道隐于小成，言隐于荣华。"小成，初步，稍有成就。

【译文】

论曰：佛教的泥洹和道教的仙化，各是一术。佛叫做正真，道称为正一，正一则归于无死，正真则归于无生。

纠正说：老子《道德经》认为"侯王得一而天下贞"，并没有谈到羽化登仙；以"死而不亡"论"寿"，也不曾主张无死之说。所谓仙化、无死之类的说法，完全是后来的道士们自己的臆说诬滥，并非老庄等圣人的旨意。当大道已经退隐，稍有成就者就竟相出来胡乱言说，确实是这样的啊！这些言论虚妄诡谲，毁谤轻慢。如果想要帮助理解相违背的地方，求之圣言，固然不容讥笑。当今之道教徒，只以长生为宗，无死为主。所谓烧炼金丹、服饵养生、羽化登仙、尸解形化之类说法，都是一种假托的邪门道术，从来不可能应验。道教徒认为，如果不登仙，则死后将根据各人的善恶业报或投胎为鬼，或者被召去当天上的神官。这种说法虽然与老庄立言之理相违背，但还不至于违背世俗的教化。因放弃长生不死的主张而以善恶报应说来劝人损恶向善，虽然不见得有多少义理，但至少还有其合理成分。至于张陵、葛洪之流，则多用神变、符水、咒术，怪诞惑世，且都托之于老子，并随意把一些老子本来没有的思想增添进去。又滥引佛教经典，为其伪说作论证、立言驳杂、错乱，且无师承，考之经典，则可知其荒诞不经。《夷夏论》的这些观点把真理与虚妄混为一谈，必将使有心求道者难以辨别真伪，永陷迷惑之中，危害很大啊！

　　客既悉于佛、老之正，犹未值其津，今将更粗言其一隅，而使自反焉！夫理照研心，二教两得，乃可动静兼尽，所遇斯乘也。老子之教，盖修身治国，绝弃贵尚，事正其分。虚无为本，柔弱为用；内视反听，深根宁极。浑思天元，恬高人世；浩气养和，失得无变。穷不谋通，致命而俟；达不谋己，以公为度。此学者之所以询仰馀流，而其道若存者也。安取乎神化无方，济世不死哉？其在调霞羽化，精变穷灵，此自缮积前成，生甄异气，故虽记奇之者有之，而言理者不由矣。稽之神功，爰及物类，大若麟凤怪瑞，小则雀雉之化，夫既一受其形，而希学可致乎？至乃颜、孔道邻，亲资纳之极，固将仰灵尘而止，欲从未由，则分命之不妄有，推之可明矣。故仲尼贵知命①，而必有所不言；伯阳去奇尚，而固守以无为：皆将以抑其诞妄之所自来也。

　　然则穷神尽教，固由之有宗矣，道成事得，各会之有元矣。夫行业者于前生，而强学以求致其功；积集成于素屡，而横慕以妄易其为。首燕求越②，其希至何由哉？故学得所学，而学以成也；为其可为，而为可致也。则夫学镜生灵，中天设教，观象测变，存而不论，经世之深，孔、老之极也；为于未有，尽照穷缘，殊生共理，练伪归真，神功之正，佛教之弘也。是乃佛明其宗，老全其生，守生者蔽，明宗者通。然静止大方③，乃虽蔽而非妄；动由其宗，则理通而照极。故必德贵天全，自求其道，崇本资通，功归四大，不谋非然，守教保常，孔、老之纯，得所学也。超宗极览，寻流讨源，以有生为尘毒，故息敬于君亲，不惊议其化异，不执方而骇奇，妙寂观以拓思，功积见而要来，则佛教之粹，明于为也。故夫学得所学，则可以资全生灵，而教尊域中矣；明为于为，将乃灭习反流，而邈天人矣。过此已往，未之或知，洗虑之得，其将在兹。

【注释】

①仲尼贵知命：《论语·尧曰》："子曰：不知命，无以为君子也。"

②首燕求越：头朝着北方的燕国却想到南方的越国去，比喻与目的背道而驰。

③大方：谓方正之极。

【译文】

《夷夏论》的作者虽然提出佛号正真，道号正一，但并不真正懂得二者的思想意蕴，今不揣愚陋，略陈一二，以使他能有所自我反省！以理照物，探研真心，佛、道二教都熟悉，才可动静兼尽，把握两者的旨意。

考察老子的教导，在于修身治国、清净弃欲，做事强调端正职分，而其理论特点则是以虚无为本，以柔弱为用；注重内视反听，强调虚极静笃。心神安宁，崇尚自然，恬淡寡欲，浩然养气，得失不关心。如果不顺利不竭力追求发达，而能顺其自然安之若命；如果仕途通达不谋求一己之私，而能待之以公心。这些都是历代学者所以推崇老子学说而使其理论不衰的原因所在。怎么会是后来道教徒所说的神通变化、长生不死呢？其重点在于调节精神，使身心发生变化，探究性灵，这些是修养身心进而积累功德成就，可能产生出一些奇怪的现象，而言理者不会太在意。考察这些神用之功，兼及各种物类，大的比如麒麟与凤凰之奇怪祥瑞，小的比如麻雀雉鸟之变化，这些奇妙的形体变化，难道希望通过学习就可达到吗？至于颜回、孔子追求大道，亲近终极之理，信仰灵妙境界，但也到达此境界而已，不妄谈神怪之事，运命的存在不是没有根据，一推理就可清楚明白了。因此仲尼看重知命，而必定有些东西不说出来；老子反对崇尚奇技，而固守以无为之道：都是为了抑制其怪诞虚妄的来源。

然则穷尽神灵教化，固然有根本，道成事得，各自领会就会发现有源头。那些事业有成的人从前生就开始了，而勉强学习以求成功；积累聚集高大之物从朴素弱小开始，而如果只是羡慕其高大便妄自改变行为。就像头朝燕国却想着走到越国，哪里能够到达呢？因此不断学习积累所学的知识，就会学有所成；为其可为，会有所作为。那么教化百姓，运用天道设教，观察天象预测世间变化，存而不论，经世之深，这些是孔、老的根本；关注肉眼看不见的东西，光明普照穷尽各种事缘，不同的生命共一道理，练伪归真，神功之正，是佛教所弘传的。因此佛明悟宇宙根本宗旨，老庄保全生命，守生者隐蔽，明宗者畅通。然静止方正之极，虽然隐蔽而并不是虚妄；动由其宗，则理通而观照到了极点。所以必定贵德全天，自求其道，推崇根本，促进畅通，功归四大，不谋划不好的事情，守教保常，这些是孔、老的根本，注重伦理道德的获得。超越一切宗派，极尽观照，探寻源头与支流，以世俗社会中的贪婪、嗔恚、愚蠢为尘毒，故息敬于君亲，不惊异各种变化的奇特，不执着固有的观念而惊骇好奇，妙寂观以拓展思维，积功累见而根本妙道呈现，则是佛教之粹，体现为行为的明智。故不断学习，获得知识培养品德，则可以资全生灵，而教尊域中了；注重行为的培养，光明朗照，将熄灭妄习，回归源头，则天人邈合了。除了这些，可能还有很多方面，但我所有粗浅的看法，都在这里了。

门律

　　本篇由南北朝时期张融所撰写。南北朝时期的道、佛二教,在当时既各擅胜场,亦相激相荡。到了齐、梁时代,二教矛盾对立加深,至终显题化为"夷夏论"之争。在这样的氛围中,信仰佛教的名士张融(444—497),尝试为二家作出调节,于南齐永明(483～493)年间为其家族制定家训,而有《门律》之论,提倡以道教为主的佛道一致说。张融感叹佛、道之对立,而主张二教并修,合而为一,故作此文以训示族人,此外又送予何点、何胤、孔稚珪、孔仲智、周颙等人,征其意见。诸人之中,周颙立于"佛教为主,儒教为次"之立场批判之,是故展开论争。

　　吾门世恭佛,舅氏奉道①。道也与佛,逗极无二②,寂然不动③,致本则同。感而遂通④,逢迹成异⑤,其犹乐之不治,不隔五帝之秘,礼之不袭,不吊三皇之圣⑥。岂三与五,皆殊时故不同其风,异世故不一其义,安可辄驾庸愚,诬问神极?吾见道士与道人战儒、墨⑦,道人与道士狱是非。昔有鸿飞天首,积远难亮⑧,越人以为凫,楚人以为乙⑨。人自楚越耳,鸿常一鸿乎?夫澄本虽一,吾自俱宗其本。鸿迹既分,吾已翔其所集，汝可专尊于佛迹，而无侮于道本。

书与二何、两孔、周颙山茨⑩。

少子致书诸游生者曰⑪：张融白："鸟哀鸣于将死，人善言于就暮⑫，顷既病盛生衰，此亦魂留几气。况惊舟失柂于空壑，山足无绊于泽中⑬，故视阴之间，虽寸每遽，不缝其徙也。"欲使魄后余意，绳墨弟侄⑭，故为《门律》数章⑮，通源二道⑯，今奏诸贤，以为何若？

【注释】

①"吾门"二句：张融（444—497），字思光，吴郡（今江苏苏州）人，南朝齐文学家、书法家。出身世族，世代儒释道三教同修，死时，左手执《孝经》《老子》，右手执《小品般若》《法华经》。其舅孔稚珪（447—501），字德璋，会稽山阴（今浙江绍兴）人，南朝齐骈文家，其家族信奉道教。

②逗极：根本上相互投合。

③寂然不动：寂静无声，一点动静都没有。《周易·系辞上》："易，无思也，无为也，寂然不动，感而遂通天下之故。非天下之至神，其孰能与于此？"

④感而遂通：指若能达至无思无为之境，就能静下来，对于世界之事有感必应，万事皆通。

⑤逢迹：遇到功劳。

⑥"其犹乐"四句：《礼记·乐记》："五帝殊时，不相沿乐；三王异世，不相袭礼。乐极则忧，礼粗则偏矣。"

⑦道士与道人战儒、墨：南北朝时期称呼佛教徒为道士，道士为道人。《庄子·齐物论》："道恶乎隐而有真伪？言恶乎隐而有是非？道恶乎往而不存？言恶乎存而不可？道隐于小成，言隐于

荣华。故有儒墨之是非,以是其所非而非其所是。欲是其所非而非其所是,则莫若以明。"

⑧凫:浮游,泅水。下文"凫",为野鸭的意思。

⑨乙:燕子。宋穆修《秋浦会遇》诗:"再见来巢乙,频闻入市寅。"

⑩二何:何点、何胤兄弟。何点,庐江(今安徽庐江)人,屡官不仕,性率语默。何胤(446—531),字子季,何点弟。起家作秘书郎,官至建安太守。著作颇丰。两孔:孔稚珪、孔仲智兄弟。《南齐书·孔稚珪传》:"稚珪风韵清疏,好文咏,饮酒七八斗。与外兄张融情趣相得,又与琅邪王思远、庐江何点、点弟胤并款交。不乐世务,居宅盛营山水,凭几独酌,傍无杂事。"周剡山茨:即周颙,字彦伦,汝南安城人。言辞婉丽,工隶书,兼善老、易,长于佛理。官至国子博士,卒于官。著有文集二十卷。周颙曾官剡令,一生蔬食,清贫寡欲,虽有妻子,却喜欢独处山舍,并号隐舍"山茨",人称"周剡山茨"。

⑪少子:指张融。

⑫"鸟哀"二句:《论语·泰伯》:"曾子言曰:'鸟之将死,其鸣也哀;人之将死,其言也善。'"

⑬"况惊舟"二句:《庄子·大宗师》:"夫藏舟于壑,藏山于泽,谓之固矣。然而夜半有力者负之而走,昧者不知也。"

⑭绳墨:木匠工具,用绳染墨在木上弹印直线。比喻规矩法度。

⑮《门律》:字面义为家门内族人应守之戒律,为张融综合佛、道二教观点,提出自己主张并要求家人遵守的家诫类著作。

⑯通源:谓源头相通。本文及此后相关来往书信中亦以"通源"指称张融调和佛、道二教的哲学观点。

【译文】

　　我的家族世代奉行佛教,舅舅家族奉行道教。道教跟佛教,根本上相互投合没有什么差别,寂然不动,从根本上说是相同的。对于世界之事有感必应,万事皆通,只是遇到具体事情时就有所差别了,这就像五帝时代不同,音乐也就不同,礼节不沿袭,不慰问三皇的圣明。岂止是三皇和五帝,时代不同所以风俗不同,朝代不同所以思想和主张不同,怎能运用自己的庸俗愚昧,诬陷神灵呢?我知道我遇到道教徒与佛教徒像当初儒家和墨家一样辩论争斗,儒家的有道之人与墨家的有道之人争议对错。过去有大雁飞在天边,飞得遥远难分辨清楚,越国的人认为是野鸭,楚国的人认为是燕子。人有楚国人和越国人的不同,大雁岂不是同一种大雁吗?澄清根本都是一样的,我自己都遵奉他们的根本。大雁的痕迹已经被分辨出来,我已经详察了他们栖息的地方,你可以只遵从佛教的踪迹,但不能蔑视道教的根源。

给二何、两孔、周颙写信。

张融写信给众多注重现世生活快乐的人表达观点:张融告白:鸟即将死时会哀伤地鸣叫,人即将死时说的话会是善言,一个人生很重的病生命很快就衰落了,只不过遗留几口气罢了。就好像惊惶的船只会在深沟之中失去了舵,经常在山中走路的脚没有支撑物就会陷入沼泽之中,所以在看阴阳生死之间,即使每寸光阴都很匆忙,不能弥补时间的变迁。想要使自身死后还有价值,就得用规矩法度约束兄弟侄儿等亲戚,所以我写了数章《门律》,二道通源,今天和诸位贤士说了,认为怎样呢?

答张书并问张

【题解】

本篇由南北朝南齐周颙所撰。萧齐时代,张融著《门律》,提倡以道教为主的佛道一致说,周颙与之辩论。周颙认为,不能混同佛教和道教,二者有很大的不同,尤其是根本宗旨有别:"言道家者,岂不以二篇为主,言佛教者,亦应以般若为宗。二篇所贵,义极虚无,般若所观,照穷法性。"佛教的法性自不同于道教的虚无。

周剡山茨归书少子曰①:周颙顿首②,懋制来班③,承复峻其门,则参子无踞,诚不待奖敬④。寻本有、测高心,虽神道所归,吾知其主。然自释之外,儒纲为弘,过此而能与仲尼相若者⑤,黄、老实雄也⑥。其教流渐,非无邪弊⑦,素朴之本,义有可崇。吾取舍旧怀,粗有泾渭,与夺之际⑧,不至朱紫⑨。但畜积抱怀,未及厝言耳⑩。途轨乖顺⑪,不可谬同。异之间文,宜有归辩。来旨谓致本则同,似非吾所谓同;时殊风异,又非吾所谓异也。久欲此中微举条裁,幸因雅趣,试共极言。且略如左⑫,迟闻深况。

通源曰:道也与佛,逗极无二,寂然不动⑬,致本则同,感而遂通，逢迹成异。

周之问曰：论云致本则同，请问何义是其所谓本乎？言道家者，岂不以二篇为主？言佛教者，亦应以般若为宗。二篇所贵，义极虚无⑭；般若所观，照穷法性⑮。虚无法性，其寂虽同，住寂之方，其旨则别。论所谓逗极无二者，为逗极于虚无，当无二于法性耶？将二涂之外，更有异本？傥虚无、法性，其趣不殊乎？若有异本，思告异本之情，如其不殊，愿闻不殊之说。

【注释】

①周刬山茨：即周颙，字彦伦，汝南安城人。详见前文《门律》注。

　少子：指张融。

②顿首：磕头。

③懋（mào）：勤奋努力，美好。

④奖敬：激励敬重。

⑤仲尼：孔子。

⑥黄、老：黄帝和老子的并称，后世道家奉为始祖。

⑦邪弊：邪僻弊端。

⑧与夺：奖励和惩罚。

⑨朱紫：《论语·阳货》："恶紫之夺朱也。"何晏《集解》引孔安国曰："朱，正色；紫，间色之好者。恶其邪好而夺正色。"后因以"朱紫"喻正与邪、是与非、善与恶。

⑩厝（cuò）：安排。

⑪途轨：路途，道路。

⑫左：上面。

⑬寂然不动：形容寂静的状态。《周易·系辞上》："易，无思也，无

为也,寂然不动,感而遂通天下之故。非天下之至神,其孰能与于此?”

⑭虚无:道家用以指"道"的本体。谓道体虚无,故能包容万物;性合于道,故有而若无,实而若虚。《庄子·刻意》:"夫恬惔寂寞,虚无无为,此天地之平而道德之质也。"

⑮法性:指诸法之真实体性。亦即宇宙一切现象所具有之真实不变之本性。又作真如法性、真法性、真性。又为真如之异称。法性乃万法之本,故又作法本。

【译文】

我周颙回信给少子说:周颙顿首,您勤奋努力写作,都长了花白的头发,蒙受着光复门庭的崇高声望,那么参子没有倨傲,确实没有依恃奖励和恭敬。探寻本源,揣测高明的心灵,即使是神明之道所归向的宗旨,我知道它的主张。然而自释迦牟尼佛教之外,儒家纲要被弘扬,除此以外还能和仲尼相比的人就是黄帝、老子了。他们的教育思想逐渐成为风气盛行,并不是没有弊端,但其朴素的本源,也确实有值得推崇的地方。我舍弃过去的思想,基本上能分清人品的优劣清浊,事物的真伪是非,奖励和惩罚的时候,不以正邪是非为准则。只是堆积在心中,不敢进言罢了。路途顺利与否,不可以强求一致。文章之间的不同,应当有归纳和辩论。你的意思认为从本质上看则相同,好像不是我所说的相同;时代不同,风俗也不同,又不是我所说的不同。很久之前就想在这当中做一些细微的讨论和判断,恰好因为你有高雅的情趣,尝试共同以直言互相讨论。且大致像上面一样,很晚才听说这深奥的道理。

通源说:道教跟佛教,根本上相互投合没有什么差别,寂然不动,达到事物的根本是相同的,对于世界之事有感必应,万事皆通,只是遇到具体事情方面时就有所差别了。

周颙问道:议论说达到事物的根本就相同了,请问什么又是它所谓的根本呢？宣传道家学说的人，难道不以《老子》、《庄子》二篇为主？宣传佛教的人，也应该以般若为宗旨。两篇看重的是，达到虚无的境界；般若观照，完全照见诸法之真实本性。虚无法性，二者寂灭常静虽然相同，但达到寂灭常静的方法，其宗旨则应该另当别论。所说的相互投合几乎没有差异，是与虚无投合，与法性没有差异吗？将在二者之外，另有不同的根本吗？如果虚无和法性，它们的趣向没有不同呢？如果二者在本质上有差异，请告诉我与本质不同的情形，如果它们是相同的，愿意听闻二者相同的说法。

　　通源曰：殊时故不同其风，异世故不一其义。吾见道士与道人战儒墨，道人与道士狱是非，昔有鸿飞天首，积远难亮。越人以为凫，楚人以为乙。人自楚越耳，鸿常一鸿乎！夫澄本虽一，吾自俱宗其本；鸿迹既分，吾已翔其所集。

　　周之问曰：论云，时殊故不同其风，是佛教之异于道也。世异故不一其义，是道言之乖于佛也。道佛两殊，非凫则乙。唯足下所宗之本，一物为鸿耳。驱驰佛道，无免二失。未知高鉴缘何识本①，轻而宗之，其有旨乎？若犹取二教，以位其本，恐战狱方兴②，未能听讼也③。若虽因二教同测教源者，则此教之源每沿教而见矣④。自应鹿巾环杖⑤，悠然目击，儒墨闾阎⑥，从来何净⑦？苟合源共是，分迹双非，则二迹之用，宜均去取。奚为翔集所向⑧，勤务唯佛，专气抱一⑨，无谨于道乎？言精旨远，企闻后要。

　　通源曰：汝可专遵于佛迹，而无侮于道本。

　　周之问曰：足下专遵佛迹，无侮道本，吾则心持释训，业爱儒言。未知足下雅意佛、儒安在？为当本一末殊，为本末俱异耶？既欲精探彼我方相，究涉理类所关，不得无请。

【注释】

①高鉴：敬辞，称他人对事物的明察。

②战狱：争讼。

③听讼：听理诉讼，审案。《论语·颜渊》："听讼，吾犹人也，必也使无讼乎。"

④见：同"现"，显现。

⑤鹿巾：鹿皮巾。道家隐士服饰。前蜀韦庄《雨霁池上作呈侯学士》："鹿巾藜杖葛衣轻，雨歇池边晚吹清。"环杖：藜杖。隐士所持的手杖，杖柄环曲，故名。

⑥訚訚（yín）：形容辩论时态度好。

⑦诤：通"争"，争论。

⑧翔集：详察泛采。翔，通"详"。

⑨抱一：道家谓专精固守不失其道。《老子》第二十二章："少则得，多则惑，是以圣人抱一以为天下式。"

【译文】

通源说：时代不同所以风俗不同，朝代不同所以思想和主张不同。我知道道教徒与佛教徒像当初儒家和墨家一样辩论争斗，儒家的有道之人与墨家的有道之人争议对错。过去有大雁飞在天边，飞得遥远难分辨清楚。越国的人认为是野鸭，楚国的人认为是燕子。人有楚国人和越国人的不同，大雁岂不是同一种大雁呢！只有澄清本质使之一致，我自然都会以它的本质为宗旨；大雁的痕迹已经被分辨出来，我已经详察了他们栖息的地方。

周颙问说：你说，时代不同因此风俗是不同的，因而佛教与道教是不同的。时代不同因此道理也不是一致的，道教的言论与佛教是不同的。道教与佛教两个不同，不是野鸭就是燕子。只有您所尊重的本质，那个东西就只是大雁罢了。讨论佛教与道教,不要避免两方面都犯过错。不知道您对事物明察如何能认识根本,轻易地尊重它,这有宗旨吗?如果还拿这两个宗教,使他们占据他们本有的位置,恐怕争议会兴起,而不能听到正确的判断。这样虽然是根据两个教派共同推测宗教的本源,那么这个教派的本源逐个顺着比较而显现出来了。本应该做隐士,用鹿巾环绕手杖,目光触及悠远,儒家墨家辩论不休,向来何来争议?如果假设本源相同,取消不同的外在表现,那么两种教化方式的运用,最好都均匀保留和去除。为什么详察泛采自己向往的地方,只辛勤致力于佛,专精固守专心于道,难道对道不是很谨严吗?语言隐秘奥微而意义深远,希望能听到更进一步的说明。

通源说:你可以专一遵照佛法,但不要轻视道家的思想和根本。

周颙问说:您专心遵照佛法,不轻视道家思想,我则内心奉持佛法,外在爱好儒家的言论。不知道您认为佛、儒怎么安排呢?应当是本源相同而末端不同,还是始末都不同呢?既然想精细地探索你我的信仰,穷究涉及道理法则一切有关的东西,不得不询问了。

重与周书并答所问

【题解】

本篇由南齐张融所撰。张融认为道家虚无与佛教法性同趣,"苦下之翁且藏即色"一句,认为老子思想中原本包含了佛家即色之义,只是鉴于世人对物象沉溺已深,为了教化的权变,而对即色之义蕴而不发。这便透露了张融以道统佛的用意。"通源之论"的实质是继承顾欢的《夷夏论》,在会通二教的名义下,张大其崇道抑佛之论。

张融白①:吾未能忘身,故有情身分外,既化极魄,首复为子弟留地,不欲使方寸旧都,日夜荒没,平生所困,横馗而草②。所以制是《门律》,以律其门,非佛与道,门将何律?故告气缓命,凭魄申阴,数感卜应,通源定本。实欲足下发予奇意,果能翔牒起情,妙见正祈。既起所志,今为子言。

周之问曰:论云致本则同,请问何义,是其所谓本乎?

答彼周曰:夫性灵之为性,能知者也;道德之为道,可知者也。能知而不知所可知,非能知之义;可知而不为能知,所知非夫可知矣。故知能知,必赴于道;可知,必知所赴。而下士雷情波照,鼓欲噪神,精明驱动③,识用沈蔼,所以倒心下灌④,照隔于道。至若伯阳专气致柔⑤,停虚任魄,载营抱一⑥,居凝通静,静唯通也,则照无所没,魄绪停虚,故融然自道⑦。足下欲使伯阳不静,宁可而得乎? 使静而不泊,道亦于何而可得? 今既静而两神,神静而道二,吾未之前闻也。故逗极所以一为性,游前简且韵猖狂⑧,旷不能复行。次战思定霸宇内,但敷生灵以竦志,庶足下罔象以扪珠⑨。是以则帝属五而神常一,皇有三而道无二,凫、乙之交定者,鸿之乎? 吾所以直其绳矣。

【注释】

①白:陈述,辩白。

②馗(kuí):通各方的道路。

③精明:聪明,精细明察。

④倒心:倾倒,倾心。唐韩愈《刘生诗》:"妖歌慢舞烂不收,倒心回肠为青谋。"

⑤伯阳:老子李耳,字伯阳。见《史记·老子韩非列传》。《文选·应璩〈与满公琰书〉》:"西有伯阳之馆,北有旷野之望。"李善注:"伯阳,即老子也。"

⑥抱一:道家谓专精固守不失其道。一,指道。《老子》第二十二章:"少则得,多则惑,是以圣人抱一以为天下式。"

⑦融然:高朗的样子。晋陶潜《晋故征西大将军长史孟府君传》:"至于任怀得意,融然远寄,傍若无人。"逯钦立校注:"融然,高朗貌。"

⑧游前简且韵猖狂:《论语·公冶长》:"子在陈,曰:'归与! 归与! 吾党之小子狂简,斐然成章,不知所以裁之!'"意思是孔子在陈国说:"回去吧! 回去吧! 我家乡这批学生有志向、有能力,像布匹

一样,已织得文采斐然,只是不知该如何剪裁。"

⑨罔象以扪珠:罔象亦作"象罔",典故出自《庄子·天地》:"黄帝游
乎赤水之北,登乎昆仑之丘,而南望,还归,遗其玄珠。使知索
之,而不得,使离朱索之而不得,使吃诟索之,而不得也。乃使象
罔,象罔得之。黄帝曰:'异哉! 象罔乃可以得之乎'"郭象注:
"明得真者非用心也,象罔然即真也。"

【译文】

张融陈述:我没有达到忘我的境界,所以有自己的意愿和欲望,我
的精神已经衰弱,因此考虑为自己的后辈留下出路,不想让他们的心灵
日夜荒芜,这一生所困惑的,就是人生的道路应该怎么走。所以我写了
这篇《门律》,以约束家族门庭,没有佛与道,门庭将怎样约束呢? 因此
像道家那样练气延长寿命,又修习佛家法门以便能度过中阴身往生福
地,多次感应与占卜相应验,确定相通的源头来制定根本。实在想要您
发表给予新奇的意见,如果能够使文章引发他人的情感,正是我所祈望
的。既然已经兴起了辩论,今天我为您再谈论一下。

周颙问道:论说达到根本则相同,请问这是什么意思,是所说的根
本原因吗?

张融回答说:人的性灵之所以称之为本性,是因为能够认知事物;
道德之为道,是可知的对象。能认知对象却不知道所可知的对象,不是
能知的意思;可知而不为能知所认识的,这所知不是那种真正的所知。
所以认知能知的性灵,必定趋向道;可知,必定知道其趋向。然而社会
中的见识浅薄的人习惯于大声的呵斥,挑起事端制造混乱,鼓动人的欲
望弄得心绪烦躁,过多使用自己的智力聪明,沉溺在胡思乱想之中,所
以倾尽自己的精神满足自己的各种物欲,与心灵的观照背道而驰。而
老子专注于自己的元气达到身心柔软的境界,妄想停止,无欲无为,让
魂魄自由自在,专精固守其道,注意力集中,精神宁静,通应万物,清楚
明白,那么博大精深的观照智慧无所不包含,停止各种思想,虚静自然,

进入无限的大道境界。足下想要让老子精神不沉静,难道可以做到吗?让精神宁静又不淡泊,道教又怎么可以做到? 现在既然精神静默则佛道俱有神验,精神宁静而道一分为二,我从来都没有听说过。所以从根本上说,以一为本性,是志向高远而处事能力差,言语上还很猖狂,太遥远而不能再次游行。第二次论战想要在全国奠定霸业,但是救助万物生命来明确自己志向,也许足下会像罔象一样找到玄珠。因此自古以来有三皇五帝,但神常是一,道也是不二的,让人们弄不清野鸭和燕子的难道是大雁吗? 这就是我将绳子拉直的原因。

　　周之问曰:言道家者,岂不以二篇为主? 言佛教者,亦应以般若为宗。二篇所贵,义极虚无;般若所观,照穷法性。虚无、法性①,其寂虽同,住寂之方,其旨则别。

　　答彼周曰:法性虽以即色图空,虚无诚乃有外张义,然环会其所中②,足下当加以半思也。至夫游无荡思,心尘自拂,思以无荡,一举形上,是虽忘有老如骞释,然而有忘释不伐老。当其神地悠悠,精和坐废③,寂然以湛,其神遂通,以冲其用,登其此地。吾不见释家之与老氏涉其此意,吾孰识老氏之与释家? 逗极之所以无二,亲情故妙得其一矣。直以物感既分,应物难合,今万象与视听交错④,视听与万象相横,著之既已深,却之必方浅,所以苦下之翁且藏即色,顺其所有不震其情,尊其所无渐情其顺,及物有潜去,人时欲无,既可西风昼举而致,南精夕梦,汉魂中寐,不其可乎? 若卿谓老氏不尽乎无,则非期于得意。若卿谓尽无而不尽有,得意复爽吾所期。卿若疑老氏尽有,而不亮以教,则释家有尽,何以峻迹斯时? 卿若以释家时宜迹峻,其犹老氏时峻此迹,逗极之同,兹焉余意。

【注释】

①虚无：道家用以指"道"的本体。谓道体虚无，故能包容万物；性合于道，故有而若无，实而若虚。《庄子·刻意》："夫恬惔寂寞，虚无无为，此天地之平而道德之质也。"法性：佛教语，指真实不变、无所不在的体性。

②环会其所中：《庄子·齐物论》："彼是莫得其偶，谓之道枢。枢始得其环中，以应无穷。"意思是，能够消除彼此的尖锐对立，即所谓"道枢"。只要能掌握这种中心，就好像掌握宇宙间的关键，可以因应无穷的问题。

③坐废：即坐忘。《庄子·大宗师》："'何谓坐忘？'颜回曰：'堕肢体，黜聪明，离形去知，同于大通，此谓坐忘。'"

④万象：宇宙间一切事物或景象。

【译文】

周颙问道：宣传道家学说的人，难道不以《老子》、《庄子》两篇为主？宣传佛教的人，也应该以般若为宗旨。两篇看重的是，达到虚无的境界；般若观照，完全照见诸法之真实本性。虚无法性，二者寂灭常静虽然相同，但达到寂灭常静的方法，其宗旨则应该另当别论。

回答周颙说：法性虽然是强调色相与虚空无二，虚无确实有强调外张的意义，然而掌握中道，就能够因应无穷的问题，所以足下应当加以更多的思考。如果心中没有放荡的杂念，心中的灰尘被拂拭，思想不散乱放逸，全然领悟形上之道，这样做虽然好像是忘记道家之理而高扬佛法，但也有忘了佛家教法却不攻击道家的人，那么就不会过多地去强调道家和佛家之间的区别。当其神采奕奕，精神和谐，放下一切妄想，寂静湛明，其神通晓万事万物，发挥神妙作用。如果从来没看到佛家与老氏有涉及这个意义，我要怎么去认识老氏和佛家的思想？从终极源头来讲一切无二，亲自体验因此领悟到万物一体。一直以来事物与感情是分开而言的，面对各种事物很难合心意，如今万物万象和自我感觉交错在一起,感觉与万象相互关联,显示出来得已经很深刻,缺少的必定较浅显,因此老子思想中原本包含了佛家即色之义,只是鉴于世人对物象沉溺已深,为了教化的权变,而对即色之义蕴而不发,顺应所有的一切,不为感情所影响,尊重所无,顺应自然,领悟到万物不断变化,人要顺应时机,既然西风可以在白天吹动事物,南斗之精可进入夜晚之梦,汉水之魂可在人睡着时显现,难道不可以吗? 如果你认为老氏没有尽于无,那么并没有真正领会意旨。如果你认为老氏穷尽于无的宗旨却没有尽有,领会意旨的程度则违背了我所希望的。你若是怀疑老氏尽有,却不讲清楚来教导,那么释家有尽,凭什么才可以体现出来呢? 你若是认为释家时机合适功业昭著,这就好像当今的老氏思想影响很大,在最终极的源头上都相同,这是我的想法。

　　周之问曰:论云,时殊故不同其风。是佛教之异于道也。世异故不一其义,是道言之乖于佛也①。道佛两殊,非凫则乙。

　　答彼周曰:非凫则乙,迹固然矣②。迹固其然,吾不复答。但得其世异时殊,不宜异其所以之异。

　　周之问曰:未知高鉴缘何识本③?

　　答彼周曰:综识于本,已吐前牍,吾与老释相识正如此。正复是目击道斯存④,卿欲必曲鞠其辞⑤,吾不知更所以自讼⑥。

　　周之问曰:若犹取二教以位其本,恐战狱方兴,未能听讼也。

　　答彼周曰:得意有本,何至取教?

【注释】

①乖:违背,不协调。《韩非子·亡征》:“内外乖者,可亡也。”

②迹:推求,考察。

③高鉴:敬辞,称他人对事物的明察。

④目击道斯存:眼光一接触便知"道"之所在,形容悟性好。《庄子·田子方》:"子路曰:'吾子欲见温伯雪子久矣,见之而不言,何邪?'仲尼曰:'若夫人者,目击而道存矣,亦不可以容声矣。'"

⑤曲鞫:深究。

⑥自讼:对自己的过错进行自我责备。讼,责备,检讨。《论语·公冶长》:"吾未见能见其过而内自讼者也。"

【译文】

周颙问说:有议论说,时代不同因此风俗是不同的,因而佛教与道教是不同的。时代不同因此道理也不是一致的,道教的言论与佛教是不同的。道教与佛教两个不同,就如同不是野鸭就是燕子。

答复周颙说:不是野鸭子就是燕子,据实迹考察本应如此。既然是这样,我不再答复。但是知道时代不同,最好不要刻意惊异其所不同的原因。

周颙问说:不知道您考察事物,如何认识根本,领悟本性?

答复周颙说:从整体上认识根本,已表述在之前的书文中,我和老子、释迦牟尼相知也正是这样。正是眼光一接触便知"道"之所在,您若一定要深究其辞,我不知道再如何对自己的言行进行检查讨论了。

周颙问说:就好像如果取消两个宗教,强调他们的根本,恐怕争议不断兴起而不能听到真正的讨论了。

答复周颙说:领会意旨有根本,何至于取消二教呢?

周之问曰:若虽因二教同测教源者,则此教之源,每沿教而见矣。

答彼周曰:诚哉有是言! 吾所以见道,未一于佛,但吾之即此,言别有奇即耳。

周之问曰：自应鹿巾环杖①，悠然目击，儒、墨訚訚②，从来何诤？

答彼周曰：虞、芮二国之斗田，非文王所知也③。碎白玉以泯斗④，其别有尊者乎？况夜战一鸿，妄军凫乙，斯自鹿巾之空负头上，环杖之自诬掌中⑤，吾安得了之哉？

周之问曰：苟合源共是，分迹双非。则二迹之用，宜均去取。奚为翔集所向，勤务唯佛，专气抱一，无谨于道乎？

答彼周曰：应感多端，神情数广。吾不翔翮于四果⑥，卿尚无疑其集佛。吾不翔翮于五通⑦，而于集道复何悔？且宝圣宜本迹匪情急，矧吾已有所集⑧，方复移其翔者耶？卿得其无二于两楹，故不峻督其去取。

周之问曰：吾则心持释训，业爱儒言，未知足下雅意，佛儒安在？为当本一末殊，为本末俱异耶？

答彼周曰：吾乃自元混百圣，同投一极⑨。而近论通源，儒不在议。足下今极其儒，当欲列儒围道，故先属垣耳⑩，隙思潜师，夜以遂图掩天城。恐难升之险，非子所跻，则吾见师之出，不见其入也⑪。吾已谓百圣同所投，何容本末俱其异？更以历势倒兵⑫，恣卿智勇，吾之勇智自纵横凑出。

【注释】

①鹿巾环杖：道家隐士服饰。鹿巾，鹿皮做的头巾，道士所服。环杖，隐士所持的手杖。《南史·陶弘景传》："帝手敕招之，锡以鹿皮巾，后屡加礼聘，并不出。"

②訚訚(yínyín)：形容辩论时态度好。

③"虞、芮"二句：虞芮二国争田而讼，连年未决，闻西伯之仁而往质

之。入其境，则耕者让畔，行者让路，入其朝，则士让为大夫，大夫让为卿。虞、芮二君叹曰：小人不可以履君子之庭。遂自相与而退，咸以所争之田为闲田也。见《孔子家语·好生》。

④碎白玉以泯斗：摔碎白玉来消除战争。泯，灭、尽。语出《庄子·马蹄》："白玉不毁，孰为珪璋！道德不废，安取仁义！"

⑤自诬：自欺。《正蒙·乾称》："失于声，缪迷其四体，谓己当然，自诬也。"

⑥四果：佛教语。声闻乘圣果有四，旧译依梵语称为须陀洹果、斯陀含果、阿那含果、阿罗汉果。新译将前三果译为预流果、一来果、不还果，阿罗汉果仍其旧。

⑦五通：指修四根本静虑所得的天眼通、天耳通、他心通、宿命通、身如意通等五种不可思议力。

⑧矧（shěn）：况且。

⑨一极：佛教用语，谓华严经广谈法界之旨妙极无二也。

⑩属垣：窃听。

⑪"吾见"二句：《左传·僖公三十二年》："公辞焉。召孟明、西乞、白乙，使出师于东门之外。蹇叔哭之，曰：'孟子！吾见师之出而不见其入也！'公使谓之曰：'尔何知！中寿，尔墓之木拱矣！'"意思是，蹇叔为这事哭着说："孟子，我今天看着军队出征，却看不到他们回来啊！"秦穆公（听了）派人对他说："你知道什么！假如你只活七十岁，你坟上的树早就长得有一把粗了！"

⑫倒兵：掉转武器向己方攻击。

【译文】

周颙问说：这样虽然是根据两个宗教共同推测宗教的本源，那么宗教的本源，逐个顺着教派比较就会显现出来了。

答复周颙说：确实有这个说法！我因此见道教与佛教不是完全相同，但是我仅认识到此，言语上有差别罢了。

周颙问说:本应该做隐士,用鹿巾环绕手杖,目光触及悠远,儒家、墨家辩论不休,一直以来何来辩论?

答复周颙说:虞、芮二国的国君争夺土地,是文王所不知道的。摔碎白玉来消除战争,难道此外还有更值得推崇的行为吗?况且夜晚为猎取一只大雁,却激烈争辩燕子和野鸭的区别,就像鹿巾空戴头上,环杖握在手中自我欺骗,我又怎么能认同呢?

周颙问说:假设各教源头是一样的,如果和合源头和根本,取消不同的外在表现,那么两种教化方式的运用,最好都均匀保留和去除。为什么只关注自己感兴趣的地方,辛勤致力于佛道,专精固守,难道修道不谨严吗?

答复周颙说:交相感应有多个途径,神情有多种。我不注重佛教四果,您尚且从没怀疑关注佛教。我不注重五通,而对于关注道教又有什么后悔的呢?而且对于神圣之道应当溯本,根据轨迹发展,不能情急,况且我心已有所向,怎能再转移专注的地方呢?您如果能以无二的态度对待两种宗教,就不必刻意关注其去留了。

周颙问说:我则内心奉持佛法,外在爱好儒家的言论,不知道您认为佛、儒怎么安排呢?应当是本源相同而末端不同,还是始末都不同呢?

答复周颙说:我是从一开始就把百圣混同,把它们都定位在一个最根本的终极之道上面。现在讨论通源,儒教不在讨论之列。您如今及其推崇儒教,想要把儒家摆出来围剿道家思想,因此先以耳朵窃听,偷偷派出军队,打算在夜里夺取天城。恐怕有难升之险,不是您能达到的,那么我看见军队出城,却看不到军队回来,只能看您失败了。我已说过百圣所体悟的终极之道是相同的,何以容得下本末都不同呢?再加上形势严峻,士兵掉转武器向己方攻击,施展您的智慧与勇气,我的勇气与智慧自会激发而出。

重答张长史书

【题解】

　　本篇由南齐周颙所撰。周颙竭力反对"通源之论",从义理上论证佛优于道。张融认为道家虚无与佛教法性同趣,"苦下之翁且藏即色"一句,认为老子思想中原本包含了佛家即色之义,为了教化的权变,而对即色之义蕴而不发,周颙则认为道家的"知有知无"不同于佛教的"非有非无",老子思想是在大智慧没有开启之前所应用的权巧方便法门之一。

　　周颙顿首。夫可以运寄情抱^①,非理何师?中外声训,登涂所奉^②。而使此中介分然,去留无薄,是则怏怏失路,在我奚难?足下善欲言之,吾亦言之未已也。辄复往研,迟承来折。

【注释】

　　①情抱:情怀,胸襟。
　　②登涂:同"登途",上路,起程。

【译文】

　　周颙顿首。可以寄托情怀的,除了佛理之外哪还有什么可以师法的？中外声训，都是大家在修学的路上所奉持的。而要把这些思想表达得清楚明白，没有出入，对于我来说为什么这么难呢？您还想讨论，我也还有很多话没有说完。再次给您写信，讨论问题，希望得到回复。

通源曰：法性虽以即色图空，虚无诚乃有外张义。所以苦下之翁且藏即色，顺其所有不震其情，尊其所无渐清其顺。

周之问曰：苦下之藏即色，信矣！斯言也，更恐有不及于即色。容自托以能藏，则能藏者广，或不独出于厉乡耳①。夫有之为有，物知其有；无之为无，人识其无。老氏之署有题，无出斯域，是吾《三宗》鄙论。所谓取舍驱驰，未有能越其度者也。佛教所以义夺情灵，言诡声律，盖谓即色非有，故擅绝于群家耳。此涂未明，在老何绩？但纷纷横沸，皆由着有，迮道沦俗，兹焉是患。既患由有滞，而有性未明，矫有之家，因崇无术。有性不明，虽则巨蔽，然违谁尚静，涉累实微，是道家之所以有裨弘教，前白所谓黄老实雄者也。何旧说皆云老不及圣？若如斯论，不得影响于释宗矣。吾之位老不至乃然。夫大士应世，其体无方，或为儒林之宗，或为国师道士，斯经教之成说也。乃至宰官长者，咸托身相，何为老生独非一迹？但未知涉观浅深品位高下耳。此皆大明未启，权接一方。日月出矣，爝火宜废②；无余既说，众权自寝。足下犹欲抗遗燎于日月之下③，明此火与日月通源。既情崇于日月，又无侮于火本；未知此火本者将为名乎？将或实哉？名而已耶，本道安在？若言欲实之，日月为实矣，斯则事尽于一佛，不知其道也。通源之旨，源与谁通？

【注释】

①厉乡：地名，老子的出生地。老子是我国古代春秋时期著名的哲学、思想家。司马迁在《史记·老子韩非列传》里记载："老子……姓李氏，名耳，字聃。"他是"楚苦县厉乡曲仁里人也"。道教尊他为教主，尊奉《道德经》为主要经典。

②爝（jué）火：小火把。

③遗燎：指遗漏而未被焚烧之处。

【译文】

通源说：法性虽是强调色相与虚空无二，虚无确实有强调外张的意义，然而掌握这种中道，就能够因应无穷的问题。因此老子思想中原本包含了佛家即色之义，只是鉴于世人对物象沉溺已深，为了教化的权变，而对即色之义蕴而不发，顺应所有的一切，不为感情所影响，尊重所无，顺应自然，领悟到万物不断变化。

周颙问道：老子思想中隐藏包含了佛家即色之义，值得相信！但其言论，恐怕更不及于即色空的意义。认为老子思想中隐藏着即色思想，则能藏的东西很广阔，也许即色思想不仅仅独出于老子思想中了。有之为有，通过外物知道其有；无之为无，由人认识其无。老子思想中谈论有无的内容，没有超出这个范围，这是我《三宗论》的观点。所谓取舍驱驰，没有能越过其限度的。佛教所以义夺情灵，言诡声律，认为即色非有，因此超越各家思想。这点不明白，谈论老子有什么用呢？但是纷纷争名夺利，皆由于执着有，违背大道，沉沦世俗，因此而成祸患。既然担心执着有，而没有明悟有之本性，对有矫情之家，因此推崇无术。有性不明，虽然被妄想遮蔽，然而崇尚宁静，探究精微，因此道家所以有助于弘扬佛教，前面讨论中您所说黄老就是佛祖大雄。为什么旧说皆认为老不及圣？若如这种论说，不会影响释宗。我认为老子思想不及释迦牟尼是对的。大士应化尘世，没有具体方位，或者成为儒林之宗，或为国师道士，这是经教的成说。乃至宰官长者，都寄托身相，为何老子单独不是这些现象呢？因为不知道观察浅深品位的高下。这些都是大明智慧没有开启，因此应用权巧方便法门接应教化一个层面。日月出现，小火把就应该放下了；无生无灭的思想既然已经说出，所以各种权巧方便之学说应该自行停止。您想要在日月之下仍然采用小火把遗留的光芒，认为这种火与日月通源。感情上既崇尚日月，又不侮辱火的本义；不知道这种火本将是名称？或者将是实在？只是名称而已了，根本大道在哪里呢？如果真要说实在的东西，日月才是实在的，这样事尽于一佛，不知道家。您通源的意思是什么呢？源头与谁相通？

通源曰：当其神地悠悠，精和坐废，登其此地，吾不见释家之与老氏，涉其此意。吾孰识老氏之与释家？又曰，今既静而两神，神静而道二。吾未之前闻也！又曰，伯阳专气致柔，停虚任魄，魄绪停虚，故融然自道也。又曰，心尘自拂，一举形上。

周之问曰：足下法性虽以即色图空，虚无诚乃有外张义。窃谓老释重出，对分区野①，其所境域，无过斯言。然则老氏之神地悠悠，自悠悠于有外；释家之精和坐废，每坐废于色空。登老氏之地，则老氏异于释；涉释氏之意，则释氏殊于老。神既静而不两，静既两而道二。足下未之前闻，吾则前闻之矣。苟然则魄绪停虚是自虚，其所谓虚，融然自道，亦非吾所谓道。若夫心尘自拂，一举形上，皆或未涉于大方，不敢以通源相和也。

通源曰：足下欲使伯阳不静，宁可而得乎？使静而不泊，道亦于何而不得？

周之问曰：甚如来言，吾亦虑其未极也。此所谓得在于神静，失在于物虚。若谓静于其静，非曰穷静；魄于其魄，不云尽魄。吾所许也，无所间然。

通源曰：若卿谓老氏不尽乎无，则非相期于得意。若卿谓尽无而不尽有，得意复爽吾所期。

周之问曰：尽有尽无，非极莫备。知无知有，吾许其道家，惟非有非无之一地，道言不及耳。非有非无，三宗所蕴。傥余瞻虑，唯足下其眄之，念不使得意之相爽，移失于有归耳。

通源曰：非凫则乙，迹固然矣。迹固其然，吾不复答。又曰，吾与老释相识正如此，正复是目击道斯存。又曰，得意有本，何至取教？又曰，诚哉有是言！吾所以见道来一于佛。

周之问曰：足下之所目击道存，得意有本，想法性之真义，是其此地乎？佛教有之。足下所取非所以，何至取教也？目击之本，即在教迹，谓之凫、乙，则其鸿安渐哉？诸法真性，老无其旨，目击高情，无存老迹。旨迹两亡，索宗无所论。所谓无侮于道本，当无悔于何地哉？若谓探道家之迹，见其来一于佛者，则是真谛实义，沿文可见矣。将沿于道章而得之乎？为沿于德篇而遇之也？若两无所沿，而玄德于方寸者，此自足下怀抱与老、释而为三耳。或可独树一家，非老情之所敢建也。

【注释】

①区野：分野。

【译文】

通源说：当其神采奕奕，精神和谐，放下一切妄想时，寂静湛明，其神通晓万事万物，发挥神妙作用，达到这种境界，我不见有释家与老氏的区别，但如果从来没体验到佛家与老氏涉及这个境界，要怎么去认识老氏和佛家的思想呢？又说，今既然宁静而两神，神静而道有两种，我从来没有听说过！又说，老子专注于自己的元气达到身心柔软的境界，妄想停止，无欲无为，让魂魄自由自在，专精固守其道，注意力集中，精神宁静，通应万物，清楚明白，因此虚静自然，进入无限的大道境界。又说，心中灰尘自行擦拭，一举领悟形而上之道。

周颙问道：您认为法性虽以即色图空，虚无确实有超出您理解之外的深义。我认为老子与释迦牟尼一同出现，平分秋色，其所达到的境域，没有比这个判断更恰当的了。然而老氏之神地悠悠不绝，在悠远的天地之外还有道之境界；释家之精义难以理解，难解之处在于其"色空无二"的思想。登老氏之地，则老氏之义不同于释家；涉释氏之意，则释氏不同于老。神既静而不两分，静既分而道分裂为两途，您以前没听说过，我则听说过。如果虚静自然，这是自虚，其所谓虚，是指融融自乐，进入大道境界，也不是我所说的道。如果自行擦拭心中灰尘，一举领悟形而上之道，或许都没有涉及大方之境界，因此不能够以通源相融合了。

通源说：足下想要让老子精神不沉静，难道可以做到吗？让精神宁静又不淡泊，道又为什么而不得？

周颙问道：确实如您说的话，我也没有深入考虑其终极境界。这就是所说的得在于神静，失在于忽略物质。如果认为静于其静，不是说静到极点；魄于其魄，不是说穷尽魂魄。这和我所认可的，并没有不同。

通源说：如果你认为老氏没有尽于无，那么并没有真正领会意旨。如果你认为老氏穷尽于无的宗旨却没有尽有，领会意旨的程度则违背了我所希望的。

　　周颙问道：尽有尽无，不是终极之道是不会完整体现的。知无知有，我认可道家，只有非有非无之一地，道家之言不及。非有非无，这是佛教三宗所蕴含之理。如果我瞻前顾后地考虑，足下会轻视我的说法，以致大家无法互相理解，无法回归真道。

　　通源说：不是野鸭子就是燕子，据实迹考察本应如此。既然是这样，我不再答复。又说，从整体上认识根本，已表述在之前的书文中，我和老子、释迦牟尼相识也正是这样，正是眼光一接触便知"道"之所在，您若一定要深究其辞，我不知道再如何对自己的言行进行检查讨论了。又说，领会意旨有根本，何至于取消二教呢？又说，确实有这种说法！我因此认为道教之根基，与佛教完全相同。

　　周颙问道：您所说的眼光一接触便知"道"之所在，领会意旨的根本，体悟法性之真义，是在当下吗？佛教有之。您所取的不是根本，何至取教？目击的根本，即在教迹，叫做野鸭子、燕子，则其大雁在哪里呢？诸法真性，老子没有其根本，目击高情，没有存在老子之迹相。宗旨和迹相都没有，无所讨论。所谓无悔于道本，当无悔于何地呢？如果认为探索道家之迹，见其与佛相同的地方，就认为是真理，文章很多地方可以见到。难道将寻找《道》章而得到吗？还是沿于《德》篇而遇到呢？如果两无所沿，而得于方寸心灵的玄言，这就是您的情怀，与老、释不同而为第三种思想了。或者可独树一家，而不是老子所建立的思想。

　　通源曰：虞、芮二国之斗田，非文王所知也。斯自鹿巾之空负头上，环杖之自诬掌中，吾安能了之哉！

　　周之问曰：足下谓苦下之且藏即色，则虚空有阙矣。足下谓法性以即色图空，则法性为备矣。今有人于此，操环杖而言法性，鹿巾之士，执虚无而来，诮曰：尔不同我，吾与尔斗。足下从容倚棘，听断于其间曰：皆不可也。谓其鹿巾空负于头上，环杖自诬于掌中，以足下之精明持达，而判讼若斯①，良虞、芮之所以于邑也。

通源曰：吾不翔翻于四果，卿尚无疑其集佛。吾翻不翔于五通，而于集道复何晦？

周之问曰：足下不翔翻于四果，犹勤集于佛教。翻不翔于五通，何独弃于道迹乎？理例不通，方为彼诉。

通源曰：当欲列儒围道故，先属垣耳隙。

周之问曰：足下通源唯道，源不及儒，吾固疑其阙，是以相访。但未知融然自道，唯道能融，将道之融然，修儒可会耶？虽非义本，纵言宜及，想释本暇，幸惠余音。

（余寻周、张难问，虽往复积卷，然两家位意理在初番。故略其后文，旨存义本。）

【注释】

①判讼：判断是非曲直。

【译文】

通源说：虞、芮二国的国君争夺土地，是文王所不知道的。就像鹿巾空戴头上，环杖握在手中自我欺骗，我又怎么能认同呢？

周颙问道：您认为老子思想隐藏即色的意思，那么虚空有缺失了。您认为法性以即色图空，则法性很完备了。今有人在这里拿着环杖而谈论法性，一位戴着鹿巾的人，执虚无而来，讥诮说：你与我不同，我与你争斗。您从容站立，在其间决断说：都不对。认为其鹿巾空负寸头上，环杖握在自己手中却诡谈有无自我欺骗，以您之精明持达，而这样判断是非曲直。难怪虞、芮因此争斗田地不休了。

通源说：我不注重佛教四果，您尚且从没怀疑详察泛采佛教。我不注重五通，而对于详察泛采道教又有什么隐晦的呢？

　　周颙问道：您不精心探究修习四禅果，犹勤集于佛教。您不修习道家五通，为何独独不相信道家神迹呢？道理和事例不通，正好为我的观点提供证据了。

　　通源说：现在讨论通源，儒教不在讨论之列。您如今及其推崇儒教，想要把儒家摆出来围剿道家思想，因此先以耳朵窃听，偷偷派出军队，打算在夜里夺取天城。

　　周颙问道：您的通源唯道，源不及儒，我本来就怀疑其缺失，因此这样相互探讨。但不知道融然自道，唯道能融，将要领悟大道的融合，修习儒学可会达道吗？虽不是义理的根本，即然说到了，咱们也应该讨论，想求解疑惑于闲暇之时，很希望您能惠赐其余的言论。

　　（我搜寻周颙、张融互相辩论诘难的文章，虽然往复积累了好几卷，然而两家讨论的思想，道理在刚开始就摆明了，因此省略其后文，旨在保存义理之根本。）

与顾道士书

【题解】

本篇为刘宋明帝时散骑常侍谢镇之(生卒年不详)所撰。因道士顾欢撰《夷夏论》一文,贬斥佛教为夷狄文化,谢镇之即作《与顾道士折夷夏论》(又作《谢镇之折夷夏论》),批驳其说。在本文中,他认为佛教和道教之间并无夷夏之分,而如果要认真追究,则佛教要比道教高明得多,道教的经典,多有以粗拙的手法采撮佛经之处。

谢镇之白:敬览《夷夏》之论,辩推一源①,详据二典;清辞斐炜,宫商有体;玄致亹亹②,其可味乎! 吾不崖管昧,竭窥幽宗,苦不思探赜,无阶豪。但镜复逾三,未消鄙惑。聊述所怀,庶闻后释。

【注释】

①推(què):通"榷",校正义,如商榷。

②亹亹(wěi):行进貌。如左思《吴都赋》:"清流亹亹"。

【译文】

谢镇之陈述:敬览先生的《夷夏论》,在论中您详细征引《老子》和佛经,以证明二教一源;大作可谓文辞清雅,音律得体;旨趣奥妙幽深,实难以体味！我不以自己才疏学浅，竭力要窥探其中幽邃宗旨。为此，我终日苦思冥想，探究其中深奥之义。但我反复阅读论文，仍然没有消除心中的困惑，在此，姑且陈述我的疑惑，希望能够听到先生的阐释。

论始云："佛是老子，老子是佛。"又以仙化比泥洹，长生等无死。爰引世训以符玄教，篡其辞例，盖以均也。未讥翦华废祀，亦犹虫喧鸟聒，非所宜效。请试论之。案周、孔以儒、墨为典，老、庄以辨弃明筌。此皆开渐游方，未备洪祐也。且虫鸟殊类，化道本隔，夫欲言之宜，先究其由。故人参二仪，是谓三才①。三才所统，岂分夷夏？则知人必人类，兽必兽群。近而征之，七珍人之所爱，故华夷同贵；恭敬人之所厚，故九服攸敦②。是以关雎之风，行乎四国③，况大化所陶，而不洽三千哉？若据经而言，盖闻佛兴世也，古昔一法，万界同轨。释迦文初修菩萨时，广化群生，于成佛而有其土，预沾慈泽，皆来生我国。我阎浮提也④。但久迷生死随染俗流，暂失正路，未悟前觉耳。以圣人俯三达之智⑤，各观其根，知区品不同，故说三乘而接之。原夫真道唯一，法亦不二；今权说有三，殊引而同归。故游会说法悟者如沙尘，拯沈济惑无出此法。是以当来过去，无边世界，共斯一揆。则知九十有五，非其流也，明矣。彼乃始言其同，而末言其异，故知始之所同者非同，末之所异者非异，将非谬击瓦釜，滥谐黄钟耶⑥？岂不诬哉！至如全角守祀，戴冕垂绅，披毡绕贝，埋尘焚火，正始之音⑦，娄罗之韵⑧，此俗礼之小异耳。今见在鸟而鸟鸣，在兽而兽响；允执万之一音，感异类而殊应，便使夷夏隔化，一何混哉！舟枯车溺，可以譬彼。

夫俗礼者,出乎忠信之薄,非道之淳。修淳道者,务在反俗。俗既可反,道则可淳。反俗之难,故宜祛其甚泰,祛其甚泰,必先堕冠、削发、方衣、去食。堕冠则无世饰之费,削发则无笄栉之烦,方衣则不假工于裁制,去食则绝想嗜味。此则为道者日损,岂夷俗之所制? 及其敷文奥籍,三藏四含⑨,此则为学者日益,岂华风之能造?

【注释】

①三才:指天、地、人。《周易·说卦》:"是以立天之道,曰阴与阳;立地之道,曰柔与刚;立人之道,曰仁与义。兼三才而两之,故《易》六画而成卦。"

②九服攸敦:古代把天子居住的京城以外的地区,按远近分为九等,侯服、甸服、男服、采服、卫服、蛮服、夷服、镇服、藩服,称"九服"。以后泛指全国。

③"关雎"二句:"关雎"原是《诗经》中的篇名。此指教化。《诗经·周南·关雎疏》曰:"关雎者,《诗》篇之名。即以关雎为首,遂以关雎为一卷之目。"四国,《诗经·豳风·破斧》:"周公东征,四国是皇。"《毛传》:"四国,管、蔡、商、奄也。"

④阎浮提:梵语,即南赡部洲。阎浮,树名。提,为"提鞞波"之略,义译为洲。洲上阎浮树最多,故称"阎浮提"。诗文中多指人世间。晋法显《佛国记》:"吾却后七日,当下阎浮提。"

⑤三达:亦称"三明"、"三证法"。即宿命智证明、生死智证明、漏尽智证明,指通过修行达到无学位,除尽愚暗,而于三事通达无碍之智明。

⑥"谬击"二句:《楚辞·卜居》:"黄钟毁弃,瓦釜雷鸣;谗人高张,贤士无名。"朱熹集注:"黄钟,谓钟之律中黄钟者,器极大而声最闳

也。瓦釜,无声之物。雷鸣,谓妖怪而作声如雷鸣也。"

⑦正始之音:正始,正其始。《文选·卜商〈毛诗序〉》:"《周南》、《召南》,正始之道,王化之基。"刘良注:"正始之道,谓正王道之始也。"《国语·周语下》"故名之曰黄钟"三国吴韦昭注:"黄钟初九,六律之首,故以六律正色为黄钟之名,重元正始之义也。"此处是指中国的黄钟大吕之礼乐。

⑧娄罗之韵:"娄罗"又作偻罗、喽罗、栖罗等。形容语音含混嘈杂,有轻视之意。此处是指印度混杂难辨之梵音。

⑨三藏四含:三藏,即经、律、论三藏,指佛教典籍。四含,即《长阿含经》、《中阿含经》、《杂阿含经》、《增一阿含经》四阿含经。

【译文】

论中说:"佛是老子,老子是佛。"又以道教的仙化比附佛教的泥洹,以道教的长生等同于佛教的无死。援引世俗的教化,甚至篡改文辞事例,以证明它与佛教遥相符契。论文末尾还讥毁说佛教破坏华夏礼仪、习俗,有如喧嚣的虫鸣,聒噪的鸟叫,实在是不宜中土仿效。请允许我来论辩论辩。周、孔设教以儒家墨家经典为依据,老、庄则主张抛弃这些人伦礼仪教化,认为这些不过是捕鱼用的工具而不是鱼本身。这两种学说都只是立足于世俗生活,远没有到达更为宏大开拓的境界。再说虫与鸟各是一类,佛教与道教的教化也互不相通。如果想较详细加以探究,则须首先探讨它们各自的由来。人与天地参合,是谓"三才"。"三才"统辖寰宇,哪有华夏与夷狄之分? 由此可知,人与人都属于人类,兽与兽都属于兽类。再具体点说,世间的珍宝,皆是人之所爱,所以,作为珍宝,不论在华夏,抑或在夷狄,都是十分宝贵的。恭敬有礼,是人类所共同提倡的,所以天下之人都重视教化。诗教之风,四海盛行。何况是圣人的教化,怎么会不普泽天下呢? 如果就经而言,我所知道的佛陀的教化,无论古今中外,法则都是相同的。释迦牟尼初修菩萨行时,就普遍地度化众生,成佛之后,更是普润自己的国土,这些大化佛法都传播到我中土,泽及人世间的华夏。只是由于世间的人沉迷于生死,在俗流中四处漂游习染而迷失正路,未能觉悟罢了。佛陀以彻底通达三明的智慧,分别考察众生的根性,从而了解到不同的人的差别,因而方便说三乘佛法来接引根性不同的人崇信佛道。事实上,世界上真正的道只有一种,教授的方法也没有两种,只是根据不同人的根机才有说佛法有三乘,接引的方法虽然有不同,但目的都是接引众生达到解脱彼岸。佛陀到处云游,聚众说法,证悟得道的人多如沙尘。拯救沉溺于苦海,解脱烦恼于迷惑,没有超出此无上大法的。因此,过去、现在、未来,以及无边世界,都共同遵循这唯一的佛法真道。也就知道那些九十六外道,是不可与佛教同日而语的。你在《夷夏论》中,开头说二教之同,末尾又谈二教之异,实际上你所说的二教之相同处,并非二教之真正的共同点,而所说的二教之相异处,亦非真正的相异点。这不是本来要演奏黄钟大吕音乐,却拿着瓦釜一顿乱敲吗?难道不是对圣教的诬蔑吗?至于中土的主张保全身体,讲求祭祀,头戴冠冕腰缠绅带,和印度僧人的身披毡衣、脖绕珠贝;中土人死埋入土中,与印度的人死之后用火焚烧;乃至中土黄钟大吕之礼乐与印度混杂难辨之梵音。看似有很大的不同,但实质上都不过是世俗礼仪方面的小差别而已。《夷夏论》的作者也许因为看到鸟类有鸟类之鸣唱方式,兽类有兽类的吼叫方式,便认为世界上的声音完全不同,物类不同因而感应也会不同。于是便认为夷夏的教化之道也是完全分隔,是不能混同为一的。以为在中土采用印度的教化之道,就好比是用船在陆地上航行和用车在水中通行一样显得荒谬可笑。人们知道,世俗之礼教,本来是世风日降、道德日坏的产物,恰是道之不纯正的表现,是世间混乱的根源。人们想要修习正道,最重要的就在于反对这些世俗礼教,如此方能使正道越来越纯洁。然而反俗之难,主要在于世俗的牵累太多。要去掉牵累,首先就得弃冠削发,简化衣食。不用冠冕,就免去了穿戴头饰的劳费;削发之后也就省去束发簪缨的麻烦;简化衣食,则省去了裁制衣裳之虑和酒肉之欲。这也就是道家所言的‘为道者日损’，怎么是印度的习俗呢？至于佛教之博大精深的三藏十二部经，则是‘为学者日益’，又岂是华夏人士所能编纂得出来的。

又云，佛经繁显，道经简幽。推此而言，是则幽者钻仰难希，显则涉求易望，简必不足以示理，繁则趣会而多津。佛法以有形为空幻，故忘身以济众；道法以吾我为真实，故服食以养生。且生而可养，则及日可与千松比霜，朝菌可与万椿齐雪耶[①]？必不可也。若深体三界为长夜之宅，有生为大梦之主，则思觉寤之道，何贵于形骸？假使形之可练，生而不死，此则老宗本异，非佛理所同。何以言之？夫神之寓形，犹于逆旅，苟趣舍有宜，何恋恋于檐宇哉？夫有知之知，可形之形，非圣之体。虽复尧孔之生，寿不盈百；大圣泥洹，同于知命。是以永劫以来，澄练神明，神明既澄，照绝有无，名超四句，此则正真终始、不易之道也。又刻船者祈心于金质，守株者期情于羽化，故封有而行六度，凝滞而茹灵芝。有封虽乖六度之体[②]，为之或能济物；凝滞必不羽化，即事何足兼人。寻二源稍迹，旷局异怀，居然优劣，如斯之流，非可具诘。彼皆自我之近情，非通方之宏识。则知殊俗可以道甄，哀哉！玄圣既邈，斐然竞兴，可谓指虫迹为苍文，饵螫乳为醍醐，良可哀也！佛道汪洋，智量不可以言穷，应迹难以形测。其辩有也，则万相森陈，若千崿并立；其析无也，则泰山空尽，与秋毫俱散。运十力以摧魔[③]，弘四等以济俗[④]，抗般若之法炬，何幽而不烛？潜三昧之法威，何远而不伏？宁疑夷夏不效哉！

【注释】

①朝菌:菌类植物,朝生暮死,借喻生命极短。《庄子·逍遥游》曰:"朝菌不知晦朔。"万椿:指长寿。"椿"指长寿之树木。《庄子·逍遥游》曰:"上古有大椿者,以八千岁为春,八千岁为秋。"

②有封:谓有形界。《庄子·齐物论》:"其次以为有物矣,而未始有封也。其次以为有封焉,而未始有是非也。"六度:又译为"六到彼岸"。"度"是梵文 pāramitā(波罗蜜多)的意译。指使人由生死之此岸度到涅槃(寂灭)之彼岸的六种法门:布施、持戒、忍辱、精进、精虑(禅定)、智慧(般若)。

③十力:指如来之十种智力。

④四等:指慈、悲、喜、舍四无量心。

【译文】

《夷夏论》又说:"佛经繁显,道经简幽。"按照这种说法,则幽微的境界虽然苦加钻研也难以体悟到,浅显的境界则只要有心追求便可到达,简者因其太简单而难以说透道理,而繁者则可以有很多途径来达到最后目标。佛法认为世间一切有形事物的本性都是空幻,所以能忘身以济众;道教则以'吾我'为真实,故主张用服食丹药等方法来追求长生。如果人可以通过吞丹、服食以求长生不死,则只活一天的菌类植物可与千年苍松比寿,朝生暮死的菌类能与万年大椿长久共存,世间也不存在什么长寿与短命之差别了,一定不是这样的。如果能像佛教那样认识到一切本性是空,三界乃是漫漫长夜的住所,有情生命就是这场大梦的主人,则能注重寻求觉悟,而不会再去看重形骸。假定人的形体可以通过修炼而达到长生不死,这种思想与老子的学说也不尽相同,更谈不上与佛理相同。为什么这么说呢? 神之寓于人的形体,有如人住在客栈之中,只要这客栈中取舍合宜,又何必去眷恋檐宇是不是属于我呢? 实际上,强调有知的智慧,可以显形的形体,都不是圣人的本体。纵令像尧、孔那样的人,寿命也没有超过百岁。真正的圣人达到涅槃境界,和世俗所说的"知命"相同。所以从轮回永劫中解脱出来，注重精神之修炼。当精神修炼得澄明后，则能洞察慧照有无之境，名理超越世间言说，这才是真正的始终不易之道。又，那些祈求富贵享乐的人，无异于刻舟求剑；成天幻想羽化升天的人，就像守株待兔。所以，这就好比一个人执着于界限而去修行六度以证涅槃，一个人凝滞于情欲而又服食灵芝以求羽化成仙。尽管对界限的执着与佛教所说的六度有着本质的区别，但客观上还有济物之功，而凝滞于情欲去服食灵芝的人，必定不能羽化成仙，也不能帮助他人。对照佛道二教的思想，一个旷达，一个狭隘，其中优劣是一目了然啊。如《夷夏论》作者这样的言论，不值得认真去辩驳，多是被自我浅近的情识所局限，绝非通达的见解。由此可知，不同的风俗可以用正道来甄别。可悲呀！玄圣之道已经离我们很远了，各种外道邪说纷纷竞起，乃至指虫兽的行迹为文字，视毒汁为醍醐，确实是可悲啊！佛法广大，世俗的智量不能穷究，随缘应迹，外在的形相则难以窥测。当它论说万有时，则是万象森罗，如千峰并立；当它解析空无时，则是泰山空尽，秋毫俱散。它运用如来的十种智力以摧毁魔道，弘扬慈悲喜舍之四无量心来救济众生，高举般若智慧之火炬，世间何种幽冥不能彻照？深藏三昧禅定的法威，降伏心中一切烦恼，难道还怀疑佛法的功效不能夷夏相同、遍布天下吗？

重书与顾道士

【题解】

本篇由南朝刘宋明帝时谢镇之所撰。谢镇之针对顾欢的《夷夏论》曾写过一封书信,收到顾欢的回信后,对其再次进行反驳。顾欢的回信内容已不清楚。谢镇之在本文中认为:佛教明白通达,简明扼要而又能博大,精深和粗疏两者都努力追求,能够刚柔一致;道家经籍简陋,多生穿凿。另外他认为,《老子》和道教不同。他说:"道家经籍简陋,多生穿凿。至于《灵宝》妙真,采撮《法华》制用尤拙。及如《上清》、《黄庭》,所尚服食,咀石餐霞,非徒法不可效,道亦难同。其中可长,唯在五千之道。"所以,谢镇之应该是区分《老子》(五千之道)与道教(当时总称道家)的第一人,虽然他的区分还比较模糊。

谢镇之白:猥辱反释①,究详渊况②,既和光道、佛,而泾渭释、李③,触类长之④,爰至棋奕。敷佛弥过,精旨愈昧。夫饰柜贸珍,曜夜不售,所谓驰走灭迹,跳动息影⑤,焉可免乎?

【注释】

①猥辱:谦词,犹言承蒙。

②究详:彻底弄清楚。

③泾渭:古人谓泾浊渭清(实为泾清渭浊),因常用"泾渭"喻人品的优劣清浊,事物的真伪是非。

④触类长之:掌握一类事物知识或规律,就能据此而增长同类事物知识。语出《周易·系辞上》:"是故四营而成易,十有八变而成卦,八卦而小成。引而伸之,触类而长之,天下之能事毕矣。"意思是,所以经过四道程序的经营而成《易》卦一爻,十八次变化而成一卦,八卦为小成。再引申其义,触动类推而增长,天下所能之事皆无所遗了!

⑤"所谓驰走"二句:比喻为人愚蠢,不明事理。《庄子·渔夫》:"人有畏影恶迹而去之走者,举足愈数(shuò)而迹愈多,走愈疾而影不离身,自以为尚迟,疾走不休,绝力而死。不知处阴以休影,处静以息迹,愚亦甚矣。"意思是,有一个赶路的愚人,非常害怕自己的影子和自己的脚印。为了甩开脚印和影子,他越走越快。可是他不知道,无论走得多快,影子始终寸步不离脚跟;他不知道,自己走得越多,脚印也就越多。他更不明白,只要走到树荫里,影子就没了;只要坐着不走,脚印也就没了。他还以为是自己走得不够快,于是拼命狂奔,终于力竭而死。庄子认为,人往往因为无知和愚蠢,做事与愿违的事情;如果不做,反而更能接近自己的目标。庄子用"处阴以休影,处静以息迹"来说明"自然无为"的人生观,是最早以人的本身与人的影子之间的关系设喻的中国思想家。

【译文】

谢镇之陈述:承蒙您回复,您在解释中想要彻底弄清楚各种情况,既然随俗调和道、佛,而又想要分清楚释迦牟尼和老子,触类旁通,于是谈到弈棋之术。如果敷衍佛道,则精微的大道会更昏暗。装饰商柜做贵重物品的生意,日夜不出售,就是庄子所说的驰走灭迹,跳动息影,哪里能够消除呢?

循雅论所据,正以虫鸟异类,夷、夏殊俗。余以三才均统,人理是一,俗训小殊,法教大同。

足下答云:存乎《周易》,非胡书所拟,便谓素旗已举,不复申检。玄旌为素麾,异乎曹子之观旗①。辄复略诸近要,以标大归。然髻珠虽隐②,暮四易显,聊以寄谑,傥不贻忤。夫太极剖判,两仪妄构,五阴合兴,形识谬彰③。识以流染因结,形以爱滞缘生。羲皇之前,民多专愚。专愚则巢居穴处,饮血茹毛。君臣父子,自相胡越,犹如禽兽。又比童蒙,道教所不入,仁义所未移。及其耽欲沦波,触崖思济,思济则祈善,祈善则圣应。夫圣者何耶?感物而遂通者也。夫通不自通,感不自感,感恒在此,通每自彼;自彼而言悬镜高堂,自此而言万像斯归。故知天竺者,居娑婆之正域,处淳善之嘉会,故能感通于至圣,土中于三千。圣应既彼,声被则此。睹日月之明,何假离朱之察④?闻雷霆之音,奚事子野之听⑤?故卑高殊物,不嫌同道,左右两仪,无害天均。无害天均,则云行法教,不嫌同道,则雨施夷、夏。夫道者一也,形者二也;道者真也,形者俗也。真既犹一,俗亦犹二,尽二得一,宜一其法。灭俗归真,必违其俗。是以如来制轨,玄劫同风。假令孔、老是佛,则为韬光潜导,匡救偏心,立仁树义,将顺近情。是以全形守祀,恩接六亲,摄生养性,自我外物,乃为尽美,不为尽善。盖是有崖之制,未鞭其后也⑥,何得拟道菩提,比圣牟尼?

【注释】

①曹子之观旗：见《曹刿论战》，出自《左传·庄公十年》，讲述了曹刿在长勺之战中对此次战争的一番评论。"十年春，齐师伐我。公将战，曹刿（guì）请见。……对曰：'夫（fú）战，勇气也。一鼓作气，再而衰，三而竭。彼竭我盈，故克之。夫大国，难测也，惧有伏焉。吾视其辙乱，望其旗靡（mǐ），故逐之。'"

②髻珠：佛教语，国王发髻中的明珠。语本《法华经·安乐行品》："此《法华经》，是诸如来第一之说，于诸说中，最为甚深，末后赐与，如彼强力之王，久护明珠，今乃与之。"佛教因以"髻珠"比喻第一义谛、甚深法义。南朝梁元帝《梁安寺刹下铭》："髻珠掣晓，怀宝讵宣。"《景德传灯录·相国裴休》："公当下知旨，如获髻珠，曰：'吾师真善知识也。'"

③谬彰：谓虚假地自我表彰。

④离朱：即离娄。《庄子·骈拇》："是故骈于明者，乱五色，淫文章，青黄黼黻之煌煌非乎？而离朱是已。"陆德明释文引司马彪曰："离朱，黄帝时人，百步见秋毫之末。一云见千里针锋。《孟子》作离娄。"晋陆机《演连珠》之三三："臣闻飞辔西顿，则离朱与蒙瞍收察；悬景东秀，则夜光与斌珧匿耀。"另一意指传说中的神禽。

⑤子野：即师旷，字子野，春秋时晋国乐师。传说师旷听力超群，能辨别音律上的细小误差，后世称为"师旷之聪"。

⑥未鞭其后：都不能够鞭策自己落后的一面而取其适宜。《庄子·达生》：田开之曰："鲁有单豹者，岩居而水饮，不与民共利，行年七十而犹有婴儿之色；不幸遇饿虎，饿虎杀而食之。有张毅者，高门县薄，无不走也，行年四十而有内热之病以死。豹养其内而虎食其外，毅养其外而病攻其内，此二子者，皆不鞭其后者也"。意思是，田开之说："鲁国有个叫单豹的，在岩穴里居住在山泉边

饮水,不跟任何人争利,活了七十岁还有婴儿一样的面容;不幸
遇上了饿虎,饿虎扑杀并吃掉了他。另有一个叫张毅的,高门甲
第、朱户垂帘的富贵人家,无不趋走参谒,活到四十岁便患内热
病而死去。单豹注重内心世界的修养可是老虎却吞食了他的身
体,张毅注重身体的调养可是疾病侵扰了他的内心世界,这两个
人,都不是能够鞭策落后而取其适宜的人。"

【译文】

按照您的雅论所说的根据,认为虫鸟异类,夷、夏具有不同的习俗。我
认为天、地、人三才都统一,人理是一,俗训只是小的不同,道法之教化大致
一样。

足下回答说,相关大道存在于《周易》中,不是胡书所能比拟的,便
认为我方投降的白旗已举,不再申辩。玄道之旗帜为白色的旗帜,不同
于曹子之观旗。总是省略各种表面的东西,来标出回归之道。然而国
王发髻中的明珠虽然隐藏,夜色中四面容易放光出来,暂且用来寄托戏
谑,不要相互攻击。太极分开,阴阳两仪妄构,五阴合兴,形体与意识虚
假地自我呈现。意识因为不断污染而凝结,形体因为执着贪爱而缘生。
伏羲氏之前,民众多专一而不通情事。专一不通情事则巢居穴处,饮血
茹毛。君臣父子,自相为敌,犹如禽兽。又比如儿童蒙昧,道德教化所
不入,仁义尚未能改变其性情。等到他们长大沉沦在欲望波涛之中,一
旦遇到挫折极端痛苦,便想要渡过烦恼之海,如此则祈善,祈善则圣者
有感应。圣者是什么呢? 有感必应,万事皆通。通不自通,感不自感,
感总是在此,通经常体现在别处,自彼而言如同在高堂悬挂明镜,自此
而言如同万像都回归在明镜之中。因此知道天竺,居娑婆世界之正域,
处敦厚和善之嘉会,因此能感通于至圣,处于三千大千世界四方的中心
地区。圣者感应在那里了,圣法流布则到了中国。观看辨别日月之明,
何必借助离朱的明察? 听闻雷霆之音,何必依靠师旷那样超绝的听力?
因此高低不同的事物,不嫌同道,左右两仪,不妨碍天然均平之理。不

妨碍天然均平之理，那么说推行道法教化，不嫌同道，就如同大雨降落在夷、夏之地，不分彼此。道是一，外在的形体有两种；道是真，形是俗。真既然是一，俗亦犹二，尽二得一，宜统一其法。灭俗归真，必定违背其俗。因此如来制定仪轨，人们世世代代接受教化。假令孔、老是佛，那么是暗中教导、匡救众生有所偏执的心，树立仁义，顺人心近人情。因此全然守卫宗庙、社稷山川，恩德接引六亲，摄生养性，融通自我与外物，表现为尽美，不为尽善。孔子、老子教法都有一定限度，都不能够鞭策自己落后的一面，而取其适宜恰到好处，所以怎能把道看做菩提，把孔老看做是佛祖释迦牟尼？

　　佛教敷明，要而能博；则精疏两汲。精疏两汲，则刚柔一致。是以清津幽畅，诚规可准。夫以规为圆者易，以手为圆者难，将不舍其所难，从其所易耶？道家经籍简陋，多生穿凿。至如《灵宝》《妙真》，采撮《法华》，制用尤拙。及如《上清》《黄庭》，所尚服食，咀石餐霞，非徒法不可效，道亦难同。其中可长，唯在五千之道，全无为用。全无为用，未能违有。遣有为怀，灵芝何养①？佛家三乘所引，九流均接。九流均接，则动静斯得。禅通之理，是三中之一耳，非其极也。禅经微妙，境相精深，以此缔真，尚不能至。今云道在无为，得一而已，无为得一，是则玄契千载。玄契千载，不俟高唱。夫明宗引会，导达风流者，若当废学精思，不亦怠哉？岂道教之筌耶？敬寻所辩，非徒止不解佛，亦不解道也。

　　反乱一首，聊酬启齿。

　　乱曰：运往兮韬明，玄圣兮幽翳。长夜兮悠悠，众星兮哲哲②。大晖灼兮升曜，列宿奄兮消蔽③。夫轮桷兮殊材④，

归敷绳兮一制。苟专迷兮不悟，增上惊兮远逝。卞和恸兮
荆侧⑤，岂偏尤兮楚厉。良刍蕘兮波若焉，相责兮智慧。

【注释】

①灵芝：一种蕈，菌盖肾脏形，赤褐色或暗紫色，有环纹，并有光泽，
中医入药，有滋补作用。我国古代用来象征祥瑞。

②晢晢（zhézhé）：光亮貌，明显。

③列宿：众星宿。特指二十八宿。《楚辞·刘向〈九叹·怨思〉》：
"指列宿以白情兮，诉五帝以置词。"

④桷（jué）：古代木质房屋上方形的椽子。

⑤卞和恸兮荆侧：指楚人卞和因宝玉不被鉴识而哭于荆山事，参见
前文《牟子理惑论》注。

【译文】

佛教明白通达，简明扼要而又能博大，那么精深和粗疏两者都努力
追求。精深和粗疏两者都努力追求，那么刚柔一致。因此清修的门径
通幽畅达，确实要圆规才能画准确。以规画圆容易，以手画圆者难，难
道不舍其所难，从其所易吗？道家经籍，简陋多生穿凿。至如《灵宝》
《妙真》，采撮抄袭佛教《法华经》，制用尤其拙劣。及如《上清》《黄庭》，
崇尚服食，炼丹含石餐霞，不仅仅是其方法不可效法，道也难同。其中
可值得称道的，唯在老子五千之道，全无为用。全无为用，未能违背世
俗之有。遣有为怀，灵芝对养生全性又有什么用呢？佛家用大中小三
乘接引众生，九流三教的人均接引。九流三教的人均接引，那么动静都
可以。禅通之理，是二中之一，不是佛法的终极。禅经微妙，境相精微
深奥，用这种方法追求真理，尚不能达到。如今您说道在无为，得一而
已，无为得一，这样契合永恒大道。如果能够契合永恒大道，那么不用
等待高声倡导宣扬。只有明了宗旨，精进不已，才能达到风流超俗的境
界，如果停止学习，只是一味思考，不是很容易疲倦吗？这岂是道教

的修炼方法？恭敬探究您所辨析的内容，我认为您不仅不了解佛，也不了解道。

回复乱辞一首，姑且博得一笑。

乱辞说：运势往来啊遮盖住光明，高明的圣人啊幽远看不清。长长的夜晚啊，漫漫难明，众多的星辰啊，闪耀在天空。太阳升起啊光明耀眼，列宿都不见啊消失藏蔽。高大房子上的方椽啊材质殊异，归功于大匠啊用绳墨规制。人们迷信一种啊不能明白，加上惊怕啊远远逃遁。卞和痛哭啊荆山之侧，岂只怨楚厉王啊不识宝玉。因为轻视啊《般若》经典，互相指责啊小智聪明。

卷第七

难顾道士《夷夏论》

【题解】

本篇为刘宋朱昭之（生卒年不详）所撰。在本论中，朱昭之指出：华夷风俗习惯不同，设教可能会有些差别，但佛教和道教的区别只是形式上的，比如教派的名称、教徒的服饰之类。他把顾欢对佛教的抨击列出十条，称为"十恨"，请顾欢再加以阐明。

见足下高谈夷夏，辨商二教，条勒经旨，冥然玄会，妙唱善同，非虚言也。昔应吉甫齐孔老于前[①]，吾贤又均李释于后。万世之殊途，同归于一朝；历代之疑争，怡然于今日，赏深悟远，蠲慰者多；益世之谈，莫过于此。至于各言所好，便复肝胆楚越[②]，不知苦甘之方虽二，而成体之性必一。乃互相攻击，异端遂起，往反纷频，斯害不少。惜矣，初若登天，光被俗表，末如入渊，明夷辉沦[③]。夫导师失路，则迷途者众，故忘其浅昧，遽相牵拯，令先布其怀，未陈所恨。想从善如流者，不惜乖于一往耳。山川悠远，良话未期。聊寄于斯，以代暂对，情旗一接，所释不浅，朱昭之白。

【注释】

①应吉甫齐孔老于前：谢灵运《辩宗论》："昔向子期以儒道为一，应吉甫谓孔老可齐。"应吉甫，应贞，字吉甫，少以才闻，晋武帝时为抚军将军。

②肝胆楚越：意指看似距离很近，实则相距甚远。《庄子·德充符》："自其异者视之，肝胆楚越也。"

③明夷辉沦：明夷，六十四卦之一，离下坤上。《周易·明夷》："明夷，利艰贞。"孙星衍《周易集解》引郑玄曰："夷，伤也，日出地上，其明乃光，至其入地，明则伤矣，故谓之明夷。"此处指太阳下山。李镜池《周易通义》："明，太阳。夷，灭。"

【译文】

看到先生在《夷夏论》中高谈夷夏之异同，辩论佛道二教之关系，广征博引，条理井然，论证二教之玄同确非虚言，读后启迪颇多。早先有应吉甫提倡孔、老一家，现在先生又力主佛道二教同流。真是万世殊途，同归于一朝，历代的疑惑与争辩，到今天就全部明白了，先生思深悟远，从中解除疑惑、获得安慰的人很多；若论有益于社会，也不过如此罢了。无奈世人常常各说自己所喜好的，以至于相互本应如肝胆般亲密却如楚越般互为仇雠。他们不明白甘甜与苦涩作为味道的种类来说虽然不同，但不知二者共同构成事物的体性确是统一的。于是互相攻击，纷争迭起，辩难纷乱频繁其损害很大啊。可惜啊！您的文章刚开始像升上天顶的太阳，光芒四射，照耀世间一切事物，到末尾则如同日落西沉，光辉沦丧。要知道，如果导师都迷失正路，那跟随而迷路的人将会很多啊。于是大家都忘记其中的浅陋愚昧，而争相援用举引。如果能让这些人先谈出自己的想法，却不能列举他们主要关心的问题。想来那些从善如流的人，应该不会偏执于过往观点。我和您相距遥远，还没能见面畅谈。现把自己读大论后的几点浅陋之见，付诸笔墨呈上，代替对面晤谈，敬祈先生不吝赐正。朱昭之白。

　　夫圣道虚寂，故能圆应无方，以其无方之应，故应无不适。所以自圣而检心，本无名于万会，物自会而为称，则名号以为之彰。是以智无不周者，则谓之为正觉；通无不顺者，则谓之为圣人，开物成务，无不达也，则谓之为道。然则圣不过觉，觉不出道。君可知也，何须远求哉！但华夷殊俗，情好不同，圣动常因，故设教或异。然《曲礼》净戒，数同三百；威仪容止，又等三千①。所可为异，政在佛道之名，形服之间耳。达者尚复以形骸为逆旅②，衮冕岂足论哉！所可为嫌，只在设教之始，华夷异用，当今之俗，而更兼治，迁流变革，一条宜辨耳。今当之言，圣人之训，动必因顺，东国贵华，则为衮冕之服，礼乐之容，屈伸俯仰之节，衣冠簪佩之饰，以弘其道，盖引而近之也。夷俗重素，故教以极质。髡落徽容③，衣裳弗裁，闭情开照，期神旷劫，以长其心，推而远之也。道法则采饵芝英，餐霞服丹，呼吸太一，吐故纳新，大则灵飞羽化，小则轻强无疾，以存其身，即而效之也。三者皆应之一用，非吾所谓至也。夫道之极者，非华非素，不即不殊，无近无远，谁舍谁居。不偏不党，勿毁勿誉，圆通寂寞，假字曰无。妙境如此，何所异哉？但自皇牺已来，各弘其方，师师相传，不相关涉。良由彼此两足，无复我外之求。故自汉代以来，淳风转浇，仁义渐废，大道之科莫传，五经之学弥寡。大义既乖，微言又绝④；众妙之门莫游⑤，中庸之仪弗睹⑥。礼术既坏，雅乐又崩，风俗寝顿⑦，君臣无章，正教陵迟⑧，人伦失序。于是圣道弥纶，天运远被，玄化东流，以慈系世，仁众生民，黩所先习，欣所新闻，革面从和⑨，精义复兴。故微言之室,在在并建,玄咏之宾,处处而有,此可以事见,非真布之空谈,将无"物不可以终否,故受之以《同人》"故邪⑩?意者夫圣人之抚百姓,亦犹慈母之育婴儿,始食则饵以甘肥,甘肥既厌,复改以脂蜜;脂蜜既厌,则五体休和,内外平豫,为益至矣,不其然乎,理既然矣。而横厝非贬,妄相分别,是未悟环中⑪,不可与议。二贤推荡往反,解材之势,纵复得解,非顺理之作,顺理析之,岂待推荡?

【注释】

①"《曲礼》"四句:威仪,指古时典礼中的动作仪文及待人接物的仪节。《中庸》:"礼仪三百,威仪三千。"朱熹注:"礼仪,经礼也;威仪,曲礼也。"这是儒家关于礼仪的说法。佛教徒也有坐、作、进、退等威德仪则,常称"三千威仪,八万细行"。三千是形容数目很多,此"三千威仪"是比丘具足戒之外的微细行仪。

②逆旅:指客舍,迎止宾客之处。

③徽容:美好容貌。

④"大义"二句:儒家指孔子去世后,先王的微言大义埋没不传。《汉书·艺文志》:"昔仲尼没而微言绝,七十子丧而大义乖。"

⑤众妙之门:《老子》第一章:"玄之又玄,众妙之门。"意思是:同之又同,是认识天地万物的关键。玄就是天地万物的一般规律"道",与"道"相同。"玄"是生成宇宙和万物的本体,它体现了万物无穷奥妙的变化作用。

⑥中庸之仪:《中庸》:"礼仪三百,威仪三千。"

⑦寝顿:衰颓,废止。

⑧陵迟:衰落之意。

⑨革面从和:改变脸色以顺从和谐他人。《周易·革卦》:"君子豹

变,其文蔚也。小人革面,顺以从君也。"

⑩"物不可"二句:《周易·序卦传》:"物不可以终否,故受之以同人。"同人,易卦名,与人同和之意。

⑪环中:圆环的中心。庄子用以比喻无是非之境地。《庄子·齐物论》:"彼是莫得其偶,谓之道枢。枢始得其环中,以应无穷。"

【译文】

举凡至圣之道,都虚寂湛然,所以能够圆融地应接事物,而无固定的方所。因为他能够应接事物而无固定之方所,所以能够无所不通达。因此以圣道真谛来检视内心,本没有什么固定的名号来指称世间森罗万象,世间之万物都是因一定的条件而聚合在一起,因之而有各种假象、名号,以此来彰显各种事物的独立存在。因此,人们常把遍察一切事物的智慧称为正觉;把通达万物而没有不顺畅的人称为圣人;把通晓万物而能成就各种事务的称为道。然而,圣人所以成其为圣人,乃在于他具有真正的智慧和觉悟,而圣人所觉悟的,则无非是"道"。先生已知道,何必远求呢?但是,由于华夏与印度之习俗多有差异,且情性和趣好又有不同,所以圣人随机而设置不同的教化。华夏的"行事之仪礼"和印度之"清净的戒律"同有三百条目;儒家庄严的容止与佛教的威仪细行,同是三千之多。而那可以称为差异的地方,只是所设之教的名称、服饰以及二者所注重的体态神情不同而已。通达的教化,尚且把人的躯体看做客舍,至于衣服冠冕又哪里值得一谈呢?那些导致相互嫌怨的,不过是创设教化的起始基础不同,由于各地之习俗各异,故而各地的教化在形式上多有差异,其产生的作用也会有差别而已。当今的世俗礼教,不止在净化人心,更在于治理社会,虽然是因时而迁流变革,但其中之宗旨却是一以贯之的,应当作此辨别啊。如今恰当的说法应该是:圣人的训导教化,施行时必定是因时顺势的。例如,中土儒家崇尚华丽,因而重视用衮、冕、簪、佩等服饰来区分等级,用不同的音乐和俯仰进退各种的礼仪节度来和谐社会,其目的都是弘扬善道,这是引导人们从生活等浅近处去培养道德的方法。印度人注重素朴，因而用最质朴的方式来教化天下，所以主张剃除须发，毁坏美好的容貌，不剪裁衣裳，提倡闭塞情欲，开启智慧，期待神明能够长久不灭，其目的都是增长心灵的力量，这是一种把人们的精神修养推广到幽深辽远的境界的方法。道教则提倡服食丹药、呼吸元气、吐故纳新，大则能够灵魂飞举、羽化成仙，至少可以实现身体强壮轻盈，健康无疾，最终目的在于能够使人的身体长生不死，这是一种就着人们的生命需要来显现修养效果的方法。此三者都是教化的一种形式，我认为无论哪一种都没有达到最高境。教化之最高境界，应该是既不偏重华贵亦不执着于素朴，既不与世俗生活或人的形体混同，也不与其隔离殊异，无所谓近和远，也不强调舍弃谁与留下谁，既不偏私也不袒护，既不毁谤也不赞誉，真正做到圆融通达虚静湛然，这样的境界无法用言词准确的表述，只能假借"无"来称呼它。达到这样深妙的境界，还怎么会斤斤计较上面所说的那些差异呢！但是从三皇、伏羲以来，人们却只知道弘扬各自所掌握的道理和方法，师徒代代相传，互不关联交涉。都十分满足这种彼此分别，不再虚心向我之外追求。所以自汉代以来，民风就逐渐由淳朴转为浇薄，仁义之道由盛转衰，没有人传授大道，也很少人来学习《五经》。先王的微言大义不能彰显，道家的无为妙法不能领悟，儒家的中庸礼仪难以明见。总之可以说是礼崩乐坏，风俗衰颓，君臣无道，正教衰微，人伦失序。正是在这个时候，西方的佛法博大精深，统摄天地，贯通群言。从天竺传至东土，天命使然，使华夏广为蒙受其慈风玄德。一时间，百姓众生，无不抛弃昔日所习惯的思想见解与风俗礼仪，无不欢欣鼓舞于今日所新接触的佛化之道，人人洗心革面，相率跟从，圣道精义于是又得以兴盛。于是，可供清谈义理的房舍随处可见，玄言歌咏之人到处都有，这些都并非一般的空谈，而是可以有具体的事例来显见的，这种情况莫不是《易传·序卦传》所说——"万物不能终久的否塞不通，所以接着授予同人卦"的缘故吗？想来圣人之设教化民，有如慈母之哺育婴儿,一开始先以甘甜肥美的食物喂养婴儿,等婴儿对这类食品发腻后,再喂以油脂蜜糖等食物;等到婴儿对这类食物腻烦后,于是小孩子就会身体安定平和,内外协调,这样对孩子的成长益处最大,此中不可妄分哪类食品更好些,哪类食品更差些,不是这样吗?道理就是如此啊。如果不是这样去认识,而是要在夷夏各种教化之间强行分别优劣,妄加褒贬,恰是没有超脱是非分别而达到庄子所言"守其环中"的境界,实在是不值得与之论道。如今二位贤士,反复辩论,以为自己能够做出最正确的裁决,就算得到所谓的解决,如此妄分夷夏,奢论优劣,也不是顺通事物情理的议论,如果真是顺通情理的言论,哪里需要如此推移辩难呢?

　　足下发源开端,明孔老是佛,结章就议,则与夺相悬。何搢绅擎跽^①,为诸华之容,稽首佛足,则有狐蹲之贬?端委馨折^②,为侯甸之恭^③,右膝着地,增狗踞之辱?请问:若孔是正觉,释为邪见,今日之谈,吾不容闻,许为正真,何理鄙诮?既亏畏圣之箴,又忘无苟之礼^④,取之吾心,所恨一也。

　　又云:"全角守祀,继善之教;毁貌易性,绝恶之学。"是商臣之子,有继善之功^⑤;覆障毁落,有绝恶之志。推寻名实,为恨二也。

　　又云:"下弃妻孥,上废宗祀。"夫鬼神之理,冥漠难明,故子路有问,宣尼弗释,当由死生道殊,神缘难测^⑥,岂为圣不能言,良恐贤不能得。三达之鉴^⑦,照之有在。足下已许神化东流,而复以丧祭相乘,与夺无定,为恨三也。

　　又云:"切法可以进谦弱,赊法可以退夸强。"三复此谈,颠倒不类。夫谦弱易回,可以赊和而进,夸强难化,应以苦切乃退,隐心检事,不其然乎。米糠在目,则东西易位,偏着分心，则辞义舛惑。所言乖当，为恨四也。

又云："抑则明者独进，引则昧者竞前。"夫道言真实，敬同高唱，覆载万物，养育众形；而云"明者独进"，似若自私。佛音一震，则四等兼罗，三乘同顺，天龙俱靡；而云"昧者竞前"，亦又近诬。探赜之谈，而妄生疮疣，游辞放发，为恨五也。

又云："佛是破恶之方，道是兴善之术。"破恶之方，吾无间然。夫恶止善行，乃法教所以兴也。但未知兴善之术，术将谁然？若善者已善，奚用兴善？善者非善，又非兴善，则兴善之名，义无所托。今道者善也，复以兴善，取之名义，太为继富，不以振恶，为教褊矣。大道兼弘，而欲局之，为恨六也。

又云："残忍刚愎，则师佛为长；慈柔虚受，则服道为至。"夫摧伏勇猛，回靡残暴，实是牟尼之巨勋，不乖于慧旨，但道力刚明，化功弥远。成性存存，恩无不被，枭鸱革心，威无不制。而云唯得虚受，太为浅略，将无意沦偏著，不悟狭劣伤道邪？披寻第目，则先诚臆说；建言肆论，则不觉情迁。分名难持，为恨七也。

又云："八象西戎诸典，广略兼陈；《金刚》、《般若》，文不逾千。"四句所弘，道周万法。粗妙两施，繁约共有。典法细诚，科礼等碎，精粗横生。言乖乎实，为恨八也。

又云："以国而观，则夷虐夏温。"请问炮烙之苦，岂康竺之刑？流血之悲，讵齐晋之子[8]？刳剔苦害，非左衽之心[9]；秋露含垢[10]，匪海滨之士。推检性情，华夷一揆，虚设温严，为恨九也。

又云："博弈贤于慢游，讲诵胜于戏谑。"寻夫风流所以得传，经籍所以不废，良由讲诵以得通，谘求以成悟，故曰"学而不讲，是吾忧也"。而方之戏谑，太为慢德，请问善诱之筌，其将安寄？初未得意，而欲忘言，为恨十也。

有此十恨，不能自释，想望君子，更为伸之。谢生亦有差参，足下攻之已密，且专所请，不复代匠。

【注释】

①搢(jīn)绅："搢"即搢插之意，指插笏于腰间，"绅"即大带。古时官宦插笏垂绅，后多以搢绅称士大夫。跽：即双膝着地之长跪。

②端委：朝服端正而宽长者曰端委。磬(qìng)折：曲躬如磬之意，表示谦恭。磬，通"磬"。

③侯甸：侯服与甸服。古代王畿外围千里以内的区域。《尚书·伊训》："伊尹祠于先王，奉嗣王祗见厥祖，侯甸群后咸在。"《后汉书·王畅传》："郡为旧都侯甸之国，园庙出于章陵，三后生自新野。"李贤注："五百里甸服，千里侯服。"《南史·齐纪上》："斯实尚父故藩，世作盟主，纪纲侯甸，率由旧则。"

④无苟之礼：指凡事不苟且，遵礼而行。《礼记·曲礼上》："临财毋苟得，临难毋苟免，很毋求胜，分毋求多。"

⑤商臣之子，有继善之功：《史记·楚世家》载：商臣为楚成王的太子，后来杀成王自立，是为穆工。了庄王侣立，楚庄王"三年不鸣，一鸣惊人"，问鼎中原，成就霸业。

⑥神缘：神道因缘。

⑦三达：又称"三明"、"三证法"，指除尽愚暗而于三事通达无碍之智。

⑧流血之悲,讵齐晋之子:意谓对父母尽孝心的不仅仅限于中原之人。《礼记·内则》:"父母怒、不说,而挞之流血,不敢疾怨,起敬起孝。"

⑨左衽(rěn):我国少数民族的服装前襟向左,不同于中原一带的服饰前襟向右,故常以"左衽"指边远地区的少数民族。《尚书·毕命》曰:"四夷左衽,罔不咸赖。"本句意谓纣王那样的恶行,并非夷狄之人做出来的。《尚书·泰誓》:"焚炙忠良,刳剔孕妇。"

⑩秋露:指明珠。

【译文】

在《夷夏论》论中,先生先是明确说孔、老是佛,后来又妄判各教的优劣,前后多有自相矛盾处。怎么能说士大夫们搢笏垂绅、拱手跪拜就是华夏之仪,而印度之人稽首礼佛则要遭受"狐蹲"的贬称? 怎么能说华夏人之鞠躬行礼就是侯服和甸服对王室的恭敬礼仪,而印度人之右膝着地却要遭到"狗踞"的侮辱呢? 请问,如果孔学是正觉,而佛说是邪见,这种说法,着实令人闻不忍闻。先生既然在论中称佛为正真,为何又如此地诽谤佛教呢? 这种做法,实在是既不符合孔子所谓敬畏圣人的箴言,又忘记了"临财毋苟得,临难毋苟免"的礼节,这是我读大论之后的第一个遗憾。

又说:"华夏主张的保全身体之形、持守祭祀之礼,乃是继承天道至善的教化;佛教主张的毁坏容貌、移易天性,乃是断绝情欲罪恶的学问。"这无异于说,楚穆王商臣弑父自立,他的儿子楚庄王,却有"继承天道至善"的功德,而佛教的剃落须发,是为了"断绝情欲罪恶"的目的。仔细考察,此乃名实不符,这是我的第二个遗憾啊!

又说:"佛教下弃妻子儿女,上废先祖宗祀。"鬼神之类,是幽冥莫测的,故当子路问及鬼神时,孔子避而不答。这主要是因为生与死的事理规律不同,其中的神道因缘很难把握;并不是圣人无法谈论它,实在是担心一般贤者尚不能理解它。当然,佛教的三达智是能洞照鬼神之理的。先生在论中似已赞许佛法神妙，泽流东土，此处又以佛教有违华夏丧祭之礼而指责它，岂不是毁誉无定吗？这是我的第三个遗憾。

又说："华夏之儒道为切要之法，可以增进人们的谦虚柔弱之德，印度之佛教为宽容之法，可以消退人们逞能好强之心。"论中多次重复此说，颠来倒去，不伦不类。实际上，"谦弱"是人之本性，容易返回，因此可以徐缓和平地增进，而"夸强"乃是习染所得，一旦形成，很难转化，应该施之以急切简要之法，方能消退。用心对照核查一下我们身边的事例，不都是这样吗？眼睛里如果飞进了粗糠，则会难以分辨东、西，一个人如果偏隘分心，则会造成义理乖谬、言辞错乱，先生所说的，不正是如此吗？这是我的第四个遗憾。

又说："佛言华丽夸张，道言实际谨慎，谨慎就只有明智之士独自精进，夸张则会使愚昧俗众竞相依附。"华夏所说之道，追求真实，提倡诚敬，它覆盖承载万物，养育众形，说"明者独进"，似乎有自私之嫌。而佛祖以一音演说佛法，则婆罗门、刹帝力、吠舍、首陀罗四大种姓无不蒙受教化，大、中、小三乘根机之人无不顺从，诸天与龙神无不拜服；于此竟然说是"昧者竞前"，不是近于诬蔑吗？在探求事物幽深玄妙的谈论中，竟然胡乱引申贴标签，说出如此虚浮不实、放诞无礼的话，实在是令人遗憾啊！这是我的第五个遗憾。

又说："佛教是破恶之方，道教是兴善之术。"说佛教是破除恶习的最好方法，我没有不同的看法。因为只要恶习破除了，善行自然就会产生，这是一切教法产生作用的基本之道。只是不知道论中所说的"兴善之术"是怎么做到的？所兴的又是什么？如果本来即善，又何必再去兴善呢？如果所兴对象本来不善，则不是兴善所能解决的。可见，所谓兴善，是徒有其名，而无其实。又，道本来就是至善本身，又在此善之上再加以兴善，从其名称和内容两方面来看，都是孔子所批评的继富之举。不去拯救为恶之人，却要在善上兴善，作为教法不是很褊狭吗？真正的大道，应该"破恶"与"兴善"同时弘扬，事实上您却把教法局限于"兴善”，无疑是片面的。这就是我的第六个遗憾呀！

又说："残忍而又刚愎固执的人，师从佛法，认为佛法就是最高境界；而慈爱柔弱且又虚心接受的人，因此会信服道家的教化，认为这就是至道。"降伏邪道恶魔，实在是释迦牟尼的巨大功勋，既不违背佛法以智慧度人的宗旨，还因其道的力量严明，所以产生了久远的感化功效。成就万物之本性，保存万物之存有，本是佛法的根本目的，因而佛法的慈恩泽及一切众生，连恶枭与毒鸩都能洗心革面，可见佛法的威力是如此广大无边，无物不蒙受其感化。而你竟然说唯有道家的虚受之教是最高的境界，岂不是过于浅陋简略了吗？莫非是先生的认识沦落到褊狭执着之中，因而不能觉悟到这种褊狭会伤害正道吗？如果要对事物的品第进行评价，就先要告诫他不能凭个人主观想象作无根据的论断；陈述见解，提出意见，则不能因自己的个人感情而随意改变。先生的做法不是这样，自然难以持久，这是我的第七个遗憾啊！

还说："《易经》八卦与西戎的经典，广大与简略兼而有之；而佛教的《金刚经》、《般若心经》，文字不超过千字。"这种说法表明作者根本不懂佛法。在佛法中，最为简略的是一个四句偈，其中弘扬的道理却可以包括万法。但佛法常常是同时作用于粗浅与精妙，共同表现为繁富与简约，因此你还可以看到繁密细致的科教仪轨、教诫经文。可见你说的完全不符合事实。这是我的第八个遗憾。

还说："就地域、国别说，则印度之民性残虐而华夏之民性温和。"请问：炮烙之刑，难道出自印度？对父母尽孝心的，难道仅仅限于中原之人吗？剜心剖腹之苦害，也不是夷狄之人做出来的；虽然本质是冰清玉洁如明珠，但却有忍尤含垢之德，这也并非海滨邹鲁之士一定能做到的。推求考查人之情性，华夏与印度是一样的，先生以温和与严峻来分别夷夏，实在是虚妄啊。这就是我的第九个遗憾。

又说："喜欢下棋胜过浪荡遨游，讲授诵读胜过游戏打闹。"风俗教化之所以能代代相传，大量的经籍之所以能保存下来，讲诵之功实不可没,而加以深入的探求,又使人能从中得到一些启悟,所以孔子说:"学而不讲,是吾忧也。"而把除讲诵之外的一切方法比拟为戏谑,实在是过于怠慢无德了。若如此,请问言语经教作为善于诱导人们入教得道的工具,将寄放在哪里呢? 人们常说"言以寄意,得意忘言",但先生这是尚未得意就想要忘言呀! 这是我的第十个遗憾。

上述十个遗憾,是我读《夷夏论》后所产生的疑惑,还望先生能予以进一步的阐释。谢镇之对《夷夏论》亦有一些不同的看法,先生对他已论难不少。这里不再代他向您讨教了。

疑《夷夏论》谘顾道士

【题解】

本篇由南齐名士朱广之所作。文中系以儒家之立场,认为佛、道二教各有其用,而倡调和说。朱广之提出应平等对待异域文化的观点,并从人性平等的角度提倡夷夏民族及其文化的平等。与坚持夷夏之别的狭隘文化观相比,他的思想实际上反映了比较进步的开放文化观。正是在这种进步文化观的指导下,使佛教文化思想源源不断地输入中国,并自始至终处于中国化过程之中。

朱广之叩头。见与谢常侍往复夷夏之论辩章①,同归之义,可谓简见通微,清练之谈也。至于耽尚端冕之饰②,屏破剪落之素,申以擎跪之恭③,辱以狐蹲之肃,桎束华人,杜绝外法。舟车之喻虽美,平恕之情未笃④;致会之源既坦,筌寄之涂方壅⑤。然则三乘之悟⑥,宿望兹土⑦,六度之津,于今长诀。披经玩理,怅怏良深⑧。谢生贬没仙道⑨,褒明佛教,以羽化之术为浮滥之说⑩,残形之唱为履真之文⑪。徒知己指之为指⑫,不知彼指之无殊,岂所以通方、得意、善同之谓乎⑬?仆夙渐法化⑭,晚味道风,常以崇空、贵无,宗趣一也。

蹄网双张，义无偏取，各随晓人，唯心所安耳。何必龙衮可袭，而璎珞难乘者哉^⑮！自贫来，多务研教沈潜^⑯，缄卷巾牍，奄逾十载。幼习前闻，零落顿尽，蕴志空年，开瞻靡阶。每独慷慨遥夜，辄启旦忘寐，而清心远信^⑰，缠苦弥笃。若夫信不沿理，则轻泛无主，转诮之宾，因斯而起，是以罄率狂管，书述鄙心，愿重为启诲，敷导厥疑。广之叩头。

【注释】

①夷夏之论：南朝宋末齐初时著名道教思想家顾欢撰《夷夏论》，提出夷夏之别，强调华夷间种族不同，地域不同，文化不同，佛教是夷狄之教，应当大力排拒。辩章：通过辩论使明白清楚，此处亦指具体辩论的文章。

②耽尚：爱好，尊崇。端冕：玄衣和大冠，古代帝王、贵族的衣服。

③擎（qíng）跪之恭：拱手跪拜表达恭敬。《庄子·人间世》："擎跽曲拳，人臣之礼也。"

④平恕：平和宽仁。

⑤壅（yōng）：堵塞。

⑥三乘之悟：佛教比喻运载众生渡越生死到达涅槃彼岸之三种法门，即声闻乘、缘觉乘、菩萨乘。声闻闻佛声教而得悟道，缘觉观十二因缘觉真谛理，菩萨求无上菩萨，愿度一切众生，修六度万行。

⑦眢（yǎo）望：远远地望去。眢，形容深远。

⑧怅怏：惆怅不乐的样子。

⑨贬没：贬低埋没。

⑩羽化：指飞升成仙。

⑪履真：践行率真之德。

⑫指：我国古代哲学术语，指事物的共性、概念或指称。

⑬通方：通晓道术。得意：领会旨意。

⑭仆：古时男子谦称自己。渐：熏染，习染。法化：佛教语。佛教的
　教化。

⑮"何必"二句：意谓何必认为传统的教化可以继承，外来的佛教难
　以接受。《礼记·礼器》："礼有以文为贵者：天子龙衮，诸侯黼，
　大夫黻，士玄衣纁裳。"璎珞为珠玉或花等编缀成饰物，可挂在头、
　颈、胸或手脚等部位，印度一般王公大臣皆佩戴。

⑯敩（xiào）：效法，模仿。

⑰清心：心境恬静，无思无虑。

【译文】

　　朱广之叩头。看到谢常侍与顾道士往复探讨夷夏关系的辩论文章，二者都具有相同的旨归，可以说是简要高见，通达精深，是清楚简练的言辞。然而顾道士很多地方崇尚夸耀衣帽的装饰，摒弃佛教徒身穿剪落破败的粗布，认为华夏士大夫的跪拜之礼是恭敬的，而辱骂佛教的坐姿像狐狸下蹲的姿势一样，借此束缚华夏人，不允许人们学习外来的佛法。身车的言辞比喻虽然美好，持平宽仁的情理却没有笃实；到达会通境界的源头平坦了，去捕鱼的道路却依旧被堵塞。那么对三乘佛法的体悟，就好像是远远地望着这片土地，六度的修习方法，与现世永久断绝。翻开经书玩味道理，感慨良多。谢镇之常侍贬低埋没仙道，褒奖佛教，认为飞升成仙的思想是浮华的学说，把残害身形的学说作为践行率真之德的道理。只知道自己的宗旨是宗旨，不知道别人的和自己的没有什么差别，难道这就是所说的通晓道术、领会旨趣、善会同异吗？我早年领受佛法的教化，晚年体味道教的风骨，常常认为"崇空"与"贵无"，二宗的旨趣是一致的。佛教和道教，像捕兔之蹄打渔之网一样张开，没有什么偏向和取舍，各自随通晓的人来取舍，只要心安就够了。何必认为传统的教化可以继承，外来的佛教难以接受呢！我自从陷入

贫困以来，多数时间致力于研究效法佛教，沉潜其中，刻苦钻研，超过十年。小时候学习前人的知识，现在零零落落都快忘光了，怀着志向过了很多年，眼界开阔有所精进。每次独自感慨遥望夜空，就会直到天亮都忘记了睡觉，而心境恬静，信从教化，虽然生活艰苦，但意志更加坚定。如果说只信仰，从不遵循理论，就会轻浮没有主导，那些轻率地互相指责的人，因为这而兴起，所以尽力运用自己的笔，书写表述我的想法，希望您能重新启发教诲我，帮助引导，解答疑惑。广之叩头。

论云：擎跽馨折，侯甸之恭也；狐蹲狗踞，荒流之肃也。

疑曰：夫邦殊用隔，文自难均①，至于各得所安，由来莫辨。侯甸之容所言当矣，狐狗之目将不独伤。

论云：若谓其致既均，其法可换者，而车可涉川，舟可行陆乎？必不可也。

疑曰：夫法者所以法情，情非法也。法既无定，由情不一，不一之情，所向殊涂②，刚柔并驰，华戎必同③。是以长川浩漫，无当于此矣；平原远陆，岂取于彼耶？舟车两乘，何用不可？

论云：既不全同，又不全异，下弃妻孥，上废宗祀。

疑曰：若夫废祀于上，不能绝弃于下；此自拟异入同，非同者之过也。宁可见犁牛不登宗庙之用④，而永弃于牢饩之具耶？

论云：嗜欲之物⑤，皆以礼伸；孝敬之典，独以法屈。悖德犯顺，曾莫之觉。

疑曰：若悖德犯顺，无施而可；慈敬惠和，触地而通。是以损膳行道，非征凶之宅；服冕素餐⑥，非养正之方。屈申之望,可相绝于此矣。

论云:理之可贵者,道也;事之可贱者,俗也。今舍华效夷,义将安取? 若以其道,邪道固符合矣。若以其俗,邪俗则天乖矣⑦。

疑曰:至道虚通,故不爵而尊;俗无不滞,故不黜而贱。贱者不能无累,尊者自然天足⑧,天足之境既符,俗累之域亦等⑨。道符累等,又谁美谁恶? 故俱是圣化,唯照所惑,惑尽明生,则彼我自忘。何烦迟迟于舍效之际,耿介于华夷之间乎⑩?

【注释】

①文:指礼节仪式。

②殊涂:不同的道路。涂,同"途",道路。

③华戎:这里指中国和印度。

④犁牛不登宗庙之用:《论语·雍也》:"子谓仲弓,曰:'犁牛之子骍且角,虽欲勿用,山川其舍诸?'"意思是,孔子谈到冉雍时说:"杂色牛生的小牛长着赤色的毛和周正的角,虽然不想用它来作祭祖,山川之神难道肯舍弃它吗?"犁,又作"犂",杂色。

⑤嗜欲:指肉体感官上追求享受的要求。

⑥服冕:穿着礼服。服,穿着。

⑦邪俗:邪淫的习俗。

⑧天足:优裕,充足。

⑨俗累(súlèi):世俗的牵累,烦冗的杂务。

⑩耿介:心中不安。晋潘岳《秋兴赋》:"宵耿介而不寐兮,独展转于华省。"

【译文】

您在文中说：拱手跪拜，弯折身体，是下臣对王侯的恭敬；像狐狸和狗一样蹲着，是边远地区恭敬的姿态。

我质疑说：国家不同，各种礼仪的使用也不同，礼节仪式本来就很难一样，各自都安于自己的方式，从古到今没有人争辩。如果说拱手跪拜表示下臣对王侯大臣的恭敬这句话是恰当的，那狐狗的比喻就是出口伤人了。

论说：如果说礼节仪式已经一样，方法可以变换，那么车可以穿过河川，舟可以在路上行走吗？一定不可以。

质疑说：所谓的法，是根据情理来的，但人情不是法。法不是固定的，因为情理不是统一的，不统一的情况，就会有不同的法，一刚一柔，并道而行，华夏与印度必定会一样。因此大河浩荡广阔，乘车是不恰当的；平原与遥远的陆地，难道会去坐船吗？舟和车两种交通工具，哪一种不能用呢？

论说：既不能全同，又不能全异，对下抛弃妻子，对上废除宗庙祭祀。

质疑说：如果说在上抛弃祭祀，在下不能摒弃妻子儿女，这是从存异求同，不是同者的过错。难道宁愿见到杂色牛生下的小牛不在宗庙祭祀上使用，而永远不能当做祭祀的牺牲吗？

论说：人们对物质的嗜好和欲望，都要用礼教来约束；孝敬的标准，独用礼法来确定。佛教悖乱道德，违犯孝顺之礼，却没有觉察到。

质疑说：至于违背德行触犯孝顺，不用采取措施就可解决；慈爱恭敬，贤惠平和，到处可以通透。因此，减少饮食来修道，不是征服恶行的办法；穿着礼服吃斋饭，并不是修养正道的方法。您想要这方面屈佛申道，可能在这里难以办到。

论说：道理中最可贵的是道，最卑贱的事情是世俗。现在舍弃中华效法蛮夷，到哪里去求道义呢？如果要用它的道理，其道理只是符合邪魔外道。如果用它的风俗，那么邪淫的习俗是违背天理的。

质疑说：最高深的道理虚静通达，所以不用封号也是至尊的；世俗无不滞塞，就算不被贬斥也会被人看不起。卑贱者总是有很多牵累，至尊者自然天生充足，充足的境界能够符合大道，面对世俗的牵累也平等无二。道理符合，世俗的牵累平等，又有什么谁美谁恶呢？所以都是圣化，唯有照亮迷惑，迷惑完全消失了，就会生起智慧光明，就会忘了彼我，超越一切二元对立。何必在舍弃与效法之间徘徊烦恼呢，又怎么会在中原和蛮夷之间感到不安呢？

论云：无生之教赊①，无死之化切。切法可以进谦弱②，赊法可以退夸强。

疑曰：无生即无死，无死即无生。名反实合，容得赊切之别耶？若以迹有差降，故优劣相悬者，则宜以切抑强，以赊引弱。故孔子曰："求也退，故进之；由也兼人，故退之。"③致教之方，不其然乎？

论云：佛教文而博，道教质而精，精非粗人所信，博非精人所能。

疑曰：夫博闻强识④，必缘照远广；敦修善行，必因理入微；照明则理无不精，理精则明无不尽。然则精博同功⑤，相为利用。博犹精也，岂粗人所能信？精犹博也，岂弘通所独阙⑥？

论云：佛言华而引，道言实而析；析则明者独进，引则昧者竞前。

疑曰：夫华不隔理，则为达鉴⑦，所陶实未届虚，故为钻赏。所陶业有序者，为质昧耶？为待明耶？若其质昧，则明不独进；若必待明，则昧不获前；若明昧俱得，何须抑引？妙况难章，所宜更辩。

【注释】

①无生：佛教语，没有生灭，不生不灭。晋王该《日烛》："咸淡泊于无生，俱脱骸而不死。"

②谦弱：谦虚柔弱。

③"求也"四句：《论语·先进》："子曰：'求也退，故进之；由也兼人，故退之。'"意思是："冉求平日做事，过分谨慎，所以我给他壮胆；仲由的胆量却有两个人的大，勇于作为，所以我要压压他。"这是典型的因材施教、因人而教的范例。

④博闻强识：见闻广博，记忆力强。《礼记·曲礼上》："博闻强识而让，敦善行而不怠，谓之君子。"

⑤精博：精深博大。

⑥弘通：宽宏通达。

⑦达鉴：明察，透彻了解。

【译文】

论说：无生的教化为广博深邃之法，无死的教化为切要浅近之法。切要浅近的方法能够增进人们的谦虚柔顺，广博深邃的方法可以减少人们的逞能好强之心

质疑说：没有生命就没有死亡，没有死亡就没有生命。名字相反，实际上是统一的，怎么容得下有广博深邃和切要浅近的不同呢？如果因为在事情表面上有不同，就认定优秀和拙劣相差很远，那应该以切法抑制强大，以赊法引导至柔弱。所以孔子说："冉求平日做事，过分谨慎，所以我给他壮胆；仲由的胆量却有两个人的大，勇于作为，所以我要压压他。"教学的方法，不就是这样么？

论说：佛教文雅博大，道教朴实精深，精深不是粗人能够理解的，博

大又不是精明人所能做到的。

质疑说:学识渊博,记忆力很好,必须依靠内心广博的观照;悉心做好事,必须根据精微的道理;如果观照明亮通透,就没有不精微的道理,道理精微则心中光明无所不穷尽。这样精深和博大功用相同,互为己用。博大就是精深,这岂是粗人所能相信的吗? 精深也就是博大,岂是博大宽宏所缺少的呢?

论说:佛语华丽注重引导,道语朴实注重分析;注重分析则只有明智的人可以独自进步,强调引导则愚昧的人争相向前。

质疑说:华丽的语言只要与道理融合,就是透彻的了解,用来教化的语言确实没有空话,就能深入人心。被教化的人本性是愚笨的么? 是等待变明白么? 如果他的本质愚笨,那么通过教化也很难让他明白;如果必须等到变明白,那么愚笨也得不到改变;如果聪明的、愚笨的都得到了改善进步,何必要压抑引导呢? 奇妙的情况难以用什么语言文字来规定,适合什么需要辨别清楚。

论云:佛经繁而显,道经简而幽。幽则妙门难见①,显则正路易遵。遵正则归涂不迷②,见妙则百虑咸得③。

疑曰:简则易从,云何难见? 繁则难理,岂得易遵? 遵正则归涂不迷,可以阶道之极,虽非幽简,自然玄造④,何假难明之术,代兹易晓之路哉?

论云:若残忍刚愎,则师佛为长。慈柔虚受⑤,则服道为至。

疑曰:夫邪见枉道,法所不存。慈悲喜舍,是所渐录,喜则能受,舍亦必虚,虚受之义,宿然复会。未知残愎之人更依何法? 若谓所受者异,则翻成刻船,何相符之有乎?

论云:佛是破恶之方,道是兴善之术。又以中夏之性⑥,

不可效西戎之法⑦。

疑曰：兴善之谈美矣，勿效之言侮矣。意所未安。请问，中夏之性与西戎之人，为夏性纯善，戎人根恶？如令根恶，则于理可破；使其纯善，则于义可兴。故知有恶可破，未离于善；有善可兴，未免于恶。然则善恶参流，深浅互别。故罗云慈惠⑧，非假东光；桀跖凶虐⑨，岂钟西气？何独高华之风，鄙戎之法耶？若以此善异乎彼善，彼恶殊乎此恶，则善恶本乖，宁得同致？

【注释】

①妙门：佛、道教指领悟精微教理的门径。语出《老子》："玄之又玄，众妙之门。"

②归涂：归途。

③百虑：各种思虑，许多想法。《周易·系辞下》："天下同归而殊涂，一致而百虑。"

④玄造：造化。

⑤慈柔：仁慈温和。虚受：虚心接受。《周易·咸》："山上有泽，咸。君子以虚受人。"孔颖达疏："君子以虚受人者，君子法此《咸》卦，下山上泽，故能空虚其怀，不自有实，受纳于物，无所弃遗。"

⑥中夏：指华夏，中国。

⑦西戎：古代西北戎族的总称，这里指古印度。

⑧罗云：梵名 Rahula。佛陀十大弟子之一，又作罗护罗、罗怙罗、罗吼罗、曷罗怙罗，意译作覆障、障月、执日。以其生于罗侯罗阿修罗王障月蚀时，又因六年处于母胎中，为胎所覆，故有障月、覆障之名，出家后成为佛陀十大弟子之一。事迹可见《罗云忍辱经》。慈惠：仁爱。《左传·成公十二年》："于是乎有享宴之礼，享以训"

共俭,宴以示慈惠。共俭以行礼,而慈惠以布政。"

⑨桀跖:夏桀、柳下跖,泛指凶恶残暴的人。夏桀,又名癸、履癸,谥号桀,夏朝第十六代君主发之子,在位52年,历史上著名的暴君。柳下跖,春秋时大盗。《庄子·盗跖》:"孔子与柳下季为友,柳下季之弟名曰盗跖。盗跖从卒九千人,横行天下,侵暴诸侯。穴室枢户,驱人牛马,取人妇女。贪得忘亲,不顾父母兄弟,不祭先祖。所过之邑,大国守城,小国入保,万民苦之。"

【译文】

论说:佛经繁多但明显,道经简单但幽隐。幽隐则领悟精微教理的门径难以见到,明显就很容易遵照正确的路走。遵照正确的路走就不会迷失,见到了妙门那么各种疑虑就可以解开了。

质疑说:简单则容易遵从,为什么说难以明白呢?繁多的话就难以理清,岂会容易遵从呢?遵照正确的路就不会迷失,可以一步步到达大道的终极顶端,虽然并不是深刻简明,但是自然而然,玄妙造化,为何还要借助难以明白的方法,代替容易明白的道路呢?

论说:人如果残忍又固执己见,则师法佛教最好;而人如果慈悲柔和又虚静包容,则服从道教为至上。

质疑说:那些偏见冤枉了佛法,佛法并不是这样的。慈悲喜舍,是佛教所重视的,喜悦则能柔和包容,舍弃也就必定虚静,慈悲柔和又虚心包容的意义自然就领会了。不知道残忍、固执己见的人还依照什么方法呢?如果说所包容的有不同,那么反倒与刻舟求剑一样不知变通,事与愿违,哪里来的相互符合呢?

论说:佛教是破除邪恶的方法,道教是兴起善行的方法。又认为华夏民族的性情,不可仿效西戎的制度准则。

质疑说:兴起善行的言论好啊,但是说不要仿效西戎的话就有所侮辱了。我心中有所不安。请允许我问,中原人与西戎人的性情,是不是中原人本性纯正善良,西戎人生来就邪恶?如果真是这样那么邪恶在情理上是可以破除的,使他们变得纯正善良在道义上是可以兴起的。因而知道有邪恶可以破除,那么他们没有背离善行;有善心可以兴起,那么说明他们也没有免于陷入邪恶。这样说来善恶混杂,只是程度上有区别。因而罗云慈爱恩惠,并不是凭借东土中夏之光;夏桀、柳下跖凶残暴虐,又难道是汇聚西戎之气造成的?为何独独崇尚华夏之风,而鄙视西戎的佛法呢?如果认为自己的善行和别人的善行有区别,别人的邪恶和自己的邪恶不同,那么善恶本来就互相违背不协调,岂能认为佛教和道教是一致的?

论云:蹲夷之仪①,娄罗之辩②,犹虫谨鸟聒,何足述效③。

疑曰:夫礼以申敬,乐以感和。虽敬由礼申,而礼非敬也;和同乐感,乐非和也。故上安民顺则玉帛停筐,风淳俗泰则钟鼓辍响。又钟帛之运,不与二仪并位,盖以拯顿权时④,不得已而行耳。然则道义所存,无系形容,苟造其反,不嫌殊同。今狐蹲狗踞,孰曰非敬?敬以申心,孰曰非礼?礼敬玄符,如徒舍含识之类,人标其所贵,贵不在言,言存贵理。是以麟凤怀仁,见重灵篇⑤,猩猩能语,受蚩礼章⑥。未知之所论,义将何取?若执言损理,则非知者所据⑦;若仗理忘言,则彼以破相明宗。故李叟之常,非名欲所及⑧;维摩静默,非巧辩所追⑨。检其言也,彼、我俱遣;寻其旨也,老、释无际。俱遣则濡沫可遣⑩,无际则不负高贵。何乃远望波若,名非智慧,便相挫蠛⑪,比类虫鸟?研复逾日,未惬鄙怀。且方俗殊韵,岂专胡夏?近唯中邦,齐鲁不同,权舆偝落⑫,亦古今代述,以其无妨指录,故传授世习。若其非也,则此未为是;如其是也,则彼不独非;既未能相是,则均于相非。

想兹汉音，流入彼国，复受虫讙之尤，鸟聒之诮，娄罗之辩，亦可知矣。一以此明，莛楹可齐⑬；两咎兼除，不其通乎？夫义奥渊微，非所宜参，诚欲审方玄匠，聊申一往耳。倾心遥伫，迟闻后裁。

【注释】

①蹲夷：踞坐。古代看作是野蛮、无礼的举动。汉贾谊《新书·等齐》："诸侯王所在之官卫，织履蹲夷，以皇帝在所官法论之。"

②娄罗：委曲，繁琐。清黄生《义府》卷下："娄罗，别作㼈缕，犹言委曲也。言梦中事委曲不能的知其故。"

③"犹虫讙（huān）"二句：讽刺佛教异域僧人所讲语言难以听懂，不足效法。述效，效仿。

④拯顿：整顿。

⑤"麟凤"二句：《礼记·礼运》："麟凤龟龙谓之四灵。"《春秋公羊传·哀公四年》："麒麟者仁兽也，有至者则至，无王者则不至。"

⑥"猩猩"二句：《礼记·曲礼上》："鹦鹉能言，不离飞鸟；猩猩能语，不离禽兽。今人而无礼，虽能言，不亦禽兽之心乎？"

⑦知：同"智"，有智慧的。

⑧"故李叟"二句：《老子》第一章："无名天地之始，有名万物之母。故常无欲以观其妙，常有欲以观其徼。"

⑨"维摩"二句：《维摩诘经·入不二法门品》："仁者当说，何等是菩萨入不二法门？时维摩诘默然无言。"

⑩濡沫可遣：《庄子·大宗师》："泉涸，鱼相与处于陆，相呴以湿，相濡以沫，不如相忘于江湖。与其誉尧而非桀也，不如两忘而化其道。"

⑪蹙（cù）：皱眉头。

⑫权舆俶（chù）落：比喻事情刚开始。

⑬莛（tíng）楹可齐：《庄子·齐物论》："故为是举莛与楹，厉与西施，

恢诡谲怪，道通为一。"意思是：所以可以列举细小的草茎和高大的庭柱，丑陋的癞头和美丽的西施，宽大、奇变、诡诈、怪异等千奇百怪的各种事态来说明这一点，从"道"的观点看它们都是相通而浑一的。

【译文】

论说：踞坐这种野蛮的礼仪，繁琐的辩词，就像虫鸟的聒噪，哪里值得遵循仿效呀。

质疑说：礼节是用来表达敬意的，音乐是用来增进和谐的。虽然敬意是用礼仪来表达的，但礼仪并非敬意；和谐是从音乐中感知的，但音乐不是和谐。所以上层安宁百姓和顺，各种礼仪就会停止使用，风俗淳朴安定，各种音乐就会停止奏响。礼乐是不与阴阳二仪并列的，只不过为整顿风俗审时度势，是不得已而为之。既然这样，那么道义的存在，无法形容，如果出现相反的事物，也不会嫌弃不同。如今狐狗蹲踞，谁说不是表达敬意呢？敬意是用来表达心情的，谁说不符合礼仪呢？礼仪敬意相符，如果仅仅舍弃众生，标明他们自己显贵，而显贵不在于言谈，而是言谈中包含的珍贵道理。因此麒麟凤凰等灵兽怀有仁善之心，在讲解动物灵性的古书篇章中受到重视，猩猩会说话，却在《礼记》中受到讽刺。不知道您所议论的，又有什么道义？如果执着言谈破坏道理，就不是智者所依靠的；如果仗着道理而忘记言论，那这就是破除虚妄的外相来明悟根本宗旨。所以老子的常道，不是名称欲望所能达到的；维摩诘的默然无言，不是巧言辩词所能追及的。探查他们的言论，可以知道他们超越了彼此对立；探索其中的主旨，老子、释迦牟尼都达到了虚空无边的境界。遣除一切语言形象，甚至连相濡以沫也应该超越，虚空无边就没有高贵之分。为何远远观望般若，认为其名称不是智慧，就进行折损，把佛教比喻成虫鸟之类呢？又研究了很多天，还是不能使我鄙陋的心满意。况且各地习俗乐音不同，又岂仅仅是胡夏之地？从近处说，中原的邦邻齐鲁风俗就不同，从开始到现在，这也是古今一代代传述的,因为它们不妨碍记录,所以世代传授学习。如果它错了,那这未必正确;如果它是对的,那也不能说另一方是不合理的。既然不能互相认为是正确的,那互相认为是不正确的也平等了。想想我们的中原口音进入其他国家,也会受到像虫叫鸟聒的讥诮,觉得我们的话是繁琐的辩词也就可想而知了。一旦这些明了,就会明白细小的草茎和高大的庭柱一样大小;两种偏激过头的观点都清除了,这不是就通达了吗? 大道深奥微妙,不是一般的人所能参悟透的,确实想向领悟玄道的人询问,让他们来畅谈自己亲自体悟的思想。希望能够倾听到通达的解释,然后再裁决。

驳顾道士《夷夏论》

【题解】

　　本篇由南北朝时期南朝宋齐之际释慧通法师所作,代表当时佛教僧人对夷夏之论的典型看法。这篇文章第一次非常明确地将《老子》五千文即《道德经》与道教严格地区别,并且这一思想通贯全篇。其重要的思想如下:第一,针对顾欢引伪道经证明老子为佛教的远祖,慧通亦引佛教经典对抗,证明老子和孔子都是释迦牟尼的徒弟,这是典型的"以子之矛攻子之盾"做法。第二,关于道经,除《老子》外,慧通认为其余并皆"淫谬之说"、"穿凿之谈",道教仙化入道之说,毫无根据。慧通批评顾欢不懂"泥洹"即是"灭度"的意思。慧通攻击道教"无死"之说。他多借用《老子》来论证自己的观点,用老子之"道"批评道教之"道"。

　　余端夏有隙,亡事忽景,披顾生之论①,昭如发蒙。见辩异同之原,明是非之趣,辞丰义显,文华情奥。每研读忘倦,慰若萱草②。真所谓洪笔君子有怀之作也③。然则察其旨归,疑笑良多。譬犹盲子采珠,怀赤菽而反以为获宝④;聋宾听乐,闻驴鸣而悦用为知音。斯盖吾子夷夏之谈,以为得理,其乖甚焉。见论引道经,益有昧如。昔老氏著述,文只五千，其余淆杂并淫谬之说也。而别称道经⑤，从何而出？既非老氏所创，宁为真典？庶更三思，傥祛其惑。

论云：孔、老非佛，谁则当之？道则佛也，佛则道也。以斯言之，殆迷厥津。故经云："摩诃迦叶彼称老子，光净童子彼名仲尼⑥。"将知老氏非佛，其亦明矣。实犹吾子见理未弘，故有所固执。然则老氏、仲尼，佛之所遣，且宣德示物祸福，而后佛教流焉。然夫大道难遵，小成易习⑦，自往古而致叹，非来今之所慨矣。老氏著文五千，而穿凿者众⑧。或述妖妄，以回人心；或传淫虐，以振物性。故为善者寡，染恶者多矣。仆谓搢绅之饰，磬折之恭，殡葬之礼，斯盖大道废之时也⑨，仁义所以生，孝敬所以出矣。智欲方起，情伪日滋，圣人因禁之以礼教，制之以法度。故礼者，忠信之薄，乱之首也⑩。既失无为，而尚有为，宁足加哉？夫剪发之容，狐蹲之敬，永沈之俗。仆谓华色之不足吝，货财之不可守，亦已信矣。老氏谓五色所以令人目盲⑪，多藏秘之后失，故乃剪发玄服⑫，损财去世，让之至也。是以太伯无德，孔父加焉，斯其类矣。夫胡跪始自天竺，而四方从之。天竺天地之中，佛教所出者也。斯乃大法之整肃⑬，至教之齐严。吾子比之狐蹲，厥理奚征？故夫凶鬼助恶，强魔毁正，子之谓矣。譬犹持瓢欲减江海，侧掌以蔽日月，不能损江海之泉，掩日月之明也。至夫太古之初⑭，物性犹纯，无假礼教而能缉，不施刑罚而自治。死则葬之中野，不封不树，丧制无期⑮。哀至便哭，斯乃上古之纯风⑯，良足效焉。子欲非之，其义何取？

【注释】

① 顾生:顾欢,生卒年不详,字景怡,吴郡盐官(今浙江海宁)人,南朝齐著名道教学者。南朝道释斗争中的著名人物,见释、道二家互相非毁,欲辨其是与非,于刘宋末作《夷夏论》,以论释、道二家的是非、优劣。

② 萱草:一种草本植物,传说可以使人忘忧。《诗经·卫风·伯兮》:"焉得萱草,言树之背。"

③ 洪笔:大笔,比喻擅长写文章。晋郭璞《〈尔雅〉序》:"英儒赡闻之士,洪笔丽藻之客,靡不钦玩耽味,为之义训。"

④ 赤菽(shū):红豆。

⑤ 道经:道家或道教的经典。

⑥ "摩诃"二句:此说法出于佛教经典,智颉《维摩经玄疏》卷一云:《清净法行经》云,摩诃迦叶应生震旦,示名老子。光净童子,名曰仲尼。

⑦ "然夫"二句:《史记》卷四十七《孔子世家》引子贡言曰:"夫子之道至大也,故天下莫能容夫子。"《庄子·齐物论》:"道隐于小成,言隐于荣华。"

⑧ 穿凿:牵强附会。《汉书·礼乐志》:"以意穿凿,各取一切。"

⑨ 大道废之时:《老子》第十八章:"大道废,有仁义,智慧出,有大伪,六亲不和,有孝慈,国家昏乱,有忠臣。"

⑩ "故礼者"三句:《老子》第三十八章:"夫礼者,忠信之薄,而乱之首。"意思是:"礼"这个东西,是忠信的不足,是祸乱的开端。

⑪ 五色:泛指各种颜色。《老子》第十二章:"五色令人目盲,五音令人耳聋,五味令人口爽。"

⑫ 玄服:黑色衣服。《文选·宋玉〈高唐赋〉》:"必先斋戒,差时择日,简舆玄服。"李善注:"冬王水,水色黑,故衣黑服。"

⑬ 大法:佛教语,大乘佛法。《法华经·序品》:"今佛世尊,欲说大

法,雨大法雨,吹大法螺,击大法鼓。"

⑭太古:远古,上古。《荀子·正论》:"太古薄葬,故不扣也。"

⑮"死则"三句:《周易·系辞下》:"古之葬者,厚衣之以薪,葬之中野,不封不树,丧期无数。后世圣人易之以棺椁,盖取诸《大过》。"

⑯上古:远古。《周易·系辞下》:"上古结绳而治,后世圣人易之以书契。"

【译文】

我在夏天有空闲时间,又没有大的事情,翻看顾欢的文章,豁然贯通,就好像开启了蒙蔽的心灵。文章分辨事物不同的根源,明白是非的旨趣,语言优美意义清楚,文章华丽内涵深奥。每次我研读都忘了疲倦,快乐得像得到了忘忧的萱草一样。真正是洪笔君子有感而发的作品啊。然而仔细观察文章的意义,疑问很多。就像瞎子寻找珠宝,揣着红豆而反倒认为得到了宝物;聋子听音乐,听到驴叫而高兴地认为是美妙之音。这和顾欢对夷夏关系的谈论一样,自以为得理,实际上其中有很多不合理的地方。发现这文章很多地方引用道经,更加表现出作者愚昧无知。原来老子著书时,只写了五千字,其余的道经混杂着邪恶荒谬的思想。而这些又称为道经,它们是从哪里来的呢?既然不是老子创作的,难道是真的重要文献吗?希望能够经过再三思考,或许能祛除其中的疑惑。

文章说:孔子、老子不是佛,那谁能担当佛呢?道就是佛,佛就是道。这种说法,实在是大错特错。所以佛经说:"摩诃迦叶他们称为老子,光净童子他们称孔子。"因此知道老子不是佛,这就明白了。事实上由于您没有看到真正的道理,因此才固执己见。这样老子、孔子,都是佛派遣来的,并且宣扬道德,教导事物的福祸道理,从此之后佛教流传。然而大道难以遵循,小的成就容易习练,自古以来就令人感叹,而不是当今才令人感慨的。老子写了五千字的文章,然而曲解的人很多。有的叙述怪异荒诞的事,来使人心回归;有的宣传邪恶残暴的思想,来使人心动摇。因此做善事的人少,受坏思想影响的多了。那些王公贵臣的衣服装饰,跪拜恭敬的礼节,人死陪葬的礼制,是大道废止的时代所表现出来的,仁义因此产生,孝敬因此出现了。智力欲望刚刚兴起时,感情虚伪也渐渐滋生,圣人于是用礼教来禁止这些,用法度来遏制。所谓"礼"这个东西,是忠信的不足,是祸乱的开端。既然失去无为,而更加崇尚有为,这值得赞赏吗?剪掉头发的外貌,像狐狸一样蹲着表示的敬意,永远表现为俗事了。我认为繁华的颜色不值得珍惜,货财不可能保有,也是确实的事。老子说五色让人眼睛迷乱,藏起太多东西很容易丢失,所以就剪掉头发穿上玄服,抛弃了财产远离尘世,这是谦让的最高境界。因此太伯没有世俗有为的品德,孔父赞扬他,说的就是这类事情啊!那胡人跪拜的礼节始自天竺,四方世界的人都效法。天竺位于天地正中央,是佛教产生的地方。这是用来表现大乘佛法的整肃,至高宗教的统一严整的。您把这种坐姿比作狐蹲,就道理讲怎能合理呢?因此说凶恶的魔鬼帮助恶人,强大的魔鬼毁灭正义,说的就是您这样的人啊!这就像拿着瓢想减少江海里的水,侧着手掌来遮挡日月一样,既不能减少江海的水,也不能遮掩日月的光明。至于太古时代开始时,事物的本性纯洁,不用礼教就能和睦,不用刑罚就能太平。死了就葬在野外,不筑坟不立碑,守丧没有时间限制。伤心了就哭,这就是上古的淳朴风气,很值得效仿。您如果要否定它,道义到哪里去寻求呢?

又道佛二教,喻之舟车,夫有识闻之,莫不莞尔而笑。仆谓天道不言,圣人无心①,是以人能弘道,非道弘人②。然则对人神鉴,靡所不通。智照宁有不周③,而云指其专一,不能兼济。譬犹灵辉朝觌④,称物纳照,时风夕洒,程形赋音,故形殊则音异,物异则照殊。日不为异物而殊照,风不为殊形而异音,将知其日一也,其风一也,禀之者不同耳。吾子以为舟车之喻,义将焉允?然夫大教无私,至德不偏,化物共旨,导人俱致。在戎狄以均响,处胡汉而同音。圣人宁复分地殊教,隔宇异风,岂有夷耶?宁有夏耶?昔公明仪为牛弹清角之操,伏食如故,非牛不闻,不合其耳也。转为蚊虻、孤犊之声,于是奋耳掉尾⑤,蹀躞而听之⑥。今吾子所闻者,盖蚊虻之音也。夷夏之别斯旨何存?

【注释】

①圣人无心:典故出自《道德经》第四十九章:圣人无常心,以百姓心为心。

②"是以人能"二句:语出《论语·卫灵公》:"子曰:'人能弘道,非道弘人。'"意为人能弘道,而不能用道来弘扬人。

③智照:佛教语,谓智慧遍照。南朝宋谢灵运《和范光禄祇洹像赞·佛赞》:"惟此大觉,因心则灵,垢尽智照,数极慧明。"

④灵辉:太阳。觏(gòu):遇见。

⑤掉尾:摇尾巴。

⑥蹀躞(diéxiè):行进艰难的样子。

【译文】

您又把道佛两教,比作船与车,有识之士听说了,没有不笑的。我认为天道不言,圣人没有固定不变的意志,所以说道由人来弘扬,而不是由道来弘扬人。那么说人所具有的神明鉴赏能力,面对万物无所不通。光明智慧遍照万物,没有不周全涵括的,但您又说它是专一的,不能兼收并济。其实就好像太阳的光辉在早上洒落,万物可以根据所需去吸取,晚风吹起,不同的事物得到不同的声音,所以外形不同则声音不同,事物不同得到的光照也不同。太阳不会因为不同的事物而有不同的照耀,风也不会因为事物不同的外形而有不同的声音,所以知道太

阳是一样的,风也是一样的,禀承的事物不同罢了。您把它们当做舟车
的比喻,从道义上讲公允吗?所谓大教是没有私心的,最好的德行没有
偏爱,感化外物都是同一个宗旨,教导人都是一致的。在戎狄都是一样
的响声,处在胡汉也是一样。圣人只是分不同的地方进行教育,隔不同
的房屋有不同的风,岂分蛮夷和华夏呢?昔日公孙仪给牛弹清角曲调
的琴曲,牛却像没听到一样,仍旧像原来一样低头吃草,不是牛没有听
到琴声,而是因为这种曲调它根本听不懂。后来公明仪改变了弹法,模
仿蚊虻嗡嗡的叫声和离群的小牛犊寻母牛的哀鸣声,于是那头老牛立
刻竖起耳朵,甩着尾巴,迈着小步,来回走着谛听。现在您听到的确实
是蚊虻的声音啊!区别蛮夷和华夏,其宗旨又在哪里呢?

又云:下弃妻孥①,上废宗祀②。嗜欲之物③,皆以礼申;
孝敬之典,独以法屈。

夫道俗有晦明之殊,内外有语默之别。至于宗庙享祀,
禘祫皇考④,然则孝敬之至,世莫加焉。若乃烟香夕台,韵法
晨宫,礼拜忏悔⑤,祈请无辍⑥,上逮历劫亲属,下至一切苍
生,若斯孝慈之弘大,非愚瞽之测也⑦。夫国资民为本,君恃
民而立,国之所以宁,乃民之力。推如来谈,似为空设。

【注释】

①妻孥(nú):妻子儿女。

②宗祀:对祖宗的祭祀。《孝经·圣治章》:"昔者周公郊祀后稷以
配天,宗祀文王于明堂以配上帝。"

③嗜欲:嗜好与欲望。多指贪图身体感官方面享受的欲望。《荀
子·性恶》:"妻子具而孝衰于亲,嗜欲得而信衰于友,爵禄盈而
忠衰于君。"

④禘祫(dìxiá)皇考：指帝王祭祀始祖的礼仪。《礼记·王制》："天子诸侯宗庙之祭，春日礿，夏日禘，秋日尝，冬日烝。天子祭天地，诸侯祭社稷，大夫祭五祀。天子祭天下名山大川，五岳视三公，四渎视诸侯，诸侯祭名山大川之在其地者。"

⑤礼拜：信教者向神行礼致敬。忏悔：佛教语。梵文 ksama，音译为"忏摩"，省略为忏，意译为悔，合称为"忏悔"。佛教规定，出家人每半月集合举行诵戒，给犯戒者以说过悔改的机会。后遂成为自陈己过，悔罪祈福的一种宗教仪式。引申为认识了错误或罪过而感到痛心。

⑥祈请：祷告请求。

⑦愚瞽(gǔ)：盲人，瞎子，不达事理，没有见识。

【译文】

你又说：在下抛弃妻子儿女，向上废除宗祀。人们对物质的嗜好和欲望，要用礼教来约束；孝敬的标准，独用礼法来确定。

其实道士和俗人有晦暗和明朗的区别，里面和外面有说话和安静的区别。至于在宗庙祭祀，用禘祫之礼祭拜先皇，那么孝敬到了极点，世间没有不夸奖的。如果傍晚在高台烧香，早晨在佛殿学法，礼拜忏悔，恳求神灵赐福持之以恒，向上包括历经劫难的亲戚家人，向下包括所有的苍生百姓，都能得到福报，孝敬和慈爱的力量如此大，不是愚昧的人能够预测的。国家以人民作为根本，君主仰仗人民而能立足，国之所以能够安宁，是人民的功劳。依照这样来说，你的话好像是凭空捏造的。

又云：刻船桑门①，守株道士②，空争大小，互相弹射③。

披抚华论，深释文滞；寻文求义，于何允归？夫外道淫奔④，弥龄积纪，沈晦不迁，沦惑宁反？游涉墟乡⑤，泛越疆落，公因圣术，私行淫乱，得道如之，何斯可耻！昔齐人好猎，家贫，犬鹿穷年驰骋，不获一兽，于是退而归耕。今吾子有知，归耕得算。

【注释】

①桑门：僧侣。"沙门"的异译。《后汉书·楚王英传》："其还赎，以助伊蒲塞桑门之盛馔。"李贤注："桑门，即沙门。"

②守株："守株待兔"的省称。《韩非子·五蠹》："宋人有耕田者，田中有株，兔走，触株折颈而死，因释其耒而守株，冀复得兔，兔不可复得，而身为宋国笑。今欲以先王之政，治当世之民，皆守株之类也。"

③弹射：用言语指责人。

④淫奔：男女私相奔就，自行结合。多指女方往就男方。《诗经·王风·大车序》："礼义陵迟，男女淫奔。"孔颖达疏："男女淫奔，谓男淫而女奔之也。"

⑤游涉：漫游，漫步。

【译文】

又说：刻舟求剑的僧人，守株待兔的道士，白白争论大小，互相用言语攻击。

打开华美的文章，却迷失在意义之中；只是顺着文章求解大义，又怎样才能回归大道呢？那些外道放浪不羁，不断堆积恶行，沉沦黑暗之中，一点也不改变，执迷不悟怎能回归呢？漫游在荒废的村落，越过边境，打着为公的旗号，运用圣人的方法，暗地里做荒淫无道的事，像这样修道，是多么可耻！齐国曾经有一个人喜好打猎，家境贫穷，驱使猎犬追猎野鹿，一年到头奔跑，却没有获得一只野兽，于是退回去耕种。现在你如果理解了我的意思，回去耕种比较合适。

又云：大道既隐①，小成互起②，辩讷相倾，孰与正之？

　　夫正道难毁，邪理易退。譬若轻羽在高，遇风则飞；细石在谷，逢流则转。唯泰山不为飘风所动③，盘石不为疾流所回④，是以梅李见霜而落叶，松柏岁寒之不凋⑤，信矣！夫淫妖之术，触正便挫。子为大道，谁为小成？想更论之，然后取辩。若夫颜回见东野毕之驭，测其将败⑥；子贡观邾鲁之风，审其必亡⑦。子何无知，若斯之甚！故标愚智之别，撰贤鄙之殊，聊举一隅示子，望能三反⑧。

【注释】

①大道：正道，常理。《礼记·礼运》："孔子曰：'大道之行也，与三代之英，丘未之逮也，而有志焉。'"

②小成：略有成就。《礼记·学记》："一年视离经辨志，三年视敬业乐群，五年视博习亲师，七年视论学取友，谓之小成。"

③飘风：旋风，暴风。

④盘石：也作"磐石"，厚而大的石头。比喻稳定坚固。

⑤松柏岁寒之不凋：《论语·子罕》："子曰：岁寒，然后知松柏之后凋也。"

⑥"若夫颜回"二句：此处"东野毕"或作"东野稷"，典故出自《庄子·达生》："东野稷以御见庄公，进退中绳，左右旋中规。庄公以为文弗过也，使之钩百而反。颜阖遇之，入见曰：'稷之马将败。'公密而不应。少焉，果败而反。公曰：'子何以知之？'曰：'其马力竭矣，而犹求焉，故曰败。'"

⑦"子贡"二句：《左传·定公十五年》："十五年春，邾隐公来朝。子贡观焉。邾子执玉高，其容仰。公受玉卑，其容俯。子贡曰：'以礼观之，二君者，皆有死亡焉。夫礼，死生存亡之体也。将左右周旋，进退俯仰，于是乎取之；朝祀丧戎，于是乎观之。今正月相

朝,而皆不度,心已亡矣。嘉事不体,何以能久?高仰,骄也,卑
俯,替也。骄近乱,替近疾。君为主,其先亡乎!'"

⑧"举一隅"二句:《论语·述而》:"举一隅,不以三隅反,则不
复也。"

【译文】

又说:大道已经隐退,各种小的修炼成就竞相兴起,那些善于辩解
或木讷无语的人相互倾轧,谁能纠正这种情况呢呢?

其实所谓正道,是难以被毁灭的,邪恶的理论却容易被击退。就好
像轻盈的羽毛在高空,遇到风就飞起来;细小的石头在山谷,遇到溪流
就旋转。只有泰山不会因为暴风而动摇,盘石不会因为湍急的水流而
回旋,因此梅李遇见霜露就落叶,松柏在天气寒冷的时候却不凋零,确
实是这样啊!所以淫邪的道术,一遇到正道就挫败了。如果你执行大
道之礼,谁愿意兴起小成之术?想要更进一步讨论,因此再选择一些论
点来辩论。就好像颜回看见东野稷驾驭的马,预测他会失败;子贡看邾
鲁两君的作风,知道他们一定死亡。你是多么无知,比他们还差一些!
所以我谈论愚笨的人和智慧的人的区别,以及贤能和鄙陋之人的区别,
暂且举出一例,希望你能由此理解更多。

又云:泥洹仙化①,各是一术,佛号正真②,道称正一。一
归无死,真会无生;无生之教赊③,无死之教切。

斯盖吾子聪辩能言,鄙夫蔑以加之。然则泥洹灭度之
说④,著乎正典;仙化入道之唱,理将安附?老子云:"生生之
厚,必之死地⑤。"又云:"天地所以长且久者,以其不自生
也⑥。"夫忘生者生存,存生者必死。死道将届,故谓之切,其
殊切乎?谚曰:"指南为北,自谓不惑;指西为东,自谓不
蒙。"子以必死为将生,其何反如之?故潜居断粮,以修仙

术。仆闻老氏有五味之诫⑦，而无绝谷之训矣。是以蝉蛾不食，君子谁重？蛙蟒穴藏，圣人何贵？且自古圣贤莫不归终，吾子独云不死，何其滥乎？故舜有苍梧之坟，禹有会稽之陵，周公有"改葬"之篇，仲尼有"两楹"之梦，曾参有"启足"之辞，颜回有"不幸"之叹⑧，子不闻乎？岂谬也哉！昔者有人未见麒麟⑨，问尝见者曰："麟何类乎？"答云："麟如麟也。"问者曰："若尝见麟，则不问也。而云麟如麟，何耶？"答云："麟麏身、牛尾、鹿蹄、马背。"问者乃晓然而悟。今吾子欲见麟耶？将不见告。

又云：道经简而幽，幽则妙门难见。

仆谓老教指乎五千，过斯以外，非复真籍。而道文重显，愈深疑怪，多是虚托妍辞，空称丽句。譬周人怀鼠以贸璞，郑子观之而且退⑩，斯之谓矣。寻此而言，将何克允！

【注释】

①泥洹（nièhuán）：佛教语，梵语的音译，旧译"泥亘"、"泥洹"，意译"灭"、"灭度"、"寂灭"、"圆寂"等，是佛教全部修习所要达到的最高理想，一般指熄灭生死轮回后的境界。

②正真：佛教称佛之菩提为"无上正真道"，故"正真"为修行最高阶之称。

③赊：宽大，宽容。

④灭度：谓命终证果，灭障度苦，即涅槃、圆寂、迁化之意。

⑤"生生"二句：《老子》第五十章："生之徒，十有三；死之徒，十有三；人之生，动之于死地，亦十有三。夫何故？以其生生之厚。"

⑥"天地"二句：《老子》第七章："天地所以能长且久者，以其不自生，故能长生。"

⑦老氏有五味之诫:《老子》第十二章:"五色令人目盲,五音令人
　耳聋,五味令人口爽,驰骋畋猎令人心发狂,难得之货令人
　行妨。"

⑧"故舜"六句:可参见《牟子理惑论》。

⑨麒麟:传统中的仁兽名,象征吉祥,比喻杰出人物。

⑩"周人"二句:《战国策·秦昭襄王下》:"郑人谓玉未理者璞,周人
　谓鼠未腊者朴。周人怀朴,过郑贾曰:欲买朴乎? 郑贾曰:欲之。
　出其朴,视之乃鼠也,因谢不取。"

【译文】

又说:佛教泥洹和道教仙化,各是一种心术,佛号为正真,道称为正
一。正一归为无死,正真体现为无生。无生之教深远,无死之教切近。

这些话体现您聪慧善于辩论,我鄙陋不想多说。但是泥洹灭度的
论说,经典里面有记载;神仙变化入道的说法,到哪里去寻找理论根据
呢? 老子说:"生命不断变化,必定朝着死亡的方向发展。"老子又说:
"天地之所以长久不衰,是因为它们不刻意追求长生。"那些忘掉活着的
人活得长久,刻意追求长生的人必定短命。死的道理很容易理解,所以
说是切近,难道它是特殊的切近吗? 谚语说:"指南为北,自认为不迷
惑;指西为东,自认为没有蒙蔽。"您认为死了就会生,认识的悖反怎么
至于这样? 所以归隐绝食,以修炼仙术。我听说老子谈到远离五种味
道的戒律,却没有绝食辟谷的教导。因此蝉蛾不吃东西,哪位君子推崇
这种做法呢? 蛙蟒在洞穴藏匿,圣人哪里会重视呢? 况且自古圣贤没
有不归天的,你独自说不死之术,是多么荒唐啊! 所以舜有苍梧之坟,
禹有会稽之陵,周公有请求死后改葬之篇,仲尼有梦见自己在两柱之间
受祭奠的梦,曾参有死前请人看自己手脚之辞,颜回有不幸早死的感
慨,你没有听过吗? 岂不荒谬吗? 以前有一人没有见过麒麟,问曾经见
过的人说:"麒麟是什么东西?"回答说:"麒麟就像麒麟。"问说:"如果曾
经见过麒麟,就不会问了。你说麒麟就像麒麟,为什么呢?"答说:"麒麟

麕身、牛尾、鹿蹄、马背。"问的人心里才明白。现在您想见麒麟吗？我将不会告诉您。

又说：道经简单而幽深，幽深则修道的门难见。

我认为老子的教导只有五千字，以外的道书不是道家真籍。很多道教文章重新出现，显得深奥古怪，其实多是徒有优美的语言，空有华丽的句子。就好像周人怀揣着老鼠当做未雕琢过的玉石出卖，郑人看到后不购买，说的就是这种情况啊！这样比喻，很是恰当公允！

又云：残忍刚愎，则师佛为长；慈柔虚受，则服道为至矣①。故《老子》云："强梁者不得其死，吾将以为学父②。"

古人所以敷行诫籍，显著文教，将为愚瞽之故③，非为贤哲之施矣。违之者必凶，顺之者必吉。夫强梁刚愎之人，下愚之类也。大教慈愍④，方便为之⑤，将非虚学耶！慈柔虚受，仆谓宜空谈。今学道反之，陈黄书以为真典⑥，佩紫箓以为妙术⑦，士女无分，闺门混乱；或服食以祈年长⑧，或淫姣以为瘳疾⑨。慈柔之论，于焉何托？又道迹密而微，利用在己。故《老子》云："吾所以有大患者，为吾有身，及吾无身，吾有何患？"老氏以身为大患⑩，吾子以躯为长保，何其乖之多也！夫后身而身先，外身而身存⑪。惟云在己，未知此谈以何为辩。

又云：娄罗之辩，各出彼俗，自相领解，犹虫喧鸟聒，何足述效。

仆谓饵辛者，不知辛之为辛，而无羡于甜香；悦臭者不觉臭之为臭，而不耽椒兰⑫。犹吾子沦好淫伪，宁有想于大法⑬？夫圣教妙通，至道渊博，既不得谓之为有，亦不得谓之为无，无彼我之义，并异同之说矣。夫言犹射也，若筈之离弦⑭，非悔恨所及，子将慎言乎！而云虫喧鸟聒，义则何依？近者孙子猖狂，显行无道⑮，妖淫丧礼，残逆废义。贤士同志，而愚夫辍伪回心。奸俦盈室，恶侣填门；墟邑有痛切之悲，路陌有罹苦之怨。夫天道祸盈，鬼神福谦⑯，然后自招沦丧。

【注释】

①至：至理。

②"强梁"二句：《老子》第四十二章："强梁者，不得其死，吾将以为教父。"强梁，强劲有力。魏源《老子本义》："焦氏竑曰：'木绝水曰梁，负栋曰梁，皆取其力之强。'"

③愚瞽（gǔ）：愚昧的人。瞽，不达事理，没有见识。

④慈愍：仁慈怜悯。慈，仁慈。愍，同"悯"，怜悯。

⑤方便：佛教语，谓以灵活方式因人施教，使悟佛法真义。

⑥黄书：指的是天师道中谈论房中术及养生的书。真典：可以作为标准的经典。

⑦箓（lù）：道教记载上天神名的书。

⑧服食：服用丹药，道家养生术之一。

⑨瘳（chōu）疾：治好病。瘳，病愈。

⑩老氏以身为大患：《老子》第十二章："吾所以有大患者，为吾有身，及吾无身，吾有何患？"

⑪"夫后身"二句：《老子》第七章："是以圣人后其身而身先，外其身而身存。非以其无私邪！故能成其私。"

⑫椒兰：椒与兰，皆芳香之物，故以并称。《荀子·礼论》："刍豢稻

梁,五味调香,所以养口也;椒兰芬苾,所以养鼻也。"

⑬大法:佛教语。谓大乘佛法。

⑭筈(kuò):箭尾,即射箭搭在弓弦上的部分。

⑮"孙子"二句:指孙恩、卢循利用道教发动农民起义一事。参见《晋书·孙恩传》。

⑯福谦:使谦虚者得福。谦,不满而能接受。《周易·谦》:"鬼神害盈而福谦,人道恶盈而好谦。"

【译文】

又说:残忍固执的人,学习佛法,认为佛法最高明;温和仁慈且虚心接受的人,潜心修道,就认为道是至理。所以《老子》说:"性情残暴的人死无其所,我把这句话当做施教的宗旨。"

古人之所以宣传道义,传扬文明教化,是为了愚昧的人的缘故,不是为贤明的人所采取的措施。违背它的人必然遭受惩罚,遵守它的人必然顺利。那些强暴、固执的人,是下等的愚昧之人。佛法大教仁慈怜悯,运用各种方便因人施教,并不是虚妄的学说!温和仁慈且虚心接受,我认为宜于空谈。如今,学道的人与之相反,陈放着房中养生的黄书以为是经典,拿着紫箓神符以为是神妙的术法,男女之间没有避嫌,妇女不守礼法;有的人服用丹药来祈求长寿,有的淫乱来使病治愈。温和仁慈的论调,对于这些又有什么作用呢?而且道义详细至微,如何理解运用完全在于自己。所以《老子》说:"我之所以有生老病死的忧苦,是因为我有个身体,等到我没有身体了,我又有什么忧苦?"老子认为身体是主要的苦患,您却认为身体应该是长久保存的东西,这是多么的与道相违背啊!将身体置于后地才能让身体率先,将身体置于事外才能使身体存留。您只说人们应奉何教缘由在于自身,不知对老子"身体为大患"的言论,您又拿什么来辩驳。

又说:语意含混、嘈杂的辩论,各自出于他们的风俗,各自互相领会理解,就像昆虫鸣叫、鸟儿喧闹一样,哪里值得传述效法呢!

　　我认为喜欢吃辛辣的人，不知道辣的食物是辣的，因而不希望得到香甜的食物；喜欢异味的人不认为有异味的东西是难闻的，因而不在乎花椒、兰草等芳香之物。就像您沉迷于淫乱、虚假的东西中，岂有心思放在大法上？圣明的佛教神妙、畅通，至高之道渊博高明，既不能认为它是存在的，又不能认为它是不存在的，没有你我之分，合并统一异同之说。言语就像射箭一样，如果箭尾离弦，不是懊悔就能够追赶上的，您要谨慎于自己的言论啊！而您说佛教像鸣叫的昆虫和喧闹的鸟儿的聒噪，那么在道义上有什么依据呢？近来孙恩、卢循利用道教发动叛乱，肆无忌惮，行为不符道法，淫邪不正，丧失礼法，凶残违反道义。本来贤良正直的人也跟着一些愚昧之徒作乱。奸诈、邪恶的人占满门室，村落、城市有着遭受伤痛哀切的悲愤，大道、小路有着遭受忧患苦难的怨气。天道会使过度行事的人遭受灾祸，鬼神会使那些谦虚的人得福，所以说都是人自己招来沦没丧亡，自作自受。

戎华论折顾道士《夷夏论》

【题解】

本篇由南北朝刘宋时释僧愍法师所撰写。这篇文章论点和论据都非常雄辩,火药味极足,其中最有说服力的观点是,"夷夏"不同于"戎华",中国不能无佛教。僧愍指出,顾欢说的夷夏论是以华夏为中心、以"四裔"为周边的传统观念,所以,"东有骊济之丑,西有羌戎之流,北有乱头披发,南有剪发文身,姬孔施教于中,故有夷夏之别",但是,"华戎"的概念就不一样,这是两个不同的世界,"东则尽于虚境,西则穷于幽乡,北则逾于冥表,南则极乎牢阎。如来扇化中土,故有夷夏之异也"。僧愍认为顾欢是坐井观天,只知道用老一套的观念看待夷夏。他还认为,按照佛经的说法,"佛居天地之中而清导十方",所以,"天竺之土是中国也",而不是华夏位于世界之中心。僧愍说,周孔有"雅正"之制度,故周边的"四夷"推服,并且这些制度也是可以入乡随俗进行改变的,就像泰伯入吴越而换服一样。

昔维摩者^①,内乘高路,功亮事外,龙隐人间,志扬渊海,神洒十方^②,理正天下。故乃迹临西土^③,协同幽唱。若语其灵变也,则能令乾坤倒覆,促延任意,若语其真照也,则忘虑而幽凝言绝者也。如此之人,可谓居士^④。

【注释】

①维摩:梵名 Vimalakīrti。音译毗摩罗诘利帝。又作毗摩罗诘、维摩诘、无垢称、净名、灭垢鸣。为佛陀之在家弟子,虽在俗尘,然精通大乘佛教教义,其修为高远,虽出家弟子犹有不能及者。

②十方:四方、四维、上下之总称。指东、西、南、北、东南、西南、东北、西北、上、下。

③西土:西方天竺。

④居士:梵语意译。原指古印度吠舍种姓工商业中的富人,因信佛教者颇多,故佛教用以称呼在家佛教徒之受过"三归"、"五戒"者。《维摩诘经》称,维摩诘居家学道,号称维摩居士。慧远《维摩经义记》:"在家修道,居家道士,名为居士。"

【译文】

　　从前天竺有位大居士叫做维摩诘,他的内心世界达到很高的境界,而他的功绩也被外人所熟知,就像龙隐藏在人世间,但其志向却是远扬四海,神光遍布世界各个角落,佛理导正天下。因此他的足迹出现在西土天竺,协同释迦牟尼佛一起宣扬佛法之幽唱。如果谈论他的神灵变化,能令乾坤颠倒,任意加快或减缓自然变化节奏;如果谈论他的真心寂照,能忘掉一切忧愁而宁静潇洒,放下一切妄想杂念而超然物外。这样的人,才可以称得上是居士。

　　未见君称居士之意也。君今七慢之岳未摧①,五欲之谷未填②,慧阳之日未曜③,无明之云未晴④,永冥之风未息⑤,夜游之迷未旋⑥;君既解犹常品⑦,而山号居士乎？贫道遥餐器量⑧,知君未堪斯据,然此虽大法之浅号⑨,而亦未易可当矣。

【注释】

①七慢：佛教词语。指由根本烦恼慢心所开展而来，一慢，于劣而谓己胜，于等而谓己等者。是于境虽称而以心高举，故名为慢也。二过慢，于等而谓己胜，于胜而谓己等者。三慢过慢，于他胜中，而谓己更胜者。四我慢，执有我有我所而使心高举者。五增上慢，未证得圣道而谓己证得者。六卑慢，于他多分胜中而谓己少分劣者。七邪慢，成就恶行，恃恶高举者。

②五欲：佛教词语。（一）财欲，财即世间一切之财宝。谓人以财物为养身之资，故贪求恋着而不舍。（二）色欲，色即世间之青、黄、赤、白及男女等色。谓人以色悦情适意，故贪求恋着，不能出离三界。（三）饮食欲，饮食即世间之肴膳众味。谓人必藉饮食以资身活命，故贪求恋着而无厌。（四）名欲，名即世间之声名。谓人由声名而能显亲荣己，故贪求乐着而不知止息。（五）睡眠欲，谓人不知时节，怠惰放纵，乐着睡眠而无厌。

③慧阳：佛教以日光比喻佛之智慧，能普照众生，破无明生死痴暗。

④无明：无明为烦恼的别称，即暗昧事物，不通达真理与不能明白理解事相或道理之精神状态。泛指无知愚昧，特指不解佛教道理之世俗认识，为十二因缘之一。

⑤永冥：长久昏暗。

⑥夜游：夜间游荡。

⑦常品：常格，惯例、通例。

⑧贫道：僧道自称的谦辞。南北朝时，朝廷定制僧人自称贫道，唐以后僧人改称贫僧，道士谦称"贫道"。

⑨大法：佛教语，即佛法。

【译文】

我发觉你顾道士不具有居士的品质。你如今是七慢的山岳没有被摧毁，五欲的山谷没有被填满，智慧的太阳没有照耀，无明黑暗的云朵遮蔽了天空,阴晦的风没有停息,夜游在迷途没有归来。你既然理解佛教惯例,怎么能称自己是居士呢? 贫道我远离红尘,想必你不能忍受我这样的说法,然而居士这个称号虽然是佛法的浅号,也不是容易承当的。

　　省君《夷夏论》意①,亦具照来心。贫道践学天坛,希嘱兹况。而此所论者,才无玩文之丽,识无凿幽之效,照无寸光,泽无露润,万涂斯阙,有何义哉? 而复内秉茫思,获心暗计②,轻弄笔墨,仰卜圣旨③。或混道佛合同,或论深浅为异,或说神邦优劣,或毁清正虚实。夫苦李繁子而枝折,栾大谬唱而受枭④,此皆是上世之成制,后贤之殷鉴矣。

【注释】

①省(xǐng):省察。《夷夏论》:南朝道教思想家顾欢所写,震动了当时的儒、释、道三家,影响甚为深远。该文以儒家的华夷之辨为出发点,尊崇道教,排抑佛教,借儒家"夷夏之防"的民族观否定佛教在中国传播。夷夏之别强调华夷间种族不同,地域不同,文化不同,佛教是夷狄之教,应当大力排拒。

②暗计:愚昧的计谋。暗,愚昧,糊涂。

③圣旨:佛教徒称佛谕。

④栾大谬唱而受枭:栾大(? —前112),汉武帝时方士。声称"黄金可成,而河决可塞,不死之药可得,仙人可致也"。多次巧言欺骗汉武帝委其重任,后因完成汉武帝交代之事露出马脚,被腰斩。

【译文】

　　省察你的《夷夏论》的意旨,知道你的心里也具有善根。贫道我在天坛学习并实修佛法,希望能告诉你真正的佛法。看你的这篇文章,论才没有可玩味的优美文字,论学识不具备可钻研幽旨的功效,没有寸光的照耀,没有雨露的滋润,所有的地方都有缺点,这又有什么意义呢?而你内在坚持虚无缥缈的思想,用愚昧的计谋捕获人心,玩弄笔墨,推测佛谕。有的地方将佛道混为一谈,有的地方议论深浅不同,有的地方议论神佛境界的优劣,有的地方诋毁清正虚实。李子因为长得繁密而使枝条折断,栾大因为乱说大话被斩首示众,这都是前人所固有的制度,我们后人应当引以为鉴。

今将示君道、佛之名,义异也。夫佛者,是正灵之别号[①];道者,是百路之都名。老子者是一方之哲,佛据万神之宗;道则以仙为贵,佛用漏尽为妍[②]。仙道有千岁之寿,漏尽有无穷之灵。无穷之灵,故妙绝杳然;千岁之寿,故乘龙御云[③]。御云乘龙者,生死之道也;杳然之灵者,常乐永净也。

【注释】

①正灵:纯正的心灵。

②漏尽:指断尽一切烦恼之后获得解脱,这是小乘阿罗汉所证得之果。漏,烦恼。

③乘龙御云:《庄子·逍遥游》:"藐姑射之山,有神人居焉,肌肤若冰雪,绰约如处子,不食五谷,吸风饮露;乘云气,御飞龙,而游乎四海之外。其神凝,使物不疵疠而年谷熟。"

【译文】

这里我将向你阐释佛、道之名,它们的含义是不同的。佛是正灵的别号;道是所有道路的总称。老子是一方的哲人,佛是万神的宗主。道是以成仙为首要目的,佛则是以断尽烦恼之后获得解脱为根本智慧。仙道有千岁的寿命,而烦恼解脱之后则有无穷无尽的性灵。无穷的性

灵,奇妙无穷,高深莫测;有千岁的寿命,因而能乘龙驾云。腾云驾龙,
这是生死之道;奇妙无穷、高深莫测的性灵,能永葆快乐、清净。

　　若斯者,故能璇玑并应①,迹临王城,宫疏绕阙,总委重
轩②。故放彼万国③,誓越三空④,龙飞华馆⑤,整驾道场。于
是初则唱于鹿苑⑥,次则集于天宫,中则播于灵鹫⑦,后则扇
于熙连⑧。故乃巨光遐照,白日覆晖,华轩四盖⑨,梵驾天垂,
九天齐歌⑩,群仙悟机,敢预有缘,莫不云会归焉。唯有周皇
边霸,道心未兴,是以如来使普贤威行西路,三贤并导东都。

【注释】

①璇玑:指北极星;也指古代的天文观测仪器,以其随星之运行而
　回转,因而用来比喻人心随着烦恼而辗转不息。

②重轩:层层栏杆。

③放彼万国:释放宇宙中被欲望羁禁的众生。

④三空:三种空。(一)我空,又作人空。于五蕴之法强立主宰,称
　为我执;若推求色、受、想、行、识皆无自性,不见我体,称为我空。
　(二)法空,于五蕴之法计为实有,称为法执;若推求五蕴之法如
　幻如化,皆从缘生,无有自性,称为法空。(三)俱空,我法二执既
　遣,能空之空亦除,空执两亡,契于本性,称为俱空。

⑤华馆:开满莲花的馆舍,比喻佛法清净之地。佛教以莲花代表清
　净,因莲花出淤泥而不染。

⑥鹿苑:鹿野苑的简称,于今北印度瓦拉那西市(Varanasi)以北约
　六公里处。又译作仙人鹿野苑、鹿野园、鹿野、鹿苑、仙苑、仙
　人园。

⑦灵鹫:地名,位于中印度摩揭陀国王舍城东北。简称灵山,或称

鹫峰、灵岳。山形似鹫头,又以山中多鹫,故名。如来尝讲《法华经》等大乘经于此,遂成为佛教圣地。我国诸山之号称灵鹫或灵山者,皆沿袭其名。如福建福清之北有鹫峰、浙江杭州之飞来峰亦名灵鹫山等。

⑧熙连:又作希连,河名,译云金河,佛于此河畔涅槃。

⑨华轩:富贵者所乘的华美的车子。

⑩九天:天之中央与八方。《楚辞·离骚》:"指九天以为正兮,夫唯灵修之故也。"王逸注:"九天谓中央八方也。"

【译文】

像这样,就能让北极星发生灵验,在王城显现奇迹,宫殿的道路畅通,层层栏杆树立。因此释放被羁禁的众生,让他们脱离尘世烦恼,立誓超越三种执着,达到三空的境界,就像龙在莲华馆的上空飞过,整顿法服驾临道场。于是释迦牟尼佛开始时就在鹿野苑宣讲佛法,然后则集中在天宫,中间又到灵鹫山传播佛法,最后到熙连河边宣扬佛教。因而巨大的光亮照向远方,如白日光辉覆盖天下,佛祖驾着有四个宝盖的华美车子走遍四方,梵驾到达天际,九天一齐放歌,群仙都体悟禅机,只要预测到机缘的,没有不说要来参会佛祖的。只有周朝皇帝是边远诸侯,没有兴起修道之心,因此如来派普贤菩萨威行西路,让三位贤人一同来到东土引导华夏众生。

故经云:"大士迦叶者①,老子其人也。故以诡教五千,翼匠周世,化缘既尽,回归天竺。"故有背关西引之邈,华人因之作《化胡经》也②。致令寡见之众,咏其华焉。君未详幽旨,辄唱老、佛一人乎?闻大圣现儒林之宗③,便使庄、孔、周、老,斯皆是佛。若然者,君亦可即老子耶?便当五道群品④,无非是佛,斯则是何言欤?真谓夸父逐日⑤,必渴死者也。

【注释】

①大士:菩萨之美称。士是事的意思,指成办上求佛果,下化众生的大事业的人,如观世音菩萨即叫做观音大士。迦叶:亦称摩诃迦叶,为佛十大弟子之一,以头陀第一著称。

②华人:汉族古称为华,即指汉族人。《化胡经》:亦称作《老子西升化胡经》《太上灵宝老子化胡妙经》。西晋惠帝时,天师道祭酒王浮每与沙门帛远争邪正,遂造作《化胡经》一卷,记述老子入天竺变化为佛陀,教胡人为佛教之事。后陆续增广改编为十卷,成为道教徒攻击佛教的依据之一,借此提高道教地位于佛教之上。

③大圣现儒林之宗:佛的法身可以因方便而变现为儒教宗师以度人。《太子瑞应本起经》:"于是上作天帝,下为圣主,……随时而现:或为圣帝,或作儒林之宗,国师道士,在所现化,不可称记。"大圣,佛教称佛、菩萨。

④五道:佛教指地狱道、饿鬼道、畜生道、人道及天道,另加阿修罗道则为六道。群品:佛教语,谓众生。

⑤夸父逐日:古代神话。言夸父不量力,欲追日影,逐之于隅谷之际。渴欲得饮,赴饮河渭。河渭不足,将走北饮大泽;未至,道渴而死。见《列子·汤问》《山海经·海外北经》。

【译文】

所以佛经中说:"大士迦叶菩萨,就是老子这个人。因此以五千字的《道德经》,教化周朝的世人,教化缘分结束了,也就回归天竺。"因此有离开边关往西走的传说,中原人因此而写了《化胡经》。从而致使见识浅薄之人,都来歌颂中原人。你不了解其深层的意旨,怎么就宣称老子与佛祖是一个人呢?你听说佛菩萨等大圣能显现作为儒林的宗主,那么庄、孔、周、老则都是佛。如果这样的话,你也可以是老子了?那么五道众生没有不是佛的,这是什么话呢?真可谓夸父逐日,一定会口渴而死。

君言《夷夏论》者,东有骊济之丑①,西有羌戎之流②,北有乱头被发,南有剪发文身;姬、孔施礼于中,故有夷夏之别。戎华者③,东则尽于虚境④,西则穷于幽乡,北则逾于溟表⑤,南则极乎空阃⑥。如来扇化中土⑦,故有戎华之异也。君责以中夏之性,效西戎之法者,子出自井坎之渊,未见江湖之望矣。如经曰:"佛据天地之中,而清导十方。"故知天竺之土是中国也⑧。

【注释】

①骊济之丑:据文义当指周朝时活动于今山西东南部的骊戎与山东西部的济戎。

②羌戎:泛指我国古代西北部的少数民族。

③戎华:戎,泛指西北少数民族;华,古代汉族的自称。

④虚境:道教语。指无欲无为的思想境界。

⑤溟表:指临海的位置,滨海。

⑥空阃:指阎浮提世界之边境。

⑦扇化:宣传、传播,教化。

⑧中国:中央之国,指恒河中流一带的中印度,佛教徒译称中国。

【译文】

你在《夷夏论》中说:东边有骊戎、济戎,西边有羌戎等少数民族,北边有披头散发的人,南边有剪发文身的人,黄帝、孔子在其间传播礼教,因而有了夷夏之别。其实,所谓西戎与东华,包括的范围无边无际,东则可以到达最虚无的地方,西则可以穷尽边远的乡野,北则可以逾越滨海之地,南则可以到达阎浮提世界边境。如来到中土宣扬佛法,因此有了边疆异族与中原汉族的区别。你责备人们以中原华夏的品性,仿效西戎的佛法,你是只看过井坑那么大的潭水,而不知道江湖之大。正如

佛经上所说:"佛位于天地之中,而净化引导十方众生。"可见天竺这个
地方是中心之国。

　　周、孔有雅正之制①,如来有超俗之宪②。雅正制,故有
异于四夷;超俗宪,故不同于周、孔。制及四夷,故八方推
德;宪加周、孔,故老子还西。老子还西,故生其群戎,四夷
推德,故逾增其迷。夫正礼叵易,真法莫移③。正礼叵易,故
太伯则于吴越而整服④,真法莫移,故佛教则东流而无改。
缘整服故,令裸壤玩裳⑤;法无改故,使汉贤落发。玩裳,故
使形逼中夏;落发,故使仰齐西风。形逼中夏,故使山藏而
空慢;远齐西风,故使近见者莫不信也。

【注释】

①雅正:典雅纯正。

②超俗:避开世俗,脱离尘世。

③真法:佛法。真如实相之法也。《华严经》:"正觉远离数,此是佛
　真法。"

④太伯则于吴越而整服:《史记·吴太伯世家》中记载:商朝末年,
　周太王有三子:太伯、仲雍、季历。季历有子名姬昌,即后来的周
　文王。周太王欲立季历,太伯为成全父愿,遂率弟仲雍奔赴梅里
　(今江苏无锡梅村镇一带)回避。太王及季历去世,太伯皆赴岐
　山奔丧,群臣又求其继位,均被太伯否决,故有"三让天下"之说。
　太伯留江南疏浚河湖,开凿我国历史上第一条运河———伯渎
　河,教化百姓,整理服装,种稻养蚕,把黄河文化和当地文化相融
　合,由此开创了吴文化。太伯自号勾吴,从此开创了吴国历史。

⑤裸壤:指裸身之国。

【译文】

周、孔有雅正的制度，如来有超凡脱俗的法令。雅正的制度，从而使中原有别于少数民族；超凡脱俗的法令，则不同于周、孔。制度推行到边疆民族，那么人们都推崇它；法令施加给周、孔之后，那么老子就要回到西部天竺。老子回到西部，因此衍生众多的周边民族，周边民族推崇其道德，因而让人更加觉得是一个谜。正规的礼法不可改变，真正的佛法也不可改变。正规的礼法不可改变，因此太伯到吴越之地要整顿当地的服装；佛法不可改变，因此佛法传到东方教义没有改变。因为整顿当地服装的缘故，使裸身之国开始穿衣服；佛法不可改变，因而要汉地贤人剪掉头发。穿衣服，因此使他的外貌和中原人更加相近；落发因而使人们敬仰西方天竺的风俗。外貌与中原人相近，从而使住在山中的人不骄慢；长远地遵循西方天竺的风俗，就会使见到的人无不信服。

　　若谓圣轨无定①，应随方异者，太伯亦可裸步江东，君今亦可未服裳耶！故虽复方类不同，圣法莫异。君言义将安取者？谓取正道也②。于是道指洞玄为正，佛以空空为宗③；老以太虚为奥，佛以即事而渊④；老以自然而化，佛以缘合而生⑤；道以符章为妙⑥，佛以讲导为精⑦。太虚为奥，故有中无无矣⑧；即事而渊，故触物斯奥矣。自然而化，故宵堂莫登矣；缘合而生，故尊位可升矣。符章为妙，故道无灵神矣；讲导为精，故研寻圣心矣⑨。有中无无，故道则非大也；触物斯奥，故圣路遐旷也。宵堂莫登，故云云徒劳也；尊位可升，故智士亡身也。

【注释】

①圣轨：圣人的规范，多指宗教的教义。

②正道:佛教中指中正之道,即趋向涅槃之正直大道。

③空空:佛教术语,空之亦空曰空空。

④即事:眼前的事物。

⑤缘合:因缘合成,森罗万象,必自因与缘而成,此二者相合而生结果。

⑥符章:道士画的驱使鬼神的图形或线条。

⑦讲导:讲说宣导。

⑧无无:连空虚无有也没有,中国古代道家认为的天地万物形成以前的空寂状态。后亦泛指虚无,乌有。《淮南子·道应训》:"予能无有矣,未能无无也。及其为无无,又何从至于此哉?"高诱注:"言我能使形不可得,未能殊无形也。"

⑨研寻:研究探索。南朝宋刘义庆《世说新语·文学》:"诸葛玄年少,不肯学问,始与王夷甫谈,便已超诣。王叹曰:'卿天才卓出,若复小加研寻,一无所愧。'"。

【译文】

如果认为圣人的规范是不固定的,应随着各个地方而变化,那么太伯也可以赤身裸体经过江东,你现今也可以不穿衣服啊!因此即使各个地方有所不同,但圣人的规范却不能不一致。你说道义该如何取舍?应该取正道。因而道教是以洞察玄理为根本,佛教则是以达到一切皆空的境界为宗旨;老子是把太虚作为最高深的境界,佛则认为当下的事物即是空奥;老子认为一切是自然而然的变化,佛则认为一切是因缘合成;道教是以画符章为奇妙的事,佛教则是以向人们讲说宣传佛教为精妙。太虚是深奥的,因此有无相生;当下的事物即是空,因此看到任何事物都是奥妙。自然变化,因此不能进入宵堂;因缘合成,因此尊位能够再上升。认为符章是奇妙的,因此道教没有灵神;以讲学宣传佛教为精妙,因此可以体悟圣人之心。有无相生,因此道并不博大精深;看到任何事物都是奥妙,因此圣路广阔深远。不能进入宵堂,一切都是徒劳;尊位可以提升,因此智士超越身体等一切外在形体,可以达到无生无灭的大光明境界。

　　道无灵神,故倾颜何求也;研寻圣心,故沙门云兴也①。尔乃故知道经则少而浅,佛经则广而深;道经则鲜而秽,佛经则弘而清;道经则浊而漏,佛经则素而贞;道经则近而暗,佛经则远而明。君染服改素,实参高风也②;首冠黄巾者,卑鄙之相也③;皮革苫顶者④,真非华风也。贩符卖箓者⑤,天下邪俗也;搏颊扣齿者⑥,倒惑之至也。反缚伏地者⑦,地狱之貌也;符章合气者,奸狡之穷也。斯则明暗已显,真伪已彰,君可整率匹侣⑧,回涉清衢。贫道雅德内顾,同奉圣真⑨,岂有恶乎? 想必不逆,允于佳示耳。

【注释】

①沙门:梵语的音译,出家的佛教徒的总称。

②高风:高尚的风操。

③卑鄙:低微鄙陋。

④皮革:带毛的兽皮和去毛的兽皮。苫顶:用茅草编成的帽子。

⑤符:符书,符箓。晋葛洪《抱朴子·遐览》:"郑君言,符出于老君,皆天文也。老君能通于神明,符皆神明所授。"箓:道教的秘文。

⑥搏颊:打嘴巴。此处指早期道教某些流派的修炼方法,以自批其颊表示对神明忏悔,下文的"反缚伏地"与此用意相近。扣齿:左右上下齿相叩,为道家修炼之法。

⑦反缚:反绑双手。

⑧匹侣:同伴。

⑨圣真:儒学的真谛。

【译文】

　　道教没有灵神,那么倾其所有又有什么希求呢;体悟圣心,因此佛门教徒兴盛。因而才知道道经是浅薄的,佛经是博大精深的;道经的内容少而杂乱,佛经是渊博而清晰;道经是污浊有缺陷的,佛经是质朴、贞洁的;道经浅近、晦暗,佛经深奥、清明。君子将服装染成素色,是真正向往高尚的节操;头上戴上黄巾的,是低微鄙陋之人;穿着兽皮戴着茅草编织的帽子,这不是中原的风俗习惯。贩卖符箓,这是天下邪淫的习俗;打嘴巴叩牙齿,实在是让人迷惑。反绑着双手躺在地上,这是地狱才会有的情形;运用符章骗人,宣传合气邪法,这是奸诈狡猾的极端表现。这样明暗、真伪都已显现,你可以带着你的同伴,回归清净的大道。贫道我真诚劝导,希望一同推崇圣真大道,难道有害吗? 我想你一定不会反对,希望得到真诚的答复。

全本全注全译丛书

中华经典名著

刘立夫 魏建中 胡 勇◎译注

弘明集 下

中華書局

卷第八

辩惑论

【题解】

本篇由南朝梁代释玄光法师所撰。他针对道教批评佛教的"三破"之说，将道教之罪归纳成"五逆"、"六极"。在作者看来，"五逆"、"六极"是指张鲁、张角、孙恩、卢循等道教领袖人物利用道教方术率众造反闹事、危害社会的罪行。所谓"五逆"，即禁经上价一逆、妄称真道二逆、合气释罪三逆、侠道作乱四逆、章书代德五逆。所谓"六极"，即畏鬼带符妖法之极一，制民科输欺巧之极二，解厨墓门不仁之极三，度厄苦生虚妄之极四，梦中作罪顽痴之极五，轻作寒暑凶佞之极六。这些论点主题非常明确，基本上没有攻击神仙道教的长生不死的教旨，而是围绕道教以符箓斋醮等方术迷惑愚民、煽动民众造反的事实，反复申述，在一定程度上揭露了道教组织的阴暗及其方术的粗陋荒诞。这对道教的打击是很沉重的。

序

夫大千遐邈①，万化无际；尘游梦境，染惑声华；缘想增霭，奚识明政？由淳风滴薄，使众魔纷竞矣。若矫诈谋荣，必行五逆②；威强导蒙，必施六极。虫气霾满，致患非一。念东吴遭水仙之厄③，西夷载鬼卒之名④，闽薮留种民之秽⑤，汉叶感思子之歌⑥,忠贤抚叹,民治凌歇,揽地沙草,宁数其罪? 涓流末学,莫知宗本;世教讹辞,诡蔽三宝⑦;老鬼民等,咏嗟盈路。皆是炎山之煨烬,河洛之渣糁,沦湑险滩⑧,余甚悼焉。聊诠往迹,庶镜未然,照迷童于玄乡,显妙趣于尘外。休风冥被,彼我情判,岂是言声所能摅写⑨?

【注释】

①退邈:广阔浩渺。

②五逆:佛教谓五种将招致堕无间地狱报应的恶业大罪。《阿阇世王问五逆经》:"有五逆罪,若族姓子、族姓女为是五不救罪者,必入地狱无疑。云何为五? 谓杀父,杀母、害阿罗汉、斗乱众僧、起恶意于如来所。"

③东吴遭水仙之厄:指孙恩、卢循之乱。《晋书》卷一百《孙恩传》:"恩穷蹙,乃赴海自沉,妖党及妓妾谓之'水仙',投水从死者百数。"

④西夷载鬼卒之名:指张鲁五斗米道。《后汉书》卷七十五《刘焉传》:"陵传子衡,衡传于鲁,鲁遂自号师君,其来学者,初名为鬼卒,后号祭酒。"

⑤闽薮留种民之秽:指武帝时闽地反叛事。参见《后汉书》卷六四《严助传》、卷九五《闽越王传》。

⑥汉叶感思子之歌:指汉武帝思念在巫蛊事件中自杀的太子刘据。《汉书》卷六三《戾太子传》:"上怜太子无辜,乃作思子宫,为归来望思之台于湖。"

⑦三宝:佛教徒所尊敬供养之佛宝、法宝、僧宝。又作三尊。佛,指觉悟人生之真相,而能教导他人之佛教教主,或泛指一切诸佛;法,为根据佛陀所悟而向人宣说之教法;僧,指修学教法之佛弟子集团。以上三者,威德至高无上,永不变移,如世间之宝,故称

三宝。

⑧沦淊(lúnxǔ)：沦灭；沉没。

⑨摅(shū)写：抒写。

【译文】

　　大千世界广阔浩渺，万物变化无穷无尽；在红尘中游走，就如同在梦境中，被各种声色荣华污染迷惑；在各种世缘中胡思乱想，更多的乌云遮蔽了心灵的天空，怎能辨识光明正道呢？由于淳朴的民风逐渐变得浅薄，使得众妖魔竞相出现。如果用狡诈谋求荣誉，一定会犯下五逆大罪；运用威权强行领导民众，一定会使六极罪行施行。不好的气息弥漫，混浊满天，导致的灾祸不止一处。想到东吴遭受孙恩、卢循之乱，西夷有张鲁五斗米道横行，武帝时闽地百姓反叛，汉武帝思念在巫蛊事件中自杀的太子刘据，忠贤之人抚胸叹息，对人民的治理停滞，满地都是沙子杂草，邪魔外道的罪过岂能全部列出来？末学之人，不知道宗教根本；世间教化言辞讹诈，遮蔽佛法僧三宝；老鬼民等外道邪徒，咏唱嗟叹满路。这些现象如同炎山的灰烬和河洛的残渣沉没在险滩，我看了特别伤心。谈论以前的各种事情，也许能帮助擦亮明镜，照亮迷失童子的道路，使其回归玄妙的心灵故乡，显示尘世之外的妙趣。放下各种偏见，超越彼我差别的境界，岂是用言语声音所能表现出来的？

禁经上价是一逆

　　夫玄籍云舒①，贯空有之美，圣贤功绩，何莫由斯！实学者之渊海②，生民之日月。所以波沦菩萨慈悲等照③，震声光于冥涂④，弭魔贼于险泽⑤，泛灵舟于信风，接浮生于苦海⑥。闻道诸经，制杂凡意，教迹邪险，是故不传。怪哉！道化空被禁锢。观今学者，不顾严科⑦，但得金帛，便与其经。贫者造之，至死不睹，贪利无慈，逆莫过此。又其方术秽浊不清，乃扣齿为天鼓，咽唾为醴泉，马屎为灵薪，老鼠为芝药；资此求道，焉能得乎？昔秦皇汉武，不获轻身，使徐福、公孙远冥云波⑧，祈候通仙，影响无陈。夫闲心祛欲，则事与道邻，岂假骤涉之劳，咽唾嗑齿者乎？

【注释】

①玄籍：此处指佛教的经籍。

②渊海：深渊和大海。多比喻事物包容深广或荟萃之处。

③波沦菩萨：菩萨名，佛经中记载此菩萨曾为听佛经卖心血髓。慈悲：慈爱众生并给与快乐，称为慈；同感其苦，怜悯众生，并拔除其苦，称为悲；二者合称为慈悲。佛陀之悲乃是以众生苦为己苦之同心同感状态，故称同体大悲。

④冥涂：冥暗的旅途。涂，同"途"，路途。

⑤弭：止，息。

⑥苦海：指各种苦难世界，亦即生死轮回之三界六道。众生沉沦于三界之苦恼中，渺茫无际，犹如沉没于大海难以出离，故以广大无边之海为喻。

⑦严科：严厉的法律。

⑧徐福：即徐市，字君房，齐地琅琊人，秦著名方士。他博学多才，通晓医学、天文、航海等知识，且同情百姓，乐于助人，故在沿海一带民众中名望颇高。后来被秦始皇派遣，出海采仙药，一去不返。公孙：指汉武帝时方士公孙卿，多次劝说武帝登山入海求仙。

【译文】

佛教典籍很多，贯通真空妙有之美，圣贤的功绩，正是依靠这些经典！这些经典是学习者的深渊大海，是老百姓的日月。因此波轮菩萨慈悲心平等照耀，在黑暗的路途中震动声音与生起光明，在险象环生的水泽中消灭魔贼，在信仰之风中浮起灵舟，在痛苦的海洋中解救众生。

听说各种经文，是为了制止凡人的杂念和妄想，而在传授过程中会有很多邪恶危险，因此不能随便流传。奇怪啊！大道教化空被禁锢。看现今的道教学者，不管严厉的戒律，只要得到金钱丝帛，便给他人经文。贫穷的人想要看，到死也看不到，贪图利益没有慈悲，没有比这更坏的逆行了。而且方士之术污秽混浊不清正，将扣齿作为天鼓，咽下的唾液作为甘泉，马屎作为灵草，老鼠作为灵芝药草，按这样求道，怎能得到呢？昔日秦皇汉武，想要获得长生，派遣徐福、公孙卿远出海采仙药，祈求能成为神仙，没有得到回应。如果使心情平静祛除欲望，则与道很接近了，岂能依靠长途跋涉的劳苦，咽唾液嗑牙齿这些邪法呢？

妄称真道是二逆

　　夫质懋纁霞者①，言神丹之功；开明净智者，必蓉花之气②。虽保此为真，而未能无终。况复张陵妄称天师③，既侮慢人鬼，即身受报，汉兴平末，为蟒蛇所噬④。子衡奔寻无处，畏负清议之报讥⑤，乃假设权方，以表灵化之迹。生麋鹤足⑥，置石崖顶，谋事办毕，克期发之⑦。到建安元年遣使告曰⑧："正月七日，天师升玄都⑨。"米民山獠⑩，蚁集阓外⑪。云台治民等，稽首再拜。言："伏闻圣驾玄都，臣等长辞，荫接尸尘，方享九幽⑫。"方夜，衡入。久之，乃出诡称曰："吾旋驾辰华，尔各还所治，净心持行，存师念道。"衡便密抽游胄鹤⑬，直冲虚空。民獠愚蠢，金言登仙⑭。贩死利生⑮，欺罔天地。

【注释】

①懋(mào)：美好。纁(xūn)：浅绛色。《周礼·考工记·锺氏》："三入为纁。"郑玄注："染纁者，三入而成。"

②蓉(dàng)花：即莨(làng)蓉花。多年生草本植物。多生于山野，

茎高约一米,叶互生,椭圆形,花淡紫色。根、茎和叶子可作药用,有镇痉、止痛的功效。

③张陵:字辅汉,道教徒称之为张道陵、张天师、正一真人、祖天师等,东汉五斗米教创立者。五斗米教本乃古之巫术,实为西南少数民族之原始宗教,经张陵渗以老庄思想而成天师道或正一道。因为信道者须出五斗米,故称之为五斗米教。张陵在蜀地创立道教,以鹤鸣山为中心设二十四治,是道教最早的基层组织与活动中心。

④噏(xī):吸。

⑤清议:社会舆论。

⑥縻(mí):原意为绳子,在此引为束缚,牵制。

⑦克:约定或限定时间。

⑧建安元年:建安为汉献帝年号(196—219),建安元年即公元196年。

⑨天师:张陵。

⑩米民山獠(liáo):泛指信从五斗米道的民众。

⑪阈(yù):本意为门槛,引申为门。

⑫九幽:极深暗的地方,指地下,也指阴间地府。

⑬罥(juàn):捕取鸟兽的网。

⑭佥(qiān):都,皆。

⑮贩:交换,交易。

【译文】

对于气质美好且面色红润的人,他们说是仙丹神药的功劳;对于开明聪慧的人,他们认为一定有苕花之气。虽然能保证这是真的,但是不能没有限度。何况又因为张陵妄称自己是天师,既侮辱轻慢了人与鬼神,自己也遭受报应,在汉代兴平末年,被蟒蛇所吃掉。他的儿子张衡到处寻找没有找到,害怕社会舆论讥讽批评,于是就假借一个临时骗术,来表明其道术的神奇。他们用绳子束缚仙鹤的脚,放置石子在山崖顶部，谋划事情完了，约定日期开始行动。到了建安元年派遣使者告诉信徒们说："正月七日，天师登临玄都。"平民小百姓和山里的信徒，都像蚂蚁一样聚集在都门外。在云台上的治民等，叩头拜了两拜，说："听说天师驾临玄都，我们等了很久，希望赐予福荫接引我等尸尘，才能在阴间享福。"正当夜里的时候，张衡来了。过了好一会，才出现并谎称说："我驾着早晨的阳光回来了，你们各自回到自己的地方，净化心灵，修持德行，心存天师，念诵道法。"张衡于是就偷偷释放了网中的仙鹤，直接飞入空旷的天空。平民百姓愚昧无知，都说张陵成仙了。这是通过贩卖死亡的手段来利用活人，欺骗天地。

合气释罪是其三逆

　　夫灭情去欲，则道心明真。群斯班姓，妄造黄书①，咒癞无端②，以伏轻诮③。咒曰："天道毕，三五成④，日月明。出窈窈⑤，入冥冥⑥，气入真，气通神，气布道。气行奸邪鬼贼皆消亡，视我者盲，听我者聋。感有谋图我者⑦，反系其殃，我吉而彼凶。"至甲子诏为醮录⑧，男女媟合，尊卑不别。吴陆修静复勤行此⑨。乃开命门⑩，抱真人婴儿，回戏龙虎⑪，作如此之势，用消灾散祸，其可然乎？其可然乎？汉时仪君行此为道，魁魅乱俗⑫，被斥炖煌⑬。后至孙恩，侠荡滋甚，士女溷漫⑭，不异禽兽。夫色尘易染，爱结难消，况交气丹田，延命仙穴。肆兵过玉门之禁，变态穷龙虎之势。生无忠贞之节，死有青庭之苦。诚愿明天，捡镜斯辈，物我端清，莫负冥诏⑮。

【注释】

①黄书：此处指道教徒编撰的房中养生等道书，常假托黄帝之名。
②癞：麻风病；癣疥等皮肤病。

③诮:责备,讥讽。

④三五:三所五位。《汉书·叙传》颜师古注:"……五位,谓岁、日、月、辰、星也。三所,谓逢公所凭神,周分野所在,后稷所经纬也。"

⑤窈窕:幽深。

⑥冥冥:深远之意。

⑦谋图:图谋。

⑧醮(jiào)录:此处指道士设坛念经做法事。

⑨陆修静(406—477):字符德,吴兴东迁(今浙江吴兴东)人,南朝刘宋时致力于天师道改革的著名道士。三国吴丞相陆凯的后代。笃好文籍,穷究象纬,早年弃家修道。

⑩命门:中医名词。一般指右肾。《难经·三十六难》:"左者为肾,右者为命门。命门者诸神精之所舍,原气之所系也,故男子以藏精,女子以系胞。"男为精关,女为产户。

⑪龙虎:《重阳真人授丹阳二十四诀》:丹阳又问:"何者是龙虎?"祖师答曰:"神者是龙,气者是虎,是性命也。"

⑫魁魅:此处指假扮鬼怪。

⑬炖煌:古代郡名。治所在今甘肃敦煌。

⑭溷(hùn)漫:混杂不分。

⑮冥诏:深远的教海。冥,深远。诏,告诫,教海。

【译文】

超越情欲,净化心灵,那么道心就能变得光明纯真。而道教的人聚在一起,胡乱颁布姓名,编造房中术等黄书,没有缘由诅咒别人发病,用来降服别人的轻视讥诮。咒说:"天道结束,三所五位形成,日月明朗清晰。出入幽深的地方,气能进入人的根本,能通神灵,也能布道。气运行则奸邪鬼贼都会灭亡,看见我的成为瞎子,听到我声音的成为聋子。能让那些想要害我的人,自己会遭受灾祸,我吉利而他会有凶险。"到了甲子时,设坛念经做法事,男女混杂在一起,没有尊贵卑贱的差别。吴国陆修静非常喜欢做这样的事情。于是打开命门,抱出真人之婴孩,像龙虎交合一样相戏,作出这样的姿势,用来消灾散祸,这样做可以吗?这样做可以吗?汉代时方士仪君把这种行为作为道,假扮鬼怪祸乱风俗,被贬斥到敦煌。后来到了孙恩时,任侠放荡,妄情不断滋长,男女混杂不分,和禽兽没什么两样。人心很容易受到外在色尘的污染,贪爱之心结难以消除。更何况交气于丹田,在仙穴延长寿命。放纵肢体超过玉门的禁令,变态穷尽龙虎的姿势。生前没有忠贞的气节,死后要遭受青庭之苦。真诚希望神明的天帝,察鉴此辈所为,辨明物我之分,不要让他们辜负深远的教诲。

侠道作乱是其四逆

　　夫真宗难晓,声华易惑①。缘累重渊岳②,德轻风露。如黄巾等,鸢望汉室,反易天明③,罪悉伏诛。次有子鲁复称鬼道④,神祇不佐,为野麋所突。末后孙恩复称紫道⑤,不以民贱之轻,欲图帝贵之重。作云响于幽窦⑥,发妄想于空玄⑦,水仙惑物,枉杀老稚,破国坏民,岂非凶逆⑧?是以宋武皇帝惟之慨然⑨,乃龙飞千里⑩,虎步三江⑪,掩扑群妖,不劳浃辰⑫。含识怀欢⑬,草木春光。

【注释】

①声华:美好的名声。

②缘累:牵累。

③反易:颠倒,颠覆。天明:天道。《尚书·大诰》:"用宁王遗我大宝龟,绍天明。"

④复称:复旧,光复。鬼道:鬼神邪说。《逸周书·史记》:"昔者玄都贤鬼道,废人事天,谋臣不用,龟策是从,神巫用国,哲士在外,

玄都以亡。"。

⑤紫道：东晋时孙恩所奉的道教流派。

⑥幽窦：深沉昏暗的孔穴，沟渠。

⑦空玄：幻想。

⑧凶逆：凶恶叛逆，亦指凶恶叛逆的人。

⑨宋武皇帝：刘裕(363—422)，字德舆，小名寄奴，彭城县(今江苏铜山)人。杰出的政治家、军事家，南北朝时期刘宋王朝的开国皇帝。

⑩龙飞：指帝王的兴起。

⑪虎步：原形容帝王的仪态不同于一般，后也形容将军的英武姿态。

⑫浃(jiā)辰：古代以干支纪日，称自子至亥一周十二日为"浃辰"。

⑬含识：梵语sattva，巴利语satta。音译萨埵。意译有情、众生，即指含有心识之有情众生。指一切生物。又作含灵、含生、含类、含情、禀识。以一切众生皆有心识，故称含识。

【译文】

真正的宗旨难以知道，外在的美好名声容易使人分辨不清。事缘的牵累比高山深渊还重，品德比风露还轻。像黄巾等道徒，妄想取代汉代皇室，逆天而行，后来获罪伏法，都被诛杀。其次张鲁光复原来的旧鬼道，连天神都不会福佑他，曾被獐子撞倒。后又有孙恩又倡行紫道，不掂量自己那卑微的身份，想要图取尊贵的帝王之位。在偏僻昏暗的地方，幻想夺位之大事，迷惑世人，乱杀老人小孩，残害国家，扰乱百姓，这难道不是凶恶叛逆的人吗？因此宋武皇帝慨然兴兵，帝王大业兴盛千里，雄壮之师横行三江，一步独尊，袭取消灭反叛之人，都不用等到浃辰之时。众生欢愉，天下一片平和美好。

章书伐德是其五逆

夫至化余尘①，不可诬蔽②；诠谥灵魄，务依明德。道无真体,妄逐妖空③,辄言东行,醉酒没故。如此顽赠,宁非陋僻?
又迁达七祖④,文意浅薄,乞免担沙石,长作道鬼。夫圣智穷
微⑤,有念斯照⑥,何烦祭酒横费纸墨⑦? 若必须辞诉,然后判
者,始知道君无玄鉴之能⑧,天曹无天明之照⑨,三官疲于谨
案⑩,伺吏劳于讨捕。闻其奏章,本拟急疾,而戊辰之日,上必
不达。不达太上,则生民枉死。呜呼哀哉! 实为五逆。

【注释】

①至化:极美好的教化。余尘:后尘。比喻在他人之后。

②诬蔽:欺骗蒙蔽。

③妄逐妖空:妄图追逐迷信空虚的东西。

④七祖:常指佛教传法相承的七代。如华严宗以马鸣、龙树、杜顺、
　智俨、法藏、澄观、宗密为七祖。禅宗南宗以达摩、慧可、僧璨、道
　信、弘忍、慧能、神会为七祖。禅宗北宗以弘忍另一弟子神秀为六
　祖,普寂为七祖。此处指道教领袖神化自己的祖先给予封号。

⑤圣智:圣人智慧,聪明睿智,无所不通。亦指是有非凡的道德和
　智慧者。智,通"知"。穷微:探究精微的道理,穷尽细微琐事。

⑥有念:以具体之事物为修观之对象,称为有念。反之,体观真如
　本性,称为无念。在净土门中,以凡夫之散乱心所修之散善,称
　为有念;以将心集于一处所修之定善,称为无念。

⑦祭酒:官名。汉代有博士祭酒,为博士之首。西晋改设国子祭
　酒,隋唐以后称国子监祭酒,为国子监的主管官。此处似指汉魏
　道教中的"祭酒"一职。

⑧玄鉴:明察,洞察。

⑨天曹:道家所称天上的官署,或指仙官。天明:天赋的智慧,有时
　也指天命,天道。

⑩三官：道教所奉的神。天官，地官，水官三帝的合称。传说天官赐福，地官赦罪，水官解厄。《黄庭内景经·沐浴》："传得可授告三官。"务成子注："三官，天地水也。"

【译文】

极美好的教化施及给别人，不可欺骗蒙蔽他们；对死去之人的灵魂评判封赠，一定要依据其明德。修道却没有真实的本体，妄图追逐迷信空虚的东西，每每说东行追求大道，却沉沦在喝酒之中。像这样顽劣，难道不是浅陋之极吗？再之又神化封赠自己的祖先，其文章意义浅薄，乞求能免担沙石，长作道鬼。圣人智慧穷尽细微之事，都能照见妄念皆空，又何必劳烦祭酒白白浪费纸墨呢？倘若必须要用语辞诉说，然后才能判别，则一开始就知晓道教君主没有洞察是非的才能，仙官没有天赋的智慧观照，三官因详问案情而精力疲惫，伺吏因搜捕罪鬼而烦劳。听说他们的奏章，本打算快速送上去，却说在戊辰之日，所送奏章无法达到。没有达到太上神明之处，致使百姓白白枉死。悲哀啊！这确实是第五种凶恶悖逆的事。

畏鬼带符非法之极第一

夫真心履顺者，妖忤革其气。是以至圣高贤，无情于万化①，故能洞游金石，卧宿烟霞。此纯诚感通②，岂佩带使然哉！其经辞致夸慢鬼弊云："左佩太极章③，右佩昆吾铁，指日则停晖，拟鬼千里血。"若受黄书赤章④，言即是灵仙⑤。硪屄入靖，不朝太上⑥。至于使六甲神而跪拜清厕⑦，如郭景纯亦云仙流登清度厄⑧，竟不免灾，愚痴颠倒，岂识仪节？闻其着符，昔时军标，张角黄符⑨，子鲁戴绛，卢悚紫标⑩，孙恩孤虚⑪，并矫惑王师，终灭人鬼。

【注释】

①无情：没有任何妄情。万化：万物。

②感通：此有感而通于彼，一方的行为感动对方，从而导致相应的反应。《周易·系辞上》："《易》无思也，无为也，寂然不动，感而遂通天下之故。"

③太极章：指刻画有太极图案的道教符章。太极，古代哲学家称最原始的混沌之气。谓太极运动而分化出阴阳，由阴阳而产生四时变化，继而出现各种自然现象，是宇宙万物之源。

④赤章：道书有《赤松子章历》，后因以借指道家向天官祷告禳灾的章本。

⑤灵仙：神仙。

⑥太上：指圣人。

⑦六甲：道教神名，供天帝驱使的阳神；道士可用符箓召请以祈禳驱鬼。

⑧郭景纯：郭璞（276—324），字景纯，河东闻喜县人。东晋著名学者，既是文学家和训诂学家，又是道学术数大师和游仙诗的祖师。

⑨张角（？—184）：钜鹿（今河北平乡）人，东汉末年农民起义军"黄巾军"的领袖，太平道的创始人。

⑩卢悚：彭城人，刘宋孝武帝时妖言惑众，被杀。

⑪孤虚：古代方术用语。即计日时，以十天干顺次与十二地支相配为一旬，所余的两地支称之为"孤"，与孤相对者为"虚"。古时常用以推算吉凶祸福及事之成败。

【译文】

拥有真心顺应自然的人，气质清净妖邪难犯。所以圣洁高明贤能的人，在所有事物面前没有任何妄情，因此能洞游金石，闲卧在烟霞中睡觉。这是由于至纯的诚心感应和通达万物，哪里是因为所佩带的东西才会这样的！道教经文语辞中夸夸其谈："左边佩带太极章，右边佩带昆吴宝剑，指着太阳就可以让太阳停止运行，拟杀鬼怪就能千里流血。"如果授予黄书赤章，说就是神仙。穿着凡人硍然有声的木屐走来，不用听命于什么圣人。至于使用符箓召请六甲神灵来祈福消灾，而役使神将干一些粗活，如郭景纯也说用各种仙法道术能够度脱一切苦厄，最终自己竟然也没有免除灾祸，如此愚昧癫狂，怎么能识别礼法和礼节？听说他们所佩符箓，是以前的军队标志，如张角的黄符，张鲁部众戴赤符，卢悚的紫标，孙恩的孤虚之术，都以诡诈之计迷惑朝廷的军队，最终被消灭成为人鬼。

制民课输欺巧之极第二

夫五斗米教①，出自天师②。后生邪浊，复立米民③，世人厌畏，是以子明、杜恭俱困魔蟒④。又涂炭斋者⑤，事起张鲁⑥。氐夷难化，故制斯法。乃驴辗泥中，黄卤泥面⑦，擿头悬柳，埏埴使熟⑧。此法指在边陲，不施华夏。至义熙初⑨，有王公其次，贪宝惮苦，窃省打拍。吴陆修静甚知源僻⑩，犹泥挨额悬縻而已⑪。痴僻之极，幸勿言道。

【注释】

①五斗米教：我国最早的道教教派。由东汉张陵于西蜀鹤鸣山所创。因入教者须出五斗米，故称五斗米道，或被贬称为米贼。又因张陵自称天师，故又称天师道。奉老子为教主，以《道德经》为主要经典。

②天师：道教封号，由张陵首创，其子嗣世代沿袭此号。

③米民：五斗米道的信众。

④子明：传说中的仙人。陵阳子明好钓鱼，于旋溪钓得白龙，拜而

放之。后得白鱼，腹中有书，教以服食之法。子明食之而成仙。见汉刘向《列仙传·陵阳子明》。蟒蟒：大蛇。《尔雅·释鱼》："蟒，王蛇。"郭璞注："蟒，蛇最大者，故曰王蛇。"

⑤涂炭斋：道教的一种古老的道教仪式。

⑥张鲁：字公祺，沛国丰县(今江苏丰县)人。东汉末年割据汉中的军阀，汉末群雄之一。他是西汉留侯张良的十世孙、五斗米道教祖张陵的孙子，在祖父和父亲去世后继续在汉中一带传播五斗米道，并自称为"师君"。

⑦黄卤：黄色的稀泥。

⑧埏埴(shānzhí)：埏，和泥。埴，黏土。

⑨义熙：东晋安帝司马德宗的第四个年号，405年至418年。

⑩陆修静(406—477)：字符德，吴兴东迁(今浙江吴兴)人。笃好文籍，穷究象纬。早年弃家修道，好方外游，遍历云梦山、衡山、罗浮山、峨嵋山等名山胜地。元嘉末(约453年)"市药京邑(今南京)"。宋文帝闻其名，"慕其风"，命左仆射徐湛延请入宫讲道。他不愿囿于束缚，固辞不就，"遂诉江南"，继续周游四方布道。大明五年(461)来庐山，"爱匡阜之胜"，构筑精庐居处修道，是为太虚观。自此，以太虚观为大本营研经传道授徒长达七年之久，为庐山道教势力的发展和影响的扩大作出了极大贡献。

⑪挋(tú)：擦拭。

【译文】

五斗米道由天师张陵创建。后来五斗米道渐生邪恶污浊，故再次建立米民的制度，世人厌恶敬畏，后来信奉五斗米道的子明和杜恭都被大蛇所困。涂炭斋的仪式，兴起于张鲁。那个时候氐夷之人难以教化，所以就创制了这一套教法。这套教法是：像驴一样在泥中打滚，用黄泥涂抹面部，披头散发把自己吊在柳树上，和泥使均匀涂满。这套教法主要在边境地带实施，而并不在中原地区施行。到了义熙初年的时候，有这一派的道士王灵期贪图珠宝惮怕受苦,偷偷地减省打拍动作。吴国陆修静很熟悉这是源于边远地区的习俗,就好像在额上抹泥,头朝下把自己悬挂起来。愚痴至极,更不用说道义了。

解厨墓门不仁之极第三

夫开翙大施①,与物通美。左道余气,乃墓门解厨②。矜身奥食,怀吮班之态。昔张子鲁汉中解福,大集祭酒及诸鬼卒③。鬼卒、鬼民、鬼吏、鬼道,此是子鲁轻于氐夷,作此名也。又天师、系师、嗣师及三女师④,此是张鲁自称美也。又道男官、女官,道父、道母,神君、种民⑤,此是合气之后,赠物名也。又米民、米姓、都功、祭酒⑥,此是荒时抚化名也。又贫道、三洞法师⑦,长安僧祎作此名也。又先生、道民、仙公王⑧,秣陵县民王灵期作也⑨。又道士、蚁贼、制酒、米贼⑩,此是世人之所目也。又法师、都讲、侍经者⑪,是陆修静傍佛依世制此名也。又天公、地公及称臣妾⑫,太平之道、五斗米道、大道、紫道、鬼神师君,此作贼时,假威名也。又胶东、栾大、拜五利将军,虽有茅土而无臣节。汉武之末,不复称之也。酣进过常,遂致酱逸⑬;丑声遝布,远达岷方。刘璋教曰:"夫灵仙养命,犹节松霞而厚身,嗜味奚能尚道?"子鲁闻之愤耻,意深罚其扫路。世传道士后会举标,以防斯难,兼制厨命,酒限三升。汉末已来,谓为制酒。至王灵期削除衅目,先生道民,并其赈锡。虽有五利之贵,更为妖物之名。

【注释】

①翙(huì):鸟飞声。

②墓门:墓道之门。《诗经·陈风·墓门》:"墓门有棘,斧以斯之。"郑玄笺:"墓门,墓道之门。"解厨:五斗米道信奉者家庭成员去

世,举办"下厨",也称"解厨"。

③鬼卒:汉张鲁五斗米道初级道徒的称谓。《后汉书·刘焉传》:"鲁遂自号'师君'。其来学者,初名为'鬼卒',后号'祭酒'。"

④天师、系师、嗣师:道教由东汉张道陵创始,后世乃称张陵为"天师"或"祖师爷",其子张衡为"嗣师",其孙张鲁为"系师",被尊为"三师"。

⑤种民:道教语。指谨慎忠厚的信徒。《魏书·释老志》:"其中能修身练药,学长生之术,即为真君种民。"

⑥米民、米姓、都功、祭酒:道徒的称谓。

⑦贫道、三洞法师:僧道自称的谦辞,晋、南北朝时,朝廷定制僧人自称贫道,唐以后僧人改称贫僧,道士谦称"贫道"。三洞,道教经典分洞真、洞玄、洞神三部,合称"三洞"。

⑧先生、道民、仙公王:道徒的称谓。

⑨王灵期:东晋时期的道教徒,曾编撰若干上清派道经。

⑩蚁贼、制酒、米贼:世俗民众对五斗米道的贬称。《三国志·魏书·张鲁传》:"祖父陵,客蜀,学道鹄鸣山中,造作道书以惑百姓,从受道者出五斗米,故世号'米贼'。"

⑪法师、都讲、侍经:降妖驱邪的道士或方士。

⑫天公、地公及称臣妾:道徒聚众起义时对首领等的称谓。

⑬酳(yòng):酒后乱性的丑态。

【译文】

正道像鸟儿展翅飞翔一样普遍施行,与万物融合,共通美好。旁门左道乌烟瘴气,表现为在墓门前举办厨宴。道教使众聚集大吃大喝,丑态百出。过去张鲁在汉中祭祀,把祭酒和诸鬼卒聚集起来。鬼卒、鬼民、鬼吏、鬼道,这是张鲁轻视氐夷,才取这些名字。至于天师、系师、嗣师及三女师,这是张子鲁对自己的赞美。又说是男官、女官、道父、道母、神君、种民,这是男女合气之后赠赐的物名。至于米民、米姓、都功、祭酒,这是饥荒时安抚教化民众的名字。而贫道、三洞法师,则是由长安的僧人祎起的名字。至于先生、道民、仙公王这些称谓则是由秣陵县的百姓王灵期所作。又有道士、蚁贼、制酒、米贼,这是世人眼里如此看待的。还有法师、都讲、侍经,是陆修静仿效佛教制造这些名字。又有天公、地公及称臣妾,太平之道、五斗米道、大道、紫道、鬼神师君,这是道徒叛乱时提振威名用的。又胶东、栾大、拜五利将军,虽然有茅土等形式但没有君臣仪节。汉武帝之末,就没有这些称谓了。当他们饮酒超过平时一般的酒量时,就放逸起来;败坏的名声远布,远达岷山一带。刘璋下达教令说:"灵仙养命,还要在松霞中节制从而保护身体,嗜好美味哪里还能崇尚天道呢?"张鲁听了他说的话很愤怒,想罚他扫大路。在世人中流传道士在后来开会时举起标志,用来防止这种问题,同时制定解厨规则命令,酒量限制为三升。从汉末到如今,叫做制酒。到了后来,教民王灵期削除以前的名称,设置先生、道民等名称,一起赈济赐予。即使有五利将军名号之贵,也只不过是妖物的名字罢了。

度厄苦生虚妄之极第四

夫质危秋蒂,命薄春冰,业风吹荡①,蓬回化境②。所以景公任于缘命,孙子记为行尸③。迷徒湫学④,不识大方,至有疾病、衰祸,妄甚。妖祟之原渊,鬼魃以为灾⑤,渡危厄于遐川⑥,沈钧星于悬瘤⑦,雪丹章于华山,乃蹙须眉貌,误诂冥鬼云⑧:"三官使者已送先归逝者⑨。"故然空丧辞货,斯实祭酒顽糈之利,蚕食百姓,公私并损。致使火宅惊于至圣⑩,归歌动于人思矣。

【注释】

①业风:恶业所感之猛风,指劫末所起的大风灾及地狱所吹

的风。

②化境:"化城之境"之缩写。化城,佛教语,一时幻化的城郭,比喻小乘所能达到的境界。出自《法华经·化城喻品》。但是,小乘并非佛家修炼的最终目的地,在化城休息完之后,还要"直诣宝山",达到大乘的境地。

③行尸:指徒具形骸,虽生犹死的人。

④迷徒:迷失正道的人。湫(jiǎo)学:指学识寡陋之人,湫,低洼,喻狭小。

⑤鸲(qú):一种鸟,或指八哥。

⑥危厄:危急困窘。

⑦沢(jué):水从洞穴中奔泻而出。

⑧误(xī)诟:侮辱;辱骂。

⑨三官:道教所奉的神。天官、地官、水官三帝的合称。传说天官赐福,地官赦罪,水官解厄。

⑩火宅:比喻迷界众生所居住之三界。火喻五浊等,宅喻三界。语出《法华经》七喻中之火宅喻。众生生存于三界中,受各种迷惑之苦,然犹不自知其置身苦中,譬如屋宅燃烧,而宅中稚儿仍不知置身火宅,依然嬉乐自得。《法华经·譬喻品》:"三界无安,犹如火宅……众苦所烧,我皆拔济。"至圣:指道德智能最高的人。《礼记·中庸》:"唯天下至圣,为能聪明睿知,足以有临也。"

【译文】

人的身体就像秋天凋落的花一样容易受到损害,生命就像春天正在融化的冰一样短暂,恶业轮回之风四处飘荡,将散乱的生命吹全化城之境界。这也就是为什么齐景公任运生命的缘分与安排,孙子记载为行尸走肉之人。迷失正道学识寡陋的人,不识宇宙大道,导致疾病、衰弱与苦难发生,因为他们一直过分胡作非为。妖邪聚集在水源及深潭,鬼鸟认为这是灾害,所以渡水躲避危险至于偏远的河流,水从洞穴中奔泻而出倒挂在悬崖上，雪折射出的光辉照耀了华山，于是做出皱缩眉头生气的样子，辱骂那些夜晚的鬼魂说："三官使者已经将那些较早逝去的人送来了。"因此老百姓白白浪费了言辞和财物，这实际上是道教祭酒愚弄那些冥顽之人，逐渐侵占百姓的利益，公家和私人都遭受了损失。因此充满众苦的三界火宅惊动了道德智慧最高的圣人，他吟唱着解脱的歌谣，让人震撼，回归心灵故乡。

梦中作罪顽痴之极第五

　　夫天属化始，乃识照为原；弃舍身命，草木非数。然大地丘山，莫非我故尘；沧川潚漫①，皆是我泪血。以此而观，谁非亲友？或梦见先亡，辄云变怪②。夫人鬼虽别，生灭固同；恩爱之情，时复影响。群邪无状③，不识逆顺，召食鬼吏兵，奏章断之。割截幽灵，单心谁照④？幸愿未来，勿尚迷言，使天堂无辍食之思，冰河静灾念之声。

【注释】

①潚（xiào）：水流长远貌。

②变怪：灾变怪异。《汉书·张敞传》："月朓日蚀，昼冥宵光，地大震裂，火生地中，天文失度，祅祥变怪，不可胜记。"

③无状：谓行为失检，没有礼貌。

④单心：孤忠之心。《晋书·慕容垂载记》："陛下单马奔臣，臣奉卫匪贰，岂陛下圣明鉴臣单心，皇天后土实亦知之。"

【译文】

　　天地变化之始，以寂照之光明为源头；众生抛弃生命，就像大自然的草木一样不计其数。然而大地上的山丘，没有哪一个不是我的故乡尘土；苍翠的河流四处遍布蔓延，都是由我的血与泪汇合而成。由此看来,有谁不是我们的亲戚朋友?有时梦见已经死亡了的人,总是觉得是灾变怪异。虽然人与鬼魂有别,但生存与灭亡其实是相同的;那些恩爱的感情,仍时常感受得到。那些品行不正行为失检的人,不知道所做的事情的顺逆,于是阎王召集鬼怪与吏兵来讨论,根据他们所上交的言论来处分决断那些人。割截幽灵,孤忠之心照耀谁呢?希望以后的日子,人们不要崇尚迷妄的言论,使天堂没有辍食之思,冰河寂静而没有那些遭受灾难的人们忧虑的声音。

轻作寒暑凶佞之极第六

夫渊默心口者①,万行之真德。而尘界众生②,率无慈爱,虓凶邪佞③,符章竞作,悬门帖户,以诳愚俗,高贤有识,未之安也。造黄神越章用持杀鬼④,又制赤章用持杀人⑤,趣悦世情,不计殃罪。阴谋怀嫉,经有旧准,死入铁钳大狱,生出鸥鹭暗痖⑥,精骸惛朽,沦离永劫。谁知斯乎?老鬼民辈道相不然,事之宜质。夫谏刺虽苦,智者甘闻,故略致言。幸试三思,能拂迹改图,即与大化同风矣⑦。良其不革,请俟明德⑧,备照声曲⑨,以晓长夜。岂是今日弱辞所陈哉!

【注释】

①渊默:沉默不言。

②众生:梵语萨埵 Sattva,新译曰有情,旧译曰众生。众生有多义:众人共生于世;由众多之法,假和合而生;经众多之生死。

③虓(xiāo):虎吼。邪佞:奸邪小人。

④黄神:古登山者所佩印章,以避虎狼。晋葛洪《抱朴子·登涉》:"古之人入山者,皆佩黄神越章之印,其广四寸,其字一百二十,以封泥着所住之四方各百步,则虎狼不敢近其内也。"

⑤赤章：即《赤松子章历》，后因以借指道家向天官祷告禳灾的章本。《梁书·沈约传》："乃呼道士奏赤章于天，称禅代之事，不由己出。"

⑥鸱鸑瘖痖：鸱（chī），一种凶猛的鸟，鹞子，又名鸱鹰、老鹰、鸢鹰；鸑（yuè），古书上说的一种水鸟，似凫而大，赤目；瘖（yīn）：不能言；痖（yǎ），古同"哑"。

⑦大化：佛教语，指佛的教化。

⑧明德：指才德兼备的人。《诗经·大雅·皇矣》："帝迁明德，串夷载路。"

⑨声曲：音声曲调。

【译文】

那些心口宁静沉默的人，一切行为都体现为真正的道德。但是人世间一切有情识的众生万物，大都没有慈爱之心，凶恶可怕奸邪狡诈，争着去制定符箓章条，控制百姓，欺诈那些愚昧庸俗的人，那些高尚贤良有见识的人，感到很不安。他们伪造黄神越章之印去杀害鬼魂，又制定章本来祸害百姓，取悦世情，不考虑因果报应之遭殃受罪。心中怀有憎恨而暗中策划阴谋的人，其实经过旧业的核准，死亡后将进入有坚固刑具的监牢，出生后就会变成鸱鸑而不能说话，精气和身体会日渐糊涂与衰弱，在极长的时期会沦落，遭受无尽的劫难。又有谁知道这个呢？道教信徒老鬼民等都不明白这些规律，都奉行自己认为适宜的道行。虽然直言规劝会让人感到像尖利的东西扎一样痛苦，但有智慧的人会乐意听到这些，所以我大致献纳转告这些言论。希望他们三思而行，能够改变以前的行为，这也就符合佛法教化的宗旨了。如果他们认为我这些言论不好而不去改变，请等待那些德才兼备的人的教导，按照他们的话去做，用他们的真理照亮人生的漫漫长夜。对于这样的重大事情，岂是我这些薄弱的言辞所能述说清楚的呢？

灭惑论

【题解】

本篇乃刘勰(约 465—520)为驳斥某道士的《三破论》而作。所谓"三破",即攻击佛教破国、破家、破身。刘勰一一加以驳斥。除了驳斥破国、破家、破身之说,刘勰还驳斥了《三破论》中其他一些诬蔑佛教的言论。例如《三破论》以《化胡经》之类为依据,说佛法乃老子出关教化西域而设。胡人粗犷无礼,故使其不娶不嫁,以自然断绝其种。

或造《三破论》者,义证庸近①,辞体鄙陋。虽至理定于深识,而流言惑于浅情;委巷陋说②,诚不足辩。又恐野听将谓信然,聊择其可采,略标雅致。

【注释】

①庸近:见识短浅。

②委巷:僻陋小巷。此处指见识浅陋。

【译文】

有道士作《三破论》,义理肤浅,文辞浅俗,文体拙劣。虽说至理为思想深刻者所赞赏,而流言却能迷惑那些浅薄之人,像《三破论》这样的鄙陋之说,本来不足为辩,但又担心这些议论散布到民间,会让人信以

为真。姑且选择其中比较值得一说的地方，略加以剖析、驳斥，以此来
标举佛教的高雅意趣。

《三破论》云："道家之教，妙在精思得一，而无死入圣；
佛家之化，妙在三昧神通，无生可冀，死为泥洹。未见学死
而不得死者也。"

《灭惑论》曰："二教真伪，焕然易辩。夫佛法练神，道教
练形。形器必终，碍于一垣之里；神识无穷，再抚六合之外。
明者资于无穷，教以胜慧；暗者恋其必终，诳以飞仙。仙术
极于饵药，慧业始于观禅。禅练真识，故精妙而泥洹可冀；
药驻伪器，故精思而翻腾无期。若乃弃妙宝藏，遗智养身，
据理寻之，其伪可知。假使形翻天际，神暗鸢飞戾天①，宁免
为鸟？夫泥洹妙果，道惟常住，学死之谈，岂析理哉？"

①鸢飞戾天：指那些像鸢鸟一样怀着对名利的渴望极力高攀的人。
【译文】

《三破论》称："道家的教化，奇妙在于认真的思考宇宙大化之根本，
追求长生不死，当做超脱凡俗的最高境界；而佛教的教化，深妙在于修
习禅定以获得各种神通，追求不生不灭，把人的死亡称作涅槃，视为解
脱的最高境界。但我从未见到学习死亡之教而能最终不死的人。"

《灭惑论》曰："佛道二教之真伪优劣，是很容易辩论清楚的。佛法
注重精神修炼，道教注重身体修炼。有形之东西必定会毁灭，最终限定
在棺椁之中。而神识不会消灭，而能覆盖到六合之外。明智的人，从无
穷中获得帮助，以最高的智慧教人；而愚昧者则迷恋于必定会灭亡的形
体，以各种仙术骗人。道教的仙术以服药成仙为极致，佛教的智慧始于

修习禅观。禅观能锻炼真识，真识锻炼得精妙则可望证得涅槃境界。
而依靠药饵驻留在因缘聚合的形体中，再精致的思考也不能让形体翻
腾飞升。至于人们只关注自己的形体，而放弃精神这个妙宝藏，遗弃智
慧而注重养生，从道理上来探寻，就可以知道他的虚假不真实。假使他
的形体真能飞腾升天，而神明却如同鸢鸟戾天一样只知追逐欲望。难
道不能成为一只鸟么？而佛教所追求的是泥洹妙境，这种正道是常住
不灭的。你竟然讥讽佛教为'学死之谈'，难道剖析事理就是这样
的吗？"

　　《三破论》云："若言太子是教主，主不落发而使人剃头，
主不弃妻使人断种，实可笑哉！明知佛教是灭恶之术也，伏
闻君子之德，身体发肤，受之父母，不敢毁伤，孝之始也。"
　　《灭惑论》曰："太子弃妻落发，事显于经，而反白为黑，
不亦罔乎？夫佛家之孝所包盖远，理由乎心，无系于发。若
爱发弃心，何取于孝？昔泰伯、虞仲断发文身，夫子两称至
德。中权以俗内之贤①，宜修世礼，断发让国，圣哲美谈。况
般若之教，业胜中权；菩提之果，理妙克让者哉！理妙克让，
故舍发取道；业胜中权，故弃迹求心。准以两贤，无缺于孝。
鉴以圣境，夫何怪乎？"

【注释】
　　①中权：合乎时宜或情势。《论语·微子》："身中清，废中权。"此处
　　　代指儒家学说。
【译文】
　　《三破论》称："如果说太子(即释迦牟尼)是教主，可是，教主自身不
落发，却要人剃光头；教主自身曾经娶妻，却不许僧侣娶妻生子，定要让

人绝后，实在是十分可笑啊！佛教只是消除恶行的方法就很明白了。在下听说君子的道德，应该如《孝经》所言：'身体发肤，受之父母，不敢毁伤，孝之始也'。"

《灭惑论》曰："释迦牟尼出家之后则弃妻落发，这在佛经上有明文记载，《三破论》的作者如此颠倒黑白，不是让人不解吗？佛家所说的孝，其所包涵是很广的，孝德的根由在心，而不能系着于头发，如果弃心而爱发，又如何谈得上真正的孝呢？过去泰伯、虞仲断发文身，孔子多次赞扬他们这种符合中道的至德之人。世俗贤人，本应该修习世俗礼教，但是断发纹身是为礼让国君之位，自然成为圣哲的美谈。更何况佛教的般若智慧，义理和功德都胜过这种合符权宜的礼让之德啊！所以，佛教劝导人们弃发出家，旨在取道求心，和孔子赞扬的二位贤德可是一样的合乎孝道，怎么就对佛教落发出家就如此大惊小怪了呢？

第一破曰："入国而破国者，诳言说伪，兴造无费，苦克百姓，使国空民穷。不助国，生人减损。况人不蚕而衣，不田而食，国灭人绝，由此为失。日用损费，无纤毫之益，五灾之害①，不复过此。"

《灭惑论》曰："大乘圆极，穷理尽妙，故明二谛以遣有，辩三空以标无；四等弘其胜心，六度振其苦业。诳言之讪，岂伤日月？夫塔寺之兴，阐扬灵教，功立一时，而道被千载。昔禹会诸侯，玉帛万国，至于战伐，存者七君。太始政阜②，民户殷盛。赤眉兵乱③，千里无烟，国灭人绝，宁此之由？亥、婴之时，石谷十万④；景武之世，积粟红腐⑤，非秦末多沙门而汉初无佛法也。验古准今，何损于政？"

【注释】

①五灾之害：学者（儒家）、言谈者（纵横家）、带剑者（游侠）、患御者（逃避兵役的人）、商工之民皆为国家的蛀虫，韩非合称之为"五蠹"。

②太始政阜：太始元年（前96）～太始4年（前93），是汉武帝在位，政治康宁。

③赤眉兵乱：指新莽末年兴起于今山东东部的一支农民起义军的活动。赤眉军是中国新莽末年起事的军队之一，因将眉毛染红，示别于政府军，故称作赤眉军。

④"亥、婴"二句：指秦末时期的物价暴涨。《史记·平准书》："米至石万钱。"

⑤"景武"二句：《史记·平准书》："太仓之粟，陈陈相因，充溢露积于外，至腐败不可食。"

【译文】

《三破论》中指责佛教的第一破是"入国而破国"，并说："佛教尽以谎言惑众，造寺建塔花费无度，使百姓受苦，国库空虚，民众贫穷，人口减少，国力衰竭。加之那些出家之僧侣都不养蚕而衣，不耕种而食，长此以往，则国灭人绝。凡此种种，都是有百害而无一利，韩非子所谓的五蠹之害，也无过于此。"

《灭惑论》曰："大乘佛教的义理通达圆融，穷理尽妙，故阐明真、俗二谛来消除人们对假有的执着，辨析我空、法空及我、法本性皆空来揭示真无的境界，以四无量心弘扬其菩萨胜心，以六度拯济众生于三界苦海。此等无知谎言的诋毁，又岂能损害如日月般光明的佛教呢？至于建寺造塔，弘扬教化，虽功在一时却可使千年之后的民众都能蒙受佛化的恩泽。过去夏禹大会诸侯，天下太平，后起战乱，仅存七国。延及汉代太始年间，政治安定，民户渐多，而一旦赤眉军起义，又导致千里无烟，国灭人绝，难道这一切也是因佛教所致不成？秦末胡亥、子婴之时，一石谷子值十万钱，而汉初景帝、武帝年间，粮食多得吃不完，并非秦末多沙门而汉初无佛教使然。察验古今历史事实，说佛教有损国治、入国而破国有什么根据呢?”

　　第二破曰:“入家而破家，使父子殊事，兄弟异法，遗弃二亲，孝道顿绝。忧娱各异，歌哭不同，骨血生仇，服属永弃①。悖化犯顺，无昊天之报，五逆不孝，不复过此。”

　　《灭惑论》曰:“夫孝理至极，道俗同贯。虽内外迹殊，而神用一揆。若命缀俗因，本修教于儒礼;运禀道果，固弘孝于梵业。是以谇亲出家，《法华》明其义②;听而后学，维摩标其例③。岂忘本哉，有由然也。彼皆照悟‘神理’④，而鉴烛人世，过驷马于格言⑤，逝川伤于上哲。故知瞬息尽养，则无济幽灵;学道拔亲，则冥苦永灭。审妙感之无差，辩胜果之可必，所以轻重相权，去彼取此。若乃服制所施，事由追远;祀虽因心，抑亦沿世。昔三皇至治，尧、舜所慕，死则衣之以薪，葬之中野，封树不修⑥，苴斩无纪⑦，岂可谓三皇教民弃于孝乎? 爰及五帝，服制焕然。未闻尧、舜执礼，追责三皇。三皇无责，何独疑佛? 佛之无服，理由拔苦;三皇废丧，事沿淳朴。淳朴不疑而拔苦见尤，所谓朝三暮四而喜怒交设者也! 明知圣人之教，触感圆通，三皇以淳朴无服，五帝以沿情制丧，释迦拔苦故弃俗反真。检迹异路，而玄化同归。”

【注释】

　①服属:五服内的亲族。

　②“谇亲”二句:《法华经·妙庄严王本事品》:“于是二子从空中下，

到其母所，合掌白母，父王今已信解，堪任发阿耨多罗三藐三菩提心。我等为父，已作佛事，愿母见听，于彼佛所，出家修道。”

③“听而”二句：《维摩诘经·嘱累品》：“若好杂句文饰事者，当知是为新学菩萨；若于如是无染无著甚深经典，无有恐畏，能入其中，闻已心净，受持读诵，如说修行，当知是为久修道行。”

④神理：“照悟神理，鉴烛人世”是说明《法华经》和《维摩诘经》皆明洞人情物理，明白主张出家之事，必先征得家人的同意。“照悟神理”指的是这类了然生命本质和意义的极深刻感悟；这些感悟明洞人情世事。则此“神理”义，同僧祐文及《高僧传》的意义，皆指超凡深刻的悟解能力。

⑤“过驷”句：谓岁月流逝，生命短暂。《礼记·三年问》：“三年之丧，二十五月而毕，若驷之过隙。”

⑥封树：堆土为坟，植树为饰。古代士以上的葬礼。

⑦苴（zū）斩：苴，苴秸，祭祀用来盛放祭品的草席。斩，指‘斩衰’，旧时五种丧服中最重的一种。用粗麻布制成，左右和下边不缝。服制三年。子及未嫁女为父母，媳为公婆，承重孙为祖父母，妻妾为夫，均服斩衰。先秦诸侯为天子、臣为君亦服斩衰。

【译文】

《三破论》指责佛教的第二破是“入家而破家”，并说：“佛教使得父子各自从事不同的事业，兄弟之间各有自己的人生追求；遗弃父母双亲，孝道从此断绝，导致在家者终日忧伤恸哭，出家者自得其乐，歌吟于世俗之外；骨肉之情反生仇怨，五服之亲断绝往来，可以说是背离教化，不顺天理，所谓的五逆不孝之罪，实莫过于佛教。”

《灭惑论》曰：“最高境界的孝理，是贯通道、俗的，虽然内外的表现形式不尽相同，但其神妙的功用是一样的。如果命中连接的是世俗的因缘，固然应该修习儒家礼教；如果禀受命运必须出家，就应修习出世之道。所以《法华经》中明文记载，想要出家，应该征询双亲的意见；在家修行,则《维摩诘经》提供了很好的榜样。可见,佛教并非忘本而不讲孝道,都是有根源的呀。然古之圣人皆有超凡深刻的悟解能力,而能洞察人世真谛,诸如光阴如白驹过隙的之类的格言以及'逝者如斯夫'之类的感叹,都是明了世事川流不息、万物瞬息即逝的道理。所以明白对父母虽然能尽一时之赡养,但却丝毫无济于死后的幽灵;而学习佛道并以此来提升亲人,则能使亲人永离苦海。修习佛道,就能真正明白因果报应的必然性和绝对性,因而能够权衡世俗与正道的轻重不同,于是能够抛弃那些世俗的礼仪和伦理而一心向道、皈依佛门。至于服制诸礼,亦是随着时代的变化而不断变化的。历史上许多礼制之设,虽然从根本上是以心为依据,但各代都有各代的特点且代代相互沿袭。过去三皇时代,是真正的太平治世,为尧、舜所崇仰、羡慕。但那时的丧礼,亲人死了则用柴草裹着尸体,把他们埋葬在原野之中,既没有什么正规的棺椁、墓穴规模,也没有明确的祭品、丧服等级。难道可以因此责怪三皇教民抛弃孝道不成?到了五帝时,开始有服制之设,不会听说过尧舜以五帝之时的礼制去责怪三皇时代的做法。既然三皇质朴之制未受责难,为什么独独对于佛教横加责难呢?佛教之不讲世俗的服丧之礼,盖因佛教注重从根本上使众生拔离苦海,而三皇时代之所以没有那些复杂的丧葬祭祀之礼,则是当时沿袭以往的纯朴风俗。崇尚纯朴不加责怪,而对佛教之注重拔苦大加指责,此真所谓朝三暮四,喜怒无常啊。明明知道圣人之教是圆融通达的,三皇因纯朴而无服丧之礼,五帝则因应人情变化而设置丧礼,至于佛教,因注重拔苦而提倡弃俗反真。虽然他们对人们行为的要求不同,但其教化百姓的圣德大用却是相同的。"

　　第三破曰:"入身而破身。人生之体,一有毁伤之疾,二有髡头之苦,三有不孝之逆,四有绝种之罪,五有亡体从诫,唯学不孝。何故言哉?诫令不跪父母,便竟从之。儿先作沙弥,其母后作阿尼,则跪其儿。不礼之教,中国绝之,何可得从?"

《灭惑论》曰:"夫栖形禀识,理定前业;入道居俗,事系因果。是以释迦出世,化洽天人,御国统家,并证道迹。未闻世界普同出家。良由缘感不一,故名教有二。搢绅、沙门,所以殊也,但始拔尘域,理由戒定。妻者爱累,发者形饰;爱累伤神,形饰乖道。所以澄神灭爱,修道弃饰,理出常均,教必翻俗。若乃不跪父母,道尊故也。父母礼之,尊道故也。新冠见母,其母拜之①,嘉其备德,屈尊礼卑也。介胄之士,见君不拜②,重其秉武,故尊不加也。缁弁轻冠,本无神道;介胄凶器,非有至德;然事应加恭,则以母拜子;势宜停敬,则臣不跪君。礼典世教,周、孔所制,论其变通,不由一轨,况佛道之尊,标出三界,神教妙本,群致玄宗。以此加人,实尊冠胄,冠胄及礼,古今不疑。佛道加敬,将欲何怪?"

【注释】

①"新冠"二句:《仪礼·士冠礼》:"冠者奠觯于荐东,降筵,北面坐取脯。降自西阶,适东壁,北面见于母。母拜受,子拜送,母又拜。"

②"介胄"二句:古代以拜为谒见上级的礼节。武官披甲,屈伸不便,允许不拜。《礼记·曲礼上》:"介者不拜。"贾疏:"戎容暨,暨着甲而屈拜,则损其戎威之容也。"《史记·绛侯周勃世家》:"介胄之士不拜,请以军礼见。"

【译文】

《三破论》指责佛教的第三破是"入身而破身",并说:"佛教的许多做法,对于人身,一有毁伤之苦,二有剃头之罚,三有不孝之逆,四有绝种之罪,五是消亡自己的身体去服从异道的诫令,专学不孝。为什么这么说呢？例如，佛教教人不跪拜父母，僧侣们便竞相跟从。如果儿子先出家为僧，其母亲后出家为尼，则母亲应该向儿子礼拜。如此不讲礼仪之教，中国应该灭绝它，怎么还可以尊崇它呢？"

《灭惑论》说："众生之来到这个世界，是人是物，是混居世俗，还是超拔人天，一切都是由前世的业报因缘所定，所以释迦牟尼出世，圣德教化融洽人天之间，而统御国家的君王，也能弘扬正道的事业。再说，也没有听说，佛教要求世界上所有的人一同出家，有人出家，有人居俗，实在是由于因缘感应不同而已；所以教门有二，儒士和沙门的区别也因此产生。只是佛教要求信徒超脱尘俗，乃是佛教的戒令所规定的，自有道理可论的。例如，在佛教看来，妻室儿女是人生中的爱欲之累，而头发也只是形体的修饰。爱累能够伤害精神，而形饰则乖离正道。所以想要澄明精神就必须灭除爱欲，想要修习正道就应抛弃这些修饰，佛教追求澄神修道，其理超出世俗常规，教化仪轨也就必定与世俗不同。至于不跪拜父母，是把道看做最尊贵的。父母之所以尊礼修道的儿子，也是尊道的缘故。正如《仪礼》中所记，儿子成年行冠礼时拜见父母，他的母亲也要行拜礼，这是因为母亲要嘉奖儿子已经成为一个真正的社会成员了。因此才屈就尊贵，礼拜卑贱；保家卫国的武士，见了君王可以不下跪，盖因他是秉持武装为国杀敌的军人，因此君王的尊贵也不能超过他。僧服也好，儒冠也罢，都本来与神道无关，保家卫国也好，行凶作恶也罢，都不能达到至德之境。凡此皆因其时、势使然，故有母亲跪拜儿子、武士不拜君王之仪。世俗之礼教，乃周、孔所制，其尚且有如此多指变通做法，何况佛道之尊，超出三界，教化之道神妙无双，以此加在人的身上，实在是比那些儒冠和甲胄更为尊贵，僧人当然比那些儒士和武士更为高贵。这些儒士武士的礼仪尚且古今无人有疑义，而对于佛教之礼仪（指母拜子等），为什么就如此横加责难呢？"

《三破论》云："佛旧经本云'浮屠'，罗什改为'佛徒'，知其源恶故也。所以为浮屠，胡人凶恶故，老子云：‘化其始，不欲伤其形。’故髡其头，名为‘浮屠’，况屠割也。至僧祐后，改为‘佛图’。本旧经云：‘丧门丧门，由死灭之门。’云其法无生之教，名曰‘丧门’。至罗什又改为‘桑门’，僧祐又改为‘沙门①’。‘沙门’由沙汰之法，不足可称。”

《灭惑论》曰：“汉明之世，佛经始过，梵汉译言，音字未正。浮音似佛，桑音似沙，声之误也。以图为屠，字之误也。罗什语通华戎，识兼音义，改正三豕②，固其宜矣。五经世典，学不因译，而马郑注说③，音字互改。是以於穆不祀，谬师资于《周颂》④，允塞晏安，乖圣德于《尧典》⑤。至教之深，宁在两字？得意忘言，庄周所领⑥，以文害志，孟轲所讥⑦。不原大理，唯字是求，宋人申束⑧，岂复过此？”

【注释】

①沙门：梵语的音译，又作“丧门”、“桑门”。原意是“勤息，勤修戒定慧，熄灭贪嗔痴”，在古印度，是各教派出家修行者的总称，现特指佛教的僧侣。

②“识兼”二句：《吕氏春秋·察传》：“子夏之晋，过卫。有读史记者，曰，晋师三豕涉河。（意林作渡河。）子夏曰：‘非也。是己亥耳。’夫己与三相近，豕与亥相似。至于晋而问之，则曰，晋师己亥涉河也。”

③马郑注说：即马融和郑玄为儒家《五经》作注解。马融（79—166），字季长，右扶风茂陵（今陕西扶风）人。东汉名将马援的从孙，东汉儒家学者，著名经学家，尤长于古文经学。他设帐授徒，门人常有千人之多，卢植、郑玄都是其门徒。郑玄，东汉末年的经学大师，他遍注儒家经典，以毕生精力整理古代文化遗产，使经学进入了一个“小统一时代”。

④"於穆"二句:此处的"祀"当改为"似"。《文心雕龙》(詹鍈义证):
　　"子思论诗,於穆不已。孟仲子曰,於穆不似。"即彦和所本。"案
　　《弘明集》刘勰《灭惑论》云'是以於穆不祀,谬师资于周颂。'周颂
　　维天之命正义曰'此传虽引仲子之言,而文无不似之义,盖取其
　　所说,而不从其读。故王肃述毛,亦为不已,与郑同也。'殆彦和
　　所见毛传引孟仲子说作'不祀'欤!"

⑤"允塞"二句:《尚书·尧典》有"帝尧曰放勋,钦明文思安安"之
　　语,今文误作"允塞安安"。

⑥"得意"二句:《庄子·外物》:"筌者所以在鱼,得鱼而忘筌;蹄者
　　所以在兔,得兔而忘蹄;言者所以在意,得意而忘言。"

⑦"以文"二句:《孟子·万章上》:"说诗者不以文害辞,不以辞
　　害志。"

⑧宋人申束:《诗经·卫风·有狐》"之子无带"。郑玄笺:"带所以
　　申束衣。"

【译文】

　　《三破论》称:"佛,早传之佛经译为'浮屠',至鸠摩罗什时才翻为
'佛徒',这是因为罗什知道佛教源于去恶,才把'浮屠'改为'佛徒'。佛
徒之名为'浮屠',盖因西域、天竺之人,本性凶恶,所以老子说:'从最根
本处开始转化他们,不是想要毁伤他们的身体形貌。'故只剃光其头发,
取名为'浮屠',即比喻屠割恶习之意。至僧祐后,又改为'佛图'。至于
'沙门'者,旧经本译为'丧门'。'丧门'者,亦即死灭之门,表明其遵循
'无生'的教义,故名为'丧门'。至罗什又改为'桑门',而僧祐更改为
'沙门',盖取其淘汰世俗的义理,但这实在不足称道。"

　　《灭惑论》曰:"汉明帝时,佛经开始传入中土,其时,读音和字形都
没有订正。'浮'字之音,与'佛'字相近,'桑'字之音,与'沙'字相近,都
是因发声之误所致。至于把'图'译为'屠',实乃字形之误。鸠摩罗什
通汉语和西域少数民族的语言,学识兼通字的音、义,因此改正先前译

经的错讹，使译文更为准确。儒家五经，乃是世代相传的经典，古人学习不必凭借翻译，但到了马融、郑玄为五经作注解时，出现了许多互改字音的现象。因此，孟仲子把《周颂》中的'于穆不已'错听成'于穆不似'，又有人把《尚书·尧典》中的'文思安安'，讹写成'允塞安安'。但是大教之真义，不在于个别字的音形错误。得意忘言，此乃是庄子所提倡的；而以文害志，正是孟子的所激烈反对的。不依据大道理，而在个别字音上大做文章，实在不是通达人之所为。"

《三破论》曰："有此三破之法，不施中国，本正西域。何言之哉？胡人无二，刚强无礼，不异禽兽，不信虚无。老子入关，故作形像之教化之。又云：胡人粗犷，欲断其恶种，故令男不娶妻，女不嫁夫。一国伏法，自然灭尽。"

《灭惑论》曰："双树晦迹①，形像代兴，固已理积无始，而道被无穷者也。按李叟出关，运当周季；世闭贤隐，故往而忘归。接舆避世②，犹灭其迹，况适外域，孰见其踪？于是奸猾祭酒，造《化胡》之经③；理拙辞鄙，厮隶所传④。寻西胡怯弱，北狄凶炽。若老子灭恶，弃德用形，何爱凶狄而反灭弱胡？遂令猃狁横行⑤，毒流万世，豺狼当路而狐狸是诛。沦湑为酷⑥，覆载无闻，商鞅之法，未至此虐。伯阳之道⑦，岂其然哉？且未服则设像无施，信顺则挛戮可息，既服教矣，方加极刑。一言失道，众伪可见。东野之语⑧，其如理何？"

【注释】

　①双树：（杂名）娑罗双树之略。佛入灭之处。《南海寄归内法传》卷一曰："迹灭两河，人天掩望。影沦双树，龙鬼摧心。"

②接舆避世：接舆，古隐士。《论语·微子》中的记载："楚狂接舆歌
　　而过孔子曰：'凤兮凤兮！何德之衰？往者不可谏，来者犹可追。
　　已而，已而！今之从政者殆而！'孔子下，欲与之言。趋而辟之，
　　不得与之言。"

③"奸猾"二句：西晋惠帝时，天师道祭酒王浮每与沙门帛远争邪
　　正，遂造作《化胡经》一卷，记述老子入天竺变化为佛陀，教胡人
　　为佛教之事。后陆续增广改编为十卷，成为道教徒攻击佛教的
　　依据之一，借此提高道教地位于佛教之上。

④厮隶：旧称干杂事劳役的奴隶。后泛指受人驱使的奴仆。《公羊
　　传·宣公十二年》："厮役扈养死者数百人。"何休注："艾草为防
　　者曰厮；汲水浆者曰役。"

⑤猃狁（xiǎnyǔn）：即猃狁。我国古代北方少数民族。《诗经·小
　　雅·采薇》："靡室靡家，猃狁之故。"毛传："猃狁，北狄也。"郑玄
　　笺："北狄，今匈奴也。"

⑥沦湑：沦灭，沉没。南朝宋范泰《佛赞》："渺渺远神，遥遥安和，愿
　　言来期，免兹沦湑。"

⑦伯阳：老子的字。见《史记·老子韩非列传》。

⑧东野之语：《孟子·万章上》："此非君子之言，齐东野人之语也。"

【译文】

　　《三破论》称："如此三破之法，不应在中国传布，而应该立即退回西
域。为什么这么说呢？西域之人，无义无礼，凶悍刚强，与禽兽没有多
大区别，又不信虚无之学说，老子入关后，才作形像之教以转化他们。"
又说："西域人粗犷，欲断其恶种，所以才制定出男子不娶妻、女不出嫁
的仪式。如果一国之人都依从佛法，罪恶的根源自然很快就灭绝了。"

　　《灭惑论》曰："自从释迦牟尼佛于双树林下入灭之后，佛徒为了怀
念他，才开始出现雕塑佛像加以崇拜的事，并使佛法一代一代流传下
去。本来已经是道理精妙于无始无终的境界，由此佛道则更能感化无

穷之方的众生。至于老子出关,时间当在周朝末期,世道衰落,故贤者隐没,所以老子一去不复返,接舆避世之后,也难查询其踪迹,何况出关到外域去,又有谁能知其行踪呢?奸猾之徒——天师道祭酒王浮,伪造《老子化胡经》,道理拙劣辞句粗鄙,在那些劳隶杂役中谬相流传。实际上,西域、天竺之人,生性怯懦,而北方的少数民族,则十分凶悍。如果老子为了灭恶,要放弃德治改用刑罚,怎么却喜欢北方凶悍之族而欲灭绝西域怯弱之民呢?遂使野蛮之人横行,而使怯弱之民遭殃,豺狼当道而狐狸受诛,其沦灭残酷,是天地间闻所未闻,即便是商鞅之法,也未必如此残虐。老子之道,怎么会是这样呢?如果西域之人尚未开化,即使设立'像教'也是徒设,而如果已经信服教化,自不应当再横加杀戮。既已服教又欲加刑,一言已经背离正道,其他的言论的虚假就显露无遗了,这种鄙陋之人的言语,又有什么道理可讲呢?”

《三破论》云:“盖闻三皇、五帝、三王之徒,何以学道并感应,而未闻佛教,为是九皇忽之①?为是佛教未出?若是佛教未出,则为邪伪。不复云云。”

《灭惑论》曰:“神化变通,教体匪一。灵应感会,隐现无际。若缘在妙化,则菩萨弘其道;化在粗缘,则圣帝演其德。夫圣帝、菩萨,随感现应,殊教合契,未始非佛。固知三皇以来,感灭而名隐;汉明之教②,缘应而像现矣。若乃三皇德化,五帝仁教,此之谓道。似非太上、羲农敷治,未闻奏章。尧舜缉政,宁肯书符;汤武禁暴,岂当饵丹?五经典籍,不齿天师③,而求授圣帝,岂不悲哉?”

【注释】

①九皇:《史记·孝武本纪》:“高世比德于九皇。”注:“上古人皇者

九人也。"

② 汉明之教：东汉明帝因梦见佛陀而派使者迎入佛教，被认为是佛教正式传入中国之始，事见《四十二章经序》、《牟子理惑论》、《高僧传·佛图澄传》、《魏书·释老志》等。

③ 天师：即当时的天师道。天师道是道教早期的重要流派。关于它的起源，学术界有两种观点：传统认为，五斗米教是张陵于公元 126—144 年（东汉顺帝时）在四川鹤鸣山创立；但当代学者任继愈主编的《中国道教史》和樊光春先生著的《陕西道教 2000 年》则认为，五斗米教实际上由张修在东汉灵帝中平元年（184）之前创立于汉中。

【译文】

《三破论》称："为什么三皇、五帝乃至三王之门徒，长期以来一直崇尚并修习道术，而从来不曾听说过有关佛教感应之事？是因为佛教是一种好的教化而三皇、五帝乃至三王都忽视了它呢？抑或是其时佛教尚未产生？如果当时尚未有佛教，可知佛教乃是邪伪之教。"

《灭惑论》曰："神通变化虽然一致，但不同教化之道的根据并不相同。神灵的感应交会，也是隐匿、显现难以分别的。如果遇到可以接受精妙道理的机缘，则显现为菩萨来弘扬佛道，若遇到根机粗浅的众生，则显现为世俗的圣王来推演道德。世俗之圣帝和出世之菩萨，随感应现，虽然教名不同，但不无相互契合之处，未必一开始就名叫佛教的。可见，三皇以来，机缘未成熟所以佛教退隐不显，汉明帝之后，机缘成熟所以佛教东来中土。至于三皇的德化，五帝的仁教，这些都称作道，但也似乎并非最为远古的道。伏羲、神农之世，未曾出现奏章；而尧、舜为政清明，哪里用得着书符？汤武革命的时代，哪里见过服食丹药之术？五经典籍，根本没有提及天师道，而今道教徒竟然求授于圣帝君王来保其地位，难道不是很可悲吗？"

《三破论》云："道以气为宗，名为得一。寻中原人士莫不奉道，今中国有奉佛者，必是羌胡之种。若言非耶，何以奉佛？"

《灭惑论》曰："至道宗极，理归乎一；妙法真境，本固无二。佛之至也，则空玄无形而万象并应，寂灭无心而玄智弥照。幽数潜会，莫见其极；冥功日用，靡识其然。但言万象既生假名，遂立梵言。菩提，汉语曰道。其显迹也，则金容以表圣；应俗也，则王宫以现生。拔愚以四禅为始①，进慧以十地为阶②，总龙鬼而均诱，涵蠢动而等慈。权教无方，不以道俗乖应；妙化无外，岂以华戎阻情？是以一音演法③，殊译共解；一乘敷教，异经同归。经典由权，故孔释教殊而道契，解同由妙，故梵汉语隔而化通。但感有精粗，故教分道俗；地有东西，故国限内外。其弥纶神化，陶铸群生，无异也。用能拯拔六趣，总摄大千，道惟至极，法惟最尊。然至道虽一，歧路生迷，九十六种，俱号为道。听名则邪正莫辩，验法则真伪自分。案道家立法，厥品有三：上标老子，次述神仙，下袭张陵。太上为宗，寻柱史嘉遁④，实惟大贤，著书论道，贵在无为。理归静一，化本虚柔，然而三世不纪，慧业靡闻。斯乃导俗之良书，非出世之妙经也。若乃神仙小道，名为五通。福极生天，体尽飞腾；神通而未免有漏，寿远而不能无终；功非饵药，德沿业修。于是愚狡方士，伪托遂滋。张陵米贼，述纪升天；葛玄野竖⑤，著传仙公；愚斯惑矣，智可罔欤？

"今祖述李叟，则教失如彼；宪章神仙，则体劣如此。上中为妙，犹不足算，况效陵、鲁，醮事章符，设教五斗，欲拯三界，以蚊负山⑥，庸讵胜乎？标名大道，而教甚于俗；举号太上，而法穷下愚。何故知耶？贪寿忌夭，含识所同；故肉芝石华，谲以翻腾。好色触情，世所莫异；故黄书御女⑦，诳称地仙。肌革盈虚，群生共爱；故宝惜涕唾，以灌灵根。避灾苦病，民之恒患；故斩缚魑魅，以快愚情。凭威恃武，俗之旧风；故吏兵钩骑，以动浅心。至于消灾淫术，厌胜奸方，理秽辞辱，非可笔传。事合氓庶，故比屋归宗，是以张角、李弘毒流汉季，卢悚、孙恩乱盈晋末。余波所被，实蕃有徒。爵非通侯，而轻立民户；瑞无虎竹⑧，而滥求租税。糜费产业，蛊惑士女，运迍则蝎国，世平则蠹民，伤政萌乱，岂与佛同？且夫涅槃大品，宁比玄妙上清？金容妙相，何羡鬼室空屋？降伏天魔，不慕幻邪之诈；净修戒行，岂同毕券之丑⑨？积弘誓于方寸，孰与藏宫将于丹田？响洪钟于梵音，岂若鸣天鼓于唇齿⑩？校以形迹，精粗已悬；核以至理，真伪岂隐？若以粗笑精，以伪谤真，是瞽对离朱曰⑪：我明也。"

【注释】

①四禅：佛教语。指用以治惑并生诸功德的四种根本禅定。亦即指色界中之初禅、第二禅、第三禅、第四禅，故又称色界定。

②十地：梵语意译。或译为"十住"。佛家谓菩萨修行所经历的十个境界。大乘菩萨十地为：欢喜地、离垢地、发光地、焰慧地、极难胜地、现前地、远行地、不动地、善慧地、法云地。另有三乘共十地，四乘十地，真言十地等，名目各有不同。

③一音演法：《维摩诘所说经》说："佛以一音演说法，众生随类各

得解。"

④柱史嘉遁:指老子西出函谷关隐遁的传说,见《史记·老子韩非列传》。《周易·遁》:"九五,嘉遁,贞吉。"

⑤葛玄野竖:葛玄,字孝光,号葛仙公,见葛洪《神仙传》。野竖,村野小童。

⑥以蚊负山:《庄子·秋水》:"且夫知不知是非之竟,而犹欲观于庄子之言,是犹使蚊负山,商蚷驰河也,必不胜任矣。"

⑦黄书御女:黄书,即黄帝学说之书。御女,即当时流行的房中术之一。古人常把许多东西都附会为黄帝首创,因此打着黄帝招牌的治国术神仙术养生术颇多,传述这些学说的书籍便被统称为"黄书"。在这众多打着黄帝旗号的养生术中包括有房中术,房中术本来是教人不可纵欲,注意房事时有所禁忌的,也颇有些科学性,东晋著名道家葛洪的《抱朴子》中就有专介此术的篇章。但当时道教初创,学说尚未完全成形,良莠不分,泥沙俱下,繁杂不堪,不少人便打着道教、黄帝的幌子将房中术推向了纵欲享乐的极端,完全变成了像刘勰所说的"黄书御女,诳称地仙",而被讥为下品道。

⑧虎竹:"虎"即虎符,"竹"即竹使符,二者均是调兵之信物。"虎竹"指兵符。

⑨毕券:道教灵宝支派升玄派弟子授戒的最高层次。升玄派以信奉《太上洞玄灵宝升玄内教经》而得名。道士授升玄五戒后成为升玄内教弟子,逐次晋级,授以相应的经戒和法箓,直至升玄派最高一级的无上登天毕券。

⑩"积弘誓"四句:这两句说言皆为道教所谓炼丹气功的一般方法。藏宫将于丹田,即将五脏六腑之气凝聚于丹田之中。鸣天鼓于唇齿,即叩齿。王充《养性书》云:"……叩中央齿,名鸣天鼓。"另指我国流传已久的一种自我按摩保健方法,意即击探天鼓。该

法最早见于邱处机的《颐身集》，原书这样描述"两手掩耳，即以第二指压中指上，用第二指弹脑后两骨做响声，谓之鸣天鼓（可去风池邪气）"。

⑪离朱：古代著名之明目者。

【译文】

《三破论》称："道以气为宗，名为得一。中原人士，无不信奉道教。有信佛教者，必是羌、胡等少数民族。如果不是言语不通的缘故，又为何要来信奉佛教呢？"

《灭惑论》曰："至道与宗极，道理归于一致；妙法与真境，本来没有差别。佛道的极致，虽然空玄无形，但能万象同时感应；虽然寂灭无心，却能以玄妙的智慧洞察普照；虽然暗合其幽数，却见不到它的极限；虽然日用其冥功，却不明白其中奥妙。只是森罗万象一旦生成，各种假名就会随即树立，这个至道与宗极，在印度称为'菩提'，在汉地称为'道'。若显现为外迹，则以金光明亮的面容赞扬圣人；若感应世俗，则让他在王宫出生。以四禅定之法来作为拔除众生的愚昧的开始，以十地境界作为增进众生智慧的阶次。举凡一切有情都普加教化，对于所有众生都慈悲为怀。那些权便的教门，普对道俗二界，微妙大法，岂会因地域、民族的差别而受阻隔。所以佛以一音演说法，虽译本不同但理解相同；以一乘佛法布施教化，虽经典不同但旨趣相同。明白经典只是一种权便设施，因而明白儒、释虽然教法不同，但根本的思想却是完全契合的，领会了二者之秒意旨趣，则中土、印度虽然语言悬隔但教化却是可以相通的。只是由于感应有精微粗浅之别，故教法有道、俗之分；只因地域有东南西北之殊，故国度有内外之不同。但就其涵括一切神通变化，陶冶群生情性方面说，则没有什么差别，所以能够拯救众生拔离六道轮回，总摄三千大千世界。'道'之可贵者是至极，法之最可贵者是至尊。但至道只有一个，而其他的诸如九十六外道等，则都是歧路生迷。如果只从名称上去看，则难辨邪正；但若能验之以法，则真假自分。就道教说,其所立法,共有三品,上标老子,次述神仙,下袭张陵。就其尊为宗祖之老子说,确实是个大贤人,其着书论道,以无为为最高境界,教理的核心在于追求虚静守一,教化的根本在于笃守虚柔。老子其人其学已好几百年默默无闻,其《道德经》虽不失为导俗之良书,但尚不是引人出世的玄妙经典。至于神仙小道,虽以五通神仙相标榜,自称幸福的极致可以羽化成仙,身体的极致可以飞升上天,但就其神通说,仍属佛教有漏境界,虽然可以寿命很长,但不能不死。而且这种神通也是修业积德所致,而非药饵之功,于是一些奸猾的道士常常假托经典,伪造经书,以欺惑民众。例如,张陵不过一个盗米贼,竟狂妄地记述升天之事,葛玄还是一个村野小童时,就为所谓的仙人作传。这些虽然能欺骗一些愚昧之徒,但聪明人是绝不会上当的。

"当今之道教虽以老子为宗祖,但其行为、思想却大多与老氏之学背道而驰,至于把神仙作为榜样,则多是拙劣至极。道教中之上品如老子之学,尚算不得了什么,更何况张陵张鲁等人,靠咒术、药饵、符水等,创设五斗米教,想以此来拯救三界众生,这好比要蚊蚁来背负大山,又怎么能胜任呢? 号称大道,而实际上俗不可耐,自我标榜为太上之法,实际上至愚至拙。为什么这么说呢? 希望长寿而惧怕夭折,这是有情众生的共同特点,道教正是利用这一点,诱以仙草灵芝之药,骗以升天长生之说;凡愚众生,无不好色恋情,所以以各种黄帝房中养生之术来纵欲,并诳称地仙。肌肤可以盈虚变化,乃是所有人的共同喜爱,所以教人珍惜涕泪唾液等人体内的津液,以此来灌溉所谓的灵根;灾祸和病苦,是民众永远的忧患,所以道教以所谓斩除魑魅之术,以此来满足那些愚昧之人的要求;凭威恃武,乃是旧俗,故诱以吏兵钩骑,以震动浮浅的民心;至于消灾淫术,各种奸方,更是污秽无比,不堪落笔。凡此等等,不一而足。所以张角、李弘,毒流汉季,卢悚、孙恩,乱于晋末。余波所及,危害无穷。不是王侯,却随意的笼络民户;不是朝廷官员,却滥征租税。靡费无度,蛊惑人心,乱世则害国,治世则蠹民,败坏政治,萌生动乱,怎能与佛教同日而语? 再者,如《涅槃》那样的妙典,岂是《上清经》之类的经书所可比拟的? 佛菩萨之庄严妙相,怎么会欣羡那些鬼窟空屋? 释迦牟尼之降伏天魔,也不需要那种咒语、邪术,僧徒净修戒行,哪里与道士所谓'无上登天毕券'的丑态相同呢? 发各种宏大誓愿于自心,亦非道教将五脏六腑藏于丹田所可比附;响亮的梵呗洪钟,岂是道教所谓在唇齿之间鸣天鼓可比? 就拿这些比较表面的现象说,佛道二教之孰精孰粗已是一目了然。如若从义理方面细加比较,二者之孰真孰伪就更昭然若揭了。如果想以粗笑精,以伪谤真,则真有如瞎子在对眼睛最好的离朱说:'我的眼睛比你的眼睛更为明亮。'"

释《三破论》

【题解】

　　本篇由梁代释僧顺法师所撰。他主要是针对当时出现的《三破论》进行反驳,《三破论》是道士假托张融的名义所作,谓佛教"入国而破国,入家而破家,入身而破身",因此,僧顺于本论中,以十九项论说批驳《三破论》的妄谬,指出道教的错误主张。关于"浮屠"、"丧门"、"沙门"、"桑门"的名称来历,僧顺认为:第一,《三破论》有意混淆图像之"图"与刑屠之"屠"的区别。第二,沙门的"沙"不是"沙汰"的意思,译文本有"息心达源"、"练神濯秽,反流归洁"的意思。第三,关于"丧门",僧顺认为不是字面上"死灭之门"的意思,而是"灭掉尘劳,顿悟通神"的意思。第四,关于"桑门",僧顺认为,桑当为乘字之误,乘门者,即大乘门,烦恼既灭,遇物斯乘。

　　论云:泥洹是死①,未见学死而得长生②,此灭种之化也。

　　释曰:夫生生之厚③,至于无生④,则张毅、单豹之徒是其匹矣⑤。是以儒家云:"人莫不爱其死而患其生。"老氏云:"及吾无身⑥,吾有何患?"庄周亦自病痛其一身。此三者,圣达之流,叵以生为患⑦。夫欲求无生,莫若泥洹。泥洹者,无为之妙称⑧。谈其迹也,则有王宫双树之文⑨;语其实也,则

有常住常乐之说。子方轮回五道⑩，何由闻涅槃之要⑪？或
有三盲摸象⑫，得象耳者，争云象如簸箕⑬；得象鼻者，争云象
如舂杵⑭；虽获象一方，终不全象之实。子说泥洹是死，真摸
象之一盲矣。

【注释】

①泥洹：涅槃，又名灭度，是灭尽烦恼和度脱生死的意思。

②长生：指道家求长生的法术。

③生生之厚：过度地养护自己生命。《老子》第五十章："人之生，动
　之于死地，亦十有三。夫何故？以其生生之厚。"

④无生：没有生命。

⑤张毅、单豹：《庄子·达生》："鲁有单豹者，岩居而水饮，不与民共
　利，行年七十而犹有婴儿之色，不幸遇饿虎，饿虎杀而食之。有
　张毅者，高门县薄，无不走也，行年四十而有内热之病以死。豹
　养其内而虎食其外，毅养其外而病攻其内，此二子者，皆不鞭其
　后者也。"大意是，鲁国两奇人单豹、张毅。单豹隐居于深山老林
　中，活了七十年，肌肤嫩得如同婴儿，可惜不幸遇到饿虎，单豹没
　有外力抵御，只能沦为虎食。那个叫张毅的人，为自身打造了坚
　不可摧的物质城堡，活到四十岁的时候却生病而死。单豹注重
　内在精神幸福，可是老虎却从外在吞噬了他。张毅注重外在物
　质幸福，可是精神疾病却从内在摧毁他。这两个人，都只知道取
　其长，却不懂得补其短。

⑥无身：道家语。谓没有自我的存在。《老子》第十三章："吾所以
　有大患者，为吾有身；及吾无身，吾有何患？"河上公注："使吾无
　有身体，得道，自然轻举升云，出入无间，与道通神，当有何患？"

⑦叵：此处义同"颇"，多，甚。

⑧无为：谓顺应自然，不求有所作为。

⑨王宫:这里指释迦牟尼出生在古印度王宫中。双树:娑罗双树,也称双林,为释迦牟尼入灭之处。《南海寄归内法传》:"迹灭两河,人天掩望。影沦双树,龙鬼摧心。"

⑩轮回:众生由于起惑造业的影响,而在迷界流转生死。如车轮旋转,循环不已,故云。五道:为有情往来之所,故曰道。有五处:一地狱道,二饿鬼道,三畜生道,四人道,五天道。

⑪涅槃:佛教语。梵语 nirvāṇa 的音译。旧译"泥亘"、"泥洹"。意译"灭"、"灭度"、"寂灭"、"圆寂"等。是佛教全部修习所要达到的最高理想,一般指熄灭生死轮回后的境界。

⑫三盲摸象:盲人摸象。《大般涅槃经》:"尔时大王,即唤众盲各各问言:'汝见象耶?'众盲各言:'我已得见。'王言:'象为何类?'其触牙者即言象形如芦菔根,其触耳者言象如箕,其触头者言象如石,其触鼻者言象如杵,其触脚者言象如木臼,其触脊者言象如床,其触腹者言象如瓮,其触尾者言象如绳。"

⑬簸箕:扬米去糠的工具。

⑭舂杵:舂米用的棒槌。

【译文】

论说:涅槃就是死亡,不见通过学习死亡之道而能获得长久永生的,这是灭亡种族的教化啊!

解释说:过度地养护自己的生命,以至于提早意外死亡,张毅、单豹属于这类人。因此儒家说:"人没有不爱其死而以生命为烦劳的。"老子说:"等到我达到无身的境界时,我还有什么可担心的呢?"庄周也因一副会病痛的躯体而烦恼。这二者,都是圣贤达观的人,顾把生存作为忧患。想要求得无生之境,没有比涅槃更好的方法了。涅槃,是顺应自然,无为之为的妙称。谈到它的外在表现,则有关于释迦牟尼出生在王宫涅槃于双树下面的文章;若要谈论它的究竟,那么有常住常乐的说法。你刚刚经过天、人、畜生、饿鬼、地狱这五道轮回,怎么可能领略到涅槃的要领呢？就像有三个盲人摸象，摸到象耳的人，争辩说大象长得像簸箕；摸到象鼻的人争辩说大象象舂杵；虽然都摸到象的一部分，但是终究没有获得整头象的全部信息。你说涅槃是死亡，真是像摸象的盲人之一啊！

　　论云：太子不废妻，使人断种①。

　　释曰：夫圣实湛然，迹有表应。太子纳妃于储贰者②，盖欲示人伦之道已足③，遂能弃兹大宝④，忽彼恩爱耳。至如诸天夕降⑤，白骥飞城⑥，十号之理斯在⑦，何妻子之可有哉？且世之孥孺，为累最深，饥寒则生于盗贼，饱暖则发于骄奢。是以疠妇夕产⑧，急求火照，唯恐似己⑨，复更为疠。凡夫之种，若疠产焉。经云："一切众生皆有佛性⑩。"仰寻此旨，则是佛种舍家从道弃疠⑪，就佛为乐为利，宁复是加。子迷于俗韵，滞于重惑，梦中之梦，何当晓哉？

【注释】

①断种：断了后代；绝种。

②储贰：亦作"储二"，储副，太子。

③人伦：主要道德关系以及应当遵守的道德规范。如父子有亲，君臣有义，夫妇有别，长幼有叙，朋友有信。

④大宝：王位。

⑤诸天：佛教语。指护法众天神，佛经言欲界有六天，色界之四禅有十八天，无色界之四处有四天，其他尚有日天、月天、韦驮天等诸天神，总称之曰诸天。

⑥白骥飞城：释迦太子出家时，骑白马，四方城门皆闭，诸天龙神释梵四天，皆乐导从，盖于虚空，于是城门自然便开，出门飞去。故

事可参见《修行本起经》卷下、《太子瑞应本起经》卷上。

⑦十号：佛有十种尊号：一、如来，乘如实之道来成正觉。二、应供，应受人天的供养。三、正遍知，真正遍知一切法。四、明行足，宿命明天眼明漏尽明等三明与圣行、梵行、天行、婴儿行、病行等五行悉皆具足。五、善逝，自在好去入于涅槃。六、世间解，能了解一切世间的事理。七、无上士，至高无上之士。八、调御丈夫，能调御修正道的大丈夫。九、天人师，佛是一切天、人的导师。十、佛世尊，佛是一切世人所共同尊重的人。

⑧疠(lì)：恶疮；麻风。《山海经·西山经》："英山……有鸟焉，其状如鹑，黄身而赤喙，其名曰肥遗，食之已疠。"郭璞注："疠，疫病也；或曰恶创。"

⑨"疠妇"三句：《庄子·天地》："厉之人，夜半生其子，遽取火而视之，汲汲然唯恐其似己也。"

⑩一切众生皆有佛性：《大般泥洹经》卷四："复有比丘广说如来藏经，言一切众生皆有佛性。"

⑪佛种：佛教谓成佛之因。《华严经·明法品》："复次于众生田中，下佛种子，是故能令佛种不断。"

【译文】

论说：太子自己娶妻生子，却让别人断绝后代。

解释说：那些圣人的确是很淡薄超然的，但在外在表现上有与现实生活相对应的现象。太子纳妃子在东宫中，大概是为了昭示他已行人伦之道，于是可以抛弃他的王位，忽视彼此之间的夫妻恩爱。至于众天神在夜晚降临，帮助太子骑着白骥飞出城门，十种尊号的道理就在这里，怎么可以有妻子呢？况且这世上的子女、妇孺，受拖累最严重，饥寒就会导致出现盗贼，饱暖则生出骄奢淫逸。因此患了疠病的妇人夜里生产，孩子刚产下来便急忙要火来照看，生怕孩子跟自己一样，也许更加严重。大致世人凡夫的心态，都是像这样的。经书里说："一切众生都是有佛性的。"思量这句话的主旨,则是释迦牟尼佛舍弃小家依从正道舍弃杀戮的根本原因,只把觉悟成佛作为唯一的快乐和利益,没有比这更好的了。你固执地沉迷于世俗,滞留在沉重的疑惑中,是在梦中做梦啊,该怎样才能让你觉醒呢?

论云:太子不剃头,使人落发。

释曰:在家则有二亲之爱,出家则有严师之重。论其爱也,发肤为上①;称其严也,剪落为难。所以就剃除而欢若,辞父母而长往者,盖欲去此烦恼,即彼无为。发肤之恋,尚或可弃;外物之徒,有何可惜哉? 不轻发肤,何以尊道? 不辞天属②,何用严师? 譬如丧服,出绍大宗③,则降其本生,隆其所后。将使此子,执人宗庙之重,割其归顾之情,还本政自一期,非恩之薄,所后顿伸三年,实义之厚。《礼记》云:"出必降者,有受我而厚,其例矣。"经云:"诸天奉刀持发。"上天不剃之谈,是何言也? 子但勇于穿凿,怯于寻旨,相为慨然。

【注释】

①发肤:头发与皮肤。《孝经·开宗明义章》:"身体发肤,受之父母,不敢毁伤,孝之始也。"

②天属:天性相连。《庄子·山木》:"或曰:'……弃千金之璧,负赤子而趋,何也?'林回曰:'彼以利合,此以天属也。'"后因称父子、兄弟、姊妹等有血缘关系之亲属为"天属"。

③大宗:宗法社会以嫡系长房为"大宗",馀子为"小宗"。《仪礼·丧服》:"为人后者孰后? 后大宗也。曷为后大宗? 大宗者,尊之统也。"

【译文】

论说：太子自己不剃头，却要别人剃度出家。

解释说：在家有父母的疼爱，出家则有严师的重视。论其爱，身体发肤为第一；称它为严，是因为剪落头发颇有难度。因此，剔除头发而变得欢乐，辞别父母前往寺院的人，是想除去这些烦恼，这就叫做无为。对发肤的留恋，尚且可以抛弃；身外之物这些东西，有什么用得着吝惜的呢？不轻视发肤，怎么能尊重"道"呢？不辞别父母兄弟姐妹，如何遵从严厉的老师？例如服丧后，将是长子主持继承家业，服从本分使儿女降生，使其后人兴盛昌隆。由这个人掌管宗庙的重要礼仪，割断回归顾念之情，让本来的孝敬之心回归，不是恩泽很薄，而是通过守护三年，体现道义般厚。《礼记》上说："出必降者，有受我而厚，其例矣。"经书上说："护法天神举刀拿着头发。"上天不剃头之说，是什么话？你只是牵强附会，没有勇气深入寻求旨意，让人感慨万分啊！

论云：子先出家，母后作尼，则敬其子，失礼之甚。

释曰：出家之人，尊师重法，弃俗从道，宁可一概而求①？且太子就学，父王致敬；汉祖善嘉命之言，以太皇为臣②；魏之高贵敬齐王于私室③，晋之储后臣厥父于公庭④。引此而判，则非疑矣。

【注释】

①宁（nìng）可：岂能，难道。

②"汉祖"二句：指刘邦以其父为臣事，事迹参《史记》卷八《高祖本纪》。

③魏之高贵敬齐王于私室：出《三国志·魏书·高贵乡公传》。曹髦（241—260）即魏高贵乡公，字彦士，魏文帝曹丕之孙，东海定王曹霖之子。

④储后：储君，太子。厥：其，他的。

【译文】

论说：儿子先出家，母亲其后削发做了尼姑，却去拜见敬仰她的孩子，实在是失礼。

解释说：出家的人，尊重师长重视法规，抛弃世俗修养道德，岂能一概而论？况且太子有学问，他的父王向其致敬；汉高祖刘邦采用别人的建议，把父亲刘太公当作大臣；魏国的高贵乡公曹髦在密室内很是尊敬齐王，晋朝的储君在宫廷上把他父亲作为臣子。引用这些来判断，那么就没有疑问了。

论云：剃头为浮图①。

释曰：经云：浮图者，圣瑞灵图，浮海而至，故云浮图也。吴中石佛泛海倏来，即其事矣。今子毁图像之图，为刑屠之屠。则泰伯端委而治②，故无惭德；仲雍剪发文身③，从俗致化。遭子今日，必罹吠声之尤事④。有似而非，非而似者。外书以仲尼为圣人⑤，内经云：尼者，女也。或有谓仲尼为女子，子岂信之哉？犹如屠、图之相类，亦何以殊？

【注释】

①浮图：又作浮头、浮屠、佛图，旧译家以为佛陀之转音。

②泰伯端委而治：《左传·哀公七年》："泰伯端委以治周礼，仲雍嗣之，断发文身，裸以为饰，其礼也哉？有由然也。"泰伯，商末周族领袖古公亶父之长子。端委，古代礼服。

③仲雍剪发文身：仲雍，吴国第二代君主，又称虞仲、吴仲、孰哉。商末周族领袖古公亶父之次子。仲雍与兄泰伯从渭水之滨来到今无锡、常熟一带，断发文身，与民并耕，当地人民拥戴泰伯为勾

吴之主。泰伯身后无子,仲雍继位。剪发文身,古代吴越一带风俗,截短头发,身刺花纹,以避水中蛟龙之害。

④吠声之尤事:《潜夫论·贤难》:"一犬吠形,百犬吠声。"

⑤外书:佛教徒称佛经以外的书籍为外书。南朝宋何承天《重答颜光禄》:"所谓慈护者,谁氏之子? 若据外书报应之说,皆吾所谓权教者耳。"又习神仙者亦以修炼以外的书为"外书"。

【译文】

论说:剃过了头发就变成了浮图。

解释说:经书上讲,浮图,圣瑞仙画,浮在海面上漂浮而至,所以说是浮图。吴中石佛泛海儵来,就是这样的事。现如今你把这图像之图说成是刑屠之屠。泰伯穿着礼服用周礼来治理社会,没有违背道德;仲雍剪发文身,先与世俗一样再进行教化。你今日做这事,必定导致一犬叫,百犬跟着叫的错事。有相似却不是,不是却相似。佛经以外的书把仲尼看做是圣人,我们的经书说:尼,是女子。有人说仲尼是女子,你难道会相信么? 这就像屠、图相似,又有什么特殊的呢?

论云:丧门者①,死灭之门也②。

释曰:门者,本也。明理之所出入,出入从本而兴焉。释氏有不二法门③,老子有众妙之门④。书云:"祸福无门⑤。"皆是会通之林薮⑥,机妙之渊宅。出家之人得其义矣。丧者,灭也。灭尘之劳,通神之解,即丧门也。桑当为乘字之误耳。乘门者,即大乘门也⑦。烦想既灭,遇物斯乘,故先云灭门,末云乘门焉。且八万四千⑧,皆称法门⑨。奚独丧、桑二门哉?

【注释】

①丧门：丧门为四柱神煞之一，与披麻、吊客，同为不吉之神。

②死灭：灭亡，死亡。

③不二法门：《维摩诘经·入不二法门品》，经载文殊师利问维摩
诘："何等是不二法门？"维摩默然不应。文殊曰："善哉善哉！无
有文字言语，是真不二法门也。"

④众妙之门：《老子》第一章："玄之又玄，众妙之门。"

⑤祸福无门：灾祸和幸福不是注定的，都是人们自己造成的。《左
传·襄公二十三》："祸福无门，唯人所召。"

⑥林薮：比喻事物聚集的处所。

⑦大乘门：菩萨的方法，比喻能运载很多众生到达解脱彼岸的
教法。

⑧八万四千：泛指众多的教法，都能成为佛法教道。

⑨法门：佛教语，指修行者入道的门径，亦泛指佛门。《法华经·序
品》："以种种法门，宣示于佛道。"

【译文】

论说：丧门，是死亡的法门。

解释说：门，是根本，是明察事理出入的地方，事理从根本出入就会
兴盛。佛家有直接入道、不可言传的不二法门，老子有众妙之门。书上
说："灾祸和幸福无门，不是注定的，而是人们自己造成的。"都是会通事
物的聚集之所，是产生深微奥妙的深渊宅地。出家入佛的人领悟到它
的含义。所谓丧，是息灭。息灭红尘劳累，通悟神灵之道，就是丧门啊。
桑应当为乘字的误用。乘门，就是大乘法门。烦恼妄想既然消灭，遇到
任何事物都能装载，运载众生到达解脱彼岸，因此先说灭门，末说乘门。
况且佛教八万四千方法，都称法门。难道只有丧门和桑门两个法门吗？

论云：胡人不信虚无①，老子入关，故作形像之化也。

释曰：原夫形像始立，非为教本之义，当由灭度之后②，系恋罔已。旃檀香像，亦有明文③。且仲尼既卒，三千之徒永言兴慕；以有若之貌，最似夫子，坐之讲堂之上，令其讲演，门徒谘仰，与往日不殊。曾参勃然而言曰："子起，此非子之座。"推此而谈，思仰可知也。罗什法师生自远方④，聪明渊博，善谈法相。负佛经流布关辅，诠以真俗二名⑤，验以境照双寂，振无为之高风，激玄流于未悟，所谓遣之至于无遣也。子谓胡人不信虚无，诚非笃论。君子自强，理有优劣，不系形像。子以形像而语，不亦攻乎异端⑥？

【注释】

①虚无：指代道。《庄子·刻意》："夫恬淡寂寞，虚无无为，此天地之平而道德之质也。"

②灭度：佛教语。灭烦恼，度苦海，命终证果，灭障度苦，即涅槃、圆寂、迁化之意。

③"旃檀"二句：供香的肖像，也有明确的文字记载。据《增一阿含经》卷二十八载，佛陀曾升至三十三天，为生母说法，彼时，优填王未能礼佛，忧苦愁病，群臣遂以牛头造一尊五尺佛像，王乃痊愈，此为印度造佛像之滥觞。

④罗什：鸠摩罗什（344—413），梵名 Kumārajīva。又作究摩罗什、鸠摩罗什婆、拘摩罗耆婆。略称罗什、什。意译作童寿。东晋龟兹国（今新疆疏勒）人。我国四大译经家之一。父母俱奉佛出家，素有德行。罗什自幼聪敏，七岁从母入道，游学天竺，遍参名宿，博闻强记，誉满五天竺。后归故国，王奉为师。前秦符坚闻其德，遣将吕光率兵迎之。吕光西征既利，遂迎罗什，然于途中闻符坚败没，遂于河西自立为王，罗什乃羁留凉州十六、七年。

直至后秦姚兴攻破吕氏，罗什始得东至长安，时为东晋隆安五年
（401）。姚兴礼为国师，居于逍遥园，与僧肇、僧严等从事译经
工作。

⑤真俗：佛教语，因缘所生之事理曰俗，不生不灭之理性曰真。

⑥攻乎异端：此处意为指责它不同的方面。《论语·为政》："攻乎
异端，斯害也已。"

【译文】

论说：北方边远西域的人们不信奉虚无之道的教化，老子进入他们
的地方，所以作各种形像来教化。

解释说：原来各种形像刚刚建立的时候，并不是把它作为教化的根
本，是释迦牟尼涅槃后，弟子们依恋怀念。供香的檀像，也有明确文字
记载。况且孔子已经逝去，众多门徒说要一直仰慕，因为有若这个人最
像孔夫子，让他坐在讲堂上，讲课演示，和平常没有区别。曾参突然说：
"你起来，这不是你的座位。"由这来推论，思念仰慕的感情可以知道了。
罗什法师生于外域，聪明敏捷见识渊博，善于谈论法相。他带着佛经流
传分布在关中三辅一带，用真俗两种名称来诠释经文，用境照双寂来检
验，振兴无为的崇高风气，弘扬佛法恩泽给未悟之人，这就是所说的运
用各种方便法门驱使他们自觉而行，你说胡人不相信虚无，实际上并非
如此，君子自强不息，靠的是道理上的优劣，而不至于运用外在形像。
你以形像来说事，不就是指责不同类的事物吗？

论云：剃头本不求佛，为服凶胡。今中国人不以正神自
训①，而取顽胡之法。

释曰：夫六戎五狄②，四夷八蛮③，不识王化，不闻佛法
者，譬如畜生，事均八难④。方今圣主隆三五之治，阐一乘之
法。天人同庆，四海欣欣。跂行喙息⑤，咸受其赖；喘蠕之

虫，自云得所。子脱不自思，厝言云云⑥，宜急缄其舌，亦何劳提耳⑦。

【注释】

①正神：正道之神。《南游记·华光闹琼蜒观》："百蛟曰：天王乃上界正神，何该如此？"

②六戎：我国古代西方戎族之六部：侥夷、戎央、老白、耆羌、鼻息、天刚。五狄：我国北方的五个少数民族：月支、秽貊、匈奴、单于、白屋。

③四夷：华夏族对四方少数民族的统称。含有轻蔑之意。《尚书·毕命》："四夷左衽，罔不咸赖。"孔传："言东夷、西戎、南蛮、北狄，被发左衽之人，无不皆恃赖三君之德。"八蛮：南方的八蛮国：天竺、咳首、僬侥、跛踵、穿胸、儋耳、狗轵、旁春。

④八难：八种见闻佛法有障碍的地方和情形，即：地狱、饿鬼、畜生、北俱卢洲、无想天、盲聋喑哑、世智辩聪、佛前佛后。

⑤跂行喙息：指各种鸟兽。

⑥厝言：进言。

⑦提耳：恳切教导。

【译文】

论说：剃头本来不是为了求佛，为的是征服蛮横的胡人。而现今的中国人不用正道之神来训诫自己，反而效法胡人。

解释说：西方犬戎民族，北方五狄，周围的四夷八蛮，不知道王道教化，没听闻佛法的人，就像是畜生，有八种障碍见闻佛法的地方和情形。如今圣明君主进行了很好的治理，传播一乘法门。天人共同庆贺，四海之人都欢欣鼓舞。各种鸟兽动物，都觉得受到照管；喘息蠕动的虫子，也认为安得其所。你不认真思考，胡乱进言，应该赶快停止乱说，又何必再劳烦你教导呢！

论云：沙门者，沙汰之谓也①。

释曰：息心达渊②，号曰沙门。此则练神濯濯，反流归洁，即沙汰之谓也。子欲毁之，而义逾美，真可谓仰之弥高，钻之弥坚者也③。

论云：入国破国④。

释曰：夫圣必缘感，无往非应。结绳以后⑤，民浇俗薄，末代王教，诞扬尧、孔。至如妙法所沾⑥，固助俗为化，不待刑戮而自淳，无假楚挞而取正⑦。石主师澄而兴国⑧，古王谘勃以隆道⑨，破国之文从何取说？

【注释】

①沙汰：淘汰，拣选。

②“息心”二句：平息内心，达到回归本源，故称它为沙门。《中本起经》卷上："一切诸法本，因缘空无主，息心达本源，故号为沙门。"《四十二章经》："佛言：辞家出家，识心达本，解无为法，名曰沙门。"

③“仰之”二句：《论语·子罕》："仰之弥高，钻之弥坚，瞻之在前，忽焉在后。夫子循循然善诱人，博我以文，约我以礼，欲罢不能，既竭吾才，如有所立卓尔。虽欲从之，末由也已。"

④入国破国：流入到国内，就使国家破亡。

⑤结绳：上古无文字，结绳以记事。《周易·系辞下》："上古结绳而治，后世圣人易之以书契。"

⑥妙法：义理深奥的佛法。晋慧远《三报论》："推此以观，则知有方外之宾，服膺妙法，洗心玄门。"

⑦楚挞：杖打。《后汉书·列女传·曹世叔妻》："夫为夫妇者，义以和亲，恩以好合，楚挞既行，何义之存？"

⑧石主师澄而兴国：石勒、石虎父子重用佛图澄。参《高僧传·佛图澄传》。

⑨古王谘勃以隆道：不详待考。

【译文】

论说：沙门，是淘汰的意思。

解释说：平息内心达到本源，叫做沙门。这是锻炼精神洗涤浊秽，反向流动回归高洁，就是所说的沙汰。你想摧毁它，而它的含义超乎完美，真可谓是仰之弥高，钻之弥坚啊！

论说：佛法流入国境内，使国家破亡。

解释说：圣人必定根据因缘感知，没有原因就不会有回应。在结绳记事之后诞生文字以来，社会风气浮薄，因此各种王道教化盛行，大肆颂扬尧帝、孔子的道德。至于义理深奥的佛法，具有很强的感化力量，能帮助社会，教化民众，不用依靠酷刑杀戮而能使民风自然醇厚，不用木条鞭笞却能让人们端正心态。石勒、石虎父子重用佛图澄法师而使国家兴盛，古王咨询勃来使王道更兴隆，那么使国家破亡的说法又是从哪里得到的呢？

论云：入家破家。

释曰：释氏之训，父慈子孝，兄爱弟敬，夫和妻柔，备有六睦之美，有何不善而能破家？唯闻末学道士，有赤章咒咀，发擿阴私，行坛被发，呼天引地，不问亲疏，规相厌杀，此即破家之法矣。

论云：入身破身①。

释曰：夫身之为累，甚于桎梏。老氏以形骸为粪土②，释迦以三界为火宅③。出家之士，故宜去菁华、弃名利，悟逆旅之难④，常希寂灭之为乐⑤。流俗之徒反此以求全⑥，即所谓杀生者不死⑦，生生者不生也⑧。近代有好名道士，自云神术过人，克期轻举。白日登天，曾未数丈，横坠于地。迫而察之，正大鸟之双翼耳。真所谓不能奋飞者也。验灭亡于即事，不旋踵而受诛。汉之张陵诬罔贡高，呼曰米贼⑨，亦被夷剪。入身破身，无乃角弓乎⑩？

【注释】

①入身破身：道教说一个人相信了佛教理论，那么他的身体和灵魂就会被毁掉。

②老氏以形骸为粪土：老者把自己的身体看做粪土。《老子》第十三章："吾所以有大患者，为吾有身，及吾无身，吾有何患？"

③三界：欲界、色界、无色界。欲界是有淫食二欲的众生所住的世界，上自六欲天，中自人畜所居的四大洲，下至无间地狱皆属之；色界是无淫食二欲但还有色相的众生所住的世界，四禅十八天皆属之；无色界是色相俱无但住心识于深妙禅定的众生所住的世界，四空天属之。火宅：佛家语，喻烦恼的俗界。《法华经·譬喻品》："三界无安，犹如火宅，众苦充满，甚可怖畏，常有生老，病死忧患，如是等火，炽然不息。"

④逆旅：旅居，常用以喻人生匆遽短促。

⑤寂灭：指度脱生死，进入寂静无为之境地。此境地远离迷惑世界，含快乐之意。

⑥流俗：平庸粗俗。晋葛洪《抱朴子·博喻》："英儒硕生，不饬细辩于浅近之徒；达人伟士，不变皎察于流俗之中。"

⑦杀生：佛家用以指杀害生灵。

⑧生生：养生，生活。《老子》："人之生，动之于死地，亦十有三，夫何故？以其生生之厚。"高亨注："生生，犹养生。"

⑨米贼:张陵造作道书以迷惑欺骗百姓,从受道者出五斗米,故世
　　号"米贼";旧时对五斗米道的贬称。

⑩角弓:以兽角为饰的硬弓。《诗经·小雅·角弓》:"骍骍角弓,翩
　　其反矣。"朱熹《集传》:"角弓,以角饰弓也。"

【译文】

论说:佛教进入到家庭,使家庭破败。

解释说:佛教的训示,要求父亲慈祥,儿子孝敬,长兄爱弟,弟弟尊
敬兄长,丈夫和气,妻子温柔,具备六方和睦之美,有什么不善而会使家
庭破败呢? 只听说水平不高的二流道士,运用祷告禳灾的赤章,念诵咒
语,诅咒别人,施用刑法,私自包庇,在道坛上披着头发,高呼老天和大
地,不管血缘的亲疏关系,相互厌恶打杀,这些才是使家庭破败的法
术啊!

论说:一个人相信了佛教理论,那么他的身体和灵魂就会被毁掉。

解释说:身体劳累对人的束缚,比牢笼桎梏还厉害。老子把自己的
身体看做粪土,释迦牟尼把三界看做充满烦恼的火宅。出家之人应该
远离繁华,抛却名和利,感悟生命短促艰难,常常希望以度脱生死为乐。
凡夫俗子却不是这样,尽力保全自己的名利,即所谓杀生的人总是希望
不死,爱好养生的人不刻意追求生命。近些时候有一个追求名利的道
士,自称道术修为超过其他人,选择了一个日期说要轻轻地飞起来。在
一个白天要飞登上天,还没有飞到几丈高,就坠落下来掉在地上。走近
观察,原来是背着一只大鸟的两个翅膀,真是所谓的不能奋力飞高啊!
有些事情当下就能验证是假的,还没有转身就受到了惩罚。汉代的张
陵欺骗老百姓,被称为米贼,后来也被消灭。信仰佛教的人的身体和灵
魂会被毁掉的说法,不就是道教发出的如角弓一样尖利诬陷佛教的
话吗?

论曰:歌哭不同者。

　　释曰：人哭亦哭，俗内之冥迹；临丧能歌，方外之坦情①。原壤丧亲，登木而歌，孔子过而不非者②，此亦是名教之一方耳。

　　论云：不朝宗者。

　　释曰：孔子云："儒有上不臣天子，下不事公侯③。"儒者俗中之一物，尚能若此，况沙门者方外之士乎？昔伯成子高、子州支伯但希玄慕道④，以不近屑人事。

【注释】

①方外：世外。《庄子·大宗师》曰："彼游方之外者也。"

②"原壤"三句：《礼记·檀弓下》："孔子之故人曰原壤，其母死，夫子助之沐椁。原壤登木曰：'久矣予之不托于音也。'歌曰：'狸首之斑然，执女手之卷然。'夫子为弗闻也者而过之。从者曰：'子未可以已乎？'夫子曰：'丘闻之，亲者毋失其为亲也，故者毋失其为故也。'"

③"儒有"二句：《礼记·儒行》孔子对鲁哀公语。"公侯"原为"诸侯"。

④"昔伯"二句：《庄子·天地》："尧治天下，伯成子高立为诸侯。尧授舜，舜授禹，伯成子高辞为诸侯而耕。"《庄子·让王》："舜让天下于子州支伯。子州支伯曰：'予适有幽忧之病，方且治之，未暇治天下也。'故天下大器也，而不以易生，此有道者之所以异乎俗者也。"

【译文】

　　论说：唱歌哭泣应该在不同的场合。

　　解释说：别人哭自己也哭，这是一般人的行为；面对丧事而能高歌，这是世外高人的坦荡之情的表现。原壤的亲人死去了，他噔噔地敲击着棺木唱歌,孔子路过看到而没有批评他,这也体现了儒家名教一方宗师的博大胸怀啊!

论说:不朝见帝王。

解释说:孔子说:"儒生对上不称臣于天子,对下不侍奉诸侯。"儒者是俗世中的一类,尚且能够这样,何况出家的世外之人呢?以前有伯成子高、子州支伯只希求玄学仰慕大道,所以不接近并轻屑凡俗之事。

论云:剃头犯毁伤。

释曰:发肤之解,具于前答,聊更略而陈之。凡言不敢毁伤者,正是防其非僻,触冒宪司①,五刑所加②,致有残缺耳。今沙门者,服膺圣师,远求十地③,剃除须发,被服法衣,立身不乖,扬名得道,还度天属,有何不可?而入毁伤之义,守文之徒,未达文外之旨耳。轮扁尚不移术于其儿④,予何言哉?

【注释】

①宪司:魏晋以来御史的别称。

②五刑:五种轻重不等的刑法。《尚书·舜典》:"五刑有服。"孔传:"五刑:墨、劓、剕、宫、大辟。"

③十地:梵语意译。或译为"十住"。佛家谓菩萨修行所经历的十个境界。大乘菩萨十地为:欢喜地,离垢地,发光地,焰慧地,极难胜地,现前地,远行地,不动地,善慧地,法云地。另有二乘共十地,四乘十地,真言十地等,名目各有不同。

④轮扁尚不移术于其儿:《庄子·天道》:"桓公读书于堂上。轮扁斫轮于堂下,释椎凿而上,问桓公曰:'敢问,公之所读者何言邪?'公曰:'圣人之言也。'曰:'圣人在乎?'公曰:'已死矣。'曰:

'然则君之所读者,古人之糟魄已夫!'桓公曰:'寡人读书,轮人安得议乎!有说则可,无说则死。'轮扁曰:'臣也以臣之事观之。斲轮,徐则甘而不固,疾则苦而不入。不徐不疾,得之于手而应于心,口不能言,有数存焉于其间。臣不能以喻臣之子,臣之子亦不能受之于臣,是以行年七十而老斲轮。古之人与其不可传也死矣,然则君之所读者,古人之糟魄已夫!'"

【译文】

论说:剃头发犯了毁伤身体的罪名。

解释说:对于头发皮肤的解释,前面回答得比较具体了,这里再简单地回答一下。其实说不能毁伤头发皮肤,正是为了防止人们的不正当行为,一些人触及冒犯了刑法,五刑加身,以致身体残缺。现在出家的世外之人,对高明的师傅胸怀敬仰,在远方学习十地境界,剃掉胡须和头发,穿上僧侣衣服,行事为人不乖张,扬名四海,体悟大道,回来之后普度亲人及众生,这为什么不可以呢?而如果把它理解并归入毁伤身体的意思,这是死守语言而没有读懂文字之外的意思。轮扁尚且不能把他的技术传给他的儿子,我还能说什么呢?

论云:出家者未见君子,皆是避役。

释曰:噫唉!何子之难喻耶?左传云:"言者,身之文①。"庄周云:"言不广不足以明道。"余欲无言,其可得乎?夫出家之士,皆灵根宿固②,德宇渊深,湛乎斯照,确乎不拔者也。是以其神凝其心道,超然遐想,宇宙不能点其胸怀;澹尔无寄,尘垢无能搅其方寸③。割慈亲之重恩,弃房栊之欢爱④,虚室生白⑤,守玄行禅。或投陀林野,委身饿兽;或静节蔬餐,精心无怠。将勤求十力⑥,超登无上。解脱天罗,销散地网,兆百福于未萌,济苍生于万劫⑦。斯实大丈夫之宏图,非吾子所得开关也。避役之谈,是何言欤? 孔子愿喙三尺者⑧,虽言出于口,终不以长舌犯人⑨。则子之喙三丈矣,何多口之为异,伤人之深哉?

【注释】

①言者,身之文:《左传·僖公二十四年》:"言,身之文也。身将隐,焉用文之? 是求显也。"

②灵根:指信仰佛法的慧根。

③尘垢:世俗。《庄子·齐物论》:"无谓有谓,有谓无谓,而游乎尘垢之外。"

④房栊:房舍。

⑤虚室生白:心无任何杂念,就会悟出"道"来,生出智慧。形容清澈明朗的境界。出自《庄子·人世间》:"瞻彼阕者,虚室生白,吉祥止止。"

⑥十力:指如来所具有的十种力用:一、知觉处非处智力,即能知一切事物的道理和非道理的智力;二、知三世业报智力,即能知一切众生三世因果业报的智力;三、知诸禅解脱三昧智力,即能知各种禅定及解脱三昧等的智力;四、知诸根胜劣智力,即能知众生根性的胜劣与得果大小的智力;五、知种种解智力,即能知一切众生种种知解的智力;六、知种种界智力,即能普知众生种种境界不同的智力;七、知一切至所道智力,即能知一切众生行道因果的智力;八、知天眼无碍智力,即能以天眼见众生生死及善恶业缘而无障碍的智力;九、知宿命无漏智力,即知众生宿命及知无漏涅槃的智力;十、知永断习气智力,于一切妄惑余气,永断不生,能如实知之的智力。

⑦万劫:劫为分别世界成坏之时量名。万劫者,经世界成坏一万,言时之极长。

⑧孔子愿喙三尺:《庄子·徐无鬼》:"丘愿有喙三尺。"

⑨长舌:长长的舌头,比喻好说闲话、搬弄是非。《诗经·大雅·瞻印》:"妇有长舌,维厉之阶。"郑玄笺:"长舌,喻多言语。"

【译文】

论说:出家的世外之人不见有君子,都是在逃脱徭役。

解释说:唉,为什么你这么难明白道理呢? 左传说:"言辞是人们用来修饰外表行动举止的文饰之物。"庄周说:"话语不多不足以说明道理。"我想不说话,这样可以吗? 其实出家之人,都是很早就种下了慧根,德行和修为深厚,湛然寂照,确实有坚忍不拔的意志。因此他们的精神凝集于他们心中的大道,超然物外,理想远大,宇宙也不能充满他们的胸怀;淡泊宁静,远离名利,红尘污垢也不能搅乱他们的心神。割舍了父母的养育之恩,放弃了夫妻间的欢爱,无任何杂念,生出空明的心境,坚守玄学践行禅法。有的人将自己投身荒林野地,用身体喂饱饥饿的野兽;有的人操守高洁,吃粗茶淡饭,养精蓄锐没有怠慢。将要勤修佛法以求获得十力的工夫,超然登上最高境界的解脱世界。像解开天罗地网一样,将要把很多福气赐给还没有出生的人,拯救苍生于万劫千生之中。这才是大丈夫宏伟的蓝图,不是像我们这样的人所能达到的。逃脱税役的说法,是什么话呢? 孔子希望嘴有三尺长的人,即使话从嘴里说出来,最终也不要因为长舌多话而冒犯他人。那么你的嘴有三丈长,为什么有这么多怪异的话,伤害他人这么深呢?

论云:三丁二出,一何无缘者?

释曰:无缘即是缘无缘生,有缘即是缘有缘起。何以知其然耶? 世有阖门入道,故曰缘有缘起;有生不识比丘者,故曰缘无缘生。十六王子,同日出家①,随父入道,是则缘之所牵,阖门顿至,何其宜出二之有哉? 无缘者,自就无缘中求，反诸己而已矣。子方永坠无间，遑复论此。将不欲倒置干戈乎？若能反迷，殊副所望。

【注释】

①"十六"二句：出自《法华经·化城喻品》，大意如下：于过去无量无边不可思议阿僧祇劫，有佛名大通智胜如来，未出家时有智积十六王子，彼成佛道后，十六王子皆出家为沙弥，从佛闻之乘教，过二万劫，闻法华经，悉皆信受。

【译文】

论说：三个男丁只有两个出家，没出家的那一个为什么无缘呢？

解释说：无缘就是缘分条件没有产生，有缘就是缘分有条件产生。怎么知道就是这样的呢？在这世上，有全家都信仰佛教的，所以说缘分有条件产生就起作用了；有的人一生都不认识僧人，所以说缘分没有条件产生。十六个王子，同一天出家，跟随父亲学佛法，因此缘分所牵引，全家顿时都学佛了，为什么说只有两个人呢？没有缘分的人，自己就应该在无缘中寻找原因，多反省自己。你刚刚坠落在无间地狱里，当然不用谈论这些了，难道想要倒着拿兵器伤害自己吗？如果你能迷途知返，就正是我所希望的。

论云：道家之教，育德成国者。

释曰：道有九十六种，佛为最尊①。梵志之徒②，盖是培塿尔③。假使山川之神，能出云雨者，亦是有国有家之所祀焉。其云育德成国，不无多少，但广济无边，永拔涂炭④，我金刚一圣⑤，巍巍独雄。夫太极剖判之初也⑥，已自有佛。但于时众生因缘未动，故宜且昧名称。何以言之？推三皇以上，何容都无《礼》《易》？则乾坤两卦⑦，履豫二爻⑧，便当与天地俱生。虽曰俱生，而名不俱出者，良由机感不发⑨，施用未形，其理常存，其迹不著耳。中外二圣，其揆一也。故立法行云，先遣三贤，渐诱俗教，后以佛经革邪从正。李老之门，释氏之偏裨矣。经云："处处自说，名字不同。"或为儒林之宗，国师道士，或寂寞无为而作佛事。金口所说，合若符契，何为东西跳梁，不避高下耶⑩？嗟乎！外道籍我智慧⑪，资我神力⑫，遂欲挠乱我经文，虔刘我教⑬，训人之无良，一至于此也！

【注释】

① 佛：梵语 buddha 之音译。全称佛陀、佛驮、休屠、浮陀、浮屠、浮图等，意译觉者、知者、觉，觉悟真理者之意。具足自觉、觉他、觉行圆满。

② 梵志：通称一切外道之出家者。《大智度论》卷五十六："梵志者，是一切出家外道，若有承用其法者，亦名梵志。"

③ 培娄（lǒu）：比喻佛教的辅助者。

④ 涂炭：指陷入泥沼，坠入炭灰。比喻及其艰难困苦。

⑤ 金刚：金刚力士。执金刚杵的佛的侍从力士。

⑥ 太极剖判之初：指开天辟地之时。

⑦ 乾坤：乾坤是八卦中的两爻，代指天地。

⑧ 履豫：《易经》两个卦名。爻（yáo）：爻指组成八卦中每卦的长短横道。

⑨ 机感：指缘分。

⑩ "何为东西"二句：《庄子·逍遥游》："子独不见狸狌乎？卑身而伏，以候敖者；东西跳梁，不避高下，中于机辟，死于罔罟。"这段话的大意是：你难道没看见过野猫吗？它们隐伏起来，伺机猎取

出来活动的小动物,东蹿西跳,不避高低;往往触到机关,死于网罗之中。后来用成语"跳梁小丑",比喻那些品格低下或并无什么真才实学者,为了达到个人私利或不可告人的目的而极尽捣乱、破坏之能事,但终究没有什么了不得,只不过是真正地暴露了他自己的丑恶嘴脸罢了。

⑪籍:同"借"。

⑫资:凭借。

⑬虏刘:指劫掠,杀戮。《左传·成公十三年》:"芟夷我农功,虏刘我边陲。"

【译文】

论说:道家的教化,能够培育道德,辅助国家。

解释说:道有九十六种,佛是最尊贵的。佛教以外的出家修道人,其实是佛教的辅助者。如果山川里的神灵可以呼风唤雨,也是因为有国有家祭祀他。所以说佛教培育高尚道德,辅助国家,功用无法计算,救济他人没有边际,使百姓永远摆脱艰难困苦,佛是金刚大圣,高大巍峨独雄天下。自开天辟地之时,就已经有佛的存在。但是由于大众与佛的缘分还不到,所以应该隐藏佛的名称。为什么这样说呢?追溯到三皇以前的年代,为什么都没有《礼》《易》?那么乾坤两卦,履豫二爻,应该与天地共生。虽然说共生,但没有为它取名,的确是因为缘分还不到,实施运用还没有成形体,它的道理已经存在,只是迹象不明显罢了。中外两位圣人,他们的宗旨是一样的。因此创立佛法,先派遣三位圣贤,用世俗的教育逐渐引导百姓,之后再用佛教帮助人们革除邪行服从正道。老子的法门,是佛教的副将。佛经说:"处处自说,只是其名字各不相同。"有的成为儒林宗师,国师道士,有的清闲无为而作佛教之事。他们口里各自所说的道理,像契约一样互相契合,为何你东串西跳,不避高下呢?唉!外道借助我佛智慧,凭借我佛神力,想逐渐扰乱我佛经文,劫掠我佛教,教人做不好的事,实在是这样啊!

论云：道者气。

释曰：夫道之名，以理为用。得其理也，则于道为备。是故沙门号曰道人，阳平呼曰道士。释圣得道之宗，彭聃居道之末①。得道宗者不待言道，而道自显；居道之末者常称道，而道不足。譬如仲尼博学，不以一事成名；游夏之徒，全以四科见目②。庄周有云："生者，气也。聚而为生，散而为死③。"就如子言，道若是气，便当有聚有散，有生有死，则子之道是生灭法，非常住也。尝闻子道又有合气之事，愿子勿言此真辱矣。庄子又云："道在屎溺④。"此屎尿之道，得非吾子合气之道乎？

【注释】

①彭聃：彭祖与老聃。

②"游夏"二句：《论语·先进》："从我于陈、蔡者，皆不及门也。德行：颜渊、闵子骞、冉伯牛、仲弓。言语：宰我、子贡。政事：冉有、季路。文学：子游、子夏。"

③"生者"四句：《庄子·知北游》："人之生，气之聚也。聚则为生，散则为死。"

④道在屎溺：《庄子·知北游》："东郭子问于庄子曰：'所谓道，恶乎在？'庄子曰：'无所不在。'东郭子曰：'期而后可。'庄子曰：'在蝼蚁。'曰：'何其下邪？'曰：'在稊稗。'曰：'何其愈下邪？'曰：'在瓦甓。'曰：'何其愈甚邪？'曰：'在屎溺。'东郭子不应。"

【译文】

论说：道是气。

解释说：道的名称，是以理为用的。得到其中的理，则于道为备。所以沙门号称道人，按照声调阳平，呼作道士。释迦牟尼佛得道之宗，彭祖、老子居道之尾。得道宗的人不用说道，而道自然显现；居于道末端的人经常说道，但道不充足。比如说孔子学问广博，不凭借一件事成名；子游、子夏这些徒弟，都各自凭借德行、言语、政事、文学四科中的一科成名。庄子说过："生存的，是气。气相聚而生，气散就死亡。"就像你说的，道如果是气，于是道就有聚有散，有生有死，那你的道是生灭之法，不是永恒不灭的东西。我曾经听说你说还有合气的事情，但愿你不要这样说而真受辱啊！庄子又说："道在屎溺中。"这样的屎尿之道，难道能得出你的合气之道吗？

卷第九

立神明成佛义记

【题解】

本篇为南朝梁武帝撰，目的是驳斥范缜之神灭说。因当时宜都太守范缜作"神灭论"一文，认为形体消失时，心神亦随之消失；心神既无存，佛自不有。武帝则主张肉体虽灭亡，然精神不灭唯因心神不灭，始可成佛。生灭与善恶，是无明与神明共有的作用，其变化仅在一时之缘而已。本记将神不灭论，作为心识问题来探讨，而由其所强调心神具有无明与神明之二面而言，可推及《大乘起信论》中阿赖耶识之思想。本记之现存本附有沈绩之序注。

沈绩序

夫神道冥默，宣尼固已绝言①；心数理妙，柱史又所未说②。圣非智不周，近情难用语远故也。是以先代玄儒，谈遗宿业，后世通辩，亦论滞来身。非夫天下之极虑，何得而详焉。故惑者闻识神不断，而全谓之常；闻心念不常，而全谓之断。云断则迷其性常，云常则惑其用断。因用疑本，谓在本可灭；因本疑用，谓在用弗移。莫能精求，互起偏执，乃使天然觉性，自没浮谈。

圣主禀以玄符③，御兹大宝，觉先天垂则，观民设化。将恐支离诡辩，构义横流，微叙繁丝，伊谁能振？释教遗文，其将丧矣！是以著斯雅论，以弘至典。绩早念身空，栖心内教，每餐法音④，用忘寝食，而暗情难晓，触理多疑，至于佛性大义，顿迷心路。既天诰远流，预同抚觌⑤，万夜获开，千昏永曙，分除之疑，朗然俱彻。窃惟事与理亨，无物不识；用随道合，奚心不辩？故行云徘徊，犹感美音之和；游鱼踊跃⑥，尚赏清丝之韵⑦；况以入神之妙，发自天衷⑧。此臣所以舞之蹈之，而不能自已者也。敢以肤受，谨为注释，岂伊锥管，用穷天奥，庶几固惑，所以释焉。

【注释】

①宣尼：即孔子。

②柱史："柱下史"的省称。代指老子。《后汉书·张衡传》："庶前训之可钻，聊朝隐乎柱史。"李贤注引应劭曰："老子为周柱下史，朝隐终身无患。"

③玄符：天符，符命，谓上天显示的瑞征。《文选·扬雄〈剧秦美新〉》："玄符灵契，黄瑞涌出。"李善注："玄符，天符也。"

④法音：说法之音声也。《无量寿经》："常以法音觉诸世间。"《法华经·譬喻品》："闻此法音，心怀踊跃。"

⑤觌(dí)：见，相见。

⑥踊跃：跳跃。《庄子·大宗师》："今人冶铸金，金踊跃曰：'我且必为镆铘。'"

⑦清丝：琴弦。

⑧天衷：天的善意。《左传·僖公二十八年》："不协之故，用昭乞盟于尔大神，以诱天衷。"

【译文】

神道十分玄奥深远，故孔子向来避而不谈；心性问题极是玄妙莫测，故老子未曾语及。不谈论它并非圣人智慧不足，是因为很难以世俗的情智去谈论、理解玄远的义理。所以以往的贤哲、圣者，很少去谈论宿世之业，后世才学之士，也不能十分通晓死后之事。若不是具有极高深智慧之人，怎么能够了达诸如神明及来世之事呢？所以有些人一听到佛教关于识神不断的义理，就认为佛教是主张常住而无变易；而另外有些人一听到佛教关于心是念念不住的，就认为佛教是主张识神也是断灭无常的。世俗之人，往往偏于一端，谈事物之断灭则不懂得其真性常住，谈真性常住则不了解其所体现的事物是变幻无常的。因为事物变幻无常而怀疑其真性常住，就认为真性也是有断灭的；因为真性之常住，则怀疑其所体现的外在事物的应用，认为世间的事物也都是恒常不变的。因为这种偏于一端的认识，执迷不悟，遂使众生之天然觉性为偏见邪说所埋没。

圣王（指梁武帝）通达儒、释、道各家之奥旨及历代贤哲圣人之垂训，善于观民设化，因担心佛法大义及古圣垂训为世俗之谬论邪说所破坏，于是撰写这篇义理深湛的论文（即《立神明成佛义记》），以弘扬佛法之大义。我沈绩很早就潜心于佛教，领悟到世事无常、五蕴皆空，每次钻研佛法时，都为其深奥义理所陶醉而废寝忘食，但对于其中的许多义理还是不十分理解。自读圣王此论后，群疑涣然冰释，迷障顿消，就好像灯照暗室，一时俱明。举凡天下之事，只要通晓其事理，能从现象与本质相统一的角度去认识事物，则没有任何事物不能认识和把握。《立神明成佛义记》此论，既义理深湛，剖析精微，又是当今圣上之力作，因此我读时竟手舞足蹈而不能自己。因为自己对其中的许多思想尚不十分明了而又极想弄懂，所以才根据自己的肤浅体会为之作注，并非企图以管窥天，妄加诠释。

义记本文并沈绩注

夫涉行本乎立信，臣绩曰：夫愚心暗识，必发大明，明不自起，起必由行。行不自修，修必由信。信者，凭师仗理，无违之心也。故五根以一信为本，四信以不违为宗①。宗信既立，万善自行，行善造果，谓之行也。信立由乎正解，臣绩曰：夫邪正不辩，将何取信？故立信之本，资乎正解。解正则外邪莫扰，臣绩曰：一心正则万邪灭矣，是知内怀正见，则外邪莫动。信立则内识无疑。臣绩曰：识者，心也。故《成实论》云：心、意、识②，体一而异名。心既信矣，将何疑乎。然信解所依，其宗有在。臣绩曰：依者，凭也。夫安心有本，则枝行自从。有本之言，显乎下句。何者？源神明以不断为精，精神必归妙果③。臣绩曰：神而有尽，宁谓神乎？故经云：吾见死者形坏，体化而神不灭。随行善恶，祸福自追，此即不灭断之义也。若化同草木，则岂精乎？以其不断，故终归妙极。凭心此地，则触理皆明。明于众理，何行不成？信解之宗，此之谓也。妙果体极常住，精神不免无常。臣绩曰：妙果，明理已足，所以体唯极常。精神涉行未满，故之不免迁变也。无常者，前灭后生，刹那不住者也。臣绩曰：刹那是天竺国音，迅速之极名也。生而即灭，宁有住乎？故《净名》叹曰：比丘即时生老灭矣④。若心用心于攀缘，前识必异后者，斯则与境俱往，谁成佛乎？臣绩曰：夫心随境动，是其外用，后虽续前，终非实论。故知神识之性湛然不移。湛然不移，故终归于妙果也。经云：心为正因，终成佛果⑤。臣绩曰：略语佛因，其义有二。一曰缘因，二曰正因。缘者，万善是也；正者，神识是也。万善有助发之功，故曰缘因。神识，是其正本，故曰正因。既云终成佛果，斯验不断明矣。

【注释】

①"五根"二句：五根，即信根、进根、念根、定根、慧根，因五法是生
圣道的根本，故名五根。四信，又作四种信心，即：信根本，谓真
如之法为诸佛之师，众行之本源，常信受者，得出离空有、能所等
一切对待之相。信佛，谓信佛具有无量功德，常念亲近、供养恭
敬诸佛，得发起善根，求一切智。信法，谓佛法能灭除悭、贪等
障，常念修行诸波罗蜜，则可得大利益。信僧，谓信僧能正修行，
自利利他，故应常乐亲近，以求如实之行。

②心、意、识：心，梵文 citta 之意译，指远离对象仍具有思量（缘虑）
之作用者。意，梵文 manas，音译作末那，意谓"思量"，即周遍思
惟之心理作用。识，梵文 vijñāna，指分析对象之后所生起的认识
作用。依六识家之见，心、意、识三者同体异名。依八识家而言，
心即指阿赖耶识，意指末那识，而识则指前五识（眼、耳、鼻、舌、
身等识）兼及意识。

③精神：精即精魂，古人认为，人死之后，魄同肉体一起消灭，而魂
则离开肉体，精魂即指不灭之灵魂；神即神明，指众生之心识。
此处之精神指众生不灭之灵魂、不断之神识。

④比丘即时生老灭矣：《维摩诘经·菩萨品》："若现在生，现在生无
住，如佛所说，比丘，汝今即时亦生亦老亦灭。"

⑤"心为"二句：《大般涅槃经》卷二八《狮子吼菩萨品》："我说二因：
正因、缘因，正因者名为佛性，缘因者发菩提心，以二因缘，得阿
耨多罗三藐三菩提，如石出金。"正因，主要的原因叫做正因，若
是次要的助力则叫做缘因。佛果，指成佛，又作佛位、佛果位、佛
果菩提。佛为万行之所成，故称佛果，即能成之万行为因，而所
成之万德为果。

【译文】

人们的修行以确立信念为根本,臣沈绩说:愚心暗识,必发大明,但是明不会自己生起,必然依靠行动实践才能生起。行动实践不会自修,修必由信。所谓信,凭师仗理,没有违背的想法。因此五根以一信为根本,四信以不违为宗。宗信既立,万善自行,做善事结善果,叫做行为,而正确的信念则多是出自正确的理解。臣沈绩说:如果不辩明邪正,将怎样取信? 因此立信的根本,依赖正确的见解,有了坚定、正确的见解,各种谬论邪说也就不能迷惑人们,臣沈绩说:一心正则万邪灭,所以说内怀正见,则外邪莫动,而信念确立之后,内心也就不会有各种疑惑的认识了。臣沈绩说:所谓识,就是心。《成实论》云:心、意、识,本体是一而只是名称不同。心既然信了,还怀疑什么呢? 然而,坚定的信念和正确的见解,都有其依据所在。臣沈绩说:依,是凭的意思。安心有根本,那么枝末自然跟从。关于根本的解释,后面再谈。依据什么呢? 即佛教所说不断灭的神明。那种今生来世前后相续不断的神明,也就是人们所说的精魂,此相续不断的精魂最终必定能成就涅槃妙果。臣沈绩说:神如果有穷尽,岂能称作神? 因此经上说:吾见死者形体毁坏,体化而神不灭。随行善恶,祸福自追,这就是不灭断之义。如果化同草木,那么岂能称作精? 以其不断,故终归妙极。凭心此地,则触理皆明。明悟众理,什么行动不能成功呢? 信解的宗教,讲的就是这些内容。涅槃本身是体极而常住的,但作为众生的精神则是迁变无常的。臣沈绩说:妙果,明理已足,所以体唯极常。精神涉行未满,因此不免迁流变化。所谓迁变无常,也就是前灭后生,念念不住。臣沈绩说:刹那是天竺国音,讯速之极名。生而即灭,哪里有停留呢? 故《净名经》叹曰:比丘每个当下就有生老灭。如果心随境动,则前后之识各不相同,既然没有一个湛然不移、常住不灭的神识,那是什么去成佛呢? 臣沈绩说:心随境动,是其外用,后面的虽然与前面的连续不断,最终来说不是实在的。因此知道神识之性湛然不移,湛然不移,因此最终会归于妙果。佛经上说："心是成佛之正因，因有此正因，故最终必成佛果。"臣沈绩说：略语佛因，其义有二。一曰缘因，二曰正因。缘者，是万善；正者，是神识。万善有帮助显发神识的功用，因此说是缘因。神识，是其正本，故说是正因。既然最终会成就佛果，这就证明了神识的光明一直存在，不会断绝。

又言：若无明转，则变成明①。案此经意②，理如可求。何者？夫心为用本，本一而用殊，殊用自有兴废，一本之性不移。臣绩曰：陶汰尘秽，本识则明。明暗相易，谓之变也。若前去后来，非之谓也。一本者，即无明神明也③。臣绩曰：神明本暗，即故以无明为因。寻无明之称，非太虚之目，土石无情，岂无明之谓？臣绩曰：夫别了善恶，匪心不知；明审是非，匪情莫识。太虚无情，故不明愚智。土石无心，宁辩解惑？故知解惑存乎有心，愚智在乎有识。既谓无明，则义在矣。故知识虑应明，体不免惑，惑虑不知，故曰无明。臣绩曰：明为本性，所以应明。识染外尘，故内不免惑。惑而不了，乃谓无明。因斯致称，岂旨空也哉？而无明体上，有生有灭，生灭是其异用，无明心义不改。臣绩曰：既有其体，便有其用。语用非体，论体非用。用有兴废，体无生灭。将恐见其用异，便谓心随境灭。臣绩曰：惑者迷其体用，故不断猜。何者？夫体之与用，不离不即，离体无用，故云不离。用义非体，故云不即。见其不离，而迷其不即，迷其不即，便谓心随境灭也。故继无明名下，加以住地之目④。此显无明，即是神明，神明性不迁也。臣绩曰：无明系以住地，盖是斥其迷识。而抱惑之徒，未曾喻也。

何以知然？如前心作无间重恶⑤，后识起非想妙善，善

恶之理大悬,而前后相去甚迥。斯用果无一本,安得如此相
续?臣绩曰:不有一本,则用无所依。而惑者见其类续为一,故举大
善,斥其相续之迷也。是知前恶自灭,惑识不移,后善虽生,暗
心莫改。臣绩曰:未尝以善恶生灭亏其本也。故经言:若与烦恼
诸结俱者,名为无明;若与一切善法俱者,名之为明⑥。岂非
心识性一,随缘异乎?臣绩曰:若善恶互起,岂谓俱乎?而恒对其
言而常迷其旨,故举此要文,以晓群惑也。故知生灭迁变,酬于往
因;善恶交谢,生乎现境。臣绩曰:生灭,因于本业,非现境使之
然。善恶,生于今境,非本业令其尔。而心为其本,未曾异矣。
臣绩曰:虽复用由不同,其体莫异也。以其用本不断,故成佛之
理皎然;随境迁谢,故生死可尽明矣。臣绩曰:成佛皎然,扶其
本也。生死可尽,由其用也。若用而无本,则灭而不成。若本而无
用,则成无所灭矣!

【注释】

①若无明传,则变成明:《大般涅槃经》卷八《如来性品》:"是诸众生
　以明无明业因缘,故生于二相,若无明转,则变成明,一切诸法,
　善不善等,亦复如是,无有二相。"

②案:通"按",考察。汉王充《论衡·问孔》:"案圣贤之言,上下多
　相违。"

③神明:无法思惟分辨者,称为神;能照见者称为明。因此"神明"
　有两个意思,　指天地之诸神,诸神能明白察知善恶邪正侕实无
　误,故有此称。二指众生之神识(灵魂,精神之主体)。这里取第
　二个含义。

④住地:以名生法之根本体,住者所住,地者所生之义。一切烦恼
　分类为五住地。即:见一处地、欲爱住地、色爱住地、有爱住地、

无明住地。

⑤无间重恶:无间乃梵名,意译作阿鼻,意为"无有间断",即痛苦无有间断之意。无间重恶,指作了会堕入无间地狱之恶业。无间地狱是佛教传说中八大地狱中最下、最苦之处。

⑥若与一切善法俱者,名之为明:见《大般涅槃经》卷八《如来性品》。

【译文】

经上又说:"若无明转,就变成明。"根据经上所说,可以知道:心是各种现象之根本,本体只有一个,而现象千差万别。各种心理现象虽然自有兴废,但作为其根据的心识却是湛然不移的。臣绩曰:淘汰掉尘秽,根本心识则变明亮。明暗相易,叫做变。若前去后来,就不是这样了。这种作为一切现象根据的湛然不移的心识,也称为无明神明。臣绩曰:神明本暗,因此以无明为因。所谓无明,并非指太虚、土石等无情物,这些无心识的无情物,不能称为无明。臣绩曰:分别善恶,离不开心灵;明审是非,离不开情识。太虚无情,因此不明愚智。土石无心,哪里能够解答迷惑?因此知道解惑在于心灵,愚智在于有识。既然说是无明,则有意义存在。至于有心识的有情物,其本性本应是明亮的,但因外尘外境所染而被遮蔽,因此称为无明。臣绩曰:明为本性,所以应明。心识被外尘污染,因此内在不免迷惑。迷惑而不能明了,因此叫做无明。因为这样所以称呼为无明,岂是虚妄的说法吗?心识是有情众生之体,而世间的众生是此体之用,各个有情体虽然有生有灭,但作为其本体的心识并不会随之而消亡。臣绩曰:既然有其本体,便有其应用。语用非体,论体非用。用有兴废,体无生灭。因为有些人看到各个有情体都是迁变无常的,便以为心识也随之迁变生灭。臣绩曰:所谓惑,迷其体用,因此不断猜测。为什么呢?本体与外用,不离不即,离体无用,故说不离。用义非体,故云不即。见其不离,而迷其不即,迷其不即,便以为心随境灭了。所以特对无明加以诠释,目的在于说明无明是属于有心识的有情众生,此神识是不会随着现象的消失而消亡的。臣绩曰:无明是佛教所说的烦恼五住地之一。执迷不悟的人,不能理解。

怎么知道心识本体是不会随着现象、形体消失而消亡呢? 比如有人前心作无间重恶,后念起非想妙善,此善恶之理极是悬殊,前后相去也很遥远,如果这种外在应用果真没有一个共同的依据,怎么前后会如此相续呢? 臣绩曰:没有一个根本,则用无所依靠。而迷惑者见其类续为一,因此举大善,斥其相续之迷? 可见先前之恶念虽然消失了,但产生此恶念的心识并没有随之消亡,而后来虽然萌生善想,但其本体仍是原先产生恶念之心识本体。臣绩曰:未尝因为善恶生灭而亏损其本体。所以佛经上说:"心识为诸烦恼遮蔽者名为无明,若心识与诸善法共在,则名为明。"这岂不是说心识是一个湛然不移、恒常不变之体,而此体又随着不同的条件表现为各种各样的现象。臣绩曰:若善恶互起,岂能说一起吗? 而人们经常面对这种话而不知道其宗旨,因此举此要文,以晓群惑。所以说世间万物包括有情众生形体,是随着各种条件的变化而千变万化、迁流不息的。臣绩曰:生灭,是由于根本业力,不是现境使之这样。善恶,在当下环境中生起,不是根本业力令其这样。但作为有情众生之本体的心识是从来未曾变易、失灭的。臣绩曰:虽然应用有不同,其本体没有不同。因为作为有情众生之体的心识不会消亡断灭,故众生都可以成佛的道理是不言自明的;因为心体之用是随境迁谢的,所以众生有生死轮回等变化,这道理很容易理解。臣绩曰:成佛的道理很清楚,是从其本体上说的。生死可尽,从应用上说。若只有应用而没有本体,则会消失而不能成就;若只有本体而无应用,则表现为无所生灭。

难神灭论

【题解】

本篇是梁萧琛(478—529)所撰。萧琛是范缜的内兄,范缜的《神灭论》一出,即首先发难。在本文中,萧琛采用逐条驳斥的办法,将责难归结为五个基本论点,即:其一,形神相即,辩而无征;其二,刃利不俱灭,形神不共亡;其三,人之质犹如木之质,人木皆有知(神);其四,神以形为器,非以形为体;其五,形无凡圣差别。

内兄范子真①,著《神灭论》,以明无佛。自谓辩摧众口,日服千人。予意犹有惑焉。聊欲薄其稽疑,询其未悟。论至今,所持者形神,所讼者精理。若乃春秋孝享为之宗庙,则以为圣人神道设教,立礼防愚。杜伯关弓②,伯有被介③。复谓天地之间,自有怪物,非人死为鬼。如此便不得诘以《诗》、《书》,校以往事;唯可于形神之中,辩其离合。脱形神一体④,存灭罔异,则范子奋扬蹈厉,金汤邈然。如灵质分途,兴毁区别,则予克敌得俊,能事毕矣。又予虽明有佛,而体佛不与俗同尔。兼陈本意,系之论左焉。

【注释】

①内兄：即妻子之兄。

②杜伯：周宣王大夫，封于杜，故名。史籍记载他无罪被杀，后来周宣王在园中狩猎时见杜伯乘白马素车，朱衣冠，射杀宣王。

③伯有：春秋时郑国大夫，字良宵。他主持国政时，与贵族驷带发生争执，被杀，传说他死后变为厉鬼。

④脱：倘若，如果。

【译文】

内兄范缜著《神灭论》，主张无佛。自称辩才无碍，日服千人。我对其论却颇有疑惑，聊以质疑，并察问其未悟之理。其论所谈者是形神关系，并附以细密之理论，对于古代之祭祀等，则认为这是圣人神道设教，立礼防愚，对杜伯鬼魂弯弓射周宣王和伯有死后披甲报仇等事，则认为是天地之间另有怪异事物，并非真有鬼神的存在。既然如此，便不得不以《诗经》《尚书》所说去诘难它，并验诸往事，才可以论证形与神的离合关系。倘若事实证明形体和精神都是基于身体的存在，因而一同存在一同消灭，那么范缜兄的观点就应该是正确的，固若金汤，先生也自可奋发昂扬。如果证明形体和灵魂是各自不同的存在，自然不会同时兴起或毁灭，这就表明我的观点战胜了对方，于是争辩也就可以停止了。我虽然明确肯定说有佛的存在，但我对佛的体认和世俗的认识还是不同的。在此，我论说兼及对佛的本真认识，附在本论之后。

或问："子云神灭，何以知其灭也？"

答曰："神即形也，形即神也。是以形存则神存，形谢则神灭也。"

问曰："形者无知之称，神者有知之明。知与无知，即事有异；神之与形，理不容一。形神相即，非所闻也。"

答曰：“形者神之质，神者形之用，是则形称其质，神言其用，形之与神，不得相异也。”

难曰：“今论形神合体，则应有不离之证；而直云：神即形形即神，形之与神不得相异；此辩而无征，有乖笃喻矣。子今据梦以验形神不得共体。当人寝时，其形是无知之物；而有见焉，此神游之所接也。神不孤立，必凭形器；犹人不露处，须有居室。但形器是秽暗之质，居室是蔽塞之地。神反形内，则其识微惛，惛故以见为梦。人归室中，则其神暂壅，壅故以明为昧。夫人或梦上腾玄虚，远适万里。若非神行，便是形往耶。形既不往，神又不离，复焉得如此。若谓是想所见者，及其安寐，身似僵木，气若寒灰，呼之不闻，抚之无觉，即云神与形均。则是表里俱勌①，既不外接声音，宁能内兴思想？此即形静神驰，断可知矣。又疑凡所梦者，或反中诡遇赵简子梦童子裸歌，可吴入郢②；晋小臣梦负公登天，而负公出诸厕之类是也③，或理所不容吕锜梦射月中之④；吴后梦肠出绕阊门之类是也⑤，或先觉未兆吕姜梦天，名其子曰虞⑥；曹人梦众，君子谋欲士曹之类是⑦，或假借象类蔡茂梦禾失为秩⑧；王浚梦三刀为州之类是也⑨，或即事所无胡人梦舟，越人梦骑之类是也，或乍验乍否殷宗梦得傅说⑩；汉文梦获邓通⑪；验也，否事众多，不复具载也。此皆神化茫眇，幽明不测，易以约通，难用理检。若不许以神游，必宜求诸形内。恐块尔潜灵⑫，外绝觐觎⑬，虽复扶以六梦⑭，济以想因，理亦不得然也。”

【注释】

①勌(juàn)："倦"的异体字。

②"赵简子"二句：《左传·昭公三十一年》："十二月,辛亥,朔,日有食之,是夜也,赵简子梦童子裸而转以歌,旦占诸史墨曰:'吾梦如是,今而日食,何也?'对曰:'六年,及此月也,吴其入郢乎,终亦弗克,入郢必以庚辰,日月在辰尾,庚午之日,日始有谪,火胜金,故弗克。'"

③"晋小臣"二句：《左传·成公十年》："六月丙午,晋侯欲麦,使甸人献麦,馈人为之。召桑田巫,示而杀之。将食,张;如厕,陷而卒。小臣有晨梦负公以登天,及日中,负晋侯出诸厕,遂以为殉。"

④"吕锜"二句：《左传·成公十六年》："吕锜梦射月,中之,退入于泥,占之,曰:'姬姓,日也。异姓,月也,必楚王也。射而中之,退入于泥,亦必死矣。'及战,射共王,中目。"

⑤吴后梦肠出绕阊门：《吴书》曰:坚世仕吴,家于富春,葬于城东。冢上数有光怪,云气五色,上属于天,曼延数里。众皆往观视。父老相谓曰:"是非凡气,孙氏其兴矣!"及母怀妊坚,梦肠出绕吴昌门,寤而惧之,以告邻母。邻母曰:"安知非吉征也。"《宋书·符瑞志》亦载:坚母生坚,梦肠出绕吴昌门,以告邻母,邻母曰:"安知非吉祥也。"昌门,吴郭门也。赵一清曰:昌门本曰阊阖门,亦曰阊门。坚生,容貌不凡,性阔达,好奇节。

⑥吕姜梦天,名其子曰虞：见《史记》卷三十二。

⑦曹人梦众,君子谋欲士曹：无考。

⑧蔡茂梦禾失为秩：见《后汉书》卷五十六:"茂初在广汉,梦坐大殿,极上有三穗禾,茂跳取之,得其中穗,辄复失之。以问主簿郭贺,贺离席庆曰:'大殿者,官府之形象也。极而有禾,人臣之上禄也。取中穗,是中台之位也。于字禾失为秩,虽曰失之,乃所

以得禄秩也。衮职有阙,君其补之。'旬月而茂征焉,乃辟贺为掾。"

⑨王浚梦三刀为州:见《晋书》卷四十一:晋时王浚一夜梦见三刀悬于梁上,忽又增一刀,王浚惊醒后,认为这是坏事。他的下属李毅说:三刀是一个"州"字,加一就是"益"字,这是要升迁益州的预兆。后来益州刺史皇甫晏被贼人所杀,果然迁王浚去益州当官。

⑩殷宗梦得傅说:见《史记·殷本纪》。详见《明佛论》注。

⑪汉文梦获邓通:见《史记·佞幸列传》:"邓通,蜀郡南安人也,以濯船为黄头郎。孝文帝尝梦欲上天,不能,有一黄头郎从后推之上天,顾见其衣尻带后穿。觉而之渐台,以梦中阴目求推者郎,见邓通,其衣后穿,梦中所见也。召问其名姓,姓邓氏,名通。文帝说焉,尊幸之日异。通亦愿谨,不好外交,虽赐洗沐,不欲出。于是文帝赏赐通巨万以十数,官至上大夫。"

⑫潜灵:潜灵,指幽魂,或灵怪。

⑬觐觌(dí):此处指对外在事物的感知。

⑭六梦:古代把梦分为六类,根据日月星辰以占其吉凶。《周礼·春官·占梦》:"以日月星辰占六梦之吉凶:一曰正梦,二曰噩梦,三曰思梦,四曰寤梦,五曰喜梦,六曰惧梦。"

【译文】

问:"您说精神会消灭,怎样知道它会消灭呢?"

答:"精神就是形体,形体就是精神,因此,形体存在,精神才存在,形体衰亡,精神也就消灭。"

问:"无知,才叫做形体,有知,才叫做精神。有知和无知根本是两回事,精神和形体,原则上不能混为一谈。形体和精神是一回事的说法,不是我所能同意的。"

答:"形体是精神的质体,精神是形体的作用。所以形体是指的它的质体,精神是指的它的作用。形体和精神不能割裂。"

　　诘难道:"说形神一体,必须有神离不开形的证据。至于说神即是形,形即是神,形之与神没有区别;这种说法就更是没有根据,而乖离深刻的比喻了。现在不妨以梦为例,证明形神并非一体而不可离。当人睡觉时,其形体是无知觉的存在,但人在梦中却经常看见许多东西,这乃是游离了形体的神所感知到的。神不孤立,必定寄托于一定的形体,此有如人不会露宿,而必须有居室一样。但形器是秽暗之质,居室是闭塞之地,神居于体内时,则其识不甚清明,故产生梦这种现象。人回到黑暗的居室中时,他的神识也会暂时受到壅塞,所以会把白天当作黑夜。当人做梦时,或上腾云霄,或日行万里,如果不是其神远游,便是其形亲往。但人睡着时,其形是不会亲往的,神又不能离开身体去远游,又怎会如此呢? 若说梦境是想象的产物,那么,当人安然入睡时,身如枯木,气息微弱,叫他听不见,触摸又没有知觉。既然说形神是同一的,此时的精神也应和身体一样感到疲倦,既然身体不能感知到在外的声音,又如何能在身体之内产生思想呢? 所谓的形体在歇息而精神却独自去远游,由此就十分明白了。又有人怀疑所有做梦的现象中,有属于违反中道而诡遇型的如赵简子梦见童子裸身歌舞,于是史墨预测吴将入郢都必败;晋国的小宦官早上梦见自己背负晋侯登天,而事实上后来果然背负晋侯上厕所而成为晋侯的陪葬者,就是这种类型,有的是常理所不容许的如吕锜梦见自己射中了月亮却退入泥中,后来果然射中楚王眼睛,但被楚王派人射中脖子而亡;吴王孙坚的母亲怀他时,梦见自己的肠子流出并环绕吴国阊门就是此种类型,有的是先觉未兆如吕姜梦天,名其子曰虞;曹人梦众,君子谋欲士曹就是此种类型,有的是假借象类如蔡茂梦禾失为秩;王浚梦三刀为州就是此种类型,有的是即事所无如胡人梦舟,越人梦骑就是此种类型,还有的是有时灵验有时不灵验如殷宗梦得傅说;汉文梦获邓通;这些都是获得了验证的梦,但存在不少不灵验的事例,在此就不全部记载了。这些都是神灵的变化,深远迷茫、幽明不测,要大致的相信容易,但难以根据事理来核实。若不赞同精神可以离开身体远游,就一定要在身体之内寻求解释的可能。即使是那些灵怪,一旦杜绝与外在事物的接触感知,即使以六梦占卜相扶助,并济之以想象,恐怕也不能明白这些道理啊。"

问曰:"神故非质,形故非用,不得为异,其义安在?"

答曰:"名殊而体一也。"

问曰:"名既已殊,体何得一?"

答曰:"神之于质,犹利之于刃;形之于用,犹刃之于利。利之名非刃也,刃之名非利也。然舍利无刃,舍刃无利。未闻刃没而利存,岂容形亡而神在?"

难曰:"夫刃之有利,砥砺之功;故能水截蛟螭①,陆断兕虎②。若穷利尽用,必摧其锋锷,化成钝刃。如此则利灭而刃存,即是神亡而形在,何云舍利无刃、名殊而体一耶?刃利既不俱灭,形神则不共亡。虽能近取譬,理实乖矣!"

【注释】

①蛟螭(chī):蛟龙。泛指水族类动物。

②兕(sì)虎:猛虎。泛指陆地类动物。

【译文】

问:"精神既不是质体,形体又不是作用,但二者又不能割裂,它的理论根据在哪里?"

答:"精神和形体名称不同,而实质上是一回事。"

问:"精神和形体名称既然不同,如何能说实体是一样的呢?"

答:"精神和身体的关系,恰如锋利和刀刃的关系一样。身体和作用的关系,恰如刀刃和锋利的关系一样。既叫做锋利,当然不是刀刃;

既叫做刀刃，当然不是锋利。但是离开了锋利就无所谓刀刃，离开了刀刃就无所谓锋利。从来没有听说过刀刃不存在而锋利单独存在的，哪能说形体死亡而精神能单独存在？"

诘难道："刀刃之所以会有锋利，盖因磨砺之功，故能水里斩蛟龙，山中杀猛虎。若砍斫过度，则成为钝刀。此时，虽锋利已不复存在了，但刀刃照样存在，神亡而形在也是这样，怎能说没有了锋利，刀刃就不存在了呢？怎么能说形与神是名称相异而本体相同呢？刀刃与锋利既然不会同时消失，形体与精神也就不会同时消亡了，虽然你很善于举身边的事例作譬喻，但确实是违背常理啊。"

问曰："刃之与利，或如来说；形之于神，其义不然。何以言之？木之质无知也，人之质有知也。人既有如木之质，而有异木之知，岂非木有其一，人有其二邪？"

答曰："异哉言乎！人若有如木之质以为形，又有异木之知以为神，则可如来论也。今人之质，质有知也；木之质，质无知也。人之质，非木之质也；木之质，非人质也；安在有如木之质而复有异木之知哉？"

问曰："人之质所以异木质者，以其有知耳。人而无知，与木何异？"

答曰："人无无知之质，犹木无有知之形。"

问曰："死者之形骸，岂非无知之质也？"

答曰："是无知之质也。"

问曰："若然者，人果有如木之质，而又有异木之知矣。"

答曰："死者有如木之质，而无异木之知；生者有异木之知，而无如木之质也。"

问曰："死者之骨骸，非生者之形骸邪？"

答曰："生形之非死形，死形之非生形，区以革矣，安有生之人之形骸而有死人之骨骸哉？"

问曰："若生者之形骸非死者之骨骸，死者之骨骸则应不由生者之形骸；不由生者之形骸，则此骨骸从何而至此邪？"

答曰："是生者之形骸变为死者之骨骸也。"

问曰："生者之形骸虽变为死者之骨骸，岂不因生而有死？则知死体虽犹生体也。"

答曰："如因荣木变为枯木，枯木之质宁是荣木之体？"

问曰："荣体变为枯体，枯体即是荣体。如丝体变为缕体，缕体即是丝体。有何别焉？"

答曰："若枯即是荣，荣即是枯，则应荣时雕零，枯时结实也。又荣木不应变为枯木，以荣即是枯，无所复变也。又荣枯是一，何不先枯后荣，要先荣后枯何也？丝缕同时，不得为喻。"

问曰："生形之谢，便应豁然都尽。何故方受死形，绵历未已邪？"

答曰："生灭之体，要有其次故也。夫欻而生者必欻而灭①，渐而生者必渐而灭。欻而生者，飘骤是也②；渐而生者，动植是也③。有欻有渐，物之理也。"

难曰："论云：人之质有知也，木之质无知也。岂不以人识凉燠知痛痒，养之则生，伤之则死耶。夫木亦然矣。当春则荣，在秋则悴；树之必生，拔之必死，何谓无知？今人之质犹如木也。神留则形立,神去则形废。立也即是荣木,废也即是枯木。子何以辩此非神知,而谓质有知乎?凡万有皆以神知,无以质知者也。但草木昆虫之性,裁觉荣悴生死;生民之识,则通安危利害。何谓非有如木之质以为形,又有异木之知以为神耶?此则形神有二,居可别也。但木禀阴阳之偏气,人含一灵之精照;其识或同,其神则异矣。骨骼形骸之论,死生授受之说,义既前定,事又不经,安用曲辩哉。"

【注释】
①欻(xū):忽然。
②飘骤:暴风雨。
③动植:动物、植物。

【译文】

问:"刀刃和锋利的关系,可能像您所说的那样,但是形体和精神,它的道理却不是这样。为什么这样说呢?树木的质体是没有知觉的,人类的质体是有知觉的。人类既有相同于树木的质体,却有不同于树木的知觉。岂不是说明了树木只有一种质体,人类有两种质体吗?"

答:"这话可奇怪了!人类若有以相同于树木的质体作为形,又有以相异于树木的知觉作为精神,倒可以如你所说;事实上人类的质体,就在于它有知觉,树木的质体,就在于它没有知觉。人类的质体不是树木的质体,树木的质体也不是人类的质体。人类怎么可能既有同于树木的质体,又有异于树木的知觉呢?"

问:"人类的质体之所以不同于树木的质体的地方,就在于它有知觉。人类若是没有知觉,它和树木有什么区别呢?"

答:"人类没有无知觉的质体,恰如树木没有有知觉的形体一样。"

问："死人的形体岂不就是没有知觉的质体吗？"

答："确实是没有知觉的质体。"

问："既然这样，可见人类确实既有相同于树木的质体又有不同于树木的知觉了。"

答："死人虽然有相同于树木的质体，却没有不同于树木的知觉；活人虽有不同于树木的知觉，却没有相同于树木的质体。"

问："死人的骨骼不就是活人的形体吗？"

答："活的形体不是死的形体，死的形体也不是活的形体，根本是不同的两类，怎能有活人的形体却有死人的骨骼呢？"

问："如果活人的形体根本不是死人的骨骼，死人的骨骼也就应当不从活人的形体产生。既然不从活人的形体产生，那么这死人的骨骼是从哪里来的？"

答："这是活人的形体变成了死人的骨骼啊！"

问："活人的形体能变为死人的骨骼，岂不正是因为有了生才有死，可见死人的形体也就是活人的形体了。"

答："如果根据活的树变成枯的树木来推论，枯树的质体怎能说就是活树的形体？"

问："活树的形体既能变成枯树的形体，可见枯树的形体也就是活树的形体。好像一条一条的丝的形体变成了线的形体，线的形体也就是丝的形体。这有什么问题呢？"

答："若照你的说法枯树就是活树，活树就是枯树，就应当在树活的时候凋零，在树枯的时候结果。活树不应当变成枯树，因为照你的说法活树即是枯树，所以枯树不必从活树变来了。又照你的说法活树枯树既然一样，为什么不先从枯树变成活树，一定先从活树变成枯树，这是什么道理呢？至于丝和缕是同时存在的，不是丝消灭后才成为缕，不能用来作为这个辩论的比喻。"

问："当活人形体衰亡时，应当立刻死去，为什么人总是逐渐地死去呢?"

　　答:"这是因为凡是生灭的形体,必须有一定的程序的缘故。突然发生的,必定会突然消灭;逐渐发生的,必定是逐渐消灭。突然发生的,就像狂风暴雨那样;逐渐发生的,就像动物植物那样。有突然发生的,也有逐渐发生的,这是事物生灭的必然规律。"

　　诘难道:"《神灭论》说,'人的形质有知,但树木的形质无知',岂不是因为人识凉热、知痛痒,养之则生,伤之则死? 而树木也是一样,春天则会生长,到了秋天则会凋谢,栽培则生,拔除则死,怎能说树木无知呢? 人之形质,也与树木一样,精神存留则形体有作用,精神离去则形体就不能作用。有功能作用即是荣木,无功能作用即是枯木,你凭什么辨别这不是精神的知觉,而说是质本身有的知觉呢? 世间万有,皆以神来觉知,没有哪一种东西是以质体来觉知的。所不同的是,树木昆虫只能觉知荣悴生死,而人则还能通晓安危利害,怎么能说人之形质不同于树木之质,又有不同于树木之精神呢? 如此,则使得形与神成为两种不同的存在且又明显的差别了。只是因为树木禀受了偏激的阴阳之气,而人则更含有神灵照耀之功,二者之感觉或许相同,但精神则不可能无异。由此看来,《神灭论》所说的骨骼有异与形骸、死亡和生存递相延续,义理前定,论述经不起考验,哪里用得着狡辩呢?"

　　问曰:"形即是神者,手等亦是神邪?"

　　答曰:"皆是神之分也。"

　　问曰:"若皆是神之分,神既能虑,手等亦应能虑也?"

　　答曰:"手等能有痛痒之知,而无是非之虑。"

　　问曰:"知之与虑,为一为异?"

　　答曰:"知即是虑,浅则为知,深则为虑。"

　　问曰:"若尔,应有二虑。虑既有二,神有二乎?"

答曰："人体惟一,神何得二?"

问曰："若不得二,安有痛痒之知,复有是非之虑?"

答曰："如手足虽异,总为一人。是非痛痒虽复有异,亦总为一神矣。"

问曰："是非之虑,不关手足,当关何处?"

答曰："是非之虑,心器所主。"

问曰："心器是五藏之心,非邪?"

答曰："是也。"

问曰："五藏有何殊别,而心独有是非之虑乎?"

答曰："七窍亦复何殊,而司用不均何也?"

问曰："虑思无方,何以知是心器所主?"

答曰："心病则乖思,是以知心为虑本。"

问曰："何知不寄在眼等分中邪?"

答曰："若虑可寄于眼分,眼何故不寄于耳分邪?"

问曰："虑体无本,故可寄之于眼分。眼自有本,不假寄于它分也。"

答曰："眼何故有本而虑无本? 苟无本于我形,而可偏寄于异地,亦可张甲之情寄王乙之躯,李丙之性托赵丁之体。然乎哉? 不然也。"

难曰："论云:形神不殊,手等皆是神分。此则神以形为体。体全即神全,体伤即神缺矣。神者何? 识虑也。今人或断手足,残肌肤,而智思不乱。犹孙膑刖趾,兵略愈明[①];肤浮解腕,儒道方谧[②],此神与形离,形伤神不害之切证也。但神任智以役物,托器以通照,视听香味各有所凭,而思识归乎心器。譬如人之有宅，东阁延贤、南轩引景、北牖招风、西楹映月，主人端居中霤以收四事之用焉。若如来论，口鼻耳目各有神分，一目病即视神毁，二目应俱盲矣；一耳疾即听神伤，两耳俱应聋矣。今则不然。是知神以为器，非以为体也。又云：心为虑本，虑不可寄之他分，若在于口眼耳鼻，斯论然也。若在于他心则不然矣。耳鼻虽共此体，不可以相杂，以其所司不同，器用各异也。他心虽在彼形，而可得相涉，以其神理均妙，识虑齐功也。故《书》称：'启尔心，沃朕心。'《诗》云：'他人有心，予忖度之。'齐桓师管仲之谋，汉祖用张良之策，是皆本之于我形，寄之于他分。何云张甲之情，不可托王乙之躯；李丙之性，勿得寄赵丁之体乎？"

【注释】

①"犹孙膑"二句：孙膑是孙武后代，与庞涓同学兵法，后庞涓为魏惠王将军，骗孙膑到魏，用刖刑（即砍去双脚），被齐国使者偷偷救回齐国后，被齐威王任为军师。马陵之战，孙膑身居辎车，计杀庞涓，大败魏军。著作有《孙膑兵法》，久已失传。见《史记》卷六十五本传。

②"肤浮"二句："肤浮"当作"卢浮"，卢浮因病疽截去双手，但学道不辍，为朝廷器重，见《晋书》卷四十四。

【译文】

问："您说'形体即是精神'，那么像'手'这些器官也是精神吗？"

答："都有精神的一个方面。"

问："如果说手这类肢体都是精神的一个方面，精神能思虑，手这类肢体也应当能思虑了。"

答："手这类肢体有痛痒的感觉，但没有辨别是非的思虑。"

　　问:"感觉和思虑是一回事,还是两回事?"

　　答:"感觉也就是思虑。粗浅的叫做感觉,深刻的叫做思虑。"

　　问:"既是这样,应当有两种思虑了,思虑既然有两种,难道精神也有两种吗?"

　　答:"人的形体只有一个,精神哪能有两种呢?"

　　问:"如果不能有两种精神,怎么能够既有知痛知痒的感觉又有辨别是非的思虑?"

　　答:"比如手足虽然不同,总归是一个人的肢体;辨别是非,感知痛痒虽不相同,也总归是一个人的精神。"

　　问:"辨别是非的思虑和手足无关,和什么有关呢?"

　　答:"辨别是非的思虑是由心这一器官主宰的。"

　　问:"心器官是五脏之一的心脏吗?"

　　答:"是的。"

　　问:"五脏有什么不同,而单单心有辨别是非的思虑作用呢?"

　　答:"七窍又有什么不同,为什么所担任的职能并不一样呢?"

　　问:"思虑作用不受任何局限,凭什么知道是心这个器官所主宰的呢?"

　　答:"心有疾病就会使思虑作用失常,因此知道心器官是思虑的基础。"

　　问:"怎样知道思虑不是寄托在眼睛等身体的其他部分呢?"

　　答:"假若思虑作用可寄托于眼睛这个部分,眼的作用为什么不寄托于耳这个器官呢?"

　　问:"思虑自身没有基础,所以可寄托于眼这一方面。眼自有它的基础,所以不寄托于其他感官方面。"

　　答:"眼为什么有它的基础而思虑没有它的基础呢?假如思虑在我的形体上没有基础,可寄托在任何地方,那么张甲的情感可以寄托在王乙的身上;李丙的性格可以寄托在赵丁的身上。是这样吗?不是吧。"

　　诘难:"《神灭论》说:'形神相即不离,手足等都是精神的一个部分。'此则神以形为体,体全则神全,体伤则神缺。什么是神呢? 神就是识虑。现在如果把某人的手足砍断,把其肌肤刺伤,他仍然可以神志不乱。此犹孙膑被砍掉双脚,其用兵的韬略却愈加高明,卢浮因病斩断双手,而其儒道却愈发精妙。这正是精神与形体可以分离,形虽被伤而神不受损害的最好例证。只是精神运用智慧来使用事物,利用器官来扩大认识,视、听、香、味,各有其所凭借的器官,而思虑归于心脏。比如人有居宅,东边的阁楼用来招待贤人宾客,南边的庭轩用来引入阳光,北边开窗可以招风,西边的窗户可以赏月。东南西北各有其用,主人则居于中雷,总管全宅并享各屋之用。如果像《神灭论》所说的,口鼻耳目各有其神主管,那么当一个眼睛患疾时,视力之神则毁,则应二目俱盲。同样,一耳患疾,则听神伤,即应二耳皆聋。但事实上并不是这样,可见身体只是作为精神寄居的'容器',而不是精神的'本体'。《神灭论》又说:'心为思虑之本,思虑不可寄托于其他器官。'如果此指耳目口鼻诸神不可混杂,他这种说法则是对的,如果是指心,则不是如此了。因为耳目口鼻之神虽然共处同一形体之中,之所以没有相互混杂和替代,是因为它们各自主宰作用的器官不同,而不同器官的功能是不同的。心虽然处于不同的形体之中,却可以相互之间交涉,是因为它们的神灵都是一样的精妙,它们的感觉和思虑一样能起作用。这正如《尚书》中所说的:'开启你之心,以温沃我之心。'《诗经》中也说:'他人之心,我能够忖度。'历史上齐桓公采用管仲的谋略,汉高祖听从张良的计策,这都是本于我的形体的精神又可以转寄到他人身上的例证。为什么说张甲之情不可寄托于王乙之躯呢? 李丙之性,不能寄托于赵丁之体呢?"

　　问曰:"圣人之形犹凡人之形,而有凡圣之殊,故知形神异矣。"

　　答曰:"不然。金之精者能照,秽者不能照。有能照之精金，宁有不照之秽质？又岂有圣人之神，而寄凡人之器？亦无凡人之神，而托圣人之体。是以八彩重瞳，勋华之容；龙颜马口，轩皞之状①：此形表之异也。比干之心，七窍并列②；伯约之胆，其大若拳③：此心器之殊也。是以知圣人区分，每绝常品，非惟道革群生，乃亦形超万有。凡圣均体，所未敢安。"

问曰："子云圣人之形必异于凡，敢问阳货类仲尼，项籍似大舜④，舜、项、孔、阳智革形同，其故何邪？"

答曰："珉似玉而非玉，鹖类凤而非凤⑤，物诚有之，人故宜尔。项、阳貌似而非实似，心器不均，虽貌无益也。"

问曰："凡圣之殊，形器不一可也。圣人圆极，理无有二，而丘、旦殊姿，汤、文异状。神不系色，于此益明矣。"

答曰："圣与圣同，同于心器，形不必同也。犹马殊毛而齐逸，玉异色而均美。是以晋棘、荆和，等价连城⑥；骅、骝、骐、骊，俱致千里。"

问曰："形神不二，既闻之矣；形谢神灭，理固宜然。敢问经云'为之宗庙，以鬼飨之'，何谓也？"

答曰："圣人之教然也。所以从孝子之心，而厉偷薄之意。'神而明之'，此之谓矣。"

问曰："伯有被甲，彭生豕见，坟、索著其事⑦，宁是设教而已邪？"

答曰："妖怪茫茫，或存或亡。强死者众⑧，不皆为鬼，彭生、伯有何独能然？乍人乍豕，未必齐郑之公子也。"

问曰："易称'故知鬼神之情状，与天地相似而不违'，又曰‘载鬼一车’⑨，其义云何？”

答曰：“有禽焉，有兽焉，飞走之别也。有人焉，有鬼焉，幽明之别也。人灭而为鬼，鬼灭而为人，则未之知也。”

难曰：“论云岂有圣人之神，而寄凡人之器；亦无凡人之神，而托圣人之体。今阳货类仲尼，项籍似帝舜，即是凡人之神托圣人之体也。珉、玉、鹢、凤不得为喻。今珉自名珉，玉实名玉，鹢号鹢鹢，凤曰神凤。名既殊称，貌亦爽实。今舜重瞳子，项羽亦重瞳子，非有珉、玉二名，唯睹重瞳相类。又有女娲蛇躯，皋陶马口，非直圣神入于凡器，遂乃托乎虫畜之体？此形神殊别，明暗不同，兹益昭显也。若形神为一，理绝前因者，则圣应诞圣，贤必产贤。勇、怯、愚、智，悉类其本。即形神之所陶甄，一气之所孕育，不得有尧睿朱嚚，瞍顽舜圣矣⑩。论又云，圣同圣气，而器不必同，犹马殊毛而齐逸。今毛复是逸器耶？马有同毛色，而异驽骏者如此，则毛非逸相，由体无圣器矣。人形骸无凡圣之别，而有贞脆之异⑪。故遐灵栖于远质，促神寓乎近体，则唯斯而已耳。向所云圣人之体旨，直语近舜之形，不言器有圣智。非矛盾之说，勿近于此惑也。”

【注释】

①“八彩”四句：八彩，古代传说，尧眉八彩。重瞳，传说舜目有二瞳子。勋，即放勋，唐尧号放勋。华，即重华，虞舜之名。龙颜，即眉骸圆起，据说黄帝具此容貌。马口，传说皋具此异相。轩，即轩辕，亦即传说中的黄帝。皋，伏羲氏。关于此处提到的这些古代圣人的异相，可参考前文《牟子理惑论》注。

②"比干"二句:传说比干心有七窍,见《史记·殷本纪》。

③"伯约"二句:《三国志》卷四十四:"姜维字伯约。"注:"维死时见剖,胆如斗大。"

④"阳货"二句:《史记·孔子世家》:"孔子状类阳虎。"《史记·项羽本纪》:"太史公曰:'吾闻之周生曰:舜目盖重瞳子,又闻项羽亦重瞳子,羽岂其苗裔耶?'"

⑤鶋(jū):即鹩鶋,古书上的一种鸟,似凤。

⑥"晋棘"二句:晋棘,即晋国垂棘之璧,荆和,即楚国之和氏璧。二者都是价值连城之美玉。

⑦坟、索:即三坟五典与八索九丘。均为古书名。相传三坟为伏羲、神农、黄帝之书;五典为少昊、颛顼、高辛、尧、舜之书;八索为八卦之说;九丘为九州之志。

⑧强死:非因病、老而死;人尚壮健而死于非命。《左传·文公十年》:"初,楚范巫矞似谓成王与子玉、子西曰:'三君皆将强死。'"孔颖达疏:"无病而死,谓被杀也。"

⑨载鬼一车:语出《周易·睽》:"上九,睽孤。见豕负涂,载鬼一车,先张之弧,后说之弧。"高亨注:"爻辞所言乃一古代故事。有一睽孤(离家在外之孤子)夜行,见豕伏于道中,更有一车,众鬼乘之。睽孤先开其弓欲射之,后放下其弓而不射。盖详察之,非鬼也,乃人也;非寇贼也,乃婚姻也。"后因以指混淆是非,无中生有。

⑩尧睿朱嚚(yín)、瞍顽舜圣:尧即唐尧,朱即丹朱,相传为尧的儿子;舜即虞舜,瞍别名瞽叟,相传为虞舜之父。这句话的意思是说,唐尧聪睿而其子却不肖,虞舜大圣而其父却顽嚚。

⑪贞脆:坚贞与脆弱。

【译文】

问:"'圣人'的形体也恰如一般人的形体,但事实上一般人和'圣人'的差别很大,所以知道形体和精神是两回事。

答:"不是这么回事。纯粹的黄铜有光泽可以映照人,有杂质的黄铜没有光泽也就不能映照,能映照的纯铜怎会有不能映照的杂质呢?由此看来,怎会有'圣人'的精神反而寄托在一般人的形体之中? 自然也不会有一般人的精神寄托在'圣人'的形体之中。因此,尧有八彩的眉毛,舜有双瞳孔的眼睛,黄帝的前额像龙,皋陶的口形像马,这些都是身体外形的特殊;比干的心,七个孔窍并列,姜维的胆有拳头那样大,这些都是内部器官的特别。由此可见,'圣人'品貌特殊,常常和普通人不一样,"圣人"不仅在道德上超出众人,就在形体上也是与众不同的。所谓一般人和'圣人'形体一样的说法,我认为不妥当。"

问:"您说'圣人'的形体一定不同于一般人,那么请问阳货的相貌像孔子,项羽的重瞳像舜,舜、项羽、孔子、阳货,他们的才智不同而形貌相似,这是什么缘故?"

答:"珉像玉却不是玉,鹠像凤却不是凤,事物中确有这种现象,人类也不例外。项羽、阳货的相貌和舜、孔子相似,却不真相同,他们的内部器官不同,虽外形类似,也是枉然。"

问:"一般人和'圣人'有差别,形体器官也不一致,这是说得通的;'圣人'都是圆满的,照道理讲没有两样,但是孔子和周公的相貌不同,汤和文王的相貌也两样。因此更可以证明,精神不依赖于形体了。"

答:"'圣人'和'圣人'之所以相同,在于他们都有'圣人'的器官,但器官本身不一定相同。如同马的毛色不同却都可以是快马,玉的色泽不同而都可以是美玉一样。因此,晋国的垂棘璧,楚国的和氏璧,都价值连城;骅、骝、骕、骊,都能远行千里。"

问:"形体和精神不是两回事,已经领教了。形体衰亡精神也随着消灭,道理确也应当这样。请问古书上说'为鬼神建立宗庙,鬼神飨受它',这是什么意思呢?"

答:"这是'圣人'的教化方法啊。目的在于顺从孝子的情感,并纠正偷懒不忠厚的倾向。所谓神而明之,就是这个意思了。"

问:"伯有的鬼披着甲,惊扰郑国,彭生的鬼化为野猪出现。在经典中写得清清楚楚,怎能认为这仅仅是利用神道来教化人们呢?"

答:"奇怪的事情是渺茫的,或真或假。遭到凶死的太多了,没有听说都变成了鬼,为什么单单彭生、伯有就会变成鬼呢?一会儿是人,一会儿又是猪,未必就是齐国的彭生,郑国的伯有公子啊。"

问:"《周易》中说:'因此认识鬼神的情况和天地造化相似而不违背',又说'装满了一车鬼',这些话的意义何在呢?"

答:"有禽有兽,这是飞和走的区分;有人有鬼,这是隐蔽和明显的区分。至于人死变成鬼,鬼消灭了又变成人,这是我无法理解的。"

诘难:"《神灭论》说:'岂有圣人之神,而寄凡人之体?亦无凡人之神,而托圣人之体。'事实上,阳货类似孔子,项籍很像虞舜,这就是凡人之神,寄托于圣人之体。珉和玉、鸱和凤区别之说,并不是很恰当的比喻。珉本自名为珉,玉就是玉,鸱号鶋鵊,凤曰神凤,名称本自不同,其质当然有别。但是虞舜重瞳,项羽亦重瞳,并不像珉玉那样有二名,而在重瞳这一点是共同的。又如女娲蛇躯,皋陶马口,这就不仅仅是圣人神识入于凡人之形体了,而且寄托于虫畜之体。可见,形神殊别,明暗不同,其理昭昭。如果形神为一,则圣应生圣,贤必生贤。勇敢、懦弱、聪明、愚蠢所生都类其本。既然形神分别产生和自己一致的品类,皆为一气之所孕育,那么明睿的尧帝不会生下狂傲的丹朱,凶顽的瞽叟不会生下圣明的舜帝。《神灭论》又说:'圣人同是圣人一类的形体,而各个圣人的形体不一定完全相同,此有如马毛虽不尽相同,而其善于奔跑则是共同的。'照此说来,马之毛与其奔跑能力也有一定的联系了,但是,有许多马匹虽然毛色相同,但奔跑起来却大不一样,可见,马之毛并非是否善于奔跑的标志,由此可知,把圣人不同的形体比作马的不同毛色是不恰当的。实际上,人的形质并没有凡圣之区别,但有坚贞与脆弱的不同,所以近灵可以栖于远质,此神可以寓于彼体,仅此而已。此前所说的圣人的外形特征,只是说某人的外貌像舜,而不是说有了这种相貌就必然会是圣智之人。这并不是我自相矛盾，而是让你们不要这样惑乱罢了。"

问曰："知此神灭，有何利用邪？"

答曰："浮屠害政，桑门蠹俗，风惊雾起，驰荡不休。吾哀其弊思拯其溺。夫竭财以赴僧，破产以趋佛，而不恤亲戚，不怜穷匮者，何耶？良由厚我之情深，济物之意浅。是以圭撮涉于贫友①，吝情动于颜色；千钟委于富僧，欢怀畅于容发。岂不以僧有多稌之期，友无遗秉之报？务施不关周急，立德必于在己。又惑以茫昧之言，惧以阿鼻之苦②，诱以虚诞之词，欣以兜率之乐③，故弃缝掖、袭横衣④，废俎豆、列瓶钵。家家弃其亲爱，人人绝其嗣续，至使兵挫于行间，吏空于官府，粟馨于惰游，货殚于土木。所以奸宄佛胜，颂声尚权，惟此之故也。其流莫已，其病无垠，若知陶甄禀于自然，森罗均于独化；忽焉自有，恍尔而无；来也不御，去也不追。乘夫天理，各安其性，小人甘其垄亩，君子保其恬素；耕而食，食不可穷也；蚕以衣，衣不可尽也。下有余以奉其上，上无为以待其下。可以全生，可以养亲，可以为己，可以为人，可以匡国，可以霸君，用此道也。"

难曰："佛之有无，寄于神理存灭，既有往论，且欲略言。今指辩其损益，语其利害，以弼夫子过正之谈。子云释氏蠹俗伤化，费货损役。或者为之，非佛之尤也！佛之立教，本以好生恶杀，修善务施。好生非止欲繁育鸟兽，以人灵为重；恶杀岂可得缓宥逭逃，以哀矜断察？修善不必赡丈六之形，以忠信为上；务施不苟使殚财土木，以周急为美。若绝嗣续，则必法种不传；如并起浮图，又亦播殖无地。凡人且犹知之，况我慈氏宁乐尔乎？今守株桑门，迷瞽俗士，见寒者不施之短褐，遇馁者不锡以糠豆。而竞聚无识之僧，争造众多之佛。亲戚弃而不眄，祭祀废而不修，良缯碎于刹上，丹金縻于塔下；而谓为福田，期以报业。此并体佛未深，解法不妙。虽呼佛为佛，岂晓归佛之旨？号僧为僧，宁达依僧之意？此亦神不降福，予无取焉。夫六家之术，各有流弊。儒失于僻，墨失于蔽，法失于峻，名失于诈，咸由祖述者，失其传以致泥溺。今子不以僻蔽诛孔、墨，峻诈责韩、邓；而独罪我如来，贬兹正觉，是忿风涛而毁舟楫也。今逆悖之人，无赖之子，上罔君亲，下虚俦类，或不忌明宪，而乍惧幽司，惮阎罗之猛，畏牛头之酷⑤，遂悔其秽恶，化而迁善。此佛之益也。又罪福之理，不应殊于世教，背乎人情。若有事君以忠，奉亲唯孝，与朋友信；如斯人者，犹以一眚掩德，蔑而弃之，裁犯虫鱼，陷于地狱，斯必不然矣。夫忠莫逾于伊尹，孝莫尚乎曾参，若伊公宰一畜以膳汤，曾子烹只禽以养点，而皆同趋炎镬，俱赴锋树⑥。是则大功没于小过，奉上反于惠下。昔弥子矫驾，犹以义弘免戮⑦，呜呼！曾谓灵匠不如卫君乎？故知此为忍人之防，而非仁人之诚也。若能监彼流宕，衅不在佛，观此祸福，悟教开诱；思息末以尊本，不拔本以极末；念忘我以弘法，不后法以利我，则虽曰未佛，吾必谓之佛矣。"

【注释】

①圭撮：容量词,六粟为一圭,十圭为一撮。

②阿鼻之苦：梵文 Avici 音译名。意译为"无间",即痛苦无有间断之意。为佛教八大地狱中最下、最苦之处。

③兜率之乐：亦称"兜率天"。梵语音译。佛教谓天分许多层,第四层叫兜率天。它的内院是弥勒菩萨的净土,外院是天上众生所居之处。《法华经·普贤菩萨劝发品》："若有人受持读诵,解其义趣,是人命终……即往兜率天上弥勒菩萨所。"

④缝腋：大袖单衣,古儒者所服。亦指儒者。

⑤"惮阎罗"二句：阎罗是梵文 Yamarāja 的意译,又译作"阎魔"、"焰魔罗"等,俗称"阎王爷"、"阎罗王"。牛头马面是冥府著名的勾魂使者。鬼城酆都,及各地城隍庙中,均有牛头马面的形象。牛头来源于佛家,又叫阿傍,其形为牛头人身,手持钢叉,力能排山。

⑥"同趋"二句：炎镬、锋树,均为地狱惩罚的工具,犹如刀山火海等。

⑦"昔弥子"二句：《史记·老子韩非列传》："昔者弥子瑕见爱于卫君。卫国之法,窃驾君车者罪至刖。既而弥子之母病,人闻,往夜告之,弥子矫驾君车而出。君闻之而贤之曰:'孝哉,为母之故而犯刖罪!'"

【译文】

问："认识了精神消灭的道理,有什么实际意义呢?"

答："佛教对政治的危害,和尚对风俗的腐蚀,就像狂风迷雾一样,广泛地传播着。我痛心社会上这种弊端,并想要挽救它的沉沦。人们宁可倾家荡产去求僧拜佛,但是不照顾亲戚,不怜惜穷困之人,这是什么原因呢? 就是由于自私的打算过多,救人的意思太少。因此,送给穷朋友一把米,吝惜的情绪就流露在脸上;捐赠豪富的和尚上千石的粮食,就从内心到汗毛也感到舒畅。岂不是因为和尚有夸大的报偿上天堂的诺言,而穷朋友没有一升半斗的报答吗?帮助人却不在于救人急难,做好事仅仅为了自私。佛教用渺茫的谎言迷惑人,用阿鼻地狱的痛苦吓唬人,用夸大的言词引诱人,用天堂的快乐招引人。所以使得人们抛弃了儒者的服装,披上僧人的袈裟;废掉了传统的礼器,摆上了水瓶饭钵;家家骨肉分离;人人子嗣绝灭!以至于使得士兵在行伍中无用,官吏在机关中缺额,粮食被游手好闲的僧众吃光,财富被奢侈的寺院建筑耗尽!坏人充斥,不能禁止,却高颂'阿弥陀佛'!这都是佛教所造成的。它的源流不加遏止,它的祸害就没有边际。如果能够认识到万物的生成是由于它自己的原因,复杂的现象完全是它自己在变化,忽然自己发生了,忽然自己消灭了。对它的发生既不能防止,对它的消灭也无须留恋。顺从着自然的法则,各人满足自己的本性;劳动者安于他们的田野,统治者保持他们的朴素。种了田然后吃饭,粮食是吃不完的;养了蚕然后制衣,衣服是穿不尽的。在下者把多余的产品奉养在上者;在上者以不干涉的态度对待在下者。这样,就可以保全生命,可以赡养父母,可以满足自己,可以满足别人,可以使国家安定,可以使君主称霸,都是由于这个原则啊!"

诘难:"佛之有与无,以神之是否存在为依据。对此,上面已经语及,在此不赘言。现在这里指出辨明佛教的利害、损益问题,以此来帮助纠正先生您的矫枉过正之论。范缜先生说:'佛教蠹俗害政,有伤教化,劳民伤财。'确实可能有人危害惑众,但不是佛教自身的过错。佛之立教,最提倡好生恶杀、修善博施。好生不仅仅是不杀鸟兽之类,尤其反对滥杀百姓,因为人乃是生物之中最灵者,恶杀亦非无原则地反对刑罚,妨碍国家的治理。修善绝非只教人礼拜佛菩萨,尤以忠信为上;博施亦非让人倾家财以建寺院,唯以济人利他为美。如果所有的人都出家,悉绝嗣续,则佛法也无人去传扬;若果处处尽起寺塔,则连耕作之地也没有了。这是平民百姓都懂的最一般的常识,难道佛陀不懂吗?难道佛教赞成这么做吗？时下有些人，以事佛为名，见人受冻连麻祸也不肯施舍，见人挨饿连粗糠也不愿意周济，纠聚一些无识之僧，争相铸造佛像，而弃置亲戚而不顾，而任凭宗祠毁坏也不去修缮，好丝绸剪开作袈裟，黄金耗费在塔中佛像上；并且把这作为建福田，希望得到好的报应。这些人都是不懂得佛法真谛，虽然表面在事佛，实际上根本不懂佛的旨趣；表面上是僧人，实际上根本不懂僧人的意义所在。对于这种人、这种事，是得不到上天降下的福德的，也是我反对的。但是，各家学说，各有其流弊。如儒家失于僻而墨家失于蔽，法家失于严刑峻法而名家失于好强争辩。这些都是祖述各家旨意的人没有很好地遗传下去，以致产生种种弊端。现在范缜不因僻、蔽而抨击孔墨，不因峻法、好斗去讨伐韩非子和邓析，而独独对佛教的流弊大加鞭笞，真是憎恨风涛而欲废舟楫啊。现在有些罪人逆子、无赖之徒，上欺君亲而下虐同类，无视人伦，不怕国法，但却很怕地狱阎罗审判、牛头残酷惩罚的恶报，佛教能够使这些人去恶从善，这就是佛教的一大利益呀。又，佛教罪福之报，与世俗之教、人伦之情也不相违背，如果能够事君以忠，奉亲以孝，对朋友讲信义；像这样的人如果犯点小错误，也不会掩盖其大德，小过失可以弃置忽略，若说他们也因稍稍伤害虫鱼，就要陷入地狱受苦，必定不是这样的。这种人必不会遭地狱之报。在历史上，忠莫过于伊尹，孝莫过于曾参。如果因为伊尹宰一畜以供养商汤，曾子烹一禽以赡养父母，也都遭受地狱刀山火海之报，那岂不是大功没于小过吗？过去弥子曾有偷驾君车之过，但因是孝敬母亲而免遭杀戮。唉！不是曾说过灵辄不如卫君吗？所以说这是小人之防，并非是仁人的诚慎。如果能明白那些迷失流弊，其错并不在佛，体察祸福报应之理，从而领悟正法而开导群生，尊崇生命之本以息灭情欲之末，而不是相反。在个人与佛法的关系上，则应该忘我地去弘扬佛法，而不是把个人利益摆在佛法之上，如果能够这样，则虽然不一定事佛，但我以为他就是佛了。"

难神灭论

【题解】

本篇是为梁曹思文(生卒年不详)所撰。曹思文对范缜的《神灭论》的辩驳比较扼要,只提出两条加以问难。第一,神形相即。曹思文认为只能说神形相合为用,把二者看成相即的一体是不对的。第二,宗庙祭祀。曹思文质疑,如果宗庙祭祀只是圣人为了说教的方便,岂不成了欺人之谈?不仅欺人,而且还是欺天。因此,这种观点必然会导向对礼教的攻击,把礼教说成是谎话,从而动摇国家的道德根本。

论曰:神即形也,形即神也。是以形存则神存,形谢则神灭也。

难曰:形非即神也,神非即形也,是合而为用者也。而合非即矣。生则合而为用,死则形留而神逝也。何以言之?昔者赵简子疾五日不知人,秦穆公七日乃寤,并神游于帝所①;帝赐之钧天广乐②,此其形留而神游者乎?若如论言形灭则神灭者,斯形之与神,应如影响之必俱也。然形既病焉,则神亦病也。何以形不知人神独游帝,而欣欢于钧天广乐乎?斯其寐也魂交故,神游于胡蝶,即形与神分也。其觉也形开,遽遽然周也③,即形与神合也。然神之与形,有分有合;合则共为一体,分则形亡而神逝也。是以延陵吴子而言曰"骨肉归复于土,而魂气无不之"也④。斯即形亡而神不亡也,然经史明证灼灼也。如此宁是形亡而神灭者乎?

论曰:问者曰,经云:"为之宗庙,以鬼飨之。"通云:非有鬼也,斯是圣人之教然也,所以达孝子之心,而厉偷薄之意也。

难曰:今论所云皆情言也,而非圣旨。请举经记以证圣人之教。《孝经》云:"昔者周公郊祀后稷以配天⑤,宗祀文王于明堂以配上帝。"若形神俱灭,复谁配天乎?复谁配帝乎?且无神而为有神。宣尼云⑥:"天可欺乎!"今稷无神矣,而以稷配,斯是周旦其欺天乎?果其无稷也,而空以配天者,即其欺天矣,又其欺人也。斯是圣人之教,教以欺妄也。设欺妄以立教者,复何达孝子之心,厉偷薄之意哉?原寻论旨,以无鬼为义。试重诘之曰:孔子菜羹瓜祭祀其祖祢也。《礼》云:"乐以迎来,哀以送往。"神既无矣,迎何所迎?神既无矣,送何所送?迎来而乐,斯假欣于孔貌;途往而哀,又虚泪于丘体。斯则夫子之祭礼也,欺伪满于方寸,虚假盈于庙堂,圣人之教其若是乎?而云圣人之教然也。何哉?

思文启:窃见范缜《神灭论》,自为宾主,遂有三十余条。思文不惟暗蔽,聊难论大旨,二条而已。庶欲以倾其根本,谨冒上闻。但思文情用浅匮,惧不能微折诡经,仰黩天照,伏追震悸。谨启。

【注释】

①"昔者赵简子"三句:《史记·赵世家》:"赵简子疾,五日不知人,大夫皆惧。医扁鹊视之,出,董安于(简子家臣)问。扁鹊曰:'血脉治也,而何怪!在昔秦缪公尝如此,七日而寤。……今主君之疾与之同。……'居二日半,简子寤。语大夫曰:'我之帝所甚乐,与百神游于钧天,广乐九奏万舞,不类三代之乐,其声动人心。'"寤,睡醒之意。帝所,指天帝之所,亦即日常所说的天宫。

②钧天广乐:"钧天",指天之中央。"钧天广乐"即天上的音乐。

③遽遽然周也:此典出自《庄子》。《庄子·齐物论》曰:"昔者庄周梦为胡蝶,栩栩然胡蝶也。自喻适志与,不知周也。俄然觉,则遽遽然周也。"遽遽,惊动之意。

④延陵窆(biǎn)子:《礼记·祭义》曰:"气也者,神之盛也;魄也者,鬼之盛也。"气即魂意,魂与气,古人常合为一谈。如延陵季子"骨肉归于土,魂气无不之"之语可见。《礼记·檀弓》云:延陵季子葬其长子于赢博之间,既封,左袒,右还其封,云"骨肉归复于土,命也。若魂气则无不之"。窆,埋葬之意。

⑤后稷:周的祖先,名弃,舜时农官,封于邰,别姓姬。

⑥宣尼:即孔子,汉平帝追谥孔子为"褒成宣尼公"。

【译文】

范缜在《神灭论》中说:"神即是形,形即是神,所以形存则神存,形谢则神灭。"

诘难道:"形并非就是神,神也并非就是形,二者乃合而为用,而神形合而为用并非二者一起。有情体生则神与形合而为用,有情体死了,则形体遗留下来而精神迁逝。为什么这么说?过去赵简子生病,五日不省人事,秦穆公一觉睡了七日七夜,他们的精神都游于天帝御所,天帝赐之钧天广乐。这些都是形留而神暂时迁逝他处的例证。如果像范缜《神灭论》所说的,形灭则神灭,其形之与神应当像影响随形声一样,不可须臾离开,形体既然有疾病,其神也患病,为什么秦穆公不省人事,而精神能独游于帝所,欣赏钧天广乐呢？此诚如庄周睡着时,神游而化为蝴蝶,神与形分开了。其醒了时,神又与形合,故遽遽然还是庄周。神之与形,实有分有合。合则共为一体,分则形亡而神逝。所以延陵季子埋葬儿子时说:'骨肉复归于土,而魂气无处不往。'此即是形体亡而神识不亡啊。经史对于形亡而神存言之凿凿,怎么能说形体亡而神即灭呢。"

《神灭论》中曾记述一问者引经云:"为之宗庙,以鬼飨之。"之后又说:"可见,非有鬼神,此乃是圣人之神道设教,借以表达孝子之心、整肃偷薄之意也。"

诘难道:"《神灭论》所说的,皆作者私意,而非圣人之言。不妨借引经典,以证圣人之教。《孝经》说:'过去周公郊祀后稷以配天,宗祀文王于明堂之上以配上帝。'如果形神俱灭,又以何配天呢？以何配上帝呢？孔子也说:'天可欺乎？'如果后稷无神,而周公以稷配天,周公岂不是在欺天？如果无后稷而空以配天,则不但欺天,也是欺人。这些都是圣人之教,难道圣人会以欺天之教示人吗？难道这种欺妄之教能表达孝子之心、整肃偷薄之意吗？反复研寻《神灭论》,其旨意在立无鬼之义,对此,可以进一步驳斥,孔子曾以菜羹瓜果祭祀祖宗。《礼记》云:'以乐迎之,以哀送之。'如果无神识,又何所迎何所送,那么迎来时的高兴不过是装样子,送走时的洒泪坟丘也是虚情假意。这样就是说孔夫子提倡的祭礼,方寸之间皆为欺伪,庙堂仪式也都是虚假摆设,圣人的礼教难道会是这样吗？而他竟说圣人之教就是这样,为什么呢？"

曹思文启:我所见范缜的《神灭论》,以宾主答问的形式,有二十多条。我不揣浅陋暗昧,现从两个大的方面去驳斥它,欲借此从根本推翻它的立论,谨奉上闻。由于思文才学疏浅,担心不一定能驳倒它,望皇上明鉴。谨启。

答曹录事《难神灭论》

【题解】

本篇一名《答曹舍人》,是范缜(约450—515)针对曹思文的《难神灭论》而作的反驳。一则以人有梦见为牛为马者,醒后未见身边有死牛死马来驳斥所谓的"神游蝴蝶"岂能当作事实;二则进一步强调儒家经典所载的先圣祭祀鬼神之教,旨在顺着黎民百姓的信仰,利用神道设教,以宣扬孝道,未必在说明人死神不灭。

难曰:"形非即神也,神非即形也,是合而为用者也。而合非即也。"

答曰:"若合而为用者,明不合则无用;如蛩駏相资,废一则不可①。此乃是灭神之精据,而非存神之雅决。子意本欲请战,而定为我援兵耶?"

【注释】

① 蛩(qióng)駏相资,废一则不可:蛩蛩,传说中的一种异兽,传说需与另一异兽"駏虚"相配合才能行动。《山海经·海外北经》:"〔北海〕有素兽焉,状如马,名曰蛩蛩。"郭璞注:"即蛩蛩巨虚也。"《文选·司马相如〈子虚赋〉》:"蹵蛩蛩,辚距虚。"李善注引张揖曰:

"蛩蛩，青兽，状如马。距虚，似骡而小。"三国魏阮籍《咏怀》之十：
"周周尚衔羽，蛩蛩亦念饥。"晋葛洪《抱朴子·博喻》："蛩蛩之负
蹷，虽寄命而不得为仁义。"清赵翼《初用拐杖》诗："蛩蛩负距虚，
蹀躞逐茅狗。"

【译文】

诘难道："形非即是神，神非即是形，二者乃是联合起来而产生作
用，而'神形相合而为用'并非意味形体与精神没有差别。"

回答道："如果是神形互相联合才能产生作用，就表明神和形若不
相互结合就不能独自产生作用。这好比蛩蛩与距虚两种神兽，必须相
互配合资助，缺一不可。这也恰是精神会消灭的最好证据，而并非精神
独立于形体而存在的证明。先生本想要挑战，而必定会成为我方的援
兵的呀！"

难曰："昔赵简子疾，五日不知人。秦穆公七日乃寤，并
神游于帝所，帝赐之钧天广乐，此形留而神逝者乎？"

答曰："赵简子之上宾，秦穆之游上帝，既云耳听钧天，
居然口尝百味，亦可身安广厦，目悦玄黄；或复披文绣之衣，
控如龙之辔，故知神之须待，既不殊人；四肢七窍，每与形
等。只翼不可以适远，故不比不飞。神无所阙，何故凭形以
自立？"

【译文】

诘难道："过去赵简子生病，五日不省人事，秦穆公一觉睡了七日七
夜，其精神游于天帝御所，天帝赐给他们天上的仙乐。这些不都是形体
可以保留而精神可以远离的最好的例证吗？"

回答道："赵简子作为天帝的上宾，秦穆公与天帝一起游乐。一说

他们能够用耳朵听仙乐,又说居然能够用口品尝美味,还可以安居于琼楼玉宇中,眼睛为五彩之颜色所愉悦,甚至又说披着彩绣的衣服,手抓着御龙的绳辔。这不正好说明精神必须要依靠耳目口舌手足等形体的存在才能发挥作用吗?你看这些传说记载,每次描述的都是四肢百骸,与人的形体完全相同。要知道只有一只翅膀的鸟是不能飞很远的,既然鸟缺了翅膀就就不能远飞,而精神没有什么欠缺,为什么一定要凭借人的形体才能自立呢?"

难曰:"若如论旨形灭即神灭者,斯形之与神应,如影响之必俱也。然形既病焉,则神亦病也。何以形不知人,神独游帝所?"

答曰:"若如来意,便是形病而神不病也。今伤之则痛,是形痛而神不痛也。恼之则忧,是形忧而神不忧也。忧虑痛废,形已得之如此,何用劳神于无事耶?"曹以为生则合而为用,则病废同也。死则形留而神游,则故游帝与形不同。

【译文】

诘难道:"如果像范缜《神灭论》所说的,形灭则神灭,其形与神就应当像事物的形体和阴影以及声音跟回响一样,不可须臾离开,因此,形体既然有疾病,其精神也应该患病,为什么赵简子身体没有知觉了,而精神却能独游于天帝的居所,欣赏宏伟的仙乐呢?"

回答道:"若根据您的意思,那就是形体患病而精神不患病了。进而言之,形体受到损伤,便会感到疼痛,应是形体感到疼痛,而不是精神;受到激恼就会感到不愉快,应是形体而不是精神感到不愉快。忧愁思虑也好,疼痛残疾也罢,既然人的形体已经感觉到了,又何必劳烦精神再次感受,岂不是无事找事吗?"曹舍人认为人活着的时候，精神与形体是相互结合而产生作用的，因此疼痛残疾时。精神和形体共同感受。人死了，形体则会存留在世，但精神却与其分离并能远游。因此赵简子远游上帝的钧天之所时，精神就与形体不同了。

难曰："其寐也魂交^①，故神游于胡蝶，即形与神分也。其觉也形开^②，遽遽然周也，即形与神合也。"

答曰："此难可谓穷辩，未可谓穷理也。子谓神游胡蝶，是真作飞虫耶？若然者，或梦为牛，则负人辕辀^③，或梦为马，则入人跨下，明旦应有死牛死马，而无其物，何耶？又肠绕阊门，此人即死，岂有遗其肝肺，而可以生哉？又日月丽天，广轮千里，无容下从匹妇，近入怀袖。梦幻虚假，有自来矣。一旦实之，良足伟也。明结想霄，坐周天海，神昏于内，妄见异物，岂庄生实乱南园，赵简真登阊阖？外弟萧琛亦以梦为文句，甚悉。想就取视也。"

【注释】

①魂交：梦中精神交接。

②形开：觉醒中形体与外物的交接。以上两句见《庄子·齐物论》："其寐也魂交，其觉也形开。"陆德明《释文》引司马彪曰："精神交错也。"

③辕辀（yuánzhōu）：辕义为车辕，驾以引车的直木。如《墨子》中记"板箱长与辕等"。辀义为驾以引车的曲木。如《张衡传》中记"马倚辀而徘徊"。木直者称辕，木曲者称辀；另一说双木为辕，一木为辀。

【译文】

诘难道："此诚如庄周所说,人睡着时,精神在梦中交接,因此庄周能够神游而化为蝴蝶,这就说明神与形可以分开;人在醒着时,形体与外物交接,故突然明白还是庄周而不是蝴蝶,这表明精神又与形体结合了。"

回答道："你的诘难可以说是穷尽了辩论,但不能说是穷尽了道理。你说的人在神游中而化为蝴蝶,是化作真的飞虫吗? 若真是这样,一个人在梦中变作一头牛,就会驾着牛车载人,要是化为一匹马,就会被人骑在胯下,而且第二天早上从梦中醒来,就应该有死牛死马躺在身边。事实上却没有什么牛马的存在。为什么呢? 如果孙坚的母亲在梦中真的是自己的肠子从腹中出来环绕着吴国的城门,她必定立即会死去,哪有遗弃了自己的肝肺还能生存的呀! 梦中的天空日月明丽,土地千里广袤,可实际上却无法容下一个妇人走近。那些梦幻虚假之物,并非偶然,是有其来由的,一旦能够证实,确实足以称赞伟大。如果白天想象冲入云霄,则坐在家中就可以云游天海了;如果内在的精神昏沉恍惚,就会在虚妄中看见奇异的事物。哪里是庄周真的能够在南园中化作蝴蝶,赵简子真的登上了天门呀! 我妻子的弟弟萧琛也把梦的传说只看做文章的词句而已,并不认为是真实。"

难曰："延陵笺子而言曰'骨肉归于土,而魂气无不之'也,斯即形止而神不止也。"

答曰："人之生也,资气于天,禀形于地,是以形销于下,气灭于上。气灭于上,故言无不之。无不之者,不测之辞耳,岂必其有神与知耶?"

【译文】

诘难道："《礼记·檀弓》中记载，延陵季子埋葬儿子时说：'骨肉复归于土，而魂气无处不往。'这即是说形体消亡而神识不灭啊。"

回答道："人的生命，本来从天那里获得血气，从地那里禀受形貌，因此死了会形体消散归于地下，而气也消散归于天上。气归于天上，所以说无处不往，所谓无处不往，实际上是难以预测的说法，哪里是一定有什么独立不灭的灵魂和神识呢？"

难曰："今论所云，皆情言也，而非圣旨。请举经记以证圣人之教。《孝经》云：'昔者周公郊祀后稷，以配天；宗祀文王于明堂，以配上帝。'若形神俱灭，谁配天乎？复谁配帝乎？"

答曰："若均是圣达，本自无教，教之所设，实在黔首。黔首之情，常贵生而贱死；死而有灵则长畏敬之心，死而无知则生慢易之意。圣人知其若此，故庙祧坛墠以笃其诚心①，肆筵授几以全其罔己②；尊祖以穷郊天之敬；严父以配明堂之享③。且忠信之人，寄心有地；强梁之子，兹焉是惧。所以声教煦于上，风俗淳于下。用此道也。故经云：'为之宗庙，以鬼享之。'言用鬼神之道，致兹孝享也。春秋祭祀以时思之，明厉其追远，不可朝死夕亡也。子贡问死而有知。仲尼云：'吾欲言死而有知，则孝子轻生以殉死；吾欲言死而无知，则不孝之子弃而不葬。'子路问事鬼神。夫子云：'未能事人，焉能事鬼。'适言以鬼享之，何故不许其事耶？死而有知，轻生以殉，是也，何故不明言其有，而作此悠漫以答耶？研求其义，死而无知，亦已审矣。宗庙郊社，皆圣人之教迹;彝伦之道不可得而废耳。"

【注释】

①庙祧(tiāo)坛墠(shàn):祧,古代称远祖的庙。墠,古代一种祭坛,在平地上筑的高台。《礼记》:"是故王立七庙、一坛、一墠。"

②肆筵授几:《诗经·大雅·行苇》:"戚戚兄弟,莫远具尔,或肆之筵,或授之几,肆筵设席,授几有缉御。"肆筵,设宴。

③明堂:是中国先秦时帝王会见诸侯、进行祭祀活动的场所,是帝王宣明政教的地方。

【译文】

诘难道:"现在所说的,大概都是普通人的意见,并非圣人的言论。请允许我举出经典记载来证实圣人的教化的伟大。《孝经》说:'从前周朝的时候,武王逝世,周公辅助成王,摄理国家政治、制礼作乐。他为了报本追远的孝道,创制在郊外祭天的祭礼,并以始祖后稷配享。另建立宗庙,祭祀上帝于明堂,以其父文王配享。'如果精神与形体一同消亡了,又有谁来同天、帝配享呢?"

回答道:"如果世界上所有人都是如圣人一样通达大道,本来就没有教化的必要。教化之所以设立,实际上是针对普通民众的。平民百姓的思想和感情,向来是尊贵生命轻视死亡的。如果民众相信人死后有灵魂不灭,就会增长他们的畏惧敬仰之心,如若是人死了没有任何有知觉的神识存在,则会让人产生怠慢的心理。圣人深深知道其中要害,所以制定宗庙、远祖庙、坛、墠祭祀之礼来笃厚民众的诚敬之心,以宴饮之礼来教化百姓仁厚无私。在郊外祭天的最高的礼仪中,在明堂祭祀上帝的时候,以自己的祖先来配享,只是为了表达对祖先最高的尊敬。再说,那些忠诚信义之人,他们的内心对于祖先早有自己的寄托,而那些粗暴残忍之人,唯一惧怕的就是这些鬼神祭祀的东西。所以用这种声威教化照临天下,则天下百姓就都会信服遵循,于是民风世俗就会越来越仁厚纯朴了。都是因为治理天下的圣王使用这样的教化之道啊。所以《孝经》上说：'为之宗庙，以鬼享之。'就是说用享祭鬼神的方法来祭祀祖先啊。规定在春秋两季祭祀祖先。'春秋祭祀，以时思之。'目的是启示勉励人们慎终追远，不能忘记亲人先祖。子贡问孔子，人死亡之后是否还有知觉，孔子说：'我想说人去世之后仍然灵魂有知觉，那些行孝的人一定会为自己的父母之亡轻生殉死；我若说人去世了没有知觉，那些不愿行孝的人就会遗弃双亲身体而不殡葬。'子路曾经询问孔子如何服侍鬼神的事情，孔子批评他说：'活人都还没有服侍好，怎么能服侍鬼神呢？'既然刚才说'用享祭鬼神的方法来祭祀祖先'，为什么不称许这些事情呢？如果人去世了真的还有知觉，人们将会轻视生命以殉孝道，这样不很好吗？为什么孔子不明确地告诉世人死后有知觉，而故意说这些渺茫难测的话来回答弟子的提问呢？认真研究孔子回答中的内涵，孔子认为人死亡后是没有知觉的，这已经非常明白了。事实上，这些宗、庙、郊、社之礼，都只是圣人用来教化天下百姓的途径或形式而已，以此表明那些永恒不变的人伦大道是不可能废除的罢了。"

难曰："且无神而为有神，宣尼云：'天可欺乎。'今稷无神矣，而以稷配，斯是周旦其欺天乎？既其欺天，又其欺人，斯是圣人之教以欺妄。欺妄以教，何从孝子之心，厉偷薄之意哉？"

答曰："夫圣人者，显仁藏用，穷神尽变，故曰圣达节而贤守节也。宁可求之蹄筌，局以言教？夫欺者，谓伤化败俗，导人非道耳。苟可以安上、治民、移风、易俗，三光明于上，黔黎悦于下，何欺妄之有乎？请问汤放桀、武伐纣，是弑君非耶？而孟子云：'闻诛独夫纣，未闻弑君也。'子不责圣人放弑之迹，而勤勤于郊稷之妄乎？郊丘明堂，乃是儒家之渊府也,而非形神之滞义,当如此何耶?"

难曰:"乐以迎来,哀以送往,云云。"

答曰:"此义未通而自释,不复费辞于无用。《礼记》有斯言多矣,近写此条,小恨未周耶。"

思文启:始得范缜答《神灭论》,犹执先迷,思文试料其理致,冲其四证,谨冒奏闻。但思文情识愚浅,无以折其锋锐。仰承圣鉴,伏追震悚,谨启诏答且一二:缜既背经以起义,乖理以致谈,灭圣难以圣责,乖理难以理诘。如此则言语之论,略成可息。

【译文】

诘难道:"这岂不是把无神当做有神么?孔子曾说过:'上天是可以欺骗的吗!'而今后稷实际上没有什么死后的神明,而在郊祭中拿他来与天帝配享,这个周公旦难道不是在欺骗上天吗?不仅是欺骗上天,而且还是欺骗民众,这是圣人以欺骗虚妄之德教育人民。把欺骗虚妄当做教化的内容,又如何能够顺从人们践行孝道的心愿,去勉励那些浮薄风气而使其能够淳朴敦厚呢?"

回答道:"所谓的圣人啊,都是显现道的仁德于外,却把道的功用潜藏于内,穷究事物的神妙,了解事物的变化。所以说圣人通达事物的节度而贤人可以保守事物的节度啊。怎么能够局限于言语和事物的表面来推求圣人教化之道的深妙呢。要说欺骗,是指那些伤风败俗,引导人走歪门邪道的行为。如果可用来安定百官贵族,治理百姓黎民,改变风俗,使日月星三光明照于朝堂之上,使百姓黎民快乐生活,这样的教化之道,哪有什么欺骗虚妄的地方呢?有人问孟子:'商汤放逐夏桀,武王讨伐商纣王,这算不算臣子篡位而杀害自己的君王呢?'而孟子说:'只听说诛杀了一个残暴无道的独裁者,没听说杀害了一个君王。'先生你不去指责圣人放逐杀害君王的事情,而如此热衷讨论在郊祭中后稷配享是否虚妄的问题,是为何呢? 要知道,举行祭祀天地祖宗的郊丘和明堂,可是儒家道德教化的根本所在,而不是讨论精神与形体这种疑难之义的地方。"

诘难道:"快乐地迎接新生命的到来,哀伤地送走去世的人。是不是指的这些呢?"

回答道:"这些未能通晓的道理将自会明白,这里就不再浪费口舌说些无用的话了。再说《礼记》中这样的说法还有很多,就近说几条好了,遗憾的是没有能够列举完备周详。"

曹思文启:我得到范缜回应我挑战他所著《神灭论》的文章,范缜还是坚持他原来的错误观念。我试着检查他的论证思路,驳斥他的论据,谨上奏陛下。但思文我才疏学浅,无法摧折范缜谬论的锋芒锐气。恭敬有幸得到圣上裁决,令我深感震惶不安,现恭呈诏答一两条在这里(以下为引用梁武帝"诏答"文字):范缜既然背叛经典另立新义,违背常理大倡谬论,那么侮慢圣人就不能以圣人礼法来要求他,违背常理就不要据理与他争论。这样的言辞辩论,也差不多可以停下了。

重难《神灭论》

【题解】

　　本篇是梁代曹思文第二次反驳范缜《神灭论》所作的文章。曹思文针对范缜的四个论点进行反驳，证明自己形灭神不灭的观点。他认为神形相合为用，不即不离，如果把二者看成完全相即的一体是不对的。他还指出，范缜认为宗庙祭祀只是圣人为了说教方便的这种观点是欺人欺天之谈，因为这种观点必然会让人认为礼教是谎言，从而动摇国家的道德根本。

　　论曰：若合而为用者明，不合则无用，如蛩巨之相资①，废一则不可。此乃是灭神之精据，而非存神之雅决。子意本欲请战，而定为我援兵耶！论又云：形之于神，犹刃之于利，未闻刃没而利存，岂形止而神在。又伸延陵之言②：即形消于下，神灭于上，故云无之也。又云：以稷配天，非欺天也，犹汤放武伐，非弑君也，子不责圣人放杀之迹，而勤勤于郊稷之妄邪。

　　难曰：蛩蛩驱虚，是合用之证耳，而非形灭即神灭之据也。何以言之，蛩非虚也，虚非蛩也，今灭蛩蛩而驱虚不死，斩驱虚而蛩蛩不亡，非相即也，今引此以为形神俱灭之精据，又为救兵之良援，斯倒戈授人而欲求长存也，悲夫。斯即形灭而神不灭之证一也。

【注释】

①蛩巨：传说中的异兽。蛩蛩与巨虚为相类似而形影不离的二兽。参见《答曹录事〈难神灭论〉》。

②延陵：春秋时吴王寿梦第四子，不仅品德高尚，而且是具有远见卓识的政治家和外交家。广交当世贤士，对提高华夏文化作出了贡献。参见曹思文《难神灭论》。

【译文】

《神灭论》说：如果是神形互相联合才能产生作用，就表明神和形若不相互结合就不能独自产生作用。这好比蛩蛩与巨虚两种神兽，必须相互配合资助，缺一不可。这也恰是精神会消灭的最好证据，而并非存在独立于形体的精神的证明。先生本想要参与论战，而必定会成为我方的援兵的呀！《神灭论》又说：形之与神，犹如刀刃和刃之锋利的关系，从来没有听说过没有刀刃了，而刃之锋利还存在。因此，形亡之后，神岂可独存。《神灭论》又引延陵的话说：形消于下，神灭于上，因此说形消神灭。又称：以稷配天，不是欺天，比如商汤放桀、周武伐纣，不是弑君。先生不去指责圣人放逐杀害君王的事情，而如此热衷讨论在郊祭中后稷配享是否虚妄的问题。

诘难道：蛩蛩与巨虚确实是合用的证明，但不能以此去说明形灭即神灭。为什么这么说呢？蛩非虚，虚非蛩。如果把蛩蛩消灭掉了，而巨虚并不会死，把巨虚斩杀了，蛩蛩也不会亡，可见二者不是相即的。现在你引此作为论证形神俱灭的根据，且自以为搬到了救兵，实际上却是授人以柄的愚蠢之举，很悲哀啊。这就是形灭而神不灭的一个证明。

　　论云:形之与神,犹刃之于利,未闻刃没而利存,岂容形亡而神在。雅论据形神之俱灭,惟此一证而已,愚有惑焉,何者? 神之与形,是二物之合用,即论所引蚕巨相资是也,今刃之于利,是一物之两名耳,然一物两名者,故舍刃则无利也,二物之合用者,故形亡则神逝也,今引一物之二名,以征二物之合用,斯差若毫厘者,何千里之远也,斯又是形灭而神不灭之证二也。

　　又伸延陵之言曰即是形消于下,神灭于上。论云形神是一体之相即,今形灭于此,即应神灭于形中,何得云形消于下,神灭于上,而云无不之乎,斯又是形灭而神不灭之证三也。又云以稷配天,非欺天也,犹汤放桀,武伐纣,非弑君也,即是权假以除恶乎。然唐虞之君,无放伐之患矣,若乃运非太平,世值三季,权假立教,以救一时,故权稷以配天,假文以配帝,则可也。然有虞氏之王天下也,禘黄而郊喾①,祖颛而宗尧②,既淳风未殄,时非权假,而令欺天罔帝也,可乎? 引证若斯,斯又是形灭而神不灭之证四也。斯四证既立,而根本自倾,其余枝叶,庶不待风而靡也。

【注释】

①禘黄而郊喾(kù):古帝王以祖先配祭黄帝与帝喾。喾,传说中的上古帝王名。

②祖颛(zhuān)而宗尧:以颛顼和帝尧为祖宗进行祭祀。颛,颛顼,古代"五帝"之一。

【译文】

《神灭论》说:形之与神,犹如刀刃之与刃之锋利,从来不曾听说过没有刀刃了而刃之锋利还存在，因此形既然已死亡，神怎么还独存呢！《神灭论》运用这个例子论证形神俱灭，只能算是一个较有力的证据。但我对此说颇以为然。为什么呢？因为神之与形，是二物之合用，如《神灭论》所引证的蚌虚之间的相互依存。而刀刃与刃之锋利，是一物之二名。因为是一物，故舍刃而无锋利可言；二物之合用，因此形亡而神迁逝。今引一物二名，以证二物之合用，实在是差之毫厘，失之千里。这是形灭而神不灭的证据之二。

　　《神灭论》又引古代延陵季子的话，说人死了形体消散归于地下而神消散归于天上。《神灭论》的作者既认为形神是一体之相即，今既然说形体消灭了，则神应该灭于形体之中，怎么又说形体灭于下而神灭于上呢？这是形灭而神不灭的证据之三。《神灭论》又说以稷配天，不是欺天，此犹如商汤之放桀、周武之伐纣，不是弑君。岂不是说这是借此立教以除恶吗？然而，唐、虞时代无放逐攻伐之事，若因时值乱世，借此立教，以救一时之需，故借稷以配天、假文王以配帝，这是可以的。但是，有虞氏王天下时，也曾祭黄帝而祀帝喾、祖颛顼而宗尧，既然当时民风淳厚，天下太平，又何必欺天罔帝，借此立教呢？这是形灭而神不灭的证据之四。以上四证既立，《神灭论》已从根本被动摇了，其余论点，即不攻自破了。

　　论曰：乐以迎来，哀以送往①，此义不假通而自释，不复费于无用，《礼记》有斯言多矣。又云：夫言欺者，谓伤化败俗耳，苟可以安上治民，复何欺妄之有乎？

　　难曰：前难云，迎来而乐，是假欣于孔貌，送往而哀，又虚泪于丘体，斯实鄙难之云梯，弱义之锋的，在此言也，而答者曾不慧解，惟云不假通而自释，请重言之曰，依如论旨，既已许孔是假欣而虚泪也，又许稷之配天，是指无以为有也，

宣尼云：亡而为有，虚而为盈②。斯爻象之所不占，而格言之
所攸弃，用此风以扇也，何得不伤，兹俗于何不败，而云可以
安上治民也，慈化何哉？论云已通，而昧者未悟，聊重往谘，
侧闻提耳③。

【注释】

①"乐以"二句：以欢乐的心情迎接来者，以悲哀的心情送别去者或
　祭送死者。《礼记·祭义》："乐以迎来，哀以送往。"

②"亡而"二句：语出《论语·述而》："善人，吾不得而见之矣，得见
　有恒者，斯可矣。亡而为有，虚而为盈，约而为泰，难乎有恒矣。"
　意思是："善人，我见不到了，能见到操守坚定的人，就可以了。
　没有而装作有，空虚而装作充足，贫乏而装作饱满，这种人很难
　有坚定的操守呀！"

③提耳：指恳切教导。语出《诗经·大雅·抑》："於乎小子，未知臧
　否，匪手携之，言示之事，匪面命之，言提其耳。"

【译文】

论说：以欢乐的心情迎接来者，以悲哀的心情送别去者或祭送死
者，这些不用解释人们将自会明白，这里就不再浪费口舌说些无用的话
了，再说《礼记》中这样的说法还有很多。又说：要说欺骗，是指那些伤
风败俗的行为，如果可以用来安定百官贵族，治理普通民众，这样的教
化之道又有什么欺骗虚妄的呢？

诘难道：前面你的诘难说，以欢乐的心情迎接来者，不过是装样子，
以悲哀的心情送别去者或祭送死者，也是虚情假意地洒泪，这些实在是
自相矛盾的话，而你没有很好地解释，只是说不用解释人们将自会明
白，请重新谈论一下。如果按照你的论文的旨意，既然已经认为孔子提
倡的祭礼是虚情假意，而且说许稷之配天，是指无以为有，孔子说："没
有而装作有，贫乏而装作饱满。"不占卜爻象，放弃圣人的格言，如果这

种风俗得以传播,怎么会不伤风败俗呢? 风俗败坏,怎么能说可以安上治民,对社会有教化之功呢? 你在论文中说已通达,而昧者未能领悟,希望你重新解释,让我们听到真正的教导。

大梁皇帝敕答臣下神灭论

【题解】

本篇是梁武帝萧衍（464—549）所撰。天监六年（507），宜都太守范缜常称无佛，不信因果，著《神灭论》一文，谓形与神名称虽异，实为一体，形体之外别无心神；心神既无，佛自不有。范缜之说，引起"神灭不灭"的激烈论争。梁武帝于是令光宅寺的法云法师起草本论，驳斥神灭说，并以本论致送臣下六十余人。众臣纷纷作书答复，极口赞同武帝之见解，武帝即以本论作当时论争的结语。

位现致论，要当有体；欲谈无佛，应设宾主。标其宗旨，辩其短长；来就佛理，以屈佛理。则有佛之义既踬①，神灭之论自行。岂有不求他意，妄作异端？运其隔心②，鼓其腾口③，虚画疮疣，空致诋呵？

【注释】

①踬（zhì）：障碍，阻碍。

②隔心：彼此不投合。

③腾口：同"滕口"，张口放言。

【译文】

诸位发表议论,关键在于有根据;想讨论是否有佛,应当设立主宾两方。各方都表明自己论辩的宗旨,然后通过问答辩论来决定观点的优劣长短;要么肯定佛理,要么否定佛理。如果有佛的义理已经受阻,则神灭的观点自然会流行世间。哪有不探求事物本来的真意,而妄作异端之论的呢? 又怎能运用那有隔阂的心,而肆意张口放言,无中生有,对他人妄加诋毁和指责呢?

　笃时之虫,惊疑于往来①;滞甃之蛙,河汉于远大②。其故何也? 沦蒙怠而争一息,抱孤陋而守井干,岂知天地之长久,溟海之壮阔? 孟轲有云:"人之所知,不如人之所不知。"③信哉! 观三圣设教,皆云不灭,其文浩博,难可具载,止举二事,试以为言。《祭义》云:"惟孝子为能飨亲。"《礼运》云:"三日斋,必见所祭。"若谓飨非所飨,见非所见,违经背亲,言诚可息。神灭之论,朕所未详。

【注释】

①"笃时"二句:《庄子·秋水》:"井蛙不可以语于海者,拘于虚也;夏虫不可以语于冰者,笃于时也;曲士不可以语于道者,束于教也。"

②"滞甃(zhòu)"二句:《庄子·秋水》:"子独不闻夫埳井之蛙乎? 谓东海之鳖曰:"吾乐与! 出跳梁乎井干之上,入休乎缺甃之崖;赴水则接腋持颐,蹶泥则没足灭跗;还虷蟹与科斗,莫吾能若也。且夫擅一壑之水,而跨跱埳井之乐,此亦至矣,夫子奚不时来入观乎!'"河汉,银河。《庄子·逍遥游》:"吾惊怖其言,犹河汉而无极也。"

③"孟轲"三句：语出《庄子·秋水》："计人之所知，不若其所不知；
其生之时，不若未生之时；以其至小求穷其至大之域，是故迷乱
而不能自得也。"这是北海若答河伯的话，孟子似无此语。

【译文】

那些受时令限制的小虫，对那些来去自由的存在必定感到惊诧疑
惑；那些滞留在井底的蛙类，当然无法认识银河的广大了。这是为什么
呢？沉沦于蒙昧怠惰之中而争一息之苟存，固守干井因而孤陋寡闻，这
样的人又怎么能够体会天地的长久和大海的壮阔呢？孟子曾经说过：
"人所不知道的，比所知道的多得多。"确实如此啊！孔子、老子、释迦牟
尼这三位圣人设立教化之道，都肯定人的精神是不灭的，他们的文章广
浩博大，难以全部记下来，这里只举两个例子。例如，《祭义》中说："只
有孝子能够祭祀双亲。"《礼运》："斋戒三日，必定可以见到所祭祀的亲
人。"如果说祭献的不是你所祭祀的对象，你见到的不是你祭祀的对象，
这样违逆经典背叛亲人，自然也没有什么好说的。精神会消灭的论点，
我从来没听说过。

与王公朝贵书并六十二人答

【题解】

梁天监六年(507),范缜著《神灭论》一文,梁武帝发《敕答臣下神灭论》的敕旨,希望众臣参与驳斥《神灭论》,令当时的王公大臣逐一表态。庄严寺法云法师将梁武帝敕旨大量传抄给当时的王公朝贵,并写了《与王公朝贵书》,响应者有临川王萧宏等六十二人。

当时的王公朝贵一方面赞叹圣上"天识昭远,圣情渊发"(建安王萧伟语),更重要者则在表明立场,如王志自称"弟子凤奉释教";徐绲"归向早深,倍兼抃悦";王茂"凤昔栖心,本凭净土";王仲欣"栖心法门,崇信大典";王筠"世奉大法,家传道训";张缅"少游弱水,受戒樊邓,师白马寺期法师,屡为谈生死之深趣,亟说精神之妙旨";陆琏"门宗三宝,少奉道训"等。另外,附和武帝佛儒兼弘之意,如临川王萧宏说:"二教道叶于当年,三世栋梁于今日。"沈约指出:"岂徒伏斯外道,可以永摧魔众。孔释兼弘,于是乎在。""妙测机神,发挥礼教。实足使净法增光,儒门敬业。"

主上《答臣下审神灭论》,今遣相呈。夫神妙寂寥,可知而不可说。义经丘而未晓,理涉旦而犹昏。

主上凝天照本①,袭道赴机②。垂答臣下③,旨训周审。

孝享之礼既彰④,桀怀曾史之慕⑤;三世之言复阐,纣协波仑之情⑥。预非草木,谁不歌叹?希同挹风猷⑦,共加赞也。释法云呈。

【注释】

①凝:形成。《礼记·中庸》:"苟不至德,至道不凝焉。"照:察知;明白。

②袭:触及;熏染;侵袭。《楚辞·九歌·少司命》:"绿叶兮素枝,芳菲菲兮袭予。"

③垂:用作敬辞,多用于上对下的动作。

④孝享:祭祀。

⑤曾史:曾参和史鳅的并称。古代视为仁与义的典型人物。《庄子·胠箧》:"削曾史之行,钳杨墨之口。"成玄英疏:"曾参至孝,史鳅忠直。"

⑥波仑:亦作"波沦",指波沦菩萨,佛经中记载此菩萨曾为听闻佛经而卖心血髓。

⑦挹:推崇。《北史·裴文举传》:"为州里所推挹。"风猷:风教德化。《晋书·傅玄传论》:"傅祗名父之子,早树风猷,崎岖危乱之朝,匡救君臣之际,卒能保全禄位,可谓有道存焉。"

【译文】

主上的《答臣下审神灭论》,现在我呈报给您。神明奇妙无比,空虚无形,可以领悟,但是不可以说解。意义涉及空就很难说清楚,佛理涉及生命源头就让人迷惑。

主上以天机观照察知本原,奉持佛教,参与佛事。垂答臣下,旨意训示周全清楚。祭祀的礼节已经彰显,即使夏桀听了也会思慕曾参和史鳅的仁义;三世因果之言再次得到解释,即使商纣听了也会向往波仑菩萨的情怀。人非草木,谁不歌叹?希望共同推崇风德教化,共同赞叹弘扬。释法云呈报。

临川王答

得所送《敕答神灭论》。伏览渊旨^①，理精辞诣。二教道叶于当年^②，三世栋梁于今日^③。足使迷途自反，妙趣愈光。迟近写对，更具披析。萧宏和南^④。

【注释】

①伏：敬辞。古时臣对君奏言多用之。

②叶：名词做动词，成为枝叶。

③栋梁：名词做动词，成为栋梁。

④和南：梵语 vandana，系对长上问讯之语，属佛教礼法之一。意译归礼、敬礼、稽首。

【译文】

得到送来的《敕答神灭论》。阅览本论，领略深远的旨意，其义理精微，言辞高超。二教（佛教、道教）在当年是枝叶，经过三代今天成为栋梁。足使迷途之人自行返回，精微的旨趣更加光大。晚些时候书写对答，更加详细分析。萧弘稽首敬礼。

建安王答

辱告。惠示《敕答臣下审神灭论》。天识昭远，圣情渊发^①。伏览玄微^②，实晓庸昧^③。猥能存示，深承笃顾^④。伟和南。

【注释】

①渊发：犹英发。谓才识、情性、文采等充分表现出来。

②玄微：深远微妙的义理。

③庸昧：谓资质愚钝，才识浅陋。常用作谦词。《周书·于瑾传》：
　　"此是家事，素虽庸昧，何敢有辞。"

④笃顾：犹厚念。南朝宋王僧达《答颜延年》诗："结游略年义，笃顾
　　弃浮沉。"

【译文】

　　承蒙告知。您告示《敕答臣下审神灭论》。天子见识明白深远，主上思想深邃地表现出来。阅览深远微妙的义理，实在明白了自己的才识浅陋。承蒙能够问候告知，深深地承受厚念。萧伟稽首敬礼。

长沙王答

　　惠示《敕答臣下审神灭论》。睿旨渊凝①，机照深邈②，可以筌蹄惑见③，训诱蒙心。钻仰周环④，洗涤尘虑⑤。遂能存示，戢眷良深⑥。萧渊业和南。

【注释】

①睿旨：圣人的意旨。后称皇帝的诏令。南朝梁刘勰《文心雕龙·
　　史传》："然睿旨幽隐，经文婉约，丘明同时，实得微言。"渊凝：谓
　　深厚。《魏书·礼志二》："陛下睿哲渊凝，钦明道极，应必世之
　　期，属功成之会。"

②机：禀赋，性灵。《庄子·大宗师》："其耆欲深者，其天机浅。"

③筌蹄：亦作"荃蹏"。《庄子·外物》："荃者所以在鱼，得鱼而忘
　　荃；蹄者所以在兔，得兔而忘蹄。"筌，捕鱼竹器；蹄，捕兔网。后
　　以"筌蹄"比喻达到目的的手段或工具。句中活用为动词。

④钻仰：深入研求。语本《论语·子罕》："仰之弥高，钻之弥坚。"邢

　　昺疏：“言夫子之道高坚，不可穷尽……故仰而求之则益高，钻研
　　求之则益坚。”
⑤尘虑：犹俗念。唐刘禹锡《游桃源一百韵》：“道芽期日就，尘虑乃
　　冰释。”
⑥戢(jí)：藏匿。汉苏武《报李陵书》：“身幽于无人之处，迹戢于胡
　　塞之地。”

【译文】

　　承蒙告示《敕答臣下审神灭论》。主上的意旨深厚，禀赋慧力深远。可以解决许多疑惑的问题，训导蒙昧的心灵。深入研求，可以洗涤俗念。能够让大家知道佛理，人们深深佩服眷念。萧渊业稽首敬礼。

尚书令沈约答

　　神本不灭，久所伏膺①。神灭之谈，良用骇惕②！近约法师殿内出③，亦蒙《敕答臣下》一本。欢受顶戴，寻览忘疲。岂徒伏斯外道，可以永摧魔众，孔释兼弘，于是乎在。实不刊之妙旨④，万代之舟航⑤。弟子亦即彼论，微历疑核比⑥，展具以呈也⑦。沈约和南。

【注释】

①伏膺：服膺。伏，通“服”。指信服；归心。南朝梁沈约《内典序》：
　　“伏膺空有之说，博综兼忘之书。”
②用：使，让。《韩非子·外储说右下》：“令发五苑之蔬蔬枣栗足以
　　活民，是用民有功与无功争取也。”陈奇猷集释引《广韵》：“用，使
　　也。”骇惕：惊骇，震惊；畏惧，戒惧。《公羊传·哀公六年》：“诸大
　　夫见之，皆色然而骇。”

③法师：佛教语。精通佛经并能讲解佛法的高僧。据学者考证，此处之"法师"，指当时与沈约关系密切的慧约法师(452～535)。

④妙旨：精微幽深的旨意。《艺文类聚》卷五七引汉傅毅《七激》："达牺农之妙旨，照虞夏之典坟。"

⑤舟航：犹津梁。

⑥历：审视；察看。汉班彪《王命论》："历古今之得失，验行事之成败。"

⑦展：申述；陈述。《后汉书·郭太传》："乞一会亲属，以展离诀之情。"具：写，撰写。

【译文】

精神本来不会灭亡，是长久以来人人信服的道理。精神消灭的谈法，确实使人惊骇畏惧。近来我从法师殿内出来，也承蒙赐予诏书《敕答臣下》一本。我欢快地接受，非常感恩，审视阅读，忘记了疲劳。皇上的诏书哪里只是让那些外道信服，而且可以永久地摧毁魔众，儒教、佛教都在这里弘扬。实在是不需要刊改的精微幽深的旨意，万代的津梁。弟子我也根据这篇论文，稍微考察，核实比较，撰写一篇小文章，来呈报给您。沈约稽首敬礼。

光禄领太子右率范岫答

岫和南。伏见诏旨《答臣下审神灭论》，睿照渊深，动鉴机切①，敷引外典②，弘兹内教。发蒙启滞③，训诱未悟。方使四海禀仰④，十方赞抃⑤，异见杜口，道俗同欣。谨加习诵，寤寐书绅⑥。惠以逮示，深承眷忆。范岫和南。

【注释】

①机：事物的关键；枢纽。《管子·权修》："察能授官，班禄赐予，使

民之机也。”切：要领；重要。《汉书·扬雄传下》：“请略举其凡，
而客自览其切焉。”

②敷：铺开；扩展。《尚书·顾命》：“牖间南向，敷重篾席。”

③发蒙：启发蒙昧。《周易·蒙》：“初六，发蒙，利用刑人。”孔颖达
疏：“以能发去其蒙也。”

④禀仰：犹敬仰。谓敬奉仰从。

⑤十方：佛教谓东南西北及四维上下。《宋书·夷蛮传·呵罗单
国》：“身光明照，如水中月，如日初出，眉间白豪，普照十方。”抃：
鼓掌；拍手表示欢欣。

⑥书绅：把要牢记的话写在绅带上。后亦称牢记他人的话为书绅。
语本《论语·卫灵公》：“子张书诸绅。”邢昺疏：“绅，大带也。子
张以孔子之言书之绅带，意其佩服无忽忘也。”

【译文】

岫稽首敬礼。看见诏书《答臣下审神灭论》。圣上慧力深远，审辨
机要，展开并引用佛书以外的典籍，弘扬佛教。启发人们的蒙昧和滞
涩，训示诱导没有领悟的人。正使四海人们敬仰，十方志士赞扬鼓掌，
让不同意见的人绝口，出家与世俗之人共同心悦诚服。恭敬地加以学
习诵读，日夜牢记。承蒙恩惠送来给我看，深切地承受眷念。范岫稽首
敬礼。

丹阳尹王莹答

辱告。伏览《敕旨神不灭义》。睿思机深①，天情云发。
标理明例，涣若冰消。指事造言，赫如日照。用启蒙愚，载
移瞽蔽②。凡厥含识③，莫不挹佩④。谨以书绅，奉之没齿⑤。
弟子王莹和南。

【注释】

①机深：心计缜密。

②瞀蔽：昏昧、不明事理的人。

③含识：佛教语。谓有意识、有感情的生物，即众生。南朝梁简文帝《马宝颂》："愍含识，资惠命，引苍生，归法性。"

④抵佩：推崇、佩服。

⑤没齿：终身。《论语·宪问》："夺伯氏骈邑三百，饭疏食，没齿无怨言。"

【译文】

承蒙告知。阅览《敕旨神不灭义》。圣上思虑缜密，天情像云一样生发。标示义理，阐明体例，使我的疑团像冰块遇热似的一下子消融。指明事物，构造言语，恰如太阳照耀。用来启发蒙昧愚蠢的人，转化昏昧、不明事理的人。所有众生，没有人不推崇佩服。恭敬地牢记，奉持终身。弟子王莹稽首敬礼。

中书令王志答

辱告。伏览《敕答臣下神灭论》。旨高义博，照若发蒙。弟子夙奉释教，练服旧闻，有自来矣。非唯雷同远大①，赞激天旨而已②。且垂答二解，厌伏心灵③，藻烛闻见④，更不知何以阐扬玄猷⑤，光彰圣述？且得罔象不溷于其真⑥，内外无纷如之滞。宣怀嘉抃⑦，猥承末示，佩眷唯深。王志和南。

【注释】

①雷同：随声附和。《礼记·曲礼上》："毋剿说，毋雷同。"郑玄注："雷之发声，物无不同时应者；人之言当各由己，不当然也。"远大：指高远宏大的志向、前途、职位等。南朝齐谢朓《为王敬则谢

会稽太守启》:"臣本布衣,不谋远大。"

②赞激:赞美感奋。唐司空图《太尉琅琊王公河中生祠碑》:"臣迹本寓居,心非昧利,久怀赞激,窃听讴谣。"

③厌伏:折服。

④藻烛:品藻、洞悉。

⑤玄猷:指先圣的大道。《魏书·尉元传》:"大道凝虚,至德冲挹,故后王法玄猷以御世,圣人崇谦光而降美。"

⑥罔象:虚无;又"罔象"为南北朝时大臣与道佛二教人士交往时常用术语,既指虚无之象,也指思维深入,物我两忘的状态。

⑦嘉抃:嘉许鼓掌。

【译文】

承蒙告知。阅览《敕答臣下神灭论》。旨意高远博大,智慧观照好像启发蒙昧。弟子我平素信奉佛教,穿素色衣服的旧传闻,就是从这来的。不只是附和高远宏大的志向,实在是赞美感奋主上的旨意罢了。并且回答解释二次,折服我们的心灵,让我们洞悉所闻所见,更不知道拿什么来阐明发扬先圣的大道,光大彰显圣人的叙述?且应该不让虚无之像混杂在真理中间,让内外没有纷繁混乱的滞涩。实在怀着嘉许鼓掌,承蒙接受末后的告示,佩服眷念很深。王志稽首敬礼。

右仆射袁昂答

辱告。并伏见《敕答臣下审神灭论》。奉读循环,顿醒昏缚①。夫识神冥寞②,其理难穷,粤在庸愚③,岂能探索?近取诸骸内,尚日用不知,况乎幽昧,理归惑解?仰寻圣典,既显言不无,但应宗教④,归依其有。就有谈有,犹未能尽性⑤,遂于不无论无,斯可远矣。自非神解独脱⑥,机鉴绝伦⑦，何能妙测不断之言，深悟相续之旨？兼引喻二证，方见神在皦然⑧。求之三世不灭之理弥著，可谓钻之弥坚，仰之弥高者也。方使众惑尘开，群迷反路。伏诵无斁⑨，舞蹈不胜。弟子袁昂和南。

【注释】

①昏缚：昏昧、束缚。

②冥窦：幽深貌。唐杜甫《万丈潭》诗："青溪含冥窦，神物有显晦。"

③粤：助词。用于句首。表示审慎的语气。

④宗：尊重。亦谓推尊而效法之。《仪礼·士昏礼》："（庶母）命之曰：'敬恭听宗尔父母之言，夙夜无愆。'"郑玄注："宗，尊也。"

⑤尽性：儒家谓人物之性均包含天理，唯至诚之人，才能发挥人和物的本性，使各得其所。《周易·说卦》："穷理尽性，以至于命。"孔颖达疏："穷极万物深妙之理，究尽生灵所禀之性。"

⑥神解：悟性过人。南朝宋刘义庆《世说新语·术解》："荀勖善解音声，时论谓之暗解……阮咸妙赏，时谓神解。"

⑦机鉴：明察；鉴识。《三国志·魏书·荀彧传论》："荀彧清秀通雅，有王佐之风，然机鉴先识，未能充其志也。"

⑧皦（jiǎo）然：清楚明白的样子。汉董仲舒《春秋繁露·同类相动》："百物其去所与异，而从其所与同，故气同则会，声比则应，其验皦然也。"南朝梁刘勰《文心雕龙·檄移》："檄者，皦也。宣露于外，皦然明白也。"

⑨斁（yì）：厌弃；厌倦。《诗经·周南·葛覃》："为絺为绤，服之无斁。"毛传："斁，厌也。"

【译文】

承蒙告知并得见《敕答臣下审神灭论》。我反复地捧读，顿时醒悟，超越了昏昧与束缚。人的心识幽深难测，其义理难以穷尽，又由于人们庸俗愚蠢,怎么能够探究求索清楚呢?人们就近从身体内取用,虽然每天使用却不明白其道理,何况在昏暗不明的情况下,义理怎能被人们理解呢?仰寻圣人典籍,里面已经明显地说不是没有神明,应当尊重宗教,回归心性之神。依据有来谈论有,还不能够发挥人和物的本性,根据无来谈论无,这可跑远了。自己的悟性不高,洞察力不强,怎么能够理解神明不断之言,深刻地领悟神明相续的旨意呢?皇上这篇文章同时具有称引、比喻两种证明方法,让我明白精神的恒常存在。坚持不懈探求过去、现在、未来三世精神不灭的道理,可以说是越钻研越坚定,越仰视越高明。这样使众人的疑惑像灰尘一样散开,从迷路返回到正路。我反复诵读,毫无厌倦,快乐地不断手舞足蹈。弟子袁昂稽首敬礼。

卫尉卿萧㧑答

　　辱告。并伏见《诏答臣下审神灭论》。夫三世虽明①,一乘玄远②。或有偏蔽③,犹执异端。圣上探隐索微,凝神系表④,穷理尽性,包括天人。内外辩析,辞旨典奥⑤。岂直群生靡惑⑥?实亦阐提即晓⑦。方宣扬四海,垂范来世。惠使闻见,唯深佩服。孤子萧㧑顿首和南⑧。

【注释】

①三世:佛家以过去、现在、未来为三世。北齐颜之推《颜氏家训·归心》:“三世之事,信而有征。”

②一乘:佛教语。谓引导教化　切众生成佛的唯一方法或途径。《法华经》首倡此说。乘,指车乘,比喻能载人到达涅槃境界。

③偏蔽:偏执而有所蔽;偏执不明。

④系表:谓言辞之外。北周庾信《哀江南赋》:“声超于系表,道高于河上。”

⑤典奥:典雅、奥妙。

⑥岂直:难道只是;何止。

⑦阐提:即"一阐提",佛教名词。梵语 Icchantika 的音译,亦译"一阐提迦",略称"阐提"。意为"不具信",或称"断善根"。佛教用以称呼不具信心、断了成佛善根的人。东晋竺道生则谓一阐提也可成佛。《涅槃经·梵行品》:"一阐提者,断灭一切诸善根本,心不攀缘一切善法。"

⑧孤子:古代父母丧者的自称。

【译文】

承蒙告知并得见《诏答臣下审神灭论》。即使明白过去、现在、未来三世的因果关系,成佛的方法和路径仍然玄妙幽远。有的人偏执不明,坚持不同意见。圣上探求隐秘,求索微妙,专注在超越言辞的内在本质,穷理尽性,天人合一。内外辨别,分析入微,言辞典雅,旨意奥妙。何止众生看了圣上的论文会大彻大悟,没有疑惑? 实际上那些不具信心、断了成佛善根的人也会立刻明白领悟。应当在四海之内宣传发扬,垂示给后世作为典范。承蒙使我看见诏书,深深地佩服。孤子萧㦒磕头敬礼。

吏部尚书徐勉答

天旨所答臣下《神灭论》,一日粗蒙垂示①。辱告重送。伏加研读,穷理尽寂,精义入神,文义兼明,超深俗表②。仰详三世,皎若发蒙。非直谨加诵持③,辄令斑之未悟,惠示承眷至。弟子徐勉和南。

【注释】

①一日:犹昨日。《后汉书·李固传》:"一日朝会,见诸侍中并皆年

少,无一宿儒大人可顾问者,诚可叹息。"惠栋补注:"一日,犹昨
　　日也。"

②深:甚,超过。俗表:谓尘世,俗世。南朝宋朱昭之《难顾道士夷
　　夏论》:"初若登天,光被俗表。"

③非直:不但;不仅。

【译文】

　　圣上回答范缜《神灭论》的文论,昨日承蒙赐示。承蒙告知又送达。
我加以钻研诵读,此文穷尽本性和寂灭常静之道,精深微妙的义理达到
神妙之境,文采、义理都很明白,远远超过俗世的各类文章。能让人详
细信服过去、现在、未来三世,明白清楚好像启发蒙昧。不仅要严谨地
诵念经文并持守,而且要使没有领悟的一小部分人,承蒙恩惠告示,深
深眷念。弟子徐勉稽首敬礼。

太子中庶陆果答

　　果和南。伏览《敕旨答臣下审神灭论》。夫从无住本,
在默阻思,伏如来藏,宵绝难言①。故使仲初建薪火之执②,
惠远广然灭之难③。传疑众谈④,踣沦旷稔⑤;宸聪天纵⑥,圣
照生知。了根授药,随方运便。遂乃辨礼矫枉,指孝示隅。
良由迷发俗学,便浇俗以况道;惑资外文,即就外以明内。
任言出奇,因所据理,固以城堑。三世负荷群生,现在破暗,
当来掍网⑦。一牒之间,于何不利? 片言之益,岂可觇缕⑧?
生因襄庆⑨,至德同时。预奉余论,顶戴踊跃。惠示不遗,深
抱笃念。陆果和南。

【注释】

　　①宵绝:精深、绝妙。

②仲初建薪火之执：仲初，即东晋文学名臣庾阐，字仲初，曾作《佛记》赞扬佛教。

③惠远广然灭之难：慧远为东晋名僧，已见前注，"广然灭之难"所指何事，待考。

④传疑：将自己认为有疑义的问题如实告人，亦谓传授有疑义的问题。

⑤踳：踳同"舛"，乖违；相背

⑥宸聪：指皇帝的心思、主意。

⑦捆网：未详。

⑧觃（luó）缕：谓详述；犹言弯弯曲曲。

⑨曩：以往。

【译文】

果稽首敬礼。阅览《敕旨答臣下审神灭论》。这篇论文从无住根本开始，超越语言思想，深入如来藏，精深绝妙，难以言说。因此使庾仲初最先举起传播佛法的薪火，惠远大师又广泛阐发了佛教的生灭义理。将自己认为有疑义的问题如实告诉别人，让大家一起来讨论；皇帝的思想天生高明，圣上的心灵观照透彻。了解不同人们的根机，授予药方，随着时机运用方便手段。于是辨别礼仪，矫正曲心，指示方向。确实能让迷路之人回归正道，让俗世之人向往大道；借助佛教之外的典籍讨论问题，依靠外在的事物来让内心明悟。语句奇妙，理据清楚，让人信服，信心如同城池一样坚固。三世承负重荷的群生，现在破除了黑暗，应当前来捆网。一牍之间，有什么不好的呢？片言之益，岂可详细叙述？在不同的时间出生，却同时达到至高道德的境界。奉持您的论文，非常感激。永远铭记圣言，内心笃实。陆果稽首敬礼。

散骑常侍萧琛答

弟子琛和南。辱告。伏见《敕旨所答臣下审神灭论》。

妙测机神①，发挥礼教，实足使净法增光，儒门敬业。物悟缘觉②，民思孝道。人伦之本③，于兹益明。诡经乱俗，不扨自坏④。诵读藻抃⑤，顶戴不胜。家弟暗短招愆⑥，今在比理，公私煎惧⑦，情虑震越⑧。无以仰赞洪谟⑨，对扬精义⑩，奉化开道，伏用竦怍⑪。眷奖覃示⑫，铭佩仁诱⑬。弟子萧琛和南。

【注释】

①机神：机微玄妙。晋葛洪《抱朴子·任命》："识机神者瞻无兆而弗惑，暗休咎者触强弩而不惊。"

②缘觉：佛教语。梵语 Pratyeka—buddha。旧译为辟支佛，意译为缘觉，也作独觉。一般谓出于佛世，观十二因缘而得悟者为缘觉；出于无佛世，观外缘而无师自悟者为独觉。

③人伦：封建礼教所规定的人与人之间的关系。特指尊卑长幼之间的等级关系。《管子·八观》："倍人伦而禽兽行，十年而灭。"

④扨(huī)：剖裂，破开。《后汉书·马融传》："胆完骴，扨介鲜。"王念孙《读书杂志馀编·后汉书》："胆、扨，皆裂也。"

⑤藻抃：欢欣鼓舞。《宋书·符瑞志下》："亲睹嘉祥，不胜藻抃。"南朝梁简文帝《〈玄圃园讲颂〉序》："凫兴藻抃，独莹心灵。"

⑥暗短：愚昧浅陋。多用为谦辞。《北史·王轨传》："愚臣暗短，不足以论是非。"

⑦煎：比喻折磨，焦虑。《乐府诗集·杂曲歌辞十三·焦仲卿妻》："恐不任我意，逆以煎我怀。"

⑧震越：犹震动，震惊。

⑨仰赞：指辅助在上者谋划。南朝齐王俭《褚渊碑文》："公实仰赞宏规，参闻神算。"洪谟：宏伟的计划。《宋书·江夏文献王义恭

传》："斯盖上哲之洪谟，范世之明训。"

⑩对扬：凡臣受君赐时多用之，兼有答谢、颂扬之意。《尚书·说命下》："敢对扬天子之休命。"孔传："对，答也。答受美命而称扬之。"

⑪竦怍：恐惧、羞惭。

⑫罩：遍及；广施。南朝陈徐陵《为贞阳侯与太尉王僧辩书》："慈孝之道通于百灵，仁信之风罩于万国。"

⑬铭佩：谓感念钦佩，牢记不忘。

【译文】

弟子琛稽首敬礼。承蒙告知，得见《敕旨所答臣下审神灭论》。此论神妙至极，洞悉机微玄妙，阐发礼仪教化，实在足以使佛法增加光彩，儒门更加敬业。观照万物十二因缘而得悟，百姓更加思慕孝道。尊卑长幼之间等级关系的根本，在此更加明白。假冒的经籍，混乱风俗，不用剖开自己就会毁坏。欢欣鼓舞背诵，感恩不尽。家弟范缜愚昧浅陋，招致过错，现在他的这种思想，让公家和私人焦虑、恐惧，感情思想震惊。没有辅助皇上谋划宏伟计划，颂扬精深微妙义理，奉行王化，开辟道路，使我恐惧、羞惭。眷念、奖披遍及告示，牢记您仁慈的教导。弟子萧琛稽首敬礼。

二王常侍彬缄答

辱告。伏见《敕旨答臣下审神灭论》。圣思渊凝①，天理孤绝②。辩三世则释义明，举二事则孝道畅。塞钻凿之路③，杜异途之口④。足使魔堞永沦⑤，正峰长峻。弟子伏膺至道，遵奉天则⑥。喜跃之心，宁复恒准⑦？王彬、缄和南。

【注释】

①圣思:帝王的思虑。《后汉书·张纲传》:"伏愿陛下少留圣思,割损左右,以奉天心。"

②孤绝:高峻;高耸。

③钻凿:犹言钻谋。《三国志·蜀书·郤正传》:"及当世美书善论,益部有者,则钻凿推求,略皆寓目。"

④异途:不同的道路。形容有差别,不一样

⑤堞:城上呈齿形的矮墙,也称女墙。《左传·襄公六年》:"甲寅,堙之环城,傅于堞。"

⑥遵奉:遵照奉行。《史记·秦始皇本纪》:"施于后嗣,化及无穷,遵奉遗诏,永承重戒。"天则:天子的法令。

⑦恒准:固定的标准。

【译文】

承蒙告知。得见《敕旨答臣下审神灭论》。圣上思虑深远,义理高峻。辨别过去、现在、未来三世,解释佛理清楚明白,同时推举儒佛两教,孝顺的道路更通畅。阻塞钻谋的路子,杜绝走在错误道路的人的口。足以使魔道的城墙永远沦陷,正道的高峰长久挺峻。弟子归心至高之佛道,遵照奉行天子的法令。喜悦的心情,哪里有固定的标准? 王彬、王缄答,稽首敬礼。

太子中舍陆倕答

猥辱逮告①,伏见至尊《答臣下审神灭论》。俯仰膜拜,徘徊空首②。窃闻圣惟一揆③,唐虞未有前言,知几其神。今日独奉梁诏,道载则万有挤其沦迷④,德寿则九服扬其照箓⑤。方可振民育德,百年均其摄受⑥;劳民动物,千古咸其折伏。法师智深决定,受持之持金允⑦;志洽通敏⑧,承神之神谐克。陆煦和南。

【注释】

①猥辱:谦词。犹言承蒙。

②空首:古代行礼的一种形式,九拜之一。《周礼·春官·大祝》:"辨九拜,一曰稽首,二曰顿首,三曰空首。"郑玄注:"空首,拜头至手,所谓拜手也。"

③一揆:《孟子·离娄下》:"地之相去也,千有余里;世之相后也,千有余岁。得志行乎中国,若合符节,先圣后圣,其揆一也。"意谓古代圣人舜和后代圣人文王的所作所为是完全相同的。揆,度,准则。

④万有:犹万物。

⑤九服:指全国各地区。

⑥摄受:佛教语。谓佛以慈悲心收取和护持众生。南朝梁简文帝《大爱敬寺刹下铭》:"应此十千,现兹权实,随方摄受,孰能弘济。"

⑦受持:佛教语。谓领受在心,持久不忘。《百喻经·妇诈称死喻》:"如彼外道,闻他邪说,心生惑着,谓为真实,永不可改,虽闻正教,不信受持。"金允:公允。《旧唐书·长孙无忌传》:"违时易务,曲树私恩,谋及庶僚,义非金允。"

⑧通敏:通达聪慧。《南史·刘孝孙传》:"博学通敏,而仕多不遂。"

【译文】

　　承蒙告知,得见至尊《答臣下审神灭论》。我顶礼膜拜,反复跪拜。私下听说圣人的所作所为是完全相同的,唐尧、虞舜没有前后不同的说法,他们都有预见,能看出事物发生变化的隐微征兆,非常神奇。今日独自奉持梁武帝之诏,奉行大道,万事万物都消除沉沦迷惑,弘扬道德则全国上下发扬观照之功。这样振兴民众,培育他们的道德,百年都蒙受其护持；让民众聆听经法，千古都折伏。法师智慧深刻，处理事情公允；志向通达，聪慧神妙，天人和谐。陆煦稽首敬礼。

黄门郎徐绲答

绲和南。辱告并逮示《敕答神灭论》。伏览渊旨，疏心荡累。窃惟希夷之本难寻，妙密之源莫睹。自非上圣，无以谈其宗；非夫至睿，焉能道其极？皇上穷神体寂，鉴道居微，发德音则三世自彰，布善言而千里承响。诚叶礼敬，义感人祇①；理扇玄风，德被幽显。悠悠巨夜，长昏倏晓；蠢蠢愚生，一朝独悟。励鹿苑之潜功②，澍法流于日用③。鸿名永播，懋实方驰④；迷滞知反，沦疑自息。弟子归向早深，倍兼抃悦。辄奉以周旋，不敢云坠。但蠡测管窥，终怀如失耳。徐绲和南。

【注释】

①人祇：人与神。

②鹿苑：即鹿野苑，借指僧园、佛寺。

③澍：灌注。

④懋：盛大。

【译文】

绲稽首顶礼。承蒙告示，得见《敕答神灭论》。我埋头阅览深远旨意，心旷神怡。私下认为玄妙之根本很难寻找，妙密之根源无法目睹。如果不是上圣之人，无法谈论宗旨；不是至睿之人，哪能谈论其终极之理？皇上穷尽神灵，体悟空寂，鉴道居微，发出德音则三世自然彰显，颁布善言而千里自然响应。诚心导致礼敬，道义感动人神；佛理扇吹玄风，品德蒙润幽显。在漫长巨夜一直昏迷的人们忽然觉醒；愚蠢的众生一朝顿悟本心。奖励寺院潜移默化的功劳,灌注佛教法流于日用生活。美好的名声永远传播,盛大的本体发挥作用;迷滞的人知道回归,沉沦的人自然停止。弟子早就归向佛教,看到文章拍手喜悦。只是谈论自己的看法,不敢说深刻理解。就像以瓠瓢测量海水,管中窥天,见识短浅,终究有很多缺失。徐绲稽首顶礼。

侍中王暕答

枉告并奉览《敕答臣下审神灭论》。圣旨玄照,启寤群蒙①。义显幽微,理宣寂昧②。夫经述故身之义,系叙游魂之谈,愚浅所辩,已为非灭。况复睿思弘远,尽理穷微,引文证典,焕然冰释。肉眼之人虔恭回向,惑累之众悛改浮心③。发明既往,训导将来。伏奉渊教,欣蹈罔已。王暕和南。

【注释】

①启寤:启发使觉悟。寤,通"悟"。

②寂昧:幽隐深奥。

③悛(quān)改:悔改。

【译文】

承蒙告知,并奉览《敕答臣下审神灭论》。圣旨玄照,启发群蒙使他们觉悟。意义幽深微妙,传播佛理,幽隐深奥。佛法经论叙述故身之义,是诉说游荡魂魄的谈论,即使愚浅之人理解,也会认为神明不灭。何况您的文章思想睿智弘远,深入研究事物原理,达到精深奥妙的境地,引文证典,让人心中疑惑焕然冰释。凡夫俗子虔诚恭敬,回转自己的功德,趋向众生和佛果,迷惑劳累众生悔改躁动不安的情绪。使以往的人发现明悟本心,训导将来的人。诚心奉持深远的教导,非常欢喜。王暕稽首顶礼。

侍中柳恽答

辱告惠示《敕所答臣下神灭论》。夫指归无二,宗致本
一①。续故不断,释训之弘规;入室容声,孔经之深旨。中外
两圣,影响相符。虽理在固然,而疑执相半。伏奉渊旨,照
若发蒙。顾会玄趣,穷神知寂。恻情尽状,天地相似。千载
阙疑,从春冰而俱泮②;一世颠倒,与浮云而共开。祇诵环
徊,永用悬解③。存及之顾,良以悲哉。弟子柳恽顿首白。

【注释】

①宗致:宗旨。学说的要旨大义。

②泮(pàn):散,解。

③悬解:解除束缚。

【译文】

承蒙告知,告示《敕所答臣下神灭论》。万物根本所归无二,宗旨本
来就只有一个。前后连续,所以神明不断,这是释迦牟尼训导的弘规;
入室容声,是孔子弘经的深旨。中外两圣,如影如响,互相契合。虽然
道理本来就是这样,但有些人总是怀疑。如果诚心奉持深远旨意,光明
寂照就如同开发蒙昧之心。领悟玄妙境界,穷神知寂。深入各种情状,
领悟天地一体的境界。千年来的疑问,就像春冰遇到阳光而融化;一世
的颠倒,与浮云一起散开。反复诵读,能够帮助解除束缚。想到那些迷
惑的人,实在悲哀啊!弟子柳恽稽首顶礼报告。

常侍柳憕答

辱告。惠示《敕答臣下审神灭论》。渊旨冲邈①,理穷几
奥。窃以修因趣果,神无两识;由道得灭,佛唯一性。殷人

示民有知,孔子祭则神在。或理传妙觉,或义阐生知。而杨、墨纷纶②,徒然穿凿。凝滞遂往,特掩名教。圣情玄览,证无间然。振领持纲,舒张毛目。抑扬三代,汲引同归。实假双法,朗然无碍。伏奉循环,疑吝俱尽。来告存及,悲挹唯深。柳憕顿首白。

【注释】

①冲邈:深远宏大。

②杨墨:战国时杨朱与墨翟的并称,二人善辩。

【译文】

承蒙告知。您告示《敕答臣下审神灭论》。此论渊旨深远宏大,道理玄妙幽深。我私下认为修因趣果,神无两识;悟道灭除生死,佛性唯一。殷人示民有知,孔子强调祭祀如神在。或者理传妙觉,或者义阐生知。而杨朱与墨翟喜欢辩论,白白牵强地解释。迷滞消失,超越名教。圣情玄览,证悟无间大道。振兴奉持领纲,舒展张开细目。褒贬三代,引导同归。实实在在借助佛儒双法,会让内心朗然无碍。诚心奉持,不断朗读,疑吝都消失。想到那些迷惑的人,很是悲哀。柳憕稽首顶礼白。

太子詹事王茂答

辱告。伏见《敕旨答神灭论》,顶戴欣跃,不及抃舞。神理悠旷,虽非建言所极;列圣遗文,炳然昭著。莫不抚抃虔襟,式遵彝典①。岂可妄陈虚矫,厚诬前诰?谓来缘之不期,弃享荐之至礼②。迷路茫茫,归涂靡薄。苦空一到,有悔无追。主上含明体圣,妙穷真假,发义照辞,舟航沦溺。岂唯天人赞仰?信亦诸佛回光。弟子夙昔栖心,本凭净土,数延休幸,预逢昌世。方当积累来因,永陶滋诱;藻悦之诚,非止今日。未获祗叙,常深翘眷,比故修诣。此白无由。王茂和南。

【注释】

①彝典:常典,旧典。

②享荐:祭祀进献。

【译文】

承蒙告知。诚心阅读《敕旨答神灭论》,非常欢喜,忍不住拍掌跳舞。神理悠深旷远,虽然不是建言所极;列圣遗文,光明显耀。看了这篇文章没有人不抚抃虔襟,遵守学习常典。岂可虚妄陈述,深加诬蔑前人的明诰?认为时间还很长远,放弃祭祀进献的至礼。迷路茫茫,回归之路遥遥无期。苦空生死一到,追悔莫及。今主上心藏光明领会佛意,神妙穷尽真假,发挥佛义理念论说,像航船一样度化沦落沉溺在生死大海中的人。岂只是天人赞仰?连诸佛也回光赞叹。弟子我以前就栖心佛法,喜欢净土,一直有幸坚持,恰逢昌盛之世,正当积累来世善因,永远陶冶性情。喜欢华美的佛法之诚心,不止今日。一直未能当面请教,很是期盼眷念您。此白无由。王茂稽首顶礼。

太常卿庾咏答

辱告。惠示至尊《敕答臣下神灭论》。伏览未周,烟云再廓。窃惟蠕动有知,草木无识。神灭赘论①,欲以有知,同此无识,乃谓种智亦与形骸俱尽,此实理之可悲。自非德合天地,均大域中,属反流之日,值饮化之几,则二谛之言无以得被,三世之谈几乎息矣。圣上愍此四生,方沦六道,研校孔释,共相提证。使穷陆知海,幽都见日,至言与秋阳同朗,群疑与春冰俱释。虽发论弘道，德感冲襟②，而豫闻训诱③，俯欣前业。法师服膺法门④，深同此庆。谨当赞味吟诵，始终无斁⑤。弟子庾咏和南。

【注释】

①瞽论：不明事理的言论。

②冲襟：亦作"冲衿"，旷淡的胸怀。

③豫闻：参与闻知。豫，通"与"。

④服膺：铭记在心；衷心信奉。《礼记·中庸》："得一善，则拳拳服膺而弗失之矣。"朱熹集注："服，犹著也；膺，胸也。奉持而著之心胸之间，言能守也。"

⑤无斁(yì)：不厌恶，不厌倦。

【译文】

承蒙告知。让我看到至尊的《敕答臣下神灭论》。全神贯注阅览，没看几遍，心中的烟云就消散。我私下认为蠕动之类生物有知觉，草木无神识。范缜《神灭论》是不明事理的言论，他认为神明与无识相同，于是提出种智也与形骸一起消灭的思想，这实在是可悲。要不是圣上道德与天地一样深厚，智慧广大，深刻反驳范缜谬论，那么真俗二谛之言无法被传扬，三世因果之谈几乎停止。圣上怜惜沉沦六道轮回中的众生，研究校对孔子和释迦牟尼的思想，共同相互证明。这样使狭窄的陆地知道大海的广阔，阴暗都城见到阳光的明媚，至妙之言与秋天太阳一样明朗，众多疑惑与春天坚冰一样融化。虽然我也发愿弘道，有旷淡的胸怀，而闻知您的教诲诱导，非常欢喜。法师衷心信奉佛法，深同此庆。不断赞味吟诵，始终不厌倦。弟子庾咏稽首顶礼。

豫章王行事萧昂答

辱告。宣示《敕答臣下审神灭论》。圣旨披析，使惑者焕然。神之不灭,著于通诰,理既眇默①,故致有迷。主上识照知来,鉴逾藏往②。摛几外之妙思③,攻异端之妄说。又引《礼经》,取验虚实,孝敬之道,于此方弘。孤子萧昂顿首和南。

【注释】

①眇(miǎo)默:悠远,空寂。

②藏往:记藏往事于心中。

③摛(chī):舒展;散布。

【译文】

承蒙告知。您宣示《敕答臣下审神灭论》。圣旨分析深刻,使迷惑者清楚明白。神不灭的思想,大多数人都知道,但其理悠远空寂,因此导致有些人迷惑。主上智慧玄照,能预知未来之事,心如明镜,能回想起记藏在心中久远的事。传播世俗之外佛法的妙思,攻击各种异端妄说。又引《礼经》,来验证虚实,孝敬之道,这样能更好地弘扬。孤子萧昂稽首顶礼。

太中大夫庾昙隆答

辱告。伏见主上《答臣下审神灭论》。昏蒙启悟,焕尔照朗。夫至理虚寂,道趣空微。上圣极智,乃当穷其妙实;下凡浮生,自不辩其玄渊①。如闻立论者,经典垂训,皆是教迹。至于在佛,故书诡怪,难以理期,此则言语道断。仰劳圣思为臣下剖释,群情岂不欣赞?铭挹明旨②,抱用始终。法师典诲,弥增惭戢。弟子庾昙隆和南。

【注释】

①玄渊:深渊;指道德的深奥境地。

②诡怪:诡谲奇怪

【译文】

　　承蒙告知。伏见主上《答臣下审神灭论》。这篇文章能让昏蒙的人得到启发觉悟,内心明亮,焕然一新。至理虚寂,大道空微。上圣极其智慧,所以穷尽生命奥妙;下面的凡夫众生,不能辨别道德的深奥境地,所以看到经典垂训,都只是教化的事迹。至于谈到佛,很多书本诡谲奇怪,难以理解,这是因为觉悟需要言语道断,超越一切语言思想。劳烦圣上思考,为臣下剖析解释,群情岂不欣喜赞叹?铭记明旨,众生受用。法师典诲,弥增惭戢。弟子庾昙隆稽首顶礼。

太子洗马萧靡答

　　惠示《敕答臣下审神灭论》。披览未周,情以抃悦①。主上凝神天纵,将圣多能,文奥不刊②,辞溢系表。义证周经③,孝治之情爱著;旨该释典,大慈之心弥笃。谨置之坐隅,陈之机枕,寝兴钻阅,永用书绅。班示不遗④,戢眷良厚。弟子萧靡和南。

【注释】

①抃(biàn)悦:拍手喜悦。

②不刊:不可改易。古代的文书刻在竹简上,错了就削去,这叫"刊"。

③周经:指儒家的经籍。

④班示:犹颁示,谓颁布出来,使人知道。

【译文】

　　承蒙告知。惠示《敕答臣下审神灭论》。我刚刚披览，就高兴得拍手。主上精神专注，上天所赋予，才智超群，统帅高深多有智能，文法奥妙不可改易，辞理超越言语之外。意义证明儒家经籍，孝治之情更加得到弘扬；意旨包括释典，大慈之心更加笃实。我要把这篇文章谨慎放在坐位旁，陈放枕头边，早晚钻研阅读，永远牢记在心。颁布出来让大家都知道，非常殊胜。弟子萧靡稽首顶礼。

御史中丞王僧孺答

　　辱告惠示，送主上所答群臣《仰谘神灭论》。伏览循环，载深钻奉，发蒙祛蔽，朗若披云。窃以事蕴难形，非圣莫阐；理寂区位，在愚成惑。若非神超系表①，思越几前，岂能烛此微言？若闻金石，洞兹妙境。曾靡榛蹊，谕之以必荐，示之以如在，使夫持论者不终泥于遥辙，专谬者无永沈于惑海。积奉渊谟②，孰不欢肃？裁此酬白，不申系舞。王僧孺和南。

【注释】

　　①系表：谓言辞之外。
　　②渊谟：亦作"渊謩"。谋略深远。

【译文】

　　承蒙告知。您送给我主上所答群臣的《仰谘神灭论》。我反复拜读，深入钻研奉持，开发祛除蒙蔽，如同拨云见日一样光明。我私下认为，事蕴难以形容，非圣不能阐述；佛理空寂，没有方位，让愚人很迷惑。若不是您神灵超越言辞，思想超越俗世，岂能说出这样的微言大义？如同听到金石之音，洞彻妙境。就像在岔路边的树上，标示记号，使那些持论者在遥远的路途中不会徘徊不前，坚持错误的人不会永远沉沦迷惑大海。奉持谋略深远的旨意,怎么会不欢喜呢? 心情愉悦,不禁手舞足蹈。王僧孺稽首顶礼。

黄门侍郎王揖答

辱告。惠示《敕答臣下审神灭论》。夫昊苍玄默,本绝言议;性与天道,固亦难闻。而爱育之仁,依方感动;开诱之教,沿事降设。矜局蛙于井谷[1],哀危蟪于寸阴。思发神衷,言微理镜。引据前经,文约旨远。凝神寂翳,一理能贯。坟典纷纶,一言以蔽。显列圣之潜旨,决终古之滞惑,存灭由斯而晓,孝敬因兹而隆。信足以警诚重昏,仪范百代,所谓圣谟洋洋[2],嘉言孔彰者也。弟子既惭辨理,弥懵知音,遂得预闻道训,颁觌妙藻[3]。式抃下陈,永垂圣则。弟子王揖和南。

【注释】

①矜:怜悯。

②圣谟:本谓圣人治天下的宏图大略。后亦为称颂帝王谋略之词。
　语出《尚书·伊训》:"圣谟洋洋,嘉言孔彰。"

③觌:相见。

【译文】

承蒙告知。惠示《敕答臣下审神灭论》。苍天玄默,本来就超越一切语言文字;性与天道,本来就很难听到。而爱育之仁,依照不同的方位感应变动;开诱之教化,依据不同的事设置。怜悯井底之蛙不知道天地之大,悲哀只生活极短时间的危蟪不知道时间之长。您的思想出于神明,语言微妙。引用前面经典的典故,文章简明扼要宗旨宏远。我静下心神冷静地在空旷的房子里想,一理能贯之。三坟五典纷纶,一言以蔽之。

显现列圣的潜旨，决断终古的滞惑，神灵存灭之理由于您的论文而明白，孝敬因为您的文章而兴隆。我相信您的思想确实足以警戒非常昏昧的人，可以作为百代的典范，正是所谓帝王宏图大略洋洋洒洒，美好的言论会得到彰显。弟子我很惭愧以前的愚昧，现在听闻您的道训，看到美妙的文章，非常高兴，我会永远铭记圣上的教诲。弟子王揖稽首顶礼。

吏部郎王泰答

　　一日曲蒙宴私①，预闻范中书有神形俱灭之论。斯人径廷，不近人情。直以下才，末能折五鹿之角②，辱告垂示圣旨。微引孝道，发扬冥致，谨当寻诵③，永祛蒙惑。弟子王泰顿首和南。

【注释】

①宴私：公余的私生活，如游宴玩耍之类。

②五鹿：指西汉五鹿充宗。《汉书·朱云传》载，充宗通晓《易》，尝凭借权势与诸儒辩《易》，诸儒不敢与争，惟朱云多次将他驳倒。故时语曰："五鹿岳岳，朱云折其角。"后借指能言善辩的人。

③寻诵：寻绎诵读。

【译文】

　　一日曲蒙游宴，预闻中书范缜有神形俱灭之论。此人固执，不近人情。我只是才能低劣的人，不能能言善辩，低下的才能不足折服五鹿充宗的高论，承蒙告知垂示圣旨。您的圣旨微妙深远，引证孝道，发扬幽深的佛理，谨当寻绎诵读，永远祛除心中的蒙昧迷惑。弟子王泰稽首顶礼。

侍中蔡樽答

　　辱告。奉宣《敕旨答谘神灭论》。夫神理玄妙，良难该辩^①。虽复前圣眷言,后英犹惑。天旨爰释,皎若发蒙,固以陵万古而擅奇悟,方来以不朽。伏奉朝闻,载深抃跃^②。谨以书绅,永祛迷滞^③。蔡樽和南。

【注释】

①该辩:完整辨析。

②抃跃:犹言手舞足蹈。表示欢欣鼓舞。

③迷滞:迷惑滞泥。

【译文】

承蒙告知。奉宣敕旨《答谘神灭论》。神道玄妙,实在是很难辨析。虽然前圣谆谆教诲,后来的人还是迷惑。天子的圣旨于是详细解释,清楚明白如同启发蒙昧,以超越万古而领悟大道,未来会永垂不朽。诚心奉持,手舞足蹈。我将永远铭记在心,祛除迷惑滞泥。蔡樽稽首顶礼。

建康令王仲欣答

仲欣白。辱告。惠示《诏所答臣下神灭论》。伏读渊丽,抃不胜跃。皇帝睿性自天,机神独远^①,五礼外照,三明内映。金轮徐转,则道济八纮^②;玉瓒既陈^③,则孝隆七庙。开慧日于清汉,垂法云于大千。如在之义,重阐兹晨;常住之明,永证来劫。故以德冠百王,声高万古。弟子栖心法门,崇信大典,舞蹈之诚,独深凫藻^④。王仲欣和南。

【注释】

①机神:机微玄妙。

②八纮:八方极远之地,泛指天下。

③玉瓒：圭瓒，古代礼器，为玉柄金勺，祼祭时用以酌香酒。泛指
　酒盏。

④凫藻：谓凫戏于水藻。比喻欢悦。

【译文】

　　仲欣告白。承蒙告知。惠示《诏所答臣下神灭论》。伏读深奥美妙
的文章，非常兴奋。皇帝天生智慧，机微玄妙，外照五礼，内映三明。金轮
徐徐转动，则道济天下；玉瓒排列陈设完毕，则孝道隆重于宗庙，则孝隆国
家。开慧日于天空，垂法云于大千世界。佛法如如存在之义，现在重新
阐释；永恒常住之明，来劫永证。因此德冠百王，声高万古。弟子栖心佛
教法门，崇信佛道大典，舞蹈之诚，确实非常欢喜。王仲欣稽首顶礼。

建安王外兵参军沈绩答

　　弟子绩和南。垂示《敕答臣下神灭论》，伏深欣跃。弟
子窃惟道不自弘，弘实由人；人须其识，识须其位。《周易》
所称圣人大宝曰位，岂其意乎？然或位而不人，或人而不
位，三者云备，其理至难。故宣尼绝笔于获麟①，孟轲反身于
天爵②，诚无其位也。呜呼！真化殆将沦没。今天子以仁圣
盛明，据至尊之位，盖层山可以众煦飘，其和不可移也；钟鼓
可以鸡豚乱，其鸣不可间也。将使慄慄黔首③，济其长夜，自
非德合天地，谁能若斯？弟子早沐灵风，既闻之矣。然而燕
雀之集，犹或相昏；飞蓬之门，尚自交构。圣旨爰降，辞高理
惬，敦以人天之善，诚以莫大之形。一言作训，内外俱悦。
夫以孺子入井，凡民犹或伤之，况乃圣慈御物，必以隐恻为
心邪？能指白马之非白，犹见屈于中庸。至于神享机外，志
存弘化，魑魅摧其颊舌，焉足道哉？神迹天贵，本非窥观。

遂能存示，用惭冥德。弟子沈绩和南。

【注释】

①宣尼绝笔于获麟：指春秋鲁哀公十四年猎获麒麟事。相传孔子
　作《春秋》至此而辍笔。《春秋·哀公十四年》："春，西狩获麟。"
　杜预注："麟者仁兽，圣王之嘉瑞也。时无明王出而遇获，仲尼伤
　周道之不兴，感嘉瑞之无应，故因《鲁春秋》而修中兴之教。绝笔
　于'获麟'之一句，所感而作，固所以为终也。"

②孟轲反身于天爵：《孟子·告子上》："仁义忠信，乐善不倦，此天
　爵也；公卿大夫，此人爵也。"天爵，天然的爵位，指高尚的道德修
　养，因德高则受人尊敬，胜于有爵位，故称。

③慄慄：恐惧。

【译文】

弟子绩稽首顶礼。承蒙告知。垂示《敕答臣下神灭论》，确实非常
欣跃。弟子私下认为道不自弘，弘实由人；人须其识，识须其位。《周
易》所称圣人大宝曰位，难道不是这个意思吗？然而或许有位而没人，
或者有人而没有位置，三者都具备，实在很难。所以孔子听到有人猎获
麒麟后辍笔，孟轲反身于天然的爵位，实在是无其位。呜呼！真道之化
即将沦没。今天子以仁圣盛明，据至尊之位，重重山岭可以让云彩在其
间飘荡，其和不可变易；钟鼓可以让鸡猪受惊乱跑，其鸣不可打断。将
使恐惧的老百姓，度过长夜，若不是德合天地，谁能这样？弟子早沐灵
风，早已闻说。然而燕雀之集，犹或昏昧；飞蓬之门，尚自互相构陷。圣
旨降下，辞高理惬，以人天之善督促，以莫大之形警戒。一言作训，内外
都喜悦。小孩掉入井中，凡民尚且伤心，何况圣慈管理万物，难道会认
为隐恻为心邪吗？能指出白马之非白，犹见屈于中庸。至于神享机外，
志存弘化，鬼怪摧其颊舌，哪里值得说啊？神迹天贵，本来不是凡夫所
能窥观的。这样让我领会，很惭愧上天的恩德。弟子沈绩稽首顶礼。

祠部郎司马筠答

辱告。并垂示《敕答臣下审神灭义》。伏读周流，式歌且舞。夫识虑沈隐，精灵幽妙，近步无以追，凡情不能测。外圣知其若此，所以抑而不谈。故涉孔父，其尚惛经。姬公其未曙，而碌碌之徒妄理信目，锥画管窥，异见锋起。苟徇离贤之名，遂迷雪霜之实。愚惑到此，深可矜伤。我皇道被幽显，明逾日月；穷天地之极，尽终始之奥。忌莸紫之妨朱气①，雄珉之乱凤玉②。爰发圣衷，降兹雅义。信足以光扬妙觉，拯厥沈泥③。近照性灵之极，远明孝德之本，实使异学剪其邪心，向方笃其羡慕④。谬以多幸，豫奉陶钧⑤。沐泽饮和，有兼庆跃。流通曲被，佩荷弥深。司马筠和南。

【注释】

①莸(yóu)：古书上指一种有臭味的草。

②珉：像玉的石头

③沈泥：阻滞，不通畅。

④向方：归向正道；谓遵循正确方向。

⑤陶钧：制造陶器时用的转轮，分快轮和慢轮；比喻培育人才。

【译文】

承蒙告知。并垂示《敕答臣下审神灭义》。反复阅读，高兴得歌唱跳舞。识虑隐蔽，精灵幽妙，走路慢的人无以追赶，凡情之人不能理解。外圣知道这样，所以抑而不谈。故涉孔父，其尚对经典迷惑。周公也没详细谈论，而碌碌之徒妄理信目，管中窥物，目光短浅，见闻不广，不同见解很多。只重视离贤之名，不知雪霜之实。愚惑到这个程度，实在值得怜悯忧伤。我皇上之道包蕴阴阳，光明超过日月，穷尽天地之极，终始之奥秘。担心莸紫臭草之妨碍朱色正气，山鸡与石质赝品扰乱凤玉。于是大发圣心，降下雅义。我相信足以光大发扬佛法妙觉，拯救迷惑滞涩之人。近照性灵之极，远明孝德之本，确实使异学之人剪除邪心，遵循正确方向。非常幸运，培育人材。沐浴恩泽感受和气，欢庆而跳跃，内心非常佩服。司马筠稽首顶礼。

豫章王功曹参军沈绲答

　　绲和南。弟子窃以为交求之道，必取与为济。至于渎蒙不告，则空致冲冲，倏忽之观，殆将可息。所以自绝谘受，崇深莫窥，诚自愧也。徒以暗识因果，循循修局，诚冀履霜不退，坚冰可至耳。而法师弘心山薮①，幸能藏疾。虽未升堂，遂招以法流。杜夷云："召渴马于澭泉，不待鞭策而至矣。"垂示《上答臣下神灭论》。晨宵伏读，用忘疲寝，构斯法栋，导彼迷流。天属既申，三世又辩，鬼神情状，于焉可求？然谓海实广，广孰能知？谓天盖高，高不可测。圣论钩深，旨超系表，蒙情易骀恶能是②？空铭末示，终愧钻仰。弟子沈绲和南。

【注释】

　　①山薮：山深林密的地方，山林与湖泽。

　　②骀（tái）：劣马，亦喻庸才。

【译文】

　　沈绲稽首顶礼。弟子私下认为交求之道，在于获取与给予相互依靠。至于轻慢蒙昧的人，不通告别人，则只是白白地到灵妙之境而无所收获，倏忽之观，可能将停止。所以我感觉佛法深奥，无法窥见，确实很惭愧。只是因为不了解因果，一直担心，所以希望履霜不退，坚冰可至。

而法师在山野草莽弘扬佛法，有幸帮助别人。虽然没有升堂，也招来很多学习的人。杜夷说："带口渴的马到澝泉，不用鞭策就会来到。"皇上垂示《上答臣下神灭论》，我早晚拜读，废寝忘食。此论构筑佛法高楼，引导那些迷执的人们。既强调了孝敬的情怀，又辩明了三世因果报应的佛理，鬼神情状，到哪里去求呢？然而佛法之海实在广大无边，有谁能够知道呢？天空实在高远，高不可测。圣论探索深奥的意义，旨超语言之外，庸才愚人怎能理解呢？空铭末示，很惭愧不能深入探索。弟子沈绲稽首顶礼。

建安王功曹王缉答

　　惠示《敕答臣下审神灭论》。窃以神者冥默，历圣未传。宣尼犹称不言，庄生空构其语。求之方策，良叹交深谬觌①。今论天思渊发，妙旨凝深。至理既弘，孝机兼极，信足蹈超万古，照烛来今。弟子生属昌辰②，预觌圣藻，既冰涣于怀抱，信晓惑于随便。凡厥灵知，孰不钻仰③？矧伊蒙蔽，激抃良深。王缉和南。

【注释】

①觌：相见。

②昌辰：盛世。

③钻仰：深入探求。

【译文】

　　承蒙告知。您告示《敕答臣下审神灭论》。我私下认为神者冥默，历圣无法传达。孔子犹称不言，庄子空构其语。去历代典籍里寻求，实在叹息很难见到。如今这篇文论天思渊发，妙旨深刻。至理既然得到弘扬，孝机兼极，我相信足以蹈超万古，照耀未来。弟子生逢盛世，得遇圣藻,心中的冰块融化,立即就明白了大道。凡是灵知之人,谁不深入探求呢? 化解了我的蒙蔽,非常激动兴奋。王缙稽首顶礼。

右卫将军韦叡答

至理虚寂,冥晦难辩。言有似无,言无实有。妙于老谈,精于释教,辞炳金书①,文光王牒者,由来尚矣。主上道括宇宙,明并日月,隐显之机必照,有无之要已览。遂垂以明论,酬析臣下,导诱既深,训义方洽。凡在有心,孰不庆幸? 蒙示天制,谨加读诵。垢吝云消,特兼欢抃。法师果深,昔缘因会。今法离五欲而入八解,去三界而就一乘。复得豫闻德音,弥足欣赞。惠告沾及,戢佩寔深。韦叡和南。

【注释】

①金书:指道教或佛教之经典。

【译文】

高深的道理虚空安定,深奥难以分辨。说它有却像没有,说它没有却像有。老子妙谈,释迦牟尼精微教化,辞语记载在金册上,文采光辉写在圣王的文版上,一直以来就是这样。主上大道涵括宇宙,与日月一样光明,照耀隐显之机,阅览有无之要。于是垂以明论,诵析臣下,深刻教导劝诱,训义方洽。凡是有心之人,谁不庆幸? 承蒙让我看到皇上大作,谨加读诵,不洁吝悭像云一样消散,非常欢喜。法师果深,昔缘因会。今法离五欲而入八解,超越三界而成就一乘佛法。所以又得闻道德之音,赞叹不已,领受恩惠,非常感谢。韦叡稽首顶礼。

廷尉卿谢绰答

绰和南。辱告。蒙示《敕答臣下审神灭论》。伏览渊谟,用清魂府^①。既排短说,实启群疑。窃惟人生最灵,神用不极,上则知来藏往,次乃邻庶入几。以此观之,理无可灭。是以儒申其祀,佛事大慈。照其生缘,内外发明,已足祛滞。况复天诲谆谆,引谕弥博。弘资始于黔黎,道识业于精爽^②。固令开蒙出障,坐测重玄^③;异端既绝,正路斯反。论者惭其墨守,范氏悟其膏肓^④。豫在有识,孰不击赞?但弟子徒怀游圣,终懵管窥,顶奉戴跃,永欢荫诱。谢绰和南。

【注释】

①魂府:指心。

②精爽:精神;魂魄;犹言神清气爽。

③重玄:指很深的哲理。语本《老子》第一章:"玄之又玄,众妙之门。"

④膏肓:比喻难以救药的失误或缺点。

【译文】

绰稽首顶礼。承蒙告知。蒙示《敕答臣下审神灭论》。诚心读览深远的文章,清净心灵。既排除了虚妄之说,也确实启发了大家的疑问。我私下认为人生最灵妙,神用没有终极,上则知来藏往,其次能邻庶入几。这样看来,理无可灭。因此儒家重视祭祀,佛教从事大慈大悲的事业。观照众生因缘,发明佛儒内外之教化,已足以祛除迷滞。何况再次谆谆教诲,旁征博引。弘扬教化从百姓开始,道识以精神为根本。因此令他们开启蒙盖,出离障碍,领悟深刻哲理;异端之路既然停止,正好返回正路。论者对自己墨守成规感到惭愧,范缜知道自己的致命错误。只要是有识之人,谁不击节赞同?但弟子徒怀游圣,懵懂无知,只是以管窥之见,顶奉戴跃,对诱导教诲永远欢喜。谢绰稽首顶礼。

司徒祭酒范孝才答

　　弟子孝才和南。逮示敕旨《答臣下审神灭论》。窃以彭生豕立①，咎现齐公；元伯缨垂②，事高汉史。且斩筹为喻，义在必存。神之不灭，法俗同贯。欲灭其神，内外俱失。所谓管窥穹极，宁辨西东？蠡度沧溟③，安知髣髴④？天旨弘深，殷勤于妙象；圣情隐恻，流连于飨祭。岂直经教增隆？实使蒙愚悟道。眷逮所覃，曲垂颁及。铭兹训诱，方溢寸心。弟子范孝才和南。

【注释】

①彭生豕立：指春秋时齐襄公与公子彭生之间发生的鬼魂报应故事，见前注。

②元伯缨垂：指东汉时范式与张劭生死友谊的故事，范式与张劭结为挚友，两人多年不相见，某天晚上范式忽然梦见张劭（字元伯）垂着缨带，告诉范式自己的死期，范式急忙从千里之外赶去奔丧，他到场后张劭的棺木才得以顺利下葬，事载《后汉书·范式传》。

③蠡：瓠瓢，古代舀水用具。持蠡测海指用瓢来测量海水的深浅多少，比喻用浅薄的眼光去看待高深的事物。出自《汉书·东方朔传》：“以管窥天，以蠡测海。”

④髣髴（fǎngfú）：约略的形迹。

【译文】

　　弟子孝才稽首顶礼。承蒙告知。逮示《敕旨答臣下审神灭论》。我私下认为彭生像猪一样站立，是为了报复齐公；汉代张元伯在梦里垂着缨带，告诉友人范式自己的死讯，这种高尚情义记载于汉代史书。且斩筹为喻，说明道义在，神必存。神明不会灭，佛教和世俗都贯通理解。如果灭其神，内外俱失。所谓用管窥探天空，怎能辨别西东？用瓢来测量海水的深浅，怎能知道多少？天旨博大精深，殷勤于妙象；圣情深沉不露，流连于祭祀。不只是让经教增强兴隆，实在能使蒙愚之人悟道。很高兴接受圣上的教诲，一定铭记在心。弟子范孝才稽首顶礼。

常侍王琳答

辱告。惠示至尊《答臣下审神灭论》。谨罄庸管，恭览圣制。声溢金石，理洞渊泉。义贯六爻[①]，言该三世，。足使僻学知宗，迷途识反。弟子生幸休明，身叨渥泽[②]，复得倾耳天作，拭目神藻。凫抃之诚，良无纪极。猥惠颁逮，铭跃唯重。弟子王琳答。

【注释】

①六爻：《周易》卦之画曰爻。六十四卦中，每卦六画，故称。

②渥泽：恩惠。

【译文】

承蒙告知。惠示《至尊答臣下审神灭论》。我聚精会神，恭敬拜读天子旨意。此论声音高于扣击金石，理意深远。意义贯通六爻，语言包含三世。足以使邪僻之人知道宗旨，迷途之人知道回家的路。弟子生逢盛世，蒙受恩惠，又得到让人倾心的天才之作，让人拭目华美非凡的文章。非常心悦诚服，无法形容。不等赐予班示到来，铭记为心中最重之事。弟子王琳答。

库部郎何炟答

炟和南。辱所赐书，并垂示《答臣下审神灭论》。窃闻神其如在，求前王而未测，住常住其不移，徒伏膺而方晓。钻仰渊秘，涣尔冰开。故知纷纶圣迹，不由一道；参差动应，本自因时。今浇流已息①，无明将启，物有其机，教惟斯发。笃孝治之义，明觉者之旨，预有灵识，谁不知庆？岂炎昊所得争衡②？非轩唐所能竞爽③。巍巍至德，莫或可名。昭然大道，于斯为极。何炟和南。

【注释】

①浇流：谓浮薄之风流布。

②炎昊：炎帝神农氏与太昊伏羲氏的合称。

③轩唐：传说中的古代帝王轩辕、唐尧的并称。

【译文】

炟稽首顶礼。承蒙告知。并垂示《答臣下审神灭论》。我私下听说神明永恒存在，如果刻意追求就无法了解它，常住不变，才能信服明白。深入探求心灵奥秘，如坚冰融化一样。因此知道各种圣迹，不拘一格；参差动应，本来就是根据不同时机。今浮薄之风已停止，无明将开启，万物焕发生机，教化深入人心。笃厚孝治之义，明悟觉者之旨，只要有灵识者，谁不知道庆祝？岂是炎帝神农氏与太昊伏羲氏所能比较？古代帝王轩辕、唐尧也不能竞争。巍巍至德，无法描述。昭然大道，于斯为极。何炟稽首顶礼。

豫章王主簿王筠答

筠和南。辱告。垂示《上答臣下审神灭论》。窃闻儵然有见①，礼典之格言。今则不灭，法教之弘旨，但妙相虚玄，神功凝静，自非体道者，岂能默领其宗？不有知机者，无由冥应其会。圣王迹洞万机，心游七净，哀愍群生，妪煦庶

物②。涤彼盖缠③，勖以解慧④；祛其蒙惑，跻之仁寿。信大
哉！为君善于智度者也。弟子世奉大法，家传道训，而学浅
行疏，封累犹轸。既得餐禀圣教，豫闻弘诱。一音得解，万
善可偕。抃跃之情，无以譬说。弟子王筠和南。

【注释】

①僾(ài)然：仿佛，隐约貌；含蓄貌。

②姁煦：生养覆育；和悦之色。姁，指地赋物以形体；煦，指天降气
　　以养物。

③盖缠：佛教谓五盖与十缠皆烦恼之数，故以"盖缠"指代烦恼。

④勖(xù)：勉励。

【译文】

筠稽首顶礼。承蒙告知。垂示《上答臣下审神灭论》。我私下听说
古代礼典中的格言，思想含蓄隐约。如今以不生不灭为宗旨的佛教，妙
相虚寂玄空，神功凝静，如果不是体道之人，岂能默领其宗？没有知机
者，无法冥应其会。圣王洞察万机，心游七净，哀愍群生，生养覆育各种
事物。涤除他们的烦恼，勉励解悟智慧；祛除其蒙惑，登上仁寿高峰。
太好啦！君王善于用智慧度化众生。弟子世奉佛教大法，家传道训，而
学浅行疏，修行止步不前，犹感伤心。如今听闻圣教，收益良多。一音
得到理解，万善都可实现。快乐之情，无法譬喻诉说。弟子王筠稽首
顶礼。

仓部郎孙挹答

辱告。惠示《敕答臣下审神灭论》。伏奉欣仰，喜不自
支。夫江海渊旷，非井鼃所达①。泊然入定，岂外道可能以？
一毛不动，则众邪退散；舟航既济，而彼岸超登。圣后体蕴

二仪，德兼三代，抚灵机而总极，秉上智以调民。发号施令，则风行草偃；临朝尊默，而化动如神。隆五帝以比踪，超万劫其方永。犹复振金声于指掌，降妙思以发蒙。理既仰而方深，趣弥钻而逾远，均宝珠于无价，齐莲华之不尘。孝敬被乎群黎，训范光于先圣②。蚑行喘息③，同识斯欢，翾飞蠕动④，共陶兹庆。班告末临，用深荣荷。谨顶受书绅，永启庸惑。弟子孙抱和南。

【注释】

①井鼃(wā)：同"井蛙"。

②训范：仪范。

③蚑行：虫行貌。

④翾(xuān)飞：飞翔；指鸟雀。

【译文】

承蒙告知。惠示《敕答臣下审神灭论》。伏奉论文，欣赏瞻仰，心情喜悦无法表达。江海深远广大，不是井底之蛙所能到达的。泊然入定，岂是外道可能达到的境界？一毛都不动，众邪就退散；舟船渡过江河，而超越登上彼岸。圣主体蕴阴阳二仪，德兼三代，抚灵机而总括根本，秉承上天智慧以调化民众。发号施令，就像风吹弯小草一样容易；临朝尊默，而化动如神。功德超过三皇五帝，永远超越万劫。而且再次振金声于指掌，降妙思以启发愚蠢蒙昧之人。其理越瞻仰越深入，越深入钻研而越玄远，与宝珠一样无价可比，与莲花一样一尘不染。百姓更加孝敬，发扬光大先圣的仪范。虫子等类，一同欢乐，鸟雀昆虫，一同庆祝。得到教诲，感到非常荣幸。永远铭记在心，开启内心智慧。弟子孙抱稽首顶礼。

丹阳丞萧眕素答

辱告。并伏见《敕答臣下审神灭论》。性与天道，称谓理绝。旷劫多幸，猥班妙训，接足顶受，欢敬载怀。窃谓神道寂寞，法海难边，是以智积麻苇而未测[1]，识了色尘而犹昧，岂其庸末所能激仰？然自惠云东渐，宝舟南济，岁序绵长，法音流远。明君良宰，虽世能宗服，至于躬挹玄源，亲体妙极者，竟未闻焉。是以两谛八解，独阙皇言；九部三明[2]，空芜国学。呜呼！可为叹息者也。

窃寻神灭之起，则人出《楞伽》，经名卫世。虽义屈提婆，而余俗未弭。故使群疑异学，习以成见，若不禀先觉之教，实终累于后生。圣上道济天下，机洞无方。虎观与龙宫并阅，至德与实相齐导。故能符俗教而谛真道，即孝享以弘觉性。照此困蒙，拔兹疑网，虽复牟尼之柔软巧说，孔丘之博约善诱，曷以喻斯？巍巍乎十善已行，金轮何远？法师禀空慧于旷生，习多闻于此世；法轮转而八部云会，微言发而天人摄受。故能播戒香于凤闱[3]，藻觉范于圣侧。信矣哉！能以佛道声令一切闻者也。弟子无记释藏，不逮孔门，虽愿朝闻，终惭吝薄。庶缘无尽之法，兼利人我耳。疾塞甫尔[4]，心虑悁悸。谨力裁白，不识诠次。倾迟谘展，亲承至教也。弟子萧眕素顿首和南。

【注释】

①麻苇：麻与芦苇。比喻众多。

②三明：佛教语。指天眼明、宿命明、漏尽明。

③凤闱:指皇宫

④甫尔:初始。尔,语末助词。

【译文】

承蒙告知。并伏见《敕答臣下审神灭论》。佛性与天道,无法用语言表达。旷劫之中,我很幸运,承受妙训,顶礼膜拜,满心都是欢愉与敬佩。我私下认为神道空寂微妙,法海无边,所以智慧积累很多也不能测知,即使明了色尘也还是昏昧,岂是平庸末等之人所能感动信仰的?然而自从佛法慈云来到东土,宝舟南济,年代绵长,法音流传久远。明达之君和优秀宰相,虽然能信服宗极,至于亲身观照玄妙心源,亲自体验美妙宗极的人,竟然没有听说过。所以真俗两谛和八圣解,独缺皇上的言论;九部三明,国学里面空无。呜呼! 实在是让人叹息。

我私下认为神灭论之起源,持此观点的人出自《楞伽经》,经名卫世。虽然提婆菩萨破斥《楞伽经》中外道小乘的谬论,而余俗未停止。因此群疑异学,习以成常见,如果不禀承先觉的教化,最终会连累后世众生。圣上道济天下,机洞无方,虎观与龙宫一并览阅,儒教至德与佛教实相一齐引导。因此能符合俗教而深谙真道,在孝享中弘扬觉性。光照困蒙之人,拔开他们的疑网,即使是牟尼的柔软巧说,孔丘的博约善诱,也无法超过圣上的论说。巍巍十善已行,金轮有什么远呢? 法师您旷世禀承空慧,在这一世学习多闻,转动佛法之轮而天龙八部汇集,发出微言而天人摄受。因此能播戒香于皇宫,藻觉范于圣侧。我完全相信您能以佛道声令一切闻者开悟。弟子归心释藏,不逮孔门,虽愿朝闻,但自己愚笨。希望有朝一日领悟无尽之法,兼利人我。我以前疾病缠身,头脑昏沉,没有很好理解佛法。现在尽力表达自己的看法,语无伦次。但愿以后能当面向您请教佛法。弟子萧眣素稽首顶礼。

中书郎伏暅答

猥垂班示《至尊所答臣下审神灭论》。伏奉渊旨,顿祛群疑。天情独照,妙鉴悬览,故非凡愚所可钻仰。然常师管见,亦窃怀佳求。今复禀承教义,远寻经旨,重规叠矩,信若符契。法师宣扬睿理,弘赞圣言,方使二教同归,真俗一致。豫得餐沐诲诱,陶染至化。抃击下风,实兼舞蹈。迟比谘觌①,乃尽衿诚。临白欣佩,不知裁述。伏暅呈。

【注释】

①迟比:比及,等到。

【译文】

承蒙告知。垂示《至尊所答臣下审神灭论》。伏奉深远旨意,完全祛除我所有的疑惑。陛下慈情特别照耀,妙法的镜子高悬看遍宇宙,因此不是凡愚之人所能深入探求的。然而平常之师的浅薄见解,也是我私下寻求的。今再次禀承教义,远寻经旨,重规叠矩,信若符契。法师宣扬智慧之理,弘扬佛法,赞叹圣言,正使儒佛二教同归,真俗一致。我现在领受教诲,陶染佛法。不由自主地鼓掌,手舞足蹈。等到见面询问,乃尽我心衿诚。临白欣佩,不知裁述。伏暅呈。

五经博士贺玚答

辱告。垂示《敕答臣下审神灭论》。钻仰反复,诵味循环。故知妙蕴机初,事隔凡浅。神凝系表,义绝庸情。皇上睿览通幽,性与天道,所以机见英远,独悟超深。述三圣以导未晓,标二事以洗偏惑。故系孝之旨愈明,因果之宗弥畅。崛山粹典,即此重彰;洙水清教①,于兹再朗。譬诸日月,无得逾焉。弟子虽冥烦多蔽②,谬奉格言,研求妙趣,犹如蹈舞。法师宣扬至道,光阐大猷,猥惠未及,益增铭荷。

弟子贺玚呈。

【译文】

承蒙告知。垂示《敕答臣下审神灭论》。反复探索深远旨意,不断朗诵品味。因此发现您的文章蕴含神妙天机,超越肤浅。神凝语言之外,义绝愚庸之情。皇上智慧通幽,性与天道,所以机见英远,独悟超深。叙述儒释道三圣以引导未晓之人,标明真俗二事以洗涤偏惑之人。因此系孝之旨愈明,因果之宗弥畅。崛山的精粹经典,即此重新彰显;孔子高明的教诲,在这里再次朗现。就好像日月,光明无法超过。弟子我虽然冥顽多蔽,奉持格言,研求妙趣,犹如蹈舞。法师宣扬至道,光阐大道,我很惭愧,要把您的教诲铭记在心。弟子贺玚呈。

太子中舍人刘洽答

辱告。奉觇《敕旨所答臣下审神灭论》。伏披素札,仰瞻玄谈。文贯韶夏①,义测爻系。囊括典经,牢笼述作。弘彼正教,垂之方简,希夷卓尔,难得而闻。斟酌贤圣,剖破毫发。兼通内外之涂,语过天人之际矣。自非体兹至德,思与神会,岂能深明要道,人知企及? 谨书诸绅,永以为佩。泠乎既入②,照若发蒙。比故修诣,共申讲复也。弟子刘洽顿首呈。

伟大。

②泠:清凉。

【译文】

　　承蒙告知。奉旨拜读《敕旨所答臣下审神灭论》。伏案披读书信，仰瞻玄妙之谈。文法贯通韶夏，义测爻系。囊括各种经典，超越各种述作。弘扬正教，刻在木板竹简之上，微妙卓绝，难得而闻。斟酌取舍贤圣之人，分析入微。兼通佛教内外之途，语言超过天人之际。要不是您体悟至德，思想与神明融会贯通，岂能深刻明白要道，达到智慧境界？慎重写下这些，永远佩服。感觉清凉，光明寂照好像启发了蒙昧。希望我也能达到如此境界，一起弘扬佛法。弟子刘洽顿首呈。

五经博士严植之答

　　辱告。伏见《敕旨答臣下审神灭论》。夫形分涉粗，或微隐难悟，况识理精密，岂迷见能晓？所以断常交鹜，一异竞奔。若中道居怀，则欲流可反；二边滞意①，彼岸长乖。神灭之论，斯彰实重。仰赖圣主栋梁至教，明诏爰发，朗若披云。非直冥符训典②，俯弘孝义，盖妙达生源，幽穷行本。使执礼之性，践霜露而弥笃；研神之识，仰禅悦而增心。皆当习忍慧途，翻流惑海。弟子早标素心，未知津济③，伏读欢欣，充遍身识。猥惠存勖，荷眷唯深。严植之呈。

【注释】

①二边:佛教语。谓事物相对的两个方面，如有和无、断和常等，固执于片面之见，均为妄想。

②训典:先王典制之书。后泛指奉为典则的书籍。

③津济:渡口；喻指某种学说思想的入门处。

【译文】

承蒙告知。伏见《敕旨答臣下审神灭论》。一涉及形体粗重的方面，也许就微隐难悟，何况识理精密，岂是迷见之人能够明白的？所以断灭与恒常的思想都出现，一异的争论竟相兴起。若坚持中道思想，则欲望之流可回返；若执着二边对立思想，觉悟的彼岸永远达不到。神灭之论，实在蛊惑人心。仰赖圣主栋梁至教，发出明诏，像乌云散去，明月朗照一样。不只是深刻符合先王典制之书，弘扬孝义，更是妙达生命源头，穷尽行为根本。使执礼之心性，踏践霜露而更加笃实；研神之心识，瞻仰禅悦而增加信心。都应该学习智慧，翻流惑海。弟子早就有学佛的素心，但还不知道渡口，非常欢欣拜读，您的教诲充遍身识。深受恩惠，非常感激。严植之呈。

东宫舍人曹思文答

辱送敕书。弟子适近，亦亲奉此旨。范中书遂迷滞若斯，良为可慨。圣上深惧黔黎致惑，故垂折衷之诏①。此旨一行，虽复愚暗之识，了知神不灭矣。弟子近聊就周、孔以为难，今附相简，愿惠为一览之。折其诡经不寻，故束展此，不多白。弟子曹思文和南。

【注释】

①折衷：协调不同意见，使各方都能接受。

【译文】

承蒙告知。送给我敕书。弟子最近，也亲奉此旨。范中书如此迷滞，实在可叹。圣上深惧百姓迷惑，因此垂下诏书，协调不同意见，使各方都能接受。此旨一行，即使是愚暗之识，也清楚知道神灵不灭的道理了。弟子最近谈到周公、孔子的言论，今附上一篇文章，但愿您能阅览一下。寻找折服范中书的经典，因此写下这篇文章，不多说了。弟子曹思文稽首顶礼。

秘书丞谢举答

　　辱告。惠示《敕答臣下审神灭论》。窃闻语曰："万物纷纠，则悬诸天象；众言殽舛①，则折乎圣理。"昭自古事，蔚在兹辰。伏寻睿训，垂文义深，陶铸称象，匪臻希微②，孰识纶幽至极，尽性穷神？愍斯六蔽，哀此四执，黜小言之乱道，拯径行于夷路。旨肆而隐，义婉而章，博约载弘，广大悉备。一音半偈，显兹悟拔；慧日止水，荡此尘迷。俾宗奥有归，教思攸在，异端自杜，诬善知息，凝系表于绳初，导禅流于苦海。岂伊含孕三藏③，冠冕七籍而已哉？弟子幸邀至运，侧承格诱，沐流欢击，奉以书绅。谢举白。

【注释】

①淆舛：混杂错乱。

②希微：《老子》："听之不闻名曰希，搏之不得名曰微。"河上公注："无声曰希，无形曰微。"后因以"希微"指空寂玄妙或虚无微茫。

③含孕：包含；蕴藏。

【译文】

　　承蒙告知。您告示《敕答臣下审神灭论》。我私下听说过这样的话。"万物纷乱，则让各种天象空悬，众言混杂错乱，则让圣理屈曲。"从古代各种事可以明显知道，众生需要有大智慧的人来教化。领受您的智慧训导，垂文意义深远，让人深刻领悟，要不是达到空寂玄妙的境界，谁能认识至极幽妙道理，谁能完全发挥天赋个性，穷究神明？您怜悯六蔽之人，悲哀四执之徒，罢除祸乱大道的小言，拯救坎坷小路和大路上的人到平路上。此文意旨恣肆而又幽隐，意义婉约而又明白，内容广博，言简意明，广大悉备。一音半偈，让人开悟；像智慧之日光照在平静的水面，荡此尘迷。直到人们回归终极本性，领悟教化，杜绝异端，消除伪善，超越语言文字，引导禅流出离苦海。难道只是蕴藏佛法三藏，冠冕佛教七籍吗？弟子有幸得到教诲，有所领悟，非常欢喜，将永远铭记在心。谢举白。

司农卿马元和答

辱告，颁示《敕旨垂答臣下审神灭论》。窃闻标机之旨，非凡所窥；符神之契，唯仁是极。故众教徘徊，理诣于惇善；群经委曲，事尽于开济。伏惟至尊先天制物①，体道裁化，理绝言初，思包象外，攻塞异端，阐导归一，万有知宗，人天仰式，信沧海之舟梁，玄霄之日月也。神灭之论，宜所未安。何者？前圣摛教②，抑引不同，括而言之，理实无二。《易》云："积善之家，必有余庆；积恶之家，必有余殃。"《孝经》云："生则亲安之，祭则鬼享之。"虽未显论三世，其旨已著。薪尽火灭，小乘权教；妙有湛然，究竟通说。因情即理，理实可依。且慎终追远，民德归厚，有国有家，历代由之。三才之宝，不同降情。神灭之为论，妨政寔多。非圣人者无法，非孝者无亲，二者俱违，难以行于圣世矣。弟子庸乏，懵于至道。滥蒙颁访，所据凡浅。荷惕之诚，追以无厝。弟子马元和和南。

【注释】

①伏惟：表示伏在地上想，下对上陈述时的表敬之辞。

②摛(chī)：舒展；散布。

【译文】

承蒙告知。颁示《敕旨垂答臣下审神灭论》。我私下听说佛教宗旨，不是凡人所能窥见的，契合神灵的，唯仁爱之心是终极。因此众教虽然思想有所不同，但其根本之理在于惇善；群经谈论很多事情，但根本之事尽于通达美好境界。我认为至尊先天制物，体悟大道，裁化众生，理绝言初，思想包容象外，攻塞异端之说，阐明佛理，引导归一，万有知宗，人天信仰效法，实在是能帮助渡过沧海的大船和桥梁，是深远天空中的日月。神灭之论，让人心神不安。为何？前圣传播教化，方式虽然不同，总而言之，根本之理实际上是无二的。《易》说："积善之家，必有余庆；积恶之家，必有余殃。"《孝经》云："生则亲安之，祭则鬼享之。"虽没有明显论述三世，但其宗旨已很明显。薪尽火灭，只是小乘权教；妙有湛然，才是究竟通说。因情即理，理实可依。而且丧尽其哀，祭尽其敬，民风因此厚道，有国有家，历代由之。天地人三才之宝，不同外在没有神识的物体。神灭之论，妨碍政治管理实在太多。因为没有圣人就没有法度，没有孝者则无亲情，二者都违背，难以行于圣世。弟子庸乏，不了解至道。自己愚昧，所说浅陋。但心中的诚意无法描述。弟子马元和稽首顶礼。

公论郎王靖答

垂示圣旨《答臣下审神灭论》。伏惟至尊，垂拱岩廊①，游心万古，居无弃日，道胜唯机，爰访群下，恢弘孝义，睿藻渊玄，妙理深极。自非克明徇齐之君②，就日望云之主，岂有剖判冥寂？明章雅论，阐大圣于须臾，定俗疑于俄顷，非唯理测宸衷③，亦以义切臣子。含和饮惪之邦④，衣裳道素之域，莫不倾首仁泽，沐浴唐风。弟子江淮孤生，不学无术，虽复从师北面，一经不明。纵忆旧文，岂伊髣髴⑤？五经纷纶，事类弘博。神明之旨，其义多端。至如金石丝竹之响，公旦伐武之说，宁非圣旨？且祭义而谈，尤为显据。若论无神，亦可无圣。许其有圣，便应有神。神理炳然，岂容寂绝？弟子所见庸浅，无以宣扬至泽。既涉访逮⑥，辄率所怀。弟子王靖和南。

【注释】

①垂拱：垂衣拱手，表示不做什么事，形容不用花什么气力。

②克明：谓任用贤能之士；能察是非；谓能尽君道。

③宸衷：帝王的心意。

④饮憓(huì)：吸引顺和之气。憓，顺。

⑤髣髴：隐约，依稀。

⑥访逮：问及。

【译文】

承蒙告知。垂示圣旨《答臣下审神灭论》。至尊垂衣拱手岩廊之间，游心万古，居无弃日，道胜唯机，于是访察群臣，发扬孝义之道，智慧深刻玄妙，妙理深极。要不是能洞察是非之君，就日望云之主，岂能够剖析冥寂？雅论辞采鲜明，阐释大圣思想于一刹那，断定俗疑于俄顷，不仅仅理测帝王的心意，也以义切臣子。蕴藏祥和吸引顺气之邦，衣裳道素之域，没有人不敬仰仁泽，沐浴唐风。弟子我是江淮孤生，不学无术，虽然也从师学习，一经也不明白。纵回忆旧文，也是依稀记得。五经杂乱，事类弘博。神明之旨，其义多端。至如金石丝竹之响，周公旦伐武之说，哪里不是圣旨？而且谈论祭祀的意义，尤其是明显的证据。若论无神，那么也无圣人。承认有圣，便应有神。神理清楚明白，岂容寂绝？弟子所见庸浅，无以宣扬至泽。既然被问及，就尽心表达自己的想法。弟子王靖稽首顶礼。

散骑侍郎陆任、太子中舍陆倕答

辱告。惠示《至尊所答臣下审神灭论》。昔者异学争途，孟子抗周公之法；小乘乱道，龙树陈释迦之教。于是杨、墨之党，舌举口张；六师之徒，辙乱旗靡。言神灭者，可谓学僻而坚，南路求燕，北辕首楚。以斯适道，千里而遥。圣上愍其迷途，爰奋天藻①，钩深致远②，尽化知神。俾此困蒙③，均斯冰释；陈兹要道，同彼月照。弟子并以凡薄，始窃恩纪。缨冕则天之朝④，餐捉稽古之论。赞幸之诚，独加踊跃。猥颁告逮，谨用书绅。陆任、倕呈。

【注释】

①爰：于是；改易，更换；为。

②钩深：探索深奥的意义。

③俾：使。

④缨冕：仕宦的代称。

【译文】

承蒙告知。您告示《至尊所答臣下审神灭论》。从前各种异学争相出现，孟子弘扬周公之法；小乘乱道，龙树菩萨阐释释迦之教。于是杨、墨之党，舌举口张，心悦诚服；六师之徒，辙乱旗倒，投降服从。说神灭的人，可以说是性情古怪而悭吝，如同去燕国往南走，去楚国驾车往北走。这样行走，只会越来越遥远。圣上怜悯其迷途，于是发奋写出天子的文章，探索深奥的意义，尽化知神。使这些困蒙，与冰一样溶解；陈述要道，如同明月朗照。弟子都是浅薄凡夫，蒙受皇上恩情。任职于以天为法的朝庭，考察古代事情之论。诚心赞叹，兴奋得跳起来。承蒙教导，谨慎牢记您的话。陆任、陆倕呈。

领军司马王僧恕答

　　辱告。惠示《敕旨答臣下审神灭论》。甚哉，理之大也！斯宁寸管之所见，言性之可闻？而随类傥遇，怡然蒙释。奉戴周旋，以次以诵。法师德迈当今，声标万古，知十之谈每会，起予之富必酬，想阐弘圣旨，焕然云消耶！弟子学惭聚萤①，识非通见，何能仰赞洪辉，宣扬妙范者欤？但论者执一惑之情，修一往之辙，固不可以语大方，焉知致远必泥哉？

　　夫幽明之理，皎然不差；因果相起，义无独立。形灭自可以草为俦，神明常随缘而在。所以左氏有彭生豕见，《尚书》则祖考来格。《礼》云："若乐九变。"人鬼可得礼矣。结草之报，岂其遂灭？元规所梦，何得无神？神明不灭，著之金口，丘尼所说，弥有多据。若文虽五千，《诗》乃三百，得其理者，自可一言而蔽，故不复烦求广证。夫三圣虽有明教，百家常置弘理。而尚使狂简，斐然成章，攻乎屡作。今皇明体照幽寂，识洞内外，以前圣之久远，感异端之妄兴，霈然爰发，乃垂眷翰，使阐提一悟，遂获果通；阎浮执惑，豁然洗滞。况复搢绅之士为益因其弘哉？弟子餐道无纪，法师许其一篑。遂能班逮神藻②，使得豫沐清风。载欢载舞，无以自譬。戢铭兼深，弥其多矣。弟子王僧恕顿首和南。

【注释】

　　①聚萤：收聚萤光以照明。《晋书·车胤传》："家贫不常得油，夏月

则练囊，盛数十萤火以照书，以夜继日焉。"后常以"聚萤"喻指刻苦力学。

②神藻：华美非凡的文章。

【译文】

承蒙告知。您告示《敕旨答臣下审神灭论》。佛理广大无边！哪里是寸管之所能见，言性之可闻？而随着不同类的人遇到，内心的蒙蔽得到启发，非常愉悦。我反复诵读奉持。法师道德当今第一，声标万古，知十之谈每会，起予之富必酬，想阐释弘扬圣旨，一切都会云消日出，光明无限！弟子惭愧，学问如同聚集萤光，认识不是通见，怎能仰赞洪辉，宣扬妙范呢？但论者执着一惑之情，修一往之辙，本来就不可以与他谈论大方之理，他哪里知道致远必泥呢？

幽明之理，清楚明白，一点不差；因果相起，义无独立。形体消失自可化为尘土草叶，而神明常随缘而存在。所以《左传》记载有彭生豕立，《尚书》则有"祖考来格"一句。《礼》云："若乐九变。"人鬼可得领礼物，而结草报答恩情的事实是很好的说明，神明岂会毁灭？元规所梦，何得无神？神明不灭，出自金口，孔丘所说，有很多证据。《道德经》虽五千，《诗》乃三百，得其理者，自可一言而蔽之，因此不用再烦求广证。三圣虽有明教，百姓常常放置真正的道理，而崇尚狂乱的事情，愈发兴起，多次攻击真理。现今皇上体照幽寂，识洞内外，看到前圣久远，感到异端妄兴，猛然突发，于是垂下圣旨，使阐提凶恶之人觉悟，遂获果通；阎浮世间执惑之人，豁然洗去迷滞。何况儒家之士也努力弘扬佛法？弟子餐道无纪，法师许其一赞。于是能学习华美非凡的文章，使得沐浴清风。载欢载舞，高兴之情，无法形容。铭记教诲，永远不忘。弟子王僧恕稽首顶礼。

五经博士明山宾答

辱告。惠示《敕旨答臣下审神灭论》。源深趣远，岂鹿兔所测？随类得解，或亦各欣其所见。奉以周旋，不胜舞跃。法师学冠一时，道叶千载。起予之说①，寄在明德。想弘宣妙旨，无复遗蕴耶？弟子业谢专经，智非通识，岂能仰述渊猷，赞扬风教？论者限以视听，岂达旷远？目睹百年，心惑三世，谓形魄既亡，神魂俱灭。斯则既违释典，复乖孔教矣。焉可与言至道，语其妙理者哉？夫明则有礼乐，幽则有鬼神，是以孔宣垂范，以知死酬问；周文立教，以多才代终。《诗》称"三后在天"，《书》云"祖考来格"。且濠上英华②，著方生之论；柱下睿哲③，称其鬼不神。为薪而火传，交臂而生谢，此皆陈之载籍，章其明者也。

夫缘假故有灭，业造故无常，是以五阴合成，终同烟尽；四微虚构，会均火灭。窃谓神明之道，非业非缘；非业非缘，故虽迁不灭；能缘能业，故苦乐殊报。此能仁之妙唱④，搢绅之所抑也⑤。虽教有殊途，理还一致。今弃周孔之正文，背释氏之真说，未知以此，将欲何归？正法住世，尚有断常之说，况象法已流，而无异端之论？有神不灭，乃三圣同风。虽典籍著明，多历年所，通儒硕学，并未能值。皇上智周空有，照极神源，爰发圣衷，亲染神翰，弘奖至教，启悟重昏。令夫学者，永祛疑惑。眷逮不遗，使得豫餐风训，沐浴顶戴，良兼欣戢。明山宾和南。

【注释】

①起予：《论语·八佾》："子曰：'起予者，商也，始可与言《诗》已矣。'"何晏《论语集解》引包咸曰："孔子言子夏能发明我意，可与共言《诗》。"后因用为启发自己之意。也可指启发他人。

②濠上：濠水之上。《庄子·秋水》记庄子与惠子游于濠梁之上，见

儵鱼出游从容,因辩论鱼知乐否。后多用"濠上"比喻别有会心、
自得其乐之地。也可指庄子。

③睿哲:圣明,明智

④能仁:梵语的意译,即释迦牟尼。

⑤搢绅:儒者的代称。

【译文】

承蒙告知。您告示《敕旨答臣下审神灭论》。本源深远,岂是鹿兔
所能测知?佛法随顺不同类型的人,他们得到不同的理解,也许也对自
己的所得很高兴。反复拜读,不胜舞蹈跳跃。法师学冠一时,道叶千
载。启发之说,寄在明德。想弘扬宣传妙旨,难道不会再次遗蕴吗?弟
子学业没有专于经典,智非通识,岂能够仰述渊猷,赞扬风化之教?论
者因为视听受到限制,岂能到达旷远地方?目睹百年,内心迷惑三世,
认为形魄既亡,神魂一起消失毁灭。这种说法既违释典,也违背孔子教
导,哪里可以与他谈论至道妙理呢?明则有礼乐,幽则有鬼神。因此孔
子宣扬,做后世的典范,以知死酬问;周文立教,以多才代终。《诗》称
"三后在天",《书》云"祖考来格"。并且庄子才华出众,提出方生方死之
论;老子圣明,称其鬼不神。为薪而火传,交臂而生谢,这些都在记载在
书籍中,彰显神不灭之思想。

万物依靠各种因缘生成因此有毁灭的时候,各种业报不断生起故
无常。因此色受想行识五阴合成身心,最终如同烟尽;四众元素虚构,
最后如同火灭。窃以为神明之道,非业非缘。非业非缘,因此虽然迁化
但是不灭;能缘能业,因此有不同的苦乐报应。这是释迦牟尼的妙唱,
而儒者有所保留。虽然教化有不同的途径,终极之理一致。如今有人
弃周孔之正文,背释氏之真说,不知这样做,是想要去哪里呢?正法住
世,尚有断常之说,何况象法已流,难道会没有异端之论吗?有神不灭,
是儒释道三圣都赞同的思想。虽然典籍记得很清楚,经历很多年,通儒
硕学,并未完全理解。皇上智慧包蕴空有,照极神源,爰发圣衷,亲染神

翰，弘奖佛道至教，启悟重昏之人。使学习者，永远祛除疑惑。承蒙告知，使得我能得佛风教训，沐浴顶戴，欢喜至极。明山宾稽首顶礼。

通直郎庾黔娄答

《孝经》云："生则亲安之，祭则鬼飨之。"《乐记》云："明则有礼乐，幽则有鬼神。"《诗》云："肃雍和鸣，先祖是听。"《周官》宗伯职云："乐九变，人鬼可得而礼。"《祭义》云："入户忾然①，必有闻乎，其叹息之声。"《尚书》云："若尔三王，有丕子之责。"《左传》云："鲧神化为黄熊②，伯有为妖，彭生豕见。"右七条。

弟子生此百年，早闻三世。验以众经，求诸故实。神鬼之证，既布中国之书；菩提之果，又表西天之学。圣教相符，性灵无泯。致言或异，其揆唯一。但以圣人之化，因物通感，抑引从急③，与夺随机。非会不言，言必成务；非时不感，感惟济物。而参差业报，取舍之涂遂分；往还缘集，沦悟之情相舛。猥其小识，晦兹大旨，滞亲闻见，莫辩幽微，此榆枋所以笑九万④，赤县所以骇大千。故其宜也！若斯之伦，遂构穿凿，驾危辩，鼓伪言，扇非学，是谓异端。故宣尼之所害也。

我皇继三五而临万机，绍七百以御六辨，勋格无称，道还淳粹。经天纬地之德，左日右月之明，皇王之所未晓，群圣之所不备，亿兆之所宜通，将来之所必至，莫不挹其玄波⑤，而达其幽致者也。伏览神论，该冠真俗，三才载朗，九服移心。跂行蠕蠕，犹知舞蹈，况在生灵，谁不抚节？弟子少缺下帷⑥，尤蔽名理，既符夙志，窃深踊跃。至于百家恢怪,所述良多;搜神灵鬼,显验非一。且般若之书,本明斯义。既魔徒所排,辄无兼引。自非格言,孰能取正?略说七条,皆承经典,譬犹秋毫之凭五岳,触氏之附六军。敢沥微尘,只增悚污。弟子庾黔娄和南。

【注释】

①忾然:感慨貌;叹息貌。

②鲧:古人名,传说是夏禹的父亲。黄熊:亦作"黄能",古书上说的一种大鱼。

③抑引:压缩与引申;谓抑制情欲而导之以善。

④榆枋所以笑九万:出自庄子《逍遥游》:蜩与学鸠笑之曰:"我决起而飞,抢榆枋,时则不至,而控于地而已矣,奚以之九万里而南为?"意思是,蝉和学鸠嘲笑鹏说:"我一下子起飞,碰到榆树、檀树之类的树木就停下来,有时如果飞不上去,就掉在地上罢了,哪里用得着飞上九万里的高空再向南飞呢?"榆枋,榆树与枋树,比喻狭小的天地。

⑤唱(chàng):同"畅"。

⑥下帷:放下室内悬挂的帷幕,引申指闭门苦读。

【译文】

《孝经》说:"生则亲安之,祭则鬼飨之。"《乐记》说:"明则有礼乐,幽则有鬼神。"《诗》说:"肃雍和鸣,先祖是听。"《周官·宗伯职》说:"乐九变,人鬼可得而礼。"《祭义》说:"入户感慨,必有闻乎,其叹息之声。"《尚书》说:"若尔三王,有丕子之责。"《左传》说:"夏禹的父亲神化为黄熊,伯有为妖,彭生豕见。"上面是经典中的七条。

弟子生此百年,早就听到三世因果报应的理论,所以我用众部经典和以前的事实来验证。神鬼的证据,分布中国的书里面,菩提之果,又表现在西天佛教之学。圣教互相符合,性灵不灭。所说的话不同,其意思是相同的。但因为圣人之教化，因物通感，压缩与引申根据实际情况，给予和夺取随顺时机。非会不言，言必成务；非时不感，感惟济物。而参差业报，取舍之途自然分出；往还缘集，沉沦和觉悟之情相违背。因为见识浅陋，所以不理解佛法大旨，迷滞于亲自闻见，所以不能分辨幽微，这就是像榆枋所以笑九万，赤县所以骇大千一样局限于自己的小天地。所以这样！像这样的见解，穿凿附会，依靠危险的辩论，鼓动伪言，传播错误的学问，是所谓的异端。因此孔子很害怕。

　　我皇继承三皇五帝的道统而君临万机，传承七百以御六辨，功勋无人能比，道法淳粹。具有经天纬地之德，左日右月之明，皇王之所未晓，群圣之所不备，亿兆之所宜通，将来之所必至，没有不畅通其玄波，而达其幽致者？伏览神论，此论完备无比，超越真俗，看了此论，三才之人都明悟，王畿以外九等地区的百姓都改变心意。跂行蠕蠕之类，犹知道舞蹈，何况生灵，谁不拍掌赞叹？弟子我年少很少闭门苦读，尤其不喜欢名理之教，您的思想符合我的志趣，私下非常高兴踊跃。至于百家的荒诞怪异故事，所述有很多；搜神灵鬼，显验不止一个。且般若之书，本来就清楚记载这种意思。既然魔徒排斥，总是因为没有人兼通引导。如果没有格言，怎能取正？因此略说七条，皆承经典，就好像秋毫凭借五岳之力，触氏依附六军一样。斗胆谈论，只怕增加了污染。弟子庾黔娄稽首顶礼。

太子家令殷钧答

　　近辱告。惠示主上《所敕臣下审神灭论》。性与天道，诚不得闻。徒观二谛兼通，三圣俱阐，片言析妙，半字含灵。辞存五礼之中，旨该六合之外。譬河海之纪地，犹日月之丽天。伏读欢愉，魂影相庆。何者？弟子夙陶玄化，及长不亏，常恐识业未弘，中涂回柱。或端然静念，心翱翔而靡

薄^①;或吐言设论,时见屈于辩聪。夫大道甚夷,而黎元好
径,咸用此也。今猥奉神旨,昭若发蒙。且服且诵,永为身
宝。数日来公私牵挽^②,还辄顿卧^③,未即白答,衔眷弥深。
殷钧和南。

【注释】

①靡薄:谓人心不古,风俗浇薄;侈靡轻薄。

②牵挽:牵拉;援引,指用人。

③顿卧:止息卧宿。

【译文】

承蒙告知。惠示主上《所敕臣下审神灭论》。本性与天道的言论,
实在很难听到。现在看到您的论文,真俗二谛兼通,儒释道三圣都阐
述,片言分析都很美妙,半字都含灵性。语辞存五礼之中,意旨蕴含六
合之外。就像河海之纪地,犹如日月之光华照耀天宇。伏读欢喜愉悦,
魂影相庆。为何?弟子年少就受佛法陶冶,长大依然没有放弃,常担心
识业没有弘扬,中途回枉。有时端然静念,心翱翔而侈靡轻薄;有时吐
言设论,时见屈于辩聪。大道很平直,而百姓喜欢走小路,就是这样。
今有幸奉持神旨,昭若发蒙。且服且诵,永为身宝。几天来公私事务牵
扯,一回来就止息卧宿,没来得及回复,非常抱歉。殷钧稽首顶礼。

秘书郎张缅答

寻三世晒然,二果昭著。安可惑六尘而不晓,迷五涂而
长没,以为形谢神灭,骸亡识朽?此外道之邪见,岂可御瞿
昙之正法^①?所谓轻陈一旅,敌堂堂之锋;辄驰驽骀,与骐骥
而并行。恐长劫有尽,领虫方至;一身死坏,复受一身;精神
无托,人畜随缘;涅槃明文,瑞应高说^②。主上圣照幽深,镜

察潭远。譬两祭而知不灭,喻妄作于背亲,义随八引而舛
入③,言比性道而难闻。弟子少游弱水,受戒樊、邓,师白马
寺期法师。屡为谈生死之深趣,亟说精神之妙旨。尔来归
心,绝此疑想,复睹斯判,益破魔涂。非但阅觊于今,方结缘
于后。徒知归信,暗比求名。猥惠沾示,深承眷笃。弟子张
缅和南。

【注释】

①瞿昙:释迦牟尼的姓。一译乔答摩。亦作佛的代称。

②瑞应:古代以为帝王修德,时世清平,天就降祥瑞以应之,谓之
瑞应。

③舛:错误,错乱;违背。

【译文】

过去、现在、未来三世明白,二果清楚。怎能迷惑六尘而不明晓,迷
失在五涂而长期埋没,认为形体消失神明也消灭,身骸死亡神识也枯朽
呢?这是外道的邪见,岂可抵御佛教之正法?所谓轻松陈设一旅,可以
对敌堂堂之锋;持之以恒驾御驽马,能与骐骥并行。恐长劫有尽,领虫
方至;一身死坏,又领受一身;精神没有固定,人畜随缘;涅槃明文,瑞应
高明的解说。主上圣照幽深,如明镜一样,无所不察,以两祭作比喻而
让人知道佛教不生不灭的道理,喻妄作于背亲,义随八引而错误理解,
很难听到用语言来比喻性道。弟子少游弱水,在樊、邓之地受居士戒,
追随白马寺期法师学佛。他们经常为我谈生死之深趣,详细解说精神
之妙旨。一直以来归心佛法,我不再怀疑神不灭这种思想,现在又看到
您的分析,更加有益于破除魔途。不但现在仔细阅读,而且能结缘于
后。徒知归信,暗比求名。猥惠沾示,深承眷笃。弟子张缅稽首顶礼。

五经博士陆琏答

琏白。逮告。垂示《敕答臣下审神灭论》。伏读天旨，昭镜尘蒙。弟子门宗三宝，少奉道训。虽诚归至教，识暗玄津[①]。谨寻内外群圣，开引殊文。如来说三乘以标一致，言二谛以悟滞方；先王诠五礼以通爱敬，宣六乐以导性灵[②]。或显三世以征因果，或明诚感以验应实，岂可顿排神源，永绝缘识者哉？若然，则善恶之报虚陈，祭敬之设为妄。求之情理，其可安乎？而昧惑之徒，尚多偏执。是以圣明玄览，游神妙门；动言出理，皎若朝晖；发文显证，朗如宵烛；顿足开建愚惛，惬信凡鄙者也。伏习诏旨，综检心源，谨裁还白，不宣抃舞。弟子陆琏呈。

【注释】

①玄津：指佛法。

②六乐：谓黄帝、尧、舜、禹、汤、周武王六代的古乐。泛指音乐。

【译文】

陆琏告白。承蒙告知《敕答臣下审神灭论》。伏读天子圣旨，让蒙尘之镜清楚明亮。弟子一家信仰佛教三宝，年少时就奉持道训。虽然诚心归向佛教，学习佛法，然而也谨慎探寻内外群圣引导众生的不同文章。佛祖如来说三乘法门以标一致，谈论真俗二谛以让迷失的人开悟；先王诠释五礼以通爱敬，宣六乐以引导性灵。或者显示三世以强调因果，或者明诚感以验证实际，岂能完全排斥神源，永绝缘识者呢？如果这样，则善恶之报虚陈，祭敬之设为虚妄。从情理上看，难道能心安吗？而愚昧迷惑之徒，大多偏执。因此圣明深察，游神妙门，动言出理，如早晨的太阳一样明亮；发文显证，如夜晚之烛一样明朗。确实能开建愚惛之人,让鄙陋的凡夫信服。诚心学习诏书意旨,综检心源,谨裁还白,不知不觉拍手跳舞。弟子陆琏呈。

杨州别驾张翻答

辱告。伏见《敕答臣下审神灭论》。盛旨穷机,微言合道,生知出六儒之首,自然该十圣之外。至如感果之规,理照三世;孝飨之范,义贯百王。妙会与春冰等释,至趣若秋旻共朗①,足使调阐变情②,桀、跖移志③。反浇风于遂古,振淳波乎方册,英声茂实,奥不可尚。法师精理之秀,擅高日下,俱沐圣化,独游神明,深鉴道蕴,洞识宗涂。弟子昔闻师说,悟太儒之旨;今偶昌时,奉不灭之训。信以照哲希,蒙纡洗尘。盖足蹈手舞,言象岂能胜? 张翻和南。

【注释】

①秋旻(mín):,秋季的天空。

②桀跖(jiézhí):夏桀和柳下跖的并称,泛指凶恶残暴的人。

③浇风:浮薄的社会风气。

【译文】

承蒙告知。让我见到《敕答臣下审神灭论》。盛大旨意穷尽事物发生的枢纽,微言合于大道,出于六儒之首,自然涵括十圣之外的时空。至如感应因果之规,理照过去、现在、未来三世;孝飨之范,义贯百王。神妙领会就像春冰溶解,至高宗旨若秋季天空一样明朗,足以使不信佛法的人改变性情,让凶恶残暴的人改变性格。超越浮薄的社会风气回归到远古,振兴未来的淳厚风气,美好的名声众人都知道,实在让人赞叹。法师精微的思想,让大家都沐浴圣人教化,独游神明,深刻领悟大道,洞识宗途。弟子以前听闻师说,悟太儒之旨;今遇到圣明时代,奉持佛教不生不灭之训。确实开我智慧，洗涤心尘。我足蹈手舞，语言岂能表达我的兴奋心情？张翻稽首顶礼。

太子左率王珍国答

辱告。伏见《敕答臣下审神灭论》。神之不灭，经典明文。即心语事，皎然在理。论神有灭，实所骇叹！天照渊凝，妙旨周博①，折彼异端，弘兹雅范。信可以朗悟冥涂，栋梁千载矣。伏览欢戴，窃深罔极。比故诣展，迟获谘申。王珍国呈。

【注释】

①周博：宽大；宏大。

【译文】

承蒙告知。让我见到《敕答臣下审神灭论》。神之不灭，经典里面明文记载。即心谈论事情，皎然在理。论神有灭，实在让人惊叹！圣上天生觉照深厚，妙旨宏大，折服异端，弘扬高尚的品格。确实可以让轮回六道冥途的人觉悟解脱，成为千载栋梁。非常欢喜地阅读，感受到深刻无比的道理。原因意义都很明白，希望再后得到谘询。王珍国呈。

领军将军曹景宗答

枉告所宣《答神灭敕》。理周万古，旨包三世。六趣长迷，于此永悟；五道恒疑，晓若发蒙。自非鉴穷八解，照侔十号①；排罔逸俗，安得如此？奉佩书绅，敢违寝食？法师识逾有境，学诣无生。揄扬之善②，焕如东里③。披玩周环④，用忘所疾。曹景宗白答。

【注释】

①十号：佛的十种名号。即：如来、应供、正遍知、明行足、善逝、世间解、无上士、调御丈夫、天人师、佛世尊。指代佛。

②揄扬：赞扬；宣扬

③东里：古地名。春秋郑国大夫子产所居地。

④披玩：展览玩赏，观赏；拨开观赏。

【译文】

承蒙告知《答神灭敕》。此文理周万古，旨包三世。长迷在六道轮回中的人，遇到这篇文章会永远觉悟；五道中疑惑很多的人，看到后会豁然明白，就像启发蒙蔽。要不是您洞察能力穷尽八解，光明觉照与佛祖相同，超越一切世俗迷惑，怎么能够达到这种境界呢？奉佩您让人牢记的话，怎敢违背？法师智慧超越有无之境，造诣达到无生之界。宣扬善法，焕如东里。反复阅览玩赏您的文章，忘了自己的疾病。曹景宗白答。

光禄勋颜缙答

猥枉明诰，颁述《敕旨审神不灭》以答臣下。理据显然，表里该妙①，所以惠见独宣，舟梁合举。夫目所不睹，帷屏为隔；耳所不闻，遐迩致拥。不得以不闻不见，便谓无声无物。今欲诘内教，当仗外书。外书不殊，内教兹现。《书》云："魂气无所不之。"佛经又曰："而神不灭。"既内外符同，神在之事，无所多疑。疑其灭者，即蜉蝣不知晦朔，蟪蛄之非春秋②。宁识大椿之永久，日月之无穷？主上圣明超古，微妙通神，在三之旨有证，孝飨之理斯光③。苍生管见，已晦而复晓；晚俗沦真，既迷而更悟。弟子宿植逢幸，豫从餐道，投心慈氏，归敬诚深。唯羼来缘可期，载怀凫藻而已。弟子颜缮呈。

【注释】

①该：古同"赅"，完备。

②"蜉蝣"二句：出自《庄子·逍遥游》。蜉蝣，生活在水中的一种幼虫，成虫褐绿色，有四翅，生存期极短，朝生夕死，所以它不知道阴历的月初（朔）月底（晦）。蟪蛄，一名寒蝉，寒蝉春生夏死，夏生秋死，寿命不到一年，所以不知春秋。

③孝飨：同"孝享"，祭祀。《周易·萃》："王假有庙，致孝享也。"

【译文】

承蒙下赐诏书，颁述《敕旨审神不灭》以答臣下。这篇文章理据清楚，表里完备美妙，所以美好的见解独自宣扬，佛儒两种方式合举。目所不睹，帷屏为隔；耳所不闻，远近致拥。不得因为不闻不见，便认为无声无物。今欲诘难佛法内教，当依仗佛教之外的书。外书没有不同，内教才能显现。《书经》说："魂气无所不之。"佛经又说："而神不灭。"既内外符合，神明常在之事，不用多疑。认为神灭的人，就好像是蜉蝣不知阴历的月初月底，蟪蛄不知道春秋两个季节。哪里知道大椿树之永久，日月之无穷呢？主上圣明超古，微妙通神，礼敬君、父、师，善于把祭祀之理发扬光大。苍生见识浅陋，已晦而复晓；晚俗沦真，既迷而更悟。弟子我宿昔植下因缘，有幸遇到佛教，投心佛法，归敬诚深。有缘得遇圣法，满心欢悦。弟子颜缮呈。

五经博士沈宏答

弟子宏稽首和南。辱告。伏览《敕答臣下审神灭论》。夫唯几难晓，用晦易昏①，自非凝神斯鉴，探赜斯朗②，岂能拯重雾于有惑③？岂能运独见于无明？窃惟大圣御宇，上德表物,踊法云以湛润④,开慧日而增晖。远比溟海,近譬井干,粤今遂古,孰能识乎此焉? 至如经喻,雀飞瓶在,火灭字存,《礼》云:"非类弗歆,祭乃降祉。"且梦兰以授郑穆⑤,结草以抗杜回⑥,凡此群例,不可悉纪。又五道递往,六度同归,皆神之显验,不灭之幽旨。但郄克蹒足,岂从邯郸比踪? 卢敖捷至,宁与若士齐迹? 今仰坠天璪⑦,俯逮阐提,所谓若披重雾以攀合璧⑧,出幽夜而睹烛龙⑨。短绠汲渊⑩,望澜觇海⑪。实欢喜顶戴,若无价宝珠。沈宏稽首和南。

【注释】

①用晦:文意含蓄,耐人寻味;隐藏才能,不使外露。

②探赜:探索奥秘。

③雺:雾气。

④湛润:浸润;滋润。

⑤梦兰以授郑穆:郑穆指郑穆公,是郑国(今河南新郑一带)的国君,是郑文公的儿子,公元前 628 年至公元前 606 年在位。《左传·宣公三年》:初,郑文公有贱妾曰燕姞,梦天使与己兰,曰:"余为伯鯈。余,而祖也,以是为而子。以兰有国香,人服媚之如是。"既而文公见之,与之兰而御之。辞曰:"妾不才,幸而有子,将不信,敢征兰乎?"公曰:"诺。"生穆公,名之曰兰。大意是,穆公的母亲燕姞是南燕国女子,她只是文公的一名贱妾。有一天,她在梦中看到天使给她一支兰花,并说:"我乃伯鯈,是你的祖先,将这朵兰花交给你的儿子。因为兰有国香,带上它,令会别人像爱兰花一样爱你。"之后郑文公在宠幸燕姞的时候给她一朵兰花。燕姞对文公说:妾不才,假如有幸怀上孩子的话,可能有人不会相信是您的孩子,可以将兰花作为信物吗? 文公同意了。

所以穆公出生后,便取名为兰。

⑥结草以抗杜回:"结草"的典故见于《左传·宣公十五年》。公元前594年的秋七月,秦桓公出兵伐晋,晋军和秦兵在晋地辅氏(今陕西大荔)交战,晋将魏颗与秦将杜回相遇,二人厮杀在一起,正在难分难解之际,魏颗突然见一老人把草编结在一起,绊住杜回,使这位堂堂的秦国大力士站立不稳,摔倒在地,当场被魏颗所俘,使得魏颗在这次战役中大败秦师。晋军获胜收兵后,当天夜里,魏颗在梦中见到那位白天为他结草绊倒杜回的老人,老人说:"我就是你把她嫁走而没有让她为你父亲陪葬的那女子的父亲。我今天这样做是为了报答你的大恩大德!"原来,晋国大夫魏武子有位无儿子的爱妾。魏武子病重,对魏颗说:"我死之后,一定要让她为我殉葬。"等到魏武子死后,魏颗没有把那爱妾杀死陪葬,而是把她嫁给了别人。魏颗说:"人在病重的时候,神智是昏乱不清的,我嫁此女,是依据父亲神志清醒时的吩咐。"后世比喻感恩报德,至死不忘。

⑦璪:古代垂在冕上用以穿玉的五彩丝绦。

⑧合璧:古称日月同升为日月合璧。是祥瑞的征兆。后世称会合双方的长处,吸取两者的精华

⑨烛龙:古代神话中的神名。传说其张目(亦有谓其驾日、衔烛或珠)能照耀天下;借指太阳。

⑩短绠:绠,汲水用具的绳索。短绠,常比喻才识浅陋。

⑪觇(chān):看,偷偷地察看。

【译文】

弟子宏稽首顶礼。承蒙告知。伏览《敕答臣下审神灭论》。终极大道很难知晓,含蓄深刻容易让人昏沉,若不是聚精会神观照,深入探索奥秘,岂能拯救迷惑之人?岂能让痴愚之人领悟独特的见解?我私下认为圣上统治天下,道德润泽万物,升涌法云以浸润世人,开慧日而增

加光辉。从远的来说好比沧海，从近来说如同井上围栏，从古到今，有谁能理解这些呢？至如经喻，崔飞瓶在，火灭字存，《礼》云："非类弗歆，祭乃降祉。"况且梦兰以授郑穆，结草以抗杜回，凡此因果报应之事例，不可全部纪录。又五道轮回，六度同归，都是神灵的显现与验证，体现了神明不灭之幽深旨意。但郤克跛着鞋慢行，岂是与邯郸学步之人一样？卢敖行走快速，哪里能比得上若士速度一样快？如今仰望天璪，俯逮断了善根的人，正所谓从重雾中出来见到日月同升，出离黑夜看到太阳。才识浅陋的我见到如此美妙文章，如同观望大海。实在是欢喜感激，如同见到无价宝珠。沈宏稽首顶礼。

建康平司马裦答

辱告。惠示《敕难灭性论》。窃以慈波洪被，道冠众灵，智照渊凝，理绝群古。七禅八惠之辩，三空四谛之微，故以焕乎载籍，炳于通诰也。所以优陀云①：喻如百首齐音，同赞妙觉，尚不能言万分之一矣。夫业生则报起，因往则果来。虽义微而事著，亦理幽而证显。自近可以知远，寻迹可以探遐。譬如日月悬天，无假离娄之目②；鸣钟在耳，不劳子期之听③。而议者自昏，迷途难晓。苟徇所怀，坐颠坑阱。伏览皇上令旨，理妙辞缛，致极钩深，究至寂而更阐，启幽途以还昕④。虽复列圣齐镳⑤，群经联奥，灵山金口，禅水玉舌，终不能舍此以求通，违兹而得正信哉！澡江汉之波，尘滓以涤；导德齐礼，还风反化，法俗兼通，于是乎在。付比言展，方尽述赞。弟子司马裦呈⑥。

【注释】

①优陀：梵语 udāna，又作乌拖南、优檀那、忧陀那、郁陀那。十二部经（佛经之十二种体裁或形式）之一，旧译为无问自说经。乃指佛因自己感悟，不待人问而自然宣说之经典。

②离娄：传说中的视力特强的人

③子期：即钟子期。春秋时楚人，精于音律，与伯牙友善。伯牙鼓琴，志在高山流水，子期听而知之。子期死，伯牙绝弦破琴，终身不复鼓琴。

④晣(zhé)：同“晢”，光明。

⑤镳(biāo)：马嚼子两端露出嘴外的部分。

⑥褧(jiǒng)：同“絅”，罩在外面的单衣。

【译文】

承蒙告知。您告示《敕难灭性论》。我认为慈波洪被，道冠众灵，智照渊凝，理绝群古。七禅八惠之辨，三空四谛之微，都清楚地记录在经典上，让大家都知道。所以佛教经典说：比如一百个人一起说话，同赞妙觉，尚且不能说万分之一。业生则报起，因往则果来。虽意义精微而事功显著，也是道理幽隐而证验明显。自近可以知远，寻迹可以探遐。譬如日月悬天，不用依靠离娄之目；鸣钟在耳，不必劳累子期之听。而议者自昏，迷途难晓。如果执着自己的想法，就像坐在深坑里面。诚心阅览皇上令旨，道理神妙，辞语华美，非常深刻，究至寂而更清楚，开启幽途以回归光明。虽然列圣策马并进，群经联合传播，灵山金口，禅水玉舌，最终还是不能舍此以求通，违反这而得正信！在江汉之波里洗澡，尘滓得到洗涤。引导道德，整顿礼仪，净化风俗，法俗兼通，都在这里。让人敬佩不已。弟子司马褧呈。

左承丘仲孚答

伏览《敕旨答臣下审神灭论》。圣照渊深，包括真俗，理超系表,义冠群识。钻奉神猷①,伏深舞蹈。惠示存眷②。丘仲孚白。

【注释】

①神猷:谓神道,宏谋。《隋书·音乐志上》:"神猷缅邈,清庙斯存。"

②存眷:关心怀念。南朝梁王筠《与东阳盛法师书》:"司马参军仰述存眷,曲垂访忆。"

【译文】

诚心阅览《敕旨答臣下审神灭论》。圣上光照渊深,包含总括真俗之教,道理超越事物表面,义冠群识。我钻研奉持佛法神道,高兴地不禁手舞足蹈。看到如此美妙文章,内心非常赞叹与眷念。丘仲孚告白。

卷第十一

答宋文皇帝赞扬佛教事

【题解】

本篇为刘宋何尚之(382—460)所撰。文章的重点是何尚之称扬佛教在维系世道人心、辅助现实政治中的巨大作用,言简意赅,契理契机,在整个佛教发展史上产生了广泛的影响,实开后世具有代表性的佛法辅政论之滥觞,可谓是研究佛教文化与中国原有文化相融通的全部过程中重要的一环,值得今人重视。

元嘉十二年五月乙酉,有司奏丹阳尹萧摹之上言称①:"佛化被于中国,已历四代,塔寺形像,所在千计。进可以系心,退足以招劝。而自顷世以来②,情敬浮末,不以精诚为至,更以奢竞为重。旧宇颓圮,曾莫之修;而各造新构,以相夸尚。甲地显宅,于兹殆尽;林竹铜彩,糜损无极。违中越制,宜加检裁。不为之防,流遁未已。请自今以后,有欲铸铜像者,悉诣台自闻③;兴造塔寺精舍,皆先诣所在二千石④。通发本末,依事列言本州,必须报许,然后就功。其有辄铸铜制、辄造寺舍者,皆以不承用诏书律论,铜宅材瓦悉没入官。"奏可。

【注释】

①萧摹之：元嘉十二年(435)，丹阳尹萧摹之上奏，提出限制塔寺兴建及铜像铸造，得到了文帝的准可，同时还下令沙汰沙门。

②顷世：指近代。

③台：古代中央官署名。汉代以尚书为中台，御史为宪台，后世因此又称尚书或御史为台官，南朝也基本沿袭汉、魏、晋以来官制。

④二千石：即当时的郡太守。刘宋地方官制，仿照两晋，行州、郡、县三级制。郡置太守一人，秩禄二千石。

【译文】

元嘉十二年五月五日，有官吏上奏丹阳尹令萧摹之给皇帝的奏章，萧摹之在奏章中说："佛道教化传播到中国，已经历四代，期间修建寺院、铸造佛像，数以千计。这本是好事情，积极地讲，佛教可以维系世道人心；消极地讲，也足以帮助朝廷招降劝凶。然而，自近代以来，世俗人情都专注那些虚浮、琐屑之事，不追求至精至诚，反而以奢华攀比为能事，以致旧的庙宇颓废败坏，不曾修缮，而又各自竞相建造新的寺庙，目的只在互相夸耀攀比。上等的良田，显阔的豪宅，几乎被寺庙占尽；装饰所用的林、竹、铜、彩，耗费损坏无以数计。这种违反中道僭越制度的做法，应该及时加以检核裁抑。如若不及早设防，将会导致整个社会耽乐放纵而不能控制。恳请圣上颁发命令：从今以后，有要铸照铜像的，都必须上报中央；若要兴造塔寺、精舍，都必须先报告所在地的郡太守。凡属要举行重大的佛事活动，都必须向本州报告获得批准，方可举行。其中若有擅自铸铜像、造寺舍的人，都以不服从皇帝诏书按律论来治罪，其使用的铜、宅、材、瓦悉数没收入官。"宋文帝批准了萧摹之的上奏。

是时，有沙门慧琳，假服僧次而毁其法，著《白黑论》。衡阳太守何承天，与琳比狎，雅相击扬，著《达性论》，并拘滞一方,诋呵释教。永嘉太守颜延之、太子中舍人宗炳,信法者也。检驳二论,各万余言。琳等始亦往还,未底绩乃止。

【译文】

此时有沙门慧琳,假穿僧服而位列僧人之中却又自己诋毁佛法,著有《白黑论》。当时衡阳郡太守何承天,与慧琳交往甚密,于是相互赞扬,著有《达性论》,与慧琳一同拘泥于世俗之教,从而诋毁指责佛教。永嘉太守颜延之、太子中舍人宗炳,都是信奉佛法的人,考察辨正上述二论,分别著书长达万余言。慧琳、何承天等人一开始也著书写信,与他们论辩往来,最终没有获胜,受阻后就停止了争辩。

炳因著《明佛论》以广其宗,帝善之。谓侍中何尚之曰:"吾少不读经,比复无暇,三世因果,未辨致怀。而复不敢立异者,正以前达及卿辈时秀,率皆敬信故也。范泰、谢灵运每云:六经典文,本在济俗为治耳。必求性灵真奥,岂得不以佛经为指南耶!颜延年之折《达性》,宗少文之难《白黑》,论明佛法汪汪尤为名理,并足开奖人意。若使率土之滨,皆纯此化,则吾坐致太平,夫复何事!近萧摹之请制,未全经通即已相示,委卿增损。必有以式遏浮淫,无伤弘奖者,乃当著令耳。"

【译文】

此时,宗炳著有《明佛论》,对佛教的宗旨义理广为论说,宋文帝看了之后,认为很好,对何尚之说:"我过去不读佛经,近来又没有空闲,对于三世因果也不太明白,但也没有崇信其他宗教,就是因为你们这些优秀的人物敬信佛教的缘故。范泰、谢灵运常说六经典文的本义在于教化世俗。若一定要探求人精神灵性的奥妙,怎么能不以佛教经典为指南呢?最近看了颜延年的《释达性论》和宗炳的《难白黑论》,他们的文章将佛家理论阐述得很明白,尤其是这些文章与那些玄谈理论一样,能够启发人们的思维。若能使全国都崇信佛法,那么朕就可以坐享太平,无为而治了。最近萧摹之请求抑制佛教,当时没有完全通达佛经义理,就已经许可他了,现在想请何爱卿你对诏书加以修改。凡是可以遏戒浮淫,而又不会妨害奖拔人才的,就应当颁发命令,劝勉天下实行。”

尚之对曰:“悠悠之徒,多不信法。以臣庸蔽,犹秉愚勤,惧以阙薄,贻点大教。今乃更荷褒拂,非所敢当,至如前代群贤,则不负明诏矣。中朝已远,难复尽知;渡江以来,则王导、周颛,宰辅之冠盖;王濛、谢尚,人伦之羽仪;郗超、王坦、王恭、王谧,或号绝伦,或称独步,韶气贞情,又为物表。郭文、谢敷、戴逵等,皆置心天人之际,抗身烟霞之间。亡高祖兄弟以清识轨世,王元琳昆季以才华冠朝,其余范汪、孙绰、张玄、殷觊,略数十人,靡非时俊,又炳论所列诸沙门等,帛、昙、邃者其下辈也,所与比对,则庾元规^①,自邃以上,护、兰诸公,皆将亚迹黄中^②,或不测人也。近世道俗较谈便尔,若当备举夷夏,爰逮汉魏,奇才异德,胡可胜言?宁当空夭性灵,坐弃天属,沦惑于幻妄之说,自陷于无征之化哉?陛下思洞机表,虑玄象外,钩深致远,无容近取。于斯自臣等以降,若能谨推此例,则清信之士无乏于时;所谓人能弘道,岂虚言哉!慧远法师尝云:‘释氏之化,无所不可。适道固自教源,济俗亦为要务,世主若能剪其讹伪,奖其验实,与皇之政,并行四海,幽显协力,共敦黎庶,何成、康、文、景独可奇哉③？使周汉之初,复兼此化,颂作刑清,倍当速耳。'窃谓此说有契理奥。何者？百家之乡,十人持五戒,则十人淳谨矣；千室之邑,百人修十善,则百人和厚矣。传此风训,以遍宇内,编户千万,则仁人百万矣。此举戒善之全具者耳。若持一戒一善,悉计为数者,抑将十有二三矣。夫能行一善则去一恶；一恶既去则息一刑；一刑息于家,则万刑息于国。四百之狱④,何足难措？雅颂之兴,理宜倍速。即陛下所谓坐致太平者也。论理则其如此,征事则臣复言之。前史称西域之俗,皆奉佛敬法,故大国之众数万,小国数百,而终不相兼并。内属之后⑤,习俗颇弊,犹甚淳弱,罕行杀伐。又五胡乱华以来⑥,生民涂炭,冤横死亡者,不可胜数。其中设获苏息,必释教是赖。故佛图澄入邺而石虎杀戮减半⑦,渑池宝塔放光而苻健椎锯用息⑧。蒙逊反噬无亲⑨,虐如豺虎,末节感悟,遂成善人。法逮道人,力兼万夫,几乱河渭,面缚甘死⑩,以赴师范。此非有他,敬信故也。

【注释】

①庾元规：即庾亮,字元规。东晋外戚,大臣。颖川鄢陵(今河南鄢陵北)人。

②黄中：《周易·坤·文言》："君子黄中通理,正位居体,美在其中而畅于四支,发于事业,美之至也。"朱熹注："黄中,言中德在内。"

③成、康：指西周初姬诵、姬钊的统治。史家称"成康之际,天下安宁,刑措四十余年不用"。文、景：是指西汉汉文帝、汉景帝统治时期。汉初,社会经济衰弱,朝廷推崇黄老治术,采取"轻徭薄

赋"、"与民休息"的政策。

④四百之狱:指汉孝文帝以仁厚执政,而刑事案件很少发生。《魏书·志第十六·刑罚七》:"文帝以仁厚,断狱四百,几致刑措。"

⑤内属:谓归附朝廷为属国或属地。

⑥五胡乱华:是中国东晋时期,多个胡人的游牧部落联盟趁中原的晋王朝衰弱空虚之际,大规模南下建立胡人国家,而造成与中原政权对峙的时期。"五胡"指匈奴、鲜卑、羯、羌、氐五个胡人的游牧部落联盟。百余年间,北方各族及汉人在华北地区建立数十个强弱不等、大小各异的国家,史称五胡十六国时期。

⑦佛图澄入邺而石虎杀戮减半:佛图澄(232—348),西域人。本姓帛氏(以姓氏论,应是龟兹人)。曾两次到罽宾国学法,受诲佛教名师。在晋怀帝永嘉四年(310)来到洛阳,志弘大法。佛图澄在后赵建武十四年(348)十二月八日卒,享年一百一十七岁。他在赵国弘扬佛法,推行道化,所经州郡,建立佛寺,有八百九十三所。追随他的弟子,常有数百,前后门徒,多达万人,而且门徒中高僧辈出。有关他的神异事迹,《高僧传》中记录甚多。石虎,后赵王。

⑧渑池宝塔放光而符健椎锯用息:北魏时期佛典盛传"渑池宝塔放光"事,是神迹。符健,即前秦王。

⑨蒙逊:即沮渠蒙逊(368—433),匈奴人,十六国时期北凉君主,401年—433年在位。早年起兵造反,报杀伯父之仇,后治理严明,大义灭亲,诛杀二位犯罪的伯父。玄始中(412—425),蒙逊请天竺高僧昙无谶到姑臧传授佛学和译经,先后与河西沙门惠嵩、道朗等合作,译出《大般涅槃经》36卷,《六等大集经》29卷,共14部。蒙逊执政期间还先后开凿了天梯山石窟、文殊山石窟、马蹄寺石窟部分洞窟和金塔寺石窟,以及敦煌莫高窟第272、275等石窟,成为河西文化的瑰宝。

⑩面缚：双手反绑于背而面向前。古代用以表示投降。《左传·襄
公十八年》："乃弛弓而自后缚之。其右具丙亦舍兵而缚郭最，皆
衿甲面缚，坐于中军之鼓下。"杨伯峻注："面缚，即自后缚之。"

【译文】

何尚之回答说："那些众多的百姓，大多不信佛法，只因臣平庸蔽
塞，所以独自秉持老实、勤谨，恐不能以自己粗浅的知识来评说佛教。
现将赞扬佛教这个重任交给我，我不敢承担，只有前代众多的优秀人物
才能不辜负朝廷的重任。中朝西晋已远离今天，其中的情况，难再完全
搞清楚了；但东晋渡江以来，则有王导、周颉，是辅佐帝王之才的领袖；王
濛、谢尚，是人伦道德的典范；郗超、王坦、王恭、王谧，可谓才气绝伦、文
章独步，气质清秀、性情贞定，而又志存高远。郭文、谢敷、戴逵等人，都
潜心探究天人之际的玄奥，立身于山林烟霞之间。已经亡故的高祖兄
弟，他们以高见卓识成为世人的规范，王元琳兄弟则以才华在朝庭中称
冠，其余的还有范汪、孙绰、张玄、殷觊等数十人，无一不是当时的俊杰
贤士，但他们都归依、崇信佛教。又有宗炳论中所列举的那些高僧，帛
道猷、昙翼、于法邃等人都只是其中的下辈，但能够和这些高僧相当的
士人则只有庾亮了，在于法邃之上，则有竺法护、于法兰，这些高僧都是
中德在内且神妙莫测的圣人。上述所列举的都不过是近世以来佛道和
俗世之中的贤人高士，因为这样谈论较为方便，若当真要完备的列举
出，来自印度和中国本土，并且上溯到汉、魏之际的奇才异德，怎么能够
说尽呢？难道这些贤人俊杰、奇才异德，当真愿意白白地夭折自己的性
灵，抛弃亲人，而沉沦迷惑于这些虚幻狂妄之说，沉陷到这些没有证验
的教化之中吗？陛下您的思维能够考虑到事物的表象之外，从而洞察
事物的本质，可以说是思想深刻、知识渊博，实在不可能是取自于身边
近处的。因此，从我们这些下臣开始，如果都能谨慎的推广您的事例，
那么，清洁敬信之士将任何时候都不会缺乏；常说的只有人才能够弘扬
大道，确实不是虚言啊！慧远法师曾说：'释迦牟尼的教化，无所不可。

归从道统本就来自教化之根源，救助世俗也本是佛教的要务，皇帝若能剪除其中的讹误虚假，褒奖其中已经检验核实的，让这些参与皇帝对国家的统治，和世俗的政治教化并行天下，同心协力，使老百姓人心纯洁，民风敦厚，所谓的成康盛世、文景之治又有什么可以值得惊奇的呢？假使在周朝和汉朝的初期，就能兼行佛道教化，百姓歌颂政治清明刑罚公正的和谐社会，肯定会更快地实现。'我个人认为，慧远法师的话很符合深妙的道理。为什么呢？这是因为，如果一个拥有百个家庭的乡，其中有十个人持守佛教的五戒，则有十个人因此而变得敦厚谨慎；一拥有千个家庭的邑，其中若有百人践行佛教的十善，则会有百人因此而变得性情温和敦厚。将这样的风教典法传遍天下国家，若拥有编户千万，则其中的仁人就会达到百万之多啊。这还只是列举五戒十善全部具有的人。如果将持一戒一善的人数全部统计进来，恐怕将会达到十个人就有两三个能够受到感化啊。再说一个人能施行一善则会去除一恶；一恶既已去除就会减少一次刑罚；一个家庭减少一次刑罚，则整个国家就会减少万次刑罚。像汉孝文帝那样仅仅审理四百件刑事案件，不是很容易做到吗？像成康之治那样的盛世，理应更快的实现。这就是陛下所说的不费吹灰之力而享太平盛世啊！论理就是这样了，若要征引故事则请让臣下再说说。以前的史书说，西域的民俗，是人人都信奉佛法，所以即使有的大国民众数量致万，小国却只有数百，但最终都能和睦相处，不会互相兼并。归附朝廷为属国或属地之后，习俗随之颇弊，也更为淳良柔弱，很少施行杀伐。五胡乱华以来，战乱频仍，致使生灵涂炭，蒙冤遭受横祸而致死亡的，不可胜数。其中设若侥幸可以获得休养生息的，也必定是依靠佛教。所以佛图澄来到后赵，石虎的暴行也就减少了；渑池佛塔放光，前秦苻健的暴虐也有所减损。所以可见有史以来，神道都是能够帮助教化的。北凉的蒙逊早年谋反噬杀，目无亲情，暴虐如同豺狼老虎，可是在晚年时受佛法感悟，立即成为大善人。一个人法术比得上道人，力量兼同万夫，完全有能力大肆扩张侵伐，大乱河、渭之地，然而却主动请降，不惧死亡，以赴师范。这并非有什么其他原因，实是虔诚信奉佛法的缘故啊。

"夫神道助教，有自来矣。雷霆所击，暑雨恒事。及展庙遇震，而书为隐慝①。桀纣之朝，冤死者不可称纪。而周宣、晋景，独以深刑受祟。检报应之数，既有不符；征古今之例，祇更增惑。而经史载之，以彰劝诫。万一影像，犹云深切。岂若佛教，责言义，则有可然可信之致；考事实，又无已乖已妄之咎。且观世大士，所降近验；并即表身世，众目共睹。祈求之家，其事相继。所以为劝诫，所以为深切，岂当与彼同日而谈乎？而愚暗之徒，苟遂毁黩，忽重殉轻，滞小迷大，恚僧尼之绝胖育，疾像塔之丰朱紫；此犹生民荷覆载之德②，日用而不论，吏司苦裡瘗之劳③，有时而诋慢。惠琳、承天盖亦然耳。萧摹启制，臣亦不谓全非。但伤蠹道俗，最在无行僧尼；而情貌难分，未可轻去金铜土木。虽糜费滋深，必福业所寄，复难顿绝。臣比思为斟酌，进退难安，今日亲奉德音，实用夷泰。"

时吏部郎羊玄保在座。进曰："此谈盖天人之际，岂臣所宜豫？窃恐秦、楚论强兵之术，孙、吴尽吞并之计，将无取于此耶？"帝曰："此非战国之具，良如卿言。"尚之曰："夫礼隐逸则战士怠，贵仁德则兵气衰。若以孙吴为志，苟在吞噬，亦无取尧舜之道，岂唯释教而已。"帝悦曰："释门有卿，亦犹孔氏之有季路，所谓恶言不入于耳。"

【注释】

①"展庙"二句:见《左传·僖公十五年》:"震夷伯之庙,罪之也。于是展氏有隐慝焉。"《阅微草堂笔记》记有:春秋二百四十年的时候,礼崩乐坏,上天对那些恶人的惩罚不止一件,可惟独伯夷的家庙让雷劈了——这是因为伯夷的后代展氏是社会名流,是道德楷模,伯夷的后代,他们却有隐藏的罪恶,这个就对他们惩罚得比较狠了。慝(tè),过失,罪恶。

②覆载之德:即天地的生化养育之德。《礼记·礼运》篇说:"故人者,其天地之德,阴阳之交,鬼神之会,五行之秀气也。"郑玄《礼记注》:"天以覆为德,地以载为德,人感'覆''载'而生,是天地之德也。"

③禋瘗(yīnyì)之劳:谓祭祀天地。禋,指祭天。将牲体、玉帛等放在柴火上焚烧,升烟以祭。瘗,指祭地。礼毕将牲体、玉帛等埋于地以享。

【译文】

"再说神道可以助教,并非偶然,实有其根源啊。雷霆折木坏屋甚至击杀人命,以及夏天暴雨洪灾本都是天地永恒的变化,展氏先祖伯夷的家庙被雷震坏了,展氏先祖本是社会名流、道德楷模,可伯夷的后代,他们却有隐藏的罪恶,于是上天特地以此惩罚警示他们。但在夏桀、商纣的时代里,蒙冤而死的人不可计数,而周宣王和晋景公,却独因滥用刑罚受到尊崇。那报应在哪里呢? 事实上,仔细检查报应的数目,便会发现有不符合的事情;征引古今的事例来看,只是更为疑惑它的真实性。而经史中记载这些,目的也是在于彰显神秘从而劝诫民众行善。尽管灵验者只是万中有一,仍有大功劳。哪里比得上佛教,若从言辞义理上探究,则句句合理而又可信;若用事实来考核,则没有任何乖谬背妄。且如观世音菩萨,所降临的事情都得到立即的应验;并随即表明身世,可谓是有目共睹。这些祈求菩萨的家庭,应验之事相继发生。由此可见,佛教所用来作为劝诫,所用来立大功的,哪里是那些经史记载可以相提并论的呢? 然而一些愚昧之徒,随意诬蔑诽谤,这些人忽视重要的东西却为不重要的事情牺牲,执着于小的方面而又迷惑于大的方面,于是他们怨恨僧尼出家断绝生育,担心造像建塔华丽庄严;这犹如人民百姓享受天地的恩德,每天都在受用却不知道,唯有这些官吏有司苦于祭祀天地的劳累,因而有时会有诋毁侮慢的情绪。慧琳、何承天等人大概也是这样的吧。而萧摹之启奏要求抑制佛教的发展,我也不说完全不对。只是败坏道俗的,主要是那些没有品行的僧尼;然而从外表上很难分辨,不可轻易地取舍好坏。虽然修建寺院,铸造佛像,要用很多金铜土木,却是众生福报的寄托所在,难以立即断绝消灭。臣近来反复思考这事,进退不安,今天亲奉陛下的德音善言,实在是感到平夷安泰。”

　　当时吏部侍郎羊玄保也在座。于是进言说:“此谈盖天人之际,不是臣所能想到的。臣私下里想,秦、楚两国议论强兵的策略,孙子、吴子两人讨论吞并他国的计谋,恐怕不会从这里获取什么吧?”宋文帝说:“这些不是国家战争的工具,确实如你所说啊。”何尚之说:“在战争中,礼遇隐逸者则会使战士懈怠,尊贵仁德之人则会使士气衰落。若以孙子、吴子为榜样,志在吞噬他国,自然不会采取尧舜之道,更不要说什么佛教了。”宋文帝很高兴地说:“佛门有你们这些人,就像孔子门下有季路一样,这就是所谓恶言不入于耳。”

答李交州淼难佛不见形事
（并李书）

【题解】

在本篇中,魏晋南北朝宋代交州刺史李淼提出不见佛的真形和事迹,释道高、释法明二位法师进行回答,三人反复辩论,各自提出自己的看法。释道高认为,佛应对万事万物,共有三种方式:一是现身放光震动大地,二是正法如有佛在现实世界,三是像教模仿佛陀的礼仪规度。释法明指出,佛陀法身凝然寂静,湛然美妙,因此能顺应时机隐蔽和显现,行动和隐藏不能预测,显示则如如而来,隐藏则很好地离开,所以不能用外在形体来求证。

  夫道处清虚①,四大理常②,而有法门妙出群域③。若称其巧能,利物度脱④,无量为教,何以不见真形于世,直空说而无实耶? 今正就寻西方根源,伏愿大和尚垂怀允纳下心⑤,无惜神诰。弟子李淼和南。

【注释】

  ①清虚:清净虚无。《文子·自然》:"老子曰:'清虚者天之明也,无

为者治之常也。'"

②四大：佛教以地、水、火、风为四大。认为四者分别包含坚、湿、暖、动四种性能，人身即由此构成。因亦用作人身的代称。晋慧远《明报应论》："夫四大之体，即地、水、火、风耳，结而成身，以为神宅。"

③法门：指修行者入道的门径，泛指佛门。

④度脱：佛、道教语。超度解脱人世的生死苦难，到达仙佛境界。

⑤伏愿：敬辞，对答多用。

【译文】

道表现为清净虚无，人身四大皆空之理永恒不变，而有佛教奇妙法门在很多地方出现。如果认为它巧妙多能，有益于万物超度解脱，用无量方便来教化众生，为何在世上不见他真正的形体，只是凭空虚说而没有实据呢？现在正想寻找西方佛教的根源，敬愿您能虚怀若谷允许我这样质问，不要吝惜神明的告示。弟子李淼稽首。

释道高白：奉垂问至圣显晦之迹①，理味渊博，辞义昭洗②。敬览反复，弥高德音。使君垣墙崇邃③，得门自难，辄罄愚管，罔象玄珠④。夫如来应物，凡有三焉。一者见身放光动地，二者正法如佛在世，三者像教仿佛仪轨。仿佛仪轨，应今人情，人情感像，孰为见哉？故《净名经》云："善解法相⑤，知众生根。"至于翅头末城，龙华三会⑥，人情感见，孰为隐哉？故《法华经》云："时我及众僧，俱出灵鹫山。"蠰佉之宫屡然可期⑦，西方根源何为不睹？而世之疑者，多谓经语不符，暗寄情少，咸以不睹生滞。夫三皇、五帝、三代、五霸，姬旦、孔丘，删《诗》制《礼》，并闻史籍，孰睹之哉？释氏震法鼓于鹿园⑧，夫子扬德音于邹鲁，皆耳眼所不得，俱信之于书契。若不信彼，不患疑此；既能了彼，何独滞此？使君圣思渊远，洞鉴三世，愿寻寿量未尽之教⑨，近取定光儒童之迹⑩，中推大通智胜之集⑪，以释众人之幽滞，若披重霄于太阳。贫道言浅辞拙，语不宣心，冀奉见之日，当申之于论难耳。谨白。

【注释】

①显晦：明与暗。

②昭洗：明确而精练。

③垣墙崇邃：宫墙高峻门户幽深，比喻某种学说思想高深难以理解。《论语·子张》："子贡曰：'譬之宫墙，赐之墙也及肩，窥见室家之好。夫子之墙数仞。不得其门而入，不见宗庙之美、百官之富，得其门者或寡矣。'"

④罔象：道教名词。指虚无之象。在道教丹法中又指出神开天窗时，思维意识活动处于相对静止，达到忘我的状态。《性命圭旨》："罔象者，忘形之谓也。"玄珠：道家、佛教比喻道的实体，或教义的真谛。《庄子·天地》："黄帝游乎赤水之北，登乎昆仑之丘而南望，还归，遗其玄珠。"陆德明释文："玄珠，司马云：'道真也。'"

⑤法相：佛教术语，指诸法之相状，包含体相（本质）与义相（意义）二者。

⑥"翘头"二句：弥勒佛在未来世当来下生于阎浮提世界，并在华林园中龙华树下成道，然后在三次大会上演说佛法。《弥勒下生经》载，弥勒将于人寿八万四千岁时，下生人间，出家学道，坐翘头城华林园中龙华树下成道。之后，初会说法，度化九十六亿人；二会说法，度化九十四亿人；三会说法，度化九十二亿人。

⑦蠰佉（nángqū）：《弥勒下生成佛经》："其国尔时有转轮圣王，名曰

蠕佉。"屛然：弱小的样子。

⑧鹿园：寺名。在东天竺波罗奈国鹿野苑，传说为佛祖最初说法之
　　地。《大唐西域求法高僧传》曰："那烂陀寺东四十驿许，寻琼伽
　　河而下至蜜栗伽悉他钵那寺。唐云鹿园寺也。"

⑨寿量未尽之教：阿弥陀佛。阿弥陀，意译为无量寿、无量光，故阿
　　弥陀佛亦称为无量寿佛、无量光佛。

⑩定光儒童之迹：释尊前生曾为儒童菩萨。《太子瑞应本起经》：
　　"定光佛兴世，有圣王名曰制胜治，在钵摩大国，民多寿乐，天下
　　太平，时我为菩萨，名曰儒童。"其时，儒童菩萨曾购五茎莲花供
　　养于佛，又解发布地，使佛蹈之，而受未来成佛之记。

⑪大通智胜之集：据《法华经》卷三《化城喻品》载，大通智胜佛于过
　　去三千点劫前出世，其十六子在他证成佛道后，也出家为沙弥，
　　请佛宣讲《妙法莲华经》，皆能信受奉行，后亦各自升座为四部众
　　敷扬该经，于八万四千劫间广说不绝，各度化六百万亿那由他恒
　　河沙等众生，皆证得无上正等正觉，现身于十方国土。

【译文】

释道高辩白：您询问佛道明暗的真迹，所说道理广大精博，言词涵
义清楚明白。于是我多次阅览，感觉您的德音很高妙。然而您就像遇
到万仞之墙，很难得其门而入，虚空真谛的道理着实让人摸不着头脑。
如来佛应对万事万物，共有三种方式。一是现身放光震动大地，二是正
法流布如有佛在现实世界，三是像教模仿佛陀的礼仪规度。模仿礼仪
规度，接应现今人情，人的情怀感应见到佛像，怎么能说没有显现呢？
于是《净名经》就说："擅长理解诸法之相状，知晓众生的根器。"至于弥
勒佛证得佛果成道，在龙华会上三次演说佛法，众人都能感应接见，怎
么能说是隐晦呢？因此《法华经》就说："那时我和其他的僧众，皆出自
灵鹫山。"转轮圣王的宫观虽然微小但可见，西方佛教的源头为什么不
能看到呢？俗世所谓的可疑，大概多是认为佛经言语不符合眼见表象，

所依托的感情较少,都认为没看到佛而疑惑。对于三皇、五帝、夏商周三代、春秋五霸、周公、孔子等事迹,孔子删节《诗经》创制《礼》,只是在历史书籍中听到,谁又亲眼看到了呢?佛教释迦牟尼的法鼓震动于鹿园,孔子宣扬道德礼仪于邹鲁故地,都不能耳闻目睹,而是从书籍中得到的教导。如果不相信那个,就不担心怀疑这个;既是能了解儒家学说,为何单单怀疑佛经?您思虑深远,明鉴过去、现在、未来三世,希望您寻求寿命无量的佛教尽心宣扬佛法,就近取法于定光佛的事迹,稍远一点可以推崇大通智胜佛,这样就能解释众生的幽晦与凝滞,就像拨云见天日。我言辞浅陋,所说的话不一定能表达我的内心,希望您看到的那天,理解我的说法。谨慎辩白。

　　李和南①。旋省雅论②,位序区别,辞况冲美③,欣会良多。所谓感化异时,像正殊俗,援外以映内,征文以验实。敬范来趣,无所间然。然夫受悟之由,必因鉴观,暗寄生疑,疑非悟本。若书契所存,异代齐解,万世之后,可不待圣而师矣。若乃声迹并资,言像相济,大义既乖,儒、墨竞兴,岂徒正信不朗,将亦谤误增衅,得不取证于示见印记以自固乎?大圣以无碍之慧,垂不请之慈④,何为吝昭昭之明,晦倍寻之器,绝群望于泥洹之后⑤,兴罪垢于三会之先⑥?刍狗空陈,其能悟乎?仪像虚设,其能信乎?至于帝王、姬、孔,训止当世,来生之事,存而不论。故其隐见废兴,权实莫辩。今如来轨业弥贯三世⑦,慈悲普润,不得以见在为限;群迷求解,不可以灭尽致穷。是以化度不止于篇籍,佛事备列于累万,问今之所谓佛事者,其焉在乎?若如雅况,所信在此,所验在彼。而圣不世出,孔、释异涂⑧,即事而谈,罔非矛盾矣。

其可相验乎？未能默废，聊复寓言，幸更详究，迟睹清释⑨。

【注释】

①和南：稽首、敬化、度我等意思。

②旋：慢慢地。

③冲美：纯正美好。

④不请之慈：比喻佛、菩萨救度众生的大慈悲心。

⑤泥洹：涅槃。

⑥三会：三度之法会。过去诸佛如毗婆尸如来、尸弃如来、毗舍婆如来、拘楼孙如来、拘那含如来、迦叶如来等，经典均载其三会说法及与会听法之众数。当来下生之弥勒佛亦有三会说法，称为弥勒三会，又称龙华三会，以教化释尊未度化之众生。

⑦如来：佛之尊称。轨业：常业。三世：过去世、现在世、未来世。凡已生已灭之法叫做过去世，已生未灭之法叫做现在世，未生未起之法叫做未来世。

⑧涂：同"途"。

⑨迟：等待。清释：美好的解释。

【译文】

李森稽首敬礼。我慢慢体会您的雅论，厘清彼此的区别，您的言辞纯正美好，我感觉受益很多。所谓感化在于异时异地，像正之教习俗不同，援引外书映照内典，征用文章来证验实际。我怀着敬意理解您的文章，没有任何的隔阂。然而体悟大道，一定要依靠镜子般的观照，昏暗会产生疑问，生疑不是领悟的根木。如果历史书籍所保存的东西，不同的时代能得到相同的解释，那么数代之后，可不用圣贤作为老师了。假使声音迹象一并资用，言辞法相互相印证帮助，大义相互违背，儒家墨家相竞兴盛，难道因正信不明朗，就将诽谤误解而增加仇隙，得不到证实的标记而因此故步自封吗？大圣用无上的智慧主动悲悯救度众生，为什么吝惜昭然之明，隐藏求法途径，断绝众人向往涅槃的愿望，使信众在听闻法会之前产生罪行污垢，只是摆设用草扎成的狗，难道可以让人体悟吗？仪态法相形同虚设，难道可以相信么？至于三皇五帝、周公孔子垂训于当世，未来的事情存而不论。因此他们的隐显和废兴，从权宜和实际的角度都很难辩驳。现在如来佛大法横贯过去、现在、未来三世，慈悲普度润泽众生，不可以因为肉眼不能看见而否定；众人因为迷惑而想求得解脱，不可以毁灭所有的外在方便手段而让大家不能理解。所以化育普度不能仅在于典籍，佛事宜在万事万物中实行，询问现在的佛教事宜，在哪里呢？假若就像您所说的，在此时此地信仰，会在彼时彼地应验，而圣贤并非经常出世，儒教与佛家教化方法不同，只就事泛泛而谈，肯定是有矛盾的。难道彼此可以相互应验？我不能保持沉默，只能因事托言，希望能仔细探究，等待您的美好解释。

释道高白：重奉深诲，义华旨远，三读九思，方服渊致。故知至理非庸近能测，微言奥辞，非鄙讷所参。今谨率常浅，粗陈所怀。夫万善为教，其途不一，有禅宴林薮[①]，有修德城傍，或曲躬弹指[②]，或歌颂言咏，皆耳眼所共了，为者亦无量。斯则受悟之津，由暗寄之称，何必受悟于因，鉴观何必暗寄？其则生疑，疑亦悟本。请当论之，疑则求解，解则能悟，悟则入道，非本如何？虽儒、墨之竞兴，九流之是非[③]，乃爝火之不息[④]，非日月之不辉。何急急于示现，而促促于同归哉？今不罔季俗无证，验以征诚，亦不谬大圣吝昭昭之光明。而世之疑者，据以不睹形，遂长迷于大梦，横沉沦而溺生死[⑤]。先儒往哲，粗有旧说，途无异辙，辄述而不作[⑥]。夫亡身投诚必感，感则俱见，不感不见。其有见者以告不见，其不见者会不信见，圣人何尝不在群生，何尝不见哉？闻法音而称善[⑦]，刍狗非谓

空陈⑧；睹形像而曲躬，灵仪岂为虚设？姬、孔救颓俗而不赡，
何暇示物以将来？若丘、旦生遇于结绳⑨，则明三世而不已。
问今佛事其焉在乎？低首合掌⑩，莫非佛事，但令深悟有方，
殊途同归耳。前疏所弘，彼此疑信者，正为世人不见，便谓无
佛，故取不见周孔为其绳准耳⑪。此乃垂拱而相随，岂矛盾之
谓哉？使君生知无假，素气天然，居大宝之地，运颖脱之恩⑫；
流浪义苑，涉骤书园；吐纳余暇⑬，优游永日⑭；德音既宣，莫不
侧听。贫道学业粗浅，弘惭简札，上酬谬略，惧尘盛藻。追增
悚愧，流汗霡霂⑮。谨白。

【注释】

①林薮：山林与泽薮。《管子·立政》："修火宪，敬山泽，林薮积草，
　夫财之所出，以时禁发焉。"

②弹指：以拇指与中指压食指，复以食指向外急弹作声。为古代印
　度人的行为习惯之一，系用以表示欢喜、允诺或当作警示之
　信号。

③九流：先秦的九个学术流派。《汉书·叙传下》："刘向司籍，九流
　以别。"颜师古注引应劭曰："儒、道、阴阳、法、名、墨、纵横、杂、
　农，凡九家。"

④爝火：小火。

⑤沉沦：隐伏。

⑥述而不作：阐述前人成说，自己并不创新。《论语·述而》："述而
　不作，信而好古。"朱熹集注："述，传旧而已，作，则创始也。"

⑦法音：佛教语，解说佛法的声音，佛法。

⑧刍狗：古代祭祀时用草扎成的狗。《老子》："天地不仁，以万物为
　刍狗；圣人不仁，以百姓为刍狗。"魏源《老子本义》："结刍为狗，

用之祭祀,既毕事则弃而践之。"后因用以喻只是有暂时秩序象征意义而本质微贱无用的事物或言论。

⑨结绳:上古无文字,结绳以记事。《周易·系辞下》:"上古结绳而治,后世圣人易之以书契。"

⑩合掌:佛教徒合两掌于胸前,表示虔敬。

⑪绳准:准绳。

⑫颖脱:超脱世俗的拘束。

⑬吐纳:吐故纳新。道家养生之术。

⑭优游:悠闲自得。

⑮霢(mài)霂:汗流的样子。

【译文】

释道高说:再一次看到您深刻的教诲,义旨华美深远,多次拜读思考,很佩服您精深的旨趣。于是知道至上的道理不是浅近的人能测量的,微言大义,也不是鄙陋的人所能参究的。今天我小心翼翼地用我所见所识,粗略地陈述我的内心。以万善作为教化,道路是不同的,有的在山林大泽修禅,有的在闹市修德立诚,有的弯腰弹指,有的咏唱阔论,这些都是能耳闻亲见的,这样做的人也不计其数。那么感受体悟的方法,缘于暗寄之称,何必受悟于因,那么考察事物何必要通过其外在假象呢? 这样的话就会生疑,有疑问也会领悟根源。还请另当别论。有疑问就必须求得合理的解释,有解释就能领会,能领会就能得道,不是本原又是什么呢? 虽然儒家墨家竞相兴起,三教九流所有的是是非非,乃是小火不灭的缘故,并非是日月未曾照耀。何必急于显示,而急促地要求形式相同呢? 现今不希望通俗没有证据,证验必须有实据,这样就不会责怪圣贤吝惜昭昭光明。世人之所以会生疑,是因为不能够见到实在的形象,于是常常被梦幻所迷惑,也就常常沉沦而沉溺于生死苦海之中。古代的大儒圣贤,都只有大概的理论,方法是一样的,就是只陈述而不写出来。如果忘我进入至诚的境界,一定会有所感应,有感应就会见到,如果不能感应就不会看见。能见到的告诉那些没有见到的,那些没有见到的不一定会相信那些已经见到的,圣贤何尝不是群众中的一员,何尝不能实见？听到法音就称善,祭祀时用草扎的狗就不会是凭空陈列；看到形像就恭敬,灵性仪式难道是形同虚设？周公、孔子拯救颓废的世俗还难以周全,哪里有时间造出实物昭示将来的人？假设周公、孔子生逢结绳记事的时代,那么就不止于仅会明白了解三代。您问当今的佛事在哪里呢？垂头合掌敬礼,就是佛事,只要深刻领悟就会理解各种佛事,不同的道路朝向同一个目标罢了。前面信疏里所讲的,彼此或信或疑,只是因为世人没有见到,就认为没有佛道,于是拿不能亲眼看见周公孔子来做比较。这是类比,难道有所谓的矛盾吗？您天生聪明,灵气天成,居处于富庶的乡邦,运用超脱世俗的恩典,徘徊于礼仪之邦,多次涉足文化之乡,余暇吐故纳新,整天悠闲自得,道德之音既然宣唱,俗人没有不听从的。我学业根基粗浅,很是惭愧自己所写的信札,向上陈述荒谬的策略,担惊受怕于丰盛的词藻。更加惭愧,流汗不止。恭谨陈述。

李和南。雅论明受悟之津,爰自疑得,暗寄有余,无取鉴观。鞠躬赞诵[1],咸足届道,览复往况,弥睹渊赜[2]。然所谓像法乖正,求悟理粗,借筌会旨,无假示见,此固姬、孔所以垂训,辉光所以不表,则取之世典,绰焉足矣。放光动地,徒何为乎？若正信不止于俯仰,而佛事备举于形声,大觉所由妙其色,涉求之可基其始,故知信者必以儒墨致疑,学者将由无证自悔。吝明无咎于三五[3],潜景道德,愆于十号矣[4],岂不然乎？又所谓姬、孔务拯颓季,无暇来生,设在结绳,三世自明,亦又不然。七经所陈[5],义兼未来,释典敷载,事止缘报。故《易》云：积善余庆,积恶余殃。经云：无我无造无受者,善恶之业亦不亡[6]。此则缘教常缓,兼训已弘,岂谓所务在此,所阙在彼哉?来论虽美,故自循环之说耳。望复擢新演异,以洗古今之滞,使夷路坦然,积碍大通也。深愿大和上垂纳毫款⑦。弟子李淼谨呈。

【注释】

①鞠躬:恭敬谨慎的样子。《仪礼·聘礼》:"执圭,入门,鞠躬焉,如恐失之。"

②渊赜(zé):幽深奥妙。

③三五:三皇五帝。

④十号:佛的十种名号。一、如来,乘如实之道来成正觉。二、应供,应受人天的供养。三、正遍知,真正遍知一切法。四、明行足,宿命明、天眼明、漏尽明等三明与圣行、梵行、天行、婴儿行、病行等五行悉皆具足。五、善逝,自在好去入于涅槃。六、世间解,能了解一切世间的事理。七、无上士,至高无上之士。八、调御丈夫,能调御修正道的大丈夫。九、天人师,佛是一切天、人的导师。十、佛世尊,佛是一切世人所共同尊重的人。

⑤七经:佛家的七种经典,常指《无量清净平等觉经》、《大阿弥陀经》、《无量寿经》、《观无量寿经》、《阿弥陀经》、《称赞净土佛摄授经》、《鼓音声王陀罗尼经》。或指儒家的七种经典。

⑥"无我"二句:《维摩诘所说经·佛国品》:"说法不有亦不无,以因缘故诸法生。无我无造无受者,善恶之业亦不亡。"

⑦和上:和尚。

【译文】

弟子李淼稽首敬礼。雅论阐明体悟的方法,由于我自己内心生疑,增加比较多的疑暗,因此缺乏鉴观的能力。恭敬谨慎地称赞歌颂,足以弘扬佛道,浏览往常的言辞,更加看见了幽深奥妙之道。然而所谓像法乖正,求取领悟理会粗略,借助方便手段体会宗旨,没有可以借助的东西用来显示,这就是周公、孔子垂训的目的,也是佛光不显现出来的原因,那么拿历代典籍解释就绰绰有余了。还要佛像放光动地,白白为的是什么呢? 如果正信不止于俯仰礼仪,而佛事完备体现在各种外形、声音中,大觉所由在于各种外在美妙的物质世界中,妙法从一开始可以求得,因此信仰的人必定会因为儒道墨法而生疑,学者将来一定会因为无法证验而后悔。吝惜光明不归咎于三皇五帝,淳粹美德,迁罪于各种大佛,难道不是这样的吗? 您又说周公孔子志在拯救颓废的时代,没有时间顾及未来的人,假设是出生在结绳而治的三代,自然明白,这样也不大可能。七部经书所阐述的,义理函盖未来,佛典敷陈记载的,事理皆是强调缘分报应。因此,《周易》说:积累善行就会有很多的福报,积累恶行就会有很多的祸患。《维摩诘经》说:无我无造业受报者,善恶之业也不会消失。这样缘分之教常缓,兼容各家的训释已经宏通,难道说专心在此而遗缺在彼吗? 您的言论虽然美好,也不过是循环重复说说而已。希望能推陈出新,洗掉过去和现在的凝滞,使得道路平整,长久积累的障碍能通畅。深深地希望大和尚能理解我的微词。弟子李淼谨慎呈递。

释法明白:巨论爰降,敬览移日。馥若幽兰[①],清若蕙风[②]。贫道器非霜颖,运非庖生,动乖理间,独踬疑族[③]。良由辞讷旨滞,剧难星陈。

愚谓贰暗寄奇,鉴观示见,鞠躬歌赞,感动灵变[④],并趣道之津梁,清升之嘉会。故宜寄、观双举,疑、验两行。岂得罢绝示见,顿漏神采? 齐轨姬、孔,同范世训,放光动地,徒为空言。夫法身凝寂[⑤],妙色湛然,故能隐显顺时,行藏莫测[⑥]。显则乘如而来,隐则善逝而去,即言求旨,何愆于十号哉[⑦]? 余晖所映,足光季俗[⑧],信者岂以荧烛增疑? 正向旦白黑比肩,塔像经书,弥满世界,学者岂以无证自悔? 又引七经⑨，义兼未来，积善余庆，积恶余殃。虽新新生灭，交臂代谢⑩，善恶之业不得不受，此乃过明三世，愈亮七经，征翰检实，则闻命矣。前论云：帝王、姬、孔，训止当世，来生之事存而不论，故其隐见废兴，权实莫辨⑪。似若矛盾，义将安寄？

　　当仁不让⑫，伏听渊赜，前疏粗述，至圣沉浮，而义据未照，辞况未泯。谨更详究，共弘至道。夫群生长寝于三有⑬，众识永惛于六尘⑭，潜移为吞噬之主，相续为回转之轮⑮。形充逆旅之馆，神当过憩之宾；往来三恶而苦楚⑯，经离八难而酸辛⑰；欣乐暂娱忧畏永劫，一身死坏复受一身。虽世智辩聪、群书满腹，百家洞了、九流必达，知死生有命、富贵在天。鬼神莫之要，圣哲不能豫，未免谬见以翳情，疑似以干虑。寄怀于巫精，投诚于符咒，执邪以望正，存伪以待真，迟回于两心⑱，踌躇于二径⑲。放光动地，其可见乎？所以玄籍流布，列筌待机，机动必感，感而后应者也。自有栖志玄宅，下操渊达，逾明一生若朝露，辩三世之不虚，纵辔于清真之术⑳，敛控于浊伪之衢。植德耘邪而荟蔚㉑，树福灌正而扶疏㉒，苦节竞辰于寸阴，洁己争逝于桑榆㉓，怀诚抱向，感而遂通。岂不亲映光荣，而睹其灵变哉？若耳眼所自了，或通梦之所见，如汉明因梦以感圣㉔，大法于是而来游。帝主倾诚以归德，英豪敛衽以服化，沙门齐肩于王公，僧尼直躬于天子。九十六种孰为高哉？宋武皇帝始登帝位㉕，梦一道人提钵就乞，因而言曰："君于前世施夷卫佛，一钵之饭，居得斯位。"遣问严公，征其虚实，严公即送《七佛经》呈闻㉖。吴主孙权㉗，初疑佛法无验，当停罢省，遂获舍利光明照宫㉘，金铁不能碎，炉冶不能融。今见帝京建初寺是。吴郡有石佛，浮身海水，道士巫师人从百数，符章鼓舞一不能动。黑衣五六，朱张数四，薄尔奉接，遂相胜举。即今见在吴郡北寺，淳诚至到者莫不有感。朱、张连世奉佛，由睹验致。郭文举祇崇三宝^㉙，正信坚明，手探虎鲠，深识安危。兰公拂严雪于猛兽，护公感枯泉而洪流，并高行逸群，清神迈俗，皆有异迹，世咸记焉。自兹以外，不可胜论。贫道少情学业，迄于白首，孤陋寡闻^㉚。彰于己诚，直言朴辞，未必可采。不允当^㉛，伏惭悚^㉜。谨白。

【注释】

①幽兰：兰花。《楚辞·离骚》："户服艾以盈要兮，谓幽兰其不可佩。"

②蕙风：和暖的春风。

③踬（zhì）：事情不顺利，处于困境。

④灵变：神奇莫测的变化。

⑤法身：梵语意译。谓证得清净自性，成就一切功德之身。"法身"不生不灭，无形而随处现形，也称为佛身。凝寂：端庄镇定。

⑥行藏：出处或行止。语本《论语·述而》："用之则行，舍之则藏。"

⑦十号：佛的十种名号。即：如来、应供、正遍知、明行足、善逝、世间解、无上士、调御丈夫、天人师、佛世尊。

⑧季俗：末世颓败的风俗。

⑨七经：此处指儒家的七种经典。

⑩交臂：恭敬。《战国策·魏策二》："魏不能支，交臂而听楚。"

⑪权实：佛教语。谓佛法之二教，权教为小乘说法，取权宜义，法理明浅；实教为大乘说法，显示真要，法理高深。

⑫当仁不让:《论语·卫灵公》:"当仁不让于师。"朱熹集注:"当仁,以仁为己任也;虽师亦无所逊。言当勇往而必为也。"后泛指遇到应该做的事主动去做,绝不推诿。

⑬三有:三界的生死有因有果,所以叫做三有。一、欲有,即欲界的生死;二、色有,即色界的生死;三、无色有,即无色界的生死。

⑭六尘:指色尘、声尘、香尘、味尘、触尘、法尘等六境。尘即染污之义。谓能染污情识,而使真性不能显发。色尘谓青黄赤白之色及男女形貌色等,声尘谓丝竹环佩之声及男女歌咏声等,香尘谓旃檀沉水饮食之香及男女身分所有香等,味尘谓种种饮食肴膳美味等,触尘谓男女身分柔软细滑及妙衣上服等,法尘谓意根对前五尘,分别好丑而起善恶诸法。

⑮轮:转轮。

⑯三恶:佛教谓六道轮回中作恶业者受生的三个去处。即:造上品十恶业者堕入的地狱道;造中品十恶业者堕入的饿鬼道;造下品十恶业者堕入的畜生道。

⑰八难:谓见佛闻法有障难八处:一地狱;二饿鬼;三畜生;四郁单越(新作北拘卢洲),以乐报殊胜,而总无苦故也;五长寿天,色界无色界长寿安稳之处;六聋盲喑哑;七世智辨聪;八佛前佛后,二佛中间无佛法之处。

⑱迟回:迟疑,犹豫。

⑲踌躇:迟疑不决。

⑳清真:纯真朴素。

㉑荟蔚:草木繁盛的样子。

㉒扶疏:枝叶繁茂分披的样子。

㉓桑榆:晚年,垂老之年。《文选·曹植〈赠白马王彪〉诗》:"年在桑榆间,影响不能追。"李善注:"日在桑榆,以喻人之将老。"

㉔汉明:汉明帝刘庄(28—75),字子丽,东汉第二位皇帝,在位十九年,

庙号显宗,谥号孝明皇帝。传说汉明帝夜梦金人而遣使求佛法。

㉕宋武皇帝:刘裕(363—422),字德舆,小名寄奴,杰出的政治家、军事家,南北朝时期刘宋王朝的开国皇帝,公元 420—422 年在位。

㉖《七佛经》:即《佛说七佛经》,刘宋时由沙门法天译为汉文,讲述佛祖为众比丘说七佛氏族名字弟子等事。

㉗孙权(182—252):字仲谋,吴郡富春县(今浙江富阳)人,三国时吴国的建立者。

㉘舍利:佛的身骨。佛、菩萨、罗汉、高僧等圆寂后火化,凝结成舍利,或如珠,或如花。

㉙三宝:佛宝、法宝、僧宝。一切之佛,即佛宝;佛所说之法,即法宝;奉行佛所说之法的人,即僧宝。佛者觉知之义,法者法轨之义,僧者和合之义。

㉚孤陋寡闻:学识浅陋,见闻不广。《礼记·学记》:"独学而无友,则孤陋而寡闻。"

㉛允当:平允适当。

㉜惭悚:羞惭惶恐。

【译文】

僧人法明说:您的宏论被拿到我这里后,我恭敬地浏览了很长时日。香若兰花,清如和风。我的慧根并不是很突出,思考问题也不如庄子笔下的庖厨运用斧子那样得心应手,很容易违背道理,独自徘徊在疑问重重的道路上。也许是因为言辞木讷,不能很好通解旨意,确实难于条条陈述。

我认为内心暗淡无法领悟大道,只有如明镜一样观照才能显示真理,诚心称赞歌颂,才能感动佛法神灵之变,一起走向佛道的渡口,进入清净飞升的嘉会。因此应该寄托、观照并举,怀疑和实证并驾齐驱。岂能断绝显示观照,完全脱漏神彩?您又说齐整周公、孔子的教化,共同做世间的示范,佛教的放光动地,只是虚话空言。其实佛的法身凝然寂静,湛然美妙,因此能顺应时机隐藏和显现,行动和隐藏不能预测。显示则如如而来,隐藏则很好地离开,依据言论寻求大道,十种名号有什么错误呢?落日遍照,足以照见末代世俗,信众怎么能以萤火之光而增加疑惑?正如白黑一起并立,佛塔法相经书典籍,充满世界,从学的人又怎么会因为没有证实而后悔呢?您又引用七经,说义理昭示未来,积善积德多有喜庆,积累邪恶多有祸害,虽然新生事物变化不断,交替新陈代谢,善恶之业不得不接受报应,这就是用过去的事情来理解过去、现在、未来三世,更加增色七经,征引典籍检验事实,那么就能了解命运了。前面您有言论说:三皇五帝、周公孔子的礼法只存在于当时,对未来的事情存留而不论,因此其隐见废兴,小乘权教与大乘实教难以分辨。前后好像有矛盾,那么义理体现在何处呢?

面对仁义就没有必要辞让,我伏听幽深奥妙的道理,前面的言谈已经粗略地做过陈述。大德圣贤在沉浮之中,而义理未能遍照,言论亦未清楚。更应该谨慎仔细地探讨,共同弘扬至高大道。众生一直生活在三界之中,他们的神识被六尘束缚而昏沉无明,潜移为吞噬生命之主,前后相继不断漂没于轮回。形体充满人生逆旅之馆,精神成为过往休憩的客人;往来在各种恶业中经受苦楚,经受八种苦难而酸辛;暂时的欢乐闲逸,担心畏怕永远的劫难,一肉身死坏又复受一具身体。虽然世界上聪明智慧的人满腹经书,洞晓百家九流,也知道死生在于命中注定,富贵也是上天的安排。鬼神不能知晓其中的关键,圣贤不能预先测知,难免会因错误的见识而掩盖实际情况,疑问会影响思虑。寄托情怀于各种精神鬼怪,相信各种符箓咒语,拿着邪恶的东西希求正道,心存虚伪的东西等待真理,犹豫徘徊于两种道路之间。光明遍照惊天动地,他们能够见到吗?因此佛家玄奥典籍流传散布,在世俗中陈列等待时机,时机到了必定会有所感动,感动之后必定就有响应。自然会有人喜欢栖居玄宅,志向隐逸,情操高尚,越来越明白人生就像早上的露水,辨明过去、现在、未来三世的不虚假,驰骋于纯正的佛道之流,随心所欲地超越各种昏浊虚伪。树立德行除去邪念,因此德行越来越高明,建立福泽浇灌根本而枝叶繁茂,修炼自己的节操不断与时间竞跑,清洁自己的身心一直到晚年,心怀实诚,就会感动通达。难道不能亲自映照光明,而亲眼看到它的神妙变化?如果能耳闻目睹,或者印证梦幻里所看到的,就像汉明帝因为梦金人而感应到佛道,佛法因此西来。帝王君主诚心归于德化,英雄豪强收敛服从教化,出家沙门都与王公贵族并肩,僧人都直身拜见天子。九十六种道法谁最高?宋武皇帝刚开始登上皇位,梦见一个僧道之人拿着饭钵向他乞讨,对他说:"君主你前世曾施舍过夷卫佛,因为你的一钵饭才得到了这个位子。"于是派人问严公,证其虚实,严公立即赠送《七佛经》上献。三国时期的吴国孙权,起初也怀疑佛法没有证验,应当罢除,后来获得舍利,光明遍照宫廷,铁器不能打碎,火炉不能融化,孙权这才信了佛。今天都城所见的建初寺即是由此而建造。吴郡有石制的佛像,漂浮在大海之中,道人巫师百余人,用符箓舞动一概不能让它动。穿着黑色官服的朱氏张氏等贵族,靠近迎逢接洽,于是才能大兴佛事。即便是现在吴郡的北寺,心怀诚意的人没有不被感化的。朱氏张氏数代信奉佛教,是由于目睹证验;郭文举崇敬佛、法、僧三宝,信仰坚定,手探虎鲠,很清楚地知道安危。兰公为猛兽抹除霜雪,护公感动枯竭的泉眼而产生巨大的泉流。他们都是品德高尚超迈,神情卓然超群,因此有非同寻常的事迹,世间都有记载。除了这些之外,很有还多神迹,不可说完。我资质浅薄,学业荒疏,都到白头的年纪了,见识有限。我的诚心可鉴,虽然言辞质朴,不一定能让人相信。如果有不当之处请您包涵。谨慎辩白陈说。

　　荆州宗居士造《明佛论》[①],称伯益[②],述山海[③],申毒之国偈人而爱人[④];郭璞注申毒[⑤],即天竺[⑥],浮图所兴浮图者,佛图也;刘向《列仙》叙七十四人在佛经[⑦];学者之管窥于斯,又非汉明帝而始也。道人澄公仁圣⑧，于石勒、虎之世⑨，谓虎曰："临淄城中有古阿育王寺处⑩，犹有形像承露盘⑪，在深林巨树之下，入地二十余丈。"虎使使者依图掘求，皆如言得阿余王者，阿育王也。姚略叔父为晋王，于河东蒲坂、故老所谓阿育王寺处，见有光明，凿求得佛骨于石函银匣之中。光曜殊常，随路迎睹于灞上。比丘今见新寺⑫。由此观之，有佛事于齐晋之地，久矣。所以不说于三传者，亦犹干宝、孙盛之史⑬。无语称佛，妙化实彰；有晋而盛，于江左也。

【注释】

①居士：在家信仰佛教的徒众。

②伯益：舜时东夷部落的首领，为嬴姓各族的祖先。相传伯益助禹治水有功，禹欲让位于益，益避居箕山之北。

③山海：指《山海经》。

④申毒：印度的古译名，亦作身毒。

⑤郭璞(276—324)：字景纯，河东闻喜县(今山西闻喜)人。东晋著名文学家、训诂学家，道学术数大师和游仙诗的祖师。

⑥天竺：印度的古称。古伊朗语 hindukahindukh 音译。

⑦刘向(前77—前6)：字子政，沛县(今江苏沛县)人。西汉经学家、目录学家、文学家。《列仙》：《列仙传》。旧题为西汉刘向撰，是宣扬道教神仙信仰著作之一。记载了从赤松子(神农时雨师)至玄俗(西汉成帝时仙人)七十一位仙家的姓名、身世和事迹。

⑧澄公：佛图澄(232—348)，佛图澄是西域人，本姓帛氏。少年时出家学道，能背诵经文数百万言，善解文义。

⑨石勒、虎：石勒(274—333)，字世龙，上党武乡(今山西榆社)人，十六国时期后赵建立者。石虎(295—349)，字季龙，公元334—

349 年在位。

⑩阿育王:古印度摩揭陀国的国王,意译为无忧王,于公元前 270 年前后统一印度,初奉婆罗门教,后改信佛教,成为大护法,兴慈悲,施仁政,国内建八万四千大寺,及八万四千宝塔,派遣宣教师,到四方传法,使佛教发扬于国外。

⑪承露盘:汉武帝迷信神仙,于建章宫筑神明台,立铜仙人舒掌捧铜盘承接甘露,冀饮以延年。后三国魏明帝亦于芳林园置承露盘。

⑫比丘:佛教语。指已受具足戒的男性,俗称和尚。

⑬干宝(283—336):字令升,祖籍河南新蔡,史学家和文学家。孙盛(302—373):字安国,太原中都(今山西平遥)人,博学多闻,著《魏氏春秋》二十卷,《魏氏春秋异同》八卷,《晋阳秋》三十二卷。

【译文】

荆州有个宗居士撰写了《明佛论》,称赞伯益,叙述《山海经》里面记载印度人很仁爱;郭璞注释印度,认为天竺国即是佛经所兴起的地方;刘向《列仙传》记叙了七十四个曾出现于佛经的人;学者对此有所管窥了解,并非是从汉明帝开始的。法师佛图澄是位仁爱圣人,在石勒、石虎当政时代,对石虎说:“临淄城中有一个古代阿育王寺庙的地方,还有一个东西,像承露盘,处在幽深森林的大树下,在地下二十多丈。”石虎派遣使者照图挖掘搜求,皆如佛图澄所言说的。姚略叔父作为晋王,在河东蒲坂,即是原先所说的有阿育寺的地方,看见光明,开凿时在石函内银质匣子中得到了佛骨。光明照耀非同寻常,官府民众一路欢迎目睹。比丘现在看到此处有新建的寺庙。由此看来,齐晋这个地方早就有佛教事宜。所以不说是多次传播,就像干宝、孙盛所作的史传。虽然没有用语言文字记叙佛法,其实妙化早就彰显,在晋代的江东佛教已经很兴盛了。

与孔中丞书二首

【题解】

本篇由南齐萧子良所撰写。萧子良（460—494），字云英，南兰陵（治今江苏常州西北）人，封竟陵文宣王，为齐武帝萧赜之次子。在本篇中，萧子良针对孔稚珪对佛教的一些错误观点进行辩驳。他认为，真俗之教化的目的是一致的，只是取用的人未能通达，于是就会产生差异。作为一个道德高尚的人，应该劝谏违背道德的人，启发不能通达的人，而不要胡乱说佛教伤害孝道的根本，损伤道义的根基。

　　览君书具一二。每患浮言之妨正道，激烈之伤纯和，亦已久矣。孟子有云："君王无好智，君王无好勇①。"智之过生乎患祸，所遵正当仁义为本。今因修释训，始见斯行之所发，誓念履行，欲卑高同其美。且取解脱之喻，不得不小失存其大至。于形外之间，自不足及言，真俗之教，其致一耳，取之者未达，故横起异同。

　　君云：积业栖信便是②，言行相舛。岂有奉亲，一毁一敬，而云大孝？ 未之前闻。夫仁人之行，非残害加其美；廉洁之操，不籍贪窃成其德。如此，则三归五戒③，岂一念而可舍？十善八正④，宁瞀想之可贵⑤。未见轻其本而能重其末，所谓本既倾矣，而后枝叶从之。

今云：二途离异，何得相顺？此言故是见其浅近之谈耳。君非不睹经律所辩⑥，何为偏志一方，埋没通路？夫士未常离俗施训，即世之教可以知之，若云斯法空成诡妄⑦，更增疑惑。应当毁灭，就即因而言。闺门孝悌者，连乡接党竟有几人？今可得以无其多绁诸训诰⑧，经史箴诫悉可焚之不？君今迟疑于内教⑨，亦复与此何殊哉？所以归心胜法者，本不以礼敬标其心，兢仰祗崇者，不以在我故忘物。今之殷勤克己者，正为君辈之徒耳。欲令相与去骄矜、除慢懒、节情欲、制贪求、修礼让、习谦恭、奉仁义、敦孝悌⑩，课之以博施，广之以泛爱，赏之以英贤，拔之以俊异，复何惭于鬼神乎？孜孜策励⑪，良在于斯。虽未能奉遵，亦意不忘之。今未有夜光之投⑫，而按剑已起，欲相望于道德，宁不多愧？当由未见此情，故常信期心耳。在怀则不然，每苦其不及。司徒之府，本五教是劝⑬，方共敦斯美行，以率下欲。使诡妄谄佞，望门而自新；浮伪荡逸，践庭而变迹。等彼息心之馆，齐此无欲之台，不亦善乎？一则仰顺宸极普天之慈⑭；二则敬奉储皇垂爱之善。宵旦而警惕者，正患此心无遂耳。悠悠之语好自多端。其云愿善，故言未知伤化之重。傥令诡事以忠孝，佞悦以仁义，虚投以礼让，假枉以方直，乃至一日克己天下归仁，况能旬朔有余，所望过矣！本自开心所纳，正苦此矫不多，如其此烦未广，故鄙薄深慨。君正应规谏其乖，开发未达，云何言伤孝本，语损义基？於悒有怀，非所望也！若此事可弃，则欣闻余善。

又云：未必劝人持戒，当令善由下发。必如此而弘教者，放勋须四凶革而启圣⑮，虞、舜待商均贤而德明，如斯而遂美，其可望乎？君之此意则应广有所折，便当诘尧以土阶之俭，嘉离宫之丽⑯；贬禹以茅茨之陋⑰，崇阿房之贵⑱；耻汲黯之正容⑲，荣祝陀之媚色。其余节义、贞信、谦恭之德，皆当改途而反面，复何行之可修也？凡闻于言必察其行，睹于行必求于理，若理不乖而行不越者，请无造于异端。且殊涂同归⑳，未必屡然一贯，顷亦多有与君此意同者。今寄言此纸，情不专一，有厝心于疑妄㉑，国君普宣示之。略言其怀，无见仿佛，翰迹易烦，终不尽意。比见君别更委悉也。

【注释】

①"君王"二句：孟子主张仁义，反对智、勇。见《孟子·梁惠王上》。

②积业：恶业累积。

③三归：亦作"三皈"。指皈依佛、法、僧三宝。即以佛为师，以法为药，以僧为友。五戒：佛教指在家信徒终身应遵守的五条戒律。即不杀生、不偷盗、不邪淫、不妄语、不饮酒。不杀生是不杀伤生命；不偷盗是不盗取别人的财物；不邪淫是不作夫妇以外的淫事；不妄语是不说欺诳骗人的话；不饮酒是不吸食含有麻醉人性的酒类及毒品。

④十善：十种善业，即不杀生、不偷盗、不邪淫、不妄语、不两舌、不恶口、不绮语、不贪、不嗔、不痴。八正：八条圣者的道法。一、正见，正确的知见；二、正思惟，正确的思考；三、正语，正当的言语；四、正业，正当的行为；五、正命，正当的职业；六、正精进，正当的努力；七、正念，正确的观念；八、正定，正确的禅定。

⑤瞥（piē）想：形容极短时间的关注。

⑥经律：经典戒律。

⑦诡妄：怪诞荒谬。

⑧絓（guà）：绊住，挂碍。

⑨内教：佛家自指其教为内教，以他教为外教。《佛祖统纪》三十九："沙门道安，作二教论。以儒道九流为外教，释氏为内教。"

⑩憍矜：骄傲自大。

⑪策励：督促勉励。

⑫夜光：珠名。晋葛洪《抱朴子·祛惑》："凡探明珠，不于合浦之渊，不得骊龙之夜光也；采美玉，不于荆山之岫，不得连城之尺璧也。"

⑬五教：五种教义，后世之"五教"为唐贤首大师所立，即：一、小乘教，又称愚法小乘教。此教以随机故，单说人空，不明法空，但依六识三毒，建立染净根本，未尽法源，唯论小乘，故名小乘教，如《阿含经》。二、大乘始教，又称生教、权教、分教。此教广说法相，少说法性，未尽大乘法理，是大乘之初，故名始教，如《般若经》。三、大乘终教，又称熟教、实教。此教多说法性，虽说法相，亦会归性，是大乘之终极，故名终教，如《楞伽经》。四、顿教，此教明一念不生，即名为佛，不依地位渐次而说，故名顿教，如《维摩经》。五、圆教，又称一乘圆教。此教所法，唯是无尽法界，性海圆融，缘起无碍，相即相入，故名圆教。因萧子良生活年代早于贤首大师约二百年，此处"五教"或另有所指。

⑭宸极：北极星。《晋书·律历志中》："昔者圣人拟宸极以运璇玑，揆天行而序景曜，分辰野，辨纤历，敬农时，兴物利，皆以系顺两仪，纪纲万物者也。"

⑮放勋：帝尧名。《尚书·尧典》："曰若稽古，帝尧曰放勋。"四凶：相传为尧舜时代四个恶名昭彰的部族首领。《左传·文公十八

年》："舜臣尧，宾于四门，流四凶族浑敦、穷奇、梼杌、饕餮，投诸四裔，以御魑魅。是以尧崩而天下如一，同心戴舜以为天子，以其举十六相，去四凶也。"

⑯离宫：正宫之外供帝王出巡时居住的宫室。

⑰茅茨：茅草盖的屋顶。亦指茅屋。

⑱阿房：秦宫殿名。宫的前殿筑于秦始皇三十五年。遗址在今西安市西阿房村。秦亡时全部工程尚未完成，故未正式命名。因作前殿阿房，时人即称之为阿房宫。

⑲汲黯(？—前112)：字长孺，濮阳(今河南濮阳)人，曾官太子洗马、东海太守、淮阳太守。有治绩，好直谏。

⑳殊涂同归：语出《周易·系辞下》："天下同归而殊涂，一致而百虑。"孔颖达疏："言天下万事终则同归于一，但初时殊异其涂路也。"本谓由不同途径达到同一目的地。后以喻采用不同方法得到相同结果。

㉑厝(cuò)：安排。

【译文】

观览您的书信，理解大致意思。每每担心虚妄的言论会妨碍大道，过激的言辞会伤害淳和清正之教，也已经有很长时间了。孟子曾经说："君王不要过多使用计谋，也不要任勇行事。"计谋过头会生出祸患，所应该遵守的法则当以仁义为根本。现今因为崇修佛教之训，才见到大道施行。因此我发誓履行，希望高低上下皆同其美好。暂且我们拿解脱来作比喻，不得不舍弃小的来保存大的。在形式之外，自是不必说，真俗之宗教的目的是一致的，只是取用的人未能通达，于是就会产生差异。

您说：积累善业善信是正确的，但佛教徒言行矛盾。孝敬父母，又伤害又尊敬，岂能说这是至大的孝道？前所未闻。其实仁义之人，不会通过残忍伤害来增加美德；廉洁的操行也不是凭借贪窃而成就。这样，三归五戒,岂是一念就能够舍弃? 十善八正,怎么会因为瞬间的想象就会达成? 从来没有看到轻视根本而能够重视枝末的,也就是所谓的根基既然倾斜了,而枝叶也会因此倒掉。

您现在说:两种道路相互离异,如何能相互顺从呢? 这句话是我所看到的比较浅近的言谈。您不是没有看到经典戒律所说的内容,为何偏于一端,阻断人们通达佛法的道路? 士人没有远离世俗来实施教化,即使是世俗之教,也是可以知晓善有善报的道理的,如果说这种教化之法虚妄,增添了人们的疑惑,应该消除,这只是根据原因来说的。闺门孝悌忠信的人,满乡满党究竟有几个? 现在可以毫无挂碍地相信训诂,那么经史子集的箴言教诫是不是可以焚毁呢? 你现在犹疑徘徊在佛教的教法中,和这些又有什么本质的区别呢? 所以一心归依佛法,本来就不是凭借恭敬显示他的心迹,兢兢业业信仰崇敬,而非无我因此也忘物。现今殷勤克己的人,正是你们这些人而已。想除去骄傲自大、摒弃傲慢、节制情欲、抑制贪欲、恭修礼仪逊让、研习恭敬、信奉仁义道德、敦促孝敬忠信,督促广博施舍,扩大博爱的范围,敬赏英才贤达,提携超然卓迈之人,那如何会愧对鬼神呢? 孜孜不倦的鞭策,大概都在于此。虽然不能完全尊奉,也不会忘记本原。如今没有夜光宝珠闪耀展现佛法,然而攻击佛法者已经提剑而起,如果与有道德的人相比,能不感到惭愧? 大概是没有见到这种情况,于是常常怀有期待之心。我则不是这样的,每每苦于不能达到更高境界。官府本来以五种教义来劝化民众,才能共同敦促善言美行,来管理属下的欲望。使得诡异虚妄的人看到儒家门庭而能自我更新;浮泛虚伪游荡闲逸的人,经过庭院便会改变行为。等到他息灭妄想之馆,登上无欲之台,不是很好吗? 一则崇仰上天的慈悲;二则恭奉君王的厚德。通宵达旦而能够警惕的人,就是担心不能遂心顺意。众多的言辞来自各个方面。他说善良愿望,因此说不知道伤风化俗的严重。假使令诡异的事情变成忠信孝道,让妄语佞乐变成仁义道德,虚情假意变成礼仪谦让,虚假矫枉变成正直不阿,乃至一日能克己，便能使得天下归依仁义，何况有很长的时间，所希望的东西过于超常！本来敞开心怀，吸纳的正是苦于不能增多仁义，因此鄙陋浅薄深深的感叹。你应该劝谏相违背的人，开启不能贤达的人，怎么能说佛教伤害孝道的根本，损伤道义的根基？心中郁闷，不是我所期望的！如果您能放弃这种说法，则我很高兴看到您美好的善行。

您又说：未必能够劝化他人奉持戒律，应当让老百姓的善行自行产生。如果必定靠此弘扬教化，尧只能等四凶变好才能启发圣贤；虞、舜也只能等待商均贤能才能道德彰明；如此就会变美好，这是可以期望的吗？你的这种意思如果放大，于是应当诘难尧的恭俭，赞扬外宫的美丽；拿简陋的茅房来贬低禹，而崇尚秦始皇阿房宫的高贵；以汲黯的严肃容貌为耻辱，认为祝陀的献媚之色是光荣。其余节操道义、忠贞诚信、谦让恭敬的美德，都应当改变方向而发展，那么有什么道德可以修养呢？凡是听到话语必须查看他的行动，看到实践必定考察其道理，如果道理不违背，而行为没有越轨，请不要再说佛教是异端。况且不同教法殊途同归，不一定就完全一样，但大多数和你的意思一致。如今把话写在纸上，如果有疑问，请提出。粗略告诉我的内心想法，不要徘徊犹豫，墨笔写太多容易让读者生烦，可能言不尽意。等到相见时我们再详细谈论。

　　夫以人心之不同，犹若其貌，岂其容一而等其智乎？鉴有待之参差，足见情灵之乖舛矣[①]。一得其志者，非言谈之所尽；一背其途者，岂游说之所翻？见君虽复言而委尽而不及此处者，良由彼我之见既异，幸可各保其方差。无须构是非，横起谤议耳。栖心入信者，前良不无此志，今以效善之为乐，故挫侨凌以待物[②]。君若以德越往贤，圣逾前修，智超群类，位极人贵者，自可逍遥世表[③]，以道化物，高尚其怀，无求自足而退仿前。良恐未能悬绝，空秉两途，独异胜法。若悠悠相期，本不及言，意在不薄，为复示期怀耳。比面别一二，近聊有此《释滞》两卷，想于外已当见之。今送相示，若已览者付反，幸无劳形目。脱未睹者为可一历意，本不期他翻正，是自释疑滞耳。君见之必当抚掌也④。萧子良疏⑤。

【注释】

①情灵：心性，思想感情。乖舛：差异。《文选·潘岳〈西征赋〉》："人度量之乖舛，何相越之辽迥。"李善注："人，谓武王与桀也，安危异情，故曰乖舛也。……乖舛，不齐也。"

②恄凌：矜骄凌辱。

③世表：尘世之外。晋陆机《叹逝赋》："精浮神沦，忽在世表。"

④抚掌：拍手。

⑤萧子良（460—494）：字云英，南兰陵（治今江苏常州西北）人，齐武帝萧赜之次子，封竟陵文宣王。好结儒士，崇尚佛学。死赠为太宰、中书监、领大将军、扬州牧。

【译文】

　　一般认为人心的不同就像人的相貌一样，但是怎能认为容貌相同智慧也一样呢？鉴于外在的不同差异，足以窥见思想感情的不同。一旦得志者，不是言谈可以穷尽的；一旦背离道路，外人的劝说怎能改变他？看到你虽然再三言及并且详尽的说明，然而却不能涉及这方面，更多的是因为你我的见解不同，所幸的是能够保留宽恕彼此的差异。没有必要构造是是非非，凭空生造诽谤议论。静心相信佛道，前代的贤人不是没有这种志向，现今大都是以模仿善良作为快乐，于是抑制骄傲凌辱来对待事物。如果你的德行能超越过往的圣贤，聪明也超过前代的能人，智慧出类拔萃，地位达到人中之最显贵，自然可以悠闲自得于尘世之外，用道德感化事物，使得情怀高尚，不过度追求外在事物，少欲知足。我担心的是不能超越分歧，空空地执持两种争议，唯独认为佛法是异类。如果只是期待，根本不讨论佛法大道，就不能表达自己的情怀。等到相见时我们再仔细讨论，近来有《释滞》两卷，我想您可能早已见过。现在我赠送给您，如果您已经浏览审阅过，则请你返还给我，希望不浪费您的精力。如果没有亲眼见过，还是可以看一看的，本来就不期望能改正，只是解释疑问疏通凝滞而已。您看到的话一定会拍手称好的。萧子良陈述。

孔稚珪书并答

【题解】

　　本篇由南齐孔稚珪所撰。孔稚珪(447—501),南齐骈文家。一作孔珪,字德璋,会稽山阴(今浙江绍兴)人。刘宋时,曾任尚书殿中郎。在本篇中,孔稚珪提出,自己斋戒恭敬归依佛教,早早地一心信从,尊重各种戒律而轻视俗世的教条,已与佛教半合,之所以还没有改变衣钵、虔诚信奉老庄的原因,是家学向来如此,不忍心一下子就放弃。

　　稚珪启①。民早奉明公提拂之仁,深蒙大慈弘引之训。恩奖所驱,性命必尽;敢沥肝髓②,乞照神矜③。民积世门业,依奉李老,以冲静为心④,以素退成行。迹蹈万善之渊,神期至顺之宅。民仰攀先轨,自绝秋尘,而宗心所向,犹未敢坠至于大觉明教,波若正源。民生平所崇,初不违背。常推之于至理,理至则归一;置之于极宗,宗极不容二。

　　自仰禀明公之训,凭接明公之风,导之以正乘,引之以通戒,使民六滞顿祛⑤,五情方旭⑥,回心顶礼⑦,合掌愿持⑧。民斋敬归依,早自净信,重律轻条,素已半合。所以未变衣钵,眷眷黄老者,实以门业有本,不忍一日顿弃;心世有源,不欲终朝悔遁。既以二道大同本，不敢惜心回向实，故言称先业，直不忍弃门志耳。岂不思乐《方广》⑨，勤志一乘？况仰资明公，齐礼道德，加须奉诵。明公清信至制，笺注子序⑩，万门朗奥⑪，亿品宣玄。

言虽愿违，心不觉醉，更未测明公善诱之妙，一至如此！博约纷纶，精晖照出，欲罢尚其不能，欲背何以免向？而昔而前，民固不敏，而今而后，斯语请事。民之愚心，正执门范，情于释、老，非敢异同，始和追寻。民门昔尝明一同之义，经以此训，张融乃著通源之论⑫。其名少子，少子所明，会同道佛融之。此悟出于民家，民家既尔，民复何碍？始乃迟迟执迹，今辄兼敬以心。一不空弃黄老⑬，一则归师正觉⑭。不期一朝霍然大悟，悟之所导，奉自明公，不胜踊跃之至。谨启。

【注释】

①稚珪：孔稚珪（447—501），字德璋，会稽山阴（今浙江绍兴）人，曾任尚书殿中郎、御史中丞，死赠金紫光禄大夫。

②肝髓：肝与髓，借指身体或生命。

③神矜：神灵。

④冲静：淡泊宁静。三国魏曹丕《善哉行》："冲静得自然，荣华何足为。"

⑤六滞：六种凝滞。

⑥五情：眼、耳、鼻、舌、身等五根。根能有情识，故曰情。《大智度论》卷四八："眼等五情，名为内身；色等五尘，名为外身。"

⑦顶礼：两膝、两肘及头着地，以头顶敬礼，承接所礼者双足。向佛像行礼，舒二掌过额、承空，以示接佛足。又作头顶礼敬、头面礼

足、头面礼。

⑧合掌:又作合十。即合并两掌,集中心思而恭敬礼拜之意。本为印度自古所行之礼法,佛教沿用之。

⑨《方广》:总为大乘经之通名,别称则十二部经之第十曰方广经。方者以理之方正而名,广者以言词之广博而名。《文选·王简栖头陀寺碑文》》:"方广东被,教肆南移。"吕延济注:"方广,佛号也。"

⑩笺注:注释文义。

⑪朗奥:高深。

⑫张融(444—497):字思光,吴郡(今江苏苏州)人,文学家、书法家。官至黄门郎,太子中庶子,司徒左长史,世称"张长史"。通源:张融在其著作《门律》中对自己融汇儒、佛观点的总结。

⑬黄老:黄帝和老子的并称。后世道家奉为始祖。

⑭正觉:梵语三菩提 Sambodhi 意译。如来之实智,名为正觉。一切诸法之真正觉智也。故成佛曰成正觉。

【译文】

稚珪来信。小民早就领受您提拔的大仁大义,深深蒙受到您大慈弘引的训言。您的恩惠及褒奖,驱使我尽力实行仁道,甚至是用身体或者生命去体悟神灵的光照。小民我家世代信仰道家,作为家学,把淡泊宁静作为本心,以朴素隐退修正品行。足迹踏遍万善之深渊,精神期望至顺之宅所。我信仰先贤的教法,主动断绝尘世的俗务,一心向往大道,但是还没有走上大觉佛教般若智慧的真正源头。我生来尊崇信奉道教,从来都没有违背过。常常推敲各种事物的至高之理,万物之理归于一点,就是终极之宗,这种终极宗旨是无二的。

自从信奉执持您的雅训,承接您的德风,知道您用佛法大乘来指引我,拿通行的戒律来引导,使得我各种凝滞一下子除去,眼、耳、鼻、舌、身等五根变得明亮,回心转意顶礼膜拜,双手合十执持宏愿。我斋戒恭敬地归依佛教,早早地一心信从,尊重各种戒律而轻视俗世的教条,迄今已与佛教半合了。我之所以还没有改变衣钵,虔诚信奉老庄的原因,是家学向来如此,不忍心一下子就放弃;心灵世界有本源,不想终日后悔遁世。既然两种道理根源相同,不敢吝惜本心归向佛教,因此说道是先人的家业,只是不忍心放弃门派的志趣罢了。岂不思虑乐于研习《方广》,勤心归向于一乘佛法?何况仰望崇敬您,一心归礼于道德,我更加需要信奉诵咏。您如此仁爱,注疏各种序言,对于各种门派都理解,并广为宣扬。

我以前的言语虽然与愿相违,心情不知不觉陶醉,更没有想到您循循善诱,竟然到了这种境界!广博或者简约的议论都很到位,光明普遍照耀,让我想要放弃倾听尚且不能够,更不用说违背您的教诲了。过往从前,我固然不够聪敏,从今以后,这些言论还得谨慎对待。我的愚蠢之心,受到门庭的约束,钟情于佛教和道教,不敢有二心,自从开始到现在一直追寻。我的家学曾经认为佛道大义相同,经过这种教育,张融于是撰写了《通源》之论。他的名字叫做少子,很聪明,融合道教、佛教。这种领悟出自我自己的家庭,我家既然如此,我又如何会违背呢?起初疑虑比较多,现在就用虔敬之心加以崇奉。一是不凭空放弃道教,一是归依学习佛教正觉。也许意料不到有朝一日会忽然顿悟,那么说引导我修行的导师就是您,我会情不自禁地欢喜跳跃。谨慎陈述如此。

事以闻,复窃研道之异佛,止在论极未尽耳。道之论极,极在诸天。佛乃鄙此,不出三界[1]。斯则精粗远近,实有惭于大方矣。然寻道家此教,指设机权[2],其犹仲尼外典[3]。极唯天地,盖起百姓所见,二仪而已[4]。教本因心,取会万物,用其所见,顺而遵之。当其遵地,俱穷妙物。故老子之橐钥[5],维摩之无我[6],合德天地。易家有太极,所以因物之崇,天仍崇之,以极妙而至极,终有地固渊,予于天表。老子亦云:"有物混成,先天地生。"已是道在天外,稍不以天为道也。何异佛家罗汉⑦,亦指极四果⑧,方至《胜鬘》自知有余地⑨。道之崇天极,犹佛有罗汉果⑩;佛竟不止于罗汉,道亦于天未息。甫信道之所道,定与佛道通源矣。民今心之所归,辄归明公之一向。道家戒善,故与佛家同耳。两同之处,民不苟舍道法,道之所异,辄婉辄入公大乘⑪。请于今日,不敢复位异同矣。服膺之至⑫,谨启下诚。伏愿采其未悔,亮其始位。退自悔始,自恭自惧。谨启。

【注释】

①三界:欲界、色界、无色界。欲界是有淫食二欲的众生所住的世界,上自六欲天,中自人畜所居的四大洲,下至无间地狱皆属之;色界是无淫食二欲但还有色相的众生所住的世界,四禅十八天皆属之;无色界是色相俱无但住心识于深妙禅定的众生所住的世界,四空天属之。

②机权:机智权谋。

③仲尼:孔子。外典:佛教徒称佛书以外的典籍为外典。《百喻经·估客偷金喻》:"如彼外道偷取佛法著己法中,妄称己有,非是佛法,由是之故,烧灭外典,不行于世。"

④二仪:天、地。三国魏曹植《惟汉行》:"太极定二仪,清浊始以形。"

⑤橐(tuó)钥:古代冶炼时用以鼓风吹火的装置,犹今之风箱。《老子》第五章:"天地之间,其犹橐钥乎? 虚而不屈,动而愈出。"吴澄注:"橐钥,冶铸所以吹风炽火之器也。为函以周罩于外者,橐也;为辖以鼓扁于内者,钥也。"后喻指造化,大自然。

⑥维摩：梵语 Vimalakīrti 的音译，意译为"净名"或"无垢称"。佛经中人名。《维摩诘经》中说他和释迦牟尼同时，是毗耶离城中的一位大乘居士。尝以称病为由，向释迦遣来问讯的舍利弗和文殊师利等宣扬教义。为佛典中现身说法、辩才无碍的代表人物。后常用以泛指修大乘佛法的居士。

⑦罗汉：佛教语。梵语 Arhat（阿罗汉）的省称。声闻乘中的最高果位名，含有杀贼、无生、应供等义。杀贼是杀尽烦恼之贼，无生是解脱生死不受后有，应供是应受天上人间的供养。

⑧四果：声闻乘的四种果位，即须陀洹果、斯陀含果、阿那含果、阿罗汉果。初果须陀洹，华译为入流，意即初入圣人之流；二果斯陀含，华译为一来，意即修到此果位者，死后生到天上去做一世天人，再生到我们此世界一次，便不再来欲界受生死了；三果阿那含，华译为无还，意即修到此果位者，不再生于欲界；四果阿罗汉，华译为无生，意即修到此果位者，解脱生死，不受后有，为声闻乘的最高果位。

⑨《胜鬘》：《胜鬘经》，全一卷。南朝刘宋求那跋陀罗译。全称《胜鬘师子吼一乘大方便方广经》，又称《师子吼经》、《胜鬘师子吼经》、《师子吼方广经》、《胜鬘大方便方广经》。收于大正藏第十二册。本经为大乘如来藏系经典中代表作之一。内容叙述胜鬘夫人对释尊立十大誓愿、三大愿，并自说大乘一乘法门，阐释圣谛、法身、如来藏等。

⑩罗汉果：声闻乘的最高果位。

⑪大乘：梵文 Mahāyāna（摩诃衍那）的意译。公元一世纪左右逐步形成的佛教派别。在印度经历了中观学派、瑜伽行派和密教这三个发展时期。北传中国以后，又有所发展。"大乘"强调利他，普度一切众生，提倡以"六度"为主的"菩萨行"，如发大心者所乘的大车，故名"大乘"。

⑫服膺：铭记在心；衷心信奉。《礼记·中庸》："得一善，则拳拳服膺而弗失之矣。"朱熹集注："服，犹着也；膺，胸也。奉持而着之心胸之间，言能守也。"

【译文】

各种事情都被告知了，再一次私下地研究道教和佛教的差异，二者体现在对终极的谈论方面有所不同。道教认为极致在于各种天理。佛教是鄙视这种议论的，认为这种天理不超出欲界、色界、无色界。这就是所谓的精良粗糙和远近的差异，实在是有愧于大方之家。然而追寻道教的这种教化，是设立机巧权谋，就像儒教外典认为极致只是天和地，大概是起源于百姓日常所能见到的仅是天地二仪而已。教化原本是因心而产生，综合万事万物，运用所能见到的，顺应并遵循它。当它处在被遵循的地位，就能穷究万物的妙处。因此，老子的橐钥，维摩的无我，都与天地合德。易家有太极，也是因为崇拜万物，天于是也崇拜它，因为非常精妙并且能够达到极致，最终固定下来，立于天表。老子也说："在天地生成之前，有一事物混沌而成。"已是道在天地之外，并不把天称作大道。这与佛教的罗汉有什么区别呢？也有须陀洹果、斯陀含果、阿那含果、阿罗汉果等四种果位，只有到了《胜鬘经》才认为有回旋的余地。道教崇拜天地之极致，就像佛教认为有罗汉果一样；佛教也不仅仅是止于成就罗汉果，道教也不止于到了天地就不再上升。我们信从的道教和佛教源流其实是一样的。我今天所归心的，也就是归依于您的志向。道教戒律从善，与佛教是相同的。两种教法相同之处，我不会苟且地舍弃道教，道教与之不相同的地方也是委婉含蓄的，那么我就归依您的大乘佛教。请自从今日开始，再不敢谈论两者的不同之处了。佩服您五体投地，谨慎地表达我的诚心。但愿能够信仰佛教，再不后悔，使心地明亮。后退也是因为后悔，自己恭敬谨慎。恭谨陈述如此。

十一月二十九日。州民御史中丞孔稚珪启①。珪启得示,具怀甚有欣然。理本无二,取舍多途,诤论云云,常所慨也! 但在始通道则宜然,敩而学者则未可②。君但广寻诸经,不患沦滞其迹也③。比面别一二。萧公答曰:"君此书甚佳,宜广示诸未达者。"

【注释】

①御史中丞:官名。汉以御史中丞为御史大夫的助理。外督部刺史,内领侍御史,受公卿章奏,纠察百僚,其权颇重。东汉以后不设御史大夫时,即以御史中丞为御史之长。北魏一度改称御史中尉。唐宋虽复置御史大夫,亦往往缺位,即以中丞代行其职。

②敩(xiào):效法,模仿。

③沦滞:陷入苦境。

【译文】

十一月二十九日。州郡百姓御史中丞孔稚珪打开信。孔稚珪从信中得到启示,内心很是欢快。大道本来是没有分别的,只是因为取用或是舍弃的方法多样,因此辩论不断,所以我常常感慨万分! 但是在开始的时候则应该通融道法,后天模仿然后慢慢学是不行的。你应该广博地寻求经典,不必担心沉沦其中,以为会被外在轨迹所迷惑。等到见面时我们再仔细讨论。萧子良回答说:"你的这封信很好,应该拿给那些不理解的人看看。"

答伪秦主姚略劝罢道书
（并姚主书）

【题解】

在本篇中，后秦国主姚略下诏要求释道恒、释道标两位法师还俗（即"罢道"）出山参与政治，两位法师回信拒绝并说明了理由。姚略认为，法师还俗作为世间居士，发挥才干，赞助世事，利益人间，也是伟大的事情。释道恒、释道标两位法师指出，参与政治实在不是自己的理想，佛教才是自己的归宿，发誓为之舍身立命，况且自己从小就研习佛法，对世事一点也不熟悉，参与政治也不会有大的功劳，对社会没有大的作用。

姚主书与恒、标二公

"卿等乐道体闲，服膺法门①。皎然之操，义诚在可嘉。但朕临四海，治必须才，方欲招肥遁于山林②，搜沉滞于屠肆③。况卿等周旋笃旧，朕所知尽。各挹干时之能④，而潜独善之地，此岂朕求贤之至情？卿等兼弘深趣耶？昔人有言：'国有骥而不乘，方惶惶而更索⑤'。是之谓也。今敕尚书令显便夺卿等二乘之福心⑥，由卿清名之容室⑦，赞时益世，岂

不大哉！苟心存道味，宁系白黑，望体此怀，不可以守节
为辞。"

【注释】

①法门：佛教语。指修行者入道的门径。亦泛指佛门。《法华经·
　序品》："以种种法门，宣示于佛道。"

②肥遁：《周易·遁》："上九，肥遁，无不利。"孔颖达疏："子夏传曰：
　'肥，饶裕也。'……上九最在外极，无应于内，心无疑顾，是遁之
　最优，故曰肥遁。"后因称退隐为"肥遁"。

③沉滞：隐退。《楚辞·九辩》："愿沉滞而不见兮，尚欲布名乎天
　下。"屠肆：屠宰场，肉市。汉王充《论衡·讥日》："海内屠肆，六
　畜死者日数千头。"

④挹（yì）：引，称引。晋郭璞《游仙诗》："左挹浮丘袖，右拍洪崖肩。"

⑤"国有"二句：《楚辞·九辩》："莽洋洋而无极兮，忽翱翔之焉薄？
　国有骥而不知乘兮，焉皇皇而更索？"

⑥尚书令：官名。始于秦，西汉沿置，本为少府的属官，掌文书及群
　臣的奏章。汉武帝时以宦官司担任（又称中书令），汉成帝时改
　用士人。东汉政务归尚书，尚书令成为对君主负责总揽一切政
　令的首脑。二乘：声闻乘和缘觉乘。凡属修四谛（苦谛、集谛、灭
　谛、道谛）法门而悟道的人，总称为声闻乘；凡属修十二因缘（无
　明、行、识、名色、六入、触、受、爱、取、有、生、老死）而悟道的人，
　总称为缘觉乘。

⑦清名之容室：维摩诘，意译净名，《维摩诘经·不思议品》记载维
　摩诘用神通力使狭小的居室容纳三万二千狮子座，无所妨碍。

【译文】

"你们乐道闲逸，衷心信服佛法。情操高洁，道义至诚实在值得嘉
奖。但是我统辖天下，治理社会必须倚靠有才能的人，因此想招引山林

草泽中的隐士，寻求市场中不得志的能士。何况我与你们往日交情深厚，我是知道的。你们各自都有很高的才华，但沉潜在山林中，独自洁身自好，这难道能体现我寻求贤能之人的情怀么？难道你们不都兼有宏大的志向吗？曾经有人说：'国家有好马而不能驾驭，整日遑遑而四处求索。'说的大概就是这样的事情吧。现在我命令尚书令显立即剥夺你们的二乘之心，让你们作为世间的居士，发挥才干，赞助世事，利益人间，难道不是盛大的功业？如果真的是心存道味，不要执着白黑之教，希望你们能体恤理解我的内心，不可以拿操守节气作为推辞的理由。"

"奉去月二十八日诏敕。尚书令夺道恒、道标等法服①，承命悲惧，五情失守②，俯仰惭惶③，无地自厝。恒等诚才质暗短，染法未久，所存既重，眷慕亦深。猥蒙优诏，褒饰过美，开喻诲励，言理备至。但情之所安，实怀罔已，法服之下，誓毕身命。兼少习佛法，不闲世事，徒发非常之举，终无殊异之功。虽有拔能之名，而无益时之用。未见几毫之补，将有山岳之损，窃为陛下不取也。光武尚能纵严陵之心④，魏文全管宁之操⑤。抑至尊之高怀，遂匹夫之微志，在宥群方，靡不自尽。况陛下以道御物，兼弘三宝⑥，使四方义学之士，萃于京师，新异经典，流乎遐迩；大法之隆⑦，于兹为盛。方将阐扬洪化，助明振晖；嗣祇洹之遗响⑧，扇灵鹫之余风⑨；建千载之轨模⑩，为后生之津涂。而恒等岂可独屈于明时，不得申其志愿？伏愿鉴其元元之情⑪，特垂旷荡通物之理，更赐明诏，听遂微心，则衔恩九泉⑫，感德累劫⑬。不胜战悚⑭，谨奏以闻。"

【注释】

①道恒(346—417)：陕西蓝田人，东晋时期的僧人。鸠摩罗什的门人。年二十出家，研习内外诸典，多所通达。鸠摩罗什入关后，道恒即投其门下，并参与译事。后秦之主姚略尝劝道恒与同学道标还俗，共理国政。道恒与道标均不从，道恒且遁居山中。主张观心空无之"心无义"，受到竺法汰、昙壹、慧远等人之排斥。著有《释驳论》、《百行箴》。义熙十三年示寂，世寿七十二。道标：待考。法服：僧、道所穿的法衣。《法华经·序品》："剃除须发，而被法服。"按：姚略即后秦国主姚兴(366—416)，字子略，故当时南朝史志文书亦有称之为姚略者。

②五情：佛教谓眼、耳、口、鼻、身五根产生的情欲。《大智度论》卷四八："眼等五情，名为内身；色等五尘，名为外身。"

③惭惶：羞愧惶恐。南朝梁简文帝《答徐摛书》："竟不能黜邪进善，少助国章，献可替否，仰裨圣政，以此惭惶，无忘夕惕。"

④光武尚能纵严陵之心：光武帝刘秀(前6—57)，字文叔，东汉的开国黄帝。严光，字子陵，会稽余姚人，东汉著名隐士，生于西汉末年，原姓庄，因避东汉明帝刘庄讳而改姓严。少有高名，与东汉光武帝刘秀同学，亦为好友。他积极帮助刘秀起兵，公元25年，刘秀即位，多次延聘他，但他隐姓埋名，退居富春山。最终他享年八十岁，葬于富春山。

⑤魏文全管宁之操：魏文帝曹丕(187—226)，字子桓，著名的政治家、文学家，曹魏的开国皇帝，公元220—226年在位。管宁(158—241)，字幼安，北海郡朱虚(今山东临朐)人，"割席断交"、"锄园得金"即是他不慕富贵的佳话，管宁一生讲学，居辽东。三国时，魏国多次征召，委以太中大夫、太尉、光禄勋等重职，管宁固辞不受。

⑥三宝：佛教指佛、法、僧。《释氏要览·三宝》："三宝，谓佛、

法、僧。"

⑦大法:佛教语。谓大乘佛法。《妙法莲华经·序品》:"今佛世尊,欲说大法,雨大法雨,吹大法螺,击大法鼓。"

⑧祇洹:即祇园。"祇树给孤独园"的简称。梵文的意译。印度佛教圣地之一。相传释迦牟尼成道后,憍萨罗国的给孤独长者用大量黄金购置舍卫城南祇陀太子园地,建筑精舍,请释迦说法。祇陀太子也奉献了园内的树木,故以二人名字命名。玄奘去印度时,祇园已毁。后用为佛寺的代称。

⑨灵鹫:山名。在古印度摩揭陀国王舍城之东北,梵名耆阇崛。山中多鹫,故名。或云山形像鹫头而得名。如来曾在此讲《法华》等经,故佛教以为圣地。又简称灵山或鹫峰。

⑩轨模:法式楷模。

⑪元元:善良。《汉书·文帝纪》:"以全天下元元之民。"颜师古注:"元元,善意也。"

⑫九泉:黄泉。指人死后的葬处。

⑬劫:佛教名词。梵文 kalpa 的音译,"劫波"(或"劫簸")的略称。意为极久远的时节。古印度传说世界经历若干万年毁灭一次,重新再开始,这样一个周期叫做一"劫"。"劫"的时间长短,佛经有各种不同的说法。

⑭战悚(sǒng):形容因害怕而发抖。

【译文】

"依照上个月二十八日的诏书。尚书令剥夺道恒、道标的法衣,我们接到命令又悲痛又恐惧,眼、耳、口、鼻、身五根失守,俯仰之间惭愧惶恐,没有安身的地方。道恒等实在是才能气质愚蠢肤浅,对世间法了解不够,而对佛教依存的感情很厚重,眷慕也很深。我们承蒙皇帝的昭告,褒奖赞扬过于实际才能,开导教诲,话语道理非常周到。但是情理上能安心处之的,实在不是做官的理想,身穿法衣敬奉佛教才是自己的归宿,发誓为之舍身忘命。况且我们从小就研习佛法,没有谙熟世事,徒然改变行为,最终也不会有很奇特的功劳。虽然您有选举贤能的名声,却对社会没有益处。不能够见到丝毫的功用,将来会有山岳一样重大的损伤,我们认为皇帝您不值得这样做。汉光武帝尚且能够放纵隐士严子陵,魏文帝能够成全管宁的节操。希望您能宽宏大量,满足我们小小志趣,我只想游走四方不用停息。何况陛下您是用道德统治万物,兼通佛、法、僧三宝,使得各路通晓佛经义理之士会集于京都,新旧经典流传远近,佛法兴盛自此可见。您正要阐述圣教,弘扬道德,增加光明,振兴佛教,继承佛氏的遗教,传播灵鹫山的佛法余风,建立千年万代的佛教规则楷模,为后世百姓建立各种方法。而道恒等怎么能在英明的世道中独自委曲,不能实现我们的志向?但愿您能理解我们善良的情怀,特别垂示襟怀坦荡通达万物的道理,另外赐给我们英明的诏书,允许我们实现小小的志趣,那么我们即使到了九泉之下也会谢恩,千秋万代都会感恩戴德。我们情不自禁,战战兢兢,谨慎地把这件事告诉您。”

　　“省所奏具意。今所以相屈者,时所须也。不复相推本心以及于此①。烦殷勤广自料理②,吾之情趣,想卿等以体之在素,不复烦言。便可奉承时命,勉菩萨之踪耳③。”

【注释】

①本心:本意,原来的心愿。

②殷勤:衷情,心意。料理:照顾,照料。

③菩萨:佛教名词。梵文菩提萨埵(Bodhi－sattva)之省,原为释迦牟尼修行而未成佛时的称号,后泛用为对大乘思想的实行者的称呼。

【译文】

“领会你奏折的具体意思。现今之所以让你们委曲,是时代的需要造成的。不再费心谈及这件事。劳烦你们衷心好好照料自己,希望你们体谅我的良苦用心,不再多说。你们应该遵从时代的安排,在社会中勉力做事,完成入世菩萨的行为。"

"道恒等近自陈写,冀悟圣鉴,重奉明诏。不蒙矜恕①,伏读悲惶②,若无神守。陛下仁弘覆载③,使物悦其性。恒等少习法化,愚情所乐,誓以微命与法服俱尽。而过恩垂及,眷忘其陋,劝弘菩萨兼济之道,然志力有限,实所不堪。非徒余年苟自求免,直愚怀所存,私怀必守。伏愿鉴恕一往之诚,不责偏执之咎,特赐恩旨,听遂微心。屡延明诏,随用悚息④,不胜元元之至。谨重奏以闻。"

【注释】

①矜恕:怜悯宽恕。《后汉书·郭躬传》:"躬家世掌法,务在宽平,及典理官,决狱断刑,多依矜恕。"

②悲惶:悲伤惶恐。

③仁弘:仁义包容。

④悚息:惶恐,用为书信中的套语。

【译文】

"道恒等人近来自己撰写奏章陈述,希望您明白理解我们,重新赐给我们英明的诏书。没有承蒙您的怜悯宽恕,所以有点悲伤惶恐,好像魂不守舍。陛下您仁义包容,化育万物,使得万物各尽其性。道恒等人从小就研习佛教大法的教化,愚黯的性情喜欢自己所喜欢的东西,发誓与大法共生死。而您的大恩大德垂爱,让我们忘记自己的浅陋,规劝我们弘扬佛教菩萨博施济众的精神,然而我们志向心力有限,实在是难以承受。不只是想要苟且度过剩下的年岁,只是心怀自己喜欢的事情,自己喜欢的一定会持守。但愿您宽恕我们一如既往的衷心，不责备我们偏执的错误，特意恩赐旨意，允许实现我们的小小志向。您多次宣示英明的诏书，我们时时都感到惶恐，不胜感恩之重，谨重新上奏让您能够看到。"

"得重奏。一二具之。情事具如前诏，但当开意以从时命①，无复烦郑重也②。"

"道恒等愚意所执，具如前表，精诚微薄③，不能感悟圣心。累承还诏，未蒙慈恕。俯仰忧怖④，无复心情。"

"陛下道怀虚纳，养物无际⑤，愿开天地之恩，得遂一分之志、愚守之诚。毕命无辜，分受违诏之愆，甘引无恨。屡纡圣听⑥，追用悚息。不任罔极之情。谨奏以闻。"

【注释】

①开意：陈述旨意。

②郑重：频繁，反复多次。《汉书·王莽传中》："然非皇天所以郑重降符命之意。"颜师古注："郑重，犹言频烦也。重，音直用反。"

③精诚：真诚。《庄子·渔父》："真者，精诚之至也，不精不诚，不能动人。"

④忧怖：忧愁害怕。

⑤养物：养育万物。《国语·周语下》："胙四岳国，命为侯伯，赐姓曰'姜'，氏曰'有吕'，谓其能为禹股肱心膂，以养物丰民人也。"

⑥纡(yū)：萦回，围绕。

【译文】

"再一次得到奏报。来信本意已经很清楚。事情还是像前面的诏书一样，只是陈述旨意，你们应当听从时代命运的安排，不要再反复多次谈论这件事。"

　　"道恒等人愚黯偏执，具体情况就像前面所说的，真诚微小浅薄，不能感悟皇帝的心意。多次拿到诏书，仍然未能蒙受慈悲宽恕。身心上下忧愁恐惧，没有好的心情。"

　　"陛下您虚怀若谷广泛接纳，包容万物无边无际，但愿您能开天地之恩，使得黎民百姓实现些许的志趣和愚黯持守的精诚。死有余辜，承受违背诏书的过错，心甘情愿而没有遗憾。多次抵触皇帝您的圣意，实在是非常惶恐。谨报使您听闻。"

答姚主书停恒标奏（并姚主书）

【题解】

在本篇中，后秦国主姚略给鸠摩耆婆和僧迁、僧契等法师写信，希望他们劝导道恒、道标两位法师还俗辅佐政治。姚略强调，独自修善自己道德之美，不如广博兼济天下的功劳，自己持守节操，没有拯救万物的作用大。僧契、僧迁、鸠摩耆婆三法师认为，有道德的话天下就能安宁稳定，所以英明君王，都知道违背别人的本性是很难管理的，仔细领会万物的本性才是治理的根本之所在。因此，僧契、僧迁、鸠摩耆婆三法师请求国主姚略体谅道恒、道标两位法师的志趣，不要让他们还俗，而让他们探讨佛法的精幽微妙，帮助教化，使得众生各自能够认识罪福报应，那么这就会有救济苦难的益处。

姚主与鸠摩耆婆书

别以数句^①，旋有思想，渐暖比自何如？小虏远举，更无处分^②，正有愤然耳^③。万事之殷，须才以理之。近诏道恒等，令释罗汉之服，寻菩萨之迹，想当盘桓耳^④。道无不在，法师可劝进之^⑤。苟废其寻道之心，亦何必须尔也。致意迁上人，别来何似？不审统复何如？多事不能一二为书。恒等亦何烦! 诸上人劝其令造菩萨行。

【注释】

①旬:十天。《尚书·尧典》:"期,三百有六旬有六日,以闰月定四时成岁。"陆德明释文:"十日为旬。"

②处分:吩咐。南朝宋刘义庆《世说新语·尤悔》:"曾送兄征西葬,还,日莫雨驶,小人皆醉,不可处分,公乃于车中手取车柱撞驭人,声色甚厉。"

③愦然:神志不清的样子。

④盘桓:徘徊;逗留。《文选·班固〈幽通赋〉》:"承灵训其虚徐兮,竚盘桓而且俟。"李善注:"盘桓,不进也。"

⑤法师:佛教语。精通佛经并能讲解佛法的高僧。亦用为对比丘的尊称。

【译文】

分别已经有数十天了,经常想念,近来天气渐渐温暖,感觉如何呢?远方小股敌寇进犯,更加感觉没有人才可供调用,很让我头痛。万事要想兴盛,需要有才能的人来治理。近来诏告道恒等人,要求他们脱下佛教的法服,追寻大乘菩萨在世间普渡众生的足迹,他们徘徊不肯来。大道无处不在,高僧您可以规劝他们出山。暂且让他们放下出家寻道之心,何必这样呢。我也陈述本意给僧迁法师,致问近来怎样?不清楚情况到底怎样?很多事情不能够简短就能表达。道恒等人又何必烦恼!诸位上人应该规劝他们从事菩萨行。

姚主与僧迁等书

省疏所引,一二具之。朕以为独善之美,不如兼济之功;自守之节,未若拯物之大。虽子陵颉颃于光武①,君平傲岸于蜀肆②，周党辞禄于汉朝③，杜微称聋于诸葛④，此皆偏尚耿介之士耳⑤，何足以开默语之要，领高胜之趣哉？今九有未乂⑥，黔黎荼蓼⑦。朕以寡德，独当其弊，思得群才，共康至治。法师等虽潜心法门，亦毗世宣教，纵不能导物化时，勉人为治；而远美辞世之许由⑧，近高散发于谢敷⑨。若九河横流，人尽为鱼，法师等虽毗世宣教，亦安施乎？而道恒等伏膺法训，为日久矣。然其才用足以成务，故欲枉夺其志，以辅暗政耳。若福报有征⑩，佛不虚言，拯世急病之功，济时宁治之勋，恐福在此，而不在彼。可相诲喻，时副所望。

【注释】

①子陵：严光，字子陵，会稽余姚人，东汉著名隐士。少有高名，享年八十，葬于富春山。颉颃：刚直不屈。光武：刘秀（前6—57），东汉开国皇帝，汉高祖九世孙。公元25年—57年在位，庙号世祖，谥号光武。

②君平：严君平（前86—10），蜀郡成都（今四川成都）人。西汉道家学者，思想家。汉成帝时隐居成都市井中，以卜筮为业，宣扬忠孝信义和老子《道德经》，以惠众人。著有《老子道德真经指归》和《易经骨髓》。傲岸：高傲。《晋书·郭璞传》："傲岸荣悴之际，颉颃龙鱼之间。"

③周党：生活在西汉末年到东汉初期，王莽篡政，周党非常厌恶，便闭门谢客，称病闲居。建武年间，光武帝刘秀获悉周党德才兼备，欲召他为议郎，周党称病不仕。

④杜微：字国辅，梓潼涪（今四川梓潼）人。少受学于广汉任安。刘璋辟为从事，以疾去官。及刘备定蜀，微常称聋，闭门不出。官

至谏议大夫。

⑤耿介：正直不阿，廉洁自持。《楚辞·九辩》："独耿介而不随兮，
愿慕先圣之遗教。"王逸注："执节守度，不枉倾也。"

⑥乂(yì)：安定。

⑦荼蓼：荼和蓼。泛指田野沼泽间的杂草。《诗经·周颂·良耜》：
"以薅荼蓼。"毛传："蓼，水草也。"

⑧许由：字武仲，古代高洁清节之士，隐居不仕。

⑨谢敷：字庆绪，会稽人，崇信释氏。

⑩福报：福德报应。

【译文】

审阅您来信所引用的话，很具体详尽。我认为独自修善自身道德
之美，不如广博兼济天下的功劳；自己持守节操，没有拯救万民的作用
大。虽然严子陵在光武帝刘秀面前刚直不屈，严君平在蜀国集市很是
高傲，周党不愿出仕汉朝，杜微在诸葛亮面前装作耳聋，这些都是偏执
崇尚正直不阿的高明隐士，又怎么能打破默然不语的约束，实现高胜的
志趣呢？如今全国上下不是很安定，老百姓生活不能自足。我凭借寡
德，独自承当各种社会弊病，想要获得大量有才能之人，共同治理。大
师们虽然潜心佛法，也一直在宣扬教化，即使不能够引导万物化育时
代，也做到了劝勉别人为善。然而从远的来说，赞美隐居不出的许由，
从近的来说称颂散发隐居的谢敷非常闲逸，如果世道大乱九河横流，人
人都溺亡难救，那么大师们虽然弘扬教化，又到哪里去施展呢？道恒等
遵循佛教大法，时间已经很长了。然而他们的才干足以做成很大的事
情，所以想强行剥夺他们的志趣，使得他们辅佐朝政。如果真的有因果
报应，佛法之言不虚的话，那么拯救时代的各种弊病，施救时代达到安
宁和谐，恐怕福报就在这里，而不是在其他地方。希望你们彼此互相劝
化，别辜负了时代寄寓的厚望。

僧契、僧迁、鸠摩耆婆等求止恒标罢道奏

盖闻太上以道养民①，而物自是其次。有德而天下治，是以古之明王，审违性之难御，悟任物之易因。故尧放许由于箕山②，陵让干木于魏国③，高祖纵四皓于终南④，叔度辞蒲轮于汉世⑤。晋国戴逵被褐于剡县⑥，谢敷罷发于若耶⑦，盖以适贤之性为得贤也。故上有明君，下有韦带⑧；逸民之风，垂训于今矣。

今道标、恒等，德非圆达⑨，分在守节。且少习玄化⑩，伏膺佛道，一往之诚，必志匪席。至于敷演妙典⑪，研究幽微，足以启悟童稚，助化功德。使物识罪福⑫，则有济苦之益。苟佛不虚言，标等有弘毗耶之训矣⑬。窃闻近日猥蒙优诏，使释法服，将擢翠翘于寒条之上⑭，曜芙蕖于重冰之下⑮，斯诚陛下仁爱恺悌⑯，宽不世之恩，然契等眷眷，窃有愚心。以陛下振道德之纲，以维六合⑰，恢九德之网⑱，以罗四海⑲。使玄风扇千载之前⑳，仁义陶万世之后，宇宙之外，感纯德以化宽；九域之内㉑，肆玄津以逍遥㉒。匹夫无沟壑之怨㉓，嫠妇无停纬之叹㉔。此实所以垂化，海内所以仰赖。

愚谓恒、标虽区区一介，守所见为小异。然故在罗网之内，即是陛下道化之一。臣昔字佐治十二年，未闻释夺法衣形服㉕。世议苟于时有补，袈裟之中亦有弘益㉖，何足复夺道与俗，违其适性？昔巢、由抗节㉗，尧许俱高㉘，四皓匪降，上下同美。斯乃古今之一揆，百代之同风。且德非管仲㉙，不足华轩堂阜㉚；智非孔明，岂足三顾草庐㉛？愿陛下放既往之

恩,从其微志;使上不过惠,下不失分。则皇唐之化,于斯而在;箕颍之宾^⑩,复见今日矣。契等庸近,献愚直言,惧触天威,追用悚息。僧契等言。

【注释】

①太上:太古,上古。《礼记·曲礼上》:"太上贵德。"郑玄注:"太上,帝皇之世。"

②尧:传说中古帝陶唐氏之号。《周易·系辞下》:"神农氏没,黄帝、尧、舜氏作。"许由:传说中的隐士。相传尧让以天下,许由不受,遁居于颍水之阳箕山之下。尧又召为九州长,由不愿闻,洗耳于颍水之滨。

③陵:以下文语境推断,当指魏文侯。干木:段干木。战国初年魏国名士。师子夏,友田子方,为孔子再传弟子。因其三人皆出于儒门,又先后为魏文侯师,故被后人称为"河东三贤"。

④高祖:刘邦。四皓:秦末隐居商山的东园公、甪里先生、绮里季、夏黄公。四人须眉皆白,故称商山四皓。高祖召,不应。后高祖欲废太子,吕后用张良计,迎四皓,使辅太子,高祖以太子羽翼已成,乃消除改立太子之意。事见《史记·留侯世家》《汉书·张良传》。

⑤叔度:黄宪,字叔度,慎阳(今河南正阳)人,东汉隐士。蒲轮:指用蒲草裹轮的车子。转动时震动较小。古时常用于封禅或迎接贤士,以示礼敬。

⑥戴逵被褐于剡县:戴逵(326—396),字安道,谯郡铚县(今安徽濉溪)人,居会稽剡县(今浙江嵊州)。终生不仕,博学多才,善鼓琴,工人物山水,东晋著名美术家、音乐家。

⑦谢敷罹发于若耶:谢敷见上文《姚主与僧迁等书》注,其人散发隐居,信守佛教。若耶:即若耶溪,今浙江绍兴境内的平水江。

⑧韦带：古代平民或未仕者所系的无饰的皮带。

⑨圆达：圆满通达。

⑩玄化：圣德教化。

⑪敷演：陈述而加以发挥。

⑫罪福：罪行福报。

⑬毗耶：佛教语，梵语的译音，又译作"毗耶离"、"毗舍离"、"吠舍离"，古印度城名，这里指代佛教。

⑭翠翘：翠鸟尾上的长羽。《楚辞·招魂》："砥室翠翘，䌽曲琼些。"王逸注："翠，鸟名也；翘，羽也。"

⑮芙蕖：荷花的别名。

⑯恺悌：和乐平易。《左传·僖公十二年》："《诗》曰：'恺悌君子，神所劳矣。'"杜预注："恺，乐也；悌，易也。"

⑰六合：天地四方。

⑱九德：贤人所具备的九种优良品格。《尚书·皋陶谟》："皋陶曰：'都，亦行有九德，亦言其人有德，乃言曰：载采采。'禹曰：'何？'皋陶曰：'宽而栗、柔而立、愿而恭、乱而敬、扰而毅、直而温、简而廉、刚而塞、强而义，彰厥有常，吉哉！'"

⑲四海：天下，全国各处。

⑳玄风：此处指佛教义理风化。

㉑九域：九州。

㉒玄津：佛法。《文选·王简栖头陀寺碑文》》："释网更维，玄津重枻。"张铣注："释网、玄津，并佛法也。"

㉓沟壑：借指野死之处或困厄之境。

㉔嫠(lí)妇：寡妇。纬：织布。

㉕法衣：僧道穿的衣服。形服：各种法服。

㉖袈裟：梵文的音译。原意为"不正色"，佛教僧尼的法衣。佛制，僧人必须避免用青、黄、赤、白、黑五种正色，而用似黑之色，

故称。

㉗巢、由抗节:巢父和许由抗命不仕。相传皆为尧时隐士,尧让位
于二人,皆不受。后世常以之借指隐居不仕者。

㉘尧许:尧和许由。

㉙管仲(前716—前645):名夷吾,春秋时期齐国颍上(今安徽颍上)
人,史称管子。春秋时期齐国著名的政治家、军事家,相传为周
穆王的后代。

㉚堂阜:大屋。

㉛三顾草庐:《三国志·蜀书·诸葛亮传》载:刘备往访诸葛亮,凡
三往,乃见。后诸葛亮上后主表云:"先帝不以臣卑鄙,猥自枉
屈,三顾臣于草庐之中,谘臣以当世之事,由是感激,遂许先帝以
驱驰。"后以"三顾草芦"比喻对贤才的诚心邀请。

㉜箕颍:箕山、颍水。隐士居处之地。

【译文】

听说上古时代都是用道德来化养黎民百姓,而物质自然是次要的。
有道德的话天下就能安宁稳定,所以上古各个时代的英明君王,都知道
违背别人的本性是很难管理的,仔细领会万物的本性才是治理的根本
之所在。因此尧放任许由在箕山自由活动,魏文侯让段干木在魏国隐
居,汉高祖刘邦放任东园公、甪里先生、绮里季、夏黄公等四皓在终南山
隐居,黄叔度辞谢汉朝的礼遇征召。晋朝的戴安道在浙江剡县穿着粗
布衣服自由生活,谢敷在若耶溪披头散发隐居,大概只有适应贤士的本
性才能得到贤士的拥护。于是在上有英明的君主,在下有不做官守法
的布衣百姓,这种遗风,对于今天来说依然有很好的启示。

如今道恒、道标等人,道德不是很圆通贤达,只是持守节操的本分
而已。况且他们自小就研习佛学教化,佩服遵循佛教大道,一往情深精
诚之至,一定是志向在此而不能有所偏离。至于要陈述演化玄妙的佛
典,探讨研究其中的精幽微妙,足够启发开悟年轻一代,帮助教化功德

无量,使得众生各自能够认识罪福报应,那么这就有救济苦难的益处。如果佛不虚言,道标等人应该就有弘扬佛教的功劳了。我们听说他俩近来承蒙优诏,让他们脱掉法衣还俗,这是将要把翠鸟的羽毛挂在寒冬的枝条上,在厚厚冰层的下面让荷花闪耀美丽光华,确实是陛下仁义大爱,宽宥恩典,然而我们却念念不忘佛法,愚心还有一些想法。凭借陛下振兴道德规范的大纲,一定能够使得天下一统维持安宁,恢复各种道德礼仪,招罗天下英才。使得佛教之风能飘向千秋万代,仁义道德一定会陶铸培养万世之后的人们。天地之外,都能感应淳粹的道德教化以达通达境界;全国上下,都能领悟佛法逍遥自在。普通百姓没有一丝怨恨,寡居妇女不再停止织布悲叹。这就是教化的好处所致,天下所依赖的即是如此。

我们认为道恒、道标是区区一介平民,所能见到的佛法也是很小的一部分。然而却能够出现在陛下的恩典之中,确实是陛下大道化育的结果。我曾经尽心辅佐十二年,没有听闻剥夺法衣法器的事情。如果世人的论议都有助于时代,那么佛法之中也有很多对社会有益的要素,何必剥夺佛教和世俗的志趣,违背各自的本性呢?古代的巢父、许由违抗旨意持守节操,尧和许由都被人们认为很高尚,四皓不降低身段做官,刘邦和他们都得到赞美。这就是所谓古今一样的准则,百代相同的风气。况且他们道德比不上管仲,不足以接受高楼华屋;智慧比不上诸葛亮,怎能够让君王三顾茅庐?但愿陛下能放下曾经的恩赐,使他们能够遂心自由;使得朝廷不过分施惠,百姓亦不失去分寸。那么高明的教化,在今天就会形成;箕山上颍水边的隐士,又能够在今天看到了。我们平庸愚鲁,献上肤浅之言,非常直率,担心触动天子之威,很是惶恐。僧契等陈说。

答桓玄劝罢道书(并桓玄书)

【题解】

在本篇中,东晋末权臣桓玄写信劝慧远法师还俗(即"罢道")出山做他的幕僚,慧远法师回信委婉拒绝并说明了理由。两封书信各自保持着风雅气度,却又绵里藏针。桓玄引用《庄子·秋水》篇中所说的"寿陵余子之学于邯郸",认为许多佛教徒只是邯郸学步,模仿他人不成,反而把自己原有的突出的本领都丢掉了。他认为佛教把人生的追求放在转世来生,"皆是管见"。慧远引用了战国时代和氏怀璧而不为人所识的典故,而说明世俗之人(实际上就是指桓玄)对于佛教事业及其信徒的不理解。他批判了那种"无新功,失其本质","混同以通之"者的可悲,又指出那种人在佛教信徒中毕竟是很少的。慧远坚持佛教的生死观,认定人世荣耀不足贪恋,要广泛宣传佛教,用佛教精神来感化芸芸众生。他将更加珍惜时光,坚定地把佛教流布华夏的事业进行到底。

桓玄书

夫至道缅邈①,佛理幽深,岂是悠悠常徒所能习求?沙门去弃六亲之情,毁其形骸,口绝滋味,被褐带索②,山栖枕石,永乖世务,百代之中,庶或有一仿佛之间。今世道士,虽外毁仪容,心过俗人,所谈道俗之际,可谓学步邯郸,匍匐而归。先圣有言："未知生，焉知死？"而令一生之中，困苦形神，方求冥冥黄泉下福，皆是管见，未体大化。迷而知反，去道不远，可不三思？运不居人，忽焉将老，可复追哉？聊赠至言，幸能纳之。

【注释】

①缅邈：久远，遥远。

②被褐带索：身穿粗布衣，围着绳索，比喻生活清苦。

【译文】

　　最高境界的大道很深远，佛法之理非常深奥玄虚，岂是大多数普通人所能修习寻求得到的？沙门抛弃六亲的感情，毁坏自己的躯体，口绝各种滋味，身穿粗布衣，围着绳索，住在深山里，永远远离世间的事情，百代之中，或许能出现一个真正能似乎通达佛理、修成正果的人。现在的修道之士，虽然外毁仪容，内心的鄙陋却超过俗人，大谈道与俗的事情，可谓只是邯郸学步，模仿他人不成，反而把自己原有的突出本领都丢掉了。先圣孔子有言："未知生，焉知死？"而让自己的一生，形体精神困苦不堪，却竭力去追求死后的幸福，可以说是浅见，不符合社会人生教化。迷途知返，离人生大道就不远了，为何不三思而行呢？时运不等人，很快就会变老，时间能够再追回来吗？赠送您几句话，希望能够被采纳。

远法师答

　　大道渊玄，其理幽深，衔此高旨，实如来谈。然贫道出家，便是方外之宾，虽未践古贤之德，取其一往之志，削除饰好，落名求实，若使幽冥有在，故当不谢于俗人。外似不尽，内若断金①，可谓见形不及道，哀哉哀哉！带索枕石，华而不实，管见之人，不足羡矣。虽复养素山林，与树木何异？夫道在方寸,假练形为真。卞和号恸于荆山,患人不别故也。昔闻其名,今见其人,故庄周悲慨。人生天地之间,如白驹之过隙,以此而寻,孰得久停?岂可不为将来作资?言学步邯郸者,新则无功,失其本质,故使邯人匍匐而归。百代之中,有此一也。岂混同以通之?贫道已乖世务,形权于流俗,欲于其中化未化者,虽复沐浴踞傲云云②,奈疑结何?一世之荣,剧若电光,聚则致离,何足贪哉!浅见之徒其惑哉!可谓下士闻道大而笑之,真可谓迷而不反也。贫道形不出人,才不应世,是故毁其陋质,被其割截之服,理未能心冥玄化,远存大圣之制③,岂舍其本怀而酬高诲?贫道年与时颓,所患未瘳。乃复曲垂光慰④,感庆交至。檀越信心幽当⑤,大法所寄,岂有一伤毁其本也?将非波旬试嬈之言⑥?辞拙寡闻,力讪高命,盖是不逆之怀耳。

【注释】

①断金:语出《周易·系辞上》:"二人同心,其利断金。"孔颖达疏:"金是坚刚之物,能断而截之,盛言利之甚也。"后谓同心协力或情深义厚。

②踞傲:傲慢不恭。

③大圣:古谓道德最完善、智能最超绝、通晓万物之道的人;儒家称上古帝王;佛教称佛、菩萨。

④曲垂:敬辞,用于称君上的颁赐。犹言俯赐,俯降。

⑤檀越:意译"施主",即向寺院施舍财物的信徒。

⑥波旬:欲界第六天的天主,就是魔王波旬。他也是个皈依了佛门的大德,过去因供养过辟支佛的功德得以成为六梵天主。波旬梵语义为恶者、杀者。常以憎恨扰乱佛法,杀害僧人为事。

【译文】

大道深奥,佛理玄虚,意旨深远,确实是如您所谈论的一样。然而我出家后,便是方外之宾,虽未践行古代圣贤的道德,却学习他们的志向,除去各种外在的饰好,更改了俗名,归向真实的宗教信仰,如果确实体悟到了幽冥之理,所以不必对俗人悔过。外在看起来好像不尽力,内心却像断金一样坚定;可以说是见形不及道,悲哀啊!如果只是形式上做个僧人,隐居深山枕石而栖,而心中还羡慕世俗功名,如此管见之人,不足羡慕。这样的话即使在山林中修养,与树木有什么不同呢?道在心灵方寸之中,依靠虚幻的形体修炼达到真心境界。卞和号恸大哭于荆山,是担心别人不能认识和氏璧的价值。以前听到其名,今见其人,因此庄周悲伤感慨。人生天地之间,如白驹过隙,以此而看,哪里能得到长久的停留?岂可不为将来作准备?其实学步邯郸的人,不善于学习,失其本质,因此邯郸学步人匍匐爬着回家。百代之中,仅有这一个人,岂能混同而包括一切人?贫道已远离世务,不同于一般的风俗习惯,想要在这些普通人中教化,又有人说我傲慢不恭,有什么办法呢?一辈子的荣耀,就像电光一样一闪即逝,聚敛的结果就会走向分离的反面,怎么值得贪求呢!鼠目浅见的人,他们真是迷惑呵!正是《道德经》上所说"下士闻道,大而笑之",真可称得上是迷而不知返呵!贫道外表不出众,才能不能应对世事,因此剪掉头发,穿上被割截的衣服,虽然在佛理上未能心入玄冥大化之境,但想长远保存佛法的制度,岂能舍弃我自己的心愿而接受您的教诲出来效力?贫道年龄很大,所患的病未痊愈。得到您俯赐的慰问,非常荣幸,感谢之至。希望施主您牢记佛教大法对于社会心理的巨大功用,对于王朝统治哪里有损害呢?万勿尝试像魔王波旬一样扰乱佛法。我语词拙劣,见闻很少,以烦扰您的话答复,但此信中的话都发自我的内心。

辞刘刺史举秀才书
（并刘善明答）

【题解】

在本篇中，青州刺史刘善明劝僧岩法师还俗并推举他作秀才，僧岩法师委婉拒绝，两人书信往复讨论辩难。刘善明（432—480），字不详，平原人，生于宋文帝元嘉九年，卒于齐高帝建元二年，曾任青州刺史。刘善明认为，恭敬保全自己身体，慎重对待头发皮肤，治国辅政，扬名青史才是最重要的，因此他劝僧岩法师还俗参与政治。僧岩法师指出，自己从小就出家学道，远离俗世事务，潜心于佛教道义，志向与儒教目标不同，虽然还没有达到大道的境界，但也向往佛祖的行为，因此他委婉拒绝刘善明的建议。

贫道弱龄出家，早违俗务，游心释风^①，志乖孔教^②。虽复道场未即^③，故亦洙训缅矣^④。方将委质饿兽^⑤，庶超九劫之功；分肌哺鸽，情存乘云之驭^⑥。宁能垂翼中田^⑦，反迹笼樊^⑧，舍夫涂中之适，婴兹庙堂之累哉？且夫官人以器位，必须才未有叨越分之举，终能保其荣也。今辄奉还板命^⑨，愿收过恩。无令曹公重叹，王舟再惭，辅秀之召，非所克堪。

释僧岩呈。

【注释】

①游心：潜心，留心。

②孔教：孔子的学说主张。或称儒教、名教、礼教或先王之教，以孔子为先师，以十三经为宗教经典。

③道场：释道二教称诵经礼拜的场所。

④洙训：世传孔子讲学在洙、泗二水之间，故常以"洙泗"指代孔子及其学派。"洙训"即孔子之教。

⑤委质：弃身；置身。

⑥乘云：升天，仙去；驾云。

⑦中田：田中。《诗经·小雅·信南山》："中田有庐，疆埸有瓜。"郑玄笺："中田，田中也。"

⑧笼樊：鸟笼。

⑨板命：成命。

【译文】

我从小就出家学道，早就远离俗世事务，潜心于佛教道义，志向与儒教目标不同。虽然还没有达到大道的境界，但也与孔子教化的行为相去不远。将来会弃身舍命给饥饿的野兽，大致也会有超越所有劫难的功德；分割肌肉哺育鸽子，内心的目标在于超越达到更高的境界。怎么能举翅飞回田中，回返世俗樊笼，舍弃修行道路中的愉悦，经受世俗庙堂的劳累呢？何况做官要想得到位置与器重，需要有胆识才能，还不能有越分超常的举动，这样才能最终保住荣华富贵。如今我就奉还成命，希望您收回宏大的恩赐。不要再使曹公感叹，王舟惭愧，提举秀才之召，不是我所能接受的。释僧岩呈。

答僧岩道人

庄篇有弱丧之谬①，释典有穷子之迷②，每读其书，为之长慨。敬慎发肤，扬名后史，仰显既重，俯弘为大，远寻圣言，斯教为最，近取诸身，实迷情理。瞿昙见此③，亦当莫逆于心，况君辩破秋毫，识洞今古，裂冠不疑，拔本不悟④，幽冥相骇⑤，遐迩致惊⑥。昔吕尚抱竿⑦，于八十之年志钓，由时未遇君，沈沦未及，冀能有美若人耳。如其不尔，岂不悲哉？仆忝莅梓蕃⑧，庶在明仄，观贡帝庭，必尽才懿。故欲通所未通，屈所未屈，如来告纷纭，有乖真唱⑨，苟为诞说，岂所期耶？昔王祥樵采沂侧⑩，耳顺始应州命⑪；公孙弘牧豕海上⑫，白首方充乡举⑬，终能致位元台⑭，朝天变地，道畅当年，声流万载。君意何如？敬布腹心⑮，想更图之。刘君白答。

【注释】

①庄篇：指庄子作品。弱丧：少而失其故居。《庄子·齐物论》："生死修短，岂能强求？予恶乎知悦生之非惑邪？予恶乎知恶死之非弱丧而不知归者邪？……予恶乎知夫死者不悔其始之蕲生乎？"意思是说："一个人寿命长短，是勉强不来的。我哪里知道，贪生是不是迷误？我哪里知道，人之怕死，是不是像幼年流落在外面安于所在不知回归故乡呢？我哪里知道，死了的人会不会懊悔他从前求生呢？"郭象注："少而失其故居，名为弱丧。夫弱丧者，遂安于所在而不知归于故乡也。"

②释典：佛教经典。穷子：长者穷子喻，出自《法华经·信解品》，为法华七喻之一。有一长者之子，幼年即离家，生活贫穷。某日徘徊于一位富翁长者家附近，长者得知为己子，乃遣家人追回，然其子恐惧而逃。长者遂用计，雇之为佣，并逐渐重用之，最后始告以实情，且给予万贯家财。故事中之穷子比喻二乘之人，家财

　　则比喻大乘之教；谓二乘之人无大乘功德之法财，犹如穷子之缺乏衣食资具。

③瞿昙：释迦牟尼的姓。一译乔答摩（Gautama）。佛的代称。

④"裂冠"二句：意同"裂冠毁冕，拔本塞源"。冠冕，古代王侯卿大夫所戴的礼帽；本，树根。原比喻诸侯背弃礼法，侵犯天子的直接领地。后用作臣下推翻国君，夺取王位的代称。

⑤幽冥：玄远，微妙。

⑥遐迩：远近。

⑦吕尚：姜姓，吕氏，名尚，字子牙，东海（今安徽临泉）人。

⑧忝莅：常用作谦词。梓蕃：故乡所在之政区。

⑨真唱：真正的道理。

⑩王祥（185—269）：字休征，西晋琅琊（今山东临沂）人，官至太尉、太保。以孝著称，为二十四孝之一，"卧冰求鲤"故事广为流传。

⑪耳顺：《论语·为政》："六十而耳顺。"何晏集解引郑玄曰："耳顺，闻其言而知其微旨也。"后遂以"耳顺"为六十岁的代称。

⑫公孙弘（前200—前121）：字季，淄川（今山东寿光）人，官至丞相。

⑬乡举：由乡里选拔人才。

⑭元台：指三台星中的上阶二星，喻天子、女主或首辅。三台六星两两而居。其上阶二星，上星象征天子，下星象征女主；又称天柱星，象征三公之位。见《晋书·天文志》。故以"元台"喻天子、女主或首辅。

⑮腹心：至诚之心。

【译文】

　　庄子作品中谈到人们害怕死亡，就像是幼年流落在外面的人，迷恋所在的地方不知回归故乡一样荒谬，佛教经典谈到很多人不知道自己的佛性，就像是穷子不知自己是富翁长者的儿子一样迷失，每当我阅读这些经典时，都会因此而感慨。恭敬保养自己的身体，对头发皮肤慎重对待，扬名青史，重视信仰，弘扬道法，向远古考察圣贤言语，这种教化可以说是最好的了，就近取法自己的身体，实际上是迷失情理。即使是佛祖看到心中也不会有抵触，反而会情感一致，心意相投，何况你能洞察秋毫辨识一切，洞彻古今，即使遇到臣下篡取王位的事，也不会使你怀疑，微妙之处让人惊骇，远近的人听了会心悦诚服。从前姜子牙怀抱钓竿，八十岁还在水边垂钓，原因是没有遇上贤明的君主，因此沉沦不能被推举，希望有才能的人也能像他在晚年遇到周文王一样有好机遇。如果不能这样，难道不是很悲哀吗？我有幸在家乡任职，考究政治明暗，观看朝廷的旨意，一定会尽我所能。所以想让没能通达的人通达，罢黜无能的人，如果这些人很多，就会违背真正的情理，如果是苟且为之，荒诞不经，难道这是我们所希望的吗？以前王祥曾在沂水边采薪伐木，年六十才应命州郡；公孙弘在海边放猪，年纪很大才应举，最终能登上高位，为皇上服务，道德在当年畅通，名声远扬千秋万代。您意下如何呢？恭敬陈述我的内心想法，想请您更进一步考虑。刘君白答。

僧岩重答

纡辱还诲①，优旨仍降②，征庄援释③，理据皎然④。徒欲伏义辩情，末由也已。虽高义出象⑤，微言入神⑥，鄙怀所执，犹或可晓。何者？夫知人者哲，自审者明，忘分昧进，良所未安。昔威直应命，终获减名之惭；遵祖聘能，卒招杨鹄之耻⑦。若遗我欲效彼，追踪王吕⑧，恐曝鳃龙津，点额众矣⑨。道与盗同罪，举失其才，亦宾主交鄙，可不慎乎？又《礼》云："非指玉帛，孝乎岂止保肤？"故割肌无讥于前代⑩，断发有加于曩辰⑪。斯盖斩手全驱，所存者大，夫何怪哉？愿贷愚执，赐遂陋衿⑫。释僧岩呈。

【注释】

①纡：围绕，兜圈子。

②优旨：优待的诏命。

③庄：这里指庄子学说。

④理据：论据。

⑤高义：正大的道理。

⑥微言：精深微妙的言辞。

⑦杨鹄：不详。

⑧王吕：或指上文刘善明信中提到的王祥、吕尚。

⑨点额：谓跳龙门的鲤鱼头额触撞石壁，后以"点额"指仕途失意或应试落第。

⑩割肌：割掉肌肉。

⑪断发：剪断头发。

⑫衿：胸怀，心怀。

【译文】

您屈尊受辱再次教诲，优待的诏命依然降下，援引庄子学说，征引佛教理论，证据很清楚。但只依靠征引高义来辩解实情，这未必合理。虽然大道会表现出很多形式，精深微妙的言辞会引人入胜，但我怀有自己的追求，有自己的想法。为何呢？了解别人的人具有智慧，了解自己的人很聪明，忘记本分而冒昧求进，实在会让人心里不安。有些人曾经直率接受命令，最终却获得除名的遗憾；遵照祖训选贤聘能，最后却招来了类似杨鹄的耻辱。如果遗弃我而效法其他，仿效王祥、吕尚，恐怕就像是在龙门曝晒鱼鳃，仕途失意的人很多了。道与盗同罪，若所举荐的并非才能之士，宾客和主人将来都会难堪，难道不宜谨慎么？《礼记》说："指的并非是玉帛，孝悌难道仅是保养皮肤？"因此在前代割掉肌肉也不会被讥笑，断发也是一件好事。这就是所谓的斩断手臂是为了保全躯体，所保存的是更重要的，那又有什么好奇怪的呢？但愿您能宽恕我的愚蠢偏执,恩典惠赐满足我的心愿。释僧岩呈。

重答

重获来简①,始见玄解皎然之悟②,可谓相视而笑矣③。君识鉴众流④,智该理奥⑤,每检感应之源⑥,穷寻分石之说⑦,何常不句句破的,洞尽义宗。而苟自谦光⑧,乖其侧席⑨,仍踵覆车,无悔败辙,非知之难,行之不易也。夫去国三年,见似家人者喜;作客日久,宁不悲心? 今誓舍重担而安坐,弃羁旅如还家⑩,对孔怀之好⑪,敦九族之美⑫,趣门欣欣,为乐已甚。况复文明御运,姬召协政⑬,思贤赞道⑭,日昃忘餐⑮,以君之才,弘君之德,带玉声朝,披锦振远,功济世猷⑯,名扬身后。与夫髡剪之辱⑰,鲸绝之苦⑱,岂可同年而语哉? 相与契阔⑲,久要颇练,深志若隐展禽之贤⑳,恐招臧氏不忠之责。故力疾题心,重敷往白。岁云暮矣,时不相待,君其勉之,勿有噬脐之悔㉑。刘君白答。

【注释】

①简:书信。

②玄解:对事物奥秘的理解。

③相视而笑:双方互相看着,发出会心的微笑,形容二者情合意洽的情态。

④识鉴:见地和鉴别人才的能力。

⑤理奥:道理深奥。

⑥感应:受影响而引起反应。《周易·咸》:"柔上而刚下,二气感应以相与。"

⑦分石:确凿,确实。

⑧谦光:尊者谦虚而显示其光明美德,谦虚。语本《周易·谦》:
"谦,尊而光,卑而不可逾。"孔颖达疏:"尊者有谦而更光明盛大,
卑谦而不可逾越。"

⑨侧席:正席旁侧的席位。

⑩羁旅:客居异乡。

⑪孔怀:兄弟的代称。《诗经·小雅·常棣》:"死丧之威,兄弟孔
怀。"郑玄笺:"维兄弟之亲,甚相思念。"

⑫九族:以自己为本位,上推至四世之高祖,下推至四世之玄孙为
九族。

⑬协政:辅佐协助政务处理。

⑭赞道:辅佐政教。

⑮日昃:太阳偏西,约下午二时左右。

⑯猷(yóu):功业;功绩。

⑰髡剪:削光剪断。

⑱鳏(guān):成年无妻或丧妻的人。

⑲契阔:相交,相约。

⑳展禽:展获,字季,柳下(今山东兖州)人,后人尊称柳下惠。春秋
时为鲁国士师,掌管法典刑狱。

㉑噬脐:自啮腹脐。喻后悔不及。《左传·庄公六年》:"亡邓国者,
必此人也。若不早图,后君噬齐。"杜预注:"若啮腹齐,喻不可
及也。"

【译文】

又一次收到您的来信,才开始获得对玄妙大道的洞然领悟,可以说
我们是相视而笑,情合意洽。您的见地和鉴别人才的能力非常出众,智
慧融通,说理深奥,每次检验感应的源头,穷尽追寻确凿的言论,每句无
不都一发中的,洞晓穷尽高义之宗。然而您很谦虚,表现出光明美德,

放弃侧席位置，仍然追赶覆车之轨，对于失败一点也不后悔，不是认识难，而是践行不容易。离开国家三年，看见长得像本国人的则欢喜；在别人家做客太久，怎么会没有悲伤呢？如今我发誓舍弃重重的负担而安享闲逸，放弃客居他乡就像回到了家里，面对兄弟的好处，享受九族的和谐，到每个门庭都是开开心心的，做人的乐趣大概就是这样。何况现在社会文明要靠贤臣统驭运用，需要人才辅佐协助，思念贤才辅助政教，太阳偏西了还忘记进餐，凭借您的才能，弘扬君主的德行，就像戴上佩玉走向朝廷，披带锦绣威震远方，功劳兼济世世代代，死后万古流芳。这些和那些接受剃头刑罚的侮辱、鳏寡孤独的苦楚，怎么能同日而语呢？我们相交多年，彼此了解对方，我知道您的志趣幽深，象展禽一样贤明，但是恐怕会招来臧氏不忠不孝的责备。于是我奋力书写，表达我的内心情怀，再一次敷演陈述。年纪已经大了，时不我与，您还是自勉吧，千万别留下后悔。刘君辩白回答。

僧岩重书

　　比日之事，为可聊作一乐，不谓恩旨绸缪^①，芳音骤届，劳诲之厚，一至于斯。伏读未周，愧汗交集，然鄙志区区^②，已备前款。且岩之壮也，犹后于人；今既老矣，岂能有为？夫以耄耋之年^③，指麾成务^④，此自苍灵特援^⑤，假首人功，协佐龙飞之英^⑥，翼赞革命之主^⑦。今欲以东亩之农夫^⑧，西园之抒叟^⑨，侧景前光，参踪古列，无异策驽足以均骓骝^⑩，系泽雉以双鸾鹄。斯之不伦，宁俟深察？昔子泰伏命，抚节公孙^⑪，预报知深，亡身靡悔。今日过赏，德粹两贤，正恨年迈，峱嵼命急^⑫，蒙氾吞炭^⑬。倒戈永与^⑭，愿隔临纸^⑮，恻怆罔识所陈^⑯。幸收过眷，不复翻覆。释僧岩呈。

【注释】

①绸缪(chóumóu)：连绵不断。《文选·张衡〈思玄赋〉》："倚招摇、摄提以低回剹流兮，察二纪、五纬之绸缪遹皇。"李善注："绸缪，连绵也。"

②区区：形容微不足道。

③耄耋(màodié)：高龄，高寿。

④指麾：发令调遣。

⑤苍灵：即青帝。我国古代神话中的五天帝之一，是位于东方的司春之神。

⑥协佐：辅助。

⑦翼赞：辅佐。

⑧东亩：泛指田园农耕场所。

⑨西园：园林名。汉上林苑的别名。抒叟：年纪大的老翁。

⑩骅骝：泛指骏马。《荀子·性恶》："骅骝骐骥纤离绿耳，此皆古之良马也。"杨倞注："皆周穆王八骏名。"

⑪子泰伏命，抚节公孙：指后汉时田畴(字子泰)立誓为故主刘虞报仇，欲杀公孙瓒一事。

⑫崦嵫：神话中日落处，借指人的暮年。南朝陈徐陵《报尹义尚书》："余崦嵫既暮，容鬓皤然，风气弥留，砭药无补。"

⑬蒙汜：古称日落之处；喻人垂暮之年。

⑭倒戈：把戈倒着安放，表示不再用兵。

⑮临纸：面对纸张书写之时。

⑯恻怆：哀伤。

【译文】

往日的事情，姑且可以看做是一个乐子而已，没有想到您恩典惠赐连绵不断，好的消息接二连三，殷勤教诲实在是很厚重，竟然到了这个程度。我伏案仔细阅览，还是不能完全理解，惭愧喜悦百感交集，然而我鄙陋浅薄的志趣，前面已经申述过。况且我在壮年的时候，就比别人落后；如今老而无用，怎么能有很大的作为呢？像姜尚一样凭借七八十岁的年纪，指挥千军万马，管理朝政有所收获，这源自青帝的厚爱帮助和别人的功劳，他们协助像龙一样飞翔的英才，辅佐善于变革的明君。现在想依靠田亩中的老农，西园中的老人，让他们成就前代已有的美好事业，这样是认为驽马也可以像宝马一样日行千里，把沼泽中的野鸡等同于鸿鹄一样。这些不能类比，岂能不深深省察？从前田畴立誓要杀公孙瓒为故主报仇，报恩之心很深刻，死而无憾。如今得到您过度的赏誉，只恨自己年老体衰，已进入暮年时光，逼迫犹如吞下炭火。希望放弃争执，永远和谐，但愿能凭借纸张书信，惶恐地陈述一己之见。很荣幸能得到您的厚爱，不再反复回覆。释僧岩呈。

重答

君谈天语地，神情如镜，抽毫拂简，智思入渊。而幼失理根[1]，蹭蹬皓发[2]，惜君之才，恒用叹息。君虽心在云上，而形居坎下[3]，既与黄雀为群[4]，恐没鹭鹭之美[5]。故率弓帛之礼，屈应宾主之举，徽猳三柱[6]，陋札再诎[7]。苟自谦冲[8]，固辞年耄，度君德方亨元吉[9]，未能俯志者，正当游翔择木，待掎桐竹实耳[10]。鄙命轻召，曷足降哉？敬揖清风，肃从所尚，本图既乖，裁还惭悯[11]。刘君白答。

【注释】

①理根：指儒家入世教理之根。

②蹭蹬：险阻难行。

③坎：墓穴，墓坑。

④黄雀：鸟名。雄鸟上体浅黄绿色，腹部白色而腰部稍黄。雌鸟上

体微黄有暗褐条纹。此处借指庸常之人。

⑤鹫鹫(yuèzhuó)：古书上所说的一种水鸟。

⑥徽牍：图版。枉：矫枉。

⑦讵(chóu)：应答，对答。

⑧谦冲：谦虚。

⑨方亨：方正通达。元吉：大吉；洪福。《周易·坤》："黄裳元吉。"
孔颖达疏："元，大也。以其德能如此，故得大吉也。"

⑩掎(jǐ)：依靠，牵引。

⑪惭悯：惭愧怜悯。

【译文】

您谈天说地，神情面目就像镜子一样清明，抽笔挥毫，智慧思虑就像深渊一样湛然。然而您从小就失去了儒家教理之根，在各种坎坷境遇中不觉年岁已高，我很惋惜您的才能，常常感叹。您的心智虽然高在云端，然而形体却寄居在坎窠之下，既然和黄雀作为一群，恐怕就要埋没鹫鹫的美好了。因此奉上弓箭玉帛等礼物，接受君主的号召，虽然图版书信已经惘然，卑陋的书信还是再一次发出。如果您自己能够谦虚，即使以年岁之高来推辞，但想想君主的美好德行和亨通大吉的事业，就应当像飞翔的鸟儿一样择木而居，凤凰等待依赖梧桐紫竹一样有所归依。卑浅的诏命不是很重要，何必一定得屈身服从呢？敬揖清风，严肃地选择自己所崇尚的，这封信也许违背了您的意思，希望您仔细考虑，我也很是惭愧。刘君辩白回答。

卷第十二

序引

　　余所撰《弘明》，并集护法之论。然爱录书表者，盖事深故也。寻沙门辞世，爵禄弗縻①，汉魏以来，历经英圣，皆致其礼，莫求其拜。而庾君专威，妄起异端；桓氏疑阳②，继其浮议。若何公莫言，则法相永沉；远上弗论，则僧事顿尽。望古追慨，安可不编哉？《易》之蛊爻，不事王侯；《礼》之儒行，不臣天子。在俗四民，尚有不屈，况弃俗从道，焉责臣礼？故不在于休明③，而频出于季运也。至于恒、标辞略，远公距玄，虽全已非奇，然亦足敦励法要。《日烛》既痛俗之谈，子作三檄，亦摧魔之说，故兼载焉。

【注释】

①爵禄：官爵和俸禄。縻（mí）：拘禁，束缚。

②疑阳：阴疑阳战，出自《周易·坤》："阴疑于阳必战。"比喻侵略者气焰嚣张，逼使被侵略者奋起自卫。

③休明：美好清明，用以赞美明君或盛世。

【译文】

我编撰《弘明集》，收集那些护法的论文。然而所引用的那些论文，都是义理精深的文章。想到沙门远离世俗社会，不被官爵和俸禄束缚，汉魏以来，经历了很多英明的圣上，他们都向沙门致礼，不要求跪拜。而庾冰独擅威势，妄自兴起异端的说法；桓玄气焰嚣张，继续他们的浮薄议论。如果何充不出来说话，那么法相永远沉沦下去了；慧远法师不出来论辩，那么僧人觉悟之事顿时结束。回望古代，感慨万分，怎么可以不编撰这些论文呢？《易经》的《蛊》上九爻记载，不事奉王侯；《礼记》中记载的儒家行为，也可不称臣于天子。在世俗社会中的士、农、工、商四类民众，尚有不屈服王权的行为，何况抛弃世俗生活信奉无上大道的人，何必要求尽臣子之礼？因此政治不清明的时代，佛教就会经常受到攻击。至于道恒、道标二法师辞语简略，慧远法师玄妙，虽然并不稀奇，然而也足以敦促勉励佛法根本。《日烛》一文是足以惊醒世俗之人的妙论，三篇檄文，也是摧毁魔王之说，因此一起记载下来。

与释道安书

【题解】

　　本文作者习凿齿(？—383)，字彦威，东晋著名文学家，史学家。襄阳(今湖北襄樊)人，世代为荆楚豪族，东汉襄阳侯习郁之后人。他精通玄学、佛学、史学，主要著作有《汉晋春秋》、《襄阳耆旧记》、《逸人高士传》等。其中《襄阳耆旧记》是中国最早的人物志之一。习凿齿精通佛学，曾经力邀著名高僧释道安到襄阳弘法。在本文中，习凿齿表达了他本人以及襄阳僧俗对道安的崇敬和期待心情，在信中还对肃祖明帝(司马绍)倡兴佛教给予了高度赞扬，同时也表明了自己对先行上世者未悟"真丹"的憾惜之情，也对明帝以来"始钦斯道"深表欣慰。

　　兴宁三年四月五日，凿齿稽首和南①。承应真履正②，明白内融，慈训兼照③，道俗齐荫。宗虚者悟无常之旨，存有者达外身之权。清风藻于中夏④，鸾响厉乎八冥⑤；玄味远猷⑥，何劳如之？弟子闻不终朝而雨六合者⑦，弥天之云也；弘渊源以润八极者，四大之流也。彼真无为，降而万物赖其泽；此本无心，行而高下蒙其润。况哀世降步，愍时而生，资始系于度物，明道存乎练俗；乘不疾之舆，以涉无远之道；命外身之驾,以应十方之求。而可得玉润于一山,冰结于一谷;望阆风而不回仪⑧,损此世而不悔度者哉! 且夫自大教东流,四百余年矣。虽藩王、居士,时有奉者,而真丹宿训⑨,先行上世,道运时迁,俗未全悟。藻悦涛波,下士而已。

【注释】

①和南:佛教语,佛门称稽首、敬礼为和南。

②应真:佛教语,罗汉的意译,意谓得道真人。履正:躬行正道。

③慈训:母或父的教诲,此处指佛家教法。

④中夏:中国,华夏。

⑤八冥:即八海,泛指天下所有湖海,亦以指天下。

⑥远猷:长远的打算,远大的谋略。语出《尚书·康诰》:"顾乃德,远乃猷。"孔传:"远汝谋,思为长久。"《三国志·魏书·明帝纪论》:"而遽追秦皇、汉武,宫馆是营,格之远猷,其殆疾乎。"

⑦六合:上下和四方,泛指天地或宇宙。

⑧阆风:即阆风巅,神话中昆仑山上仙人居住之所。

⑨真丹宿训:是指佛祖初说的教法、真谛。

【译文】

兴宁三年四月五日,我习凿齿向您稽首敬礼。承得道真人躬行正道,心性清楚明白,融通内外,教诲遍及一切,道俗都受到启发。以虚空为宗的人,明悟无常的意旨;心存实有的人,通达身外的各种权巧方便。就像清风吹拂华夏,凤凰的声音在天地之间响彻;玄味深厚,谋略长远,谁能比得上呢? 弟子我听说不用一天所下的雨水就能遍布天地之间的,是覆盖整个天空的云朵;深渊能滋润整个八方极远之地,是依靠四大之河流。天真正无为,降下雨水,万物就能享受他们的恩泽;深渊本来就无心,万物蒙受他们的滋润。何况佛祖是为了悲悯众生而降生,从一开始就是为了度化万物,明悟大道是为了锻炼世俗之人;乘着速度不快的车，长途跋涉在无穷远的大道上；驾驭外在身体之车辆，以回应十方世间的要求。这样使得玉滋润一山，冰结于一谷；眺望阆风仙人居所，感觉其威仪显赫，减少尘世的烦恼，济度众生。而且自从佛法大教向东流传到华夏大地，已经有四百多年了。虽然有藩王、居士经常奉持，但佛祖初说的教法、真谛，先前几代流传到目前为止，世俗之人很少有真正体悟的。虽然以佛法为乐，但他们也只是下士而已。

　　唯肃祖明皇帝，实天降德①，始钦斯道，手画如来之容，口味三昧之旨，戒行峻于岩隐②，玄祖畅乎无生③。大块既唱，万窍怒号④，贤哲君子靡不归宗。日月虽远，光景弥晖⑤，道业之隆，莫盛于今。岂所谓月光首寂，将生真土⑥，灵钵东迁，忽验于兹乎？又闻三千得道，俱见南阳，明学开士⑦，陶演真言⑧。上考圣达之诲，下测道行之验，深经并往，非斯而谁？怀道迈训，舍兹孰降？是以此方诸僧，咸有倾想，目欣金色之瑞，耳迟无上之藏，老幼等愿，道俗同怀，系咏之情，非常言也！若庆云东祖⑨，摩尼回曜，一蹑七宝之座，暂视明誓之灯⑩，雨甘露于丰草，植栴檀于江湄，则如来之教，复崇于今日，玄波逸响⑪，重荡濯于一代矣！不胜延豫，裁书致心，意之蕴积，曷云能畅。弟子襄阳习凿齿稽首和南。庾阐《乐贤堂颂序》亦云："肃祖明皇帝，雅好佛道，手摹灵像。"

【注释】

①降德：赐予恩惠。
②岩隐：隐居山中之高士。
③玄祖：犹玄圣，或指老子。

④"大块"二句:《庄子·齐物论》:"夫大块噫气,其名为风。是唯无作,作则万窍怒号。"庄子形容,天地元气变成风以后,上万个孔窍一起怒吼,气势惊人。

⑤光景:日月之光。

⑥"岂所谓月光"二句:《月光童子经》云:"佛告阿难,我般涅槃千岁已后,经法且欲断绝,月光童子当出于秦国,作圣君,持我经法,兴隆道化。"

⑦开士:即菩萨。以菩萨明解一切真理,能开导众生悟入佛的知见,故有此尊称。《释氏要览》云:"经中多呼菩萨为开士,前秦苻坚赐沙门有德解者,号开士。"可知开士也是高僧的尊号。

⑧真言:指以文字、言语表示之密咒,也包括法身佛之说法,此外,诸如峰峦松风、川流水音,无不是如来演说真如实相之法,也称真言。

⑨庆云:五色云,古人以为祥瑞之气。

⑩暂视:目疾视。明誓:明白的誓言。

⑪玄波:巨浪。晋葛洪《抱朴子·论仙》:"蹈炎飙而不灼,蹑玄波而轻步。"

【译文】

只有肃祖明帝(司马绍)是上天赐予的恩惠,他开始尊崇佛法之道,喜欢用手画如来佛的容貌,用口品味三昧之旨,戒行比隐居山中的人还严格,对老子无生大道的领悟也很通畅。就像大块噫气变成风后,不断运动,就会导致只要有洞的地方就会发出声音,有了肃祖明帝的提倡,贤哲君子没有不皈依佛法的。日月虽远,其光芒也很灿烂;道业兴隆,没有比如今更旺盛的了。不正是经典里记载的月光童子作为圣君,兴隆道法,把灵钵带到东土汉地的事情,在这里得到验证吗? 又听说三千得道之人,都到南阳来拜见,明学高僧,一起宣说真理之言。上考圣达之教诲,下测道行之证验,深入经典,遍及四方,不是您还有谁呢? 胸怀大道,教化世人,除了您还有谁能做到? 因此我们这里的僧人,都期待着眼睛能看见金色之祥瑞,耳朵倾听无上之佛藏;老人和幼童都有同一个愿望,修道者和在家俗人都有同一种情怀,这种挂念盼望之情,不是常言能表达的! 就像五色云往东来,牟尼珠发出光芒,一登上七宝之座,很快就看到明誓之灯,降下甘露给茂密的草,种植栴檀于江岸,则如来之教,又将会在今日受到推崇,巨浪发出雄浑奔放的声音,重新在这一代荡濯了! 内心非常犹豫,写信给您表达我的愿望,心意蕴积,很难畅快地表达清楚。弟子襄阳习凿齿稽首敬礼。庾阐《乐贤堂颂序》也说:"肃祖明皇帝,雅好佛道,亲手绘画描摹灵像。"

与张新安论孔释书

【题解】

在本篇中,东晋谯王司马承与张新安就佛教因果报应问题进行了讨论。谯王认为,自上古帝皇到文武周孔以来,经典训诂非常周备,却没有明确叙述三世因果报应的记录,因此表示怀疑。张新安认为,通晓佛理要依靠感应,达到明悟要依靠因缘,因此善于回答问题的老师,就像撞钟一样,轻轻叩击则钟声较小,重重叩击则钟声大响,启发开导学生,要在他努力想弄明白而不得和心里明白却不能表达出来的时候。华夏民族祖先在没有很明显的征验时,就不直接说明因果报应的要旨大义,所以他们的文章没有很具体的记载。

谯王书论孔释

佛教以罪福因果,有若影响;圣言明审①,令人寒心②。然自上古帝皇,文武周孔,典谟训诰③,靡不周备,未有明述三世,显叙报应者也。彼众圣皆穷理尽性④,照晓物缘,何得忍视陷溺⑤,莫肯授接?曾无一言示其津径,且钓而不纲,弋不射宿,博硕肥腯⑥,上帝是享。以此观之,盖所难了。想二三子扬攉而陈⑦,使划然有证⑧,祛其惑焉。

【注释】

① 明审：明确周密，明察精细。

② 寒心：因失望而痛心。

③ 训诰：《尚书》六体中训与诰的并称。训乃教导之词，诰则用于会同时的告诫。

④ 穷理尽性：穷究天地万物之理与性。

⑤ 陷溺：比喻深深陷入错误的泥淖而无法自拔。

⑥ 博硕肥腯(tú)：出自《左传·桓公六年》："故奉牲以告曰：'博硕肥腯。'"博硕，形状大。腯，肥壮。指六畜肥壮。

⑦ 扬搉(què)：同"扬榷"，略举大要，扼要论述。

⑧ 划然：犹豁然、开朗貌。

【译文】

佛教认为罪福因果报应，就像影子和回声一样感应迅捷；佛教之言明确周密地阐述这种思想，让人内心恐惧。然而自上古帝皇到文武周孔以来，经典训诰，内容记载无不周备详细，但是却没有明确叙述三世因果报应的思想。这些圣人都穷究天地万物之理与性，观照明晓万物的因缘，怎么会忍心看着陷入错误的泥淖而无法自拔的人们受苦，不肯救援接应他们呢？竟然没有一句话显示通向因果报应的道路，而且强调不用带绳的大网捕鱼，不射在巢中歇宿的鸟，六畜肥壮，由神灵上帝享用。以此看来，确实很难理解。想和你们二三人简要论述，使我豁然开朗有所了解，解决内心的疑惑。

张新安答

仰复渊旨，匪迩伊教，俯惟未造，鞠躬泛对。窃以为遂通资感，涉悟籍缘，诚微良因，则河汉滋惑①。故待问拟乎撞钟②，启发俟于悱愤③。夫妙觉穷理，乃圣乃神，光景烛八维，兆仰观九有④。然而运值百龄,窅均万劫者⑤,岂非嘉缘未构,故革化莫孚哉⑥?是以圣灵辍轨,斯文莫载。靡得明征理归,指斥宗致⑦,只以微显婉成⑧,潜徙冥远。好生导三世之源,积善启报应之辙。纲宿昭仁,搜苗弘信⑨。既以渐渍习成⑩,吝滞日祛,然后道畅皇汉之朝,训敷永平之祀,物无辉荧,人斯草偃⑪。实知放华犹昏,文宣未旭⑫,非旨睽以异通,谅理均而俱踬者,附会玄远,孰夷冒言。谬犯不惮,轻率狂简。

【注释】

①河汉:银河,比喻浮夸而不可信的空话,转指不相信或忽视某人的话。

②待问拟乎撞钟:《礼记·学记》云:"善待问者如撞钟,叩之以小者则小鸣,叩之以大者则大鸣,待其从容,然后尽其声,不善答问者反此。"意思是说,善于回答问题的老师,就像撞钟一样,轻轻叩击则钟声较小,重重叩击则钟声大响,等钟声响起之后,让它的声音响完。不善于回答问题的与此相反。

③启发俟于悱愤:语出《论语·述而》:"不愤不启,不悱不发。举一隅,不以三隅反,则不复也。"意思是不到他努力想弄明白而不得的程度不要去开导他,不到他心里明白却不能完善表达出来的程度不要去启发他。如果他不能举一反三,就不要再反复地给他举例了。

④九有:佛教语,指众生轮回之三界九地。

⑤窅(yǎo):眼睛眍进去,喻深远。

⑥革化:改变。孚:为人所信服。

⑦宗致:宗旨,学说的要旨大义。

⑧微显：显现微妙。

⑨搜苗：春猎为搜，夏猎为苗，泛指狩猎。

⑩渐渍：浸润，引申为渍染、感化。

⑪草偃：《论语·颜渊》："君子之德风，小人之德草，草上之风，必偃。"比喻在上者能以德化民，则民之向化，犹风吹草仆，相率从善。晋葛洪《抱朴子·用刑》："明后御世，风向草偃，道洽化醇。"

⑫文宣：谥号。《逸周书·谥法解》曰："经纬天地曰文。成其道，道德博厚曰文。学勤好问曰文。""圣善周闻曰宣。孔晁注：闻，谓所闻善事也。"获得文宣这一谥号的历史人物有孔子，其谥号为大成至圣文宣王。

【译文】

仰复您深远的旨趣，要不是您的教诲，我难以对大道有所理解，在此简单探讨一下这方面的问题。我认为通晓佛理要依靠感应，达到明悟要依靠因缘，如果没有这些因素，那么浮夸而不可信的空话会让人迷惑。因此善于回答问题的老师，就像撞钟一样，轻轻叩击则钟声较小，重重叩击则钟声大响，等钟声响起之后，让它的声音响完，启发开导学生，要在他努力想弄明白而不得和心里明白却不能表达出来的时候。美妙的觉性穷究天地万物之理，非常神圣，其光芒照亮宇宙，穿越众生轮回的三界九地。然而人生要经历长久的岁月，在千生万劫中轮回，岂不是嘉缘没有形成，因此各种变化不能为人所信服吗？因此圣人在这方面没有注重，他们的文章没有记载。没有明显的征验，就不能直接说明学说的要旨大义，只显现微妙、潜在的变化。因此他们热爱生命，关心众生，导向大道之源头，积累善行，开启福报之道路。强调不用带绳的大网捕鱼，不射在巢中歇宿的鸟，昭示仁爱之心，春夏狩猎弘扬仁爱之意。感化慢慢形成习惯，各嗇滞塞一天天去除，然后大道畅通在皇汉之朝，教化传扬在永平年间，万事万物全都光辉人们如风吹草仆一样接受教化,相率从善。因此确实知道尧舜时还很昏昧,孔子时还不明白,不是深入理解意旨,通达各种差异,领悟统一之理的人,很可能附会玄远之言,冒犯大道。我可能说错,显得轻率狂简,请见谅。

与禅师书论踞食

【题解】

本篇作者郑鲜之,字道子,荥阳开封(今河南开封)人,事宋文帝,官至尚书。所谓踞食,就是指坐在椅子上吃饭。中国古代吃饭都是盘坐在席子或跪坐在脚后跟上,僧人则遵循戒律"踞食"——坐在椅子上吃饭,很多人看着不习惯。在本篇中,郑鲜之认为僧人"踞食"的姿态不守礼法,因此他写信规劝他们要改正这种行为举止。郑道子其实是一位支持佛教的居士,但当佛教的一些行为不符合他们原来的观念的时候,他即要求外来的和尚行为举止按照中国传统的观念作调整。

夫圣人之训,修本祛末,即心为教,因事成用,未有反性违形,而笃大化者也①。虽复形与俗异,事高世表,至于拜敬之节,揖让之礼,由中所至,道俗不殊也。故斋讲肆业,则备其法服,礼拜有序,先后有伦,敬心内充而形肃乎外。稽首至地,不容企踞之礼;敛衽于拜②,事非偏坐所预。而以踞食为心用,遗仪为敛粗③,事理相违,未见其通者也。夫有为之教,义各有之。至若般舟④,苦行以存道,道亲而形疏,行之有理,用之有本。踞食之教,义无所弘,进非苦形,退贻慢易,见形而不及道者,失其恭肃之情,而启骇慢之言。岂圣人因事为教,章甫不适越之义耶⑤?原其所起,或出于殊方之性⑥,或于矫枉之中,指有所救。如病急则药速,非服御长久之法也。夫形教相称,事义有伦,既其制三服⑦,行礼拜,节以法鼓,列以次序,安得企踞其间,整慢相背者哉?在昔宜然,则适事所至,一日之用,不可为永年之训,理可知也。故问仁者众,而复礼为本。今禅念化心而守迹不变,在理既末,于用又粗。苟所未达,敢不布怀。郑君顿首。

【注释】

①大化:广远深入的教化,此处指佛的教化。

②敛衽:整理衣襟,表示恭敬。

③遗仪:前代的仪仗规制,前人留下来的法度准则。

④般舟:指般舟三昧,佛教定行的一种,要求三个月内不得坐卧休息睡眠,以期必克,因此成为佛法修行中最艰苦的一种。

⑤章甫不适越:《庄子·逍遥游》:"宋人资章甫而适诸越,越人断发文身,无所用之。"宋国的商人把章甫冠贩到越地去卖,越地的男人不留长发,不盘发髻,赤裸身体,在皮肤上画花纹,所以根本用不到这种冠。章甫,殷代的冠,殷代男性成年,行冠礼,才可以戴上这种冠,作为成人的标志,宋国是殷人的后代,有戴冠的习俗。

⑥殊方:远方,异域,也借指不同的方法、方向或旨趣。

⑦三服:即三衣,佛陀反对苦行,也反对奢侈,所以规定僧人只能拥有三衣——安陀会、郁多罗僧和僧伽黎。安陀会是五条布缝成的中宿衣(下衣),郁多罗僧是七条布缝成的入众衣(上衣),僧伽黎是九条乃至二十五条布缝成的大衣。三衣之外加上僧只支(覆肩衣)和涅槃僧(裙子)则成五衣。

【译文】

圣人的教化，强调修正根本，去掉枝末，根据内心来教化，按照事实来行动，违反本性和事实是无法让教化广远深入的。虽然佛教僧人形貌礼节与世俗不同，超出世俗之外，但是至于拜敬之节，揖让之礼，不论出家人或在家人都是由内心散发出来的，僧人与俗人一致。因此斋讲肄业说法，则准备法服，礼拜有程序，先后有顺序，内在充满敬心，而外在表现严肃。稽首时头要至地，不容跷二郎腿；整理衣襟礼拜，不能偏坐。而将踞食视为内在虔敬之心的外在表现，将前人留下来的法度准则当作是粗鲁行为，事与理相违背，是说不通的。有为之教，各有不同的意义。至于般舟，通过苦行来体悟大道，与大道亲近而与形体疏远，行之有实理，用之有依据。踞食之教，义理难以服人，进一步来说并非苦行，退一步而言又流于散漫随便，心地若是不虔诚，必定会有外在不恭敬的行为，也会引发俗人惊怪轻慢的语言。难道这符合圣人根据事实来教化，就如同宋国的礼帽不适合越国人的意思吗？考虑这种习俗的源头，或许是出于异域的习性，或许是为了纠正偏邪，指望有所挽救。比如病情紧急，那么下药就很快，但这不是能够被长久使用的方法。佛教以形教相称，事义有伦理，既然定制三服，行礼拜，敲法鼓来控制行礼节奏，排列有先后次序，怎能坐在椅子上伸出小腿，怠慢无礼，与上述礼仪相违背呢？在以前可能合适，那是因为当时的特殊情况，一日的应用，不可作为永远的规定，从理上可知道。因此向孔子问仁的人很多，而孔子认为克己复礼是根本。现今以禅念净化心灵而又固守着以前的迹象不改变，既在理上说不通，在应用上也很粗俗。如果没表达清楚，请谅解。郑君顿首。

与王司徒诸人书论道人踞食

【题解】

本篇由魏晋南北朝时人范泰所撰,范泰字伯伦,为东晋末期至刘宋初年有名的大臣和学者,史学家范晔之父。"踞食"是印度僧人吃饭时的姿势,即坐在胡床(椅子)上吃饭,因当时南方僧人学印度僧人习惯,所坐方椅较矮小,故吃饭时的姿势就成了两腿叉开的"箕踞而坐"。中国礼仪始终认为这是不雅的举止。范伯伦等人对于"踞坐"大为不满,要求僧众放弃印度之法而一律"方坐",随即发生了一场"踞食"之争,其本质是佛教的行为方式与传统行为习惯和文明间的冲突。值得说明的是,范伯伦发起的这场踞食之争,并不是出于反对佛教的目的,他们是站在中国文化的立场上反对这种不合中国礼仪的行为,并试图把佛教戒律纳于中国传统礼仪之中。

范泰敬白公卿诸贤。今之沙门,坐有二法,昔之祇洹①,似当不然。据今外国言语不同,用舍亦异,圣人随俗制法,因方弘教,尚不变其言,何必苦同其制?但一国不宜有二,一堂宁可不同?而今各信偏见,自是非彼,不寻制作之意,唯以雷同为美,镇之无主,遂至于此。无虚于受人,有用于必执,不求鱼、兔之实,竞攻筌、蹄之末,此风不革,难乎取道。树王六年以致正觉，始明玄宗，自敷高座，皆结跏趺坐，不偏踞也。坐禅取定，义不夷俟②，踞食之美，在乎食不求饱，此皆一国偏法，非天下通制。亦由寒乡无绨绤之礼③，日南绝毡裘之律④，不可见大禹解裳之初⑤，便谓无复章甫，请各两舍以付折中君子。范泰区区，正望今集一食之同，过此已往，未之或知。礼以和贵，僧法尚同，今升斋堂，对圣像，如神在。像中四双八辈⑥，义无云异，自矜之情，宁可试暂不我。释公往在襄阳，偏法已来，思而不变，当有其旨，是以投锡乘车，义存同众。近禅师道场天会，亦方其坐，岂非存大略小，理不兼举故耶？方坐无时，而偏踞有时。自方以恒，适异为难。尝变取同为易，且主人降己敬宾，有自来矣。更谘义公，了不见酬。是以敬白同意，以求厥中。愿惠咳嚏之余，以蔽怯弱之情。

【注释】

①祇洹：即祇园，"祇树给孤独园"的简称，梵文的意译，印度佛教圣地之一。相传释迦牟尼成道后，憍萨罗国的给孤独长者用大量黄金购置舍卫城南祇陀太子园地，建筑精舍，请释迦说法。祇陀太子也奉献了园内的树木，故以二人名字命名。后用为佛寺的代称。

②义不夷俟："夷俟"即伸两足箕踞而坐。《论语·宪问》记载：原壤夷俟，子曰："幼而不逊悌，长而无述焉，老而不死，是为贼。"意思是原壤不注重礼节，又开双腿坐着等孔子，孔子说："你小时候不知道尊敬别人，长大后德行无可称述，现在老了还赖着活在世上，这就叫害人虫。"

③绨绤（chīxì）：葛布的统称。葛之细者曰绨，粗者曰绤，引申为葛服。

④毡裘：古代北方民族用毛制的衣服。

⑤大禹解裳：史书记载："禹之裸国，解衣而入，衣带而出，因之也。"
"裸国"在古之吴地，它地近东海，河流众多，天气炎热，当地人为
了经常从事水上活动的方便，就把头发剪短，只穿短袖衣裤，常
常还不穿上衣，甚至裸体，所以有"裸国"之称，夏禹在长江下游
治水时，到过"裸国"，很尊重"裸国"的风俗。

⑥四双八辈：即声闻乘的四向四果。声闻依其修行之浅深，而分四
阶之果位及其向道。即预流向、预流果、一来向、一来果、不还
向、不还果、阿罗汉向、阿罗汉果等四对八种。向与果合则为四
双，分则为八辈。

【译文】

我范泰怀着敬意告诉各位公卿大贤。今之沙门，坐有两种方法，以
前的寺院，好像不是这样。当然各个国家言语不同，用舍也不一样，圣
人随当地风俗制定法度，弘宣教义，尚且不改变其语言，何必要苦苦地
照搬他们的制度呢？但是一国不宜有两种制度，一堂之内又可以有不
同吗？而今各自执着偏见，认为自己对而别人不对，不追寻制作法度之
意，唯以雷同为美，导致没有统一的主张，以至于出现这种现象。不虚
心接受别人长处，而执着于形式，不追求鱼、兔这些确实存在的根本的
东西，竟相执着捕鱼篓、捕兔夹子这些枝末，这种风气不革除，很难接近
大道。佛陀在菩提树下用了六年达到正觉，开始明悟玄妙宗旨，他用的
是踟趺坐，两足脚背靠放在大腿上，这种不偏倚的坐姿是最理想的禅修
状态。坐禅修定，理当不应有孔子弟子原壤欠缺恭敬的坐姿，踞食这种
机动的坐姿是为了表示食不求饱，而非正式的坐姿，以方便行动，这些
都是一国的偏法，不是天下通制。就像寒冷的地方不穿轻薄的葛衣，日
南之地不用穿厚重的毡裘，不可因为见大禹脱下衣裳的事情，便认为不
要用冠礼了，请各自舍掉两种偏执，以成君子中道之美。我范泰期望现
在统一饮食时的姿势，以前的就不去管了。礼仪以和谐为贵，僧法崇尚

整齐一致,今升斋堂,面对圣像,如同神在眼前。佛教声闻乘依修行浅深,而分四阶之果位,其本质并没有什么不同,内心自矜傲慢之情,应当放下。释道安法师在襄阳,没有因外来风俗而改变自己的坐姿为偏踞,应当有其依据,因此投锡乘车,与大众的行为相同。近禅师在道场讲经时采取方坐姿势,岂不是存大道略小节,理不兼举的缘故吗?方坐没有时间限制,而偏踞有时间限制。自己采用方坐姿势已成习惯,难以适应不同的坐姿。尝试变化,统一采取容易的姿势,且主人降低身分遵从客人礼仪,由来很久了。曾经咨询慧义法师,没有得到回答。因此恭敬地告知同道,以求符合中道。愿惠赐高论之末节,以回答满足我内心怯弱之情。

答范伯伦书

【题解】

本篇作者释慧义（372—444），姓梁，北地人，晋宋间的僧人。依《高僧传》卷七本传所说："宋武加接尤重，迄乎践祚礼遇弥深。"宋永初元年（420）车骑将军范泰建立祇洹寺，释慧义随后入住该寺。在本篇中，释慧义反驳范泰，强调如来立戒，戒律是沙门之秘法，只可谨守而行，不容随意改动，自己不是国主不能干扰。他认为，范泰想让中土僧众改偏踞为方坐，是求不异之和。同时，他还说，佛告诉出家者，食物不得置于床上，所弃之食置于右足边，不得悬足累胫，这些都是偏食之明证。

祇洹寺释慧义等五十人，敬白诸檀越。夫沙门之法，政应谨守经律，以信顺为本。若欲违经反律，师心自是，此则大法之深患，秽道之首也。如来制戒，有开有闭；开则行之无疑，闭则莫之敢犯。戒防沙门不得身手触近女人，凡持戒之徒，见所亲漂溺深水①，视其死亡，无敢救者，于是世人谓沙门无慈。此何道之有？是以如来为世讥嫌，开此一戒，有难听救。如来立戒，是画一之制，正可谨守而行，岂容以意专辄改作？俗儒犹尚谨守夏五②，莫敢益其月者，将欲深防穿凿之徒，杜绝好新乐异之容。而况三达制戒③，岂敢妄有通塞？范檀越欲令此众改偏从方，求不异之和，虽贪和之为美，然和不以道，则是求同，非求和也。祇洹自有众已来，至于法集④，未尝不有方偏二众。既无经律为证，而忽欲改易佛法，此非小事，实未敢高同。此寺受持《僧祇律》，为日已久，且律有明文，说偏食法凡八议。若元无偏食之制，则无二百五十矣。云食不得置于床上，所弃之食，置于右足边。又云不得悬足累胫，此岂非偏食之明证哉？戒律是沙门之秘法，自非国主不得预闻⑤。今者檀越疑惑方偏，欲生兴废，贫道不得不权其轻重，略举数条，示其有本，甘受宣戒之罪。佛法通塞，继诸檀越，通则共获护法之功，塞必相与有灭法之罪。幸愿三思，令幽显无恨。

【注释】

①漂溺：冲没，漂没溺死。

②夏五：《春秋·桓公十四年》在"夏五"后无月字，杜预注："不书月，阙文。"认为不合《春秋》体例，明系脱漏所致。后"夏五"成为古书文字错乱的专门用语，喻文字有残缺。此处指俗儒遵守经典旧例，不敢妄自增添变更。

③三达：佛教谓能知宿世为宿命明，知未来为天眼明，断尽烦恼为漏尽明，彻底通达三明谓之三达，用以指佛。

④法集：佛教徒讲解佛法的集会。

⑤预闻：参与其事并得知内情。

【译文】

祇洹寺释慧义等五十人，恭敬地告知各位居士。佛教沙门之法，应该谨慎地持守经律，以信顺为根本。如果想要违反经典戒律，固执己见,自以为是,那就是大法最大的患难,破坏佛道的开始。如来制定戒律,有开有闭,开则沙门行之无疑惑,闭则没有谁能够违犯。佛教中有一条戒律防止沙门以身手触近女人,所有持戒的人,看见自己的亲人漂没溺死在水中,看着其死亡,没有谁敢救,于是世人认为沙门无慈爱之心。这是什么道理呢?因此如来为了避免世人讥讽嫌弃,开此一戒,别人有难,听任其施以救助。如来立戒,是一种制度,应该谨守而行,岂能容忍一意孤行总是随意改变?俗儒尚且谨守夏五阙文,没有谁敢增添"月"字,用来防止牵强附会之徒,杜绝好新乐异的想法。而何况是如来佛祖制订的戒律,岂敢随便改变?范居士想要让寺院僧众改偏从方,要求没有差异的和谐,虽然贪求和谐之美,然而和不是以这样的方式能求到的,因为这样做只是求同而不是求和。祇洹寺自从有僧众已来,直到讲解佛法的集会,从来都有方坐与偏坐两类僧。既然没有经律为证,而忽然想要改变佛法,这不是小事,实在不敢苟同。我们这个寺院受持《僧祇律》,时间已经很久了,且戒律有明文规定,说偏食法共有八议之说。若原来无偏食之制,则无二百五十条戒律了。佛祖说食物不能够放在床上,所抛弃的食物置于右足边。又说不能把脚提起来两腿重叠在一起吃饭,这些岂不是偏食之明证吗?戒律是沙门的秘法,自非国主不得参与其事并得知内情。如今居士对方偏的吃饭礼仪表示疑惑,想要废弃偏坐之法,贫道不得不衡量轻重,略举几条看法,表明其根本,甘愿接受宣戒的罪过。佛法通畅与阻塞,依靠各位居士,通畅则共获护法之功,阻塞必然一起承担灭法的罪过。幸愿三思而行,令玄幽之道彰显,没有遗憾。

答义公

【题解】

在本篇中，针对释慧义强调如来立戒，只可谨守而行，不容随意改动的说法，范泰以"手食之戒，无用匙箸之文，何重偏坐而轻乎手食？"加以回应，按印度佛教僧人吃饭是用手的，到了中国，全都改用"匙箸"了，这不是"变"了吗？所以他认为释慧义自相矛盾。

答曰：前论已包，此通上人意强气猛，弗之寻耳。戒以防非，无非何戒？故愚惑之夫，其戒随俗变律。华夏本不偏企，则聚骨交胫之律，故可得而略。手食之戒，无用匙箸之文，何重偏坐而轻乎手食？律不得手近女人，寻复许亲溺可援，是为凡夫之疑。果足以改圣人之律，益知二百五十非自然定法。如此则固守，不为全得师心，未足多怪。夏五阙文，固守不为疑，明慎所见苟了①，何得顾众而动②？企之为义，意在宜进，欲速则事不得行，端坐则不安其居。时有倨傲之夫，故非礼法所许。一堂两制，上人之同，泯焉莫逆，弟子之和，了然单独。何敢当五十大阵？是用畏敌而默，庶乎上善之救。

【注释】

①明慎：明察审慎。

②何得：怎能，怎会。

【译文】

回答说：前论已收到，这次上人意强气猛，无人可比。戒是用来防过失的，无过错何来戒律？因此愚惑的人随着习俗而改变戒律。华夏本来不偏坐垂脚，则两腿交叠之戒律，因此可以忽略。印度有用手吃东西、不用汤匙和筷子的戒律，到了中国都变为用汤匙和筷子，为何这么重视偏坐的戒律而轻视手食的戒律？戒律上说不得用手接近女人，又认可亲人溺水可援救，这些都自相矛盾，为凡夫所怀疑。如果足以改圣人之戒律，更加可以知道二百五十戒律不是自然定法。如此顽固坚守，完全是自以为是，未足多怪。对于有残缺的文章，固守不怀疑，对所见的明察审慎，怎能随俗众的意见而动摇？企字的意义，是踮起脚跟往前走，欲速则事不能成功，端坐则不安其居。时有高傲自大的人，因此不为礼法所许可。一堂两制，上人同意，大家赞同没有抵触，弟子我求和之论，只是一人孤论。哪里敢抵挡五十人的大阵？因此畏敌而沉默不语，也许是上善自救之策。

与生观二法师书

【题解】

在本篇中,范泰写信给生、观二法师,他指出,外国风俗与中国不同,外国律法也非定法,认为沙门不必苦守偏法,其言铿锵有力。

外国风俗,还自不同。提婆始来①,义观之徒莫不沐浴钻仰②,此盖小乘法耳,便谓理之所极,谓无生方等之经,皆是魔书。提婆末后说经,乃不登高座。法显后至,泥洹始唱,便谓常住之言,众理之最,般若宗极,皆出其下。以此推之,便是无主于内,有闻辄变。譬之于射,后破夺先,则知外国之律,非定法也。

偏坐之家,无时而正;高座说法,亦复企踞。外国之食多用于手,诚无匙箸,慧义之徒知而不改,至于偏坐,永为不惭同,自为矛盾。其谁能解弟子意?常谓与人同,失贤于自伐。其是推心乐同,非敢许以求直。今之奉法白衣,决不可作外国被服,沙门何必苦守偏法?

【注释】

①提婆：印度大乘佛教哲学中观派的奠基人之一。意译圣天。

②钻仰：深入研求。出自《论语·子罕》："仰之弥高，钻之弥坚。"邢昺疏："言夫子之道高坚，不可穷尽……故仰而求之则益高，钻研求之则益坚。"

【译文】

外国风俗，本来与中国就不同。提婆的思想刚开始来到中土的时候，义观之徒没有不重视钻研的，而这只是小乘法门，他们却认为代表了理的最高境界，认为大乘无生方等经，皆是魔书。提婆后来演说经法，再也不登高座。法显后来从印度回到中土，涅槃的经典才开始倡导，便认为常住的理论，是众理之中最高深的，般若宗极，皆出其下。以此推论，便是佛教内部没有主导，一听到不同的东西就不断变化。就比如射箭，后射者往往比先射者更容易占据有利位置，则知外国之律法，不是定法。

偏坐之家，没有什么时候是正的；高座说法，也还是企踞的姿势。外国吃饭多用手，没有用汤匙和筷子，而中国的僧人改变了印度的做法，都使用汤匙、筷子，慧义之徒都知道这个道理而不改变他们的看法，至于偏坐，永远不同意改变，这就自相矛盾了。有谁能理解弟子的意思呢？常认为自己的想法与别人是相同的，却被人认为是自以为是。我只是诚心诚意地推广统一的姿势，不敢强迫一致。当今奉持佛法的白衣居士，决不可用外国的衣服，出家沙门何必苦守偏法呢？

论沙门踞食表三首

【题解】

在本篇中,范泰向皇帝上书,意图让皇帝下诏统一"方食"。他指出,僧人踞食,在一堂之内与社会风俗不同,不与太平之世融和,自己感到耻辱。他认为此事,只是一国偏法,不是经典上永远不变的制度,圣人因事制戒,随俗变法,通达大道就不必拘泥这种戒律。范泰为了改变僧众的"踞食"之法,可谓不遗余力,不仅与释慧义法师论战,而且先后向王司徒和晋成帝上书,想借助政治力量给予制止,但结果非但没有将僧人"踞食"这一"胡习"改正,反而在民众中普及开来。

臣言:陛下体达佛理,将究其致,远心遐期,研精入微,但恨起予非昔①,对扬未易②。臣少信大法,积习善性,颇闻余论,仿佛玄宗。往者侍座,过蒙眷诱,意猥辞讷,不能有所运通,此之为恨,毕世无已。臣近难慧义踞食,盖区区乐同之意,不敢求长于人。侧餐下风,已达天听。

臣请此事,自一国偏法,非经通永制。外国风俗不同,言语亦异,圣人不变其言,何独苦改其用?言以宣意,意达言忘,仪以存敬,敬立形废。是以圣人因事制戒,随俗变法。

达道乃可无律，思夫其防弥繁，用舍有时，通塞惟理。胶柱守株③，不以疏乎？今之沙门，匠之善诱，道无长一，各信所见，鲜能虚受。乃至竞异于一堂之内，不和于时雍之世，臣窃耻之。况于异臣者乎？司徒弘达，悟有理中，不以臣言为非。

今之令望④，信道未笃，意无前定，以两顺为美，不断为大。俟此而制，河可清矣。慧严道生，本自不企，慧观似悔，始位伏度。圣心已当有在。今不望明诏孤发，但令圣旨粗达，宰相则下观而化，孰曰不允？皇风方当远畅，文轨将就大同。小异虽微，渐不可长，青青不伐，将寻斧柯。故宜自迩及远，令无思不服。江左中兴，高座来游，爱乐华夏，不言此制。释公信道最笃，不苦其节，思而不改，容有其旨；罗什卓荦不羁，不正可测，落发而不偏据。如复可寻禅师初至，诣阙求通，欲以故林入据，理不可开，故不许其进。后东安众集，果不偏食。此即先朝旧事，臣所亲见者也。谨启。

【注释】

①起予：启发自己或他人之意。《论语·八佾》："子曰：'起予者，商也，始可与言《诗》已矣。'"何晏《集解》引包咸曰："孔子言子夏能发明我意，可与共言《诗》。"

②对扬：答谢、颂扬。

③胶柱：胶住瑟上的弦柱，以致不能调节音的高低。比喻固执拘泥，不知变通。三国魏邯郸淳《笑林》："齐人就赵人学瑟，因之先调，胶柱而归，三年不成一曲。"

④令望：有美好名声的人。

【译文】

臣言：陛下体悟通达佛理，探究其根本，弘扬佛法大道，深入研究达到精微之境界，但恨我自己蒙昧，不像从前那样精进，感觉领悟佛法不容易。臣从小就信仰佛法，积习善性，经常听闻您的大论，接近于玄妙之宗。以往侍座，蒙受您的教诲，但我领悟慢，表达木讷，不能有所通达和运用，一辈子都感到遗憾。臣近来诘难释慧义法师踞食的姿势，其实只是自己的一点看法，不敢求别人赞同。然而处于下位之人的这种辩论，已达圣上那里。

臣认为此事，只是一国偏法，不是经典上永远不变的制度。外国风俗不同，言语也有差异，圣人不变其言，何独苦苦改变其用？用语言来表达意义，意义表达清楚了言语就可以忘掉了，用礼仪来保存恭敬，恭敬确立了，礼仪的形式就可以废弃了。因此圣人随着实事制定戒律，随着风俗改变法令。通达大道就不必拘泥这种戒律，越防备越繁杂，用与舍根据时机，畅通与堵塞只有根据道理。胶住瑟上的弦柱，守株待兔，不知变通，难道不是固执拘泥吗？今之出家沙门，仅学习师门善诱之道，道法没有统一主张，只相信自己见到的，很少能虚心接受。以至于在一堂之内与社会风俗不同，不与太平之世融和，臣实在感到耻辱。何况其他人呢？司徒王弘通达佛理，内心中正谦和，也不认为臣的话不对。

如今有美好名声的人，信道不笃实，没有坚定的原则，以两顺为美，不决断为大。依靠这些来制定法度，则可以使天下太平。慧严、道生法师，本来不采用偏食之礼，慧观法师好像悔恨，才开始改变法度。圣心已经有所决断。如今不期望明诏单独发出，只希望圣旨粗粗下达，宰相以下百官士庶都由此奉行，谁说不合理呢？当皇风远远畅通，文化仪轨将会大同。小异虽然微小，不可渐渐滋长，青青小树苗不尽早修剪，一旦长大将要寻找斧柯来砍。因此应该自近及远，令风俗统一无思不服。江左中兴之时，很多高僧大德来游，喜欢华夏，没有谈论此制，所以说这种“踞食”之法在前朝东晋是没有的。释道安法师信道最笃实，不执着礼仪末节，他不改变姿势，应该是有所依据的；鸠摩罗什法师非常卓越，其道行深不可测，他落发而不偏踞，仍然正坐。如果再追溯禅师刚到的时候，赶赴皇宫请求接见，因其坚持采用偏坐姿势，众大臣认为不合法理，故不许其进入。后来东安众僧集会，果然不再偏食。这是先朝旧事，臣亲自见到。谨启。

　　臣言：陛下近游祇洹，臣固请碑赞，如忆仿佛有许。法驾既旋，臣辄仰刊碑上曰：“皇帝赞。”正此三字而已。专辄之罪，思臣所甘。至于“记福冥中，未知攸济，若赐神笔”数字，臣死且不朽，以之弘奖风尚，有益而无损。万几朕有未暇①，圣旨自可援之。左史侍卫之臣，宁无自效之心？禆谌世叔，何远之有？可不劳圣虑，亦冕旒之意也②。臣事久谢，生涂已尽，区区在心，唯来世而已。臣受恩深重，禄赐有余，自度终无报于圣世已矣。盖首并结草之诚，愿陛下哀而弗责臣言。

　　诏：知与慧义论踞食，近亦粗闻，率意不异来旨。但不看佛经，无缘制以所见耳。不知慧严云何道生便是悬同慧观？似未肯悔其始位也。比自可与诸道人更求其中耶？祇洹碑赞，乃不忆相许，既非所习，加以无暇，不获相酬，甚以为恨。

【注释】

①万几：指帝王日常处理的纷繁政务。晋葛洪《抱朴子·论仙》："（帝王）思劳于万几，神驰于宇宙。"

②冕旒:古代帝王的礼冠和礼冠前后的玉串,也用作皇帝的代称。

【译文】

臣言:陛下最近游览祇洹寺,臣坚持请您书写碑赞,回忆起来有几次请求。皇上圣驾既已回还,臣仰刊碑上说:"皇帝赞。"正是这三字而已。专断之罪,臣甘愿承受。至于"记福冥中,未知攸济,若赐神笔"数字,臣死且不朽,用这弘扬奖励风尚,有增益而没有损伤。皇上您处理纷繁政务,没有闲暇,圣旨自然可以援引。左史侍卫之臣,怎么会没有自效之心呢?禅谟草创而世叔修改完善,这种事情有多远呢?可不劳烦圣上考虑,也是皇帝的意思。臣已经年老,所剩日子不多,区区在心,唯来世而已。臣受恩深重,禄赐有余,自己遗憾没有什么报答圣上。只是怀着受人大恩,死后也要报答的真诚,愿陛下可怜臣下而不要责备臣言。

诏书:知道你与慧义法师辩论踞食,最近也粗略听到,大致意思与来信差不多。但不看佛经,就不能看到经典上的制度。不知道慧严为何说道生便是遥相附和慧观?似乎未肯后悔,对自己的观点有所保留。你自己可不可以与诸道人求取中道?祇洹寺的碑赞,只是当时的想法,这既不是我的长处,又加以时间不够,不值得赞扬,很以为遗憾。

重表

臣言:奉被明诏,悚惧屏营①,管穴偏见,不足陈闻。直以事已上达,不宁寝默。今敕又令更求其中,是用猖狂,复申本怀。臣谓理之所在,幸可不以文害意。五帝不相袭礼,三王不沿其乐,革命随时,其义并大。庄周以今古譬舟车②,孟轲以专信书不如无书,是故证羊非直闻③。斯两用大道之行,天下为家,臣之区区,一堂之同。而况异俗偏制,本非中庸之教,义生观得象。弘接圣旨,脱有下问,望其依理上酬,不敢以多自助,取长于人。慧观答臣,都无理据,唯褒臣以过言,贬臣以于非。推此疑其必悔,未便有反善怙辞。臣弘亦谓为然。慧义弘阵已崩,走伏路绝,恃此为救,难乎自免。况复司契在上,道辞知穷。臣近难慧观,辄复上呈如左。臣以愚鄙,将智而乇,岂惟言之不中,深惧不觉其惛。侍卫之臣,实时之望,既不能矜臣此意,又不能诲臣不逮,此皆臣自招之,自咎而已。伏愿陛下录其一往之至,不以知拙为罪,复敦冒昧于秽,窃恃古典不加刑之年。

【注释】

①屏营:作谦词用于信札中,意为惶恐。

②庄周以今古譬舟车:《庄子·天运》:"夫水行莫如用舟,而陆行莫如用车。以舟之可行于水也,而求推之于陆,则没世不行寻常。古今非水陆与? 周鲁非舟车与?"意思是,水上行走,没有比船更便利的,陆上行走,没有比车更方便的。由于船可行于水而想把它推到陆地上,那就终生行不了几尺。这说明任何事物都有其赖以生存和发挥作用的环境,环境变了,事物也得跟着转换形态,以便在新环境中发挥功用。

③证羊非直:见《论语·子路》:叶公语孔子曰:"吾党有直躬者,其父攘羊,而子证之。"孔子曰:"吾党之直者异于是。父为子隐,子为父隐,直在其中矣。"意思是,叶公对孔子说:"我的家乡有个自身正直的人,他父亲偷羊,他告发了父亲。"孔子说:"我家乡正直的人和你讲的不一样。父亲为儿子隐瞒,儿子为父亲隐瞒,正直就在其中了。"

【译文】

臣言:奉持领受皇上明诏,非常惶恐,我的小小偏见,不应该让您听到。只是因为事已上达，不能沉默不语。现在您命令我改变想法求取中道，我再次猖狂，表达自己的意思。臣认为理之所在，实在不可以文害意。五帝没有相互沿袭礼制，三王不沿袭其乐，变革天命顺应不同时间，其意义很重要。庄周用舟车之比喻来说明古今的变化，孟轲强调尽信书不如无书，因此正如孔子所说证羊非直。这样大道之行有两种方式，天下为家，臣之区区管见，只是认为一堂进食，礼俗应该相同。而何况异俗偏制，本非中庸之教，只是慧义、道生、慧观等法师的偏见。承蒙弘接圣旨，皇上过问，希望他们依照道理行事，不敢以多自助，与人家争长短。慧观法师回答臣，没有多少理据，只是用过多的词语褒扬臣下，贬臣的话比较少。依此推测他有所后悔，也许有回心向善的意思。臣下王弘也这样认为。慧义弘大的阵势已崩塌，逃匿之路已断绝，依靠这挽救，很难自免。何况有掌管法规的皇帝在上，他们无法再强辩。臣最近诘难慧观的文章，已经呈上给您看。臣愚鄙，又年老多病，也许说得不中肯，诚惶诚恐。侍卫皇上的臣子应该为皇上分忧，而我这样做，既不能让皇上体谅臣的心意，又不能让皇上不断教诲臣子，这都是臣自己招致的，是自己的错误。伏愿陛下像以往一样，不把我的笨拙作为罪过，我仗着古典不加刑的年龄冒昧上奏。

奏沙门不应尽敬

【题解】

本篇为东晋何充（292—346）所撰。东晋成康之世（326—344），大臣庾冰辅政，从维护皇帝的绝对权威出发，提出沙门应该向皇帝跪拜致敬，这一建议遭到尚书令何充等人的反对，经过往返讨论，未有结果。在本文中，何充等主张沙门不应尽敬的主要理由是："宜遵承先帝故事，于义为长。"

晋咸康六年，成帝幼冲①，庾冰辅政，谓沙门应尽敬王者。尚书令何充等议不应敬。下礼官详议，博士议与充同②。门下承冰旨为驳③，尚书令何充及仆射褚翌、诸葛恢，尚书冯怀、谢广等奏，沙门不应尽敬。

【注释】

①幼冲：谓年龄幼小。

②博士：古代学官名。六国时有博士，秦因之，诸子、诗赋、术数、方伎皆立博士。汉文帝置一经博士，武帝时置"五经"博士，职责是教授、课试，或奉使、议政。晋置国子博士。唐有太学博士、太常博士、太医博士、律学博士、书学博士、算学博士等，皆教授官。

明清仍之,稍有不同。

③门下:指门下省,东晋设置的中央政治机构,有审核封驳臣下奏
议的权力。

【译文】

咸康六年(339),晋成帝尚年龄幼小,由庾冰辅佐王政,庾冰主张沙
门应当完全敬拜君王。尚书令何充等人则主张僧侣不应当敬拜君王。
下礼官详细讨论,博士们讨论的结果观点与何充相同。门下省官员秉
承庾冰的旨意予以封驳,尚书令何充以及仆射褚翌、诸葛恢,尚书冯怀、
谢广等人因此再次上奏,主张沙门不应当竭尽诚敬而礼拜君王。

尚书令冠军抚军都乡侯臣充,散骑常侍左仆射长平伯
臣翌,散骑常侍右仆射建安伯臣恢,尚书关中侯臣怀,守尚
书昌安子臣广等言:"世祖武皇帝以盛明革命①,肃祖明皇帝
聪圣玄览②,岂于时沙门,不易屈膝? 顾以不变其修善之法,
所以通天下之志也。愚谓宜遵承先帝故事,于义为长。"

【注释】

①世祖武皇帝:晋武帝司马炎(236—290),字安世,晋朝的开国君
主,庙号世祖,谥号武皇帝。

②肃祖明皇帝:晋明帝司马绍(301—325),字道畿,东晋的第二代
皇帝,晋元帝之子,庙号肃祖,谥号明皇帝。

【译文】

尚书令冠军抚军都乡侯臣何充,散骑常侍左仆射长平伯臣褚翌,散
骑常侍右仆射建安伯臣诸葛恢,尚书关中侯臣冯怀,守尚书昌安子臣谢
广等人在奏书中说:"我世祖武皇帝,圣明有德,禀受天命成为晋朝的开
国之君,我肃祖明皇帝,更是聪明睿智,二位先帝在世之时,不要求沙门

跪拜君王。难道那个时候的佛教徒,不能弯曲膝盖吗? 不过正是因为
没有改变佛教原本的修行致善的戒律仪轨,所以能够畅达天下人的情
志。愚臣认为应当遵守秉承先帝旧日的制度,坚持以义理为先。"

代晋成帝沙门不应尽敬诏

【题解】

本篇为东晋大臣庾冰（296—344）所撰。东晋成康之世（326—344），庾冰辅政，从维护皇帝的绝对权威出发，提出沙门应该向皇帝跪拜致敬，针对何充等人的"宜遵承先帝故事"的理由，庾冰代成帝下诏，举出沙门应该尽敬的三个理由。一是是否有佛？二是"名教有由来，百代所不废"。三是信佛的人都是"晋民""常人"，理当尽敬。

夫万方殊俗，神道难辩①，有自来矣。达观傍通，诚当无怪，况跪拜之礼，何必尚然？当复原先王所以尚之之意。岂直好此屈折②，而坐遘盘辟哉③？固不然矣。因父子之敬，建君臣之序，制法度，崇礼秩，岂徒然哉？良有以矣。既其有以，将何以易之？然则名礼之设，其无情乎？且今果有佛耶？将无佛耶？有佛耶，其道固弘；无佛耶，义将何取？继其信然，将是方外之事。方外之事，岂方内所体？而当矫形骸，违常务，易礼典，弃名教？是吾所甚疑也。

【注释】

①神道：神妙之道，即佛道。

②直：单单，单独。

③坐遘(gòu)：即端坐与行走。盘辟：盘旋。

【译文】

天下各方习俗不同，神妙之道难以辨别，这种情况是有其根源来由的。学问广博通达的人，诚然不会大惊小怪。更何况是跪拜之礼，为什么一定要崇尚呢？要回答这些问题，就应当回到先王之所以崇尚跪拜之礼的本来目的。难道是单单喜好这些屈腰折膝、进退盘旋的礼仪吗？肯定不是这样啊。因顺父子之间的恭敬，建立君臣之间的尊卑，订制法律制度，推崇礼仪秩序，难道是平白无故的吗？确实是有根据的呀。既然这些都是有根据的，将凭什么而轻易改变呢？既然这样，那么这些名教礼仪的设置，难道是没有相应的事实么？再说，是果真有佛呢？还是没有佛呢？如果果真有佛的话，那佛道确实弘大；若没有佛，这些义理不都是一些无根之谈吗？如果相信是真的有佛，那也在世俗之外。世俗之外的事情，哪里是世俗之内的人所能够体认的呢？而又为何要矫揉身体，违背常规世俗，改易礼仪经典，毁弃名分教化呢？这是我感到特别疑惑的地方啊！

名教有由来，百代所不废，昧旦丕显①，后世犹殆。殆之为弊，其故难寻；而今当远慕芒昧②，依悕未分③，弃礼于一朝，废教于当世，使夫凡流傲逸宪度④，又是吾之所甚疑也。纵其信然，纵其有之，吾将通之于神明，得之于胸怀耳。轨宪宏模⑤，固不可废之于正朝矣⑥。凡此等类，皆晋民也，论其才智，又常人也。而当因所说之难辩，假服饰以凌度，抗殊俗之傲礼，直形骸于万乘，又是吾所弗取也。诸君并国器

也,悟言则当测幽微,论治则当重国典,苟其不然,吾将何
述焉!

【注释】

①昧旦:天将明未明之时,破晓。《诗经·郑风·女曰鸡鸣》:"女曰
鸡鸣,士曰昧旦。"

②芒昧:模糊不清,难以辨识。芒,同"茫"。

③依悕:即"依稀"。含糊不清,不明确。

④凡流:平凡之人,庸俗之辈。

⑤轨宪宏模:指国家治理的法度,社会运行的规范。

⑥正朝:君主受臣下朝见的地方。一曰:治朝,视朝。此处当指君
臣交往。

【译文】

儒家主张的名教是有由来的,因此百代以来,都不曾废除。它从黎
明前的黑暗中大显光明,但传到后世却有所松懈。一旦松懈就会产生
流弊,最后导致名教的本源都难寻了;而今都远慕那些模糊难辨、依稀
未分、真伪无证的所谓神道,进而抛弃千古相传的礼仪,废除立身治世
的名教,致使那些凡夫俗子高傲放纵,无视国家宪章法度,这样天下还
有什么规矩可言呢? 这又是我所感到特别疑惑的地方啊。就算佛道是
可信的,就算果真有佛的存在,那我也将只是在精神和智慧的层面来会
通它,只是在胸怀中感悟体会它而已,绝不会把它当做实际的事物存在
来顶礼膜拜。礼法名教,乃是国家治理的最重要的法度,社会运行的最
基本的规范,本就不可能在君臣之间废除。冉说,这些信奉佛教的人,
都是我晋朝普通的民众,论才智,也都是平常人。若说因为他们信奉的
那套高深玄妙而又无从证实的理论,就可以假借不同的服饰来凌驾于
法度之上,以不同的习俗来傲视对抗固有的礼仪,甚至想要在君王面前
直立身躯而不礼拜,这不是很荒唐吗? 这又是我所不能接受的。诸位

贤才都是国家的栋梁,发表言论应当抵达事物最幽深精微之处,讨论国家治理应当重视国家本有的法度礼仪,如果你们都不这样,我还有什么好说的呢?

尚书令何充等重表

【题解】

在本文中，尚书令何充等人认为，探寻佛祖遗文，钻研其要旨，五戒之禁确实有助王化，尤其是佛教经历三代，人更贤明智慧，不用跪拜之礼仪限制佛教，不会损亏王法，而幽冥玄奥之格，不会被阻隔、堵塞，因此主张沙门不应尽敬。

尚书令冠军抚军都乡侯臣充，散骑常侍左仆射长平伯臣翌，散骑常侍右仆射建安伯臣恢，尚书关中侯臣怀，守尚书安昌子臣广等言："诏书如右，臣等暗短①，不足以赞扬圣旨，宣畅大义。伏省明诏，震惧屏营，辄共寻详，有佛无佛，固非臣等所能定也。然寻其遗文，钻其要旨，五戒之禁实助王化，贱昭昭之名行，贵冥冥之潜操，行德在于忘身，抱一心之情妙。且兴自汉世，迄于今日，虽法有隆衰，而弊无妖妄，神道经久，未有比也。夫诅有损也，咒必有益。臣之愚诚②，实愿尘露之微，增润嵩海，区区之咒，上俾皇极。今一令其拜，遂坏其法，令修善之俗，废于圣世。习实生常，必致愁惧隐之。臣心窃所未安。臣虽蒙蔽，岂敢以偏见疑误圣听？

直谓世经三代，人更明圣，今不为之制，无亏王法，而幽冥之格，可无壅滞，是以复陈愚诚，乞垂省察。谨启。"

【注释】

①暗短：愚昧浅陋，多用为谦辞。

②愚诚：谦指己之诚意、衷情。

【译文】

尚书令冠军抚军都乡侯臣何充，散骑常侍左仆射长平伯臣褚翌，散骑常侍右仆射建安伯臣诸葛恢，尚书关中侯臣冯怀，守尚书昌安子臣谢广等人在奏书中说："诏书如右，臣等愚昧浅陋，不足以赞扬圣旨，宣扬大义。伏省明诏，诚惶诚恐，一起研究探讨，有佛无佛的问题，本来就不是臣等所能确定的。然而探寻佛祖的遗文，钻研其要旨，五戒之禁确实有助王化，不看重外在明显的声名，看重内在冥冥玄妙的操守，行德在于忘我之身，抱一心求佛之情妙。且佛教从汉朝开始兴盛，一直到今日，虽然佛法有兴隆衰退的时候，但没有妖妄的弊害，神道经历这么长时间，没有什么可比。诅有损害，咒必有益处。臣等愚诚，实愿微小的尘露，增润高山大海，区区之咒，有利于皇帝。如今如果命令沙门拜王者，遂破坏其法，令修善之习俗，在太平盛世被废除。习俗生常，必定带来忧愁恐惧。臣等内心确实不安。臣等虽然蒙蔽，岂敢用偏见疑误圣听？实在认为佛教经历三代，人更贤明智慧，今不用跪拜之礼仪限制佛教，不会损亏王法，而幽冥玄奥之格，不会被阻隔堵塞，因此再次表白愚诚，乞垂省察。谨启。"

成帝重诏

【题解】

在本篇中,成帝重新颁布诏书,指出礼重,敬大,这是治理社会的纲领,万乘之君不是喜好被尊敬,区域之民不是喜好自卑,圣王教化不得不统一礼制,不统一就会乱套,因此坚持沙门应该向皇帝跪拜致敬。

省所陈具情旨,幽昧之事,诚非寓言所尽。然其较略及大,人神常度,粗复有分例耳。大都百王制法,虽质文随时,然未有以殊俗参治,恢诞杂化者也①。岂曩圣之不达,来圣之宏通哉?且五戒之才,善粗拟似人伦,而更于世主,略其礼敬耶?礼重矣,敬大矣,为治之纲尽于此矣。万乘之君非好尊也,区域之民非好卑也,而卑尊不陈,王教不得不一,二之则乱,斯曩圣所以宪章体国,所宜不惑也。通才博采,往往备其事,修之家可矣,修之国及朝则不可。斯岂不远也?省所陈,果亦未能了有之与无矣。纵其了,犹谓不可以参治,而况都无而当以两行耶?

【注释】

①恢诞：浮夸怪诞。

【译文】

省察你们所陈具的情旨，幽昧之事，确实不是依靠语言所能穷尽的。然而这件事意义重大，大家都很关注，人与神之间的常规法度，应该有所区分。大凡百王制法，虽然实质内容与外在形式都依据不同时势来确定，然而没有让不同的习俗参与治理，浮夸怪诞杂化在其中。难道是以往的圣人不通达，未来的圣人心胸开阔、通达事理吗？况且佛教五戒，体现了人伦之理，而对于世主，难道能够省略其礼敬吗？礼重，敬大，治理社会的纲领尽在这里了。万乘之君不是喜好被尊敬，区域之民不是喜好低下，而卑尊不陈，圣王教化不得统一，不统一则混乱，那些以前的圣人所以明著宪章治理国家，这些是应该做的，不用疑惑。才学通达知识广博之士，往往备其事，在自己家族内修习是可以的，修之国及朝则不可。这些难道不远吗？省察你们所陈的奏章，确实也未能明白有之与无的道理。纵然你们明白，我还是认为一国之内不可以有两种礼制，而何况这两种制度都还没有真正建立，就有人以行为不一致来彼此攻击呢？

尚书令何充等三奏不应敬事

【题解】

在本篇中，尚书令何充、仆射褚翌等第三次上奏，认为沙门不应该向皇帝跪拜致敬，其理由：一是从汉魏到晋，没有听到对沙门不敬拜王者有异议，而尊卑等典章制度，没有亏缺；二是不令沙门致拜王者，不但于世间法无亏，遵照它还有很多益处，使贤愚之人不敢不用情，则上有天覆地载之施舍，下有守一修善之人。

臣等虽诚暗蔽，不通远旨，至于乾乾夙夜，思修王度，宁苟执偏管，而乱大伦？直以汉魏逮晋，不闻异议，尊卑宪章①，无或暂亏也。今沙门之慎戒专专然，及为其礼，一而已矣。至于守戒之笃者，亡身不吝，何敢以形骸而慢礼敬哉？每见烧香咒愿，必先国家，欲福佑之隆，情无极已。奉上崇顺，出于自然；礼仪之简，盖是专一守法。是以先圣御世，因而弗革也。天网恢恢，疏而不失，臣等偻偻②，以为不令致拜，于法无亏，因其所利而惠之，使贤愚莫敢不用情，则上有天覆地载之施，下有守一修善之人。谨复陈其愚浅，愿蒙省察。谨启。（注："于时庾冰议寝，竟不施敬。"）

【注释】

①宪章：典章制度。

②偻(lóu)偻：勤恳貌，恭谨貌。

【译文】

臣等虽然确实愚昧浅陋，不通深远的意旨，但日夜努力，想要修明王朝法度，怎么能随便执着片面之礼仪，而扰乱大伦？只是从汉魏到晋，没有听到对沙门不敬拜王者有异议，而尊卑等典章制度，没有亏缺一点。如今沙门戒律精严，及为其礼，与世俗没有不同。至于守戒笃实的人，不吝惜自己的身体，岂敢以形骸而怠慢礼敬呢？每见他们烧香咒愿，必先祈福国家，想要福佑国家之兴隆，其感情无人能比。奉上崇顺，出于自然之情；礼仪之简，确实是专一守法。因此先圣管理世间，接受佛法礼仪，不去刻意变革。天网恢恢，疏而不失，臣等恭谨，认为不令沙门致拜王者，不但于世间法无亏，遵照它还有很多益处，使贤愚之人不敢不用情，则上有天覆地载之施舍，下有守一修善之人。谨再次愚蠢肤浅地陈述我们的想法，愿蒙省察。谨启。

（注："当时庾冰的提议没有得到实行，最终沙门不施敬王者。"）

与八座书论道人敬事

【题解】

　　本篇由晋代桓玄所撰。"八座",指朝廷中八位大臣。桓玄给当时八座写信,认为君王与天地并列,其作用在于"资生通运",万物的生存与成长,依靠着王侯的功德滋润,外来的佛教传入中国,并迅速发展,也是仰赖着帝王的恩惠。于是,佛门敬拜帝王,就是天经地义的了。另外他指出,佛教徒也讲"敬",但他们所敬的是"诞以茫浩"、"视听之外"的神,而对提供他们"生生资存"的现实帝王反而不敬,这实在说不过去。显而易见,桓玄的理由比庚冰更不充分,他以世俗王权为神器,态度更近于蛮横、独断,因此遭到僧俗两众的有力反驳,最后不了了之。

　　玄再拜白,顿首,八日垂至。旧诸沙门皆不敬王者,何、庚虽已论之,而并率所见,未是以理相屈也。庚意在尊主,而理据未尽;何出于偏信,遂沦名体。夫佛之为化,虽诞以茫浩,推于视听之外,然以敬为本,此处不异;盖所期者,殊非敬恭宜废也。老子同王侯于三大①,原其所重,皆在于资生通运②,岂独以圣人在位,而比称二仪哉③?将以天地之大德曰生,通生理物,存乎王者。故尊其神器而礼实惟隆,岂是虚相崇重,义存君御而已哉? 沙门之所以生生资存,亦日用于理命,岂有受其德而遗其礼,沾其惠而废其敬哉! 既理所不容,亦情所不安,一代之大事,宜共求其衷想,复相与研尽之,比八日令得详定也。桓玄再拜顿首。敬谓。

【注释】

①三大:指道、天、地。《老子》第二十五章:"故道大、天大、地大,王亦大。域中有四大,而王居其一焉。""王"有版本作"人"。

②资生:万物资地而生。

③二仪:指天地。三国魏曹植《惟汉行》:"太极定二仪,清浊始以形。"

【译文】

桓玄再拜白,顿首,八日垂至。以前的所有沙门皆不敬王者,何充、庾冰虽然已讨论过,而考察其大致意思,没有用道理来让人信服。庾冰意在尊主,而没有足够的理据;何充出于偏信,于是沉沦名体之份。佛之为化,虽然在茫浩之中产生,推于视听之外,然而以敬为本,和这里没有不同。所以所期望的,绝不是要废止敬恭之根本。老子认为王侯与道、天、地三大相同,万物的生存与成长,依靠着王侯的功德滋润,难道佛门可以因圣人佛祖在位,与王者并称为"二仪",居然可以不敬王者吗? 将把天地之大德叫做生,通达生命,治理事物,存于王者。因此尊其神器而礼仪兴隆,岂是虚假崇重,义存君御而已呢? 沙门之所以能够生存,也是因为有王者的帮助,岂有接受其德而遗弃其礼,领受其恩惠而废止其敬呢? 既是理所不容,在感情上也不安,一代之大事,应该共求衷想,互相研究探讨,希望大家八日内确定意见。桓玄再拜顿首。敬谓。

八座答

【题解】

　　本篇由晋代桓谦等八座官员所撰。他们认为，佛法与尧孔礼教正相反，应当理解神明没有固定之法，也不限制视听之外的事情。他们指出，王者奉持佛法是出于敬信其理，而改变礼仪让沙门敬拜王者，那感情上说不通，如果包容，那是在弘扬宽宏大量的美德。

　　中军将军尚书令宜阳开国侯桓谦等，惶恐死罪。奉诲使沙门致敬王者，何、庾虽论，竟未究尽，此是大事，宜使允中，实如雅论。然佛法与尧孔殊趣，礼教正乖。人以发肤为重，而髡削不疑，出家弃亲，不以色养为孝。土木形骸，绝欲止竞，不期一生，要福万劫。世之所贵，已皆落之；礼教所重，意悉绝之。资父事君，天属之至，犹离其亲爱，岂得致礼万乘？势自应废。弥历三代，置其绝羁，当以神明无方，亦不以涯检视听之外^①。或别有理，今便使其致恭，恐应革者多，非惟拜起。又王者奉法，出于敬信其理，而变其仪，复是情所未了。即而容之，乃是在宥之弘。王令以别答公难，孔国张敞在彼，想已面谙所怀。道、宝诸道人并足酬对高旨，下官等不识佛理，率情以言，愧不足览。谦等惶恐死罪。

【注释】

①涯检：限制，管束。

【译文】

中军将军尚书令宜阳开国侯桓谦等，惶恐死罪。奉持您的教诲，使沙门致敬王者，何、庾虽曾讨论过，最终没有结果，这是大事，应该公允合道，实如雅论。然而佛法与尧孔不同，佛教仪轨与尧孔礼教正相反。一般人以发肤为重，而僧人剃去须发不怀疑；出家弃亲，不以物质奉养为孝。把形骸看做土木，止息欲望消除浮躁，不期望一生的功名，而追求万劫的功德。世俗所看重的，已经都放下了；礼教所重视的，认为不值一提。资父事君，天生的亲戚感情，犹离其亲爱，岂得向万乘之主致敬？按照当前大势，自然应该废止。已经经历三代，放下其羁绊，应当理解神明没有固定之法，也不限制视听之外的事情。或许有其他的理由，如今即使让僧人敬拜致恭，恐怕应该改变的还有很多，不仅仅是拜起。而且王者奉持佛法是出于敬信其理，如果改变其礼仪，那在感情上说不通。如果包容，那是在弘扬宽宏大量的美德。大王命令别人回答诘难，孔国、张敞在那里，想来已经当面咨询问题。道、宝诸道人一起足以应对高远之意旨，下官等不识佛理，直率说话，惭愧不已，不值得阅览。桓谦等惶恐死罪。

与王中令书论道人应敬王事

【题解】

在本篇中,桓玄给部下中令王谧写信,认为出家沙门不敬拜王者,抗礼至尊,正是情所不安,说不过去,这是一代大事,希望大家一起讨论解决这个问题。

沙门抗礼至尊,正自是情所不安。一代大事,宜共论尽之。今与八座书,向已送都,今付此信。君是宜任此理者,迟闻德音①。

【注释】

①德音:合乎仁德的言语、教令。

【译文】

出家沙门不敬拜王者,与至尊帝王分庭抗礼,感情上很不安,道理上也说不过去。这是一代大事,大家应该一起讨论解决这个问题。今与八座书信,前面应该已经送到都城,今奉上此信。您应该考虑这个道理,希望听到合乎仁德的言语。

王中令答桓书

【题解】

本篇由晋代王谧所撰。王谧(360—408),字稚远,琅邪临沂(今山东临沂)人。东晋末年重要官员,东晋建威将军王劭子。王谧曾经在桓玄建立的桓楚朝廷中担任中书令。在本文中,王谧从求"道"的角度反驳桓玄的敬王主张。他认为,佛教所行者殊方异俗,不能以中国之礼规范;虽形式不同,但礼敬之意甚深。而且外国之君对沙门均示敬礼,这是因为沙门信仰的佛道贵重,并非沙门本身贵重。佛教传入中国,已历汉、魏、晋三代四百余年,渐趋稳定,这表明它适应了社会需要,与世教同样贵重。

领军将军吏部尚书中书令武刚男王谧,惶恐死罪奉诲。及道人抗礼至尊,并见与八座书,具承高旨,容音之唱,辞理兼至。近者亦粗闻公道,未获究尽,寻何、庾二旨,亦恨不悉。以为二论,漏于偏见无晓,然厌心处真如雅诲①。夫佛法之兴,出自天竺,宗本幽遐,难以言辩,既涉乎教,故可略而言耳。意以为殊方异俗,虽所安每乖,至于君御之理,莫不必同。今沙门虽意深于敬,不以形屈为礼,迹充率土而趣超方内者矣。是以外国之君，莫不降礼，良以道在则贵，不以人为轻重也。寻大法宣流，为日谅久，年逾四百，历代有三。虽风移政易，而弘之不异，岂不以独绝之化，有日用于陶渐，清约之风，无害于隆平者乎？故王者拱己[②]，不悢悢于缺户[③]，沙门保真，不自疑于诞世者也。承以通生理物，存乎王者，考诸理归，实如嘉论。三复德音，不能已已，虽欲奉酬，言将无寄。犹以为功高者不赏，惠深者忘谢，虽复一拜一起，亦岂足答济通之德哉？公眷眄未遗，猥见逮问，辄率陈愚管，不致嫌于所奉耳。愿不以人废言。临白反侧，谧惶恐死罪。

【注释】

①厌心：心服。

②拱己：垂拱，谓无为而治。

③悢悢(liàng)：悲恨的样子。

【译文】

领军将军吏部尚书中书令武刚男王谧，惶恐死罪，敬奉您的教诲。已经收到道人抗礼至尊一书，并见与八座书，两者都蕴含高远旨意，都是容音之唱，语辞和道理很完美。近来也粗闻您的大道，未获究尽，探究何、庾二旨，也遗憾不是很明悉。我以为他们二人的辩论，问题在于都有偏见，不能明白大道，而要想让人真正心服口服，应该有雅正的教诲。佛法之兴，出自大竺，宗旨本来就僻远深幽，难以用语言辨析，既然涉及教义，因此可简单说说。我以为佛教来自不同的地方，有不同的习俗，虽然与儒家礼教相反，至于君御之理，没有不完全相同的。如今沙门在心意上有很深的敬意，不把形屈跪拜作为礼，其事迹在很多地方都可看到，而志趣超过方内之人。所以外国之君，没有不降礼的，实在是因为僧人信仰的佛道贵重，不是因为人重要。其实佛教大法宣扬流传于中土，有很长时间，超过四百年，经历了三代了。虽然风俗变化，政治改变，而大家都一样弘扬佛法，难道不是因为佛法独绝之化，能够陶冶人们的日常生活，清约之风，不会对君主有危害吗？因此王者无为而治，不因管辖民户减少而悲伤恼恨，沙门保全纯真的本性，不被外在物欲所污染。确实通生理物，关键在于王者，考察各种道理，实如您的高论所说。好几次承蒙您回复德音，我感激不已，虽然想报答，但不知怎么说。我以为功高者不必赏赐，惠深者不用酬谢，虽然是一拜一起，难道足以报答济通之德吗？公眷顾我，没有遗忘，不耻下问，我直率陈述我的意思，希望不嫌弃，不以人废言。写信时内心忐忑，王谧惶恐死罪。

难王中令

【题解】

在本篇中，桓玄诘难王谧的观点，认为以前晋人很少奉持佛法，沙门徒众，都是胡人，并且君王不与他们接触，因此可放任其沿袭方俗，不加以限制，如今主上奉持佛法，亲接法事，情况与以前不同，因此应该使僧人礼仪符合朝廷日常生活，敬拜王者。

来示云："沙门虽意深于敬，而不以形屈为礼。"

难曰："沙门之敬，岂皆略形存心，忏悔礼拜，亦笃于事哉？爰暨之师，逮于上座，与世人揖跪，但为小异其制耳。既不能忘形于彼，何为忽仪于此？且师之为理，以资悟为德，君道通生，则理宜在本，在三之义①，岂非情理之极哉？"

来示云："外国之君，莫不降礼，良以道在则贵，不以人为轻重也。"

难曰："外国之君，非所宜喻，而佛教之兴，亦其旨可知，岂不以六夷骄强，非常教所化，故大设灵奇，使其畏服？既畏服之，然后顺轨，此盖是大惧鬼神福报之事，岂是宗玄妙之道耶？道在则贵，将异于雅旨。岂得被其法服，便道在其中？若以道在然后为贵，就如君言，圣人之道，道之极也！君臣之敬，愈敦于礼，如此则沙门不敬，岂得以道为贵哉？"

【注释】

①在三：表示礼敬君、父、师的典故。《国语·晋语一》："'民生于三，事之如一。'父生之，师教之，君食之。非父不生，非食不长，非教不知，生之族也，故壹事之，唯其所在，则致死焉。"韦昭注："三，君、父、师也。"

【译文】

寄来的书信说："如今沙门在心意上有很深的敬意，不把形屈跪拜作为礼仪。"

诘难说："沙门之敬，岂能都省略外在形式，只存敬意在心中，忏悔礼拜，不也在形式上体现笃实吗？至于佛教法师，坐在上座，受世人作揖跪拜，只是稍微不同于礼制。既然在那个方面不能忘形，为何在这个方面忽略礼仪？况且师傅的存在，以帮助徒弟开悟为德，君道能够通生万物，那么按理应该在根本上受到尊敬，礼敬君、父、师之道义，难道这不是情理之极吗？"

寄来的书信说："外国之君，没有不对佛教降礼相待的，实在是因为僧人信仰的佛道贵重，不是因为人重要。"

诘难说："外国之君，不是适宜的比喻。佛教之兴，其宗旨可知，难道不是六夷骄强，不是常教所能教化，因此大设灵奇教化，使其畏服？蛮夷之人畏服后，然后他们才顺应教化，这是大惧鬼神福报之事，岂是效法玄妙之道呢？只要道存在就珍贵，将与雅旨不同，难道是穿上他们的法服，道就在其中了吗？如果认为道在然后为贵，就如君言，圣人之道，是道的终极！君臣之敬，通过礼仪来体现，所以说沙门不敬王者，难道是崇尚大道的行为吗？"

来示云："历年四百，历代有三，而弘之不异，岂不以独绝之化，有日用于陶渐；清约之风，无害于隆平者乎？"

难曰："历代不革，非所以为证也。曩者晋人略无奉佛，沙门徒众，皆是诸胡。且王者与之不接，故可任其方俗，不为之检耳。今主上奉佛，亲接法事，事异于昔，何可不使其礼有准日用，清约有助于教？皆如君言，此盖是佛法之功，非沙门傲诞言之所益也①。今笃以祗敬，将无弥浓其助哉？"

来示云："功高者不赏，惠深者忘谢，虽复一拜一起，岂足答济通之恩？"

难曰："夫理至无酬，诚如来示。然情在罔极，则敬自从之。此圣人之所以缘情制礼，而各通其寄也。若以功深惠重，必略其谢，则释迦之德，为是深耶？为是浅耶？若浅耶，不宜以小道而乱大伦；若深耶，岂得彼肃其恭而此绝其敬哉？"

【注释】

①傲诞：骄傲放诞。

【译文】

寄来的书信说："其实佛教大法宣扬流传于中土，有很长时间，超过四百年，经历的朝代有三个。虽然风俗变化，政治改变，而大家都一样弘扬佛法，难道不是因为佛法独绝之化，能够陶冶人们的日常生活，提升清净简约之风，不会对君主有危害吗？"

诘难说："历代不改变，不能作为证据。以前晋人很少奉持佛法，沙门徒众，皆是诸胡人。并且王者与之不接触，因此可放任其方俗，不加以限制。如今主上奉持佛法，亲自参与法事，情况与以前不同，为何不使其礼仪符合日常生活,使其清约有助于教化? 都如你所说,这只是佛法之功,不是沙门骄傲放诞说话的作用。如今让沙门敬重王者,难道不更能有助于教化吗?"

寄来的书信说:"功高者不必赏赐,惠深者不用酬谢,虽然是一拜一起,难道足以报答济通生存之德吗?"

诘难说:"理到了极点就没有报答,确实如你所说。然而感情无穷无尽,那么敬自从之。这是圣人之所以根据情感来制定礼仪,而各通其寄的原因。如果因为功深惠重,必定忽略其酬谢,那么释迦之德,是深?还是浅呢? 若浅,不适宜以礼敬小道而乱大伦;若深,岂能对释迦牟尼恭敬有礼而对王者不尊敬呢?"

答桓太尉书

【题解】

本篇由王谧所撰。在文章中,王谧回答桓玄的诘难。王谧认为,沙门对释迦的瞻仰和对师长的致敬属于佛教的功德,它出自内心深处,关系到因果报应,与世俗君臣之敬出自名教不同,这种致敬并非仅仅是为了酬谢释迦或师长的恩惠。而沙门对于王者,虽无跪拜之礼,但内心所存敬意,决非跪拜所能酬报。

难曰:"沙门之敬,岂皆略形存心,忏悔礼拜亦笃于事哉?"

答曰:"夫沙门之道,自以敬为主;但津涂既殊,义无降屈①,故虽天属之重形,礼都尽也。沙门所以推宗师长,自相崇敬者,良以宗致既同,则长幼咸序;资通有系,则事与心应。原佛法虽旷,而不遗小善,一分之功,报亦应之。积毫成山,义斯著矣。"

难曰:"君道通生,则理应在本,在三之义,岂非情理之极哉。"

答曰:"夫君道通生,则理同造化,夫陶铸敷气,功则弘矣。而未有谢惠于所禀,厝感于理本者何? 良以冥本幽绝,非物象之所举,运通理妙,岂粗迹之能酬? 是以夫子云:'可使由之,不可使知之。'此之谓也。"

难曰:"外国之君,非所应喻。佛教之兴,亦其旨可知,岂不以六夷骄强,非常教所化,故大设灵奇,使其畏服?"

答曰:夫神道设教,诚难以言辨。意以为大设灵奇,示以报应,此最影响之实理,佛教之根要。今若谓三世为虚诞,罪福为畏惧,则释迦之所明,殆将无寄矣。常以为周、孔之化,救其甚弊,故言迹尽乎一生,而不开万劫之涂。然远探其旨,亦往往可寻,孝悌仁义,明不谋而自同;四时之生杀,则矜慈之心见。又属抑仲由之问,亦似有深旨。但教体既殊,故此处常昧耳。静而求之,殆将然乎? 殆将然乎?"

【注释】

①降屈:降身屈节。

【译文】

诘难说:"沙门之敬,岂能都略形存心,忏悔礼拜,不也在事上体现笃实吗?"

回答说:"沙门之道,自以敬为主,但是所走的路与世俗既然不同,在道义上不会降身屈节,因此即使是面对天生的亲属关系,都不行敬拜礼仪。沙门之所以推崇尊重师长,自相崇敬,是因为宗旨既同,则长幼有序;万物资长通生,有各种联系,那么事与心应。佛法虽然宽旷,却不遗漏小善,一分之功,报亦应之。积毫成山,道义就在这里。"

诘难说:"君道能够通生万物,那么按理说君主应该在根本上受到尊崇,礼敬君、父、师之道义,难道不是情理之极吗?"

回答说:"君道通生万物,那么理同天地造化,陶铸锻炼万物,功劳已经弘扬。而为何没有感谢赐予生命的天地，报答根本之理呢？实在是因为根本大道玄奥幽绝，不是物象之所举；运通之理奥妙无比，岂是用外在物质所能报答的？因此孔夫子说：'大道可使由之，不可使知之。'说的正是这样的事情啊！"

诘难说："外国之君，不是适宜的比喻。佛教之兴，其宗旨可知，难道不是六夷骄强，不是常教所能教化，因此大设灵奇，使其畏服？"

回答说："神道设教，实在难以言辨。我以为大设灵奇，示以报应，这是最具有影响的实理，是佛教的根本要点。如今如果认为三世为虚诞，罪福为畏惧而设，那么释迦之所明悟的大道，最终将无寄托了。我常常认为周、孔的教化，重点在于挽救社会的严重弊害，因此他们的语言事迹只能穷尽一生，而不能展开万劫之途的情况。然而远探周孔的宗旨，也往往可寻，孝悌仁义，与佛教不谋自同是很明显的；顺应四时之生杀，则矜慈之心可以见到。又比如孔子不回答弟子仲由有关生死之问，也似有深远旨意。但教化体系既然不同，因此在这个方面不明显。静而求之，难道不是这样吗？难道不是这样吗？"

难曰："君臣之敬，愈敦于礼，如此则沙门不敬，岂得以道在为贵哉？"

答曰："重寻高论，以为君道运通，理同三大，是以前条已粗言。意以为君人之道，窃同高旨；至于君臣之敬，则理尽名教。今沙门既不臣王侯，故敬与之废耳。"

难曰："历代不革，非所以为证也。曩者晋人略无奉佛，沙门徒众，皆是诸胡。且王者与之不接，故可任其方俗，不为之检耳。"

答曰："前所以云历有年代者，政以容养之道，要当有以故耳，非谓已然之事，无可改之理也。此盖言势之所至，非画然所据也^①，故人不接王者，又如高唱，前代之不论，或在于此耶？"

难曰："此盖是佛法之功，非沙门傲诞之所益。今笃以祇敬，将无弥浓其助哉！"

答曰："敬寻来论，是不诬佛理也。但傲诞之迹，有亏大化，诚如来诲，诚如来诲。意谓沙门之道，可得称异而非傲诞。今若千载之末，淳风转薄，横服之徒，多非其人者，敢不怀愧？今但谓自理而默，差可遗人而言道耳^②。前答云：'不以人为轻重。'微意在此矣。"

难曰："若以功深惠重，必略其谢，则释迦之德，为是深耶？为是浅耶？若浅耶，不宜以小道而乱大伦；若深耶，岂得彼肃其恭而此弛其敬哉？"

答曰："以为释迦之道，深则深矣，而瞻仰之徒，弥笃其敬者；此盖造道之伦，必资行功，行功之美，莫尚于此。如斯乃积行之所因，来世之关键也。且致敬师长，功犹难抑，况拟心宗极，而可替其礼哉？故虽俯仰累劫，而非谢惠之谓也。"

【注释】

①画然：明察貌，分明貌；犹言一下子，表示短暂的时间。

②差可：勉强可以。

【译文】

诘难说："君臣之敬，通过礼仪来体现，这样的话，那么沙门不敬，难道还能以道在为贵吗？"

回答说："重新探究高论，您以为君道运通，理同三大，因此前面已大致说到。我以为君人之道，窃同高旨；至于君臣之敬，则理尽儒家名教。如今沙门既然不对王侯称臣，因此敬拜之礼仪应该废止。"

诘难说："历代不改变，不能作为证据。以前晋人很少奉持佛法，沙门徒众，皆是诸胡人。并且王者与之不接触，因此可放任其方俗，不加以限制。"

回答说："前面之所以说佛教已经历很长年代，是因为政治应该以包容养育之道对待万事万物，不是认为已经存在的事物，不可改变。这确实是说大势之所至，不是明显的根据，因此以前的沙门不接触王者，又如您的高唱，前代人不论，或许就是这个原因？"

诘难说："这只是佛法之功，不是沙门骄傲放诞所增益的。如今让沙门敬重王者，难道不更能有助于教化吗？"

回答说："恭敬考察来论，确实没有违背佛理。但骄傲放诞的表现，有损佛法大化，正如您所教诲的，正如您所教诲的。我认为沙门之道，可以称异而不能放诞。如今千载之末，淳厚风气变得浮薄，穿着僧衣的人，多非其人者，岂敢不心怀惭愧？今但认为自理而默，勉强可以遗人而言道。我前面的回答说：'不以人为轻重。'大致意思在这里了。"

诘难说："如果因为功深惠重，必定忽略其酬谢，那么释迦之德，是深？还是浅呢？若浅，不适宜以小道而乱大伦；若深，岂能对释迦牟尼恭敬有礼而对王者不尊敬呢？"

回答说："我认为释迦之道，确实很深邃，而瞻仰之徒，非常敬重。这是修道之伦理，有助于修行之功，修行功德之美，没有不崇尚这点的。像这样是积累善行的因素，来世获福报的关键。而且致敬师长，功犹难抑，何况追求无上终极之道，难道可以用礼仪替代吗？因此正是所谓虽然累劫俯仰，但不是酬谢恩惠。"

与王中令书

【题解】

本篇由桓玄所撰。在文章中,桓玄再次诘难王谧。他认为,敬体现了理,君臣之敬,皆是自然之所生,理笃于情本,不只是名教之事,因此僧人既然入于有情之环境,那么不可无敬拜之礼仪。

省示。犹复未释所疑,因来告复粗有其难。夫情敬之理,岂容有二?皆是自内以及外耳。既入于有情之境,则不可得无也。若如来言:"王者同之造化,未有谢惠于所禀,厝感于理本。"是为功玄理深,莫此之大也。则佛之为化,复何以过兹?而来论云:"津涂既殊,则义无降屈,宗致既同,则长幼咸序。资通有系,则事与心应。"若理在己本,德深居极,岂得云津涂之异,而云降屈耶?宗致为是何耶?若以学业为宗致者,则学之所学,故是发其自然之性耳。苟自然有在,所由而禀,则自然之本,居可知矣。资通之悟,更是发莹其末耳①。事与心应,何得在此而不在彼?

【注释】

①发莹：阐发之使显扬。

【译文】

省示。您的文章还没有解释好我所怀疑的地方，因此我再次诘难。情敬之理，岂容有两种方式？皆是自内以及外。既入于有情之环境，那么不可无敬拜之礼仪。若如您所说："王者同于天地造化，不用感谢赐予生命的天地，报答根本之理。"是认为功玄理深，没有比这更大的了，那么佛之教化，为何超过这个呢？而来论说："但是所走的路与世俗既然不同，在道义上不会降身屈节，因此即使是面对天生的亲属关系，都不用敬拜礼仪。沙门之所以推崇尊重师长，自相崇敬，是因为宗旨既同，则长幼有序；万物资长通生，有各种联系，那么事与心应。"如果领悟根本大道，品德高尚，岂能说所走的路与世俗不同，在道义上不会降身屈节？宗旨是什么呢？若以学业为宗旨，则所学的东西，是发其自然之性。如果顺应自然，其所经历和禀承的可以知道，则自然之本，就一定可以知晓。资通悟解之途，更是阐发使其显扬。事与心应，为何只在佛教而不在君臣礼敬这方面呢？

又云："周孔之化，救其甚弊，故尽于一生而不开万劫之涂。"夫以神奇为化，则其教易行，异于督以仁义，尽于人事也。是以黄巾妖惑之徒，皆赴者如云。若此为实理，行之又易，圣人何缘舍所易之实道，而为难行之末事哉？其不然也，亦以明矣！将以化教殊俗，理在权济，恢诞之谈①，其趣可知。又云："君臣之敬，理尽名教。今沙门既不臣王侯，故敬与之废。"何为其然？夫敬之为理，上纸言之详矣。君臣之敬，皆是自然之所生，理笃于情本，岂是名教之事耶？前论已云："天地之大德曰生，通生理存乎王者。"苟所通在斯，何得非自然之所重哉？又云："造道之伦，必资功行，积行之所因，来世之关键也。拟心宗极不可替其敬，虽俯仰累劫，而非谢惠之谓。"请复就来旨，而借以为难。如来告，是敬为行首，是敦敬之重也。功行者，当计其为功之劳耳。何得直以珍仰释迦，而云莫尚于此耶？惠无所谢，达者所不惑。但理根深极，情敬不可得无耳！臣之敬君，岂谢惠者耶？

【注释】

①恢诞：浮夸荒诞。

【译文】

您又说："周孔的教化，挽救社会的弊害，因此只能穷尽一生而不开万劫之途。"以神奇事迹推行教化，则其教化易行，不同于以仁义督促，只能止于人事。因此黄巾妖惑之徒，跟随信服的人很多。如果这种是实理，行之又易，圣人为何舍弃容易的实道，而做那些难行之末事呢？很明显不是这样的！将以佛化与儒家礼教殊俗，理据在于权衡变通，浮夸荒诞之谈，其趋势可知。又说："君臣之敬，理尽名教。今沙门既不称臣于王侯，因此敬拜王侯的礼仪应该废止。"为什么是这样呢？敬之为理，前面已经说得很详细了。君臣之敬，皆是自然之所生，理笃于情本，岂只是名教之事呢？前论已说："天地之大德曰生，通生理存于王者。"如果所通在这里，为何不是自然之所重？又说："造道之伦，必资功行，积行之所因，是获福来世之关键。拟心宗极，不可替其敬。虽俯仰累劫，而非谢惠之谓。"就根据您的来旨，借以为诘难。正如您来信所告知，敬为行首，是敦敬之重。修习实践，应当计算他的功劳。为何只珍仰释迦，而说不崇尚敬拜王者呢？对于恩惠无所报答，达观者不迷惑。但是理根深极，情敬不可无！臣子敬拜君主，难道是报答恩惠吗？

重答桓太尉

【题解】

本篇由王谧所撰。在文章中，王谧再次回答桓玄的诘难。王谧认为，佛道宽广，事数繁杂，要想成功练神成道，要做的不只是一件事，而礼拜佛祖，珍仰宗极，便是行功之一。而针对桓玄认为礼拜王者是自然而然的表现，王谧指出，三皇五帝之世，很少听到外在形式方面的敬拜礼仪，外在形体之敬与内在心意之间不是像如影随形，如响随声一样对应，直到各种名声荣誉生起，各种礼仪才兴起，这些是后面圣人所制作的，不是自然而然的表现。

奉告并垂难，具承高旨。此理微缅，至难厝言。又一代大事，应时详尽，下官才非拔幽，特乏研析，且妙难精诣，益增茫惑；但高音既臻，不敢默已。辄复率其短见，妄酬来旨。无以启发容致，只用反侧①，愿复询诸道人通才，蠲其不逮②。

【注释】

① 反侧：惶恐不安。

② 蠲（juān）：除去，免除；显示，昭明。

【译文】

　　敬奉来告及赐予问难的文章，都蕴含高远旨意。此理精微深奥，很难用语言表达。而且一代大事，应详尽讨论。下官才能不出众，又缺乏深入研究，且精妙旨意难以理解，越发迷惑茫然，但高音既然下达，不敢默默不语。这样我就直率陈述我的粗浅意见，妄酬您来论所问。无法对您有所启发，下官惶恐不安，但愿您再询问其他各位道人通才，消除我错误的念头。

　　公云：宗致为是何耶？若以学业为宗致者，则学之所学，故是发其自然之性耳。苟自然有在，所由而禀，则自然之本居可知矣。今以为宗致者，是所趣之至道，学业者日用之筌蹄。今将欲趣彼至极，不得不假筌蹄以自运耳。故知所假之功，未是其绝处也。夫积学以之极者，必阶粗以及妙；鱼获而筌废，理斯见矣。

　　公以为神奇之化易，仁义之功难，圣人何缘舍所易之实道，而为难行之末事哉？其不然也！亦以明矣。意以为佛之为教，与内圣永殊，既云其殊，理则无并。今论佛理，故当依其宗而立言也，然后通塞之涂，可得而详矣。前答所以云，仁善之行，不杀之旨，其若似可同者，故引以就此耳。至于发言抗论，律经所归，固难得而一矣。然愚意所见，乃更以佛教为难也。何以言之？今内圣所明，以为出其言善，应若影响。如其不善，千里违之，如此则善恶应于俄顷，祸福交于目前。且为仁由己，弘之则是，而犹有弃正而即邪，背道而从欲者矣。况佛教喻一生于弹指，期要终于永劫[①]，语灵异之无位，设报应于未兆，取之能信，不亦难乎？是以化暨中国,悟之者鲜。故《本起经》云:"正言似反。"此之谓矣。

【注释】

①期要:约定的时日。

【译文】

公说:宗旨是什么呢？若以学业为宗旨,则所学的东西,自然是发其自然之性。如果顺应自然,其所禀受的内容可以知晓,则自然之本,很容易就可知道。如今认为宗旨,是所趣向的至道,学习者日用的进修方法。如今将想要趣向那终极真道,不得不依靠各种工具来帮助自己前进。因此知道所依靠之功,不是那终极真道。积学以达到终极,必定一步步从粗到细以致最终达到精微美妙的境界;抓到鱼就可以扔掉竹篓,道理从这里就可见到。

公认为神奇之化容易,仁义之功难,说圣人为何舍所易之实道,而做难行之末事？很容易明白不是这样。我以为佛之为教,与儒教内圣大有差异,既然说到其差异,理则不同。现在谈论佛理,因此应当依其宗旨而立言,然后通塞的路途,可以清楚详细知道。前面我的回答所以说,仁善之行与不杀之旨,好似大致相同,因此引用在这里。至于那些发言辩论,律经所归,固然难得一致了。然而愚意所见,我更认为佛教修行难度大。为什么这么说呢？当今儒教内圣所阐明的思想,认为出其善言,感应会像如影随形,如响随声一样快速。如其不善,千里违背,如此则善恶报应于很短的时间,祸福在目前就会出现。且为仁由己,弘扬仁义即是正确的,但是还有很多弃正而即邪,背道而从欲的人。况佛教把一生比喻成弹指,约定的时日终了永劫,谈论灵异,认为没有具体方位,设立报应于没有预兆的时候,要想能领悟相信这些道理,不是很难吗？因此佛法传播到中国,能够开悟的人很少。所以《本起经》说:"正言似反。"说的就是这种情况啊!

公云：行功者当计其为功之劳，何得直以珍仰释迦，而云莫尚于此耶？

请试言曰，以为佛道弘旷，事数弥繁，可以练神成道，非唯一事也。至于在心无倦，于事能劳，珍仰宗极，便是行功之一耳。前答所以云"莫尚于此者"，自谓拟心宗辙，其理难尚。非谓礼拜之事，便为无取也。但既在未尽之域，不得不有心于希通，虽一分之轻微，必终期之所须也。

公云：君臣之敬，皆是自然之所生，理笃于情本，岂是名教之事耶？

敬戢高论，不容间然。是以前答云，君人之道，窃同高旨者，意在此也。至于君臣之敬，事尽揖拜，故以此为名教耳，非谓相与之际，尽于形迹也。请复重申以尽微意。夫太上之世①，君臣已位，自然情爱，则义著化本。于斯时也，则形敬蔑闻。君道虚运，故相忘之理泰；臣道冥陶，故事尽于知足。因此而推形敬不与心为影响，殆将明矣。及亲誉既生②，兹礼乃兴，岂非后圣之制作，事与时应者乎？此理虚邈，良难为辩。如其未允，请俟高尚。

【注释】

①太上：犹太古，上古。《礼记·曲礼上》："太上贵德。"郑玄注："太上，帝皇之世。"陆德明释文："太上，谓三皇五帝之世。"

②亲誉：慈爱的心和美好的名声。

【译文】

公说：行功者应当计算他的功劳，怎能只珍仰释迦，而不崇尚敬拜王者呢？

　　请试着说说,我以为佛道宽广,事数繁杂,要想成功练神成道,要做的不只是一件事。至于制心一处,忍辱负重,勤于事业,珍仰宗极,便是行功之一。前答所以说"莫尚于此",我认为追求终极目标,其理很难达到,不是认为礼拜之事不重要就不取用。但既然处在追求没有尽头的终极大道领域,不得不用心努力,希望通达终极境界,虽然是轻微的一份工夫,必然是终期成功所必须的。

　　公说:君臣之间的敬重,皆是自然而然生起,是道理根本原则在感情方面的表现,岂是儒家名教之事呢?

　　恭敬地倾听高论,不容反驳。因此前面的回答说,君人之道,我认为与您的高远意旨相同,意义就在这里。至于君臣之敬,表现在作揖跪拜方面,因此把它称作名教,不是认为君臣大义止于外在形迹。请让我再次探讨以尽微意。比如三皇五帝之世,君臣位置名分已确定,自然情爱,则道义存在于教化根本。在那个时候,很少听到外在形式方面的敬拜礼仪。君主之道注重虚静无为,因此相忘之理通达无碍;臣子之道注重暗中相知契合,因此事尽于知足。因此而推论,外在形体之敬与内在心意之间不是像如影随形,如响随声一样对应,就很清楚了。直到各种慈爱名声荣誉生起,各种礼仪也兴起,这些难道不是后面圣人所制作,事情与时代相应吗?此理虚邈,实在难以辩论。如果我说得不适合,请等待高明的人来解说。

桓重书

【题解】

　　本篇由桓玄所撰。在文章中,桓玄指出,自己命令施行敬事尊主之道,使天下之人都敬拜王者。

　　来难手笔甚佳,殊为斐然。可以为释疑处,殊是未至也,遂相攻难,未见其已。今复料要明在三之理^①,以辩对轻重,则敬否之理可知,想研微之功,必在苦折耳。八日已及今,与右仆射书,便令施行敬事尊主之道,使天下莫不敬。虽复佛道无以加其尊,岂不尽善耶? 事虽已行,无豫所论宜究也。想诸人或更精析耳,可以示仲文。

【注释】

①在三:《国语·晋语一》:"'民生于三,事之如一。'父生之,师教之,君食之。非父不生,非食不长,非教不知,生之族也,故壹事之,唯其所在,则致死焉。"韦昭注:"三,君、父、师也。"后以"在三"为礼敬君、父、师的典故。

【译文】

　　所送来的文章,手笔甚佳,文采斐然。我认为我们的文章,用来解释疑问的地方,大概没有达到沟通的效果,这样导致互相诘难,不能停止。现在我认为如果明白礼敬君、父、师的道理,来辩对轻重,那么是否应该礼敬君王之理就可知道,精细严谨研究的工夫就会存在。八日期限现在已经到了,送给右仆射书信,命令施行敬事尊主之道,使天下之人没有不敬拜王者的。虽然佛道无以加其尊,难道不是尽善尽美吗?事情虽已实行,不像预想那样。各位或许会有更加精当的分析,可以把自己的想法告诉殷仲文。

重难

【题解】

本篇由桓玄所撰。在文章中,桓玄又一次诘难。他认为,师傅的功用,在于帮助徒弟开悟,就像未经雕琢的璞玉,要通过磨拭才能光洁,如果资质不是美玉,琢磨也没有用处。而如果自己怀玉,又通过雕琢形成玉器,但是如果没有君主则无法实现目标,因此君、父、师中,君主为重而师为末,因此沙门应该敬拜君主。

比获来示,并诸人所论,并未有以释其所疑。就而为难,殆以流迁,今复重申前意而委曲之。想足下有以顿白马之辔,知辩制之有耳。夫佛教之所重,全以神为贵,是故师徒相宗,莫二其伦。凡神之明暗,各有本分,分之所资,禀之有本。师之为功,在于发悟,譬犹荆璞而莹拂之耳①。若质非美玉,琢磨何益?是为美恶存乎自然,深德在于资始,拂莹之功实已末焉。既怀玉自中,又匠以成器,非君道则无以申遂此生,而通其为道者也。是为在三之重而师为之末。何以言之?君道兼师,而师不兼君,教以弘之,法以齐之,君之道也。岂不然乎?岂可以在理之轻,而夺宜尊之敬?三复其理，愈所疑骇，制作之旨，将在彼而不在此，错而用之，其弊弥甚。想复领其趣而贵其事，得之濠上耳②。

【注释】

①莹拂：磨拭使光洁。比喻阐明事理，去惑显真。晋孙绰《兰亭集后序》："聊于暧昧之中，期乎莹拂之道。"

②濠上：濠水之上。《庄子·秋水》记庄子与惠子游于濠梁之上，见鯈鱼出游从容，因辩论鱼知乐否。后多用"濠上"比喻别有会心、自得其乐之地。唐贾岛《寄令狐绹相公》诗："不无濠上思，唯食圃中蔬。"濠上，又指代庄子。

【译文】

近期已经看到你的文章，及其他人的论文，都没有很好解释疑问。这个问题有难度，大家见解不同，现在我再次表达前面的意思，统一大家的意见。我想足下能够顾全大局，遵守制度。佛教之所重，全以神契为贵，因此师徒以心传心，没有两样。凡神之明暗，各有本分，本分之所资，承受时有所依据。师傅的功用，在于帮助徒弟开悟，就像楚人下和从荆山得到的未经雕琢的璞玉，要通过磨拭才能使其光洁。如果资质不是美玉，琢磨有什么用处呢？因为美恶存于自然，深德在于最初的资质，磨拭之功实在是排在后面。既然自己怀藏璞玉，又通过雕琢以成玉器，但是没有君主则无法实现人生目标，无法通达大道。因此君、父、师中，君主为重而师为末。为何这么说？君道兼具师傅化育开导功能，而师不兼君，弘扬教化，以法治民，这是为君之道。难道不是这样吗？岂能以在理之轻，而忽略刈君主应尽的礼敬？二次陈述道理，越加怀疑惊骇，制作礼乐之旨，将在彼而不在此，如果错用，弊害很大。我想再次引领这种趋势，让大家重视这件事，这是一件快乐开心的事。

公重答

【题解】

本篇由王谧所撰。在文章中，王谧表示听从桓玄的命令。

重亏嘉诲云："佛之为教，以神为贵。神之明暗，各有本分。师之为理，在于发悟，至于君道，则可以申遂此生，通其为道者也。"尔为师无该通之美，君有兼师之德，弘崇主之大礼，折在三之深浅，实如高论！实如高论！下官近所以脱言鄙见，至于往反者，缘顾问既萃，不容有隐。乃更成别辩一理，非但习常之惑也。既重研妙旨，理实恢邈，旷若发蒙，于是乎在。承已命庾桓，施行其事至敬，时定公私，幸甚。下官瞻仰所悟，义在击节①。至于濠上之诲，不敢当命也。

【注释】

①击节：形容十分赞赏。

【译文】

又一次领受您的教诲："佛家的教化，以神为贵。神之明暗，各有本分。师傅的功用，在于帮助徒弟开悟，至于君主，则可以让人实现人生目标,通达大道。"您认为师傅没有博通之美,君主则兼具师傅启发开导之德,弘扬尊崇君主的大礼,辨析致敬君、父、师礼义之深浅,确实如高论!确实如高论!下官最近之所以表达鄙陋见解,往返几次,是因为您的谘商询问既然提出,不容我隐藏自己的见解。于是粗浅地辩解讨论,不能解决疑问。既然重新研究高妙旨意,您所论之理实在高远神妙,就好像启蒙一样,确实如此。知道您已经命令庾桓,极为恭敬地施行这事,根据形势确定公私行为界限,很好啊!下官瞻仰所悟,非常赞赏。至于濠上之诲,不敢承当此殊荣。

桓玄书与远法师

【题解】

　　本篇由桓玄所撰。在文章中,桓玄对慧远法师说,沙门不礼敬跪拜帝王,既从感情上说不过去,在道理上也说不明白,这是当朝大事,不可让体制不适当,因此希望慧远法师论述沙门不敬拜帝王的理由。

　　沙门不敬王者,既是情所不了,于理又是所未谕①。一代大事,不可令其体不允近。八座书今示君,君可述所以不敬意也。此便当行之事,一二令详遣想,君必有以释其所疑耳。王领军大有任此意,近亦同游谢中,面共谘之,所据理殊,未释所疑也。令郭江州取君答,可旨付之。

【注释】

　　①谕:明白。

【译文】

　　沙门不礼敬跪拜帝王,既从感情上说不过去,在道理上也说不明白。这是当朝大事,不可让体制不适当。近来有写给八座官员的一篇文章,今天送给您,您可以论述沙门所以不礼敬帝王的理由。这篇文章写得很简单,希望您读后,认真考虑一下,想您一定有消除我的疑问的理由。王领军也有这种理由,近来他与我同游谢中,共同商议此事,他与我意见不一,但不能消除我的疑问。我让郭江州取您的回文,您可交付于他。

远法师答桓太尉书

【题解】

　　本篇由晋代慧远法师所撰。在文章中,慧远法师回答桓玄的问题,认为出家沙门能够启发世俗蒙昧之人,使他们走上觉悟之路,因此沙门是教化普天下众人的人,而且,佛典中明确规定,在俗信徒应该敬亲尊君,恪守礼法名教,这与世法并无矛盾,至于出家信众则走的是另一条敬亲尊君道路,沙门穿的袈裟不是朝宗之服,沙门用的钵盂也不是廊庙之器,沙门是尘世之外的人,所以他们不应该跪拜帝王。

　　详省别告及八座书,问沙门所以不敬王者意。义在尊主崇上,远存名体。征引老氏,同王侯于三大,以资生运通之道,故宜重其神器。若推其本以寻其源,咸禀气于两仪,受形于父母,则以生生通运之道为弘,资存日用之理为大,故不宜受其德而遗其礼,沾其惠而废其敬。此檀越立意之所据,贫道亦不异于高怀。求之于佛教,以寻沙门之道,理则不然。

　　何者? 佛经所明,凡有二科。一者处俗弘教,二者出家修道。处俗则奉上之礼,尊亲之敬;忠孝之义,表于经文;在三之训,彰于圣典;斯与王制同命,有若符契①。此一条全是檀越所明,理不容异也。出家则是方外之宾,迹绝于物。其为教也,达患累缘于有身,不存身以息患;知生生由于禀化,不顺化以求宗。求宗不由于顺化,故不重运通之资;息患不由于存身,故不贵厚生之益。此理之与世乖,道之与俗反者也。是故凡在出家,皆隐居以求其志,变俗以达其道;变俗则服章,不得与世典同礼;隐居则宜高尚其迹。夫然,故能拯溺俗于沈流②,拔幽根于重劫;远通三乘之津,广开人天之路。是故内乖天属之重,而不违其孝;外阙奉主之恭,而不失其敬。若斯人者,自誓始于落簪,立志成于暮岁,如令一夫全德,则道洽六亲,泽流天下。虽不处王侯之位,固已协契皇极,大庇生民矣。如此岂坐受其德,虚沾其惠,与夫尸禄之贤,同其素餐者哉?

【注释】

①符契:符券契约一类文书的统称。

②沈流:沉入水流。语出《楚辞·九章·惜往日》:"临沅湘之玄渊兮,遂自忍而沉流。"此处借指佛教徒所说的世俗生死轮回之流。

【译文】

详读您寄来的书函和八座书,询问沙门所以不礼敬跪拜帝王的理由。来文的意义在尊主崇上,强调保存名分体制。援引老子的话,认为王侯与道、天、地"三大"一样,能资助万物生存发展,所以要尊重王侯的权威。如果推其根本以寻其来源,众人都禀气于阴阳,受胎于父母,都要以家族繁衍之道为重,以家庭日用伦理为大,因此不能受王侯之德而不礼敬,得父母恩惠而不孝敬。这是施主来函立意的根据,贫道我也有这样的情怀。但如果求之于佛教,探寻沙门修行之道,道理则与上面有所不同。

　　为什么呢？佛经上说得很明白，信佛者有两类。第一种是在家居士，弘扬教理，第二种是出家僧人修道。俗家居士，则遵守皇上规定的礼制，对父母尊敬，实行忠孝之义，这都记载于佛经之上；"在三之训"明确记载于经典；在家居士遵守礼法名教，与王制好像符契一样吻合。这些道理，全是施主所阐明的，理所应当。出家沙门是世外之人，他们超俗绝物。他们的教义认为，众生因为有生命形体而有烦恼痛苦，因此主张不顺应情欲繁衍，知道众生流转于生死之流乃是由于禀承俗化，因此不顺从世俗教化探求宗旨。不顺应民俗去追求终极根本大道，所以不重视经营、财物和金钱。为了消除烦恼，不执着于生命和形体，所以不重视养生的利益。这个道理与世风相背，与习俗相反。故凡出家人，都隐居山林追求自己的志向，改变生活的习俗，以走向成佛之路。改变生活习俗，则服装礼俗都不与世俗的规定相同；隐居修行，则使自己的心迹高尚。这样才能挽救那些沉迷于世俗事务不能自拔的人，拔业根于无重劫难之中；远通佛教三乘之津渡，广开人天之道路。所以虽背离亲情而不背离孝道，虽缺少对王者的跪拜之恭，却不失去敬意。这样的人，自誓信佛始于剃发，立志修行成就于暮年，如果一个沙门成就了功德，就会给六亲乃至天下都带来好处。可见，沙门虽不在王者之位，却协助配合了王者之治，庇护了民众的利益。由此可见，沙门岂是坐受王者之恩德，虚受王者的惠利，与那些食禄而不尽职，不劳而食的人是一样的吗？

　　檀越顷者以有其服而无其人，故澄清简练，容而不杂。此命既宣，皆人百其诚，遂之弥深，非言所喻。若复开出处之迹，以弘方外之道，则虚衿者挹其遗风，漱流者味其余津矣[①]。若澄简之后，犹不允情，其中或真伪相冒，泾渭未分，则可以道废人，固不应以人废道。以道废人，则宜去其服；以人废道，则宜存其礼。礼存则制教之旨可寻，迹废则遂志之欢莫由。何以明其然？夫沙门服章法用，虽非六代之典，自是道家之殊制，俗表之名器。名器相涉则事乖其本，事乖其本则礼失其用，是故爱夫礼者必不亏其名器，得之不可亏，亦有自来矣。夫远遵古典者，犹存告朔之饩羊②，饩羊犹可以存礼，岂况如来之法服耶？推此而言，虽无其道，必宜存其礼，礼存则法可弘，法可弘则道可寻，此古今所同，不易之大法也。

又袈裟非朝宗之服，钵盂非廊庙之器，军国异容，戎华不杂。剃发毁形之人，忽厕诸夏之礼，则是异类相涉之象，亦窃所未安。檀越奇韵挺于弱年，风流迈于季俗，犹参究时贤以求其中。此而推之，必不以人废言。贫道西垂之年，假日月以待尽。情之所惜，岂存一己？苟吝所执，盖欲令三宝中兴于命世之运，明德流芳于百代之下耳！若一旦行此，佛教长沦，如来大法，于兹泯灭，天人感叹，道俗革心矣，贫道幽诚所期，复将安寄？缘眷遇之隆，故坦其所怀，执笔悲懑，不觉涕泗横流。

【注释】

①漱流：谓以流水漱口，形容隐居生活。

②饩(xì)羊：古代用为祭品的羊，比喻礼仪，又比喻徒具之形式。

【译文】

施主近来因沙门袒服问题而清理淘汰佛教沙门，澄清真假教徒，允许存在但不准混杂。此令宣布，众人皆知其诚意，符合大家的心愿，不是语言所能表达的。若我们重新探讨入世与隐居之事，以弘扬方外佛道，则虚怀若谷者留存遗风，潄流隐居者余味无穷。若沙门经清理之后，仍不符合实情，其中有真有伪，有假冒者，泾渭不明，则可以佛道废假僧，不应以假僧废佛道。以道废人，则剥夺假僧人的服章；以人废道，则应当存其礼仪。礼仪存在，则礼制教化的宗旨可以探寻；废除佛家礼制，则追求佛法的心愿无从实现。何以知其然？佛教的服章法规，虽然不在中华六代之典籍上，但也是佛教的特殊礼仪，是世俗之外的一种礼仪名器。礼仪相违，则行事背离根本，行事背离根本，则礼制失去功用。所以爱护礼制者，必然不毁坏外来的名号服制，得到了不去毁坏，这种做法由来已久。遵守古典的人，都知道保存告朔祭祖用的饩羊，孔子认为饩羊犹可保存周礼，而况如来之服章礼仪呢？由此而论，虽道不存，仍应保存其礼。礼仪在，则法理可弘扬。法理可弘扬，则道可探寻。这是古往今来，永恒不变的法则。

　　沙门袈裟不同于朝廷和宗族的服式，钵盂不是朝廷庙堂的器物，军队与国人穿戴不同，边疆异族与汉人不混杂。剃头发而自毁形貌的沙门，忽然穿起世俗的礼服，这是异类相涉的迹象，使我非常的不安。施主年轻且文才出众，风流超俗，且广听时贤意见，以求得立论行事准确无误。由此而推之，必定不会因人废言。贫道垂暮之年，所余岁月将尽；发自肺腑之言，决非是为了自己。是希望三宝能兴盛于世，明德能流芳百代。若一旦强制沙门礼敬王者，使佛教长久沦丧，如来大法泯灭，则天人感叹，佛俗皆人心大变，贫道的诚心期待又将到哪里去寄托呢？由于知遇之情隆盛，故尽其所怀而畅所欲言，执笔时我忧伤烦闷，不知不觉竟然泪涕横流。

答慧远法师

【题解】

　　本篇由晋代桓玄所撰。在文章中，桓玄认为，执着在于内心滞塞，不是因为外在的形体敬拜，形敬是心之所用，是寄托情感的礼仪，因此敬拜君主是应该的。

　　知以方外遗形①，故不贵为生之益。求宗不由顺化，故不重运通之资。又云内乖天属之重，而不违其孝；外阙奉主之恭，而不失其敬。若如来言，理本无重，则无缘有致孝之情；事非资通，不应复有致恭之义。君亲之情，许其未尽，则情之所寄，何为绝之？夫累著在于心滞，不由形敬，形敬盖是心之所用耳。若乃在其本而纵以形敬，此复所未之谕。又云佛教两弘，亦有处俗之教，或泽流天下，道洽六亲，固以协赞皇极②，而不虚沾其德矣。夫佛教存行，各以事应，因缘有本，必至无差者也，如此则为道者亦何能违之哉？是故释迦之道，不能超白净于津梁③。虽未获须陀④，故是同国人所蒙耳。就如来言，此自有道，深德之功，固非今之所谓宜教者所可拟议也。来示未能共求其理，便使大致慨然，故是未之谕也。想不惑留常之滞，而谬情理之用耳。

【注释】

①遗形：超脱形骸，精神进入忘我境界。

②皇极：帝王统治天下的准则，即所谓大中至正之道。

③津梁：渡口和桥梁，多比喻起引导、过渡作用的事物或方法。

④须陀：梵语的音译，指甘露。《法苑珠林》卷六："四天王天并食须陀味。朝食一撮，暮食一撮。食入体，已转成身。是须陀味园林池苑并自然生。"《大方便佛报恩经·优波离品》："天须陀食自然百味，百千伎乐以自娱乐。"唐玄应《一切经音义》卷四："须陀食，或云修陀，此天食也。修陀，此译云白也。"

【译文】

知道方外修道之人追求超脱形骸，精神忘我的境界，因此不看重世俗人生的利益。追求终极根本大道，不顺应民俗，因此不重视经营和资财等事务。您又说虽然违背亲属的感情，而不违背其孝道；外在礼仪虽然缺少敬奉国主的恭敬，而内心不失其敬意。如果按照您的话，理本来就无所谓重要，那么不应该有致孝之情；不是有关经营资财的事务，那么不应该再有表达恭敬之义。对于君主亲人的感情，允许他们没有尽到，那么寄托情感的礼仪，为何要禁绝呢？劳累执着在于内心滞塞，不是因为形敬，形敬是心之所用。如果重视根本，却又忽略形体上的敬拜，这是没有说清楚的。您又说，佛教弘法有两种途径，有处俗居士之教，让恩泽流行天下，学说和教义普及六亲，用来协助、辅佐君主，而不虚沾其德。佛教修行之道，各以事应，因缘各有其本，必然没有差别，这样的话那么修道的人为何却违背这点呢？因此释迦之道，不能离开世俗社会。没有获得甘露之味，所以容易被蒙蔽。就如您的来信，这自然有深德之功，本来就不是今天的所谓宣教者所可考虑的。您的来信未能共同探求其理，只是大致谈论，因此不能让我很明白。希望不要迷惑恒常之道，而误解情理之用。

许道人不致礼诏

【题解】

在本篇中,桓玄同意僧人不用敬拜王者。桓玄在当上皇帝后,态度大变,几次下诏给臣子,指出僧人不用敬拜王者。

门下。佛法宏诞,所不能了,推其笃至之情,故宁与其敬耳。今事既在己,苟所不了,且当宁从其略,诸人勿复使礼也,便皆使闻知。十二月三日。

侍中臣卞嗣之、给事黄门侍中臣袁恪之言:诏书如右。神道冥昧,圣诏幽远,陛下所弘者大,爰逮道人奉佛者耳。率土之民,莫非王臣,而以向化法服,便抗礼万乘之主,愚情所未安。拜起之礼,岂亏其道?尊卑大伦,不宜都废。若许其名教之外,阙其拜敬之仪者,请一断引见[1],启可纪识[2]。谨启。

【注释】

①一断:谓完全取决。

②纪识:记住,记载。纪,通“记”。王充《论衡·正说》:“传文纪识恐忘。”

【译文】

门下省。佛法宏大虚妄,很难理解,考虑到其笃至之情,因此宁可对沙门表达敬重。今事既由本王决断,如果一时难办,且当同意他们简略礼仪,僧人不要再跪拜君主,让大家都知道。十二月三日。

侍中臣卞嗣之、给事黄门侍中臣袁恪之说:诏书如右。神道玄冥昏昧,圣诏意旨幽远,陛下宽宏大量,延及奉佛的道人。率土之民,莫非王臣,而因为他们穿着追求佛化的法服,便不跪拜王者,与万乘之主分庭抗礼,我们内心不安。拜起之礼,难道亏损他们的道?尊卑伦理大节,不宜都废止。如果允许僧人在名教之外,缺失拜敬之仪,陛下决定实行不用礼拜的礼仪后,请立即记载下来。谨启。

桓玄诏:何缘尔?便宜奉诏。

太亨二年十二月四日,门下通事令史臣马范、侍中臣嗣之言:启事重被明诏,崇冲挹之至①,履谦光之道②。愚情眷眷,窃有未安。治道虽殊,理至同归。尊亲尊亲,法教不乖。老子称四大者,其尊一也。沙门所乘虽异,迹不超世,岂得不同乎天民?陛下诚欲弘之于上,然卑高之礼,经治之典,愚谓宜俯顺群心,永为来式。请如前所启。谨启。

【注释】

①冲挹:谦抑,谦退。《晋书·恭帝纪》:"而雅尚冲挹,四门弗辟,诚合大雅谦虚之道,实违急贤赞世之务。"

②谦光:同谦尊而光,谓尊者谦虚而显示其光明美德;谦虚。语本《周易·谦》:"谦,尊而光,卑而不可逾。"孔颖达疏:"尊者有谦而更光明盛大,卑谦而不可逾越。"

【译文】

桓玄诏:是什么原因呢? 你们应该奉诏。

太亨二年十二月四日,门下通事令史臣马范、侍中臣卞嗣之说;启事再次接奉明诏,崇尚谦退之至,履行谦虚之道。臣等愚情眷眷,心中不安。治理国家方法虽有不同,最终却是殊途同归。尊亲尊亲,法教不能违背。老子称四大,君王是一大。沙门所乘虽然不同,但他们的足迹不超世,岂得不同于天民? 陛下诚欲弘之于上,但是上下尊卑之礼,经治之典,我们认为应该俯顺群心,永为后来之典范。请如前所启。谨启。

诏:置之使自已,亦是兼爱九流,各遂其道也。

侍中祭酒臣嗣之言:重被诏如右。陛下至德圆虚,使吹万自已①,九流各徇其美,显昧并极其致。灵泽幽流②,无思不怀,群方所以资通,天人所以交畅。臣闻佛教以神慧为本,导达为功,自斯已还,盖是敛粗之用耳。神理缅邈,求之于自形而上者,虔肃拜起,无亏于持戒。若行道不失其为恭,王法齐敬于率土,道宪兼隆,内外咸得矣。臣前受外任,听承疏短,乃不知去春已有明论。近在直被诏,便率其愚情,不惧允合。还此方见斯事屡经神笔,宗致悠邈,理析微远,非臣驽钝所能击赞。沙门抗礼,已行之前代,今大明既升,道化无外。经国大伦,不可有阙,请如先所启,摄外施行。谨启。

【注释】

①吹万:谓风吹万窍,发出各种音响。吹,指风而言;万,万窍。《庄子·齐物论》:"夫吹万不同,而使其自已也。"成玄英疏:"风唯一体,窍则万殊。"比喻恩泽广被天下。

②灵泽:滋润万物的雨水,亦喻君王的恩德。

【译文】

诏：留下这个问题让佛教徒自己解决，这也是兼爱九流，各遂其道的办法。

侍中祭酒臣卞嗣之说：再次奉诏如右。陛下至德圆虚，恩泽广被天下，九流各领受其美，显昧各自追寻其极致。滋润万物的雨水幽幽流淌，没有不归附的，群方因此资通，天人因此交畅。臣闻佛教以神慧为本，导人开悟为功，从此以下，是敛粗之用。神理缅邈，求之于超出具体物象的思维探究，虔肃拜起，没有亏于持戒。如果行道不失其为恭，王法在国境内被忠实遵守，大道与圣法共同兴盛，内外臣民都能各得其所。臣前面接受外任，听到消息比较晚，不知去年春天已有明论。近在朝房轮值时接诏，便表达自己的愚蠢之情，不惧允合。回来后方见这事屡经陛下神笔，宗旨悠邈，理析微远，不是臣驽钝所能赞。沙门抗礼，前代就已经出现，如今圣上既然已登大位，大道教化不再有内外之分，治国大法，不可有缺失，请如先所启，摄外施行。谨启。

桓玄诏：自有内外兼弘者，何其于用前代理？卿区区惜此，更非赞其道也。

侍中祭酒臣嗣之言：重奉诏自有内外兼弘者。圣旨渊通，道冠百王，伏读仰叹，非愚浅所逮。尊主只法臣下之节，是以拳拳频执所守。明诏超邈，远略常均，臣暗短不达，追用愧悚。辄奉诏，付外宣摄遵承。谨启。

元治元年十二月二十四日上。

【译文】

桓玄诏：佛法既然是内外皆可弘扬，为什么其形式上要不同于前朝？你如果仅仅执着于此小节，更不是赞扬佛法之道。

　　侍中祭酒臣卞嗣之说：臣接到陛下"自有内外兼弘者"的诏书。圣旨清远通达，道义超过百世贤王，臣伏读钦佩赞叹，实在不是愚浅之辈所能企及。尊礼主上只是臣子们当守的节操，所以我们屡屡坚持沙门应该礼敬君王。您的诏书意图超群，远过常人所想。臣等以往愚昧不能理解，十分惶恐。臣等即刻奉诏，命令外朝臣民一起遵行。谨启。

　　元治元年十二月二十四日呈上。

桓玄辅政欲沙汰众僧与僚属教

【题解】

本篇由桓玄所撰。桓玄在他的沙门敬王者论受到了抵制后,便提出了沙汰、整顿佛教,强令佛教徒还俗的问题。他指责佛教与中国孔孟儒学相违背,削弱了儒学在中国传统文化及统治思想中的独尊与主宰的地位。他说,佛教界正在和社会争夺世俗利益,和王朝争夺税源与人力,弊病丛生,因此应该整顿、淘汰僧人。

夫神道茫昧,圣人之所不言,然惟其制作所弘,如将可见。佛所贵无为,殷勤在于绝欲。而比者陵迟^①,遂失斯道。京师竞其奢淫,荣观纷于朝市,天府以之倾匮,名器为之秽黩,避役钟于百里,逋逃盈于寺庙^②。乃至一县数千,猥成屯落;邑聚游食之群,境积不羁之众。其所以伤治害政,尘滓佛教,固已彼此俱弊,实污风轨矣。便可严下在所诸沙门,有能申述经诰,畅说义理者;或禁行修整,奉戒无亏,恒为阿练者;或山居养志,不营流俗者,皆足以宣寄大化,亦所以示物以道,弘训作范,幸兼内外。其有违于此者,皆悉罢遣,所在领其户籍,严为之制。速申下之,并列上也。唯庐山道德所居,不在搜简之例。

【注释】

①陵迟:即"陵夷",衰颓,高低不平。

②逋(bū):逃亡,拖欠。

【译文】

　　神道深远,茫然不清,圣人因此不谈论,只制作礼仪,弘扬仁义,如已经见到的经典中所记载的。佛所重视的是无为,殷勤追求的在于绝欲。而僧人道德衰颓,素质高低不一,不能体悟佛理。他们在京城攀比奢侈过度,在朝廷集市追求荣名;国家府库减少了税金,名位被他们弄得污浊;平民到寺院里逃避徭役,逃亡者充斥寺庙。乃至一县数千寺院,几乎成了屯落,城市聚集着一些游食之群,国家积聚着一些不服管理的人。他们伤害政治,让佛教蒙羞,已经带来很大弊害,实在污染风俗仪轨。因此要严格审查所有沙门,只允许以下沙门存在,那些能申述经诰,畅说义理的沙门;或禁行修整,奉戒无亏,恒为阿练的沙门;或山居养志,不营流俗的沙门,他们足以宣寄佛法大化,也可以示物以道,弘训作范,幸兼内外。其他违背这些标准的不合格僧人,皆悉罢遣,所在领其户籍,严格查检核定。快速把命令传达下去,并尽早报上具体情况。只有庐山是有道德的人所居住的地方,不在搜简之中。

与桓太尉论料简沙门书

【题解】

本篇由慧远法师所撰。他在文中,承认桓玄整顿寺庙,淘汰佛徒中的败类是必要的,但是,他强调整顿佛教必须仔细区分良莠,要讲政策,不能借整顿佛徒之中的不良分子,良莠不分一概斥逐,而使佛教界伤筋动骨。慧远指出,有三类僧人不属淘汰之列:或有兴福之人,内不毁禁而迹非阿练者;或多诵经,讽咏不绝,而不能畅说义理者;或年已宿长,虽无三科可记,而体性贞正,不犯大非者。慧远对桓玄的排佛思想进行有理有节的抗争,使得桓玄也折服几分。

佛教凌迟,秽杂日久,每一寻思,愤慨盈怀。常恐运出非意,混然沦湑①,此所以夙宵叹惧,忘寝与食者也。见檀越《澄清诸道人教》,实应其本心。夫泾以渭分,则清浊殊流;枉以正直,则不仁自远。推此而言,符命既行,必二理斯得。然令饰伪取容者,自绝于假通之路;信道怀真者,无复负俗之嫌。如此则道世交兴,三宝复隆于兹矣。

【注释】

①沦滑：沦灭，沉没。

【译文】

　　佛教衰败，掺杂进很多秽物，已经很久了，每一想到此事，我都愤慨满怀。常常担心那些不好的东西在我意料之外出现，使佛教沦灭，所以整夜忧愁叹惧，废寝忘食。见施主您的《澄清诸道人教》，确实符合我的内心。我私下里看那些高洁的僧人，言行都是出自本心，泾水和渭水因水质不同，一清一浊；如果把邪恶变成正直，不仁之心就会消失。由此推论，您的命令既已实行，必定能治理好佛门，就可以断绝那些饰伪的人的假通之路，真正的僧人就不会因为那些假僧人的所作所为而受世人讥讽。这样可使佛门和世俗礼教都能够兴盛，可使佛宝、法宝、僧宝恢复兴隆。

　　贫道所以寄命江南，欲托有道以存至业。业之隆替，实由乎人。值檀越当年，则是贫道中兴之运，幽情所托，已冥之在昔。是以前后书疏，辄以凭寄为先，每寻告慰，眷怀不忘。但恐年与时乖，不尽檀越盛隆之化耳。今故谘白数条，如别疏。经教所开，凡有三科：一者禅思入微，二者讽味遗典，三者兴建福业。三科诚异，皆以律行为本。檀越近制，似大同于此，因此不疑。或有兴福之人，内不毁禁而迹非阿练者；或多诵经，讽咏不绝，而不能畅说义理者；或年已宿长，虽无三科可记，而体性贞正，不犯大非者；凡如此辈，皆是所疑。今寻檀越所遣之例，不应问此。

　　而外物惶惑，莫敢自宁，故以别白。夫形迹易察，而真伪难辩，自非远鉴，得之信难。若是都邑沙门经檀越视听者，固无所疑；若边局远司，识不及远，则未达教旨，或因符命,滥及善人,此最其深忧。若所在执法之官,意所未详,又时无宿望沙门①,可以求中得,令送至大府,以经高览者,则于理为弘想。檀越神虑已得之于心,直是贫道常近之情,故不能不及耳。若有族姓子弟,本非役门②,或世奉大法,或弱而天悟,欲弃俗入道,求作沙门,推例寻意,似不塞其清涂。然要须谘定,使洗心向味者,无复自疑之情。昔外国诸王,多参怀圣典,亦有因时助弘大化,扶危救弊,信有自来矣。檀越每期情古人,故复略叙所闻。

【注释】

①宿望:素负重望的人。

②役门:犹役户,指承担赋役的寻常百姓家。

【译文】

　　贫道之所以把生命寄托在江南庐山,是想要寄托大道以存佛法至业。事业之兴盛衰败,实在取决于人才。正值施主执政,那么正是贫道中兴佛教的大运,幽情所托,已冥冥中在此应验了。因此前后多次与您书信来往,就以凭寄为先,每寻告慰,不忘您的关怀。只是担心年与时违背,不能尽施主盛隆之化。现在因此提出数条,如另外起草一份奏疏。经教所开,凡有三科:一者禅思入微,二者讽味遗典,三者兴建福业。三科确有差异,皆以律行为根本。施主您近来的要求,似大同于此,因此我不怀疑。或有热心营造塔庙佛像,内不毁禁而迹非阿练若苦行的人;或多诵经,讽咏不绝,而不能畅说义理的人;或年已宿长,虽无三科可记,而体性贞正,不犯大错的人,凡如这样的人,都是我所担心会受到错误对待的。现在建议施主所遣送出教之例,不应包括这些。

　　而外在的事情容易让人惶恐困惑,我不敢只顾自己安宁,因此专门谈论这些问题。形迹容易观察,而真伪难以辨别,自己若不是具有深远洞察力,要弄清楚确实难。如果是都城沙门,经檀越您亲自审察的,固然不用担心;如果是边局远司地方官吏,见识不够深远,未能领会您的教旨,或许会借此命令粗暴整顿,滥及善人,这是我最担忧的。如果所在地方的执法之官,对政策不是很了解,而当时又没有素负重望的沙门,可以求得中肯的评判,可以把他们送至大府,以请有高明洞察力的人亲自考察,那么最理想。施主您神虑已得之于心,只是贫道常近之情,因此不能不说这些。若有王族大姓子弟,本不是寻常百姓家,或许家里世代敬奉大法,或许很小就已经天生开悟,想要弃俗入道,求作沙门,仔细考虑,似乎没必要阻塞他的清净道途。当然要问清楚,使净化心灵向往佛味的人,不再有自疑之情。从前外国诸王,多参怀圣典,也有人时机成熟出家帮助弘扬佛法,扶危救弊,确实有这种情况。施主您常常期望上比古人,因此略叙所闻。

与桓玄论州符求沙门名籍书

【题解】

本篇据题名由晋代支道林法师所撰,实际作者为何人尚存疑问。桓玄当政期间,在境内沙汰沙门,地方官员行文四方,索求僧籍名册纳于官府,且逼迫甚急,支道林针对这种现象上书给桓玄,请求他善待下面的僧人,使怀道之人获得帮助,有志者都能实现理想。支道林指出,沙门在世间,就好像虚舟漂浮在大海上,不因为具体事情而来,退亦乘闲四海之内,最终没有固定住所,国家混乱则振锡孤游,大道融洽则欣然俱萃,自古以来就是这样,这种现象有深刻原因,因此对待出家僧人应该根据实际情况,不能一概严厉处置。

隆安三年四月五日,京邑沙门等顿首白:夫标极有宗,则仰之者至;理契神冥,则沐浴弥深。故尼父素室,颜氏流涟①,岂不以道隆德盛,直往忘反者哉?贫道等虽人凡行薄,奉修三宝,爱自天至,信不待习,但日损功德,抚心增忾②。赖圣主哲王,复躬弘其道,得使山居者骋业,城傍者闲通。缘皇泽旷洒,朽干蒙荣。然沙门之于世也,犹虚舟之寄大壑耳。其来不以事,退亦乘闲四海之内,竟自无宅。邦乱则振锡孤游,道洽则欣然俱萃,所以自远而至,良有以也。将振宏纲于季世③,展诚心于百代,而顷频被州符求抄名籍,煎切甚急,未悟高旨。野人易惧,抱忧实深,遂使禅人失静,勤士废行,丧精绝气,达旦不寐,索然不知何以自安? 伏愿明公扇唐风于上位,待白足于其下④,使怀道获济,有志俱全,则身亡体尽,毕命此矣。天听殊邈⑤,或未具简。谨以上闻,伏追悚息⑥。

【注释】

①流涟:同"流连",依恋而舍不得离去。

②忾(xì):叹息。

③季世:指的是末代,一个历史时代的末段。

④白足:僧人。后秦鸠摩罗什弟子昙始,足白于面,虽跣涉泥淖而未尝污湿,时称"白足和尚"。后亦用以指高僧。南朝梁慧皎《高僧传·神异下·昙始》:"释昙始,关中人。自出家以后,多有异迹……始足白于面,虽跣涉泥水,未尝沾涅,天下咸称白足和尚。"

⑤殊邈:很遥远,邈远。

⑥悚息:谓因惶惧而屏息,用为书信中的套语,犹惶恐。

【译文】

隆安三年四月五日,京城沙门等顿首陈述:对大道通达顿悟,那么信仰的人会来到;契合大道神妙幽深之理,那么众人就会深受润泽。因此仲尼道德高尚,颜回依恋而舍不得离去,难道不是因为道德隆盛,才让仰慕者舍不得离去吗? 贫道等虽然平凡,行为浅薄,奉修佛法僧三宝,对佛法的热爱来自天生,信奉不用练习,但每日都减损功德,感叹万分。有幸依靠圣主哲王,再次亲自推动弘扬佛道,使得住在山里的人振兴修行事业,依傍在城市的人通达佛法。因为皇上恩泽遍洒人间,枯朽树干都蒙受恩泽而变得茂盛。然而沙门在世间,就好像虚舟漂浮在大海上。他们不因为具体事情而来,离开时亦悠闲云游四海之内,最终没有固定住所。国家混乱则拄着锡杖孤游四方,大道融洽则欣然会聚一处,所以自远而至,这种现象实在是有深刻原因的。正将要在末世振兴佛法大纲,展诚心于百代,而顷刻地方官员行文四方,索求僧籍名册纳于官府,逼迫很急,他们没有理解您的高远旨意。粗野之人容易害怕,担忧很深,于是使禅人失去宁静心境,勤士放弃努力,因担忧受迫害而精气衰弱,通宵达旦不能入睡,索然不知怎样才能心安?但愿明公您在上位扇吹仁慈的唐风,善待下面的优异僧人,使怀道之人获得帮助,有志者都能实现理想,那么我们感恩至极。陛下天听遥远,这封信也许您看不到。谨以上闻,非常惶恐。

启齐武皇帝论检试僧事

【题解】

本篇由南齐天保寺释道盛法师所撰。南齐时期，齐武帝萧赜检试僧事，释道盛法师表示赞同。他认为，释迦兴世，说四谛六度，制诸戒威仪，舍利弗等，皆得罗汉，因此知道佛教大法不是无用之宗，但自那时以来，人的根机变得愚钝，离道玄远，妄习疑惑缠心，因此出现了很多冒牌僧人，他希望齐武皇帝根据实际情况，依律治理处罚违法之人。

天保寺释道盛启。昔者仲尼养徒三千，学天文者则戴圆冠，学地理者则履方履。楚庄周诣哀公曰：盖闻此国有知天文地理者不少，请试之。哀公即宣令国内，知天文者着圆冠，知地理者着方履，来诣门。唯有孔丘一人，到门无不对，故知余者皆为窃服矣。释迦兴世，说四谛六度，制诸戒威仪，舍利弗等，皆得罗汉。故知大法非为无宗。但自尔已来，人根转钝，去道玄远，习惑缠心。若能隔意，则合律科，不尔皆是窃服者。伏愿陛下圣明，深恕此理。弗就凡夫求圣人之道。昔郑子产称曰：大贤尚不能收失，为申徒嘉所讥①。况今末法比丘，宁能收失？若不收失，必起恶心，寺之三官，何以堪命？国有典刑，愿敕在所，依罪治戮，幸可不乱圣听。盛虽老病，远慕榜木②，敢以陈闻，伏纸流汗。谨启。

【注释】

①申徒嘉：庄子寓言中人物，见《庄子·德充符》：郑国有个得道人叫伯昏无人，当时郑国的国相子产就是他的学生，同时拜伯昏无人为师的还有一个人叫申徒嘉，没有腿，走路要靠双手或屁股往前挪。子产瞧不起申徒嘉，申徒嘉说："过去人们笑话我没有腿，对此，我总是勃然大怒。自从到了老师这里后，我出现了相反的表现，不是愤怒而是十分平静。你不知道是老师用善洗去了我心中的不快吗？我与老师学习了十九年，而老师好像根本不知道我是个没有腿的人。现在你与我都是和老师学习向内求法的人，而你的眼里只注意到我的形体，这是不是太肤浅了呢？"子产很惭愧。

②榜木：相传舜在交通要道立木牌，让百姓在上面写谏言。指广开言路，听取各方意见。见《淮南子·主术训》："故尧置敢谏之鼓，舜立诽谤之木。"《后汉书·杨震传》："臣闻尧舜之世，谏鼓谤木，立之于朝。"

【译文】

天保寺释道盛启。从前仲尼养徒三千，学天文者则戴圆冠，学地理者则穿着方履。楚国庄子对鲁哀公说：听说您的国家有很多知晓天文地理的人，请试验一下。鲁哀公即宣令国内，知天文者戴着圆冠，知地理者穿着方履，来到宫门请求接受考察。唯有孔丘一人，来到门口无所不对，因此知道其他人都是假的。释迦兴起于世，说四谛六度，制诸戒威仪，舍利弗等弟子，皆得罗汉，因此知佛教大法不是无用之宗。但自那时以来，人的根机变得愚钝，离道玄远，妄习疑惑缠心。如果能通晓佛理，则合乎律科，不是这样就都是窃服者。但愿陛下圣明，深深体谅这个道理,成全凡夫追求圣人之道的愿望。以前郑国国相子产称说:大贤人尚不能收束散乱放逸之心,为申徒嘉所讥笑。何况现在的末法比丘,哪能收拢散失放纵的人心？若不收摄放纵之心,必起恶心,寺之三官,怎么能忍受呢？国家有典刑,但愿根据实际情况,依罪治理处罚,希望不扰乱圣听。我释道盛虽然老病,远慕舜帝设立榜木纳谏之事,敢以陈闻,伏纸流汗。谨启。

卷第十三

奉法要

【题解】

本篇由晋代郗超所作。"奉法要",意为信奉佛法的要点。本篇以简短的文字阐明了东晋达官名士对佛教基本教义、教规的认识,介绍了在家佛教徒应当奉持的佛教道德信条、戒规、斋法,以及佛教的善恶报应、修行解脱等。并且其中亦透露出对世教风习与人心流俗之针砭,而深蕴超越名士主流的平等观点。至于文中以证空成佛为究竟的理论,则显然是受到僧师支遁所启发的般若学影响。值得注意的是,郗超把修持斋戒与传统的儒家伦理的孝道结合起来论述,体现了佛教中国化的特色。

　　三自归者:归佛,归十二部经①,归比丘僧,过去、现在、当来三世十方佛,三世十方经法,三世十方僧。每礼拜、忏悔,皆当至心归命,并慈念一切众生,愿令悉得度脱。外国音称"南无",汉曰"归命";佛者,汉音曰"觉";僧者,汉音曰"众"。五戒:一者不杀,不得教人杀,常当坚持尽形寿。二者不盗,不得教人盗,常当坚持尽形寿。三者不淫,不得教人淫,常当坚持尽形寿。四者不欺,不得教人欺,常当坚持尽形寿。五者不饮酒,不得以酒为惠施,常当坚持尽形寿。若以酒为药,当权其轻重,要于不可致醉。醉有三十六失,经教以为深诫。不杀则长寿,不盗则常泰,不淫则清净,不欺则人常敬信,不醉则神理明治。

已行五戒,便修岁三月六斋。岁三斋者,正月一日至十五日,五月一日至十五日,九月一日至十五日。月六斋者,月八日、十四日、十五日、二十三日、二十九日、三十日。凡斋日,皆当鱼肉不御,迎中而食,既中之后,甘香美味一不得尝。洗心念道,归命三尊,悔过自责,行四等心②,远离房室,不着六欲,不得鞭挞骂詈,乘驾牛马,带持兵仗。妇人则兼去香花脂粉之饰,端心正意,务存柔顺。斋者,普为先亡见在,知识亲属,并及一切众生,皆当因此至诚,各相发心。心既感发,则终免罪苦。是以忠孝之士,务加勉励,良以兼拯之功,非徒在己故也。斋日唯得专惟玄观,讲颂法言。若不能行空,当习六思念。

【注释】

①十二部经:佛教术语,一切经教的内容分为十二类,叫做十二部经,也叫做十二分教。

②四等心:佛教四种广大的利他心,即为令无量众生离苦得乐,而起的慈(Maitrī)、悲(Karuṇā)、喜(Muditū)、舍(Upekṣū)四种心,或入慈、悲、喜、舍四种禅观。又称四无量、四等、四梵住、四梵行、无量心解脱。

【译文】

三自归依是指:归依佛,归依十二部经,归依比丘僧人,过去、现在、当来三世十方佛,三世十方经法,三世十方僧。每次礼拜、忏悔,都应该虔诚至心归命,并且以慈心念一切众生,希望让所有众生都得到度化解脱。外国音称"南无",汉语翻译为"归命";佛者,汉语翻译为"觉";僧者,汉语翻译为"众"。五戒:一者不杀,不得教人杀,常当坚持,从现在开始,尽此一生。二者不盗,不得教人盗,常当坚持,从现在开始,尽此一生。三者不淫,不得教人淫,常当坚持,直到有形的生命完尽。四者不欺,不得教人欺,常当坚持,直到有形的生命完尽。五者不饮酒,不得以酒为恩惠施舍,常当坚持,直到有形的生命完尽。如以酒为药,应该推测病之轻重,要紧之处在于不可致醉。醉有三十六种过失,经教以为深诫。不杀则长寿,不盗则常泰,不淫则清净,不欺则人常敬信,不醉则神识清明,理念坚定。

已行五戒,便修岁三月六斋。岁三斋者,正月一日至十五日,五月一日至十五日,九月一日至十五日。月六斋者,月八日、十四日、十五日、二十三日、二十九日、三十日。凡斋日,都应该不吃鱼肉,到了中午饮食,中午之后,甘香美味都不能品尝。洗心念道,归命三尊,悔过自责,行慈悲喜舍四等心,远离房室爱欲,不执着六欲,不得鞭挞骂詈下人,不得乘驾牛马,不得带兵打仗。妇人则还应去掉香花脂粉的修饰,端心正意,务存柔顺。吃斋的日子,应该认为先亡之人好像还活着一样,朋友亲属,并及一切众生,皆当因此至诚,各相发心。心既然感应发起,则最终会免除罪苦。因此忠孝之士,务加勉励,实在是兼拯之功,不仅仅只在自己的原因。斋日唯得专惟玄观,讲颂法言。若不能行空观,当修习六思念。

六思念者,念佛、念经、念僧、念施、念戒、念天。何谓念天?十善四等,为应天行。又要当称力所及,勉济众生。十善者,身不犯杀、盗、淫,意不嫉、恚、痴,口不妄言、绮语、两舌、恶口。何谓不杀?常当矜愍一切蠕动之类,虽在困急,

终不害彼。凡众生厄难,皆当尽心营救,随其水陆,各令得
所。疑有为己杀者,皆不当受。何谓为盗?凡取非己有,不
问小大,及苟官不清,皆谓之盗。何谓为淫?一切诸著,普
谓之淫。施之色欲,非正匹偶,皆不得犯。又私窃不公,亦
兼盗罪。所谓嫉者,谓妒忌也。见人之善,见人有德,皆当
代之欢喜,不得有争竞憎嫉之心。所谓恚者,心怀忿恨,藏
结于内。所谓痴者,不信大法,疑昧经道。何谓妄言?以无
为有,虚造无端。何谓绮语?文饰巧言,华而不实。何谓两
舌?背向异辞,对此说彼。何谓恶口?谓骂詈也^①。或云口
说不善之事,令人承以为罪,亦为恶口。凡此十事,皆不得
暂起心念,是为十善,亦谓十戒。五戒检形,十善防心,事有
疏密,故报有轻重。

凡在有方之境,总谓三界。三界之内,凡有五道:一曰
天,二曰人,三曰畜生,四曰饿鬼,五曰地狱。全五戒则人相
备,具十善则生天堂。全一戒者,则亦得为人。人有高卑,
或寿夭不同,皆由戒有多少。反十善者,谓之十恶,十恶毕
犯,则入地狱。抵捍强梁^②,不受忠谏,及毒心内盛,殉私欺
绐^③,则或堕畜生,或生蛇虺^④。悭贪专利,常苦不足,则堕饿
鬼。其罪若转少而多阴私,情不公亮,皆堕鬼神,虽受微福,
不免苦痛。此谓三涂,亦谓三恶道。

色、痛痒、思想、生死、识,谓之五阴。凡一切外物,有形
可见者为色。失之则忧恼,为痛;得则欢喜,为痒。未至逆
念,为思;过去追忆,为想。心念始起,为生;想过意识灭,为
死。曾关于心,戢而不忘,为识。识者,经历累劫,犹萌之于

怀，虽昧其所由，而滞于根。潜结始自毫厘，终成渊岳，是以学者务慎所习。

【注释】

①骂詈(lì)：责骂。直面对斥为骂，侧击旁及为詈。

②抵揆：抵触搪突。

③欺绐：欺骗。

④蛇虺(huī)：泛指蛇类，亦用以比喻凶残狠毒的人。

【译文】

六思念，指念佛、念经、念僧、念施、念戒、念天。何谓念天？十善四等，是顺应天行。又要当随自己能力所及，勉济众生。十善，指身不犯杀、盗、淫，意不嫉、恚、痴，口不妄言、绮语、两舌、恶口。什么叫不杀？常常应当怜爱一切蠕动之类物体，即使在困急的时候，最终也不残害它们。凡众生遭遇苦厄困难，皆当尽心营救，随其水陆生活习性，各令得所。疑有为招待自己而杀的动物，皆不当食用其肉。什么叫盗？凡取非己有，不问小大，及当官管理事情不清楚，都叫做盗。什么叫淫？一切执着，普遍都叫做淫。施之色欲，不是正式的配偶，皆不得非礼侵犯。又私窃不公，同时也犯了盗罪。所谓嫉者，谓妒忌。见人之善，见人有德，应当替他欢喜，不得有争竞憎嫉之心。所谓恚者，心怀忿恨，藏结于内。所谓痴者，不信大法，怀疑佛经正道。何谓妄言？以无为有，虚构编造。何谓绮语？文饰巧言，华而不实。何谓两舌？背向异辞，人前人后说长道短。何谓恶口？就是侮辱责骂别人。或云口说不善之事，令人含屈认罪，也为恶口。凡此十事，皆不得暂起心念，是为十善，也称作十戒。五戒预防检点行为，十善防止心起恶念，事有疏密，因此报有轻重。

凡在有方之境，总谓三界。三界之内，总共有五道：一曰天，二曰人，三曰畜生，四曰饿鬼，五曰地狱。全五戒就可生于人道善地，具十善则可往生天堂。全一戒者，则亦得为人。人有地位的高卑，或寿夭不同,都由戒有多少。反十善者,谓之十恶,十恶都犯,则入地狱。抵触撟突,强梁害人,不接受忠言劝谏,以及毒心内盛,殉私欺骗,则或者堕入畜生道,或者生为蛇类。悭吝贪婪,功利性太强,常苦不足,则堕为饿鬼。其罪若变少而多阴暗私心,情不公亮,皆堕鬼神,虽受微福,不免遭受苦痛。这些叫做三涂,也叫做三恶道。

色、痛痒、思想、生死、识,谓之五阴。凡一切外物,有形可见者为色。失之则忧恼,为痛;得则欢喜,为痒。未至逆念,为思;过去追忆,为想。心念始起,为生;想过意识灭,为死。曾经牵挂于心,忆念而不忘记,为识。识者,经历累劫,犹萌之于怀,虽不明白其所由来,而滞于六根。潜结从毫厘开始,终成深渊山岳,因此学者应该慎重对待所做的事情。

五盖,一曰贪淫,二曰瞋恚,三曰愚痴,四曰邪见,五曰调戏。别而言之,求欲为贪,耽着为淫;外发为瞋,内结为恚;系于缚着,触理倒惑为愚痴。生死因缘痴为本,一切诸着,皆始于痴。地狱苦酷,多由于恚。经云:"卒斗杀人,其罪尚轻,怀毒阴谋,则累劫弥结,无解脱之期。"

六情,一名六衰,亦曰六欲。谓目受色,耳受声,鼻受香,舌受味,身受细滑,心受识。识者,即上所谓识阴者也。五阴六欲,盖生死之原本,罪苦之所由,消御之方,皆具载众经,经云:"心作天,心作人,心作地狱,心作畜生,乃至得道者,亦心也。"凡虑发乎心,皆念念受报。虽事未及形,而幽对冥构。夫情念圆速,倏忽无间,机动毫端,遂充宇宙。罪福形道,靡不由之;吉凶悔吝,定于俄顷。

是以行道之人,必慎独于心,防微虑始,以至理为城池。

常领本以御末，不以事形未著，而轻起心念。岂唯言出乎室，千里应之，莫见乎隐，所慎在形哉？《异出十二门经》云："人有善，恒当掩之；有恶，宜令彰露。"夫君子之心，无适无莫①，过而无悔。当不自得，宜其任行藏于所遇，岂有心于隐显？然则教之所施，其在常近乎？原夫天理之于罪福，外泄则愈轻，内结则弥重，既迹着于人事，必有损于冥应。且伐善施劳②，有生之大情，匿非文过，品物之所同，善著则迹彰，迹彰则誉集。苟情系沮劝③，而誉集于外，藏吝之心，必盈乎内。且人之君子，犹天之小人。况乎仁德未至，而名浮于实？获戾幽冥，固必然矣。夫苟非备德，必有不周，坦而公之，则与事而散。若乃负理之心，铭之怀抱，而外修情貌以免人，尤收集俗誉，大诬天理，自然之衅，得不愈重乎？

【注释】

①无适（dí）无莫：对人没有什么亲疏厚薄。适，厚。莫，薄。《论语·里仁》："君子之于天下也，无适也，无莫也，义之与比。"

②伐善施劳：夸耀自己的长处，表白自己的功劳。

③沮劝：阻止恶行，勉励善事。

【译文】

五盖，一曰贪淫，二曰瞋恚，三曰愚痴，四曰邪见，五曰调戏。分别来说，求欲为贪，耽着为淫；外发为瞋，内结为恚；系于缚着，触理倒惑为愚痴，生死因缘以痴为根本，一切着相犯戒，都始于痴。地狱情状苦酷，多由于恚。经上说："卒斗杀人，其罪尚轻，怀毒阴谋，则累劫弥结，无解脱之期。"

六情，一名六衰，也叫六欲。谓目受色，耳受声，鼻受香，舌受味，身受细滑，心受识。识者，即上文所谓识阴。五阴六欲，大约就是生死之根本,罪苦之所由来,消御之方,都记载在众经上。经上说:"心作天,心作人,心作地狱,心作畜生,乃至得道者,也是心。"凡是念头都是从心发起,皆念念受报。虽事未及此身形体,而业报却在暗中积累。情绪念头非常快速,倏忽无间,机动毫端,于是充斥宇宙。罪福形道,没有不缘于念头的;吉凶悔恨,定于一刹那。

因此行道之人,必须慎独于心,防微虑始,以至理为防备犯错的城池。常依据原则以戒慎小节,不以事形未生起,而轻起心念。岂是只有言出乎室,千里应之? 哪里是在最隐蔽的言行上能够看出一个人的思想,在最细微的事情上能够显示一个人的品质呢?《异出十二门经》说:"人有善,恒当掩之;有恶,宜令彰露。"君子的心,对人没有什么亲疏厚薄,对于过去了的事情,也不会再为之后悔不已。当君子不得志时,宜其任随遇合因缘而决定去留,岂有心于隐显? 然而教之所施,其在常近吗? 天理之于罪福,外面泄漏则愈轻,内心烦恼则弥重,既报应显明于人事,必有损于冥应。而且夸耀自己的长处,表白自己的功劳,是众生之大情,隐匿错误,掩饰过失,也是众生具有的共同特点,善行显著则受关注,关注多赞美奉承就汇集。如果坚持阻止恶行,勉励善事,而誉集于外,后悔而想掩藏的情结,一定充满内心。且人们眼中的君子,尚且是天之小人。何况仁德未至,而名浮于实? 获罪于幽冥世界,是肯定的了。如果不具有完备的品德,必有不周到的地方,坦白而公开,则随事而散。如果真实意愿违背善行,心中念念不忘,而外修情貌以免人,尤收集俗人赞誉,大诬天理,违背自然,罪过难道不是很严重吗?

是以庄生云:"为不善于幽昧之中,鬼神得而诛之。"且人之情也,不愧于理,而愧乎物。愆著则毁至,毁至而耻生,情存近复,则弊不至积;恃其不彰,则终莫悛革①。加以天衅内充,而惧其外显,则幽虑万端,巧防弥密,穷年所存,唯此之务。天殃物累，终必顿集，盖由不防萌谋始，而匿非扬善故也。

《正斋经》云："但得说人百善，不得说人一恶。"说人之善，善心便生；说人之恶，便起忿意。意始虽微，渐相资积，是以一善生巨亿万善，一恶生巨亿万恶。古人云："兵家之兴，不过三世。"陈平亦云："我多阴谋，子孙不昌。"引以为教，诚足以有弘。然齐、楚享遗嗣于累叶②，颜、冉靡显报于后昆③，既已著之于事验，不俟推理而后明也。且鲧殛禹兴，鲧鲋异形，四罪不及④。百代通典，哲王御世，犹无淫滥，况乎自然玄应，不以情者，而令罪福错受，善恶无章？其诬理也，固亦深矣。且秦制收孥之刑，犹以犯者为主，主婴其罚，然后责及其余。若衅不当身，而殃延亲属，以兹制法，岂唯圣典之所不容？固亦申、韩之所必去矣！

是以《泥洹经》云："父作不善，子不代受；子作不善，父亦不受。善自获福，恶自受殃。"至矣哉斯言！允心应理。然原夫世教之兴，岂不以情受所存，不止乎己？所及弥广，则诚惧愈深。是以韬理实于韫椟⑤，每申近以敛粗，进无亏于惩劝，而有适于物宜。有怀之流，宜略其事而喻，深领幽旨。若乃守文而不通其变，殉教而不达教情，以之处心循理，不亦外乎？

【注释】

①悛革：悔改。

②遗嗣：指死后留下的子孙。亦泛指后裔，后代。累叶：累世。

③显报：佛教语，显明的因果报应。

④四罪：指共工、三苗、鲧和骧兜。流四罪即流共工于幽州，放骧兜于崇山，迁三苗于三危，殛鲧于羽山。四罪古书有记载，且与五帝之中的舜有关，舜的功绩之一就是平四罪。

⑤韫椟(yùndú)：亦作"韫韣"，怀藏。

【译文】

因此庄子说："在昏暗不明之中做不善的事情，鬼神会惩罚。"而且人的感情，不愧于理，而愧于物。有了过失则导致毁坏，毁至而耻辱会生起。如果能忏悔改正，则弊害不至于不断积累；如果自以为是，隐瞒不让别人知道，最终就会没有悔改。加上内心充满自我冲突，而害怕被别人知道，则心中有过多的担忧，总是防备别人知道，长时间都这样。上天降下的祸殃，和执着外物导致的灾祸，最终必然会一下子出现，实在是因为平时不防微杜渐，而只是隐匿过错彰显自己的善行。

《正斋经》说："但得说人百善，不得说人一恶。"说人之善，善心便生；说人之恶，便起忿怒意。意念开始虽然微弱，但会慢慢积累，因此一善会生巨亿万善，一恶会生巨亿万恶。古人说："兵家的兴旺，不过三世。"陈平也说："我多阴谋，子孙不会昌盛。"引以为教训，实在值得弘扬。然而齐、楚国君让后代累世享福，颜回、冉求让后代有显明的因果报应，既已有事情验明，不用推理就很清楚了。且夏鲧被诛杀后，他的儿子大禹兴起，鲧鲋异形，当年"四罪"之臣所受惩罚不延及后代。百代通典记载，有智慧的圣王管理世间，没有过度的刑罚，何况自然玄应，难道不根据事情的实情，而让罪和福错误承受，善与恶没有章法？这是违背常理，本来就很深刻。而且秦朝制收孥之刑，以犯法者为主，主犯接受惩罚，然后责及其余。如果罪过不由当事人承受，而祸殃延及亲属，这样来制定律法，岂只是圣典之所不容许？也是申、韩法家必定不允许的了！

因此《泥洹经》说："父作不善，子不代受；子作不善，父也不受。作善自己获福，作恶自己受殃。"这些话实在说得很对！符合道理。然而世俗之教的兴起，岂不是因为世情的存在？人犯过错，不仅仅是让自己受惩罚吗？涉及面越广，那么人们越不敢干坏事。因此他们隐藏实际道理，不深入考虑因果报应的道理，用连坐等残酷的手段来惩罚邪恶，劝勉向善，这样并不很奏效。聪明正直的人，应该放下这些观念，深刻领悟大道幽旨。如果只是空守文句而不通晓其变化，有为宗教信仰献身的精神却不通达实际情况，这样存心，依照这种道理办事，不是很不适当吗？

夫罪福之于逆顺，固必应而无差者也。苟昧斯道，则邪正无位，寄心无准矣。至于考之当年，信漫而少征。理无愆违，而事不恒著，岂得不归诸宿缘，推之来世耶？是以有心于理者，审影响之难诬，废事证而冥寄，达天网之宏疏，故期之于靡漏。悟运往之无间，混万劫于一朝；括三世而玄同，要终归于必至。岂以显昧改心，淹速革虑哉？此最始信之根至，而业心所深期也。

《十二门经》云："有时自计，我端正好，便当自念身中无所有，但有肝肠胃肺骨血屎溺，有何等好？复观他人身中，恶露皆如是①。"若悭贪意起，当念财物珍宝，生不持来，死不俱去，而流迁变化，朝夕难保。身不久存，物无常主，宜及当年施恩行惠，赡乏以财，救疾以药，终日欣欣，务存营济。若瞋恚意起，当深生平等，兼护十戒差。《摩竭》云："菩萨所行，忍辱为大。"若骂詈者，默而不报；若挝捶者，受而不校；若瞋怒者，慈心向之；若谤毁者，不念其恶。《法句》又云："受辱心如地，行忍如门阃②。"地及门阃，盖取其藏垢纳污，终日受践也。《成具经》曰："彼以四过加己，则觉知口之失也。报以善言和语，至诚不饰。"四过者，上之所谓两舌、恶口、妄言、绮语也。夫彼以恶来，我以善应，苟心非木石，理无不感，但患处之不恒，弘之不积耳，苟能每事思忍，则悔吝消于见世，福报显于将来。

【注释】

①恶露：佛教谓身上不净之津液。中医特指妇女产后胞宫内遗留的余血和浊液。

②门阃(kǔn)：亦作"门梱"，门槛。

【译文】

其实人的罪福对应人的行为，逆行获罪，顺行得福，本来就没有差错。如果不彰显这种道理，那么邪正无法定位，考察心意没有标准。至于考察以前的时代，可能记录因果报应的书籍比较少，难以查证。不违背道理，则外在事情不会犯错，因此各种报应岂能不归于宿缘，推之来世呢？因此有心于领悟佛理的人，应该明白因果报应如影随形，如响随音一样难以诬蔑，不必用外在事实来证明，而冥冥之中确实存在，正所谓天网恢恢，疏而不漏。悟通万物之间没有间隔，浑然一体，混同万劫时间于一朝；总括过去、现在、未来三世而玄同，最终归于空明境界。岂能因为外物的显昧而改变想法，因时间的快慢而改变信念呢？因果报应思想是佛教的根本，是最应该铭记的信念。

《十二门经》说："有时自己念想，我相貌端正美好，便当自念身中无所有，但有肝肠胃肺骨血屎溺，有什么好的呢？又观想他人身中，不净之津液皆如是。"若悭贪意起，当念财物珍宝，生不带来，死不一起带去，而流迁变化，朝夕难保。身不久存，物无常主，应当及时施行恩惠，用财物赡养老人，用药物救济病人，终日欣欣，务存周济困苦之心。若瞋恚意起，当深生平等之心，兼护十戒差。《摩竭》云："菩萨所行，忍辱为大。"若有人责骂自己，默而不报；若挝捶者，忍受而不计较；若瞋怒者，要用慈爱之心对他；若谤毁者，不念其恶。《法句》又云："受辱心如地，行忍如门阃。”地及门槛，是取其藏垢纳污，终日受践踏的精神。《成具经》曰：“彼以四过加己，则觉知口之失也。报以善言和语，至诚不饰。”所谓四过，是上面所说的两舌、恶口、妄言、绮语。别人以恶来，我以善应，其实心不是木石，佛理没有不感应的，只是担心不能持之以恒地实行，弘扬佛法之行为不能积累，如果能每事都考虑容忍，那么悔吝在未来会慢慢消失，福报在将来会显现。

　　《贤者德经》云：“心所不安，未常加物。即近而言，则忠恕之道；推而极之，四等之义。”四等者何？慈、悲、喜、护也。何谓为慈？愍伤众生，等一物我，推己恕彼，愿令普安，爱及昆虫，情无同异。何谓为悲？博爱兼拯，雨泪恻心，要令实功潜著，不直有心而已。何谓为喜？欢悦柔软，施而无悔。何谓为爱护？随其方便，触类善救，津梁会通，务存弘济。能行四等，三界极尊，但未能冥心无兆，则有数必终。是以《本起经》云：“诸天虽乐，福尽亦丧；贵极而天道与地狱对门。”《成具》又云：“福者，有苦、有尽、有烦劳、有往还。”《泥洹经》曰：“五道无安，唯无为快。”称经行道者，先当舍世八事，利衰毁誉，称讥苦乐，闻善不喜，闻恶不惧。信心天固，沮劝无以动其志①；埋根于中，外物不能干其虑。且当年所遇，必由宿缘，宿缘玄运，信同四时。其来不可御，其去不能止，固当顺而安之，悦而毕之。勤增道习，期诸妄心，形报既废，乃获大安耳。夫理本于心，而报彰于事。犹形正则影直，声和而响顺，此自然玄应，孰有为之者哉？然则契心神道，固宜期之通理，务存远大，虚中正己。而无希外助，不可接以卑渎，要以情求。此乃厝怀之关键②，学者所宜思也。

或谓心念必报，理同影响，但当求己而已，固无事于幽冥。原经教之设，盖所以悟夫求己。然求己之方，非教莫悟。悟因乎教，则功由神道。欣感发中，必形于事，亦由咏歌不足，系以手舞。然则奉而尊之，盖理所不必须，而情所不能废。宜纵己深体教旨，忘怀欣想，将以己引物，自同乎众，所以固新涉之志，而令寄怀有拟。

【注释】

①沮劝：谓阻止恶行，勉励善事。

②厝（cuò）怀：关心，注意。厝，安置。

【译文】

《贤者德经》说："心所不安，未常加物。即近而言，则忠恕之道；推而极之，四等之义。"什么是四等？慈、悲、喜、护。何谓为慈？怜悯众生，物我同一，推己恕彼，愿令普天之下的生灵都安宁，爱心同样施及昆虫，情无同异。何谓为悲？博爱众生，拯救一切，雨泪恻心，要令实功潜着，不只有心而已。何谓为喜？心念欢悦柔软，施而无悔。何谓为爱护？随其方便，触类善救，津梁会通，务存弘济。能行四等之心，是三界的极尊，但还未能达到冥心无我，超越一切二元对立的境界，那么还是受到限制。因此《本起经》云："诸天虽乐，福尽亦丧；贵极而无道，与地狱对门。"《成具》又云："福者，有苦、有尽、有烦劳、有往还。"《泥洹经》曰："五道无安，唯无为快。"称经行道的人，先应当舍弃八种情绪，利衰毁誉，称讥苦乐，闻善不喜，闻恶不惧。信心天生稳固，别人的阻止和鼓励无法动摇他的志向；埋善良之根于心中，外物不能干扰他的思虑。而且认为当前所遇到的事情，必定是由于宿缘，宿缘秘密运行，实际就和自然界四季循环一样。其来不可抵御，其去不能阻止，固当顺而安之，悦而毕之。勤奋修习，消灭妄心，当形体之报消除后，就能达到心灵大安的境界。其实理以心为根本，而报应在事情上彰显。就好像形正则影直，声和而响顺，这些是自然玄应的，岂是人刻意有为能做到的呢？然而契心神道，确实应该通晓佛理，务存远大志向，虚心修炼端正自身，而不要希求外助，不可轻慢，要从实修中参悟。这是需要注意的关键，学习者所应该深思的地方。或者认为心念必报，理同影响，但当求己而已，所以不用考虑幽冥之事。原来经教的设立，确实是为了领悟认识自己。然而要认识自己，如果没有经典教化的熏陶，很难达到顿悟自心的境界。悟依靠经典教化的熏陶，那么功由神道。快乐在心中感应发出，必定表现在外在的事情上，也由于咏歌不足，系以手舞。然则奉持而信仰，则不一定需要理论，而情感则不能废止。应该让自己深刻体悟佛教宗旨，忘记一切杂念，让自己与万物同一，坚定悟道的信心，而精进修行。

经云："生苦、老苦、病苦、死苦、怨憎会苦、恩爱别离苦、所求不得苦。"遇此诸苦，则宜深惟缘对，兼觉魔伪，开以达观，弘以等心。且区区一生，有同过隙，所遇虽殊，终归枯朽。得失少多，固不足计，该以数涂，则此心自息。又，苟未入道，则休戚迭用，聚散去来，贤愚同致。是以经云："安则有危，得则有丧，合会有离，生则有死。"盖自然之常势，必至之定期。推而安之，则无往不夷。

《维摩诘》云："一切诸法，从意生形。"然则兆动于始，事应乎末；念起而有，虑息则无。意之所安，则触遇而夷；情之所碍，则无往不滞。因此而言，通滞之所由，在我而不在物也。若乃惧生于心，则衅乘于外，外衅既乘，内惧愈结，苟患失之，无所不至矣。是以经称："丈夫畏时，非人得其便。"诚能住心以理，天关内固①，则人鬼异间，缘对自息，万有无以婴,众邪不能袭。

四非常:一曰无常,二曰苦,三曰空,四曰非身。少长殊形,陵谷易处,谓之无常。盛衰相袭,欣极必悲,谓之为苦。一切万有,终归于无,谓之为空。神无常宅,迁化靡停,谓之非身。《经》称:"处或乐之地,觉必苦之对。"盖推代谢于往复,审乐往则哀来,故居安虑危,夕惕荣观^②。若夫深于苦者,谓之见谛达。有心则有滞,有滞则苦存。虽贵极人天,位兼崇高,所乘愈重,矜着弥深。情之所乐,于理愈苦。故经云:"三界皆苦,无可乐者。"又云:"五道众生,共在一大狱中。"苟心系乎有,则罪福同贯,故总谓三界为一大狱。佛问诸弟子:"何谓无常?"一人曰:"一日不可保,是为无常。"佛言:"非佛弟子。"一人曰:"食顷不可保,是为无常。"佛言:"非佛弟子。"一人曰:"出息不报,便就后世,是为无常。"佛言:"真佛弟子。"夫无常显证,日陈于前,而万代同归,终莫之悟。无瞬息之安,保永世之计。惧不在交,则每事殆懈;以之进德,则功无覆篑^③;以之治心,则惰其所习。是以有道之士,指寸阴而惜逝,恒自强于鞭后。业兴时竞,惟日不足,则乱念无因而生,缘对靡由而起。

【注释】

①天关:犹天门。

②夕惕:谓至夜晚仍怀忧惧,工作不懈。

③覆篑:倒一筐土。谓积小成大,积少成多。《论语·子罕》:"譬如为山,未成一篑,止,吾止也;譬如平地,虽覆一篑,进,吾往也。"

【译文】

经上说:"生苦、老苦、病苦、死苦、怨憎会苦、恩爱别离苦、所求不得苦。"遇到这些苦,应该深入思维,领悟其缘由,并觉察到其虚假不实,以平等达观之心对待。且区区一生,如同白驹过隙,所遭遇的虽然不同,最终归于枯朽。得少失多,本来就用不着考虑,完全放下得失观念,那么此心自然宁静下来。而且如果没有入道,那么喜乐和忧虑叠加作用,聚散去来,贤人愚人都一样。因此经上说:"安则有危,得则有丧,合会有离,生则有死。"这些是自然之常势,必至之定期。推而安之,那么到哪里都心平气和。

《维摩诘经》说:"一切诸法,从意念生出形体。"然则预兆从开始就出现,事情到了结束才显现出来;念起而有,虑息则无。意念安定,那么遇到任何事都平和;感情上有挂碍,那么到哪里都心不通。因此可以说,畅通和拘滞的原因,在我而不在物。比如恐惧在心中生起,那么外在的不顺就会出现,外在不顺困扰袭来,内心忧惧更会凝结,如果总是担心得失,那么到哪里都内心不安。因此经称:"丈夫畏时,非人得其便。"如果能心中有理,内在的天门稳固,那么人鬼没有隔阂,不良的因缘自然停止,万有都无法纠缠,众邪都不能袭击。

四非常是:一曰无常,二曰苦,三曰空,四曰非身。年少长大,形体改变,山陵和峡谷不断改变,叫做无常。盛衰相袭,欣极必悲,谓之为苦。一切万有,终归于无,谓之为空。神明没有常驻的载体,不断变化,没有停止,谓之非身。《经》称:"处或乐之地,觉必苦之对。"确实是可以看到新陈代谢,不断往复,乐往哀来,因此居安思危,在繁荣昌盛的时候也心怀忧惧,工作不懈。如果深刻领悟苦难的本质,谓之见谛达。有心则有滞,有滞则苦存。虽然贵极人天,位兼崇高,所乘愈重,执着越深。在感情上越快乐,于理来说愈苦。故经说:"三界皆苦,无可乐者。"又云:"五道众生,共在一大狱中。"只要心执着万有,则罪福同时存在,因此认为三界为一大狱。佛问诸弟子:"何谓无常?"一人曰:"一日不可保,是为无常。"佛言:"非佛弟子。"一人曰:"食顷不可保,是为无常。"佛言:"非佛弟子。"一人曰:"出息不报,便就后世,是为无常。"佛言:"真佛弟子。"无常的明显证据,每天都出现在人们的眼前,千秋万代都一样,而很少有人能领悟到。没有瞬息之安,能够保永世之计。内心恐惧变化,则每件事懈怠;以之进德,那么就没有覆篑积累之功;以之治心,则对所练习的事情懒惰。因此有道之士,珍惜时间,自强不息,持之以恒。与时间比赛,只担心时间不够,那么混乱的念头没有什么原因生起,缘对没有理由生起。

六度:一曰施,二曰戒,三曰忍辱,四曰精进,五曰一心,六曰智慧。积而能散,润济众生,施也。谨守十善,闭邪以诚,诚也。犯而不校,常善下己,忍辱也。勤行所习,夙夜匪懈,精进也。专心守意,以约敛众,一心也。凡此五事,行以有心,谓之俗度;领以兼忘,谓之道慧。《本起经》云:"九十六种道术,各信所事,皆乐安生,孰知其惑?"夫欣得恶失,乐存哀亡,盖弱丧之常滞,有生所感同。然冥力潜谢,非务恋所留,对至而应,岂智用所制?是以学者必归心化本,领观玄宗,玩之珍之,则众念自废。废则有忘,有忘则缘绝。缘报既绝,然后入于无生。既不受生,故能不死。是以《普耀经》云:"无所从生,靡所不生。于诸所生,而无所生。"《泥洹经》云:"心识静休,则不死不生。"心为种本,行为其地,报为结实。犹如种殖,各以其类,时至而生,不可遏也。种十恶戒善,则受生之报具于上章。加种禅等四空,则贵极天道。四空及禅数,经具载其义。从第一天至二十八天,随其事行,福转倍增。种非常禅谛,背有着无,则得罗汉泥洹。不忌有为，不系空观，遇理而冥，无执无寄，为无所种。既无所种，故不受报；廓然玄废，则佛之泥洹。泥洹者，汉曰无为，亦曰灭度。《维摩诘》曰："彼六师者，说倚为道。"从是师者，为住诸见，为堕边际，为归八难，不得离生死道也。虽玄心屡习，而介然微动，犹均彼六师，同滞一有。况贪生倚想，报我捍化？虽复福逾山河，贵极三界，倚伏旋还，终坠罪苦。岂获宁神大造，泊然玄夷哉①？

夫生必有情，天势率至，不定于善，必在于恶。是以始行道者，要必有寄，寄之所因，必因乎有，有之所资，必资乎烦。是以经云："欲于空中造立宫室，终不能成。"取佛国者，非于空也。然则五度四等，未始可废，但当即其事用，而去其恔心②。归于佛则无解于佛，归于戒，则无功于戒。则禅谛与五阴俱冥，末用与本观同尽。虽复众行兼陈，固是空中行空耳。或以为空则无行，行则非空，既已有行，无乃失空乎？夫空者，忘怀之称③，非府宅之谓也。无诚无矣，存无则滞封；有诚有矣，两忘则玄解。然则有无由乎方寸，而无系于外物。器象虽陈于事用，感绝则理冥，岂灭有而后无，阶损以至尽哉？由此言之，有固非滞，滞有则背宗。反流归根，任本则自畅。是以开士深行，统以一贯。达万像之常冥，乘所寓而玄领，知来理之先空，恒得之于同致。悟四色之无映，顺本际而偕废④，审众观之自然，故虽行而靡迹。《方等深经》："每泯一三世。"而未尝谓见在为有，则空中行空，旨斯见矣。

【注释】

① 玄夷：与道同而无形。

② 忮心：嫉恨之心；妒忌之心。

③ 忘怀：忘记，不放在心上。

④ 本际：佛教术语。指根本究竟之边际，即绝对平等之理体，多指涅槃而言，又作真际、真如、实际；指过去、以前之状态，与"前际"同义；指真理之根源、万物之根本。

【译文】

六度：一曰施，二曰戒，三曰忍辱，四曰精进，五曰一心，六曰智慧。积而能散，润济众生，是施。谨守十善，闭邪以诚，是诚。别人冒犯而不报复，常善下人，是忍辱。勤行所习，白天黑夜都不松懈，是精进。专心守意，以精要统驭繁多，是一心。凡此五事，行以有心，叫做俗度；领以兼忘，称作道慧。《本起经》上说："九十六种道术，各信所事，皆乐生安，谁知其中的迷惑？"欣得恶失，乐存哀亡，实在是那些忘记精神故乡的人们迷滞的表现，是众生共同的感情。然而在冥冥之力的作用下，事物不断凋谢，不是人的爱恋所能挽留的，一切都对应，岂是人的智力功用所能控制？因此学者应该回心灵之根本，领观佛教玄理，玩之珍之，那么众念自然停止。废则有忘，有忘则万缘都放下。放下了万缘报应，然后入于无生。既不受生，故能不死。因此《普耀经》说："无所从生，无所不生。于诸所生，而无所生。"《泥洹经》说："心识宁静，则不死不生。"心为种本，行为其地，报为结实。犹如种植种子，各以其类，时至而生，不可阻止。种下十恶戒善，受生的报应在上面已经详细谈到了。加上种下禅等四空，那么贵极大道。四空及禅数，经上详细记载了其意义。从第一天至二十八天，随其事情行为，福报倍增。种下非常禅谛，背离俗世烦恼，归向空无之道，则得罗汉无为的境界。不忌讳有为，不执着空观，遇理而冥，无执着无排斥，为无所种。既无所种，因此不受报，廓然玄废，那么就是佛之泥洹。泥洹，汉译为无为，也译为灭度。《维摩诘经》曰:"彼六师者,说邪法为道。"这些外道论师,执着诸见,堕落边际,归于八难,不能够远离生死苦海。即使不断修炼玄妙之法,而外在稍微有所变动,内心就不安,内心都执着一个东西,何况贪恋生命,心行邪念,固执不化? 即使福分超过山河,贵极三界,倚伏旋还,最终会坠落罪苦之中,岂能获得心神安宁,淡泊自然,与道同一的境界呢?

　　人生来就有情感,天生率直,不行善事,必行恶事。因此刚开始行道者,必须有依靠的根据,寄之所因,必因乎有,有之所资,必资乎烦。因此经上说:"想要在空中造立宫室,终不能成。"取佛国者,不在于空。然则五度四等,从开始修道时不可废除,但应当即其事用,而去掉妒忌之心。归于佛则无解于佛,归于戒则无功于戒。那么禅谛与五阴俱消隐,末用与本观同尽。虽然众行兼陈,实在是空中行空。有的人以为空就没有行动了,一行动就不是空,既然已经有行动,难道失去空了吗? 其实所谓空,是指不放在心上,不是府宅的称呼。无确实是无,执着无则滞封;有确实是有,两者都忘掉则能领悟事物的奥秘。然而有无由于方寸之心,而不是系于外物。器象即使在事用中陈列,只要超越二元对立就能进入深奥的空境,岂是消灭事物之有而后无,一点点减少以至穷尽呢? 由此言之,有本来就不是滞,认为事物之有是滞塞则背离了佛法之宗。反流回归根本,任本则自畅。因此开明之士的行动,一以贯之。通达万像之常冥,乘所寓而领悟玄妙之理,知晓佛理之空,理解根源的同一性。体悟四色之无映,顺应根本究竟之边际而废止一切妄念,明白众观之自然,因此虽然不断做事而心中不留下一丝痕迹,真正达到无为自然的境界。《方等深经》:"每泯一三世。"而未尝认为看见的东西为有,知道凡所有相皆是虚妄,那么就是在空中行空,可以说真正领悟到佛法的宗旨了。

庭诰二章

【题解】

本篇由南朝宋代颜延之所撰写。主要谈论治心的方法,并比较了佛道二教的长处与短处。颜延之认为,修道的人,以修炼形体以求超脱成仙为主;崇尚佛法的人,以治理心念为主。二者各有长处,但是那些虚伪的人学习佛道之后,具有很多弊害,当然如果对佛教、道教真正的贡献惘然无知,却只责怪其弊害,是不对的,这是没有用心平等观照的原因。

达见同善,通辩异科①,一曰言道、二曰论心、三曰校理。言道者,本之于天;论心者,议之于人;校理者,取之于物。从而别之,由涂参陈;要而会之,终致可一。若夫玄神之经,穷明之说,义兼三端,至无二极,但语出戎方,故见猜世学②;事起殊伦,故获非恒情。天之赋道,非差胡华③;人之禀灵,岂限外内? 一以此思,可无臆裁。

【注释】

① 通辩:疏通辨析。

②世学:犹家学,世代相传的学问。

③胡华:少数民族和汉族。

【译文】

从通达的见解来看,一切都是以善为终极目标,疏通辨析万事万物,可分为不同的科目,一是言道,二是论心,三是论理。论道,以天为本;论心,主要是议论人;论理,主要是研究事物。分别来看,是三个方面;把它们综合起来,最终是要达到一个目标。佛教那些玄妙穷神的经典,穷尽光明境界的理论,意思兼顾上面所说的三个方面,达到至高无二境界,只是,这些语言出自西方戎族,因此被世代相传的传统儒家学者猜疑;谈论的事情与一般世俗伦理不同,故而一般常情不能容纳。上天给我们的大道,对汉族和少数民族来说都相差无几;人获得的先天灵性,岂限于内外不同的地方? 一旦像这样思考,就不会再对事物主观随意判断了。

为道者,盖流出于仙法,故以练形为上。崇佛者,本在于神教,故以治心为先。练形之家,必就深旷,反飞灵,糇丹石①,粒芝精,所以还年却老②,延华驻彩,欲使体合缫霞③,轨遍天海,此其所长。及伪者为之,则忌灾祟、课粗愿、混士女、乱妖正,此其巨蠹也④。治心之术,必辞亲偶,闭身性,师净觉,信缘命,所以反一无生,克成圣业。智邈大明⑤,志狭恒劫,此其所贵。及诡者为之,则藉髡落,狎菁华,傍荣声,谋利论,此其甚诬也。物有不然,事无终弊,衡石日陈,犹患差忒⑥,况神道不形,固众端之所假。未能体神,而不疑神无者,以为灵性密微⑦,可以积理知,洪变欻恍⑧,可以大顺待,照若镜天,肃若窥渊。能以理顺为人者,可与言有神矣。若乃罔其真而责其弊,是未加心照耳。

【注释】

①糇（hóu）丹石：指服用丹砂炼制的丹药。糇，干粮，此处引申为动词。

②还年却老：恢复年轻，不再老去。与成语"还年驻色"同义，表示恢复年轻永葆青春。南朝梁刘孝标《山栖志》："金盐重于素璧，玉豉贵于明珠，可以养性销痾，还年驻色。"

③纁（xūn）：浅红色。

④巨蠹（dù）：大蛀虫，比喻大奸或大害。

⑤智邈大明：邈，高远超卓。大明，太阳，《礼记·礼器》："大明生于东。"

⑥差忒（tè）：差错，误差。

⑦灵性密微：灵魂邃密微妙。

⑧洪变欻（xū）恍：大量的积累可以导致突然觉悟。

【译文】

修道的人，学习的是修炼成仙的方法，所以，以修炼形体以求超脱成仙为主。崇尚佛法的，根本在于神灵之教，所以，以治理心态为主。修炼形体的，必定在深广的地方，回返飞灵，吃丹砂炼制的丹药，吸收芝精，用这些方法来延年益寿，所以恢复年轻，永葆青春，不再老去，使形体和红霞融合，轨迹遍及浩渺的天空，这是它的长处。而虚伪的人修道，避讳灾难，占卜未来的事情，男女混乱，引起祸乱邪恶，这是它的大害。修养自身心性的方法，一定要辞别亲人眷偶，静下心来闭关修身，纯净自己的欲望，相信缘命，这就回归真我，达到无生无灭的境界，成就神圣的事业。智慧像太阳一样高远超卓，志向像永恒之劫一样长远，这就是它的可贵之处。但是那些诡异的人假装学习佛法，只是把头发剃掉，就认为自己领悟了佛教的精华，追逐俗誉，谋求私利，这是它很容易被人指责的方面。物质总有不合理的，事情不会全都是坏处，称重量的器物每天都摆在那里，还是担心有差错，何况神圣之道无形无相，需要依靠事物的各个方面来理解。那些没有体悟到神灵而不怀疑神灵不存在的人，认为灵性邃密微妙，可以凭借它来积累智慧，大量的积累之后会导致突然恍然大悟，可以凭借它自然地超越二元对待，心灵如明镜一样观照，如窥探深渊一样湛然。能够以道理顺当待人接物处事的人，可以与他谈论神。如果对佛教、道教真正的贡献惘然无知，却只责怪其弊害，这是没有用心平等观照的原因。

日烛

【题解】

　　本篇由晋代王该所撰写。王该认为，佛教主要在说明生死根源以及因果善恶报应皎然不虚的道理等等，恐一般人不明白，所以写这篇文章来"助天扬光"，因此这篇文章命名为"日烛"，意思是佛法明亮如太阳的火炬照亮世间。

　　寻夫至道之典①，畅生死之源，标善恶之报，启凌化之津，训戒明白②，缕罗备矣。然信言不美③，文繁辞宕，累冥绝昧，重渊隔浪，是以学者未得其门，或未之留意。聊采《咸池》之远音④，适为里巷之近曲。假小通大，傥可接俗，助天扬光，号曰日烛。

【注释】

①至道：佛、道谓极精深微妙的道理或道术。《庄子·在宥》："来！吾语女至道。至道之精，窈窈冥冥；至道之极，昏昏默默。"
②训戒：教导和劝诫。
③信言不美：《老子》第八十一章："信言不美，美言不信。善者不辩，辩者不善。"

④《咸池》：古乐曲名。相传为尧乐。一说为黄帝之乐，尧增修沿
　　用。《礼记·乐记》："《咸池》，备矣。"郑玄注："黄帝所作乐名也，
　　尧增修而用之。"

【译文】

　　探寻那些极精深微妙的道理的根本，发现它们都体现在通晓生死
的根源，标明善恶的报应，指点人心纷扰迷茫的迷津，这些教导和劝诫
都很清楚明白，需要了解与学习的理论已经很完备。然而诚信的话不
一定美妙，文辞生涩难懂，让人感觉就像隔着层层的黑暗深渊和险恶激
浪，因此学习的人不能找到合适的门路，或者根本就不留意。我希望通
过这篇文章，将远方如《咸池》古乐的美妙之音，变为小巷里近处飘来的
歌曲。通过借着细微之处疏通理解大道理，倘若可以让佛经向通俗的
理解靠近，那么就是帮助上天弘扬佛光，所以这篇文章称为"日烛"，意
思是亮如太阳的火炬。

　　陶先觉之宏诰①，启玄管于灵门②，周太虚以游眺③，究
潹荡而无垠④。履地势于方局，冠圆天于覆盆，缅三界之寥
廓⑤，遘二气之烟煴⑥。寻大造之冥本⑦，测化育之幽根⑧，形
假四大而泡散⑨，神妙万物而常存⑩，彼良民之达分⑪，故哀
生而怡魂⑫。

【注释】

①先觉：觉悟早于常人的人。
②玄管：同"玄关"，在佛教中称为入道之门。灵门：灵府之门，心室
　　之门。喻指智慧之门。《云笈七签》卷二九："结气不纯，节滞盘
　　固，镇塞灵门。"
③太虚：谓宇宙。

④潒荡,又作荡潒,广阔无边貌。

⑤寥廓:空旷深远。

⑥遘:通"构",构成,造成。二气:最早出自《周易》,一般指阴阳二
　　气或者混沌二气。煴(yùn):无焰之火,微火。

⑦大造:指天地,大自然。南朝宋谢灵运《宋武帝诔》:"业盛曩代,
　　惠侔大造,泽及四海,功格八表。"

⑧化育:化生长育。《礼记·中庸》:"能尽物之性,则可以赞天地之
　　化育,可以赞天地之化育,则可以与天地参矣。"

⑨四大:佛教术语。指地、水、火、风为四种构成物质的基本元素。
　　又名四界。界,是种类的意思,谓地、水、火、风四种物体均能保
　　持各自的形态,不相紊乱。

⑩神妙万物:《周易·说卦》:"神也者,妙万物而为言者也。"意思是
　　说,神这个东西,是指天地(乾坤)造化万物的奇妙莫测的功能
　　而言。

⑪达分:明白应尽的职分。

⑫怡魂:使精神愉快。

【译文】

继承那些觉悟早于常人之人的深远劝诫,开启智慧玄关的入道之
门,向整个宇宙眺望,探究广阔无边的深邃宇宙。走在如方局般的大
地,顶戴着圆天,就像覆盖的脸盆,缅想众生所居的天地人三界的空旷
深远,想象阴阳二气如烟火一样相互纠缠搏斗。探寻大自然深奥的本
源,感悟天人化生长育的奥妙,形体借助地、水、火、风四种构成物质的
基本元素而形成,死亡时会如泡沫一样消散,精神让万物美妙无比而能
永恒长存,这些是善良民众所应该明白的道理,他们怜爱万物之生而精
神愉快。

夫含气之伦①,其神无方②;蠢尔之类③,其质无常。寄

若水势,托若火光;随行缱绻④,迭枯迭芳;往来出没,冥冥茫茫⑤;洪海环流⑥,大变轮回⑦;乘波远漂,济来曷阶?宛转三涂之中⑧,沈滞八难之围⑨,愍企窍之无期⑩,悼客作之有归⑪。

【注释】

①含气:含藏元气。《淮南子·本经训》:"阴阳者承天地之和,形万殊之体,含气化物,以成垧类。"

②无方:没有方向、处所的限制。

③蠢尔:无知蠢动貌。《诗经·小雅·采芑》:"蠢尔蛮荆,大邦为仇。"

④缱绻(qiǎnquǎn):牢结,不离散。

⑤冥冥茫茫:苍茫无际,虚空,渺茫。

⑥环流:谓循环往复。

⑦轮回:也称"六道轮回"。佛教认为一切有生命的东西,如不寻求"解脱",就永远在"六道"(天、人、阿修罗、畜生、饿鬼、地狱)中生死相续,无有止息。

⑧宛转:辗转。三涂:又作"三途"。即火涂、刀涂、血涂,义同三恶道之地狱、饿鬼、畜生,乃因身、口、意诸恶业所引生之处。

⑨沈滞:亦作"沉滞",积滞,停滞,耽搁。八难:指不得遇佛、无法听闻教法的八种障难,又称八难处。即地狱、畜生、饿鬼、长寿天、边地、盲聋喑哑、世智辩聪、佛前佛后。

⑩愍(mǐn):怜悯;哀怜。窍:比喻事情的关键或要害。

⑪悼:悲伤,哀念。

【译文】

那些含藏元气之类的东西,它们的灵魂精神是无所不至的;那些无知蠢动之类的东西,它们的形体没有固定形态。如同水势和火光一样寄托;随行牢固不分离,不断兴盛与衰败;往来出没于冥茫虚空之中;像大海的水循环往复流动,在六道轮回中不断改变;踏乘着波浪漂向远方,如何才能渡过大海? 辗转在地狱、恶鬼、畜生三途当中,沉滞在不得遇佛、无法听闻教法的八种障难之中,怜悯他们开启解脱之关窍的漫漫无期,悲伤他们受到各种报应的结局。

　　瞻崇德之可速,鉴聚凶之宜迟,斯成务之易睹①,匪先见之动微②。五福起于履是③,六极构于蹈非④,理感自然,冥对玄凝⑤,福兮谁造? 祸兮孰兴? 水运钟卑,人道恶矜,衅因丰积,祉缘谦升。僮孺正而鬼退,丈夫邪而魅凌。览形声之两偶,考休咎之双征⑥,理投思而合契,迹望目而相应,若圆转之抱规,犹直桷之附绳⑦。

【注释】

①成务:成就事业。

②先见:预见。动微:洞察精微。

③五福:《尚书·洪范》:"一曰寿,二曰富,三曰康宁,四曰攸好德,五曰考终命。"

④六极:《尚书·洪范》:"一曰凶短折,二曰疾,三曰忧,四曰贫,五曰恶,六曰弱。"

⑤玄凝:凝神默想。

⑥休咎:吉凶,善恶。

⑦桷(jué):方形的椽子。

【译文】

仰慕高尚品德,加强自我修养,洞察各种祸事,让其减少,这样成就事业显而易见,洞察精微更好预见未来。五福开始于踏出正确的步子,六极祸事是由于一开始就踏错了步子所导致的,道理感应自然,冥理对应凝神默想,是谁造成了福事?是什么原因引起祸事?时运不济,人世险恶,不顺是由于恶因不断积累,福祉缘于恭谦不断升华。小孩子因为心正无邪所以妖魔鬼怪会退散,成年男性心术不正才导致鬼怪迫近。观察形式工整声韵和谐的对偶,考究吉凶善恶的相互证明,理智与思想相互投合就会默契,足迹与目光所相向对应,就好像圆规画圆一样自然,如同方形椽子拉线一样直接。

　　苍犬出于帝父①,黄熊咨于圣子②,聿征化而不救,奚天属之云恃③?谅求福之在躬,信为人之在己,咨吹吸其靡常,知忽往其何止。彼非人之什发④,岂无气之所始?悲婉娈之夭徂⑤,还托生于象豕⑥。昔鞠育而怀抱⑦,今屠刳以为礼⑧,神居妙而恒我,形受变而易体,未一旬而相忘,可长叹而流涕。夫阐愚其皆然,匪伊人之独尔⑨。察寡孕于嘉类,悟繁产于虫豸⑩,喻零霖其犹希,若翻囊之倒米,为嚣嚣以日日⑪,谁识伏而达倚?

【注释】

①苍犬出于帝父:指刘邦之子赵王如意被吕后毒死,后化为苍犬报仇事。《史记·吕后本纪》:"三月中,吕后祓,还过轵道,见物如苍犬,据高后掖,忽弗复见。卜之,云赵王如意为祟。高后遂病掖伤。"

②黄熊咨于圣子:《左传·昭公七年》:"昔尧殛鲧于羽山,其神化为黄熊,以入于羽渊,实为夏郊,三代祀之。"

③天属:天性相连。后因称父子、兄弟、姊妹等有血缘关系之亲属为天属。

④什发:不详。

⑤婉娈:年少美貌,借指美女;犹言亲爱、深挚。《诗经·齐风·甫
　田》:"婉兮娈兮,总角丱兮。"郑玄笺:"婉娈,少好貌。"徂:古同
　"殂",死亡。

⑥托生:有生命之物死后灵魂转生世间。

⑦鞠育:抚养,养育。《诗经·小雅·蓼莪》:"父兮生我,母兮鞠我,
　拊我畜我,长我育我。"毛传:"鞠,养也。"郑玄笺:"育,覆育也。"

⑧屠刿:屠杀。

⑨伊人:此人,这个人。指意中所指的人。

⑩虫豸:小虫的统称。

⑪嚣嚣(áo):自得无欲的样子。日日:一天一天地。

【译文】

　　化为苍犬的如意出自其父高帝刘邦,鲧被杀后化为黄熊问道于圣子大禹,遇到危难却又得不到施救,岂能说父子亲属是天性相连?祈求福祉看自己的修为,为人所信任也是看自己的表现,就像呼吸一样无常,知道忽然兴起却不知何时终止。这些都是不可捉摸的。那些不是人类的什发,怎么会没有气的源头?悲哀最亲近的人年轻夭折死亡,死后会投身于猪象这些动物。以前曾经抚养怀抱,今日却被杀来作为款待客人的菜肴,精神始终是一,而形体不断发生改变,可是,死后不到一旬就忘记了以前的恩爱,真是令人长叹流泪,为之悲哀。像这种愚昧情形众生皆然,不只是一部分人才出现的事情。大家可以看,那些优秀的物种一次孕育的后代很少,而昆虫动物繁殖后代一次却有很多,就好像缺少了才去珍惜,而多的时候就像一布袋米,不觉得其多,直接倒入米桶,当日得意骄傲,有谁能知道日后会因失去而珍惜呢?

　　匪余情之能测,谬闻之以如是①。若夫倒置之族②,蒙蒙徒生③,兵风既至,忽然潜征。神道虽昧,鬼法尤明,徘徊中阴④,徂彼铁城⑤,霄绝望舒⑥,昼无曜灵。身造笪箬之槛⑦,

足蹈炎炭之庭，刀岳霜铓以积刃⑧，剑林翘锋而啸精，陶铜汪洋以海涌，巨镬波沸而雷鸣⑨。阎王领阅，卒傍执钗，三扐一奋⑩，百千累罗，鸱鸺利嘴，煌煌火车，锐钉欓枪⑪，狡狗拟牙。淫徒燋于幻柱⑫，饥囚枯于尘沙，资轻妙之灵质，益痛戮之易加，永烦冤以弥劫⑬，安斯酷之可过？三六峻纲，不可列缕，千条殊剧，万端异苦。靡喘息而不经，俄聿来而忘宇，予略一朝以言之，将终年而震楚。

【注释】

①如是：像这样。

②倒置之族：指人之本性因沉沦物欲而迷失。《庄子·缮性》："丧己于物，失性于俗者，谓之倒置之民。"

③蒙蒙：模糊不清。徒生：凭空而生。

④徘徊中阴：佛教认为人死后尚未投胎之前，有一个由微细物质形成的化生身来维持生命，此化生身即是中阴身。此中阴身在最初的四十九天中，每七天一生死，经过七番生死，等待业缘安排，而去投生。

⑤徂彼铁城：据《铁城泥犁经》记载，若人不孝顺父母，不敬事沙门道人，不畏禁戒，不畏今世后世，死后将堕铁城地狱。

⑥望舒：月亮。汉张衡《归田赋》："于时曜灵俄景，继以望舒，极盘游之至乐，虽日夕而忘劬。"

⑦笔荨：山名。相传山本在太湖中，禹治水移于陆地上。在《吴地记》作"在吴县西十二里，吴王僚葬此山中"。

⑧铓：刀剑等的尖端的芒。

⑨镬（huò）：古代的大锅。

⑩扐（lè）：此处指手指之间。

⑪櫼(chán):檀木别名。

⑫燋(qiáo):通"憔",憔悴。

⑬劫:就世之相续迁变言之,即所谓劫。

【译文】

  不是仅凭我的情感就能够揣测人死后所遭遇的情景,大致听到景象应该是这样的。那些沉溺在世俗物质世界,迷失了自己本性的人,在昏昏沉沉中白白生存,当死亡的兵风吹到时,一切忽然在暗中实现因果报应。神圣之道虽然昏暗,鬼法却很明显,中阴身每七天经历一生死,徘徊七次后,前世作恶的将入地狱,晚上天空没有月亮,白天亦无太阳。身体化作笮荸的门槛,脚踩着如火炭一样炽热的中庭,刀锋凝聚着寒意,林立的长剑剑锋翘挺,感受到剑魂呼啸,熔化的铜水像大海一样涌现出来,巨大的锅里沸腾的热水在轰隆作响。阎王开始查阅,差役陪在左右,手执铁叉,三个手指一扬起,成百上千的喽啰,个个张开像鸩一样毒的尖嘴,用熊熊燃烧的火车,尖锐的钉锤,櫼木做的枪折磨罪鬼,狡猾的狗咬牙切齿撕咬罪徒。淫徒被烧死在因淫念而生的幻柱上,饥饿的囚徒枯死在尘沙中,越是轻妙之灵质,越增加痛苦的杀戮,永远沉浸在烦恼冤屈中,以致经受很多劫数,难道还要比这更惨酷的吗?如此多的严苛的纲要法律,不可全列出来,千条特别难受,万端异常痛苦。还没有经过喘息,一切因果报应突然到来,其中的道理,我只是简单地谈论,要详细叙说那需要很长时间。

  爰有五德无砧,十淑道全,夕阳造逝,庆升九天。宝殿晃昱①,高构虚悬,琼房兼百,瑶户摩千。金门焕水精之朗,玉巷耀琉璃之鲜,珠树列于路侧,鸾凤鸣于条间,芳华神秀而粲藻,香风灵飘而飞烟,想衣斐菲以被躯,念食芬芳以盈前。彼羲和之长迈②,永一日而万年,无事为以干性,常从容于自然;映光蕊之烁烁,眇轻腾之翩翩,究妙音之至乐,穷有生之遐延;舍陋世而上济,伴超伦之高迁。然夫飨兹旧德,日用玉食,厥土不毛,罔施稼穑,积畜虽多,焉有不竭?龄祚虽修,终焉归灭。三灾起而宫宇散③,七证至而天禄绝④。会大秋以考落⑤,混椿菌之无别⑥。

是以如来大圣三达洞照⑦,哀我困蒙,晓了道要,善权洒落,或粗或妙;如溟海之运流⑧,若天日之垂曜。上士虚怀忘其言,中才贞志执其教。教无定方,适物所由,宜陆以车,应水以舟,敷设云云,广术悠悠。骈未塞乎三百⑨,要指在乎一幽,握累玄之纲领,遣毛目于幽裒⑩。宏笼大训,展我智分,治无不均,质有利钝,虚往实归,各足方寸,愚黯并诱,龙鬼俱化,万涂丛归,一由般若。

【注释】

①晃昱:明亮,辉煌。

②羲和:羲氏和和氏的并称。传说尧曾命羲仲、羲叔、和仲、和叔两对兄弟分驻四方,以观天象,并制历法。《尚书·尧典》:"乃命羲和,钦若昊天,历象日月星辰,敬授人时。"

③三灾:佛教谓劫末所起的三种灾害。刀兵、疫疠、饥馑为小三灾,起于住劫中减劫之末;火、风、水为大三灾,起于坏劫之末。

④七证:比丘受具足戒时,戒场中必须具足之戒师人数。又作十师、十僧。三师即:(一)戒和尚,指正授戒律之和尚。乃比丘得戒之根本及其归投处,故必至诚三请之。凡担任戒和尚者,其戒腊须在十年以上,并严守戒法,具足智慧,堪能教授弟子。(二)羯磨师,即读羯磨文之阿阇梨,主持白四羯磨授戒仪式。羯磨师为诸比丘受戒之正缘,若无羯磨师秉承圣法,则法界善法无从生

起。担任此职者,其戒腊须在五年以上。(三)教授师,即教授威仪作法,为众人引导开解者。其戒腊亦须在五年以上。七证师则指证明受戒之七位莅会比丘。凡此十师均须于受戒前恭请之。

⑤考落:建成,落成。

⑥混椿菌之无别:《庄子·逍遥游》:"小知不及大知,小年不及大年。奚以知其然也?朝菌不知晦朔,蟪蛄不知春秋,此小年也。楚之南有冥灵者,以五百岁为春,五百岁为秋;上古有大椿者,以八千岁为春,八千岁为秋。"

⑦如来:梵语曰多陀阿伽陀 Tathāgata,译言如来,佛十号之一。如者真如也,乘真如之道从因果而成正觉之故,名为如来。三达:天眼、宿命、漏尽。天眼能知未来生死的因果;宿命能知过去的生死因果;漏尽是知道现在烦恼的根源而尽断之。不但知道而且明了叫做明,不但明了而且通达叫做达,所以以上三事在罗汉只叫做三明,在佛却叫做三达。

⑧溟海:神话传说中的海名。

⑨骀(dòng):马快跑。

⑩毛目:指裘皮的毛与网的眼;细目。晋葛洪《抱朴子·君道》:"操纲领以整毛目,握道数以御众才。"《南齐书·高逸传·顾欢》:"臣闻举网提纲,振裘持领。纲领既理,毛目自张。"鬯(chàng):古代祭祀用的酒,用郁金草酿黑黍而成;同"畅"。

【译文】

如果有五德没有被玷污,保全善良道义的人,临近死亡,夕阳消失,就庆升到九天之外。他们会见到明亮晃眼的宝殿,高高的构架玄虚的吊着,琼房兼百,瑶户摩千。金色的大门焕然一新,如水精一样明朗,玉巷闪耀光芒,像琉璃一样鲜艳照耀,珠宝做的树整齐的排在路的两侧,鸾凤在小路间鸣唱,鲜花神奇秀丽而粲藻,香风灵动飘散而飞烟,一想到衣服，五彩缤纷的服装就来到身体上，一想到食物，芬芳的菜肴就来到面前。那羲和长迈，永远万年如一日，没有事情来干扰灵性，常在自然中从容自在；光照映在花蕊上闪闪发光，看轻轻升腾翩翩起舞的姿态，体验美妙音乐的极致快乐，穷尽有生的闲暇时间；舍弃鄙陋的世间而上升，伴随天神族类而高迁。然而这样享受旧时的道德，每天享用玉食，就如同不毛之地，不种植农作物，积聚的牲畜虽然多，哪有不枯竭的时候？虽然有时做修补，然而终究是要毁灭的。三灾发生，宫宇就会被毁坏，七证比丘师到来，上天给的福禄就要灭绝。在时间的无限长河里，长寿的椿树与生存时间很短的细菌其实没有什么区别。

因此如来佛祖洞照众生，哀痛我等被困扰蒙蔽，让大家通晓解脱大道要旨，用善巧方便法门教化，有的粗显有的美妙，就好像溟海水流激荡，天空太阳低垂照耀。上士心如虚空，顿悟无我，忘掉其言论，中等水平的才子志向贞洁，学习他的教诲。教化没有确定的方法，适合事物的需要，陆地上适宜乘车，水上应该用船，各种方便等等，广大的教法无穷无尽。马快跑一天也不会超过三百里，关键是要领悟大道，握住根本纲领，放下表面衮毛。如来大圣的训教，展现了佛法大智慧，对世人心态的治理没有不公正的，只是世人头脑有聪明有迟钝，因此对有的人用虚的方法，有的用实的方法，各个掌握寸尺，愚钝狡黠的一起诱导，龙鬼都教化，所有方便路径都将用来教化众生，让他们全部回归内在心灵家乡，一切归于般若大智慧。

譬彼济海①，非船莫过，驱万动于道场②，毕无为而息驾③。本夫三乘之始④，同归一无。才照各异，致用参殊。应真忘有而求空，遂耽空而恬愉，缘觉亮累于知微，爱迁玄而不居。虽妙迹其再丧，犹有遣而未虚，开士解物于都尽，作无存其焉除？悟之黟于鉴先，体之冥乎意初，理重深而绝韵，畴克谅而业诸。

自古在昔，先民有遇，堂堂荫映⑤，躬受圣喻，喁喁群黎⑥，耳目仰注，或发蒙于一咳，或革面于一哺，并因言而后化，未有人而不度。善逝迄今，道运转衰，大教虽存，味之者希。栴檀与蓼苏同芬⑦，夜光与熠耀齐晖，于氏超世，综体玄指，嘉遁山泽，仁感虎兕；护公证寂，道德渊美，微吟穹谷，枯泉渐水；阙叟登霄，卫度系轨，咸淡泊于无生，俱脱骸而不死。今则支子特秀，领握玄标，大业冲粹，神风清萧，一言发则蕴滞披，三番着则重冥昭，见之足以洗鄙吝，闻之可以落衿骄。逊濯流以逸契⑧，咏遂初于东皋⑨，何深味以栖素，轻大宝于秋毫。道风之所扇荡，深达之所逍遥，才不难则贤不贵，愚不笑则圣不高⑩，远声见陋于近耳，孰能忘味于闻韶哉⑪？奚适非道，何之无神？

理有精粗，物有彦真，大居细君，小为硕臣，羽族隶乎金翅，甲属属乎须伦⑫，两仪宗于太极，众星系于北辰。是以九十六种，枝条繁张，轻遗重根，躁废静王，俱曰与圣，各擅一方。或移山而住流，或倏忽于存亡。命天衣之采粲⑬，啸灵厨之芬芳，曜振旅之凶暴，化砾石之琳琅，竭变幻之崛奇，惜有待之无长，斯乃数内之甘醇，不如至道之糟糠者也⑭。逮乎列仙之流，练形之匹，熊经鸟伸⑮，呼吸太一⑯，夕餐榆阴与素月，朝挹阳霞与朱日⑰，赤斧长生于服丹⑱，涓子翻飞于饵术⑲，安期久视于松毫，丰人轻举于柏实。彼和液之所深⑳，足支年而住质，中不夷而外猗㉑，徒登云而殒卒。俱括囊以坚卵㉒，固同门而共出，理未升于颜堂，永封望乎孔室。贵乎能飞则蛾蝶高翚㉓,奇乎难老则龟蛇修考。伊逆旅之游气,唯心玄之可宝。存形者不足与论神,狎俗者未可与言道。道乎奚言? 无问无对。

【注释】

①譬彼:好像。

②道场:释道二教称诵经礼拜的场所。

③无为:无所作为。

④三乘:三种交通工具,比喻运载众生渡越生死到涅槃彼岸之三种法门。

⑤堂堂:盛大的样子。

⑥喁喁(yóngyóng):众人景仰的样子。

⑦栴(zhān)檀:檀香,常绿小乔木。蓼(liǎo)苏:植物名。为一年生或多年生草本。

⑧逸契:超逸不俗的交情。

⑨遂初:遂其初愿。谓去官隐居。《晋书·孙绰传》:"(孙绰)少与高阳许询俱有高尚之志。居于会稽,游放山水,十有余年,乃作《遂初赋》以致其意。"

⑩愚不笑则圣不高:《老子》第四十一章:"上士闻道勤而行之,中士闻道若存若亡,下士闻道大而笑之,不笑不足以为道。"

⑪忘味于闻韶:《论语·述而》:"子在齐,闻《韶》,三月不知肉味。"

⑫须伦:梵文 Asura,又作阿须罗。旧称阿修罗、阿须伦、阿苏罗、阿素罗。六道之一,华译为非天,因其有天之福而无天之德,似天而非天。又译作无端,因其容貌很丑陋。又译作无酒,言其国酿酒不成。性好斗,常与帝释战,国中男丑女美,宫殿在须弥山北,大海之下。

⑬天衣:泛指仙神所着之衣。唐司空图《云台三官堂文》:"尘蒙而

庙貌全隳,薜荔而天衣半褫。"粲:此处指色彩艳丽。

⑭糟糠:穷人用来充饥的酒渣、米糠等粗劣食物。

⑮熊经鸟伸:古代一种导引养生之法。状如熊之攀枝,鸟之伸脚。《庄子·刻意》:"吹呴呼吸,吐故纳新,熊经鸟申,为寿而已矣。"成玄英疏:"吹冷呼而吐故,呴暖吸而纳新,如熊攀树而自悬,类鸟飞空而伸脚。"

⑯太一:形成天地的元气

⑰挹(yì):牵,拉。引申为迎着。

⑱赤斧长生于服丹:《列仙传》下:"赤斧者,巴戎人也,为碧鸡祠主簿。能作水涷炼丹,与硝石服之,三十年反如童子,毛发生皆赤。后数十年,上华山,取禹余粮饵,卖之苍梧、湘江间。累世传见之,手掌中有赤斧焉。赤斧颐真,发秀戎巴。寓迹神祠,涷炼丹砂。发虽朱蕤,颜晔丹葩。采药灵山,观化南遐。"

⑲涓子翻飞于饵术:《列仙传》:"涓子者齐人也,好饵术,接食其精。至三百年乃见于齐,著《天人经》四十八篇。后钓于菏泽。得鲤鱼腹中有符,隐于宕山,能致风雨。受伯阳《九仙法》。"

⑳和液:指人体中的元气和津液。

㉑猗:美好盛大的样子。

㉒括囊:结扎袋口,亦喻缄口不言;犹囊括,包罗。

㉓翬(huī):飞。

【译文】

好像渡海一样,没有船就不能通过,因此佛教驱使着他们走向修道的地方去,最终达到无为宁静自然的境界才停止。一开始就运用三乘法门,但是最终归于无所有之境界,因为世人才华和能力各不相同,导致法门的作用也显现出不同。应该真的忘记拥有的东西,而去追求空门佛道,但是不能沉溺于空寂之中安然自乐,因为觉悟之光要依靠觉知微妙之处来积聚,所以达到玄虚的境界却不能停留,即使不执著神奇的现象,仍然还有需要放下的东西,还没达到真正的虚静寂照的境界,所以开明之士应该完全放下所有障碍,一无所有,那么还有什么要解除呢?要想真正体悟,需要在心灵明镜朗照之先把握,需要感受思想念头刚刚产生之前的那幽冥之空,这种道理深远绝伦,很难用语言文字解释。

自古到今,先民一有机遇,就会在盛大的树荫下亲自接受最高智慧和道德的教化,众人景仰圣人,用耳朵听,用眼睛注视,有的因为圣人咳嗽而开悟,有的在吃饭时忽然洗心革面,都一起因为圣人的讲话而有身心的变化,没有人不超脱,没有人不得到度化。然而到了现在,大道气运转向衰弱,大教虽然还存在,体味其中道理的人却很少,栴檀和蓼苏一同飘出香气,夜明珠和熠耀之日月一同发光。于氏超脱于世,全然体悟玄妙之道,快乐地隐居于山泽之中,仁爱感动残暴的人;护公证悟寂静无为之境界,道德博大美妙,在深谷中轻声吟唱,干涸的小溪渐渐有了泉水,慢慢流入河中;高僧阙公则登上凌霄宝殿,其弟子卫士度谨守教法仪轨,全都心灵淡泊达到无生无灭境界,脱去外在形骸,身体死亡而精神超脱不死。如今支道林特别杰出,掌管着玄妙之道的标度,大业中和纯正,神风清正严明,他的一句话就能让心中蕴含的偏执消除,多听其开示就能消除人心中的黑暗变得光明,看见他本人就足以消除庸俗、悭客,听到他的话就可以放下骄傲自满。谦让高尚之士来体现超逸不俗的交情,在田园、原野之上歌颂去官隐居,为何深深沉溺世俗之中,轻视佛法珍宝不当一回事?道风传播深远,深深领悟的人逍遥自在,有才华的人不遇到患难就显示不出珍贵,愚昧的人不取笑,则圣人之德不高明,远处的声音在见识浅近的耳朵听来很鄙陋,怎能听到《韶》乐就忘了肉味呢?哪里会不适合佛道,哪里没有神灵?

道理有精粹和粗糙之分,事物有真假之别,大的就高居君王的位置,小的就作为重臣,鸟类属于金翅,好战甲兵属于须伦,阴阳二仪都以太极为宗,众多星体都朝向北极星。因此在佛教之外有九十六种外道,像枝条一样繁茂伸张,轻遗重根,躁废静王,都称为圣人,各自擅长一个方面。有的移山而住流,有的倏忽在存亡之间。于是佛祖命仙人采用鲜花之美,啸集灵厨的香气,照耀着旅途的凶险,采用砾石的美好珍贵,穷尽变幻莫测的神奇,爱惜有待之无限的长度,这样尘世间最甘甜香醇的味道,还不如至道之糟糠的东西。至于道教神仙之流,操练形体的人,练导引养生之法,状如熊之攀枝,鸟之伸脚,呼吸天地的灵气,晚上以榆树荫和皎洁的月光为食物,早晨迎着朝霞与阳光,赤斧因为服了仙丹而长生不老,涓子运用饵术而上下翻飞,安期生久视于松毫,丰人轻举于柏实。他们身体中的元气和津液那么深远,足够长时间保存灵性本质,外在看起来很了不起,但心中并不平静,白白升于云端而死去。他们同师受业而一同毕业,对道理的领悟没达到颜回的水平,非常遗憾。如果以能飞为贵,那么飞蛾蝴蝶也能高飞,稀罕长寿,那么龟蛇也很长寿。人生就像住在旅店,身体如同浮动的云气,只有心灵玄镜才最可贵。认为只有物质身体的人不足以讨论神灵,迎合流俗的人不可以与之讨论佛道。大道如何论说呢?没有问题也没有答案。

　　谘者叩穷①,应者负内,默之斯通,语焉则匮。当于玄珠与讲道②,吾成罔象与无谓③。兀然寂泊④,玄酬有箴;宗钻浮响,莫悟冥音。希之弥错,搜之愈沈,郢人其逝⑤,为谁匠樵?设筌蹄乎渊荟⑥,俟鱼兔乎川林,傥得意于谈表,共目击而废心,无运睞倏⑦,往矣斯复。忍立贤达,忽如涉宿,千师诞化,肇过一六,慈氏方隆⑧,仰期仁育,孰云数辽?瞥若旬目。灵镳虽迅⑨,缘枢靡穷;彼无本标,我有始终。

　　假步灼电之末,托息石飙之中⑩。知畏涂而惊寇⑪,迷尘欲之致戒;替远胜而婪近,谓赊俭而交丰。不防枯于未飙,既零落于劲风,思反蒂而更秀,结万悔其胡充。是以大誓之徒⑫,烧指穿石⑬,冥期无待,志与心积,浚智堑,崇慧壁,拔神剑,挥戒戟,想将萌而夷斩,情向兆而剪刺;扫六贼于胸中⑭,休五道之长役⑮;拱己内治,总持法忍⑯;三世都寂,一心豁尽;寄耳无明⑰,寓目莫准;尘随空落⑱,秽与虚陨;廓焉灵悟,因权作尹;普济安度⑲,大悲谁愍⑳?托蘧庐以和光㉑,常游居乎冥泯;任天行与物化,如蹈水之无轸。若乃妙变神奇,理不思议;大千举于指掌㉒,芥子含于须弥㉓;四海宅于毛孔㉔,七宝永于劫移㉕;可信而不可寻,可由而不可知;非谈咏之所宣,恶毫素之能披。善乎! 优陀之言也㉖。使夫智者满于天下,人有百头,头有百舌,舌解百义,辩才锋逸,合兹人以赞道,犹万分而未一。唯觉觉之相叹,乃敷畅而彰悉。矧愚昧之固陋,托狂简而仰述,抗萤烛之炯炯,欲增晖以毗日者歟?

【注释】

①谘(zī):同"咨",征询,商议。

②玄珠:道家、佛教比喻道的实体,或教义的真谛。《庄子·天地》:"黄帝游乎赤水之北,登乎昆仑之丘而南望,还归,遗其玄珠。"陆德明释文:"玄珠,司马云:'道真也。'"

③罔象:道教名词,指虚无之象,在道教丹法中又指出神开天窗时,思维意识活动处于相对静止,达到忘我的状态。《性命圭旨》:"罔象者,忘形之谓也"。

④寂泊:恬静淡泊,不追求名利。

⑤郢人其逝:《庄子·徐无鬼》:"庄子送葬,过惠子之墓,顾谓从者曰:'郢人垩慢其鼻端,若蝇翼,使匠石斲之。匠石运斤成风,听而斲之,尽垩而鼻不伤,郢人立不失容。宋元君闻之,召匠石曰:

'尝试为寡人为之。'匠石曰：'臣则尝能斲之。虽然，臣之质死久矣。'自夫子之死也，吾无以为质矣！吾无与言之矣。'"意思是，庄子送葬，经过惠子的墓地，回过头来对跟随的人说："郢地有个人让白垩泥涂抹了他自己的鼻尖，像蚊蝇的翅膀那样大小，让匠石用斧子砍削掉这一小白点。匠石挥动斧子呼呼作响，漫不经心地砍削白点，鼻尖上的白泥完全除去而鼻子却一点也没有受伤，郢地的人站在那里也若无其事不失常态。宋元君知道了这件事，召见匠石说：'你为我也这么试试。'匠石说：'我确实曾经能够砍削掉鼻尖上的小白点。虽然如此，我可以搭配的伙伴已经死去很久了。'自从惠子离开了人世，我没有可以匹敌的对手了！我没有可以与之论辩的人了！"

⑥荃（quán）蹄：亦作"荃蹏"。《庄子·外物》："荃者所以在鱼，得鱼而忘荃；蹄者所以在兔，得兔而忘蹄。"荃，一本作"筌"，捕鱼竹器；蹄，捕兔网。后以"荃蹄"比喻达到目的的手段或工具。荟：草木繁盛的样子。《诗经·曹风·候人》："荟兮蔚兮，南山朝隮。"朱熹集传："荟，蔚，草木盛多之貌。"

⑦睒（shǎn）：迅速地看。

⑧慈氏：佛教菩萨名，即弥勒菩萨。弥勒，梵语 Maitreya，意译为"慈氏"，为将继承释迦佛位的未来佛。

⑨灵辔：神灵驾驭牲口的缰绳，借指神灵的车驾。

⑩托息：栖止，居留。

⑪畏涂：亦作"畏途"。艰险可怕的道路。《庄子·达生》："夫畏涂者，十杀一人，则父子兄弟相戒也，必盛卒徒而后敢出焉。"

⑫大誓：即"横超大誓愿"，指阿弥陀佛四十八愿之第十八愿。此愿为四十八愿中之最重要者，故又有愿王之称。弥陀誓愿摄受十方一切众生，由信者一念之愿力，即出生死海，而超证佛果。

⑬烧指：又称燃指。即燃烧手指，表示信仰之诚挚。佛教有以身体

供养佛者,烧指即属此类,称为烧指供养,或燃指供养。据《法华经·药王菩萨本事品》载,药王菩萨在过去世为一切众生喜见菩萨时,曾焚身以供佛。故谓燃手指乃至一足趾供养佛塔,远胜以国城、妻子及三千大千国土、山林、河池、诸珍宝物供养者。

⑭六贼:色、声、香、味、触、法六尘,以眼、耳、鼻、舌、身、意六根为媒,自劫家宝,故喻之为贼。有道之士,眼不视色,耳不听声,鼻不嗅香,舌不味味,身离细滑,意不妄念,以避六贼。

⑮五道:佛教谓天、人、畜生、饿鬼、地狱五处轮回之所。

⑯法忍:谓对于诸经所说微妙幽深之法义能不惊怖,且能勤学读诵,而安住于教法之真理中。忍,忍耐、忍许、忍可、安忍,即指堪忍违逆之境而不起嗔心。无生法忍,简称无生忍,此语乃“无生无灭法忍”的简略,即确切地领会“一切法不生不灭”之理,把心安住在所悟不生不灭的中道实相上不动不退。

⑰无明:指不知意识心之虚幻,执为实不坏我,故令阿赖耶识起行支,依于末那之执我而执名色,遂至轮转生死。大乘佛法把无明分成两个部分:一念无明,无始无明。不能见到世间实相的根本力量,也是我们执取和贪嗔的根源。

⑱尘:世俗。宗教称俗世,隐者称仕途皆曰尘。如佛教称人间为尘,道家称一世为“一尘”。

⑲普济:普遍济助。晋陆机《演连珠》:“威以齐物为肃,德以普济为弘。”

⑳大悲:佛教语。救人苦难之心,谓之悲;佛菩萨悲心广大,故称大悲。常与大慈连用。《大智度论》卷二七:“大慈大悲者,四无量心中已分别,今当更略说:大慈与一切众生乐,大悲拔一切众生苦。”

㉑蘧庐:古代驿传中供人休息的房子。犹今言旅馆。《庄子·天运》:“仁义,先王之蘧庐也,止可以一宿,而不可久处。”郭象注:

"蘧庐,犹传舍。"

㉒大千:佛教说明世界组织的情形。每一小世界,其形式皆同,中央有须弥山,透过大海,矗立在地轮上,地轮之下为金轮,再下为火轮,再下为风轮,风轮之外便是虚空。须弥山上下皆大,中央独小,日月即在山腰,四王天居山腰四面,忉利天在山顶,在忉利天的上空有六欲天,再上则为色界十八天,及无色界四天。在须弥山的山根有七重金山,七重香水海,环绕之,每一重海,间一重山,在第七重金山外有碱海,碱海之外有大铁围山。在碱海四方有四大洲,即东胜身洲、南赡部洲、西牛货洲、北俱卢洲,叫做四天下,每洲旁各有两中洲,数百小洲而为眷属。如是九山、八海、一日月、四洲、六欲天,上覆以初禅三天,为一小世界。集一千小世界,上覆以二禅三天,为一小千世界。集一千小千世界,上覆以三禅三天,为一中千世界。集一千中千世界,上覆以四禅九天,及四空天,为一大千世界。因为这中间有三个千的倍数,所以大千世界,又名为三千大千世界。

㉓芥子:是芥菜的种子,有白、黄、黑之品种。比喻极其微小。须弥:梵文 Sumeru 音译,相传是古印度神话中的名山,同时这个须弥山在佛教中极具意义,它又称须弥楼、妙高山。

㉔四海宅于毛孔:见《维摩诘经·不思议品》。

㉕七宝:诸经所说的略有不同,《般若经》七宝是金、银、琉璃、珊瑚、琥珀、砗磲、玛瑙;《法华经》七宝是金、银、琉璃、砗磲、玛瑙、真珠、玫瑰;《阿弥陀经》七宝是金、银、琉璃、玻璃、砗磲、赤珠、玛瑙。劫:佛教名词。梵文 kalpa 的音译,"劫波"(或"劫簸")的略称。意为极久远的时节。古印度传说世界经历若干万年毁灭一次,重新再开始,这样一个周期叫做一"劫"。"劫"的时间长短,佛经有各种不同的说法。一"劫"包括"成"、"住"、"坏"、"空"四个时期,叫做"四劫"。到"坏劫"时,有水、火、风三灾出现,世界

归于毁灭。后人借指天灾人祸。

㉖优陀：十二部经（佛经之十二种体裁或形式）之一，旧译为无问自说经，乃指佛因自己感悟，不待人问而自然宣说之经典。

【译文】

询问大道的人不断出现，回答的人总是辜负所问，只有沉默不语，全然寂照，自然通达大道，而一旦说出来则显得空乏。当根据最高本体来讲述大道，成就虚无忘我之境界时来谈论无。独立自处，恬静淡泊，玄奥精微，实现讲究箴言戒律者的愿望；如果只是尊崇钻研表面，没有人能够悟出高远的深意。越是希望越有过错，越是寻找越是沉沦，郢人已经离世，匠人又以谁作为合作对象呢？在深潭放置捕鱼竹器，在草丛中放置捕兔网，在山川丛林中等待捕鱼捕兔，如果只是满足于谈论表象，用肉眼看到而不用心力，鱼和兔子一下子就过去了，达不到应有的目标。忍耐能够成就贤能通达之人，无数的老师诞生在世间教化，要过很长时间，弥勒菩萨才会兴盛，敬仰其过往以德育教化培育大众；谁说那已经是很久远的事情呢？也只是过去一瞥的时间罢了。神灵的车驾虽然跑得很快，但其本体却无穷无尽，不生不灭，不动不静；它们没有根本，我们则有始有终。

时间飞逝，如同行走在电光之末，栖息在狂风之中。感知到艰险可怕的道路从而变得惊慌失措，迷恋世俗的贪欲，从而导致战争的发生。不顾长远的胜利而只贪图眼前的小利，不节俭而奢侈浪费。在树木未凋零之前不去防护，等到已经被狂风吹得掉落殆尽了，才去考虑重新种植可能会更加秀美，谁知却已经结下了万千悔恨而难以补救。因此，立下大誓的信徒烧指穿石以表其虔诚，冥悟之期无需等待便会到来，内心积下志愿，通过充分挖掘智慧来疏通天堑，助长慧根，拔神识利剑，挥戒律宝戟，无所不用其极，念头将要生起就斩除，情欲将要产生就将它的刺全数剪断；清除心中的六贼，停止受五道轮回长期的羁绊，无为而内治，始终秉持无生法忍，安住于教法之真理中；无论过去、现在或是未来都保持心志淡泊,豁达大度;世俗污秽都会随着虚无缥渺一起陨落;我们需要豁达觉悟,根据轻重来做出适当的治理;全面地救助民众使其能够安然度过困境,这又是谁在救人于苦难? 寄居于简陋的居室和光同尘,长久闲居以获得高远的心境;任自然而行,任万物变幻,如同踩水不觉其痛一样豁达。至于万物奇妙变幻,其中的奥妙无法思议;大千世界彰显于指掌之间,微小的芥子中能容纳巨大的须弥山;浩瀚的四海存在于细微的小孔之中,无论劫难如何变幻,七宝永久存在;这些值得相信,却无法追寻,值得奉行,却无法通晓,这不是称颂歌咏所能宣扬的,不是书信文章所能彰显的。佛祖的言论多么美好啊! 假如智者遍布天下,一个人有百个头,一个头脑就有百个舌头,一个舌头能阐述百种道理,辩才无碍,所有这些人合起来赞美佛法大道,还不及万分之一。只有觉悟无我无常之道的人,互相赞叹,才能广为传播,彰显无遗。何况那些愚昧无知的人思想闭塞浅陋,志向高远而处事疏阔,抵制佛陀的光辉思想,难道还想增添其思想的光辉而与太阳比高下吗?

嗟乎! 方外灵藏①,奢迟诞宕②,众妙渊玄,群奥无量,小成不籍,大言横丧,坤德可厚,于何不有? 惊听洪壑,骇目崇阜,夏典载其掌握,荒经列其户牖,周既达而未尽,信《齐谐》之小丑③,见鹏鹞而标大④,而睹鸟王与鱼母⑤。吁乎噫嘻! 奇杰之事,积籍眇漫,焉可称记? 伊《皇览》之普综⑥,足探幽而体异,何近嫌于割玉,又硕诬乎火织⑦,况下斯而束教,趣尧孔之权饵。常专专而守检,惧越蹈干所伺,并废理以证言,莫触类以取意,徒宏博而繁构,更益猜而致忌;悟饰智之愕物,故收翰而辍思。寄一隅于梗指,俟体信于明识者乎?

【注释】

①方外:世外,指仙境或僧道的生活环境。《楚辞·远游》:"览方外之荒忽兮,沛罔象而自浮。"

②诞宕:狂放不羁。

③齐谐:古时记载奇闻逸事的书籍。

④鹏:大鸟。《庄子·逍遥游》:"齐谐者,志怪者也。谐之言曰:鹏之徙于南冥也,水击三千里,抟扶摇而上者九万里,去以六月息者也。"鹍:当作"鲲"。大鱼。《庄子·逍遥游》:"北冥有鱼,其名为鲲。鲲之大,不知其几千里也;化而为鸟,其名为鹏。鹏之背,不知其几千里也;怒而飞,其翼若垂天之云。是鸟也,海运则将徙于南冥。"

⑤鸟王:古印度传说中的神鸟。即舍翅鸟神迦楼罗,为"天龙八部"中的护法神之一。中国古代则以凤凰为鸟王。《埤雅·释鸟》:"凤,神鸟也,俗呼鸟王。"鱼母:弥陀佛以念力住持极乐国土,譬之鱼母之念持其子也。《净土论》:"住持者,如黄鹤持子安千龄更起,鱼母念持子径荣不坏。"

⑥《皇览》:三国魏文帝时刘劭、王象、桓范、韦诞、缪袭等奉敕所撰,撰集经传,分门别类,共四十余部,约八百余万字。供皇帝阅读,故称为"皇览"。原书隋唐后已失传。

⑦火织:当指魏文帝不信世间有火浣布之事,见本书卷四《又释何衡阳》注。

【译文】

啊！世俗礼法之外的生活,自然玄妙,蕴藏灵气,遐想美妙,说话无拘无束,领悟深奥精微的道理,没有任何限制约束,小的成就不被记载,夸大的言辞消失殆尽,万物的功德厚重深远,还有什么是不存在的呢？听到深沟中的汹涌水声,看到一望无际的高丘山岭,不禁惊叹骇然,夏代的典籍记载了他们所能了解的事物,民间流传的经书上也列出了当时的流派,周朝已经达到却尚未完成,信奉《齐谐》书籍中的浅薄之徒,看见鹏和鲲,便标榜它们如此之大,却没有看到鸟王和鱼母的神威。唉呀！在辽远无际的典籍之中记载了很多奇怪杰出之事,这哪里能够一一记录下来呢?《皇览》是供皇帝阅读的书籍,里面撰集经传,分门别类,全面整合了各类典籍,值得深入探究,并体味其中不同的含义,何必平庸到避忌割玉之刀,不相信世间有火浣之布,这样下去,便会被教条所束缚,应当趋向尧帝和孔子的谋略。他们崇尚术有专攻,维持一贯的品行,犹恐违背所奉行的宗旨,并且不惜放下以前的思想从而证悟大道,不能遇事断章取义,白白地拥有广博的知识,却更加容易猜忌正确的思想;悟出了大道本质,于是放下言辞,停止思考。总是冥顽不化,难道要等待拥有高明见识的人来纠正吗?

卷第十四

檄太山文

【题解】

本篇由梁代僧人竺道爽所撰。在文中，竺道爽声讨谴责那些假借东岳天神名义蛊惑愚昧民众、残害生灵的妖魔鬼魅、山川精怪。他指出，邪恶不会永远压制正义，自己将清除污浊的东西，降服妖魔鬼怪，发扬光大圣明的道义。

　　沙门竺道爽①，敢告太山东岳神府及都录使者②：盖玄元创判③，二仪始分④，上置璇玑⑤，则助之以三光⑥，下设后土⑦，则镇之以五岳⑧。阴阳布化于八方⑨，万物诞生于其中，是以太山据青龙之域⑩，衡霍处诸阳之仪⑪，华阳显零班之境，恒茷列幽武之宾⑫，嵩崎皇川之中，镇四渎之所坟⑬。

【注释】

①沙门：又作沙门那、沙闻那、娑门、桑门、丧门。意译勤劳、功劳、劬劳、勤恳、静志、净志、息止、息心、息恶、勤息、修道、贫道、乏道。为出家者之总称，通于内、外二道。亦即指剃除须发，止息诸恶，善调身心，勤行诸善，期以行趣涅槃之出家修道者。竺道

爽：生平不详，仅知其曾活动于南朝梁代。

②太山东岳神府：太山，即是泰山，位于山东泰安，我国五岳之一。传说中专司招魂之太山府君所住之山。与佛教融合后，太山府君成为阎魔王之书记，专门记录人类善恶行为。因此泰山成为佛教、道教信仰的灵山。都录使者：职官名。

③玄元：天地未分时的混沌一体之气。

④二仪：天地。

⑤璇玑(xuánjī)：北斗前四星。《尚书·舜典》："在璇玑玉衡，以齐七政。"

⑥三光：日、月、星。

⑦后土：土神或地神。亦指祀土地神的社坛。《周礼·春官·大宗伯》："王大封，则先告后土。"郑玄注："后土，土神也。"

⑧五岳：我国五大名山的总称。中古以前指东岳泰山、南岳霍山、西岳华山、北岳恒山、中岳嵩山。隋以后衡山取代霍山成为南岳。《尔雅·释山》："泰山为东岳，华山为西岳，霍山为南岳，恒山为北岳，嵩高为中岳。"

⑨八方：四方和四隅。《汉书·司马相如传下》："是以六合之内，八方之外，浸浔衍溢。"颜师古注："四方四维谓之八方也。"

⑩青龙：属东方星宿，与东岳相应。

⑪衡霍：衡山与霍山，此衡霍当指与霍山同处今安徽西部之古衡山。

⑫筏(fá)：草叶茂盛的样子。

⑬四渎：长江、黄河、淮河、济水的合称。《尔雅·释水》："江、河、淮、济为四渎。四渎者，发原注海者也。"坟：堤岸，水边高地。

【译文】

僧人竺道爽，冒昧告知太山东岳神府及都录使者：当天地未分时的混沌一体之气开始分离时，阴阳二仪才开始分开，在天上面就添置了北斗,以日、月、星三光辅助,在下面就设置了大地,用五岳大山镇压在上面。阴阳布化到四面八方,万物在它中间诞生,所以太山占据在东部青龙之地,衡山处于向阳的南部,华山显现在西部,恒山列于幽深威武的北部,嵩山则高高屹立在中部,镇压在四条大河的堤岸上。

此皆禀气运实,无邪之秽,神道自然,崇正不伪。因天之覆,顺地之载,敦朴方直①,澹然玄净。进道四运之端②,退履五教之精③;内韬通微之资④,外朗道德之明。上达虚无,下育苍生⑤,含德潜通⑥,无遐不彻,游步九崖⑦,翱翔玄阙⑧。故能形无正始,呼吸阴阳,握揽乾坤,推步八荒⑨。夫东岳者,龙春之初,清阳之气,育动萌生,王父之位。南箕北斗⑩,中星九天⑪,东王西母⑫,无极先君。乘气凤翔,去此幽玄⑬;澄于太素⑭,不在人间;荡消众秽,其道自然。

而何妖祥之鬼,魍魉之精⑮,假东岳之道,托山居之灵,因游魂之狂诈⑯,惑俗人之愚情?雕匠神典,伪立神形,本无所记,末无所经。外有害生之毒气,内则百鬼之流行,昼则谷饭成其势,夜则众邪处其庭,此皆狼蛇之群鬼,枭蟒之虚声。自三皇创基⑰,传载于今,历代所崇,未睹斯响也。

故《零征记》曰:"夫神正者,则潜曜幽昧⑱,上腾高象,下戏玄阙,逍遥云影,龙翔八极⑲,风兴雨施,化若雷电,行厨不设,百味自然,含慈秉素,泽润苍生,恩过二养,惠若朝阳,应天而食,不害众命,此乃灵翔之妙节,清虚之神道。若神不正者则干于万物,因时托响,传惑俗听,成妖散朴,激动人心,倾财极杀,断截众命,枉害中年,俎其骨肉,精神离迸,痛伤元气⑳。"东岳之神,岂此之谓也?故《枕中》诫曰:"含气蠢蠕,百虫勿婴;无食鸟卵,中有神灵。"天元受命,地庭有形,祖禀二仪,焉可害生? 此皆逆理,违道本经。群民含慈,顺天不杀,况害猪羊,而饮其血。以此推之,其非神也。

【注释】

①敦朴:敦厚朴实。

②四运:四时,四季。

③五教:指父义、母慈、兄友、弟恭、子孝五种伦理道德的教育。

④通微:通晓、洞察细微的事物。

⑤苍生:草木丛生之处。

⑥含德:怀藏道德。

⑦九崖:指高耸的山峰。

⑧玄阙:古代传说的北方极远之地。《淮南子·道应训》:"卢敖游乎北海,经乎太阴,入乎玄阙。"一说指天门。引申指天帝或神仙的住房。

⑨八荒:八方荒远的地方。

⑩南箕:星名。即箕宿。共四星,二星为踵,二星为舌。踵窄舌宽。夏秋之间见于南方,故称。古人观星象而附会人事,认为箕星主口舌,多以比喻谗佞。

⑪中星:二十八宿分布四方,按一定轨道运转,依次每月行至中天南方的星叫中星。观察中星可确定四时。九天:天之中央与八方。《楚辞·离骚》:"指九天以为正兮,夫唯灵修之故也。"王逸注:"九天谓中央八方也。"

⑫东王:东王公。神话中的仙人名,掌管男仙名籍。《神异经·东荒经》:"东荒山中有大石室,东王公居焉。长一丈,头发皓白,人形鸟面而虎尾,载一黑熊,左右顾望。"西母:西王母。中国古代神话中的女仙人。《山海经·西山经》:"西王母,其状如人,豹尾

虎齿而善啸。"

⑬幽玄:幽深玄妙。

⑭太素:天地。

⑮魍魉(wángliǎng):古代传说中的山川精灵鬼怪。

⑯游魂:游散的精气。古代哲学家认为人或其他动物的生命是由精气凝聚而成的。精气游散,则趋于死亡。《周易·系辞上》:"精气为物,游魂为变。"王弼注:"精气烟煴聚而成物,聚极则散,而游魂为变也。"

⑰三皇:传说中上古三帝王。所指说法不一。

⑱幽昧:昏暗不明。《楚辞·离骚》:"惟夫党人之偷乐兮,路幽昧以险隘。"王逸注:"幽昧,不明也。"

⑲八极:八方极远之地。《庄子·田子方》:"夫至人者,上窥青天,下潜黄泉,挥斥八极,神气不变。"

⑳元气:人的精神,精气。

【译文】

这些都是天赋的本性,运道朴实,没有邪恶的秽气,都是神明所赐,道法自然,崇高正直不虚伪。凭借上天的包容,顺应大地的养育,敦朴方直,恬淡安静。进道则明四季的开端,退则践行五教的精神;在内隐藏通晓微小的事物,在外朗明道德的光辉;向上到达虚无之境,向下养育苍生,涵养大德,通晓大道,秘密通行,没有到不了的地方,游步在高耸的山峰,翱翔在北方极远之处。所以能够做到形体没有开始,却可以吞吐阴阳,掌握天地玄机,移步在八荒大地。东岳在龙春开始时,发出清新温和的气息,养育滋润各种生物,是王父所处的位置。南箕北斗星,九天上的中星,东王公西王母,是无极先君。他们乘着气像凤凰一样飞翔,离开幽深玄妙的地方,在天上游览,不在人间,驱荡各种污秽之气,法度自然。

而为什么那些妖魔鬼怪,山川精怪,则假借东岳天神的名头,托名山居的幽灵,凭借游魂的狂妄奸诈,蛊惑愚昧的世民?他们雕凿有关神灵的典籍，虚构伪造神灵的形像，而经典上根本没有记录这些事情。在外有残害生灵的毒气，在内则有各种鬼怪横行，白天黑夜各种邪神就住在东岳山上，这些都是狼蛇鬼怪，徒有虚名的枭妖蟒精。自从三皇创造天地基业，传承到今，历代人民所崇拜的神仙，都没见过这么大张旗鼓的。

所以《零征记》上说："如果神明正派，就会潜藏光明于昏暗之中，在上凌驾于高远之象，在下游戏于天庭宫阙之间，在云影间悠游自得，在八方外翱翔飞舞，为大地施化风雨，化若雷电，不设定跟随的厨子，多种味道都是天然的，胸含慈念行为素雅，光辉滋润苍生，恩德大过父母，恩惠就像朝阳，顺应天意而食用，从来不伤害众生性命，这就是神灵的美好节操，清虚的神道。如果神明不正派，就会干扰万物，根据时期变化附托谣言惑语，到处传播、蛊惑凡人视听，妖气使人的朴实本性散灭，使人的心情冲动，倾尽钱财极尽杀取，残害阻断众人性命，冤枉祸害中年人，伤害他们的骨肉，使他们精神错乱分离，痛伤他们的元气。"东岳的神明难道是这样的吗？所以《枕中》告诫说："含气蠢蠕，百虫勿婴；无食鸟卵，中有神灵。"受命于上天，地庭培育形体，仙道禀承阴阳，怎么能残害苍生呢？这些都是逆于道理的，违背大道根本。对人民心怀慈念，从来不杀，更何况杀害猪羊，而喝它们的血液。由此可以推论，他们并非神明。

又五岳真神[①]，则精之候，上法璇玑[②]，下承乾坤[③]，禀道清虚[④]，无音无响。敬之不以欢，慢之不以戚；千誉万毁，神无增损。而汝矫称，假托生人，因虚动气，杀害在口，顺之则赐恩，违之则有祸，进退谄伪，永无贤轨，毁辱真神，非其道也。故《黄罗子经·玄中记》曰："夫自称山岳神者，必是蟒蛇；自称江海神者，必是鼋鼍鱼鳖；自称天地父母神者，必是猫狸野兽；自称将军神者，必是熊罴虎豹；自称仕人神者，必是猿猴狙玃⑤；自称宅舍神者，必是犬羊猪犊。”门户井灶⑥，破器之属，鬼魅假形⑦，皆称为神。惊恐万姓，淫鬼之气，此皆经之所载，传之明验也⑧。

自汝妖祥⑨，渐逾六载，招来四远，靡不响应。送疾而往者，如小水归海；获死而还者，哀呼盈路；重者先亡，便云算尽；轻者易降，自称其福。若使重患难济，则汝无恩，中容之疾，非汝所救，二者无效，焉可奉事⑩，乃令群民投心归命？既无良医善药，非散发之能降，经旬历月，曾无影报。以此推之，有何证验？

又国大元，桓王及封，锡六国之懿，节三台之辅，光赞皇家，黎无慈悦，天祸谬加，体婴微疾⑪；谓汝之祇，能感灵德⑫，故宣德信命，诣汝神殿，献荐三牲⑬，加赠珍异。若汝圣道，通乾致妙者，何不上启九皇⑭，下谘后土，参集百灵⑮，显彰妙术，使国良辅，消疾获安？既无响应，乃奄薨遐，验此虚妄，焉足奉哉！

【注释】

①五岳：东岳泰山、西岳华山、中岳嵩山、北岳恒山、南岳衡山。

②璇玑：又作旋机，泛指北斗、北极星。

③乾坤：八卦中的两爻，代表天地。

④清虚：清净虚无。《文子·自然》：“老子曰：‘清虚者天之明也，无为者治之常也。’”

⑤狙玃(jiājué)：大猴子。

⑥井灶：井与灶。亦借指家园、故居。《穀梁传·宣公十五年》：“古

者公田为居,井灶葱韭尽取焉。"

⑦假形:托身,化身。《牟子理惑论》:"盖闻佛化之为状也,积累道德,数千亿载,不可纪记。然临得佛时,生于天竺,假形于白净王夫人。昼寝,梦乘白象,身有六牙,欣然悦之,遂感而孕。"

⑧明验:明显的证验或应验。

⑨妖祥:凶兆和吉兆。《周礼·春官·视祲》:"以观妖祥,辨吉凶。"郑玄注:"妖祥,善恶之征。"贾公彦疏:"祥是善之征,妖是恶之征。"

⑩奉事:信奉;供奉。

⑪婴:纠缠,羁绊。《韩非子·解老》:"祸害至则疾婴内。"

⑫灵德:神灵的恩德。《文选·班固〈东都赋〉》:"登祖庙兮享圣神,昭灵德兮弥亿年。"吕延济注:"言以此鼎升宗庙,享天地,以明神灵之德。"

⑬三牲:牛、羊、豕。俗谓大三牲。《孝经·纪孝行》:"虽日用三牲之养,犹为不孝也。"邢昺疏:"三牲,牛、羊、豕也。"

⑭九皇:传说中上古的九个帝王。《鹖冠子·天则》:"九皇之制,主不虚王,臣不虚贵阶级。"

⑮百灵:各种神灵。《文选·班固〈东都赋〉》:"礼神祇,怀百灵。"李善注:"《毛诗》曰:'怀柔百神。'"

【译文】

又五岳真神,神妙无比,向上效法璇玑北斗,向下承接乾坤之理,领受大道,清净虚无,没有声音和响动。受到敬仰不会快乐,受到怠慢不会悲哀,成千上万的人赞美或诽谤,神明都没有增加或减少。但是你却诈称,假托生人,因为虚无的事情动气,杀害生命,顺应他就赐予恩德,违背他就会有灾祸,进退都是谄媚作伪,永远没有好的法度,诽谤侮辱真神,不是真正的道。所以《黄罗子经·玄中记》说:"那些自称山岳神仙的,一定是蟒蛇;自称江海神仙的,一定是鼋鼍鱼鳖;自称天地父母神仙的，一定是狸猫野兽；自称将军神仙的，一定是熊黑虎豹；自称是仕人神仙的，一定是猿猴狐獾；自称宅舍神仙的，一定是犬羊猪犊。"家里面的井和灶，破器这一类的物品，被鬼怪托身，都称为神。恶魔鬼怪之气，惊吓百姓，这都是经书所记载的，在解经的传书中也得到明显的验证。

　　自从你显现出吉凶的预兆后，渐渐地过了六年，招来四方的人，没有不响应的。送一些得了疾病的人来求神，就像细小的水流入大海一样；被你指出注定死亡而回家的人，满路哀嚎；获重病先死亡的人，就说生命到了尽头；得病较轻的容易降服，就称是他的福分。假如让患重病的人不能恢复，那你也没有恩德，中等程度的疾病，不是你救治，两者都没有你的功劳，岂能被供奉让民众归顺你？没有良医和好的药品，不是依靠披头散发就可以治好疾病的，经过向你祈求数月，一点也没有疗效。依此推理，你的神通有什么验证？

　　又在国号大元的时候，桓王册封，赐给六国的赞美之词，赋予三台的辅助，称赞皇家，而百姓没有受到爱护，天灾接连降临，百姓的身体衰弱生病。说你的神通很大，能够感受到神灵的恩德，所以就宣扬恩德信奉命运，到你的神殿，奉上三牲，又赠上珍奇的异宝。假如你的道是圣洁的，通达乾坤达到玄妙，为什么不向上启奏九皇，向下征询大地，搜集各种神灵的意见，彰显奇妙的技艺，让国家得到良好的辅助，让人们消除疾病获得安全？既然没有响应，就掩盖死亡，很明显验证你这是虚幻妄为，哪里值得供奉啊！

　　又昔太山石立社移，神灵降象，遐声万代。此则乾坤之所感，显为时瑞①。汝托称其圣，既不能兴云致雨，以表神德；图妖邪以损真道。正使汝能因盘动箸，举杯尽酒，犹为鬼幻②，非为真正。况无其征，有何神也？

又太山者,则阎罗王之统③,其土幽昧④,与世异灵,都录使者,降同神行,定本命于皇记,察都籍于天曹⑤,群恶无细不舍,纤善小而无遗。总集魂灵,非生人应府矣。而何弊鬼诈称斯旨,横恣人间,欺殆万端?蓬林之树,乌鹊之野;翕动远近,列于祠典;聚会男女,树俗之心;秽气外衅,枭声远布;毒钟王境,为害滋甚。夫云雾蔽天,群邪翳正,自汝妖异,多所伤害。

吾虽末流,备阶三服,每览经传。而睹斯孽,推古验今,邪不处正,吾将荡秽,光扬圣道,告到严钩魅党,还游冢墓。餐果饮泉,足生之路,既令群民绝倾财之困,鸟兽无罗网之卒,若复顾恋,望餐不去者,吾将宣集毗沙神王祇罗子等⑥,授以金刚屯真师,勇武秋霜,陵动三千,威猛难当,曜戈明剑,拟则摧山,降龙伏魔,靡不稽颡⑦。汝是小鬼,敢触三光?鹄毛入炭,鱼行镬汤,倾江灭火,朝露见阳。吾念仁慈,愍汝所行,占此危殆,虑即伤心,速在吾前,复汝本形,长归万里,沧浪海边,勿复稽留,明顺奉行。

【注释】

① 时瑞:祥瑞。

② 鬼幻:形容神秘地隐去。晋陆机《漏刻赋》:"是故来象神造,去犹鬼幻。"

③ 阎罗王:梵语的略译,佛教称主管地狱的神。通称阎王。《百喻经·贫人作鸳鸯鸣喻》:"临命终时,方言今我欲得修善。狱卒将去付阎罗王,虽欲修善,亦无所及已。"

④ 幽昧:幽深昏暗。

⑤天曹：道家所称天上的官署。

⑥毗沙神王：又云多闻天。四天王中毗沙门天之王，在佛教中为护法之天神，兼施福之神性。

⑦稽颡（qǐsǎng）：古代一种跪拜礼，屈膝下拜，以额触地，表示极度的虔诚。

【译文】

又在从前，泰山巨石耸立在祭祀土地神的地方，这是神灵降下的迹象，美好的声望流传万年。这是天地所感动的地方，显现为当时的祥瑞。你假托称自己为圣人，既不能兴起云产生雨，来彰显神明的品德；而只是想办法用邪恶的东西来损害真正的大道。即使你能凭借盘子挪动筷子，举起酒杯喝尽酒，也只是鬼神之变幻，并不是真正的道。何况没有这些征兆，又哪里有什么神呢？

又因为泰山是阎罗王所总管的，它的土地幽深昏暗，与人世间不同，都录使者与神灵同行，从天神簿录那里确定寿命，在天曹那里考察生死户籍，众多的恶行没有不舍弃的，细小的善行没有被抛弃遗失。聚合魂灵，不是活着的人所能响应的。为什么你要装神弄鬼欺诈谎称旨意，在人间蛮横放纵，产生万种欺骗？就像在蓬林中的树木，野外的喜鹊；远近聚合，列入庙堂的典籍；聚集会合的男男女女，播撒世俗之心；丑陋的习气在外散播，凶狠专横的名声传布很远；危害聚集帝王边境，带来的危害很严重。云雾遮蔽天空，众多邪恶的东西掩盖了正直的东西，自从你成为妖孽，造成很多伤害。

我虽是末流之才，但崇尚正义，经常阅览古代经典著作。而我目睹到这些邪恶的东西，从古代推算检验当今，认为邪恶不会永远压制正直，我将清除污浊的东西，发扬光大圣明的道义，告倒鬼魅之党，使其重新回到自己的坟墓，吃果实喝泉水，这些是足以能够生存下来的方法。既然已经使老百姓断绝倾尽家财的困苦，使鸟兽没有被网捕住的痛苦，如果还有眷恋，看见祭拜饭食不离开的人，我将要宣告聚集起毗沙神王祇罗子等,授予金刚屯真师称号,勇猛威武像秋天的寒霜一样,威武勇猛难以抵挡,拿着明亮的长戈利剑,一挥舞就能摧毁大山,降伏龙魔,妖魔没有不屈膝下拜,表示极度虔诚的。你是小鬼,怎敢来冒犯三光? 如果来冒犯,你就会像天鹅毛掉进炭火,鱼在有滚汤的锅里游行,倾尽江水扑灭大火,早晨的露水见到太阳一样消失。我念及我佛仁爱慈悲,怜悯你所做的事,估测揣度这危险,就很忧虑伤心,希望你速速在我的面前,还原你的本来形状,归向遥远的地方,到波涛汹涌的海里去,不要再停留,你应该明白此理并奉行。

檄魔文

【题解】

本篇由梁代僧人释智静所撰。降魔是佛教非常重要的修行法门，佛教弘扬这一观念的载体有多种，本篇借用中国本土的檄文文体样式，表述佛教的修行方法和义学观念。"魔"是梵文"魔罗"的简称，指夺取人生命或妨碍善事之恶鬼神。佛教把魔分成许多种类，有三魔、四魔、八魔、十魔等。最常见的是四魔，即烦恼魔、蕴（阴）魔、死魔、天魔。对不同种类的魔，佛教有不同的降服破除之法。在本文中，释智静声讨谴责各种烦恼之魔，指出佛法之王师克期兴举，群圣起舞，道斧在前方发出光芒，灵鼓在后队振响，神力如此了得，众魔王无法抵挡。文章还强调运用六度、八正道、六通、四禅等修行方法来灭除魔王，明显体现了禅学思想。

释智静顿首顿首①：明将军轮下②，相与玄涂殊津，人天一统，宗师虽异③，三界大同④。每规良会，申展曩积⑤，而标榜未冥⑥，所以致隔。今法王御世⑦，十方思顺⑧，灵网方申⑨，纮纲弥纽⑩，大通有期，高会在近，不任翘想，并书喻意耳。

【注释】

①释智静：南北朝梁代高僧，生平不详。顿首：磕头，旧时礼节之一。后为书简表奏用语，表示致敬。

②明将军：未详。

③宗师：指体得经、律、论三藏之宗旨，学德兼备，堪为万人师范之高僧，又称法师、经师、论师。

④三界：佛教指众生轮回的欲界、色界和无色界。

⑤申展：伸展。曩（nǎng）：先时，以前。

⑥标榜：界标。

⑦法王：佛之尊称。王有最胜、自在之义，佛为法门之主，能自在教化众生，故称法王。《无量寿经》卷下："佛为法王，尊超众圣，普为一切天人之师。"

⑧十方：十方位，即东、西、南、北、四维（东北、东南、西北、西南）、上、下。

⑨灵网：指佛法。

⑩纮（hóng）纲：网索，泛指网。

【译文】

释智静磕头：明将军轮下，一同探究玄妙之道，人界和天界统一，虽然宗师不同，但是欲界、色界和无色界大体相同。每次在大会上探讨，整合以前的思想，但是大家理解的标准不清楚，所以导致意见不合。现在佛祖统理世界，十方世界都归顺，佛法得到弘扬，世界大通有期可待，高会将近，忍不住思索并写下来，表明自己的观点。

夫时塞有通，否终则泰①，千圣相寻②，群师迭袭。昔我皇祖③，本原天王④，体化应符，龙飞初域。仗权形以附万邦，奋惠柯以覆六合⑤，威荡四邪⑥，扫清三有⑦。方当抗宏纲于八区⑧，绲灵网于宇宙⑨，夷静七荒⑩，宁一九土⑪。而冥宗不吊,真容凝静,重明寝晖,虚舟覆浪。故令蚁邪番兴,枭见暴起;噎染真涂,尘惑清众⑫;虐钟苍生⑬,毒流万劫⑭。怀道有情,异心同忿⑮,我法王承运,应期理乱,上承高冑⑯,下托群心;秉天旗以笼三千⑰,握圣图以隆大业⑱,云起四宫,鸾翔天竺⑲。降神迦维⑳,为时城堑㉑,绥抚黎元㉒,善安卿士㉓,奖导群情,慰喻有疾;严慧柯于胸中,被神甲于身外㉔;愍十八之无辜㉕,哀三空之路绝㉖;志匡大荒,必平多难;百域千邦,高伏风化。

承君不忌,重迷自覆,深摄愚怀,故守伪见,狼据欲天,鸥鸣神阙㉗,叛涣疆场,抗距灵节㉘,谓大位可登,弘规可改㉙。览兹二三㉚,遂为叹息。昔大通统世㉛,群方影附㉜,有伪痴天魔㉝,不遵正节,干忤圣听㉞,陈扰神虑㉟,领卒塞虚,权形万变,精甲照曦㊱,霜戈拂域㊲,灵鼓竞兴㊳,响冲方外,矫步陆梁㊴,自谓强盛。王师一奋㊵,群邪殄丧㊶,众迷革心,望风影伏。况君单将骁然,介士无方,众不成旅,而欲违背,陵虐华邑,篡夺灵权,腾邈最胜,以为忝真,可不谬乎?

【注释】

①否(pǐ)终则泰:厄运终而好运至。天地交,万物通谓之"泰";不交闭塞谓之"否"。

②千圣:指前所出世之诸佛列祖。

③皇祖:君主的祖父或远祖。

④天王:欲界六天之最下天,在须弥山半腹之四方,有天王四人,谓之四天王:东曰持国天王,南曰增长天王,西曰广目天王,北曰多闻天王。

⑤六合:天地四方,整个宇宙的巨大空间。

⑥四邪:我痴、我慢、我见、我爱。

⑦三有:欲、色、无色。

⑧八区:八方,天下。

⑨絚(gèng):大绳,此处引申为动词,布置。

⑩七荒:七方田地。

⑪九土:佛教语,指众生轮回之三界九地。

⑫清众:指出家教团或于丛林修行之大众。

⑬苍生:指百姓。

⑭万劫:指极长久的时间。

⑮忿:愤怒,怨恨。

⑯高胄(zhòu):高门世家。

⑰天旗:《晋书·天文志》:"建星六星,在南斗北,亦曰天旗,天之都关也。"三千:即三千大千世界。

⑱圣图:天子的宏图。

⑲鸾翔:鸾鸟飞翔。天竺:国名,即今之印度。

⑳迦维:地名,迦维罗卫之略。即迦比罗,为传说中佛祖诞生之地。

㉑城堑(qiàn):护城河,城池。

㉒黎元:百姓。

㉓卿士:是中国古官名,又作卿史、卿事。泛指官吏。

㉔被(pī):后作"披",穿着。

㉕愍(mǐn):怜悯,哀怜。十八:指十八种有学之圣人,又作十八学人。即:随信行、随法行、信解、见至、身证、家家、一间、扳流向、预流果、一来向、一来果、不还向、不还果、中般、生般、有行般、无行般、上流般。

㉖三空:指空、无相、无愿之三解脱,因此三者都是阐明空的道理,故名三空。

㉗鸱(chī):古书上指鹞鹰。

㉘灵节:此处指作为正法凭证的符节。

㉙弘规:宏谟,宏谋。

㉚二三:约数,不定数。

㉛大通:又作大通众慧如来、大通慧如来。即出现于过去三千尘点劫以前,演说《法华经》之佛名。

㉜影附:谓如影附形。比喻依附,附随。

㉝天魔:佛教语,天子魔之略称,为欲界第六天主,常为修道设置障碍。

㉞圣听:圣明的听闻。

㉟神虑:指佛祖的心意,意图。

㊱精甲:精良的铠甲。曦(xī):指太阳,阳光。

㊲霜戈:明亮锋利的戈戟。

㊳灵鼓:六面鼓。

㊴陆梁:横行无阻。

㊵王师:天子的军队,此处指护持佛法的军队。

㊶殄(tiǎn):灭绝,绝尽。

【译文】

　　时机被堵塞,也会有通达的时候,困厄结束,好运就会到来,诸佛列祖共同探求,众多法师纷纷继承衣钵并努力弘扬。过去我的远祖,本来是天王,形体妙化符合预兆,像龙一样从初域之中升腾起来。凭借威势使得天下归附,发扬宽厚法则来庇护天下,威势震荡我痴、我慢、我见、我爱四邪,清除欲、色、无色三有。正当在天下播撒佛法大网之绳索,让佛网笼罩整个宇宙,安定七方田地,让在三界九地轮回的众生安宁统一。但是幽冥之宗不能深入人心,真理得不到弘扬,佛教光辉被隐藏,佛法之舟被浪涛颠覆。因此使得邪恶之徒不断兴起,凶残的恶法突然出现;熏染修道之人,污染迷惑修行大众;残害欺凌百姓,祸害长久扩散。胸存佛道者内心怜悯有情众生,对于邪恶很愤怒,我佛法之王接受上天的安排,出来治理乱世,上承高门世家,下顺群众的心愿;秉持天旗来控制三千大千世界,持执圣图来使伟大的功业兴盛,云雾从四宫中升起,鸾鸟在天竺飞翔。佛陀降生在天竺迦维,修筑城池,安抚百姓,亲善卿士,鼓励引导群众的情绪,慰抚开导有疾病的人;在心中拥有智慧法门,在身外穿着神奇的盔甲;怜悯十八种有学问之人的无辜,哀伤三空解脱的道路被阻绝;有志于挽救众生灾难,那么必定要平定许多困难;在宽广无垠的疆域地区的人们,都接受佛法的教育感化。

　　承君不忌讳告诉我,自己迷惑,持执己见,内心愚昧,所以执着虚假的看法,像狼一样贪求占据天下,鸱在天宫鸣叫,逃遁背叛战场,抗拒佛法灵节,认为君王之位可以登上,宏谋可以更改。我看到这些事,于是哀叹惋惜。过去如来统治世界,多方民众依附他,有奸伪愚痴天魔,不遵照正节,触犯圣明的听闻,搅扰神圣的心意,领魔卒袭扰佛陀修行,权巧形体有多种变化,精良的铠甲照着阳光,明亮锋利的戈戟拂过疆域,六面战鼓争相敲响,响声冲破方里之外,矫健的步伐横行无阻,自认为很强盛。圣人的军队一奋起,众多邪见全部灭绝消失,各种迷惑不清的人都改正错误思想。何况你只是一个勇猛的将领,武士没有训练法度,乌合之众不能成为一支军队,却想要反叛,凌驾残害中华各地,篡夺神圣的权力,凌驾最高远的地方,难道不是很荒谬吗?

　　今释迦统世,道隆先劫①;妙化荡荡,神罗远御②;智士雍雍③,云算盖世;武夫龙跳,控弦万队;协略应真,奇谋超拔。故命使持节前锋大将军阎浮都督归义侯萨陀④,独禀天奇,蒙尘玄镜⑤,神高须弥⑥,猛气笼世,善武经文,忠著皇阙⑦,领众四十万亿,扬镳首路。使持节威远大将军四天都督忉利公导师⑧,武胜标群,文超纮谋,妙思绝尘,心栖梦表,忧时忘身,志必匡世,领众百万亿,鸾飞天衢。使持节征魔大将军六天都督兜率王解脱月⑨,妙思虚玄,高步尘表,略并童真,功侔九地⑩,悼愍三涂⑪,忿若纵害⑫,援剑慷慨⑬,龙回思奋,领众四百万亿,云回天门。使持节通微大将军七天都督四禅王金刚藏,朗质映晖,金颜遐烛,恩过九锡⑭,力倾山海,右昒则蒙汜飞波⑮,左顾则扶桑落曜⑯,德无不照,威无不伏,领众七百万亿,虎昒须弥。

使持节镇域大将军九天都督八住王大维摩诘⑰,奇算不思,法柯远振⑱,体含神姿,权喻万变,呼吸则九服云从⑲,叱咤则十方风靡,哀彼下民,无辜酸楚,领众九百万亿,饮马虚津。使持节览后大将军十三天都督小千诸军事九住王大文殊⑳,承胄遐元㉑,形晖三界,胤自紫宫㉒,神高体大,应适千涂,玄算万计,群动感于一身,众虑静于一念,深抱慈悲,情兼四摄㉓,领众若尘,翱翔斯土。

【注释】

①劫(jié):佛教名词。"劫波"(或"劫簸")的略称。意为极久远的时节。古印度传说世界经历若干万年毁灭一次,重新再开始,这样一个周期叫做"劫"。

②神罗:不详,或指佛经中的魔鬼。

③雍雍:和洽的样子。

④阎浮:亦称"阎浮提"、"南阎浮提",为须弥山四方的四洲之一。即位于南方的南赡部洲,上面生长许多南赡部树。"阎浮"即"赡部",树名。后泛指人间世界。萨陀:梵语 Sadâ－prarudita,萨陀

波伦菩萨。《般若经》所载之一位勤求般若波罗蜜多的在家菩
萨。意译常啼菩萨。

⑤蒙尘：蒙受风尘，表面上是美好的事物蒙上了灰尘的意思。暗指
皇帝被俘等皇权受到了损害的事，使皇帝、皇后蒙受风尘之苦。
玄镜：明镜。

⑥须弥：据佛教解释，我们所住的世界中心是一座大山，叫须弥山。
须弥的意思是"妙高"、"妙光"、"善积"等，因此须弥山有时又译
为"妙高山"等。相传山高八万四千由旬，山顶有善见城，为帝释
天所居之处。其周围四方各有八位天道，帝释天在山顶统领须
弥山周围的四方诸天，合起来共为三十三天，帝释天即为三十三
天主。

⑦阙（què）：皇宫门前两边的望楼，或墓道外的石牌坊。阙一般有
台基、阙身、屋顶三部分。

⑧四天：东方持国天王、南方增长天王、西方广目天王、北方多闻天
王。忉利：忉利天为帝释之住处，此信仰自古即盛行于印度。传
说佛陀之母摩耶夫人命终后生于此天，佛陀曾上升忉利为母说
法三个月。

⑨六天：欲界有六天：一、四王天，二、忉利天，三、夜摩天，四、兜率
天，五、乐变化天，六、他化自在天也。他化自在天王多具眷属，
为佛道之障碍，故称为第六天之魔王。兜率：天名。旧作兜率、
兜率陀、兜率哆、兜术等，新作都史多、睹史多、斗瑟哆、珊睹史多
等。译曰上足、妙足、知足、喜足等。欲界之天处，在夜摩天与乐
变化天之中间，下当第四重，分天处、内处之二，其内院为弥勒菩
萨之净土，外院则为天众之欲乐处。

⑩九地：佛教语。又称九有。有情居止之世界，可分为欲界、色界、
无色界等三界。谓众生轮回之三界。凡欲界一地，色界四地，无
色界四地。

⑪悼愍(mǐn)：哀悼。三涂：又作三途。即火涂、刀涂、血涂，义同三恶道之地狱、饿鬼、畜生，乃因身、口、意诸恶业所引生之处。关于三涂的"涂"字的意义，古来有两种解释：（一）取残害义；涂谓涂炭，如《尚书》曰"民坠涂炭"。（二）取所趣义；涂谓涂道，如《周易》云"同归而殊涂"。

⑫忿：心绪散乱。

⑬慷慨：充满正气，情绪激昂的样子。

⑭九锡：九种礼器。是天子赐给诸侯、大臣有殊勋者的九种器用之物，是最高礼遇的表示。

⑮眄(miǎn)：斜视的样子。蒙汜(méngsì)：古代神话中所指日落之处。

⑯扶桑：中国古代神话中的树木名，相传日出于扶桑之下，因用以指日出之所。曜：日光。

⑰维摩诘：菩萨名。略云维摩。意译为"无垢称"或"净名"，净者清净无垢之谓，名者名声远布之谓。

⑱柯：砍伐树木使用的斧头的木把。

⑲九服：王畿以外的九等地区，也指全国各地区。《周礼·夏官·职方氏》："乃辨九服之邦国：方千里曰王畿，其外方五百里曰侯服，又其外方五百里曰甸服，又其外方五百里曰男服，又其外方五百里曰采服，又其外方五百里曰卫服，又其外方五百里曰蛮服，又其外方五百里曰夷服，又其外方五百里曰镇服，又其外方五百里曰藩服。"

⑳文殊：文殊师利的简称，菩萨名，以大智著称，与普贤常侍于释迦如来的左右。

㉑胄(zhòu)：中国古代将士防护头部的装具。又称兜鍪、头鍪、盔等。由于它常与护体的铠甲配套使用，所以"甲胄"一词成为中国古代防护装具的统称。逴：遥远。

㉒胤(yìn)：后代，子孙。

㉓四摄：佛教用语，即四摄法，是菩萨在众生中进行弘教的方法。
　　摄的意义就是把握。第一是布施；第二是爱语，慈爱的言语和态
　　度；第三是利行，为大众利益服务；第四是同事，使自己在生活和
　　活动方面同于大众。菩萨为了利益众生，必须广学多闻。

【译文】

　　现在释迦牟尼的思想统治世间，佛道兴隆；佛法普照，恶魔远远逃
走；有智之士相处和乐融洽，都有盖世的神通功夫；有武艺的人操控上
万军队如龙跳跃般得心应手；人人认真对待事情，灵活运用奇妙计谋。
所以派遣持节前锋大将军阎浮都督归义侯萨陀波伦菩萨，他有独特气
质，像明镜一样，神情气质比须弥山更高远，勇猛的气势笼罩人间，擅长
文武，效忠皇权，统领四十亿万兵众，在前面策马扬镳开路而行。派遣
持节威远大将军四天都督忉利公导师，他武功力压群雄，文采谋略出
色，奇思妙想超凡脱俗，有独特眼光，忧心国事，志在纠正人世间的不
公，率领百亿万众人，像鸢鸟在天路上空盘旋。派遣征魔大将军六天都
督兜率王解脱月，他思想奇妙空灵玄虚，步调高远，超越凡尘，略带一些
童真之气，功德和九地齐高，哀悯三途之苦，看到魔鬼残害人们，充满正
气拔剑施以援手，犹如真龙腾空奋进，他率领四百万亿大众，如云彩一
般在天门来回巡逻。派遣持节通微大将军七天都督四禅王金刚藏，他
气质爽朗熠熠生辉，金色的面孔光辉盖过烛光，恩惠超过九锡，力量能
翻山覆海，向右斜视则日落之处光波横飞，向左看则扶桑木上日出的光
辉衰落，功德照遍世界，神威没有不服从的，他率领七百万亿众人，像虎
的眼神一样威猛看着须弥世界。

　　派遣持节镇域大将军九天都督八住王大维摩诘，他思想计谋奇妙，
纲法威名远震四海，身体含有神姿，能千变万化，一呼一吸则全世界都
服从，一叱一咤则十面八方风靡服从，体谅贫苦的下层民众及无辜的酸
楚之人，他率领九百万亿众人，在虚空世界的渡口守卫。派遣持节览后

大将军十三天都督小千诸军事九住王大文殊，他披带甲胄，身体姿态光芒照耀三界，作为天神后嗣他神态体型高大，反应机敏，计谋多而玄妙，众生的动静都在他的一身一念之间，心中怀有慈悲，用四摄法布施众生，率领的众生多如尘土，翱翔在天地之间。

　　使持节匡教大将军录魔诸军事群邪校尉中千王观世音①，智略渊深，慧柯远振②，明达四通，朗鉴三固，或托迹群邪，曜奇锋起；或权形二九③，息彼涂炭；挥手则铁围摧岩，嘘气则浮云颓嶵；能为万方不请之友，领众不思，仗戈虎啸。使持节布化大将军三界都督、补处王大慈氏，妙质纵网，天姿标杰，体逾金刚④，心笼尘表，猛气冲云，慧柯远奋；无生转于胸中⑤，权智应于事外；志有所规，无往不就；威恩双行，真俗并设⑥，领众八万四千，严警待命，勇出之徒，充溢大千⑦；金刚之士，弥塞八极；咸思助征，席卷六合，乘诸度之宝轩，守八正之修路⑧；跨六通之灵马⑨，控虚宗之神辔；弯四禅之劲弓⑩，放权见之利箭；鸣骥桓桓，轻步矫矫；奉命圣庭，曾无有阙。

　　贵郎导师，胜子五百，幽鉴天命⑪，来投王化。圣上开衿，感气归顺，皆授名爵，封赏列土，功侔旧臣，声盖万域。而君何心横生异计？偃蹇荒边，规固常位，毒害勃于苍生，灾祸流于永劫，可不哀哉？可不谬哉？君昔因时为物所惑，狂迷君心，投危外窜，百行一愆，贤达常失。久谓君觉知返愚，归罪象魏，束身抽簪，同游群俊，以道自欢，荣名终始。如何摄愚守谬，偷安邪位？托痴山以自高，恃见林以游息，耽六欲之秽尘⑫，玩邪迷以怡性，建憍慢之高幢，引无

明之凶阵;阔步荒涂,轻弄神器,盗篡天宫,抗衡日月。恐
不果哉!

【注释】

①观世音:佛教菩萨名,梵文 Avalokitesvara 的意译,被尊为"大慈大
　悲救苦救难观世音"菩萨,为中国佛教"四大菩萨"之一。

②慧:指通达事理,决断疑念,取得决断性认识的精神活动。

③二九:指九地九界,九地指佛教以欲地为一地,色界及无色界各
　分为四地,共为九地。九界指"十法界"中除了佛界之外的地狱、
　饿鬼、畜生、阿修罗、人、天、声闻、缘觉、菩萨。九界相对佛界而
　言,为迷界。

④金刚:金中最刚之意,用以譬喻佛法坚故,锐利,能摧毁一切之
　意。又指执金刚杵的护法天神。

⑤无生:不生不灭的状态。

⑥真俗:真为真实无妄,为出世间,俗相对真而言,为入世间。

⑦大千:三千大千世界简称"大千世界",以须弥山为中心,七山八
　海交绕之,更以铁围山为外郭,是谓一小世界,合一千个小世界
　为中千世界,合一千个中千世界为大千世界,总称三千大千
　世界。

⑧八正:指正见,正思维,正语,正业,正命,正精进,正念,正定,为
　佛教徒的修持原则。

⑨六通:指六种神通力,包括神境智证通(也称神足通),天眼智证
　通(也称天眼通),天耳智证通(也称天耳通),他心智证通(也称
　他心通),宿住随念智证通(即宿命智证通,也称宿命通),漏尽智
　证通(也称漏尽通)。

⑩四禅:译为"四禅定""四静虑""四定静虑""四色界定"。佛教用
　以对治妄感,生诸功德的四种基本禅定,被确定为四种不同的发

972

弘明集

展阶梯。

⑪天命：指上天的意志，也指上天主宰之下人们的命运。

⑫六欲：指眼、耳、鼻、舌、身等五官及意（心法）所产生之欲望。

【译文】

派遣持节匡教大将军录魔诸军事群邪校尉中千王观世音，他谋略渊博而高深，智慧震动远方，明智通达使四方通晓，有时化身在众魔之中，像兵器般锐利地出现，有时候化身于九地九界中，停息众生的涂炭之苦，挥手就摧毁铁围山，一嘘气就使漂云下坠，能够成为宇宙各地不用请求即来到的朋友，率领的众人其数目不可思议，拿着戈像虎一样啸叫。派遣持节布化大将军都督补处王大慈氏，他美好的品质像网一样纵贯，天赋杰出，神姿超群，体型超过金刚，本心笼罩着尘世的表面，猛气冲贯云间，不生不灭的本性藏于心中，运用权变智谋应付外事，没有想去而不能到的地方；威严和慈恩一并施行，出世和入世之法共同采用，统领众人八万四千，严肃警惕等待命令；勇敢的人充满三千大千世界，金刚一样的勇士遍满八方极远之地；他们都想要辅助征讨，使之像卷起席子一样并包天下，乘坐各种度化的车马，遵守八正道的修行之路；跨坐具有六种神通力的灵马，掌控虚宗的神鞭，弯起四禅的猛劲弓箭，放射权见的锐利之箭；骏马威武鸣叫，轻巧的步子英勇威武和不同凡响，大将军奉命于神圣的宫廷，不曾有过错。

贵郎导师，胜子五百，能够领悟上天发出的召唤，奉持佛法的教化。佛祖开恩，对于归顺的人，都授之以名爵之位，分别赏赐列土，功劳相同于旧臣，声誉远播万国。然而你因何突然产生偏斜的异心？在边荒之地骄横傲慢，不用法规稳定局势，反而毒害苍生，使灾难祸害永远存在，这些难道不是很悲哀吗？难道不荒谬吗？你以前被外物所迷惑，它们疯狂地迷惑你的心，使你的心追逐外物，行为有很多过失，失去了贤能豁达的本心。我一直认为你应该觉悟，放下愚昧，回归本心向佛祖谢罪，束起衣服，抽出发簪，和众位才俊同游，以道来娱乐，始终保持荣耀的名声。为何你这么愚笨而总是坚持过错,还妄图苟且安于邪位呢?你的愚痴如高山,却自以为高上,沉迷六欲于尘世污秽中,着迷不正当的东西来培养性情,建立骄傲怠慢的高幢,引来无明的凶恶阵势;你大步走于荒凉的道路,轻视玩弄神器,私下谋取天宫,与日月抗衡,恐怕是没有好结果的!

举手而映三光①,把土以填巨海,虽拟心虚标,事之难就。将军殖福玄津②,原承弥远,华貌炜然,群情属目,望胄之基易登,由来之功可惜。君可反往修来③,翻然归顺,谢过朱门,以道齐好,家国并存,君臣同显,身名获安,晓目达观,眷属晏然,可不美哉?今王师克举,十方翘慕④,手提法罗,齐舞群圣,道柯曜于前驱,灵鼓振于后队。神钟一叩,十方倾覆,海浪飞波,陆原涌沸。于斯之时,须弥笼于一尘⑤,天地回于一车,无动安于左衿,妙乐曜于右手⑥,神力若斯,岂可当也?

我法王体道仁慈,不忍便袭,权停诸军,暂壹灵辔⑦,临路遣书,庶回迷驾。君可早定良图,面缚归阙⑧,委命皇庭,逍遥玄境⑨,隆名内晖,游形外寄。上方即任,非君而谁?夫惠尚识机⑩,明贵免祸,穷而知反,君子所美。斯乃转祸之高秋,取功之良节。昔夏桀无道,殷王致伐,商纣首乱,周武建师,此即古今之蓍龟,将军之明诚。相与虽乖于当年,风流宜同于道味⑪。人天崎岖,何足致隔?想便霍然⑫,随书致命,所以窃痛其辞,委曲往文者⑬,不欲令兰芳夏凋⑭,修柯摧颖。深致思言,善自量算,无使君身倾筐三趣⑮,莫令六天鞠生稊稗⑯,造颖眄目⑰,助怀惕然。临路遣书⑱,诸情多愤⑲,

言不藉意^⑳。

【注释】

①三光:指日、月、星。

②玄津:指佛法。

③反往修来:改正以往过错以求将来之功。

④十方:指东、西、南、北、东南、西南、东北、西北、上、下。

⑤一尘:道家称一世为一尘,这里指的是一粒微物。

⑥妙乐:奇妙的音乐。此处也借指能演奏美妙法乐的器物。

⑦辔(pèi):驾驶牲口的嚼子和缰绳。

⑧面缚:双手反绑于背而面向前。古代用以表示投降。《左传·襄
公十八年》:"乃弛弓而自后缚之。其右具丙亦舍兵而缚郭最,皆
衿甲面缚,坐于中军之鼓下。"杨伯峻注:"面缚,即自后缚之。"

⑨玄境:本为道教术语,此处借指佛法深奥微密之境界。

⑩识机:亦作"识几"。谓知晓事物发生变化的几微迹象。

⑪风流:才华出众,自成一派,不拘泥于礼。道味:超凡出世的情
志;佛道教义之真意。

⑫霍然:突然。

⑬委曲:屈身折节。

⑭兰芳:兰花的芳香。常用以比喻贤人。

⑮倾筐:斜口的盛草筐。《诗经·周南·卷耳》:"采采卷耳,不盈顷
筐,嗟我怀人,寘彼周行。"毛传:"顷筐,畚属,易盈之器也。"陆德
明释文:"《韩诗》云:'顷筐,攲筐也。'……何休云:'草器也。'"

⑯六天:佛经有欲界六天:四天王天、忉利天、须焰摩天(又称夜摩
天)、兜率陀天、乐变化天、他化自在天。见《楞严经》卷八。稗:
一年生草本植物,长在稻田里或低湿的地方,形状像稻,是稻田
的害草。果实可酿酒、做饲料。

⑰眄（miàn）：斜着眼睛看。

⑱遣书：发信。

⑲愦：昏乱，糊涂。

⑳藉：抚慰。

【译文】

举手而映照日月星三光，用泥土来填埋深阔的大海，虽然计划实现远大的目标，但是这样的目标很难达成。将军殖福佛法，原先的传承就很久远，才华横溢，光明正大，深受群众的爱戴，皇位之基容易登上，由来的功绩很值得爱惜。你可以回归当下，修正以往过失，追求将来的成就，完全归附投城，谢过于佛门，以道齐好，国与家并存，君与臣也同样有显赫的权利与声势，并且身名获得安定，达观世间，家庭亲属快乐，这难道不是美妙的事吗？如今佛法之王师克期兴举，四面八方各都举起驾驶战马的嚼子和缰绳，手上都提着法锣，群圣一齐起舞，开道斧在前方发出耀眼光芒，灵鼓在后队振响。一旦神钟响起，四面八方倾荡，大海击起风波大浪，陆地便汹涌澎湃起来。在这个时候，须弥之山瞬间就凝聚成一粒微物，天地回归于一车，无动安放在左边系衣裳的带子上，佛法妙乐宝器就在右手中照耀，像这样如此了得的神力，怎么能够抵挡得了呢？

我佛法之王体悟大道，宽厚仁慈，不忍立即开始袭击，暂且止住诸军，暂时撤掉他们驾驶战马的嚼子和缰绳，然后在路上临时发信，希望在迷途中的人返回。你应该早就确定好自己的计划，投降回归朝廷，接受朝廷的任命，然后逍遥于玄妙境界之中，隆重声名扬于国内，自身逍遥遨游于方外。上方即要任命，不是你难道还会有谁？有智慧知晓事物发生的细微迹象，明白大道避免祸害的发生，如果达到了极点又懂得返回，这就是君子赞扬的美德。这就是转化祸害的最好时节，取得功德的最佳时机。以前的夏桀暴虐没有德政，殷王征伐，商纣暴乱，周武便开始建立军队，这些就是古今的借鉴，对当前人们明白的告诫。虽然相与交往违背了当年意愿,但是风流意蕴应该与道味相同。人间与上天的道路本来就崎岖不平,为何彼此要产生隔绝呢?想到这便恍然大悟,于是顺便写下书信,所以私自痛陈言辞,屈身寄送文章,只是不希望那美好的兰花在夏天凋谢,因此修好斧头的柄,砍掉其枝末。希望你深刻的思考这些话,好好计划,不要让自己趋向畜生、恶鬼、地狱三途,别让欲界六天生出稗草,一旦生起就要注视着,身心保持警惕。于是我在修行的道路上发出这封书信,许多情怀让人昏乱糊涂,语言不能完全表达我的心意。

破魔露布文

【题解】

　　本篇由梁代僧人释宝林所撰。破除心魔是佛教非常重要的修行法门，佛教弘扬这一观念的载体有多种，本篇借用中国本土的露布文文体样式，表述佛教的理论和修行方法。"魔"是梵文"魔罗"的简称，指夺取人生命或妨碍善事的凶恶鬼神。对不同种类的魔，佛教有不同的降服破除之法。在本文中，释宝林借用各种隐喻，形象生动地探讨了降服心魔的各种方法，强调宣扬佛祖的教导，劝导刚刚归附的人，用空同之宅来安顿他们，用八解之流来充实心灵，用持戒的礼数来防备心魔，学习六度之风超越妄想。

　　贤劫大千微尘年①，五浊鼎沸朔②，现寿百龄日，使持节都督、恒沙世界诸军事征魔大将军净州刺史、十地王臣金刚藏③，使持节都督八万波罗蜜诸军事破结将军、领魔蛮校尉大司马、梵州刺史、八地公臣解脱月等④，稽首和南上圣朝尚书。

　　谨案：夫六合同曜灵之鉴⑤，群流归百谷之王，万化均于空玄⑥，众奇宗于一智，斯盖理有宗极之统，物无殊趣之会。

是以如来越重昏而孤兴⑦，蔚勤功于旷劫⑧，曜三涂之高明⑨，拔洪痴于始造，穷圣德之区奥，究无生之虚致，览物化之枢机⑩，握宏德之统纽。至若英姿挺特，神光赫奕⑪，虽复千晖并照，固已绝矣，身殊万状而非众，体合至妙而不一，应出五道而非生⑫，示入形止而非灭，希夷恍惚⑬，无名无像⑭，莫测其深，靡知其广。应群感而不劳，周万动而常静，历恒沙以倏忽，抚八荒于俄倾⑮；两仪颓陷而不夷⑯，力负潜移而不易；吸大火而不燋，怀洪流而不溺；乾坤不足以语其德，文玄不足以明其道；巨包六合，不可以称其大；妙入无间，不可以名其小。尔乃亭毒苍生⑰，化兼始母，无欲无为⑱，而无不为。翱翔于应变之涂⑲，逍遥于有无之表，挺达群圣之端，恬澹涅槃之域⑳。二乘韬思于重忘之致㉑，十住息虑于动静之机㉒。

【注释】

①贤劫大千：贤，梵语 bhadra（跋陀），又译作善；劫，梵语 kalpa（劫波）之略称，又译作时分。即千佛贤圣出世之时分。全称现在贤劫。过去的大劫叫庄严劫，未来的大劫叫星宿劫，贤劫即现在的大劫，因在此贤劫中，有一千尊佛出世，故称为贤劫，又名善劫。

②五浊：命浊、众生浊、烦恼浊、见浊、劫浊。命浊是众生因烦恼丛集，心身交瘁，寿命短促；众生浊是世人每多弊恶，心身不净，不达义理；烦恼浊是世人贪于爱欲，嗔怒诤斗，虚诳不已；见浊是世人知见不正，不奉正道，异说纷纭，莫衷一是；劫浊是生当末世，饥馑疾疫刀兵等相继而起，生灵涂炭，永无宁日。

③恒沙：恒河是印度大河，两岸多细沙，佛说法时，每以恒河之细沙喻最多之数。刺史：古代官名。原为朝廷所派督察地方之官，后

沿为地方官职名称。十地:指声闻乘十地,即受三皈地、信地、信法地、内凡夫地、学信戒地、八人地、须陀洹地、斯陀含地、阿那含地、阿罗汉地。金刚藏:金刚藏王,密教胎藏界曼荼罗虚空藏院中最右端之菩萨。全称一百八臂金刚藏王。略称金刚藏。此尊形像身呈青黑色,作十六面(或作二十二面,其中一面为佛面),有一〇八臂,表示对治百八烦恼,手持一〇八种破除烦恼之武器,如独股杵、轮、索、剑、钩、梵箧、棒、花形杵等,坐于宝莲花中。

④波罗蜜:又作波罗蜜多,播啰弭多。译言究竟,到彼岸,度无极,又单译曰度。以名菩萨之大行者,菩萨之大行,能究竟一切自行化他之事,故名事究竟,乘此大行能由生死之此岸到涅槃之彼岸,故名到彼岸。

⑤六合:常用于指上下和四方,泛指天地或宇宙。

⑥空玄:幻想。

⑦如来:佛尊号之一,意思是"如者本性,应所从来",翻译成现代汉语就是说"我们的本性在我们面前的显示"。

⑧旷劫:佛教语。久远之劫,指过去的极长时间。

⑨三涂:又作《三途》。即火涂、刀涂、血涂,义同三恶道之地狱、饿鬼、畜生,乃因身口意诸恶业所引生之处。

⑩物化:事物的变化。《庄子·齐物论》:"昔者庄周梦为胡蝶,栩栩然胡蝶也;自喻适志与! 不知周也。俄然觉,则蘧蘧然周也。不知周之梦为胡蝶与,胡蝶之梦为周与? 周与胡蝶,则必有分矣。此之谓物化。"成玄英疏:"夫新新变化,物物迁流,譬彼穷指,方兹爇臂。"

⑪神光:指精神。

⑫五道:五道乃是佛教轮回转世体系,为有情往来之所,故曰道。有五处:一地狱道,二饿鬼道,三畜生道,四人道,五天道。

⑬希夷:《老子》第十四章:"视之不见名曰夷,听之不闻名曰希。"河

上公注："无色曰夷，无声曰希。"后因以"希夷"指虚寂玄妙。

⑭无名无像：佛本无名、无相，佛法却真实存在，无处不在。无名：道教教义。道教对宇宙生成和处世的基本态度。认为治理天下要顺乎自然，处世修身要追求清静无为，顺应自然物化的规律，戒除强作有为。

⑮八荒：八荒也叫八方，指东、西、南、北、东南、东北、西南、西北等八面方向，指离中原极远的地方。

⑯两仪：指天地。不夷：不消失。

⑰亭毒：《老子》第五十一章："长之育之，亭之毒之，养之覆之。"一本作"成之熟之"。高亨正诂："'亭'当读为'成'，'毒'当读为'熟'，皆音同通用。"后引申为养育，化育。

⑱无为：是《道德经》中的重要概念。无为，并不是什么都不做，而是指按照大道去行动，顺应自然，不妄作为。

⑲涂：同"途"。

⑳恬澹：亦作"恬憺"。清静淡泊。涅槃：灭度、寂灭、圆寂、大寂定等，是超越时空的真如境界，也是不生不灭的意思。

㉑二乘：乘为运载之意。运载众生度生死海之法，有二种之别，故称二乘。（一）指大乘与小乘。佛陀一代所说之教法可大别为大、小二乘。佛为声闻、缘觉所说之法称小乘，佛为菩萨所说成佛之法称大乘。（二）声闻乘和缘觉乘。凡属修四谛法门而悟道的人，总称为声闻乘；凡属修十二因缘而悟道的人，总称为缘觉乘。以上二乘又分为愚法二乘和不愚法二乘两种，愚法二乘是声闻缘觉二小乘，迷执自法，而愚于大乘法空之妙理；不愚法二乘是与愚法二乘相反，他们善知理法，进入大乘的境界。

㉒十住：菩萨五十二位修行中，第二个十位名十住，因信心既立，能住佛地也。又因发起大心，趣入妙道，故又名十发趣。一、发心住。以真方便，假十信之用，圆成一心，名发心住。二、治地住。

以前妙心,履以成地,则一切皆治,名治地住。三、修行住。心所涉知,俱得明了,遍修诸行,皆无留碍,名修行住。四、生贵住。冥契妙理,行与佛同,气分感通,成如来种,名生贵住。五、方便具足住。自利利他,方便具足,名方便具足住。六、正心住。心念同佛,惟得其正,名正心住。七、不退住。身心增长,无有退缺,名不退住。八、童真住。佛之十身灵相,一时具足,如童真之可贵,名童真住。九、法王子住。长养圣胎,绍隆佛种,堪作法王之子,名法王子住。十、灌顶住。菩萨既为佛子,佛以智水灌顶,藉表成人,名灌顶住。

【译文】

在贤劫大千佛出世的年代,五浊恶世鼎沸,现寿百龄日,使持节都督、恒沙世界诸军事征魔大将军净州刺史、十地王臣金刚藏,使持节都督八万波罗蜜诸军事破结将军、领魔蛮校尉大司马、梵州刺史、八地公臣解脱月等,一起稽首敬礼圣朝尚书。

谨案:天地同在在太阳的照耀下,群流归向百谷之王,万化都是空幻之相,许多奇事都来自一种智慧,理是统领宇宙的终极根源,万物没有不同的性质,所以,如来佛性超越昏昧而独自兴盛,在久远之劫发挥功德,照耀畜生、恶鬼、地狱之三途,拔除众生对事物的痴迷,穷究德行的奥妙和不生不灭的境界,理解事物变化的关键,把握伟大德行的主旨。而且佛性灵光独耀,虽然众多太阳的光辉一起朗照,也比不上它,其身形不同于万物形状,体态非常巧妙而不单一,应化出于五道轮回转世而不是出生,展示形体停止而不是死亡,虚寂玄妙,恍恍惚惚,无名无相,却真实存在,无处不在,无法推测他的深度,不知道他的广度。应对大众感应而不觉得辛劳,周流变动而恒常安静,一刹那就能历经恒沙时间,穿越八方之域。天地两仪突然倾陷而不会消失,力量在无形中变化而不会改变;吸取大火而不会烧焦,在洪流中而不溺亡;乾坤不足够表达他的德行,玄妙文章不足以表明他的规律;囊括天地四方,不可以描述他的大；巧妙进入没有缝隙的地方，不可以说他的小。你养育百姓，化兼始母，无欲无为而无不为。你飞翔在适应时事变化的道路，逍遥在有无之表面，挺立在群圣之端，清静淡泊在涅槃之域。声闻和缘觉二乘在重忘之致停止心头的思虑，大乘菩萨在动静之时机消除杂念。

梵王咨嗟以归德①，帝释伏膺而厌位②，其为圣也，亦已极矣。于是应定光之遰记③，验大通之图录④，出五道而龙兴⑤，超帝皇以命世，道王三界，德被十方；畿甸恒沙⑥，都邑大千；偃九定之闲室，登七觉之云观，濯八解之清池，游总持之广苑。尔乃居慈悲之殿，处空同之坐，衮龙众好⑦，天冠顶相，左辅弥勒之流⑧，右弼文殊之匹⑨。前歌大方之雅颂⑩，后舞四摄之銮拂⑪。卫以八住体虚之士，侍以四果卓落通仙⑫，三台唯圣⑬，六府唯贤⑭。尔乃宣教姬、孔，宰守虞、唐，扬威汤、武，州牧三皇。其为化也，坦八正之平衢⑮，开三乘之通津⑯，列无为之妙宅，济大苦于劳尘，杜三恶之奸路，启欢乐于天人。爵以果任之位⑰，禄以甘露之餐⑱，功巨者赏以净土之封，勋小者指以化城之安⑲，此乃超百王之洪业，太平之至始也。五趣宦身之清朝⑳，四生士位之宗极㉑。

而群迷遇荣㉒，背真弥旷，欣濡沫之近足㉓，忘江湖于远全。故魔王波旬㉔，植愚根于旷始，积迷心于妄境，泛三染之洪波，入邪见之稠林。至乃窃弄神器，假伪冒真，夸王天宫，分列岳土，制命六天，纵肆偏威，内以三公诸毒㉕，卿相九结，外以军将六师，戎卒四兵。内行跋扈，不忌皇宪，绵萤光㉖，争晖天照。故乃顷者抗行神威，扬兵道树，震雷公霹雳之声，列担山吐火之众。又持世致惑于静室，波仑悲号于都肆,期皆痴狂纵暴,亏于圣节,作乱中夏,为日久矣。

【注释】

①梵王:大梵天为初禅天之王,故曰大梵天王,略曰大梵王,亦曰梵王。

②伏膺:伏通"服",服膺,铭记在心,衷心信奉。《礼记·中庸》:"得一善,则拳拳服膺而弗失之矣。"

③定光:锭光佛,或称然灯佛。释迦佛尝称为儒童菩萨。此佛出世之时,买五茎之莲奉佛。因而得未来成佛之记别。《智度论》:"昔者定光佛兴时,我为菩萨,名曰儒童。乃至买华奉定光佛,散华供养,华住空中。佛知其意,而赞叹言:汝无数劫所学清净。因记之曰:汝自是后九十一劫,劫号为贤,汝当作佛,名释迦文。"

④大通:三千尘点劫昔出世之如来名。此佛在世时,有十六王子,出家为沙弥,从佛闻《法华经》,佛入定后,十六沙弥各升法座,为大众覆讲《法华经》。其第九沙弥,今已成佛,为阿弥陀。第十六沙弥成佛为今之释迦如来。而其闻第十六沙弥之说法者。为今之一座大众云:盖今之大众在大通智胜佛时,于第十六沙弥结缘,故在今日释迦如来之下,闻法华而入证得果也。

⑤五道:佛教谓天、人、畜生、饿鬼、地狱五种轮回之所。

⑥畿(jī)甸:泛指京城郊外的地方。恒沙:佛教语。形容数量多至无法计算。

⑦衮龙:朝服上的龙。借指衮龙袍。

⑧弥勒:梵语 Maitreya 音译,意译"慈氏"。菩萨名,现住在兜率天内院,是一生补处菩萨,将来当于住劫中的第十小劫,人寿减至八万岁时,下生此界,继释迦牟尼佛之后,为贤劫之第五尊佛。

⑨文殊:佛教菩萨名。文殊师利或曼殊室利的省称,以大智著称,与普贤常侍于释迦如来的左右。

⑩大方：又名大方等，方是方正的意思，广是广大的意思，是诸大乘经的通名。

⑪四摄：一布施摄。谓若有众生乐财则布施财，若乐法则布施法，使因是生亲爱之心，依我受道也。二爱语摄。谓随众生根性而善言慰喻，使因是生亲爱之心，依附我受道也。三利行摄。谓起身口意善行利益众生，使由此生亲爱之心而受道也。四同事摄。谓以法眼见众生根性，随其所乐而分形示现，使同其所作沾利益，由是受道也。

⑫四果：佛教语。声闻乘圣果有四，旧译依梵语称为须陀洹果、斯陀含果、阿那含果、阿罗汉果。新译将前三果译为预流果、一来果、不还果，阿罗汉果仍其旧。

⑬三台：古代天子有灵台、时台、囿台，合称三台。《初学记》卷二四引汉许慎《五经异义》："天子有三台，灵台以观天文，时台以观四时施化，囿台以观鸟兽鱼鳖。"

⑭六府：古以水、火、金、木、土、谷为"六府"。《左传·文公七年》："六府、三事，谓之九功。水、火、金、木、土、谷，谓之六府。"

⑮八正：又名八圣道、八正道，即八条圣者的道法。一、正见，即正确的知见。二、正思惟，即正确的思考。三、正语，即正当的言语。四、正业，即正当的行为。五、正命，即正当的职业。六、正精进，即正当的努力。七、正念，即正确的观念。八、正定，即正确的禅定。修此八正道，可证得阿罗汉果。

⑯三乘：声闻乘、缘觉乘、菩萨乘。声闻乘又名小乘，其行人速则三生，迟则六十劫间，修空法，终于闻如来声教，悟四谛之理，断见思惑，可证阿罗汉果；缘觉乘又名中乘，其行人速则四生，迟则百劫间，破无明，终于悟十二因缘之理，可证辟支佛果；菩萨乘又名大乘，其行人于无数劫间，修六度行，更于百劫间，值三十二相福因，可证无上佛果。

⑰果任:佛教名词。谓修行得道已证正果之位,与"因位"对言。

⑱甘露:佛教语。喻佛法等。

⑲化城:指佛寺。唐王维《登辨觉寺》诗:"竹径从初地,莲峰出化城。"

⑳五趣:五恶趣。佛教谓地狱、饿鬼、畜生、人、天五种轮回处所。相对于西方极乐世界而言,均为不良之趣所。

㉑四生:佛教分世界众生为四大类:一、胎生,如人畜;二、卵生,如禽鸟鱼鳖;三、湿生,如某些昆虫;四、化生,无所依托,唯借业力而忽然出现者,如诸天与地狱及劫初众生。

㉒棨(qǐ):古代用木头做的一种通行证,略似戟形。

㉓濡沫:用唾沫来湿润。比喻同处困境,相互救助。语出《庄子·天运》:"泉涸,鱼相与处于陆,相呴以湿,相濡以沫。"

㉔波旬:断除人之生命与善根之恶魔。为释迦在世时之魔王名。

㉕三公:古代中央三种最高官衔的合称。

㉖绋(fú):古同"绋"。

【译文】

大梵天王赞叹而归向佛教道德,帝释天衷心信服佛法而知足,他们都是圣人,也已经达到极限境界了。于是应验定光佛那久远的记载,和大通佛的图画记录,出离五道而像龙一样兴起,超过帝皇而闻名于世,道在三界统领一切,德覆盖十方世界,京城以外许许多多的地方,大千世界满是信佛都邑;仰卧在九定的闲屋,攀登七觉的云观,洗涤八解的清澈池水,游览总持的宽广园林。你住在慈悲的殿堂,处在虚无浑茫的座位,穿着龙服,带着犬冠,左有你勒辅佐,右有文殊帮助。前面歌唱大方广经的雅颂,后面在跳四摄的舞蹈。用达到八住虚空境界的人保卫,以获得四果地位的卓越大仙侍奉,三台只有圣人,六府只有贤人。你于是宣扬姬、孔的教化,传播舜、唐的道德,宣扬威严的汤、武。所谓的教化,开通八正道的大路,打通三乘的四通八达津渡,排列无为的漂亮房子,救济劳苦的大众,杜绝三恶的不良道路,开拓欢乐给天人。授以果任的位置,奖赏佛法甘露的餐食,功大的人给他赏赐净土的封地,功勋小的分给他们佛寺的住处,这是赶超百王的伟大功绩,太平盛世的开始。五趣轮回的清正开端,四生官位的宗极。

　　而人们无明迷惑,背离真理很远,满足于近处的濡沫,忽视长久的安宁。所以魔王波旬,从无始以来种植愚蠢的种子,在妄境中累积迷惑的心,让烦恼的洪波三度泛滥,进入邪见的密林。乃至于窃取摆弄神器,用假的冒充真的,在天宫称王,分列岳土,制命六天,放纵臣子,在里面凭借三公诸毒,卿相九结,在外凭借军将六师,戎卒四兵。在内横行霸道,不畏惧皇帝立法,以萤光来与太阳争辉。因此经常抗拒神威,砍伐大道之树,用雷公的霹雳声音来震慑平民,喷出山火来吓唬群众。又有持世菩萨在静室迷惑不解,波仑菩萨悲伤地在城市中哭嚎,人们都痴狂纵暴,毁坏圣节,将中国弄得乌烟瘴气,这种日子已经很久了。

　　圣皇悼昏俗之聋瞽,悲弱丧以增怀,将总群邪以齐见,会九流而同津①。于是命将大势之徒②,简卒金刚之类,茹金嚼铁之夫,冲冰蹈火之士,勇卒尘沙,骁雄亿万,星流风发,龙腾魔境,置军万全之策,逼寇必死之野。而魔贼不祗,敢执蛮荆之蠢尔③,抗宗纲之逋傲④;建麾于自侨之地,结固于云迷之险;傍唐重复,侠叠鳞次。且其形势也⑤,则痴山曹敖固其前,爱水浩汗张于后⑥,邪林蔚荟蒙其左⑦,痴涧渊玄带其右⑧。尘劳之卒,豺视于交境;六师之将,虎步于长逵;望若云起蔽天,雾塞六合;其为盛也,开辟罕有。

　　臣等于是承圣朝之遐威,出超图之奇略,盖以高算之笼,弥以玄策之围;精骑千重,步卒万匝,游师翳野,屯塞要害。使前将军檀那望悭麾以直进⑨,后军毗耶蹴懈卒于其后⑩,禅那略游骑于其左⑪,尸罗防密奸于其右⑫,外军沤和浪骑队于平原之上,走短兵于诘屈之下。陈虎旅而高骧,设危机于幽伏,中军般若握玄枢之妙鉴,把战胜之奇术,控亿兆之雄将,拥尘沙之劲卒。于是众军响应,万涂竞进,感动六合,声震天地。雄夫奋威浪奔,白刃之光夺于曦曜,法鼓之音乱于雷震⑬,勤马趁趄以腾掷⑭,迅象飞控以驰驱;禅弓烟举而云兴,慧箭雨洒以流虚;鞭以假名之策,蹴入无有之原⑮;研以师子之吼,刺以苦空之音⑯;挥干将而乱斩,动戈矛而竞捷;横尘尸以被野,流劳血于长川;崩痴山之磋峨;竭爱水之洪流;穷僭于诸见之窟⑰,挫高于七慢之檄⑱。

于是魔贼进无抗鳞之用,退无悕脱之隐,虑尽路穷,回遑靡据。魔王面缚于麾庭,群将送命于军门,诸天电卷以归化,迷徒风驰于初晖。皇威扫荡,其犹太阳之扑晨,霜注洪流,以灭爝火⑲。故使万世之逋寇,土崩于崇朝⑳;中华之昔难,肃清于俄顷。

【注释】

①九流:儒家、道家、阴阳家、法家、名家、墨家、纵横家、杂家、农家。

②命将大势之徒:大势至,西方三圣之一。《观无寿量经》:"以智慧光,普照一切,令离三涂,得无上力,是故号此菩萨名大势至。"

③蛮荆蠢尔:《诗经·小雅·采芑》:"蠢尔蛮荆,大邦为仇。"

④抗宗绲之逋傲:不详。

⑤形势:地势,地理状况。

⑥浩汗:水盛大的样子。

⑦邪林:邪见之多如林也。蔚荟:云雾弥漫,草木繁盛貌。

⑧渊玄：深邃，深奥。

⑨檀那：施主。施与僧众衣食，或出资举行法会等之信众。

⑩毗耶：常随魔，障碍神。人身象鼻，常随侍人为障难之恶鬼神。

⑪禅那：静虑。与禅定相同，不具欲界之心，离欲界之烦恼，乃可得之。

⑫尸罗：又云尸怛罗，正译曰清凉，傍译曰戒。身口意三业之罪恶，能使行人焚烧热恼，戒能消息其热恼，故名清凉。

⑬法鼓：佛教用语，譬喻语，佛陀所说的法，能令众生折伏如魔军般的烦恼，恰如两军作战，击鼓以令军士进击敌阵，故将法喻为鼓。

⑭趁趖（cāntán）：驱走貌。

⑮无有：佛教用语，与有我相对，表示无限的，找不出边缘与起点的。

⑯苦空：佛教用语，有漏之果报，具有三苦八苦之性，故称为苦；男女一异等皆因缘所生灭，而无固定不变之实相，故称为空。

⑰诸见：佛教用语，即种种邪见，共计六十二种，系古代印度外道之妄执。

⑱七慢：佛教用语，谓慢，过慢，慢过慢，我慢，增上慢，卑慢，邪慢。櫬（cháo）：指未有房屋前人在树上的住处。此处指巢穴。

⑲爝（jué）火：火炬，小火。

⑳崇朝：终朝。从天亮到早饭时。有时喻时间短暂，犹言一个早晨。

【译文】

佛祖圣皇哀悼昏庸糊涂、耳聋目瞎的人，悲悯弱小孤苦丧失亲人的人，使他们胸怀变得宽广，率领众多心邪不正之人，使他们见解统一，召集三教九流使他们同心协力。于是命令大势至菩萨的这类人，挑选士卒金刚战士之类，吞金嚼铁之勇夫，冲冰踏火之壮士，这样英勇的士兵如尘沙一样多，骁勇善战的英雄有亿万之众，他们如流星一般飞速跑过，意气风发，就像蛟龙一样在魔障之境腾飞，他们为军队谋划了万无一失的计策，把贼寇逼到了必死无疑的荒野。但魔贼并不恭敬顺从，他们竟敢坚持像愚蠢蛮夫一样制造动乱，抵抗佛法正义之师的追捕；在自认为安全的地方建立部队，在云雾缭绕的地方安营扎寨，他们在遥远的地方依着大路扎营，远远望去排列就像鱼鳞一样。他们所处之地的地理位置是：前方竖立着巍峨险峻的愚痴之山，后方环绕着浩瀚磅礴的爱欲之水，左面覆盖着草木繁盛的邪见之林，右面连接着深邃幽静的痴妄峡谷。如尘土一样多的士兵，像豺狼一样注视着交界之地，六个部队的将领，像老虎一样在长路上巡逻，远远望去就像云雾升起遮蔽了天空，雾气填满了宇宙，那样的盛大的场面，自盘古开天地以来都很少出现。

　　臣等因此秉承着圣朝久远的威严，谋划出超乎人想象的新奇策略，用精妙计算过的笼子盖住他们，用以玄机妙策制成的大网来包围他们，数千精锐的骑兵，上万骁勇的步兵在遥远的荒郊巡逻，在要害之地扎寨。命令将军檀那在前方监视着散漫的士兵让他们勇往直前，将军毗耶在后方督促懈怠的小卒前进，禅那在左面骑马巡逻，尸罗在右面防止敌人偷袭，外将军沤和浪率领骑兵在平原之上行进，让持有短兵器的士兵在崎岖小路上前进。他们情绪高涨地在敌人面前排列英勇的军队，在十分重要的地方设立埋伏，中军般若手握玄虚枢纽的宝镜，施展能制胜的奇门妙术，控制了亿兆的英雄将领，拥有了如尘沙一样多的精锐士兵。于是所有的士兵都回应他，从千万条道路上争相跑进，气势撼动了宇宙，声音震动了天地。勇猛的武士像浪花一样英勇狂奔，利刃的光芒比太阳还要夺目，战鼓的声音比雷鸣还要响亮，骏马飞奔跃起，鬃毛像水波一样随风飘扬，战象动作敏捷得就像飞奔起来了一般。禅弓像烟雾一样被举起，云烟升起，薄雾缥缈，慧箭像雨一样的被射出；用假名之策鞭打，踏入无所有之平原；用狮子的吼声来使敌军害怕，用苦空无我之音冲击敌军；挥着干将剑四处斩杀，舞着长戈短矛争相杀敌，横在路上的尸体覆盖了整个野地，流下的血液汇成了长河，使巍峨的愚痴高山崩裂,浩瀚的爱欲之水枯竭;摧毁邪见之洞窟,挫败七慢之巢穴。

于是魔贼进没有抵抗的能力,后退没有考虑好逃脱的地方,没有计策也没有退路,他们惶恐而缓慢的停下来。魔王被反绑着双手送到军营前,他的将士都在军门前送命,天上的电闪雷鸣都已经平息,云雾消散,微风荡漾,阳光乍现。皇威浩荡,就像早晨的太阳,冰霜洪水,浇灭了火焰。于是万世以来潜逃的贼寇,在一瞬间就像土堆一样瓦解,中华先前的灾难,片刻间就被完全清除。

斯诚圣皇神会之奇功,旷代著世之休烈①。虽昔殷汤建云功于夏郊,周武扫清氛于商野,斯乃上古之雄奇,岂以得齐于圣勋?臣辄奉宣皇猷,绥慰初附,安以空同之宅②,充以八解之流③,防以戒善之礼,习以六度之风④。耆年者,悟其即真于新唱,弱丧者,始闻归与之音。夫应天顺罚,春秋之道,兴功定乱,先王所美。元恶以宾祇从圣宪⑤,六合同明,廓清宇内;玄风遐扇,率土怀庆,朝有康哉之歌,野有乐郊之咏。功高道大,非见所表;圣虑幽深,非言能宣。粗条皇威奇算之方,又列众军龙骧之势⑥,电驿星驰,谨露布以闻。臣等诚惶以抃⑦。

余以讲业之暇,聊复永日,寓言假事,庶明大道。冀好迷之流不远而复。经云:"涅槃无生,而无不生;至智无照,而无不照。"其唯如来乎?战胜不以干戈之功,略地不以兵强天下,皇王非处一之尊,霸臣非桓文之贵⑧。丘旦之教⑨,于斯远矣,聃周之言似而非当⑩,故知宗极存乎俗见之表,至尊王于真鉴之里;中人踌躇于无有之间,下愚惊笑于常迷之境。令庶览者舍河伯秋水之自多⑪,远游于海若之渊门⑫,不束情于近教，而骇神于荒唐之说也。

【注释】

①休烈：盛美的事业。

②空同：虚无浑茫。《关尹子·九药》：“昔之论道者，或曰凝寂，或曰邃深，或曰澄澈，或曰空同。”

③八解：八种背弃舍除三界烦恼的系缚的禅定。一、内有色想观外色解脱，谓心中若有色（物质）的想念，就会引起贪心来，应该观想外面种种的不清净，以使贪心无从生起，故叫解脱。二、内无色想观外色解脱，即心中虽然没有想念色的贪心，但是要使不起贪心的想念更加坚定，就还要观想外面种种的不清净，以使贪心永远无从生起，所以叫解脱。三、净解脱身作证具足住，一心观想光明、清净、奇妙、珍宝的色，叫净解脱，观想这种净色的时候，能够不起贪心，则可以证明其心性，已是解脱，所以叫身作证，又他的观想，已经完全圆满，能够安住于定之中了，所以叫具足住。四、空无边处解脱。五、识无边处解脱。六、无所有处解脱。七、非想非非想处解脱。八、灭受想定身作证具足住，灭受想定又名灭尽定，谓人若有眼耳鼻舌身之五根，就会领受色声香味触之五尘，领受五尘，就会生出种种的妄想来，若有灭除受想的定功，则一切皆可灭除，所以叫灭尽定。

④六度：六种行之可以从生死苦恼此岸得度到涅槃安乐彼岸的法门，即布施、持戒、忍辱、精进、禅定、般若。布施能度悭贪，持戒能度毁犯，忍辱能度嗔恚，精进能度懈怠，禅定能度散乱，般若能度愚痴。

⑤宾祇：宾祇耶，是婆罗门之名。

⑥骧：奔腾。

⑦抃（biàn）：鼓掌。

⑧桓文：春秋五霸中的齐桓公与晋文公。《孟子·梁惠王上》：“仲
　　尼之徒，无道桓文之事者，是以后世无传焉。”

⑨丘旦：孔丘、姬旦。晋葛洪《抱朴子·勖学》：“日就月将，则德立
　　道备，乃可以正梦乎丘旦。”

⑩聃周：老聃、庄周。晋刘琨《答卢谌诗序》：“然后知聃周之为虚
　　诞，嗣宗之为妄作也。”

⑪河伯秋水：《庄子·秋水》：“秋水时至，百川灌河。泾流之大，两
　　涘渚崖之间，不辩牛马。于是焉河伯欣然自喜，以天下之美为尽
　　在己。顺流而东行，至于北海，东面而视，不见水端。于是焉河
　　伯始旋其面目，望洋向若而叹曰：‘野语有之曰：“闻道百，以为莫
　　己若”者，我之谓也。且夫我尝闻少仲尼之闻，而轻伯夷之义者，
　　始吾弗信。今我睹子之难穷也，吾非至于子之门，则殆矣。吾长
　　见笑于大方之家。’”

⑫海若：《楚辞·远游》：“使湘灵鼓瑟兮，令海若舞冯夷。”王逸注：
　　“海若，海神名也。”洪兴祖补注：“海若，庄子所称北海若也。”

【译文】

　　上面这些事情确实体现了佛祖圣皇神灵感应的奇伟功业，是永垂
不朽、旷代闻名于世的盛美事业。虽然以前殷汤在夏桀城外建立了很
大的功绩，周武王在商朝牧野扫除恶气使社会太平，这些上古时代的雄
奇伟业，岂能等同佛祖圣皇的功业？我奉持宣扬佛祖的教导，劝导刚刚
归附的人，用空同之宅来安顿他们，用八解之流来充实，用持戒的礼数
来设防，学习六度的风气。老年人，在刚刚大声念的时候就领悟到了它
的本质，离开本性故乡的人，开始听到回归之音。顺应天意的惩罚是春
秋之道，建立功业平定祸乱是上代君王所看重的事情。像宾祗一样的
恶人也能听从佛祖的法令，天地四方共同明亮，天下广阔安定，玄风在
远处吹起，人们共同庆祝，朝廷有太平之歌，郊外有乐郊之咏。功绩显
贵道义宏大，不是可以用语言见解能表达的；圣人的考虑幽远深刻，不

是言语可以宣扬的。粗略的列出佛祖圣皇奇妙的方法,又布列军队的腾龙之势,有如闪电奔走,星星驰骋,谨慎地做一篇露布文章让大家听到。我等实在诚惶诚恐。

　　我在讲授佛法的空闲时间,写下这些内容,希望借助语言文字,让人们明悟光明大道。希望迷路的人不要走得太远而及时回归。经典里说:"涅槃无生,而无不生;至智无照,而无不照。"难道只是说如来吗?不用一盾一戈之功就能打胜仗,不用天下最强的士兵就能夺取土地,皇王不是占据一地的至尊,霸臣不是齐桓公晋文公一类的显贵。孔子周公之教,离这个很远,老庄的言论类似但不恰当,所以知道宗极存在于世俗看法的表面,至尊在真理的里面统领,中等人在有无之间踌躇,下等的愚人在平常的迷乱环境中惊笑。希望看到这篇文章的人舍弃秋水河伯的自作多情,去更辽阔的大海深门远游,不要被浅显的教化束缚情怀,而面对荒唐之说惊骇神伤。

弘明集后序

【题解】

本篇是《弘明集》对全书宗旨和性质的简要概括。在后序中僧祐再次说明自己编撰《弘明集》的目的是为破除世人之疑惑,即:疑经说迂诞,大而无征。疑人死神灭,无有三世。疑莫见真佛,无益国治。疑古无法教,近出汉世。疑教在戎方,化非华俗。疑汉魏法微,晋代始盛。僧祐谓世人"以此六疑,信心不树,将溺宜拯,故较而论之"。

余所集《弘明》,为法御侮。通人雅论^①,胜士妙说^②,摧邪破惑之冲^③,弘道护法之堑^④,亦已备矣。然智者不迷,迷者乖智。若导以深法,终于莫领;故复撮举世典,指事取征。言非荣华,理归质实,庶迷涂之人,不远而复。总释众疑,故曰"弘明论"。云:夫二谛差别^⑤,道俗斯分。道法空寂,包三界以等观;俗教封滞,执一国以限心。心限一国,则耳目之外皆疑;等观三界,则神化之理常照;执疑以迷照,群生所以永沦者也。详检俗教,并宪章五经^⑥,所尊唯天,所法唯圣,然莫测天形,莫窥圣心,虽敬而信之,犹曚曚弗了。况乃佛尊于天,法妙于圣,化出域中,理绝系表,肩吾犹惊怖于河汉⑦,俗士安得不疑骇于觉海哉! 既骇觉海,则惊同河汉,一疑经说迂诞,大而无征;二疑人死神灭,无有三世;三疑莫见真佛,无益国治;四疑古无法教,近出汉世;五疑教在戎方,化非华俗;六疑汉魏法微,晋代始盛。以此六疑,信心不树。将溺宜拯,故较而论之。

【注释】

①通人:学识渊博,贯通古今的人。

②胜士:佛教语。对持戒者的尊称。也指佳士,才识过人的人士。

③冲:交通要道,大路。

④堑:防御用的壕沟。

⑤二谛:佛教语。指真谛和俗谛。凡随顺世俗,说现象之幻有,为俗谛。凡开示佛法,说理性之真空,为真谛。二谛互相联系,为大乘佛教基本原则之一。

⑥宪章:效法之意。

⑦肩吾:传说中神人之名。《庄子》中多次出现其名,有人认为他是一位古代得道之士。《庄子·逍遥游》:"肩吾问于连叔曰:'吾闻言于接舆,大而无当,往而不返。吾惊怖其言犹河汉而无极也,大有径庭,不近人情焉。'"

【译文】

我所编纂的《弘明集》,旨在使佛法不受诋毁。作为摧毁邪见破除迷惑的要冲,以及弘扬正道护持佛法的战壕,各位学识渊博、贯通古今之人的高深言论,诸位高僧大德意旨精微的言论,都收集完备了。然而,面对这些高深玄妙的理论,智慧之人自然不会被迷惑,可愚昧之人则会乖离智慧。如果一味宣扬艰深的理论,则愚昧之人始终难以领会,所以收集列举世俗典籍中的许多资料,以事实取得征信。不说那些虚幻华丽的言语，而是晓以平实易懂之理，以便使迷途之人，不是远离佛法而能迷途知返。为此，特撰写后序一篇，以便集中地解释众人心中的疑惑，所以称之为"弘明"。有经论说：用对待二谛之差别，就可以分出道、俗二界的差别。佛法虚空净寂，包涵三界而又视三界平等如一；而俗教（即儒教）有封界滞留，执着于一国而把心限制在俗世的范围内。于是对视听之外的东西都取怀疑的态度。而佛教提倡对三界平等而观，因此神道变化之理，湛然常照。执着于疑惑，迷困于常照，群生所以永远沉沦于生死轮回之中。考诸世俗的教化，可知它效法五经，所尊崇的无非是"天"，所崇尚的无非是"圣"。但是，天之形高深莫测，圣之心也无从窥见，虽然敬而信之，仍是朦朦胧胧，不甚明了。而佛教中的"佛"比"天"更尊贵，佛法比圣人也更微妙。佛教之化，超出世俗，越过形相，高深无比。像肩吾那样的神人尚且对银河的广袤大为感叹，凡夫俗子怎能不对佛教觉悟的大海感到十分惊奇呀。因此，世俗中有些人对于佛经所说颇持怀疑态度，可以分为六类，具体列举如下：第一是怀疑佛经上讲的道理和事物太神奇荒诞而又不可用事实验证；第二是怀疑佛教所说的人死而神不灭，认为三世报应之说靠不住；第三是怀疑从来无人看见佛陀，认为佛教无益于国家治理；其四怀疑古代并没有佛教，佛教是到了汉代才出现的；第五怀疑佛教产生于印度，其教化只适合愚昧残忍的人群，不一定适合于华夏；第六认为汉魏时期佛教已经衰颓，到了晋代才逐渐流行开来。人们受此六个疑惑的影响，因而难以树立对佛教的坚定信心，这样将会是人心沉溺于苦海，应当及时拯救，所以有必要对历史上各种教化进行了详细的比较和论述，方能解除人们心中的众多疑惑。

　　若疑经说迂诞、大而无征者，盖以积劫不极①，世界无边也。今世咸知百年之外必至万岁，而不信积万之变至于旷劫②，是限心以量造化也。咸知赤县之表必有四极③，而不信积极之远复有世界,是执见以判太虚也。昔汤问革曰:"上下八方,有极乎?"革曰:"无极之外,复无极,无尽之中,复无尽,朕是以知其无极无尽也。"上古大贤,据理训圣,千载符契,悬与经合。井识之徒,何智得异! 夫以方寸之心,谋己身而致谬;圆分之眸,隔墙壁而弗见。而欲侮尊经、背圣说、诬积劫、罔世界,可为愍伤者一也④。

【注释】

①积劫:亦作"积刼"。积久的劫难。

②旷劫:佛教语。久远之劫;过去的极长时间。

③赤县:赤县神州之略称,指中国。四极:四方极远之地。

④愍伤:哀伤。

【译文】

如果有人怀疑佛典上所说的荒诞不经,广大而不可征信,大概是因为世界无边,时间无限。今之世人都知道百世之外还可达到万岁,但不相信有无数个万年,乃可至于无限的久远,这是以有限之心量去揣度无穷的造化。大家都知道赤县之外,必有四方极远之地,而不信极远之外,还另有世界,这是执着于有限的经验而不信有无垠之太虚。过去商汤曾问革:"上下八方有极限吗?"革答道:"无极之外,还有无极;无尽之中,复有无尽,所以我知道世界是无穷无尽的。"上古之大贤者,据理以答圣,这与佛经所说的遥相符契。然而那些井底之蛙怎么能够知道这些差别呢? 如果只是用自己的方寸之心来谋划自己的身体及身边的事物,则必然会对大千世界产生错误的认识,仅靠肉眼,就连墙外的东西也看不见。因此而诋侮佛经,违背圣说,不信旷劫久远、世界无边之说,这是让人哀伤的原因之一啊。

　　若疑人死神灭，无有三世，是自诬其性灵，而蔑弃其祖祢也①。然则周、孔制典，昌言鬼神。《易》曰："游魂为变，是以知鬼神之情状。"既情且状，其无形乎？《诗》云："三后在天②，王配于京。"升灵上旻③，岂曰灭乎？《礼》云："夏尊命，事鬼敬神。"大禹所祗④，宁虚诞乎？《书》称周公代武，云能事鬼神。姬旦祷亲，可虚罔乎？苟亡而有灵，则三世如镜，变化轮回，孰知其极？俗士执礼，而背叛五经，非直诬佛，亦侮圣也。若信鬼于五经，而疑神于佛说，斯固聋瞽之徒，非议所及，可为哀矜者二也。

【注释】

①祖祢（zǔmí）：先祖和先父，亦泛指祖先。

②三后：三后指三个帝王，此指太王、王季和文王。

③上旻（mín）：指上天。旻，天，天空；又特指秋季的天空。

④祗（zhī）：恭敬之意。

【译文】

　　如果怀疑人死而精神也消灭了，认为没有三世，这实际上自侮其性灵，更是蔑视遗弃自己的祖先。周公、孔子制定礼典，都明言有鬼神，《易经》上也说："游散的精气善于变化，所以知道鬼神之情状。"既有情状，难道无形吗？《诗经》上也说："三后在天，王配于京。"大王、王季和文王的灵魂既然已经上升于天界，难道能说其灵魂散灭了吗？《礼》云："夏尊命，事鬼敬神。"大禹所恭敬祭祀的，难道也是荒诞不经的不成？《尚书》上也说周公代武王请寿，称能服侍鬼神。周公旦为亲人请祷于神，难道也是虚幻骗人的吗？如果死后真有灵魂，三世报应就如同明镜照影那样清楚，变化和轮回之道，谁知道它的尽头呢？一些俗士愚夫，声称遵从儒家礼教，实际上背叛《五经》，这不但是在诬蔑佛法，也是在侮辱圣人。如果相信《五经》中所说的鬼为真,却又怀疑佛经中所说的不灭之神,这乃是聋子盲人,却非要去议论他们所不能见不能听的东西啊。这是让人哀伤的第二个方面啊。

　　若疑莫见真佛,无益国治,则禋祀望袟①,亦宜废弃。何者? 苍苍积空,谁见上帝之貌;茫茫累块,安识后祇之形? 民自躬稼,社神何力? 人造墉畷②,蜡鬼奚功③? 然犹盛其牺牲之费,繁其岁时之祀者,莫不以幽灵宜尊,而教民美报耶? 况佛智周空界,神凝域表。上帝成天,缘其陶铸之慈;圣王为人,依其亭育之戒④。崇法则六天咸喜⑤,废道则万神斯怒。今人莫见天形,而称郊祀有福,不睹金容,而谓敬事无报,轻本重末,可为震惧者三也。

【注释】

①禋祀望袟(zhī):禋祀,古代烧柴升烟以祭天。望袟,遥祭,指古代帝王祭祀山川、日月、星辰。

②墉畷(yōngzhuì):城墙和田间小道。

③蜡鬼:传说中的鬼。如初生婴儿大小的圆球,不是人形的,只是个球。从表面看来,这球就像石蜡做的,只是呈鲜艳的肉红色。传闻他们会滚,会跳,但是不会发出声音,也不会变成人样站起来。

④亭育:义作"亭毒"。《老子》第五十一章:"长之育之,亭之毒之,养之覆之。"高亨正诂:"'亭'当读为'成','毒'当读为'熟',皆音同通用。"后引申为养育,化育。

⑤六天:汉代纬书,附会五帝传说和《史记·天官书》太微宫内有五星曰五帝座之文,谓天帝有六,即天皇大帝与五方之帝,是谓"六

天"。又，佛经（见《楞严经》卷八）有欲界六天：四天王天、忉利天、须焰摩天（又称夜摩天）、兜率陀天、乐变化天、他化自在天。道教中也有六天之说，《云笈七签》卷八："六天者，赤虚天、泰玄都天、清皓天、泰玄天、泰玄仓天、泰清天。"

【译文】

如果怀疑从来无人看见佛陀，就认为佛教无益于国家治理，按照这种逻辑，那么，对于祖先和天地山川的各种祭祀，也应一并废除。为什么这么说？苍苍太空，谁看见了上帝容貌？茫茫大地，哪里能看见神祇的身形？老百姓自己耕作，社神有什么用处？人们自造庸畷，蜡鬼何功之有？但是，人们却用丰盛的牺牲来频繁的祭祀他们，这难道不是认为这些幽灵值得尊敬，教育民众获得美好的回报吗？何况佛教的智慧可以周遍虚空之境，神识可以凝照宇宙。上帝成就天地，乃是凭借他陶冶万物的慈悲心怀，圣王治理天下，乃是依靠他养育百姓的责任意识。所以，人们如果尊崇佛法，则天皇大帝与五方之帝都会感到高兴，若是废除正道则天地万神都会震怒。世人看不见天的形状，但又认为祭祀天帝可得福报；同样是看不到佛陀，却声称敬信佛法不会产生好报，这是典型的轻视事物之根本，反而注重事物之枝末，这就是让人感到震惊担心的第三个方面啊！

若疑古无佛教，近出汉世者，夫神化隐显，孰测始终哉？寻羲皇缅邈，政绩犹湮，彼有法教，亦安得闻之？昔佛图澄，知临淄伏石有旧像露盘①，捷陀勒见盘鸥山中②，有古寺基堛；众人试掘，并如其言。此万代之遗征，晋世之显验，谁判上古必无佛乎？《列子》称周穆王时，西极有化人来③，入水火、贯金石、反山川、移城邑，乘虚不坠，触实不碍，千变万化，不可穷极，既能变人之形，又且易人之虑。穆王敬之若神,事之若君,观其灵迹,乃开士之化④。大法萌兆,已见周初,感应之渐,非起汉世,而封执一时,为叹息者四也。

【注释】

①"知临淄伏石"句:《高僧传》卷九记载:"虎(后赵王石虎)于临漳修治旧塔少承露盘。澄曰:'临淄城内有古阿育王塔,地中有承露盘及佛像;其上,林木茂盛,可掘取之。'即画图与使,依言掘取,果得盘像。"

②捷陀勒:亦作"犍陀勒",《高僧传》卷十记载:"本西域人,来至洛阳积年。众虽敬其风操,而终莫能测。后谓众僧曰:'洛东南有盘鸱山,山有古寺庙处,基墌犹存,可共修立。'众未之信,试逐检视。入山到一处,四面平坦,勒示云:'此即寺基也。'即掘之,果得寺下石基。后示讲堂僧房处,如言皆验,众咸惊叹。"

③化人:有幻术的人。《列子·周穆王》:"周穆王时,西极之国有化人来,入水火,贯金石;反山川,移城邑;乘虚不坠,触实不碍。"张湛注:"化幻人也。"

④开士:指开正道以引导众生,即菩萨。

【译文】

如果是怀疑古代并没有佛教,直至汉代才出现,这一点也是不足为据的。神道变化本是时隐时显的,又有谁能预测其始终呢?远古时代的伏羲、神农,其为政事迹悠远而罕有记载,即使有法度教化,又怎么能听闻得到呢?晋代之佛图澄,知道临淄城内有古阿育王塔,地中有旧的佛像和承露盘;捷陀勒见盘鸱山中,有古寺遗迹,众人发掘,皆如其言。这些都是万代遗留下来的证物,直到晋代才显灵,谁说上古必定无佛?《列子》称在周穆王时,从西边极远的地方来了一位有幻术的人。此人能出入水火,贯穿金石,翻转山川,移动城邑,乘在虚空中不会坠落,触碰实物感觉不到阻碍,可谓千变万化,找不到他的极限;既能变人之形,又能改变人的思想，周穆王敬仰他像神一样，服侍他像自己的君王，仔细看他的神通变化，实乃菩萨大士所化。可见，佛法早在周初已有征兆，感应之端，并非从汉代才开始，而世俗有些人却执着于一时之见，这就是让人叹惜感慨的第四个方面啊。

　　若疑教在戎方[1]，化非华夏者，则是前圣执地以定教，非设教以移俗也。昔三皇无为，五帝德化，三王礼刑，七国权势[2]，地当诸夏，而世教九变。今反以至道之源，镜以大智之训，感而遂通，何往不被？夫禹出西羌，舜生东夷，孰云地贱而弃其圣？丘欲居夷，聃适西戎，道之所在，宁选于地？夫以俗圣设教，犹不系于华夷，况佛统大千，岂限化于西域哉？案《礼·王制》云：“四海之内，方三千里。”中夏所据，亦已不旷。伊洛本夏[3]，而鞠为戎墟[4]；吴楚本夷，而翻成华邑。道有运流，而地无恒化矣。且夫厚载无疆，寰域异统，北辰西北[5]，故知天竺居中。今以区区中土称华，以距正法，虽欲距塞，而神化常通，可为悲凉者五也。

【注释】

①戎方：西戎、鬼方。此处指天竺或古印度。

②“三皇”四句：三皇：伏羲氏、神农氏、轩辕氏。五帝：少昊、颛顼、帝喾、尧帝（唐尧）、舜帝。三王：夏禹、商汤、周文王。七国：指战国时期秦、齐、楚、燕、韩、赵、魏七个大国。

③伊洛：伊水与洛水。两水汇流，多连称。亦指伊洛流域。《国语·周语上》：“昔伊洛竭而夏亡，河竭而商亡。”韦昭注：“伊出熊耳，洛出冢岭。禹都阳城，伊洛所近。”

④鞠：弯曲。

⑤北辰：即北极星。

【译文】

　　如果有人怀疑佛教乃产生于印度，并非华夏本土的教化，这样的人是以地域来确定教化的本质，而不是从转化风俗的目的来设立教化之道。过去三皇主无为，五帝倡德化，三王讲礼形，七国重权势，就地域说，都属华夏，而世俗教化多次改变。现在回到至道的本源所在，以大智慧为镜观照天下，将会感应万方而畅通万物，又有什么地方是它不能影响感化的呢？过去大禹出自西羌，而舜生于东夷，又有谁因他们出生地的卑贱而否认他的圣德呢？孔丘曾经打算到夷地居住，而老子晚年则出关去了西戎，道的运行，难道还会选择地域吗？事实上，应当以世俗和神圣为区别来设立教化之道，而并非固执于是华夏还是夷狄，更何况佛法统摄三千大千世界，怎能限制它只在西域施行教化呢？根据《礼记·王制》所说："四海之内，方三千里。"华夏所在的中原，地域本来就不是很广大。伊洛地区本来曾经属于华夏，但后来却变为戎族的城墟，吴楚本来属于东夷，而后来却变为华夏。道可以四处流行、传布，而一个地区的教化却不是一成不变的。实际上，天地无限，而且寰宇之中各有不同的统治，北极星位于西北面，故知天竺（即印度）才是天下之正中。中土自称华夏，借远离佛法诞生地为由，拒绝接受佛法，但大法常通，能阻拦得了吗？这就是我甚感悲凉的第五个方面啊。

　　若疑汉魏法微，晋代始盛者，道运崇替①，未可致诘也。寻沙门之修释教，何异孔氏之述唐虞乎？孔修五经，垂范百王。然春秋诸侯，莫肯遵用，战伐蔑之，将坠于地。爰至秦皇，复加燔烬②。岂仲尼之不肖，而《诗》《书》之浅鄙哉？迩及汉武，始显儒教，举明经之相，崇孔圣之术。宁可以见轻七国，而遂废于后代乎？案汉元之世，刘向序仙云：七十四人出在佛经。故知经流中夏，其来已久。逮明帝感梦，而傅毅称佛，于是秦景东使，而摄腾西至。乃图像于关阳之观，藏经于兰台之室③。不讲深文，莫识奥义。是以楚王修仁洁之祠④，孝桓建华盖之祭⑤。法相未融，唯神之而已。至魏武英鉴⑥，书述妙化；孙权雄略⑦，造立塔寺。晋武之初⑧，机缘渐深。耆域耀神通之迹⑨，竺护集法宝之藏⑩。所以百辟搢绅⑪，洗心以进德；万邦黎宪，刻意而迁善。暨晋明睿悟⑫，秉一栖神，手画宝像，表观乐览。既而安上弘经于山东⑬，什公宣法于关右⑭，精义既敷，实相弥照。英才硕智，并验理而伏膺矣。故知法云始于触石，慧水流于滥觞，教必有渐，神化之常，感应因时，非缘如何？故儒术非愚于秦而智于汉，用与不用耳；佛法非浅于汉而深于晋，明与不明耳。故知五经恒善，而崇替随运，佛化常炽，而通塞在缘。一以此思，可无深惑，而执疑莫悟，可为痛悼者六也。

【注释】

①崇替：兴废，盛衰。

②燔（fán）烬：火烧成灰烬。

③"逮明帝感梦"以下六句：公元64年的某一天，汉明帝做了一个梦：一位金身之人在他的皇宫中游戏飞行，并发出耀眼的光芒。第二天，汉明帝让王公大臣圆梦。其中一位消息灵通、知识丰富的大臣奏道：西方有一种人人拜敬的佛，不知陛下所梦之物是否就是佛像。汉明帝听了以后，深觉有理，于是即派十八人前往西方求经。三年后，他们在今阿富汗北部遇到东来传教的印度佛僧迦叶摩腾和竺法兰，于是就一起将佛像经卷用白马驮至洛阳。

汉明帝见了佛像以及佛教典籍，并听了两位佛僧的说教后，心中十分高兴，便专门为两位佛僧建了"白马寺"（即今河南洛阳的白马寺）。迦叶摩腾、竺法兰在寺中逗留了很长时间，并将小乘佛教的经典《四十二章经》译成汉文。摄摩腾，即是迦叶摩腾。

④楚王修仁洁之祠：《后汉书·楚王英传》记载，楚王刘英晚年"更喜黄老，学为浮屠斋戒祭祀"。永平八年(65)明帝下诏天下有死罪者可以用缣赎罪，刘英派人到国相（中央派驻封国主持政务者）献黄缣白纨赎罪。明帝得知，立即下诏："楚王诵黄老之微言，尚浮屠之仁祠，洁斋三月，与神为誓，何嫌何疑，当有悔吝？其还赎，以助伊蒲塞（按，男居士）、桑门（按，沙门）之盛馔。"是说刘英既信奉黄老，读诵黄老之言，又祭祠佛陀，并且按照佛教的规定定期持戒吃素，对于他派人上缴黄缣白纨赎罪的做法表示谅解，示意他无罪，勿须心怀不安，并退回缣纨让他作供养居士、僧人之用。刘英奉佛的例子表明，在东汉初期佛教已经被作为黄老方术的一种在社会上层部分人中流传。

⑤孝桓建华盖之祭：《后汉书·孝桓帝纪》："论曰：前史称桓帝好音乐，善琴笙。饰芳林而考濯龙之宫，设华盖以祠浮图、老子，斯将所谓'听于神'乎！"

⑥魏武：即三国时魏武帝曹操。刘宋陆澄《法论目录》载有魏武帝致孔文举书。而陆序有曰："魏祖答孔，是知英人开尊道之情。"（《祐录》十二）曹孟德原书已佚，详情与真伪均不可考。但魏武书中，称述佛教，或真有其事。（见汤用彤《汉魏两晋南北朝佛教史》）

⑦孙权：三国时吴国君。《高僧传》谓吴主孙权拜支谦为博士，使与韦昭等共辅东宫（《祐录》未言及韦昭）。又谓康僧会至建业（谓在赤乌十年，而《广弘明集》引韦昭《吴书》言在赤乌四年），权初不信佛，打试舍利，具显神异，遂大嗟服，并为建塔，号建初寺。

江南有佛寺始此。(见汤用彤《汉魏两晋南北朝佛教史》)

⑧晋武：即西晋武帝司马炎。据唐法琳《辩证论·十代奉佛》，从晋
武帝司马炎开始，"大弘佛事，广树伽蓝"，才改变了汉魏以来只
有西域僧人可以立寺的规定。据《魏书·释老志》，西晋时期的
佛寺总共 180 所，东晋共建佛寺 1768 所。

⑨耆域：为西晋时代之咒法僧。天竺人。于晋惠帝末年，抵达洛
阳，时有衡阳太守滕永文，因病寄居满水寺，经年不愈，两脚弯
曲，不能起行。耆域即以杨柳拂净水，以手搦起永文两足，即时
病愈，复得步行。其余应病与药，或以咒愿治病，或令枯树回生
等灵异不计其数。后还西域，不知所终。(见《高僧传》卷九、《法
苑珠林》卷六十一)

⑩竺护：即竺法护，又称昙摩罗刹(梵 Dharmaraksa，意为法护)，月
氏国人，世居敦煌郡，八岁出家，礼印度高僧为师，随师姓"竺"，
具有过目不忘的能力，读经能日诵万言。为了立志求学，不辞辛
劳，万里寻师，不但精通六经，且涉猎百家之说。晋武帝泰始年
间(265—274)，寺院、图像、佛像等，普遍受到崇敬，然《般若经》
等方部的经典还在西域，尚未能传布于中国。竺法护发愤立志
弘法，随师游历西域诸国。据载，他能通达西域三十六国语言，
熟谙印度、西域各国的字体、发音等，具备这样的能力，奠定了他
翻译经典的基础。法护的译本有《般若》经类，有《华严》经类，有
《宝积》经类。有《大集》经类，有《涅槃》《法华》经类，有大乘经集
类，有大乘律类，有本生经类，又有西方撰述类等，种类繁多，几
乎具备了当时西域流行的要籍，这就为大乘佛教在中国的弘传
打开了广阔的局面。

⑪百辟："辟"即君，"百辟"指诸侯。搢绅：也作"缙绅"。原指古代
高级官员之装束，后多指儒生、士大夫。

⑫晋明：即东晋明帝司马绍。《历代名画记》卷五：明帝司马绍，字

道几,晋元帝长子。幼异,有对日之奇。及长,善书画,有识鉴,最善画佛像。蔡谟集云:"帝画佛于乐贤堂,经历寇乱而堂独存。显宗效著,作为颂。"太宁四年崩,年二十七,谥曰"明"。帝庙号肃祖。

⑬安上:即东晋高僧道安(312或314—385),姓卫,晋常山扶柳(今河北冀县)人。家世宿儒。自幼丧父母,由外兄孔氏抚养。从晋哀帝兴宁三年(365)至建元十五年(379),释道安在襄阳15年,是他弘扬佛教的辉煌时期。道安之前,对佛经的翻译、注释错误甚多,不利于佛教的传播。道安在经过"穷览经典,钩深致远"的认真研究后,对佛经进行注释,"析疑甄解","序致渊富,妙尽深旨",使佛经"条贯既序",讲经者依之讲经"文理会通,经义克明"。这既有利于佛教的广泛传播,又为以后佛经的注释作出了范例,为深入研究佛经创造了条件。有人认为注经之作,"自安始"。山东,金代以前为地理概念,多见于秦汉时期,泛指崤山、华山或太行山以东的广大黄河流域地区。

⑭什公:即鸠摩罗什。原籍天竺,生于西域龟兹国(今新疆库车)。幼年出家,初学小乘,后遍习大乘,尤善般若,并精通汉语文,曾游学天竺诸国,遍访名师大德,深究妙义。在东晋后秦弘始三年(401),姚兴派人迎至长安(今陕西西安)从事译经,成为我国一大译经家。率弟子僧肇等八百余人,译出《摩诃般若》、《妙法莲华》、《维摩诘》、《阿弥陀》、《金刚》等经和《中》、《百》、《十二门》和《大智度》等论,共七十四部,三百八十四卷。由于译文非常简洁晓畅,妙义自然诠显无碍,所以深受众人的喜爱,而广为流传,对于佛教的发展,有很大贡献。所介绍之中观宗学说,为后世三论宗之渊源。佛教成实师、天台宗,均由其所译经论而创立。著名弟子有道生、僧肇、道融、僧叡,时称"四圣"。关右:指潼关以西。在地理上古人以西为右。

【译文】

如果有人以汉、魏之际佛法衰微，至晋代才开始兴盛而怀疑佛教，那是不懂得道运也是常常有盛衰兴替的，而且到底何时兴盛何时衰微又无从究问。沙门修习佛教，如同孔子学习唐虞。孔子修订《五经》可以为后世百王的典范，但春秋的各个诸侯，都不肯遵循采用，只顾竞相战伐，对孔子主张的仁政王道毫不重视。其道几乎被湮没。到了秦始皇时，更是一把火烧成灰烬，这难道是孔子本人没有贤德，或是诗书所蕴藏的道本身的浅鄙吗？至汉武帝时，才开始弘扬儒家，明《五经》，崇儒术。难道可以因战国时儒学的消沉，而在后代就应该废弃孔子之学吗？何况在汉代元帝时，刘向序仙时，曾提到其中有七十四人出自佛经，可见佛经之流传华夏，由来已久。至汉明帝感梦，而傅毅称明帝所梦乃是佛，遂有秦景西行求佛之举，之后更有迦叶摩腾来到东土。进而有关阳的佛像，兰台所藏的《四十二章经》。但佛法东传之初，因人们不识佛法的深奥义理，所以才有楚王刘英修浮屠之仁祠，洁斋三月，孝桓帝建华盖以祭祀佛、老。这是因为佛法的真谛实相尚未被完全理解，故只能把它当作神明来对待。魏武帝英明智慧，著书称述佛经，孙权有雄才大略，在江左开始建造佛寺。从晋武帝司马炎开始，大弘佛事，广建寺庙，佛法也就逐渐流传开来。于是有咒法僧耆域到中原炫耀神通，高僧竺法护大量翻译编集佛教经藏。从此许多王侯士大夫，洗脱凡心以精进功德；万邦百姓，也都弃恶而迁善。到了晋明帝时，明帝聪睿对佛理有深悟，曾亲手在乐贤堂画佛像，以供自己日日观览。随后而有道安法师弘经于崤山以东，罗什宣法于关中长安，佛法的奥旨深义才开始得到阐发。许多贤者智士，竞相服膺。由此可见，佛法的传布有一个过程，此中之关键，是机缘的成熟与否。所以不能说秦时的儒家学说不高明而汉代的儒家学说高明，差别仅在于用与不用而已。也不是汉代的佛法肤浅而晋时的佛法深邃，主要在于是否被人们所认识。所以说《五经》常善而兴盛与衰微跟随时运，佛法常照而通达与阻塞取决于机缘。

如果能够这样去看问题,则许多疑团都可以迎刃而解。如果继续执迷不悟,无疑是十分可悲的。

夫信顺福基,迷谤祸门。而况朦朦之徒,多不量力,以己所不知,而诬先觉之遍知;以其所不见,而罔至人之明见。鉴达三世,反号邪僻;专拘目前,自谓明智。于是迷疑塞胸,谤黩盈口,轻议以市重苦,显诽以贾幽罚,言无锱铢之功,虑无毫厘之益。逝川若飞,藏山如电,一息不还,奄然后世,报随影至,悔其可追?夫神化茫茫,幽明代运,五道变化①,于何不之?天宫显验,赵简、秦穆之锡是也②;鬼道交报,杜伯、彭生之见是也③。修德福应,殷戊、宋景之验是也④;多杀祸及,白起、程普之证是也⑤。现世幽微,备详典籍;来生冥应,布在尊经。但缘感理奥,因果义微,微奥难领,故略而不陈。前哲所辩,关键已正,轻率鄙怀,继之于末。虽文匪珪璋⑥,而事足鉴⑦。惟恺悌君子⑧,自求多福焉。

【注释】

①五道:佛教谓天、人、畜生、饿鬼、地狱五处轮回之所。见《菩萨处胎经》。道教亦承袭此说。见《云笈七签》卷十。

②赵简、秦穆之锡:穆公在岐山有一个王室牧场,饲养着各式各样的名马,一天三百多农民在野外把名马吃掉了几匹,要判死刑。结果穆公不仅免除了这三百农人死刑,还赐给他们美酒以免马肉伤身。几年后,秦穆公与晋惠公交战,眼看快被晋军消灭,从前接受赏赐的三百农人战退晋军,使秦穆公得救了。

③杜伯、彭生之见:《左传》记载了很多鬼神占卜的事情。有一则记录的是有关公子彭生枉死显灵的故事。据说,齐襄公有一次到

贝丘打猎,见到一只大猪,左右随从皆说是公子彭生。齐襄公即以弓箭射牠,这只大猪忽然像人一样地站立起来而发出啼叫的声音。齐襄公惊慌过度从车上摔了下来,摔伤了脚,他慌张得连鞋子都来不及穿上便逃跑了。这件事情的起因是当初齐襄公与鲁桓公的夫人文姜私通,被鲁桓公发现,齐襄公便派公子彭生杀害了鲁桓公,后来鲁国来责难,齐襄公就杀了公子彭生。墨子说了一个类似于齐襄公打猎的故事。据说,周宣王无辜地杀害了下臣杜伯。一次,周天子与众诸侯于圃这个地方进行打猎。这次打猎的规模很庞大,马车有数百辆、随从有数千人。在日中的时候,在众目睽睽下,杜伯驾着白马素车、穿着红色的衣冠、手执着红色的弓和箭,追赶着周宣王的马车。杜伯射出他的红箭正中周宣王,宣王不久便去世。

④ 殷戊、宋景之验:《后汉书·杨震列传》:"殷戊、宋景,其事甚明。"李贤注:"殷王太戊时,桑谷共生于朝,修德而桑谷死。景公时,荧惑守心,修德而星退舍。并见史记。"这个典故是为了说明人君修德可以感动天地神灵。详见《史记·殷本纪》:殷帝太戊时,"亳有祥桑谷共生于朝,一暮大拱。帝太戊惧,问伊陟。伊陟曰:'臣闻妖不胜德,帝之政其有阙与?帝其修德。'太戊从之,而祥桑枯死而去。"以及《史记·宋世家》:"荧惑守心。心,宋之分野也。景公忧之,司星子韦曰:'可移于相。'景公曰:'相,吾之股肱。'曰:'可移于民。'公曰:'君者待民。'曰:'可移于岁。'公曰:'岁饥民困,吾谁为君。'子韦曰:'天高听卑,君有君人之言三,荧惑宜有动。'于是候之,果徙三度。"

⑤ 白起、程普之证:白起,战国时秦国名将。《史记》卷七十三《白起王翦列传》:公元前260年,秦国名将白起在长平之战中,俘获赵卒四十余万,仅留其年少者二百四十人归赵,其余全部坑杀。后秦昭王派遣使者赐剑令其自杀,白起死前曾懊悔杀降过激,认为

这是自己的报应。程普,东汉末年东吴的武将。《吴书》记载:程
普曾杀背叛者数百人,投尸于火中,程普即日得病甚重,百余日
后病卒。

⑥珪璋:"珪"与"璋"原均指美玉,此处指上等好文章。

⑦鞶(pán)鉴:即借鉴的意思。"鞶"指束衣之革带,"鉴"指铜镜。

⑧恺悌(kǎitì):亦作"恺弟"、"凯弟"。指宽和而平易近人的意思。

【译文】

信顺佛法是福报的基础,迷惑于世情、诽谤正道乃是祸殃的根源。
那些愚昧之徒,大多不自量力,自己不知道,反过来诬蔑先觉的智慧遍
知不可能;自己未看见,却诬蔑至人的明见不可能。佛陀鉴达三世,反
被他们指斥为邪僻;自己只着眼于目前,却自夸为明智。于是迷惑塞
胸,诽谤盈口,这样的信口胡说只能招来苦报,肆意诽谤定要遭受惩罚,
说话没有点滴的功德,思想没有丝毫的利益。时光流转有如东去之流
水,一转眼就是后世,而业之报应,如影随形,若不醒悟,到时追悔莫及
呀。再说,神道变化茫茫无极,幽暗明显交替运行,五道轮回变化,本是
世间的常则。譬如,天宫是可以显示灵验的,赵简子、秦穆公受福报与
恩赐即是明证;鬼道的报应无爽,杜伯、彭生的故事可为佐证。修德之
人必定能够得福,殷王太戊和宋景公就是最好的例子;多杀必祸至,白
起、程普就是明证。现世的事,儒家的典籍中有很详尽的记载;来生的
报应,这在佛经中比比皆是。只是因为缘化感应的道理十分玄奥,因果
报应的义理极是幽微,故略而未谈。在前哲先贤的著述中,对于很多关
键性的问题已都有所阐发,我这里不过是狗尾续貂,姑且说说自己的看
法。虽然我的文字并非有珪璋之美,但所言及的事情确实足以作为借
鉴。诚如《诗经》上所说:只有那些宽和平易的有德君子,才可以自求多
福啊!

中华经典名著
全本全注全译丛书
（已出书目）

周易	晏子春秋
尚书	穆天子传
诗经	战国策
周礼	史记
仪礼	吴越春秋
礼记	越绝书
左传	华阳国志
韩诗外传	水经注
春秋公羊传	洛阳伽蓝记
春秋穀梁传	大唐西域记
孝经·忠经	史通
论语·大学·中庸	贞观政要
尔雅	营造法式
孟子	东京梦华录
春秋繁露	唐才子传
说文解字	大明律
释名	廉吏传
国语	徐霞客游记